Une jeunesse française

Du même auteur

Les Émirs de la République, en coll. avec Jean-Pierre Séréni,
    Seuil, 1982.
Les Deux Bombes, Fayard, 1982, nouvelle édition, 1991.
Affaires africaines, Fayard, 1983.
V, l'affaire des « avions renifleurs », Fayard, 1984.
Secret d'État, Fayard, 1986.
Les Chapelières, roman, Albin Michel, 1987.
La Menace, Fayard, 1988.
L'Argent noir, Fayard, 1988.
L'Homme de l'ombre, Fayard, 1990.
Vol UT 772, Stock, 1992.
Le Mystérieux Docteur Martin, Fayard, 1993.

Pierre PÉAN

Une jeunesse française

François Mitterrand, 1934-1947

FAYARD

Remerciements

Ils vont d'abord à François Mitterrand qui, au fil de nombreuses conversations, a accepté de bonne grâce de réagir à certains renseignements que j'avais pu recueillir, à les confirmer ou à les contester. Puis à celles et ceux qui m'ont parlé, souvent très longuement, illustrant parfois leur récit par la lecture de documents d'époque – journal, notes, extraits de correspondance, etc. – qui sont ainsi venus s'ajouter à ceux que j'avais pu consulter ou rassembler par ailleurs. A Danielle Mitterrand, qui a fait surgir dans son bureau de "France-Libertés" la figure de "son" résistant. A Jean Védrine, qui a patiemment tenté, avec probité, de me faire comprendre ce qu'il a vécu. A Jacques Bénet, le fougueux chartiste, qui sait ressusciter ces années avec la vivacité de la jeunesse. A Marie-Claire Sarrazin, qui parle avec l'accent de ses vingt ans d'un François dont, mieux que tout autre témoin, elle sait esquisser les traits à l'époque où il cherche encore sa voie dans la mouvance de Vichy. A la fidèle Ginette Munier et à Jean Munier, l'Ami par excellence. A Michel Cailliau, qui continue à ferrailler contre son ennemi intime au fin fond de l'Armor. A Catherine Langeais, pour sa vérité nostalgique. A Edgar Morin, qui sait si bien rendre accessibles le complexe et le contradictoire. A Marcel Hædrich, plus passionné par Jésus que par "Dieu". A Colette Mitterrand, pour la force de sa mémoire tranquille. A Geneviève Mitterrand qui aime si bien son frère. A François Dalle, qui en sait beaucoup. A Bernard Dalle, pour ses souvenirs des années 1934-36. A André Bettencourt, l'ami qui ne veut pas faire mal à son ami. A Pol Pilven, le camarade discret. A Jacques Marot, l'ami au sourire dans la voix. A Marie Herpin, si douce et si blessée par l'affaire de la Cagoule. Au sympathique Etienne Bouvyer, qui cherche toujours à comprendre. A Edith Cahier-Mitterrand, qui n'aime guère remuer les cendres du passé. A Henriette Cahier, sa mère, si pétulante à 94 ans. A Robert Mitterrand, le "frère de quelqu'un" qui en a déjà tant dit dans son beau récit. A "Chou" Bouvyer, pleine de souvenirs qu'elle dit non sans espièglerie. A Georges Beauchamp, l'ami constant. A Jacques Baudet, qui conserve fidèlement la mémoire de Saint-Paul. A Paul Charvet, dont j'ai cité le précieux journal. A Pierre Chiron, Jacques Biget, les vieux amis d'Angoulême. A Madame Ménétrel, fidèle gardienne de la mémoire du Docteur. A Paul Racine, le sympathique défenseur du Maréchal. A Danielle Martin et Pierre de Villemarest, qui n'aiment point le personnage. A Jacques de Place, fidèle collaborateur du Docteur Martin. A Marie-Josèphe, qui n'a pas voulu me voir. A "Louquette", qui tremblait d'émotion en évoquant le passé. A Raoul Idrac, qui s'est laissé raccompagner dans le passé. A Jean Roussel, qui m'a aidé à mieux comprendre le printemps 1942. A Louis Devaux, qui m'a expliqué ce que fut le drame des prisonniers. A Voltaire Ponchel, toujours prêt à en découdre. A Pierre Verrier, qui lança l'affaire de la Francisque. A François Moreau, qui sait évoquer les vieilles blessures. A Henri Thieullent, qui n'est toujours pas "anti-Lop". A Chantal de Tourtier-Bonazzi, Jean Pouëssel et Jean-Pierre Azéma, pour leur indulgence et les conseils qu'ils ont bien voulu prodiguer au non-historien. A Pierre Merli, qui laissa affleurer sur sa mine gourmande des souvenirs qu'il garde encore pour lui seul. A Dionys Mascolo, qui rappelle avec talent des souvenirs tumultueux. A Paulette Delval, qui a surmonté l'adversité. A Yves Cazaux, l'ami de Bousquet. A Jacques Saunier, toujours fidèle. Au douloureux Savy. A Philippe Dechartre. Au brave Pierre Coursol, décédé avant qu'il ait pu me lire. A Bourgeois, si fatigué. A François Chateau, aux souvenirs vivaces. A Gilles Dautun, digne dans les sorts contraires. A Bérengère, qui n'a gardé aucune amertume. A Jean Casati, qui a si bien évoqué les batailles de la "Corpo" de Droit. Au sobre de Chévigné. A Madame Barrois, qui n'a pas gardé de très bons souvenirs de cette époque. A l'abbé Pierre Dentin, qui parle si bien de sa foi. A Madame Baron, pour sa tristesse. A Léopold Moreau, à Marcel Marivin, à Claude Roy, au colonel Fourcaud, à Claude Bourdet, au général de Bénouville. A Marie-Claire Papegay, que j'ai beaucoup sollicitée. A Christophe Nick, qui bouillonne de mille idées et m'en a rétrocédé quelques-unes. A Bernard Jegat, et à beaucoup d'autres : P.S., G.C., P.C., F.T., C.D., J.R., J-C.M., S.D., Dr B., R.C., B.L., G. G-A., M.C., M.B., C.F., G.D.L.R., R.D.P.B., J.L., J.M., G.D...

Des remerciements à part vont à Grégori Péan qui m'a beaucoup aidé et a trouvé quelques "scoops".

Il était une fois...

Il serait tentant de commencer par ces mots le récit d'une période de la vie d'un homme que tout un chacun sait parvenu depuis 1981 à la fonction suprême dans notre pays. Tentant de décrire sous forme d'enchaînements inéluctables une destinée telle que cet homme n'aurait pu devenir un autre que celui qu'il est aujourd'hui.

Ce serait fausser l'histoire. Le lecteur constatera par lui-même que cet homme s'est retrouvé à plusieurs reprises à des carrefours importants, placé devant des choix qui n'étaient pas évidents. L'adolescent aurait fort bien pu donner naissance à un écrivain, un avocat, un diplomate, voire un aventurier ; il aurait pu emprunter de bien mauvais chemins en 1942 ou 1943. Il aurait pu...

J'ai essayé d'oublier que l'ambitieux personnage que j'ai suivi de la fin de ses humanités à sa trentième année est devenu président de la République. Je crois de même avoir montré de la sérénité dans la rédaction de ce livre : je n'ai pas de comptes personnels à régler avec François Mitterrand ; je ne suis pas un « déçu du socialisme », puisque je ne suis pas socialiste ; je ne suis pas homme à regrets, même si, à chaque élection présidentielle, j'ai voté « Mitterrand » depuis 1965 et s'il m'est arrivé souvent d'être en grave désaccord avec la politique menée sous ses deux septennats, voire d'être scandalisé par les privautés prises par quelques membres de son entourage avec la morale publique ou individuelle.

Pour toute la période qui couvre l'insurrection de février 1934, le Front populaire, la montée du fascisme, le complot de la Cagoule, la défaite de 1940, l'occupation nazie, Vichy, les lois antisémites, la Libération et ses soubresauts jusqu'au premier gouvernement de la IVe République, les brûlures de l'Histoire sont encore à vif. Sur la chronique et l'analyse du régime de Vichy, en particulier, le balancier de l'impartialité ne s'est pas encore arrêté. Le fera-t-il jamais ? Après qu'elles furent jugées avec trop de bienveillance, il semble aujourd'hui, depuis notamment les publications de Paxton, confortées par celles de Serge Klarsfeld, qu'une nouvelle grille de lecture ne fasse plus assez de place aux vérités et sentiments de nombreux Français qui tout à la fois firent confiance à Pétain et furent antiallemands, voire tôt ou tard résistants. Or, une grande majorité des résistants qui se battirent pour libérer la France en 1944 avaient été maréchalistes...

J'ai rencontré de très nombreux témoins et ai pu constater, une nouvelle fois, combien la mémoire est infidèle ou sélective. J'ai donc privilégié ici la recherche de documents d'époque sur les témoignages. Parmi eux, j'ai pris le parti d'intégrer de nombreux textes rédigés alors par François Mitterrand lui-même, ou écrits par d'autres à son sujet, estimant qu'ils permettaient une meilleure approche d'un destin aussi complexe.

Comme tout un chacun, mais davantage encore, sans doute comme tous ceux qui accèdent aux sommets, le personnage de ce livre est pétri de contradictions. Je n'ai donc pas essayé de le réduire à une ou deux explications simples. Lui imprimer une cohérence a posteriori aurait sûrement été un exercice d'école intéressant, mais n'aurait rendu aucun compte de la réalité.

Si l'un de mes anciens rédacteurs en chef vient à lire ce livre, sans doute dira-t-il : « Ça manque de chair. » J'en suis bien conscient et j'assume à l'avance cette critique. Je n'ai pas souhaité reconstituer artificiellement une époque ; l'aurais-je voulu que je ne disposais pas d'assez d'éléments pour le faire. Je ne présente ici que des fragments à l'aide desquels le lecteur composera lui-même sa mosaïque en fonction de ses critères d'analyse, de ses convictions, voire de ses préjugés.

L'enquête que j'ai menée conduit parfois à contredire François Mitterrand ou ses biographes. A de rares exceptions près, pour faciliter la lecture, j'ai pris le parti de ne point insister sur ces contradictions. Écrivant sur la jeunesse d'un homme, je me suis plutôt évertué à rédiger ce livre comme s'il était le premier...

L'idée m'en est venue en rédigeant la biographie d'un des fondateurs de la Cagoule, le Docteur Martin[1]. Au cours de mon enquête préliminaire, j'avais souvent entendu parler de François Mitterrand. Il me fut même raconté avec moult détails qu'il aurait participé, en septembre 1937, avec François Méténier, grand cagoulard, à l'attentat contre le siège du patronat français, rue de Presbourg. Je me trouvais ainsi rattrapé à mon tour par la fameuse rumeur, qui court depuis longtemps, selon laquelle l'actuel Président aurait été membre de cette société secrète qui, en 1936-1937, faillit renverser la « Gueuse ». Puis sur cette rumeur vinrent s'en greffer d'autres...

Elles courent en effet depuis bien longtemps, prolixes et nombreuses, à croire que François Mitterrand les attire comme l'aimant attire la limaille ! Sa personnalité, sa vie, son comportement sont tels qu'il paraît non seulement les attirer, mais les amplifier. Elles présentent peut-être aussi pour lui l'avantage de permettre de jeter dédaigneusement à la poubelle « Rumeurs » des fragments de vérité trop difficiles à expliquer. Notre société est si médiatisée qu'elle interdit les nuances et les à-peu-près de la vie. C'est si vrai que, pour réaliser ses ambitions, François Mitterrand, comme bien d'autres, s'est patiemment et depuis fort longtemps confec-

---

1. *Le Mystérieux Docteur Martin*, Fayard, 1993.

tionné un curriculum vitæ sélectif que l'on ne peut toujours concilier avec la réalité historique.

Au début des années 1950, ses prises de position jugées anticolonialistes par la droite, sa virulence contre les réseaux anticommunistes, son ambition affichée suscitent les tirs nourris de la droite et de l'extrême droite. Le 30 septembre 1953, le rédacteur du bulletin interne d'un petit mouvement dissident gaulliste l'introduit dans ces termes parmi les anciens de la Cagoule :

> « Nous ne rechercherons pas ici à déterminer les rapports exacts de M. Mitterrand et de la Cagoule : chacun sait que ce monstre (nous parlons, bien entendu, de la Cagoule) eut plusieurs têtes et des milliers de pieds. Notons simplement qu'il est étrange qu'un membre éminent de l'UDSR se trouve mêlé aux intrigues d'un Méténier ou d'un Docteur Martin[1], personnages compliqués qui embrouillent tellement les fils de leur écheveau qu'ils ne s'y retrouvent plus eux-mêmes, et qui parvinrent, sous l'Occupation, à constituer une synthèse vichysso-gaullo-collabo-résistante devant laquelle les plus fins limiers perdraient courage[2]. »

Ces quelques lignes vont beaucoup circuler. Les Renseignements généraux amplifient la rumeur (à moins qu'ils n'en soient à l'origine ?). Dans une note du 6 octobre 1953 consacrée au Docteur Martin, le nom de François Mitterrand apparaît :

> « Au point de vue politique, on croit savoir que l'intéressé aurait repris contact avec d'anciens membres de la "Cagoule" tels que Méténier, Bouvyer, Empis, Vallet et Gabriel Jeantet.
> Ce groupe entretiendrait, dit-on, des relations avec MM. Mitterrand et Loustaunau-Lacau, députés, ainsi qu'avec M. Bertaux, ancien directeur général de la Sûreté nationale.

1. François Méténier et le Docteur Martin furent deux personnages éminents de la Cagoule. Cf. *Le Mystérieux Docteur Martin,* op. cit.
2. N° 39 de *Correspondance documentaire* de l'A.R.S.

On ajoute même que Mᵉ Blumel et M. Roger Stéphane, de *L'Observateur*, ne seraient pas étrangers à cette liaison. »

Le 27 juillet de l'année suivante, la 203ᵉ livraison de la *Lettre à un cousin* – autre revue confidentielle dont le petit monde politique raffole, car il y trouve ragots et indiscrétions sur les uns et les autres, et permet de faire passer certains « messages » – décline le même thème et alimente la rumeur :

> « Hier, dans la cour du ministère de l'Intérieur, François Mitterrand célébrait la mémoire de Marx Dormoy[1], le ministre qui fut assassiné par la Cagoule à Montluçon. Ceux qui, comme moi, au hasard des années récentes, ont reçu les confidences de certains policiers qui exploitèrent la liste Corre[2] et qui, dans le même temps, eurent l'occasion de bien connaître certains des inculpés du procès de la Cagoule, comme Jacubiez et Roger Mouraille, ont le droit de sourire. Tout va si vite en France...
>
> Et ceux qui savent en quelles eaux politiques Mitterrand connut son ami l'industriel Schueller[3], le beau-père de l'actuel ministre Bettencourt ; ceux qui savent que le cagoulard Méténier rencontre encore assez souvent François Mitterrand et qu'il travaille chez Schueller ; ceux qui savent que le cagoulard Jacques Corrèze doit la situation qu'il a, à Madrid, à Schueller ; ceux qui savent que le cagoulard Jean Filliol, plusieurs fois condamné à mort, vit en Espagne grâce aux

1. Ministre de l'Intérieur dans le cabinet Chautemps (1937-38) et dans le second cabinet Blum. Assassiné le 26 juillet 1941 par d'anciens cagoulards.
2. Cinq jours après les attentats de la rue de Presbourg, le 16 septembre 1937, la police opère une perquisition chez le cagoulard Aristide Corre, l'archiviste du 2ᵉ Bureau de l'Organisation secrète, et trouve les noms et adresses de tous les « abonnés » du mouvement. Depuis, l'ensemble de ces renseignements est appelé « Liste Corre ».
3. François Mitterrand a travaillé en 1945-46 à *Votre Beauté*, magazine féminin appartenant au groupe L'Oréal, fondé et dirigé alors par Eugène Schueller dont la fille a épousé André Bettencourt, ami de longue date de Mitterrand. Les insinuations visent ici les engagements politiques de Schueller, financier de la Cagoule, puis, de 1940 à 1942, du mouvement collaborationniste M.S.R. dirigé par Eugène Deloncle, ancien chef de la Cagoule.

fonds qu'il réunit en 1946 en venant clandestinement à Paris faire "chanter" certains industriels qui avaient beaucoup aidé Deloncle, ont le droit de se taper sur les cuisses...

Et le juge d'instruction Robert Lévy, qui signe ce matin dans *L'Humanité* un appel contre la CED, pourrait sans doute nous dire à quelle puissante intervention le cagoulard Bouvyer dut d'échapper au sort de ses coaccusés. Qui donc me révélait à cette époque que la sœur de Bouvyer avait su trouver des arguments convaincants ?

Marx Dormoy doit en remuer dans sa tombe et ce qui reste de sa barbe poivre et sel doit en frémir d'indignation... »

L'article est signé « Le cousin Jean », qui n'est autre que Jean-André Faucher, proche de Roland Dumas et qui se targue d'une parenté lointaine avec François Mitterrand. Article d'une habileté diabolique, car il fait référence à des sources incontestables, comme la liste Corre, seul document reconnu fournissant de nombreux noms de cagoulards, et à des « témoins qui savent ». Dès lors, la « rumeur cagoularde » est bien installée, elle pourra prospérer et courir jusqu'à nos jours sans être altérée. Dans les années 1980, elle constituera la trame des attaques de Jean-Edern Hallier publiées dans son journal *L'Idiot international,* ou dans ses brûlots contre le Président. L'écrivain iconoclaste y affirme lui aussi avoir eu entre les mains la fameuse liste Corre, et y avoir lu le nom honni à la lettre « M ».

De dîners en ville en notes des R.G. ou en lettres confidentielles – ou dans l'ordre inverse –, la rumeur chemine et se faufile jusque sur les bancs du Palais-Bourbon. En 1954, en plein débat sur l'Affaire des fuites[1], François Mitterrand,

---

1. La divulgation de secrets de la Défense nationale oblige en 1954 le gouvernement Mendès France à déclencher une enquête menée par la justice militaire. Deux fonctionnaires au secrétariat général permanent de la Défense nationale communiquaient des informations à André Baranès, de la préfecture de police, qui s'en servait pour « mouiller » le Parti communiste. Léon Martinaud-Déplat, prédécesseur de François Mitterrand à la Place Beauvau, omet de l'aviser qu'il est au courant de l'affaire. Bientôt, c'est Mitterrand qui fait figure d'accusé pour la droite...

devenu ministre de l'Intérieur, se retrouve une fois de plus au cœur de la tempête. Très offensif, il estime qu'il y a là un véritable complot contre l'État, fomenté par des éléments d'extrême droite sous la bannière de l'anticommunisme. Extrême droite et droite conservatrice réagissent violemment contre lui, qui fait bientôt figure d'accusé. Le 3 décembre 1954, le député indépendant de l'Oise Jean Legendre lance :

> « ... Votre thèse, c'est un complot contre le gouvernement... Pour *L'Express* première mouture, c'était une nouvelle Cagoule... Je pense, monsieur le Ministre, que ce titre a dû éveiller en vous des souvenirs personnels... »

Le sténographe des débats qui a consigné cette diatribe note entre parenthèses : *Rires à droite*. Si toute la droite s'esclaffe, c'est parce que toute la droite « sait ». La rumeur, à force de se faufiler, s'est installée confortablement et est désormais considérée comme une évidence chez les gens « bien informés ».

Sur ce socle solide, Raymond Dronne, député gaulliste de la Sarthe – l'homme qui entra le premier dans Paris en août 1944 avec la 2ᵉ D.B. – surélève la construction d'un étage :

> « ... Monsieur le ministre de l'Intérieur, vous le savez bien, je n'ai aucune confiance en vous. Je vous le répète pour que vous en soyez persuadé, pour le cas où vous l'auriez oublié...
>
> Le grand républicain que vous prétendez être a un passé trop fluctuant pour pouvoir inspirer ce sentiment qui ne se commande pas, qui est en quelque sorte un élément intuitif et qui s'appelle confiance. Je ne vous reproche pas d'avoir arboré successivement la fleur de lys et la Francisque d'honneur... »

François Mitterrand l'interrompt : « Tout cela est faux ! »
Raymond Dronne n'en reprend pas moins :

> « Tout cela est vrai, et vous le savez bien.
>
> Je constate vos variations toujours habilement et opportunément réalisées. Vous avez fort bien su orienter votre voile pour profiter des vents dominants.

Je suis convaincu que vous vous intéressez beaucoup moins à la France qu'à la carrière de M. Mitterrand ! »

François Mitterrand réplique qu'il figura parmi les quinze hommes désignés par le général de Gaulle et par Alexandre Parodi qui, à l'époque, était chargé de présider la première réunion gouvernementale dans Paris libéré. Raymond Dronne ne se laisse pas intimider par l'invocation du Général :

« En faisant cette désignation, le général de Gaulle s'était peut-être trompé. Vous aviez jeté votre Francisque aux orties suffisamment à temps ! »

Emmanuel d'Astier de La Vigerie, député progressiste, grand résistant, vole alors au secours du ministre en traitant Legendre de « calomniateur et de provocateur, c'est-à-dire d'homme méprisable ». Puis c'est au tour de Pierre Mendès France, le président du Conseil, de défendre vigoureusement son collaborateur, « patriote, homme d'honneur dont la place était parmi ceux qui ont le droit d'occuper les plus hautes responsabilités dans le gouvernement de la France ».

Dans son bloc-notes de *L'Express*, François Mauriac écrit : « Il a tenu tête avec calme, avec un excès de calme, il me semble, à un spécialiste des coups bas... La haine inexpiable de ses adversaires le désigne comme l'un des chefs – il en faut plusieurs – de cette gauche française qui finira bien par se constituer. »

Ces appréciations n'empêchent nullement la rumeur de poursuivre son chemin et de gonfler au fil des ans. Périodiques de droite et d'extrême droite la nourrissent d'abondance. Ainsi *Rivarol*, le 4 octobre 1956, suggère que François Mitterrand aurait été libéré de son stalag par un grand collaborateur doriotiste, Yves Dautun, un de ses lointains cousins. Et qu'il lui aurait renvoyé l'ascenseur, après la guerre, en l'aidant à sortir de prison après une double condamnation à vingt ans de travaux forcés par la Cour de justice de la Seine.

François Mitterrand a beau ester en justice, rien n'y fait. Un cocktail mêlant habilement rumeurs et bribes de vérité est servi par un journaliste d'extrême droite, Henry Coston, qui publie dans *Lectures françaises*, en octobre 1958, un brûlot intitulé « Cet homme est dangereux »...

Pendant une vingtaine d'années, ses positions antigaullistes et ses tentatives d'accéder à la magistrature suprême ne manquent pas d'attiser les braises. Mais la rumeur retrouve surtout un second souffle après le 10 mai 1981. *Minute, Le Crapouillot* – avec une édition spéciale intitulée « Mitterrand secret » – et *L'Idiot international* la reprennent et l'alimentent. Au Palais-Bourbon, trente ans après l'attaque menée par les députés Legendre et Dronne, c'est au tour des nouveaux mousquetaires de l'opposition, François d'Aubert, Jacques Toubon et Alain Madelin, de ferrailler, les 1er et 2 février 1984, à l'occasion d'un débat portant sur les moyens d'assurer l'indépendance de la presse. Manifestement, les trois députés se sont concertés pour créer l'incident. Ils saisissent tous les prétextes pour parvenir à leurs fins : remettre au jour le lointain passé de François Mitterrand. Depuis lors, les allusions à ce passé resurgissent régulièrement, que ce soit à propos d'un dépôt de gerbe présidentielle sur la tombe du maréchal Pétain, de l'instruction du procès contre René Bousquet, du contentieux qui a opposé Jean Frydman à L'Oréal, du procès Touvier...

Qu'y-t-il dans ce fameux passé ? Les rumeurs correspondent-elles à la vérité, à une partie de la vérité ? Pourquoi et comment sont-elles nées ?...

Lorsque, au printemps de 1993, j'ai fait part à François Mitterrand de mon projet d'enquêter sur treize années de sa vie, il m'a d'abord déclaré : *« Est-ce utile ? »* Je lui ai dit ma conviction que ces chapitres importants de sa biographie n'avaient pas fait l'objet d'un travail approfondi. *« Si vous le pensez... Je n'ai rien à cacher. Je vous aiderai. »*

Le Président a tenu parole : il m'a aidé dans mes recherches, y compris quand il savait qu'elles ne lui étaient pas favorables.

Après m'avoir promis son aide, François Mitterrand a tenu à me livrer, d'un ton un peu las, la réflexion d'un homme politique qui n'a cessé depuis longtemps de faire l'objet d'analyses, d'exégèses et de jugements. Faute de l'avoir enregistrée, je la retranscris approximativement :

« Dans ces périodes troublées, quand on est jeune de surcroît, il est très difficile de faire des choix. Je m'en suis plutôt bien sorti. C'est injuste de juger des gens sur des erreurs qui s'expliquent dans l'atmosphère de l'époque. Aux hommes politiques, on ne pardonne rien ! »

BAGAGES (1)

A la mi-octobre 1934, il achève sa dix-septième année (il est né le 27 octobre 1916) quand il prend le train à Angoulême pour « monter » à Paris. Ses bagages ne sont pas tous sur le quai ; les plus lourds sont dans sa tête et le suivront à jamais.

Jeune bourgeois de province, François Mitterrand appartient à une famille aisée, sinon riche, catholique et de droite, où il était interdit de « dire du mal des autres » et de « parler d'argent ». Son père était vinaigrier dans une région, autour de Jarnac, où les négociants en cognac tenaient le haut du pavé et constituaient en quelque sorte l'aristocratie. Les cognaquiers regardaient d'un air supérieur les vinaigriers et les invitaient rarement. Écorché vif, François Mitterrand, dit-on, vivait mal ce qu'il ressentait comme des rapports d'exclusion. Il demeurera toute sa vie un « vinaigrier », et, inconsciemment, cette condition ne restera jamais pour lui très éloignée de celle du « petit » face aux « gros » : il nourrira toujours une certaine rancœur envers tous les « cognaquiers » de France et du reste du monde...

Chez les Mitterrand, « *on était patriote jusqu'aux saintes colères, avec, heureusement, un côté Barrès et* Colline inspirée[1] ». Ce « côté Barrès » orientait le républicanisme de la famille plutôt vers Poincaré que vers Briand. Plus tard, le colonel de

1. In *Ma Part de vérité* de François Mitterrand, Fayard, Paris, 1969.

La Rocque y sera paré de beaucoup de vertus. Les communistes faisaient figure de Martiens. Les Russes étaient regardés avec aversion, les Anglais avec réserve. Le frère de la mère de François Mitterrand avait revêtu ces convictions ou attitudes d'une cape « sociale » : Robert Lorrain avait fait partie de l'équipe fondatrice du Sillon aux côtés de Marc Sangnier, le père de ce mouvement démocrate-chrétien qui inspirera après la guerre le MRP. Lorrain avait été le condisciple de François Mauriac au lycée, puis au « 104 » de la rue de Vaugirard, la « pension » catholique où le jeune François Mitterrand, à sa descente du train en provenance d'Angoulême, va déposer ses valises. N'était cette fenêtre « sociale », il avait vécu jusque-là « dans un autre siècle ».

Les événements de février 1934 ont été durement ressentis à Jarnac. La mère de François – et toute la famille avec elle – vivait fort mal la dégradation des mœurs politiques, les affaires à la Stavisky, cette chienlit qui paraissait être à l'origine des affrontements de la place de la Concorde. Elle stigmatise ces combats entre « communistes et Action française », et, dans une lettre du 22 avril, elle écrit : « Qui entend les paroles de sagesse de M. Doumergue ? »

François a fait de bonnes humanités à Saint-Paul d'Angoulême. Tout le monde voit en lui un bon jeune homme catholique, destiné à continuer de creuser le sillon d'une vie d'autant plus droite et prometteuse qu'elle respectera les préceptes de l'Église. Il est membre de la JEC, structure de l'Action catholique réservée aux étudiants. Il emporte avec lui à Paris le souvenir de deux personnages qui l'ont beaucoup marqué : son confesseur et professeur de philosophie, l'abbé Jobit, et son professeur d'histoire, M. Irigoyen.

Aujourd'hui encore, François Mitterrand parle avec un profond respect de l'abbé Jobit. Il déclare qu'il ne fallait pas le juger sur son côté « *abbé de cour* », « *habillé comme les curés élégants* » : « *J'ai tapé sa thèse sur Kraus, un philosophe allemand, et le krausisme. J'avais le sentiment d'approcher un monde extraordinaire et mystérieux...* » Quant à Irigoyen, qui a eu

« *une très forte influence sur lui* », et qui, après le collège Saint-Paul, est devenu archéologue, François Mitterrand raconte qu'il est resté longtemps en correspondance avec lui et cite avec déférence son livre *La Pierre et la Pensée*[1].

L'ex-collégien continuera à donner l'impression d'être « un bon jeune homme ». Mais sa sûreté de soi, sa causticité agacent souvent. Il ne manifeste jamais ses révoltes, mais il n'en est pas moins déjà tourmenté, complexe, contradictoire. Il a une très haute idée de lui-même et de son destin et, en même temps, il ne s'aime pas ; il se trouve trop froid, il éprouve de grandes difficultés à aller vers les autres. Il s'emportera souvent contre les entraves de son éducation religieuse qui l'empêchent d'être ce qu'il est vraiment. « *Je hais l'harmonium...* », écrira-t-il bien des années plus tard, comme si le son geignard de cet instrument d'église soulevait encore en lui des exaspérations d'enfant captif.

Il aura beau détester l'harmonium, il aura finalement fait siennes les traditions et la plupart des valeurs de son milieu. Je n'ai pu réunir suffisamment d'éléments pour évoquer longuement l'influence de sa mère, mais il est certain qu'elle compta beaucoup. Lui-même, dès sa prime jeunesse et jusqu'à nos jours, s'est d'ailleurs toujours senti lié à la famille, surtout à la famille élargie, on pourrait presque parler ici de « clan ».

Lié d'abord à ses frères et sœurs : Robert, Jacques, Philippe, Antoinette, Marie-Josèphe, Colette et Geneviève, avec une extension naturelle à leurs compagnes et compagnons, même si, parmi eux, certains ne lui plaisaient guère. Quand François monte dans le train à Angoulême, Antoinette est déjà mariée à Ivaldi, fils d'un riche négociant italien installé dans la région ; Marie-Josèphe est marquise de Corlieu ; Colette a convolé avec Pierre Landry, qui a fait Saumur avant d'emmener son épouse dans le *bled* marocain aux côtés d'officiers dont on reparlera...

1. Entretien avec l'auteur, le 21 mars 1994.

Lié aux Sarrazin : Antoinette, la sœur de la mère de François, a épousé un Sarrazin, médecin franc-comtois ; deux cousins Sarrazin, Pierre et Charlotte, ont été élevés avec les huit Mitterrand.

Lié à « tante Pauline » : la grand-mère de François avait une cousine germaine, Pauline Faure-Labourdrie, laquelle avait épousé un veuf du nom d'Étienne Dautun. Un beau jour des années 1920, « tante Pauline » s'installa à Jarnac, et, tout naturellement, y fit son trou. « Elle était d'une bonté absolue, se souvient Geneviève. Très vieille, très pieuse, très bonne, quoique sévère... » Tante Pauline[1] avait à Bordeaux un rejeton, Paul, dont la femme n'avait guère d'affinités avec le clan de Jarnac. Ce « Bordelais » avait lui-même un fils portant le nom d'Yves Dautun. On le retrouvera plus tard...

Lié aux Bénouville, aux Moreau, aux Bouvyer : par-delà le premier cercle s'agglutinaient en effet quelques camarades de collège, seuls ou avec leur parentèle ; puis, au hasard des rencontres, d'autres entrèrent dans l'orbite de la famille Mitterrand. Je bornerai ici leur énumération aux nécessités du récit.

François et Pierre de Bénouville se lièrent ainsi au clan Mitterrand à l'occasion de leur éphémère passage au collège Saint-Paul.

Le colonel Moreau et les siens, eux, habitaient une belle demeure patricienne, à une quinzaine de kilomètres de Jarnac, à Rouillac, berceau des deux familles des grands-parents maternels de François. Durant l'été, les enfants Mitterrand aimaient s'y rendre à bicyclette – plus tard, ce sera en automobile – afin de retrouver une bande nombreuse de gosses de leur âge. Trapu, moustachu, le colonel n'était pas un homme commode ; il n'acceptait pas la contradiction, affirmait haut et fort ses convictions royalistes, adorait raconter ses campagnes militaires, mais on l'aimait bien et François prenait même – il était le seul – un malin plaisir à lui tenir tête. Les deux mots qui revenaient le plus souvent dans sa bouche

---

1. Elle est inhumée dans le caveau de famille des Mitterrand à Jarnac.

étaient « honneur » et « discipline », et il ne croyait qu'aux vertus militaires pour assurer le salut de la France. Il était ce qu'on appelait un « national », un « patriote ». La rugosité du colonel n'arrivait cependant pas à altérer la bonne humeur qui régnait dans la demeure et le « clos » de Rouillac. En dépit de ses coups de gueule, la personnalité dominante de l'endroit n'était pas lui, mais sa femme. L'austérité de Mme Moreau ne dissimulait pas sa bonté ni sa douceur. Elle portait à François une grande affection. Henri Moreau, un des fils, était à Saint-Paul le condisciple de Robert, François et Jacques. Les trois frères Mitterrand aimaient beaucoup la compagnie des deux sœurs d'Henri, Odile et surtout Zabeth, l'aînée, que tous trouvaient très belle. Quant au plus jeune, François Moreau, il était là, sans plus. Les sœurs de François, les cousins Sarrazin fréquentaient également Rouillac...

Pendant l'été 1933, une autre famille, les Bouvyer, se retrouva à Rouillac. La mère, Antoinette Bouvyer, originaire des Charentes, vivait alors à Angers où son mari exerçait les fonctions d'inspecteur des Contributions directes. C'est Antoinette qui gérait tambour battant la maisonnée : un mari plutôt effacé, qui préférait le tennis aux joutes oratoires enflammées de sa femme, et cinq enfants : Henri, Jean, de caractère difficile, Philippe, Étienne et une charmante petite fille, Marie. Antoinette était une royaliste enragée au verbe haut, à qui il était difficile de résister. Comme la femme du colonel Moreau, elle témoigna d'emblée une grande affection à François, ce garçon si brillant qu'elle aurait peut-être aimé avoir pour fils...

Les Bouvyer revinrent à Rouillac l'année suivante. Ils ne résidaient plus à Angers, mais à Paris. Ils étaient déjà intégrés à la famille élargie des Mitterrand-Sarrazin-Moreau. C'est probablement au cours de cet été-là que François remarqua le bouillant Jean, alors âgé de dix-sept ans et qui était tout auréolé de sa participation aux manifestations du 6 février, place de la Concorde. Ce jour-là, il était rentré tard chez lui, car il avait été matraqué. L'atmosphère familiale chez les

Bouvyer était alors survoltée, et les discussions d'une violence rare entre, d'une part, une mère royaliste fanatique, qui ne rêvait que d'en découdre avec les bolcheviks, les socialistes et autres républicains à qui elle imputait la pitoyable situation de la France, et, d'autre part, un père de droite, certes, très monté contre les « politicards », mais néanmoins foncièrement républicain. Jean avait choisi son camp, celui de sa mère : il faisait partie des Camelots du roi et passait davantage de temps à militer qu'à se pencher sur ses notes de cours du lycée Buffon. Ses bons résultats en français ne lui avaient pas permis de rattraper ses prestations catastrophiques dans les autres matières : il avait raté son bac. Mal dans sa peau, il mettait les autres mal à l'aise par son agressivité et un visage d'adolescent assez ingrat. François Mitterrand note aujourd'hui qu'il ne l'a jamais aimé, qu'il le trouvait *« malsain »*. « Malsain » ou non, lui comme les autres Bouvyer faisait désormais partie à jamais du « clan ». Des liens qui ne paraissent pas s'être distendus, soixante ans après : au printemps de 1994, Geneviève Mitterrand s'est ainsi rendue aux obsèques d'un petit-fils de Marie Bouvyer...

« Les Bouvyer faisaient partie de notre vie, résume Colette, l'une des sœurs de François. Nous connaissions bien cette famille. Mais je n'aimais pas Jean. Je me souviens de lui quand il était tout jeune. Il était dissimulé, peureux. Il voulait faire quelque chose d'important, se faire remarquer pour devenir quelqu'un... Il est probable qu'il était jaloux de François à qui sa mère, Antoinette, manifestait de façon excessive son admiration. Il était né malheureux et il était écrit qu'il ferait toujours ce qu'il ne fallait pas faire... »

VOLONTAIRE NATIONAL

Quand il débarque au « 104 », le jeune Charentais n'est pas en *terra incognita*. Sa mère était allée rue de Vaugirard, quelques mois auparavant, pour retenir sa place. Quelle n'avait pas été alors sa surprise de découvrir sur le bureau du père Plazenet, directeur de l'institution catholique, la photo de Robert Lorrain, son propre frère, mort d'une phtisie galopante à l'âge de vingt ans. Le jeune François ne pouvait qu'être bien reçu dans un lieu qui honorait ainsi son oncle et qui entretenait des liens étroits avec François Mauriac, ami de sa mère.

La « Réunion des étudiants », nom officiel de l'institution créée en 1898 par le père mariste Plazenet, avait vocation à dispenser à des étudiants catholiques une formation spirituelle en complément de leurs études profanes. Les pensionnaires étaient tenus d'observer un certain nombre de règles : rentrer au plus tard à 22 heures, participer chaque soir à une brève prière après le dîner, ne pas faire venir de camarades dans leur chambre après 22 heures, participer au moins une fois par semaine à une conférence de philosophie ou de théologie. Il était recommandé aux étudiants de prendre leurs repas en commun dans les deux réfectoires de l'institution.

François Mitterrand s'adapte vite à cette nouvelle vie, moins contraignante que celle de Saint-Paul. Il s'entend bien avec les maristes qui animent le « 104 » et se fait rapidement de bons camarades. Citons d'emblée ceux qui vont faire partie du cercle des plus proches pour la période 1934-38 : Bernard Dalle, fils d'un industriel du Nord, Pol Pilven, Jacques Bénet, Jacques Marot, François Dalle, Louis-Gabriel Clayeux, Bernard Offner, Féréol de Ferry, et plus tard André Bettencourt.

Il est inscrit d'autre part en première année de licence à la faculté de droit et en première année de l'École libre des sciences politiques, dans la section diplomatique. Curieux de tout, il use de sa nouvelle liberté pour sortir chez ses correspondants, aller au cinéma, au théâtre, et s'intéresser de plus près à la politique. Il s'occupe de surcroît de « patronage » en banlieue rouge et s'attache à ce passionnant apostolat.

C'est qu'il débarque à Paris en pleine effervescence. Le 6 février est encore tout frais dans les mémoires. L'Action française tente de maintenir une pression susceptible de déboucher sur une insurrection, mais les milieux conservateurs ne veulent point du désordre. Le colonel de La Rocque apparaît comme le grand vainqueur des journées de février, alors qu'il a empêché que les manifestations ne dégénèrent en tenant ses propres troupes à l'écart. Cette sagesse et ce respect de la légalité expliquent le succès grandissant des Croix-de-Feu, qui incarnent le besoin d'ordre et de rigueur de la bourgeoisie. Les Croix-de-Feu sont considérés comme sérieux, disciplinés, actifs. Mais les bonnes relations du colonel avec Gaston Doumergue, président du Conseil issu du 6 février, apprécié par la mère de François Mitterrand, n'empêchent pas la chute du cabinet, lâché par les ministres radicaux, en ce mois d'octobre 1934.

Après le départ de Doumergue, l'Action française tente de convaincre le chef de la plus puissante des ligues de faire front commun pour organiser une puissante manifestation à l'occasion de la célébration de l'armistice du 11 novembre. Seule la présence des Croix-de-Feu peut assurer le succès populaire d'un mouvement qui, dans la tête des Maurras et des

Daudet, pourrait constituer une réédition réussie du 6 février...

Grâce au courrier envoyé à l'abbé Jobit, il est possible de se faire une idée de l'état d'esprit de François Mitterrand dans les premières semaines qui suivent son installation à Paris. Dans sa première lettre[1], il raconte « Sciences-Po ». Le jeune provincial, imprégné des valeurs inculquées à Saint-Paul et dans sa famille, s'amuse du nouveau milieu dans lequel il évolue :

> *« L'étudiant en sciences politiques ne se définit pas ; on ne le représente pas par ce qu'il est, mais par tout ce qu'il n'est pas. Il souhaite rétablir la vérité.*
>
> *Le corps professoral est de la plus haute valeur (...). Tous les problèmes de la diplomatie, de l'économie, du droit, sont traités et par ceux-là mêmes qui tentent leurs solutions dans le domaine réel. L'enseignement de l'École est composé de cinq sections : diplomatique, administrative, des finances publiques, des finances privées, générale. Diplomatique et générale sont caractérisées par un certain "snobisme" (...). Sciences-Po : c'est une copie de la société.*
>
> *La section diplomatique, en général, donne le ton à l'école : dans les amphithéâtres on ne crie pas ; dans le hall on marche gravement ; dans les salles on discute à voix basse. Il ne faut pas être trop original. Il faut savoir tenir une conversation. Il est utile d'avoir des références et de savoir quel jour Mme de X reçoit. On trouve à Sciences-Po de charmants camarades, mais il est difficile de s'y faire des amis : une présentation doit précéder toute relation suivie, sinon, après plusieurs années de travail commun, on risque de ne pas savoir seulement le nom de ses voisins. Mais cela n'est qu'un genre : il suffit de connaître quelqu'un pour faire connaissance avec beaucoup. Lors des élections, les candidats ou candidates s'empressent, tout comme dans le plus reculé village de France, de venir vous serrer la main... et parfois, le plus hautain et le plus distant des élèves de Sciences-Po sera le premier à la faculté de droit à vous jeter des boulettes de papier... "Argipe, disait La Bruyère, tire son gant*

1. Probablement adressée en novembre 1934, puisqu'elle est reproduite dans *Notre École* en décembre.

pour montrer une belle main et elle ne néglige pas de découvrir un petit soulier qui suppose qu'elle a le pied petit ; elle rit des choses plaisantes et sérieuses pour faire voir de belles dents... " En somme, il suffit de savoir admirer une belle main et de savoir dire des choses plaisantes et sérieuses pour être considéré comme une véritable perle dans ce milieu... »

Il s'intéresse déjà beaucoup à la politique. Après s'être moqué du snobisme de ses nouveaux compagnons de Sciences-Po, François Mitterrand décrit l'ambiance qui y règne. C'est, dit-il, une école de droite :

> « ... *Le Front national* [NDLA : la droite] *y est largement représenté et plusieurs des chefs de groupements de jeunesse y suivent des cours. Aussi y parle-t-on souvent politique... »*

Grâce à un autre courrier envoyé à la fin de l'automne 1934 à l'abbé Jobit, on sait que la première manifestation politique à laquelle participe François Mitterrand est celle du 11 novembre. Le cabinet Doumergue vient de tomber. Cette chute a été provoquée, selon les responsables du Front national, par l'« anti-France ». Toute la droite, y compris le colonel de La Rocque, tient à saluer Doumergue. « Vous avez bien mérité de la Patrie », lui a dit le chef des Croix-de-Feu. La droite a décidé de profiter de la commémoration officielle de l'Armistice pour manifester dans la rue sa colère. Mais l'accord n'a pu se faire entre La Rocque et les autres leaders du Front national, notamment ceux de l'Action française. Ceux-ci ont appelé leurs militants à se rassembler, à partir de 14 heures 30, au rond-point des Champs-Élysées ; les Croix-de-Feu et les Volontaires nationaux (le mouvement des jeunes qui suivent La Rocque) ont été appelés par le colonel à se regrouper, avenue du Bois, devant le domicile de Doumergue. Quant aux anciens combattants antifascistes, ils ont été conviés à se réunir boulevard Richard-Lenoir afin de défiler « pour la Paix et la Liberté » entre la Bastille et la Nation.

Les Jeunesses patriotes de Pierre Taittinger ouvrent la marche vers l'Arc de Triomphe, suivis des manifestants de

Solidarité française, des Camelots du roi et autres militants de l'Action française. Trente mille Croix-de-Feu et Volontaires nationaux conduits par le Colonel remontent l'avenue Foch et débouchent sur les Champs-Élysées. La Rocque dépose une gerbe au Soldat inconnu, puis entraîne de nouveau ses troupes vers l'avenue Foch, en direction du domicile de Gaston Doumergue. Là, le colonel grimpe sur une chaise et réclame que sa fanfare martiale entonne la sonnerie « Aux morts... », puis celle d'« Aux champs... » ; enfin, quand les trompettes se taisent, il harangue Croix-de-Feu et jeunes Volontaires :

> « Soyez calmes et disciplinés, évitez les provocations et les vaines agitations. Vous représentez une force incomparable. Des heures troubles menacent notre pays ; vous briserez les forces de la révolution. Vous le sauverez ! »

Doumergue apparaît au balcon : il est bruyamment acclamé. Le colonel et les membres du comité directeur de son mouvement sont reçus par l'ancien président du Conseil. Pendant plusieurs heures, les troupes de La Rocque continuent à piétiner devant son domicile.

Pour avoir une idée de l'antagonisme gauche/droite qui s'exacerbe en cette fin d'année 1934, il suffit de lire *Le Populaire*, l'organe de la SFIO, au lendemain de la manifestation. Il parle d'un « défilé de bandes fascistes, des bandes qui ne pensent qu'à une nouvelle guerre, qui n'aspirent qu'à une guerre civile... Le peuple de Paris n'est pas allé à l'Étoile... Il n'a pas acclamé les hitlériens français et Camelots du roi qui martelaient la chaussée d'un pas cadencé... »

Dans quel camp était François Mitterrand ? Il n'était pas aux côtés du « peuple de Paris », puisqu'il a rencontré de « nombreux élèves de l'école » qui sont, comme il l'écrit à l'abbé Jobit, « de droite ». Il explique à son ancien aumônier comment le « jéciste » qu'il est a trouvé « nécessaire » de s'engager dans un « groupement politique » :

« *L'étudiant de Sciences-Po est, en général, catholique, mais il n'est pas militant. Il n'a pas encore compris que la crise actuelle ne relève pas de l'ordre politique, mais dépend profondément de l'ordre moral. Il n'a pas compris que ce ne sont pas les institutions qui dirigent une société, mais que c'est la valeur morale de chacun qui fait sa force et commande les institutions elles-mêmes...*

Voilà pourquoi il reste un grand travail à accomplir à Sciences-Po. Il faut changer une mentalité. Certes, on trouve beaucoup d'anciens élèves de collèges libres, qui ont conservé une foi intacte et qui pratiquent consciencieusement leur religion. Mais combien savent la vivre profondément ? Je sais qu'il y en a – mais je sais qu'ils sont peu nombreux. Je ne connais que peu de mes camarades, mais je puis juger en toute certitude la valeur de l'ensemble. Il y a des signes qui ne trompent pas.

Quel remède apporter à cet état de choses ? C'est une question très délicate à résoudre. Il est bien plus facile de jeter des fondations là où rien encore n'a été établi, que là où déjà il existe quelque chose. Il faudrait pouvoir remplacer les aspirations actuelles de notre jeunesse par des aspirations plus nobles et plus vraies, ou plutôt diriger l'idéal qui l'anime par un autre idéal plus fort. L'action chrétienne n'exclut pas l'action politique : elle la complète[1]. Seulement, il ne faut pas que l'action politique prenne le pas sur l'action chrétienne, elle dépasserait son rôle. C'est malheureusement ce qui arrive ; d'où le déséquilibre des forces de rénovation : ce n'est pas la forme d'une action qui peut en sauver le fond... »

C'est par cet exposé très orthodoxe qu'il justifie son action auprès de l'abbé Jobit, envers qui il a gardé un profond respect. Il estime qu'elle entre dans le cadre fixé quelques années plus tôt par Pie XI, quand le Souverain Pontife a condamné l'Action française et Maurras dont le mot d'ordre était « la politique d'abord ». François Mitterrand commence toutefois à introduire une nuance dans ce discours officiel :

« *On ne rencontre pas à Sciences-Po les mêmes difficultés qu'ailleurs. Aux Lettres, on peut discuter nettement d'une question religieuse. Aux Beaux-Arts, on peut réagir en face contre un état*

---

1. Souligné par l'auteur.

d'esprit anormal. A Sciences-Po, on ne peut pas essayer de donner l'exemple : on traite en effet d'égal à égal. C'est la lutte d'une valeur contre une autre valeur. La différence réside en l'inégalité de fond de ces valeurs. Mais la déviation d'esprit dont j'ai parlé plus haut ignore cette inégalité. Si l'on se pose en champion de la cause de l'Action catholique, on ne s'attire pas de sarcasmes, mais on ne rallie pas ceux qui croient vivre leur vie chrétienne. »

On imagine bien le jeune François testant avec son éloquence habituelle, auprès de ses camarades, le principe du primat de l'action chrétienne sur l'action politique. Mais son éloquence n'a pas les mêmes effets qu'à Saint-Paul : il fait manifestement chou blanc.

« Quel rôle jouer, dans ces conditions ? » poursuit le jeune étudiant dans sa lettre à l'abbé Jobit.

« Je crois qu'il n'y en a qu'un seul : apporter dans les groupements politiques auxquels il est nécessaire d'adhérer[1], *et admis par l'Église, les directives et les principes de notre foi. N'est-ce pas ce qu'ont enseigné les papes Léon XIII et Pie XI ? »*

Il est intéressant de noter la distinction entre le « nécessaire d'adhérer » et l'« admis par l'Église ». « Nécessaire » est la conclusion de son propre raisonnement. Et il est tout aussi vrai que, dans le numéro de la fin 1934 de *Messages*, l'organe de la JEC (Jeunesse étudiante chrétienne), le père Drujon, aumônier de ce mouvement, « admet » l'adhésion individuelle à un groupement politique. Mais si l'on ne peut parler ici de rupture par rapport à tout son comportement antérieur, on sent que François Mitterrand prend certaines distances : il éprouve désormais la « nécessité » d'adhérer à un groupement politique.

« Par une action sociale qui rejoint l'action politique et s'y relie de plus en plus étroitement, il faut apprendre à ceux qui nous entourent que, seul, le christianisme est capable d'entreprendre une rénovation totale. Les exemples de vie intérieure chrétienne sont indispen-

1. Souligné par l'auteur.

sables. Mais ils ne compteront pour rien tant que les exemples d'action chrétienne ne seront pas réalisés[1]. »

Après la lecture de cette lettre, il est temps de tordre le cou à la légende qui voudrait que François Mitterrand ait été un militant de l'Action française au lendemain de son départ des Charentes. Aujourd'hui, on a du mal à mesurer quel fut le poids, dans les milieux catholiques, des condamnations prononcées par le pape Pie XI en 1926, 1927 et 1928 : mise à l'Index du journal *L'Action française*, privation de pénitence et du sacrement de l'eucharistie infligée aux catholiques d'Action française insoumis, et finalement interdiction faite aux adhérents de l'AF de se marier et d'être enterrés religieusement. C'est dans ce contexte qu'avaient été créés certains mouvements d'Action catholique, et notamment la JEC. *« J'ai été élevé dans l'horreur de l'Action française, non parce qu'elle était de droite, mais parce qu'elle était excommuniée[2]. »* Le mot « horreur » est ici probablement un peu exagéré, car François Mitterrand n'est pas sans admirer l'écrivain Charles Maurras, et il est déjà curieux de tout, y compris des idées d'« AF ». Jean Bruel, actuel patron des Bateaux-Mouches, se rappelle fort bien avoir vu « François Mitterrand, accompagné de jeunes du "104", à l'Institut d'Action française, autour de 1934-1935. Là se donnaient des conférences. Je me souviens de celles de Henri Massis. François Mitterrand était un bon jeune homme bien calme, qui, me semble-t-il, prenait des notes. » Une autre raison, selon Bernard Dalle, explique néanmoins sa distance vis-à-vis de l'« AF » : « François était contre les Camelots du roi, car il était monarchiste. Il disait que l'"AF", c'étaient des royalistes sans le roi. Nous étions proches de la famille de France. »

A l'automne 1934, François Mitterrand rejette cette affirmation : *« Je n'étais pas royaliste, je m'en contrefichais. La*

1. Souligné par l'auteur.
2. Interview de François Mitterrand par Roger Priouret, *L'Expansion* de juillet-août 1972.

monarchie m'est toujours apparue comme irréelle »[1]. François Mitterrand adhère donc au mouvement des jeunes du colonel de La Rocque : il devient Volontaire national au 3ᵉ secteur, dont le siège est au 130, boulevard Saint-Germain, au café « La Petite Source ». Les réunions ont lieu les lundis et vendredis, de 21 à 23 heures. Les anciens camarades du « 104 » sont formels sur cet engagement, quoiqu'ils se montrent incapables de le situer exactement dans le temps et la durée. « Il était Volontaire national, j'ai été à une ou deux réunions avec lui », se souvient Henri Thieullent, aujourd'hui retraité au Havre. Jacques Bénet affirme que François lui a très souvent parlé de son engagement dans le mouvement du colonel de La Rocque. Quant à Pierre Chiron, d'Angoulême, il déclare : « François Mitterrand était mon meilleur ami à Saint-Paul. J'étais Croix-de-Feu, et lui aussi. Je crois qu'il l'était déjà au collège. On suivait les meetings en Charente avant même, je crois, de monter à Paris. »

Avec certaines réticences, François Mitterrand reconnaît finalement qu'il a bien été « V.N. » Cette réticence se comprend, car il sait que le colonel de La Rocque a longtemps été assimilé à un « fasciste », en tout cas à un homme d'extrême droite. Quand il aborde le sujet délicat de ses opinions d'avant-guerre, le Président tient plutôt à se placer sous le portrait de Robert Lorrain, son oncle, le catholique social, et à rappeler sa jeunesse, le caractère alors inachevé de sa pensée : « *J'étais surtout curieux. J'allais aussi bien écouter Doriot que les leaders du Front populaire... J'ai trouvé que ce personnage* [le colonel de La Rocque] *était injustement traité. Ses propos tranchaient avec la réputation qui lui était faite. Il n'était ni fasciste ni antisémite... Il m'avait séduit. J'ai été à quelques réunions des Volontaires nationaux dans un café, boulevard Saint-Germain, "La Petite Source", qui était tenu par un Auvergnat... J'ai été séduit par le caractère ouvert du colonel de La*

1. Entretiens avec l'auteur, le 3 août 1994.

Rocque[1]. » Pour appuyer son propos, il évoque la résistance et la déportation du Colonel. Mais il estime que, contrairement à ce que disait être l'intéressé – « ni droite ni gauche » –, La Rocque était bel et bien de droite. Puis le Président prend un ton quelque peu condescendant pour évoquer les idées non encore formées du jeune François...

Ce choix est cohérent avec son respect pour l'esprit des combattants de la Grande Guerre. L'année précédente, le 27 janvier 1933, n'a-t-il pas remporté la « coupe DRAC[2] » de l'éloquence, organisée par l'abbé Jobit, en n'hésitant pas à en appeler aux grands morts de 1914-1918 ?

> *« Il s'est levé une nouvelle aurore. Un soleil encore pâle a brillé sur nos plaines et l'on voit l'immense défilé des tombes d'où s'élève la plainte profonde des morts dont le sacrifice fut si mal compris. Écoutez-les gémir : "Oh ! qu'a-t-on fait de nos souffrances ? A quoi notre sang aura-t-il donc servi ? L'Injustice règne toujours sur les esprits." Et si vous vous penchez sur cette tombe, sur la croix grise, vous lirez : "Religieux mort pour la France", et là, et là, et là encore... »*

Son engagement comme Volontaire national est donc dans le droit fil des sentiments qu'il professait à Saint-Paul d'Angoulême. De ceux aussi qui ont cours à Jarnac. Mais ce serait probablement une erreur que de surestimer cet engagement qui n'absorbe pas, et de loin, toute sa vie. N'oublions pas qu'il fait sérieusement son droit et Sciences-Po, qu'il est très présent à toutes les activités du « 104 », qu'il dévore de très nombreux livres, qu'il écrit beaucoup à sa famille et aux anciens de Saint-Paul, et qu'il prend de surcroît le temps d'avoir une activité mondaine non négligeable...

François Mitterrand n'est cependant pas ébloui par les feux de la capitale au point d'oublier ses propres racines. A la

1. Entretien avec l'auteur, le 21 mars 1993.
2. « Défense des droits des Religieux Anciens Combattants. » Coupe créée par l'Institut catholique d'Angers et disputée par les meilleurs élèves des collèges religieux.

fin du premier trimestre, il reprend le train pour Jarnac, passe les fêtes de Noël en famille, et, le 27 décembre, se retrouve, avec une petite vingtaine d'anciens, à la messe célébrée à l'oratoire de Saint-Paul. Après avoir salué quelques professeurs, François et ses amis se réunissent à l'Hôtel de France autour d'un bon déjeuner. Les anciens sont entourés de l'abbé Jobit, du père supérieur et de deux autres religieux. La discussion est animée. Tous souhaitent ardemment garder un lien avec leur collège, participer à la rédaction de la revue *Notre École* ; surtout, à l'initiative de François Mitterrand et de l'abbé Jobit, ils décident de lancer une enquête sur un thème passionnant : « Jeunesse et politique », puis d'en débattre lors de leur réunion pascale du 16 avril suivant.

De retour à Paris, François Mitterrand confirme son inclination pour le mouvement du colonel de La Rocque, puisqu'il prononce deux conférences sur les Croix-de-Feu, les 18 et 25 janvier 1935. Jacques Marot, un nouvel ami que François s'est fait rue de Vaugirard, rend compte de ses prestations dans la *Revue Montalembert*, l'organe du « 104 » :

> « Fr. Mitterrand, lui, apporte une solution à d'autres problèmes aussi graves. C'est la solution "Croix-de-Feu". Il nous montre un idéal, un idéal mesuré, un idéal très humain d'abord, parce que social, accessible parce que largement compris, très grand parce que français. Félicitons surtout Mitterrand d'avoir su garder un ton de parfait honnête homme dans une discussion qui eût pu tourner à la politique pure, domaine où les gens les plus sensés deviennent stupides et furieux sans savoir pourquoi. Cela vient sans doute d'un calme absolument admirable, doublé chez lui d'une sage et philosophique lenteur. »

Moins de quatre mois après son arrivée à Paris, François Mitterrand fait la « une » des principaux journaux parisiens ! Dans *Paris-Midi* du 2 février 1935, on le voit très nettement, tenant deux livres à la main, le visage barré d'un sourire rayonnant et regardant, comme les autres jeunes gens qui figurent sur le cliché, quelque chose sur sa droite. « Durant l'après-midi et très tard dans la soirée, les abords de la faculté de médecine retentirent des cris, chants ou protestations des grévistes », dit la légende de la photo. Dans *L'Écho de Paris*, François Mitterrand se trouve au centre, émergeant d'un bouquet de képis de policiers. Légende : « Une manifestation d'étudiants dispersée par la police. » Dans *Le Populaire*, l'organe de la SFIO, la légende est beaucoup moins compréhensive : « Des agents souriants parlementent avec les "grévistes", JP[1] et autres Camelots. Ils ne font pas preuve de tant de bonne humeur lorsqu'ils se trouvent en présence d'ouvriers manifestant pour leurs salaires ! » Pour le journal de Léon Blum, il ne fait aucun doute que cette manifestation d'étudiants est une « provocation » des « grandes associations fascistes » pour célébrer l'anniversaire du 6 février 1934 :

> « Cinq jours avant la date fatidique, on découvre opportunément que l'Université est envahie par des étudiants étrangers, que ceux-ci accaparent toutes les places, tous les postes, tous les privilèges, et, sous ce prétexte fallacieux, on remue les ferments fascistes et xénophobes en incubation dans les parages du Boul'Mich'.
>
> Les grandes associations fascistes s'étant "dégonflées" l'une après l'autre, on a pensé à exploiter l'ardeur juvénile et chahuteuse de ces grands gosses – dont beaucoup sont inorganisés et ne savent pas exactement ce qu'ils veulent – pour nous fabriquer mercredi prochain, place de la Concorde, une nouvelle émeute, un nouveau coup de force contre le régime démocratique et les institutions parlementaires. »

Il y a eu des bagarres, des invectives, des coups de poing et des coups de canne. La fleur de lys était agressive, ainsi que le note *L'Œuvre*, et la faluche de velours avait des airs de béret basque. Les étudiants Camelots du roi et les « J.P. » étaient la majorité, vociférant des slogans « nationaux » : « Contre l'invasion métèque ! », « A bas les métèques ! », « La France aux

---

1. Les Jeunesses patriotes de Pierre Taittinger.

Français ! » L'agitation a commencé à la faculté de médecine. La « Corpo » de droit s'est solidarisée avec les carabins. Quatre cents étudiants en droit ont pénétré dans la cour de la faculté et des coups ont été échangés entre partisans et adversaires de la grève de solidarité avec les étudiants en médecine.

C'est l'Action française qui a été à l'origine de cette agitation dont l'objectif était en effet de créer une atmosphère de crise à quelques jours du 6 février 1935. Une grève avait été annoncée le 29 janvier par Léon Daudet, mais, grâce aux efforts de Flandin, successeur de Doumergue à la présidence du Conseil, qui avait donné des gages aux « nationaux », elle se limitait au quartier Latin. Lancée par l'« A.F. », elle avait été relayée à la Corpo de droit par les Camelots du roi[1] qui la tenaient en main, puis tous les étudiants de droite, y compris les Volontaires nationaux, avaient fini par s'y rallier.

L'analyse des photos prises lors de cette manifestation contre « l'invasion des métèques » montre qu'il n'y a aucune erreur commise par les journaux[2] : des étudiants, visibles sous la bannière « Contre l'invasion métèque, faites grève ! », se retrouvent à un autre moment aux côtés de François Mitterrand. Un second élément de preuve se trouve dans la revue *Notre École* de mars 1935 où l'abbé Jobit écrit avec une singulière prescience sur le destin futur de son ancien élève :

> « François Mitterrand nous conte sa vie intense d'étudiant parisien (ah oui ! un joli titre de biographie dans quelque quatre-vingts ans : "La vie intense et recueillie de François Mitterrand" – mais le signataire de ces lignes ne sera pas là

1. Aux élections universitaires de mars 1934, la liste d'Union et d'Action corporative, dirigée par les royalistes Thielland, Antonini, Merry, Casati, de Crécy et Laurent, l'avait emporté en se déclarant « contre les agitateurs internationalistes », et s'était battue pour que les étudiants étrangers ne fussent pas admis à voter.
2. Une version élyséenne voudrait que ces clichés aient été pris lors d'un chahut autour de Ferdinand Lop, agitateur farfelu, célèbre au quartier Latin, qui s'est présenté à toutes les élections pendant une quarantaine d'années.

pour l'écrire)... Il passe avec virtuosité du politique à l'économique et du social au religieux – il a entendu Paul Reynaud parler de la dévaluation et il a servi de bonnes soupes chaudes aux chômeurs : "œuvre vraiment magnifique", nous dit-il. *Par ailleurs, il a assisté – et pas seulement en spectateur – aux incidents récents de la faculté, et sa famille ne fut pas peu étonnée de reconnaître sur un grand journal, au premier rang des étudiants chahuteurs,... la figure de l'ami François...*[1] Il demeure néanmoins toujours fidèle à la formule jéciste et il tient à nous le dire. Nous le remercions pour ceux qui viennent par derrière. Il a vu, rue d'Assas, le père Drujon, aumônier général de la JEC, et retrouve souvent Dion, Duponnois et Pilot, mais ne peut mettre la main sur le solitaire Bourinet... »

Texte on ne peut plus précis, qui montre de surcroît que François Mitterrand tient à rassurer l'abbé Jobit et ses maîtres sur les limites de son engagement politique : non, il ne transgresse pas les directives de Pie XI ! Plus encore : il tient à signaler qu'il est entré en relation avec le responsable de la JEC, le père Drujon.

La lettre de François s'inscrit dans le cadre de l'enquête « Jeunesse et politique », lancée par les anciens de Saint-Paul le 27 décembre précédent. Il a été le premier à envoyer ses réflexions à l'abbé.

Il n'empêche qu'il s'est déjà manifestement pris au jeu de la politique. Il arbore fièrement à son revers l'insigne des Volontaires nationaux : un losange sur fond bleu avec, au centre, un flambeau encadré des lettres de couleur rouge « V » et « N ». Cette appartenance fièrement revendiquée lui a même valu une cuisante mésaventure dans le courant de mars 1935. Rue de Rennes, à l'intérieur du magasin Lanomat, il a été agressé par quelques jeunes étudiants de gauche. Pierre Chiron, un ami de Saint-Paul d'Angoulême, l'accompagnait : « J'ai passé le mois de mars au "104" avec l'ami François. Devant le magasin Lanomat, j'ai surpris une

---

1. Souligné par l'auteur.

conversation de communistes qui voulaient casser la gueule à François, qu'ils prenaient pour un adversaire dangereux. Je suis parti le prévenir... » D'après une sœur de François Mitterrand, la bataille a bien eu lieu, et quelques horions ont plu sur le jeune homme. Un baptême du feu...

Il ne faudrait pas pour autant imaginer un François Mitterrand passant son temps dans les manif' ou les réunions politiques. « François n'était pas un excité, mais était plutôt réservé dans les manifestations », se souvient Bernard Dalle. Depuis son arrivée à Paris, non seulement il suit ses cours à Sciences-Po et à la faculté de droit et participe activement, comme on l'a vu, à l'animation du « 104 », mais il suit des cours d'art oratoire organisés par *Le Jour* de Léon Bailby, il va au cinéma, écoute de la musique, sort beaucoup avec des amis et des membres de sa famille, lit énormément. Pierre Chiron se rappelle être allé fréquemment avec lui à la Chambre des députés au moment où le cabinet Flandin était menacé (notamment par les attaques de Franklin Bouillon) : « Nous avions eu des cartes d'entrée par le chanoine Polimann, député de la Meuse, qui logeait au "104" quand il était à Paris. » Ce chanoine était proche des Croix-de-Feu.

François ne prenait pas encore la politique au sérieux, ou savait tout au moins garder ses distances avec elle. Il fréquente alors beaucoup le fameux Ferdinand Lop. Illuminé de talent, Lop est une pittoresque figure du quartier Latin et vit aux crochets des étudiants. Il postule à la présidence de la République et réclame la prolongation du boulevard Saint-Michel jusqu'à la mer. Il demande également la construction d'un pont de trois cents mètres de large, sur la Seine, qui abritera les clochards. Il veut faire couper l'eau dans tous les appartements, à la nuit tombée, pour favoriser la natalité, etc., etc. Il expose son programme tantôt sur une table du Flore (avec la complicité bienveillante de Boubal, le patron), tantôt en pleine rue, tantôt dans un cinéma, non loin de Montparnasse. François Mitterrand a été pendant un temps son « préfet de police », à un autre moment son « président du

Conseil »... Il le rencontre souvent à son Q.G., au café de La Petite Chaise, à quelques mètres de Sciences-Po. Henri Thieullent, un ami du « 104 », se souvient qu'un jour François Mitterrand l'a introduit auprès de Ferdinand Lop en déclarant de façon cérémonieuse : « Je vous présente mon ministre des Affaires étrangères ! »

Cette vie parisienne active ne lui fait pas oublier ses fidélités charentaises. Aux vacances de Pâques, il fonce vers Jarnac où l'attendent sa famille, ses amis et ses chers bouquins... Le 16 avril, comme prévu, il retrouve les anciens et ses ex-professeurs au collège Saint-Paul. La réunion, organisée par l'abbé Jobit, est précédée, comme il se doit, par une messe célébrée par le père supérieur. Les philo-maths ont été invités et sont contents de se mêler à la quinzaine d'aînés. Après la prière, Malescot, un ancien, présente les réponses données au questionnaire sur le thème « Jeunesse et politique ». Aussitôt après, une discussion animée s'engage autour du thème « Action politique et formation ». Il paraît logique que la formation précède l'action, mais François Mitterrand affirme qu'il ne faudrait pas, sous prétexte de formation insuffisante, qu'on se cantonnât indéfiniment dans une inaction coupable. Tout le monde s'accorde à constater que la formation ne semble pas nécessaire aux jeunes pour aller vers des groupements tels que les « J.P. » ou les Volontaires nationaux dont le programme se réduit à quelques idées simples orientées dans le sens « national ». Le maître du jeu, l'abbé Jobit, demande alors à chacun de décrire le climat politique du milieu qui l'entoure. Comme d'habitude, François Mitterrand fait une brillante prestation. Il est rodé par ses deux conférences du « 104 » :

> *« A Paris, les divers partis se regroupent sous deux étiquettes : Front national et Front commun. En milieu étudiant, les J.P., les Camelots du roi, les Francistes constituent le Front national. Les Volontaires nationaux, qui entendent rester à l'écart, sont les plus nombreux (380 000). Ils ne forment pas à proprement parler un parti politique et il serait difficile de les classer "à droite" ou "à gau-*

che". Comme les Croix-de-Feu, ils veulent une France propre et
forte, et s'efforcent pour cela de recréer la mystique du Front, faite
de courage, d'entr'aide et d'honneur.

*Les Jeunesses communistes et socialistes, les jeunes radicaux sont
les éléments du Front commun. Le Front social, à la tête duquel est
Bergery (un type de valeur, paraît-il), et dont le programme
accepte les principes d'Autorité et de Patrie, joue un peu, de ce côté
de la barricade, le rôle tenu de l'autre côté par les V.N... »*

Cette explication très militante confirme, s'il en était
besoin, son engagement dans les rangs des Volontaires
nationaux.

C'est évidemment l'abbé Jobit qui conclut la réunion. Il
rappelle les principes de l'Action catholique à ses fougueux
poulains :

1°)« prendre une position nette en face de l'Action
catholique ;

2°) éviter de subordonner l'Action catholique à l'action
politique. Écarter de la politique condamnée par l'Église nos
camarades ; mais remplir courageusement tout son devoir
civique en tenant compte des circonstances où l'on se trouve ;

3°) lire les journaux catholiques, s'abonner à *Sept* ou à
Chantiers ;

4°) entretenir en nous l'esprit apostolique par la pratique
des sacrements et la prière. »

L'abbé Jobit accorde ainsi sa bénédiction à l'engagement
de François Mitterrand qui obéit toujours à l'esprit jéciste –
ou prétend en tout cas y obéir ; il ne la lui aurait sans doute
pas accordée s'il était devenu Camelot du roi...

Les vacances pascales finies, François retrouve sa chambre
du « 104 » avec la reproduction d'un tableau de « primitif »
accrochée au mur. Il reprend ses nombreuses activités. Toujours aussi pratiquant, il assiste du 8 au 11 mai 1935 à la
retraite annuelle du « 104 », qui se déroule à Clamart. Ses
nouveaux camarades, Jacques Bénet, Jacques Marot et Henri
Thieullent méditent avec lui sur le message du Christ. Retour
à la politique, toujours au « 104 », avec le discours du colonel

de La Rocque, le jeudi 16 mai, donné dans les deux réfectoires transformés en salle de conférence. Le chef des Croix-de-Feu explique pourquoi et comment son mouvement est né dans les milieux d'anciens combattants, comment il a progressé en dehors de toute prétention à la dictature, comment il vise à être une forme d'action sociale de bienfaisance et d'union, comment il englobe déjà, dans ses sections, de nombreux éléments qui n'ont jamais combattu, comment il pénètre les sphères sociales jugées les plus récalcitrantes à l'ordre, etc., – explique le pensionnaire du « 104 » qui rend compte de la causerie dans la *Revue Montalembert*. A cette époque, c'est un lecteur du *Courrier royal*, le journal créé en décembre 1934 par le Comte de Paris, dont le ton tranche sur les outrances de l'Action française et qui, proche des Croix-de-Feu, ne verse pas dans l'antisémitisme.

Multipliant et diversifiant ses loisirs, François Mitterrand participe au tournoi de tennis du « 104 » avec un style de « crocodile », ainsi que le décrit son ami Jacques Marot :

> « ... Perney enfin, qui avait résolu de régler la question en deux sets, voit, à la finale, François Mitterrand, puisque tel est son nom, lui renvoyer n'importe quelle balle. Cet homme, qui est bien le meilleur lobbeur du 104, accroche et arrive à emporter le titre envié de champion du 104 (1935) en poussant, geignant, souffrant, bras recourbé et gestes courts. Nos compliments ! »

Un Mitterrand inhabituel, qui ne gagne pas avec facilité mais est prêt à souffrir pour gagner, pour être le premier. Et qui, par-dessus tout, déteste perdre. Un « mauvais perdant », se souviennent même ses copains de l'époque.

Flandin tombe le 30 mai 1935. Pierre Laval lui succède à Matignon. Depuis quelques mois, les mouvements de gauche ont amorcé leur rassemblement et les affrontements gauche/droite se font de plus en plus rudes.

François Mitterrand, lui, part en vacances dans les Charentes.

L'AFFAIRE JÈZE

François revient au « 104 » en octobre 1935. Il est inquiet de laisser sa mère, très malade, à Jarnac. Les documents personnels font défaut pour le suivre avec précision durant cette période. On peut supposer qu'il est toujours « V.N. », qu'il lit toujours le *Courrier royal,* comme l'affirme Bernard Dalle, et qu'il parcourt pour le moins les tracts distribués par les Volontaires à la faculté de droit. Ainsi celui du 17 novembre 1935, « contre la tyrannie fasciste et l'étatisme marxiste » :

> « Allez-vous supporter sans réagir les divisions, les haines, les hontes, les compromissions, les abdications qui font la ruine des Français, qui font la fortune des politiciens et des affairistes internationaux, leurs alliés ? »

Je ne retrouve sa trace dans la *Revue Montalembert* qu'en décembre. Il a rédigé une critique du livre *Service inutile,* d'Henry de Montherlant. L'admiration qu'il témoigne à l'auteur n'est pas sans refléter chez lui-même un individualisme forcené, un goût marqué de l'indépendance et de la solitude, une méfiance envers la foule et les masses, un certain élitisme et une attirance profonde pour le métier d'écrivain que Maurice Barrès lui paraît illustrer à merveille.

> « *Fier d'une vie libre, ne dépendant de rien, pas même de l'ambition et de la célébrité, Montherlant affirme son individualisme intransigeant. De même que Barrès dans* Le Culte du moi, *Montherlant n'a que 'l'idée qu'il se fait de lui-même pour se soutenir sur*

les mers du néant", car les "seules couronnes qui vaillent quelque chose sont celles qu'on se donne à soi-même".

Le clerc de Julien Benda se désintéresse totalement de la foule. Montherlant, lui aussi, cherche la solitude et ne se mêle pas aux luttes des "barbares". Tout service est inutile : pourquoi, puisque rien ne demeure, si ce n'est la "substance mise par l'artiste en son œuvre", vouloir accomplir des actes qui n'auront pas de justification ? A quoi bon, "comme la pierre follement le crie", se mettre à la tête des autres hommes et les diriger vers un idéal ? Ces "affirmations grandiloquentes de la vigueur et de la foi sont posées sur le vide comme un navire sur la mer". Ainsi, pourquoi créer des contraintes qui se résorberont aussi vite que le temps qui s'écoule ?

Mais l'inutilité du service ne signifie pas son abandon par les âmes bien trempées ; l'artiste ne refuse pas les tâches qui l'attendent, parce qu'avant toute autre vertu il doit être généreux. La générosité est la marque de la qualité d'un homme (Montherlant entend par générosité : le civisme, la fierté, la droiture et le désintéressement). Un être bien né est "ce qu'il y a de plus rare au monde", et l'artiste véritable, sans s'inquiéter de l'opinion du vulgaire, doit avant tout vivre selon l'honneur. Ainsi se trace le rôle de l'écrivain. Malgré les faiblesses, les lâchetés, la sottise, il se penchera, sans toutefois y placer ses intérêts, vers la foule qui ne sait où elle va, où on la conduit. Service inutile. Service honorable et généreux. Noblesse de l'artiste qui, méprisant les contingences basses, parce qu'il sait quand même la valeur d'un être, accomplit intégralement ce qu'il considère comme dû à cet être, en s'éloignant de la vulgarité qu'il méprise et de l'opportunisme qu'il dédaigne.

Assez fort pour garder dans le tourbillon de la vie moderne une intacte possession de lui-même, le "clerc" accomplira son service inutile. "L'avenir nous laisse l'immense espoir qu'après tous les bouleversements, nous pourrons être encore les spectateurs du bien."

Service inutile. Action et non-action. Construire ou détruire. Le "moine-soldat", s'il édifie et sape, garde au moins le souci d'agir "en tremblant qu'un faux pas ne fêle imperceptiblement" l'idée qu'il se fait de lui-même. »

Action et non-action. Construire ou détruire... Effleuré par ce questionnement, François Mitterrand, qui s'est

engagé depuis quelques mois, ne va pas tarder à se retrouver en pleine tempête politique à la Corpo de droit.

Avant les vacances de Noël, il assiste à un cours sur Victor Hugo à la Sorbonne. Bornons-nous à relever dans la *Revue Montalembert* cette réflexion sur son voisin, qui l'a empêché de retranscrire entièrement un magnifique morceau de littérature :

> « *C'est la faute de mon voisin, qui n'y a rien compris et a murmuré, au moment le plus pathétique : "On peut donc se nourrir de vide !..." Ce barbare ne sait-il donc pas que du vide procèdent la plupart des grands principes, et qu'à force d'essayer d'y rencontrer quelque chose, les poètes, les philosophes et les professeurs ont imaginé ce qu'ils n'y trouvaient pas ?* »

Lui-même ne s'étant jamais étendu sur ses blessures ou déchirures intimes, on respectera son silence autour d'un événement sans doute capital dans sa vie, survenu en janvier 1936 : la mort de sa mère.

Dès la rentrée de ce début d'année, le « problème Jèze », qui a éclaté à la faculté de droit, suscite des remous bien au-delà de la place du Panthéon. Gaston Jèze est un professeur de droit fiscal détesté des étudiants à cause de sa sévérité. A la Société des Nations, il a accepté de conseiller le Négus, qui a introduit un recours contre l'agression italienne en Éthiopie. La droite et l'extrême droite, qui ont pour Mussolini les yeux de Chimène, appuient le Duce et rejettent tout appui français au Négus. Laval, pour sa part, tient à tout prix à éviter un conflit avec l'Italie...

L'Action française est la plus virulente contre Jèze, considéré comme un traître et un « anti-national ». Les Étudiants d'Action française, conduits par Robert Castille, qui « tiennent » la Corpo de droit, entraînent derrière eux les étudiants nationaux, dont les « V.N. ». Le « Juif Jèze » devient leur bête noire. Dans *L'Étudiant français*, journal royaliste, un article du 25 novembre 1935 est intitulé : « Jèze, l'Anglo-Éthiopien, ou la prostitution de l'intelligence ».

L'affaire éclate vraiment le 10 janvier 1936, date de la reprise d'un cours optionnel donné par Jèze. La presse de Rome souligne alors la coïncidence de manœuvres navales françaises et anglaises... Jèze arrive en cours le matin et est attendu par des étudiants d'Action française et des Jeunesses patriotes qui le conspuent : « Jèze dehors ! Jèze démission ! » Il dispense son cours pendant cinq minutes, puis l'interrompt.

Le lendemain, le doyen Allix prend la décision de fermer la faculté de droit à 17 heures. C'est alors qu'un long siège commence. Les étudiants crient à l'injustice et essaient d'entraîner leurs camarades des autres facultés. Le 13 janvier, des tracts sont distribués, réclamant la réouverture de la faculté et la démission de Jèze.

Le 17, une grève est déclenchée dans la matinée par les étudiants. Le premier jour de grève, quelques bagarres éclatent entre ceux qui veulent empêcher les cours et ceux qui souhaitent les suivre. Camps jéziste et antijéziste se forment. Des incidents ont lieu en première année de médecine. Le 19, on note encore quelques échauffourées ; quatorze étudiants sont arrêtés pour quelques heures. Il faut attendre le 28 janvier pour que la faculté de droit rouvre dans le calme rétabli, après dix-huit jours d'interruption.

Entre-temps, un nouveau gouvernement présidé par Albert Sarraut se met en place. C'est à Guernut qu'échoit le ministère de l'Éducation nationale. Celui-ci, homme de gauche, ne tarde pas à devenir la cible des étudiants « nationaux » : dès son arrivée au ministère, la décision est prise de maintenir le cours de Jèze. Le 1er février, Jean Delage pose la question dans *L'Écho de Paris* : « M. Guernut veut-il provoquer des bagarres ? » Déjà, dans *L'Étudiant français*, on mentionne son passé : le ministre aurait la malchance d'avoir été réformé pour « débilité » !... « C'est un planqué qui n'a pas de leçons à donner à des jeunes étudiants patriotes. »

Le 1er février, Jèze est de nouveau empêché de faire cours. Le lendemain, Delage écrit : « Malgré des forces de police considérables, les menaces de sanctions les plus sévères proférées à maintes reprises, toutes les rodomontades du nouveau ministre n'ont été en l'occurrence qu'une montagne accouchant d'une souris... » Plus loin, il ajoute : « Il est la risée de tous... » Dans le même temps, *L'Humanité* et *Le Populaire* protestent contre les « agents de Mussolini » qui entravent à eux seuls le bon fonctionnement de la fac. Léon Blum écrit :

> « Le scandale Jèze n'est pas un "chahut" spontané d'étudiants. C'est une opération politique. Il n'est pas éclos spontanément au quartier Latin ; il a été imaginé, monté et conduit du dehors. La faculté de droit n'est, en l'espèce, qu'un terrain de manœuvres organisées par les ligues factieuses.
>
> ...Il est impossible de n'y pas reconnaître la marque du fascisme italien. Mussolini a vendu la mèche en adressant aux étudiants de France et de Belgique une lettre inouïe que l'Agence Havas a eu la pudeur d'expurger... »

L'histoire tourne à la partie de bras de fer entre l'extrême droite et Guernut, et devient par là une lutte symbolisant le déchirement du pays : d'un côté, l'extrême droite, les ligueurs, les anciens combattants ; de l'autre, la gauche, le Front populaire, la masse ouvrière, qui tentent de faire contrepoids à la montée du fascisme...

Le 6 février, on annonce les conclusions du conseil de l'université : les cours auront lieu ailleurs qu'à la faculté. Dès le lendemain, Blum déclare qu'il n'admettra pas que les fascistes empêchent Jèze de faire cours... A la suite d'un vif débat, le gouvernement refuse d'entériner la proposition du conseil de l'université. Le cours aura bien lieu à la faculté de droit, le lundi 10 février...

Ce jour-là, grand déploiement de forces de police à la demande du doyen Allix, homme apprécié par les étudiants pour sa droiture et qui ne souhaite pas prendre part au conflit politique. Jèze fait un « semblant de cours », de 8 heures 5 à 8 heures 25, devant une quinzaine d'étudiants. L'honneur est sauf, mais les antijézistes ne l'entendent pas de cette oreille. Le lendemain, deux cents d'entre eux se barricadent à l'intérieur de la faculté. La police, une nouvelle fois appelée, procède à cent cinq interpellations et moleste Robert Thielland, délégué du Comité des étudiants en droit (il est le porte-parole des antijézistes). Dans l'opération, une « bavure » est commise : le doyen Allix est blessé. Le lendemain, celui-ci annonce sa démission. Un conseil d'université se réunit de nouveau. Les professeurs demandent des excuses et même des sanctions contre la police. Les étudiants font circuler en l'honneur du doyen des pétitions qui recueillent douze cents signatures. Le 14 février, Allix s'exprime devant les étudiants : il justifie ses actes et appelle au calme. Il est ovationné et fait désormais figure de martyr chez les antijézistes. Le 18, Jèze fait son cours « en cachette », comme dit Delage dans *L'Écho de Paris*.

L'affaire reste quelques jours en suspens. Des caricatures apparaissent dans certains journaux, hostiles aux forces de l'ordre. Aucune décision n'est prise pour calmer la colère des étudiants nationalistes. Le 4 mars, ceux-ci sont conviés à se retrouver le lendemain matin, à partir de 10 heures 30, pour empêcher à nouveau le cours de Jèze. Le 5, aux cris de « Jèze démission ! », « Jèze au poteau ! », « Jèze, sac au dos ! », quelques centaines d'étudiants en droit réussissent à empêcher le cours qui devait avoir lieu à l'amphi n° 4. Delage évoque « toute la fureur d'une jeunesse décidée à ne pas entendre le défenseur du Négus ». Les « nationaux », qui ont le sens du décorum, sortent en chantant *La Marseillaise* et défilent en rangs serrés sur le boulevard Saint-Michel. Le lendemain, des bagarres éclatent encore rue Saint-Jacques. Delage parle du « négroïde Jèze contre les patriotes ».

Un troisième et dernier conseil d'université a lieu le 10 mars, sous la présidence du doyen intérimaire Ripert. Jèze professera ailleurs, et cette proposition sera validée par le gouvernement. Les attendus du conseil sont cette fois plus graves : il est temps, au bout de deux mois, que le conflit cesse ; le conseil fait appel au patriotisme des étudiants, évoque la situation internationale difficile, et exhorte les antagonistes à s'unir. De quoi calmer de jeunes esprits. Jeunes Patriotes et Volontaires nationaux poussent en effet à ce que l'affaire s'arrête là et que les cours reprennent normalement. Il faut dire que, depuis quelques jours, on parle davantage de Hitler que de Mussolini. Le 7 mars, violant le traité de Versailles, les troupes allemandes sont entrées en Rhénanie...

François Mitterrand a participé aux manifestations du côté des antijézistes. Il l'a lui-même écrit dans son premier article publié le 4 juillet 1936 dans *l'Écho de Paris*, dans la rubrique de Jean Delage. Il y évoque « les glorieuses journées de mars » :

> « *Le quartier Latin a délaissé son humeur frondeuse ; théâtre hebdomadaire où les cow-boys modernes, pleins d'un juste sentiment d'héroïsme, ont coutume de partir à la chasse des journaux, la place Saint-Michel s'étonne de ne plus retentir des rumeurs de batailles.*
>
> *La même inquiétude rassemble les belligérants en face de l'ennemi commun, l'examen, ce cerbère aux multiples gueules.*
>
> *Devant la faculté de droit, qui retrouve l'animation perdue depuis les* glorieuses journées de mars[1]*, de prévenantes personnes distribuent des buvards dans lesquels une note rassurante indique les plus sûrs moyens de réussir... à la session de novembre. La démarche assurée des candidats prouve parfaitement l'insouciance de ceux qui ne s'en font pas, tandis qu'à leur front perle une incompréhensible sueur froide.*
>
> *...Tiens, je crois avoir rencontré mon voisin... Hum ! c'était, il me semble, lors d'une rafle dont les balafres neuves témoignent sans qu'il soit besoin d'un écrit[2]...*
>
> *Mais notre scène fait relâche... A pâlir sur l'Action paulienne, les passions les plus affinées défaillent.*

1. Souligné par l'auteur.
2. *Idem.*

> *A la recherche de notre temps perdu, nous avons – ô honte ! – mis en commun notre science réfractaire.*
> *Et nous voilà dans l'intermède que nous tissent ces longs mois où le soleil va nous entraîner.*
> *…Il est bon de laisser aux autres, les hommes sages, le temps de mûrir leur Révolution.*
> *Il nous reste d'enfermer nos rêves et nos projets dans cette étuve que les vacances nous entr'ouvrent… »*

François Mitterrand va donc jusqu'à laisser entendre qu'il a été pris dans une rafle en compagnie d'un camarade qui, lui, a été balafré. Ce texte n'est pas la seule indication sur sa participation aux « glorieuses journées de mars ». Une photo prise le 5 mars, figurant dans la collection Roger-Viollet, révèle clairement la présence du jeune étudiant en droit au sein de la manifestation en compagnie de Bernard Dalle. Ce dernier se souvient[1] : « Oui, nous manifestions contre Jèze, comme la majorité des étudiants en droit. Il faut se rappeler que l'œuvre colonisatrice était bien vue et que nous ne voyions pas pourquoi on aurait empêché Mussolini de prendre l'Éthiopie… Nous étions favorables à Mussolini, qui n'était pas encore le Diable… »

Probablement sensibilisé par l'affaire Jèze, François Mitterrand rédige le compte rendu d'une conférence donnée au « 104 », le 18 mars 1936, par Marcel Griaule, sur l'Éthiopie. Il n'y fait qu'une seule référence à l'actualité :

> *« La Religion et l'Art, achèvements essentiels, ont eu des fortunes différentes. Le christianisme s'est implanté en Éthiopie et s'est corrompu lors de la scission d'Alexandrie. Ses plus fidèles et influents représentants sont des ermites qui, à défaut de sauterelles, se nourrissent de racines et autres ingrédients naturels du désert. Les anachorètes sont gens fort dangereux. S'ils proclament un jour la levée des indigènes contre l'envahisseur italien, celui-ci pourrait être mal en point et la lire italienne pourrait en vain se multiplier. »*

Il termine ce papier par cette réflexion personnelle :

1. Entretiens avec l'auteur, début juillet 1994.

> *« Il est toujours utile de connaître l'histoire de peuples si particuliers et en même temps si pareils aux autres, car, au fond, ce n'est pas la couleur ou la forme des cheveux qui ont donné quelque valeur aux âmes[1]. »*

Petite phrase qui prouve que si, par son engagement aux « V.N. », il est classé à droite par tous les antifascistes, lui-même se sent et se veut antiraciste, ainsi que le proclame pour son compte le colonel de La Rocque dans une interview distribuée, fin février, par les Volontaires de la Corpo de droit, donc possiblement par François Mitterrand lui-même.

La Rocque prend en effet ses distances à l'égard du fascisme à l'italienne : « Nous n'avons pas à être des imitateurs », mais il se prononce pour « un État tuteur, un État qui serve, contrôle, sanctionne ». Le chef des « V.N. » est favorable à la « profession organisée ». Il rejette l'antisémitisme : « Une vague d'antisémitisme serait aussi désastreuse pour notre pays qu'ont pu l'être jadis les guerres de religion. J'ai des chefs de section israélites aussi bien chez les Croix-de-Feu que chez les V.N... » La mystique du Colonel tient en trois mots : Travail, Famille, Patrie. Sa règle : « Servir et non pas se servir »...

En pleine affaire Jèze, François Mitterrand rédige un long article sur *Les Anges noirs*, le dernier roman de François Mauriac, l'ami de sa mère qu'il a rencontré à plusieurs reprises depuis qu'il est à Paris. Il s'en prend d'abord avec gourmandise aux « bien-pensants », lesquels n'ont pas aimé ce livre qui dépeint certaines bassesses humaines, des « cœurs remplis de honte ». *Les Anges noirs*, c'est l'histoire de l'homme déchu qui marche dans les ténèbres, accablé d'un lourd fardeau ; c'est l'aventure d'un être rempli de cette « folie obscure qui, du fond de la race, vient s'engouffrer et s'épanouir » en un seul être vivant, mais de cette folie qu'effleure parfois le désir d'accomplir « un acte qui ne soit pas dans la ligne du destin ».

1. Archives du « 104 ».

Dans cet article, le jeune François Mitterrand laisse entrevoir ses préoccupations métaphysiques, son anticonformisme et sa façon d'envisager la vie – sa vie :

> « *Il est difficile d'imaginer la valeur d'un acte. Une vie s'oriente sur un geste, un désir. L'oblation totale et décisive d'un être résulte du consentement d'un instant.*
>
> *D'une liaison banale, tout dans la vie de Gradère, découle... Présence incessante du Démon, auquel une seule fois il s'est livré, et qui le conduit là où il veut, jusqu'au jour où, après le dernier crime, pour marquer son triomphe, il s'écarte...*
>
> *Étrange spiritualité du mal : dans un blasphème se révèle la soif insatisfaite de la vraie joie...*
>
> *"Le damné est un saint manqué", écrit Jouhandeau. C'est exact. Ils sont de même nature. A la recherche de l'Infini ils ont dépensé leurs forces. Eux n'ont pas misé sur Dieu et Mammon ; ils n'ont pas voulu de partage.*
>
> *Mais Dieu pardonne-t-Il à ceux qu'Il aime ? Responsabilité terrible échue aux dépositaires d'un secret divin...*
>
> *Mauriac nous répond : "tant qu'un être n'est pas désespéré". Nous voulons le croire...*
>
> *Les Anges noirs ne sont pas seulement l'histoire de Gradère racheté et d'Alain qui "n'a partagé avec personne", c'est aussi le roman de tous ceux qui, un soir d'été, ont entendu "ce bruit de source interrompue des deux rossignols qui chantaient sous les aulnes" et qui sont, telle Mathilde, peut-être plus près d'être sauvés parce qu'ils n'ont obtenu aucune réponse...*
>
> *Quant à nous, nous savons ce que nous devons à Mauriac. Quelle que soit la façon de le résoudre, un problème profondément humain a été posé.*
>
> *Demeurons jalousement de cette parentèle – dont le Code civil ne parle pas – et qui se fait "selon des lois de résonance d'âme". »*

Claude Roy, camarade charentais de François, qui a conservé d'étroites relations avec lui, se souvient[1] bien de cet article, car lui-même avait écrit à la même époque sur *Les Anges noirs* dans *L'Étudiant français* : « On me pardonnera...

---

1. Entretien avec l'auteur, mi-juin 1994.

Son article n'était guère meilleur que le mien. C'étaient de bons topos de terminale... »

François Mitterrand écrit déjà beaucoup. Durant ce même mois de mars 1936, il rédige une contribution intitulée « La chasse au Grand Homme », publiée le mois suivant par la *Revue Montalembert*. Lignes intéressantes qui révèlent un jeune étudiant imprégné de l'ébullition d'une époque marquée par l'exacerbation des clivages politiques. Le Front populaire est maintenant une réalité et a des chances de parvenir au pouvoir aux prochaines élections. Pour la droite, ce serait l'avènement de tout ce qu'elle exècre : le collectivisme, le communisme, le bolchevisme... Mitterrand réagit à la chasse aux écrivains connus lancée par la classe politique pour cautionner ses propres engagements : par la droite avec le « Manifeste pour la défense de l'Occident », par la gauche avec le « Manifeste pour la défense de la Culture ». Le premier est parti d'un leader de l'Action française, Henri Massis ; le second a été initié par Julien Benda.

C'est l'occasion, pour le jeune étudiant, de « se payer » les « grands hommes », de marquer aussi son mépris des partis traditionnels, de réaffirmer son « ni droite ni gauche » (avec une plume beaucoup plus acerbe envers la seconde, ce qui est cohérent avec ses idées et attitudes de l'époque), d'afficher son dédain pour la classe politique et la politique spectacle. En fait, ce texte relativise notablement son engagement :

> « *Le grand homme est un gibier rare et naturellement recherché... Le grand homme, vrai ou faux, est chose nécessaire. Une doctrine ne peut s'en passer, ou, plus justement, le grand homme fait passer la doctrine. A chaque boutique son enseigne : plus l'enseigne est lumineuse, plus la boutique est fréquentée. Il faut avoir ses grands hommes et, si on n'en trouve pas, on les invente...*
>
> *Prendre une position, une attitude et la vanter, c'est se poser à soi-même une question à laquelle il n'est pas répondu. Ce n'est pas avec des marionnettes qu'une idée prend vie. Ceux qui se lient, peut-être par sympathie, toujours par faiblesse, ne sont que des étiquettes que l'on colle indifféremment n'importe où : chaque parti*

veut ses grands hommes, magnétiseurs des gogos en veine de formules.

Dans le remugle des officines où champignonnent les génies-à-tout-faire, on s'étonne de ne découvrir que des carapaces vides. Et c'est précisément de ces noix vides que certains veulent retirer une substance. Substance fabriquée avec l'alchimie des laissés-pour-compte !

Mais que faut-il de plus ? Les affiches sont du plus bel effet.

Sujet de méditation sur les multiples façons de faire marcher les sots. Les Partis, nos maîtres, en ont touché le fond ; et leur étal exhibe des têtes-manchettes, la langue pendante parce qu'elles n'ont rien à dire : on a seulement redoré les cornes – pour faire plus riche.

Du côté gauche, parmi bien d'autres, nous trouvons Romain Rolland, tout étonné de se voir soudainement tant apprécié, spécialement, et pour cause, de ceux qui n'ont jamais feuilleté ses écrits ; André Gide qui, sachant la porte étroite, a choisi le neuvième passage, celui qui donne sur Moscou. Ô Nathanaël, te voilà naturalisé ! "Camarade, camarade, tous mes désirs ont été des soifs étanchées !" ; Jules Romains, en quête d'hommes qui seraient, enfin, de bonne volonté.

Il arrive que le merle se prenne pour une grive. (Le proverbe affirme du moins qu'à défaut de cette dernière, on se contente du premier.) Ainsi les merles Chamson, Cassou, Guéhenno, Aragon ont miré leur plumage dans la mare de leurs illusions et se sont déclarés satisfaits. Seul parmi eux, Julien Benda ne doit pas croire encore que cela puisse être vrai.

Mais Karl Marx les bénit, ceux-là, qui ne l'ont peut-être jamais lu !

Du côté droit, s'il faut écouter leurs programmes, il vaut mieux se boucher les oreilles, car ils parlent tous ensemble. Et, si l'on rencontre sur les murs la tache inepte de noms tels que Jean Renaud ou Jean Hennessy, on peut estimer inutile d'aller plus loin... »

En citant à droite ces deux seuls noms, il marque son rejet des fascistes. Jean Renaud est un leader de Solidarité française qui a dit notamment : « L'avenir appartiendra au mouvement qui pourra synthétiser le social et le national » ; Jean Hennessy est, avec Alfred Fabre-Luce, le cofondateur du parti social national. Les deux hommes sont éblouis par les succès de Hitler.

> « ... *Au fait, me direz-vous : c'est la chasse au grand homme ! Qui va chasser les aigles est heureux de rapporter des corbeaux.*
>
> *Les grands hommes ne se sont pas contentés de s'empêtrer dans leurs déclarations personnelles. Les voilà rangés en cohortes disciplinées. "Manifeste pour la défense de l'Occident", "Manifeste pour la défense de la Culture" : de M. Massis à M. Benda, en passant par M. Bidault, tout le monde s'est fait chevalier. Les saints invoqués sont seulement différents.*
>
> *La latinité menacée a proclamé la levée en masse des vieux boucliers et l'Occident s'est abrité derrière ces antiques pièces disjointes.*
>
> *Mais, au juste, qu'est-ce que l'Occident ? C'est, paraît-il, la civilisation. A preuve : soixante-trois grands hommes le certifient.*
>
> *Contre l'Occident, ou plutôt ses défenseurs, s'est dressée la Culture, ou plutôt ses autres défenseurs prétendus. Les traîtres "clercs" ont trahi tout en ne trahissant pas. La Culture est une forteresse bien gardée.*
>
> *Des légions de grands hommes ont répondu à l'appel des partis ayant besoin de titres gras.*
>
> *Le sacre vaut bien la signature. Qui sait si chacun d'eux ne lira pas, d'une voix discrètement émue, son humble et propre éloge, lorsqu'Émile Zola et Victor Hugo auront quitté le coin des rues ?*
>
> *D'ailleurs, ils font recette et les voilà drapeaux d'aussi justes causes. Il n'y a qu'une différence de coloris.*
>
> *Les livres pieux et les livres-manifestes ont plein les pages de ce mot d'"élite". Comme s'ils avaient le long d'un mur rencontré son ombre ! Il suffit d'approcher de celles proposées pour en découvrir les forfaitures : l'élite est souvent le talent mis au service de la Lâcheté, ou de la Bêtise. Les Anatole France qui frappent du poing la table dans les meetings et mettent le soir des chaussettes de laine ne nous disent rien qui vaille !*
>
> *Pas un d'entre eux (sauf peut-être Maurras) qui ait correspondu à quelque attente impatiente. Correspondance implique échange : quelle élite, achèvement de l'immense et profonde élaboration d'une pensée commune, nous confie, en échange, l'apport de sa propre pensée ? Nous ne connaissons que des "sculpteurs de fumée" à la remorque des fabricants de doctrines. »*

Le « sauf peut-être Maurras » est intéressant. « On était très hostile à l'A.F., tout en ayant de l'admiration pour l'écriture de Maurras », se souvient François Dalle[1]. François Mitterrand ne renie pas davantage l'admiration qu'il vouait alors à l'écrivain : « *Maurras avait quelque chose, aux yeux d'un garçon de vingt ans. C'était un grand intellectuel rigoureux. La Musique intérieure était un livre magique, et son approche de la civilisation grecque était séduisante. C'était un patriote intransigeant*[2]... » Mais François Mitterrand n'a pas accepté « sa joie à la défaite de 1940[3] ».

> « ... *Serions-nous donc, ainsi que les partis, en quête de grands hommes ? Quelle profonde différence ! Ceux que l'on est allé chasser pour les empailler et nous les offrir, nous les donnerons à ramasser à nos chiens.*
>
> *Le mythe des grands hommes ! Va-t-on le proposer comme croyance nouvelle aux "masses éclairées" ? Réjouissons-nous !*
>
> *Nous sommes conviés au repas fastueux où nous serons servis sous la rubrique des grands hommes !*
>
> *En chasse ! qui n'a pas ses grands hommes, ou du moins ne les cherche pas ?*
>
> *... Seule, peut-être, l'Académie...* »

Une enquête menée pour la *Revue Montalembert* au printemps de 1936 sur les lectures des pensionnaires du « 104 » permet de cerner les goûts littéraires de François à cette époque :

1re question : Quel est, d'après vous, l'auteur-sommet, ou les auteurs qui marquent le plus ?

F.M. : Valéry, Baudelaire, Mauriac, Claudel.

---

1. Entretien avec l'auteur, le 16 février 1994.
2. Entretien avec l'auteur, le 21 mars 1994.
3. François Mitterrand fait allusion à un article de Charles Maurras intitulé : « La Divine surprise », publié dans le *Petit Marseillais* le 9 février 1941 et qui a été mal interprété. Maurras ne s'y réjouissait pas de la défaite de la France, mais sa « surprise » était plutôt causée par les « miraculeuses capacités » politiques du vieux Maréchal.

2ᵉ question : Quelle est, pour vous, l'importance de la lecture ?

F.M. : Indispensable et dangereuse ; elle fait courir le risque de ne penser et sentir qu'en « littérateur ».

3ᵉ question : Si elle est nulle, qu'est-ce qui en tient lieu ?

F.M. : Il n'y a pas que des livres à lire.

4ᵉ question : Si vous étiez obligé de partir à la guerre, quel livre emporteriez-vous dans votre musette ?

F.M. : Pensées *de Pascal,* Abbaye de Thélème *de Rabelais*[1].

5ᵉ question : Si c'était seulement dans un voyage (long voyage, expédition) ?

F.M. : Eupalinos *de Valéry,* Dieu et Mammon *de François Mauriac,* Aux fontaines du désir *de Montherlant,* Le Soulier de satin *de Paul Claudel.*

Le 3 avril 1936, François gagne le tournoi de ping-pong du « 104 ». Du 30 avril au dimanche 3 mai, il suit la retraite annuelle du « 104 », à Clamart. Le 10 mai, il semble qu'il se rende au défilé « A. F. » de la Sainte-Jeanne-d'Arc.

Témoignages fragiles... Ceux des camarades de François Mitterrand sont difficiles à dater. Arbitrairement, j'en place quelques-uns en cette fin d'année universitaire 1935-1936, alors que je sais seulement qu'ils concernent la période du « 104 », autrement dit celle qui s'étire de 1934 à 1938.

« Dalle et Mitterrand étaient très liés. François Mitterrand l'emmenait chez lui. François était également lié à Jacques Marot, qui venait de la même région que lui. Les deux avaient des relations communes. C'est Jacques qui lui a fait

----

1. Il est parti pour la guerre avec deux livres : les *Pensées* de Pascal et l'*Imitation de Jésus-Christ...*

découvrir l'île de Ré », se souvient Pol Pilven[1]. Il ajoute : « Certains copains, invités à Jarnac, ont quelquefois été surpris quand François disparaissait quelques heures et qu'ils le retrouvaient enfermé dans sa chambre, à lire un livre. » Pilven cite Louis Clayeux et Bernard Offner parmi les proches amis de François.

Selon Bénet, François donnait une « impression un peu floue » : « Nous étions de petits jeunes gens qui arrivaient de province... On se retrouvait souvent, mais j'étais plus proche de Dalle. La préoccupation majeure de François était la littérature. Il est très tôt entré en contact avec Mauriac et avec des cercles d'écrivains. »

Jacques Bénet est marié à Marie-Claire Sarrazin, parente de François Mitterrand qui devint très proche de lui à son retour de captivité. Dans leur appartement de la rue Vavin, ils essaient aujourd'hui de recomposer pour moi la liste des écrivains préférés de François Mitterrand à l'époque. Les noms s'égrènent : Mauriac, Montherlant, Giraudoux, Gide, Proust, Valéry, Bernanos, Radiguet, Aragon... Puis Bénet se remémore une phrase que prononçaient Marot, Clayeux et Mitterrand : « Il faut tourner le dos aux trois B – Bourget, Barrès et Bordeaux – pour s'attacher aux trois M – Mauriac, Maurois et Montherlant. » « Clo » (diminutif donné par François Mitterrand à Marie-Claire) acquiesce et parle de son engouement pour « ces jeunes auteurs ». Elle se souvient aussi que le jeune François l'invita à lire Brasillach... Jacques Bénet ajoute : « La lecture de ces auteurs ne semblait provoquer aucune ride à la surface. François ne donnait pas l'impression d'avoir, comme nous [Dalle et moi], des problèmes métaphysiques. Il avait le culte de sainte Thérèse de l'Enfant-Jésus, allait à la messe et s'était engagé politiquement, ce que j'avais du mal à comprendre... »

Louis Clayeux : « François était à droite, et moi plutôt de l'autre côté. Lui, il brûlait *Le Petit Démocrate* ; moi, je brûlais

1. Entretien avec l'auteur, le 19 janvier 1994.

L'Action française. Il était plutôt Action française[1]. Je l'ai revu plus tard dans la Nièvre, où il est arrivé encore à droite[2]... »

Au début de 1936, probablement pendant l'affaire Jèze, François Mitterrand a rencontré Jean Delage, qui « couvre » le monde étudiant pour *L'Écho de Paris*, journal national-barrésien, dirigé par Henri de Kerillis. Tous les mercredis, le journal consacre une place importante à une rubrique intitulée « La vie des étudiants ». Personnage haut en couleurs, Delage, la quarantaine, épicurien, bambocheur, est très connu au quartier Latin ; tout le monde sait qu'il porte une grande affection aux jeunes gens. Pour animer sa rubrique, il a déjà fait collaborer Jacques Isorni, Louis-Gabriel Robinet et Jean-Jacques Gautier. Fin juin, il recrute François Mitterrand et lui propose un petit « galop d'essai ». Le premier papier signé du futur Président socialiste dans ce grand journal bourgeois dont la gauche dit qu'il est « la succursale de l'Archevêché, de l'État-Major et de la Banque de France », est publié le 4 juillet 1936. Ce billet d'humeur s'intitule « Intermède... » Il est truffé d'informations intéressantes sur son auteur, puisque celui-ci y relate sa vie d'étudiant : sa participation aux « glorieuses journées de mars », c'est-à-dire aux chahuts contre le professeur Jèze, et son interpellation éventuelle par la police[3].

Juste avant les vacances, le gouvernement Blum dissout les ligues, dont les Croix-de-Feu et les Volontaires nationaux. François Mitterrand en faisait-il encore partie ? On l'ignore...

Aux premiers jours de juillet, il revient auprès des siens, en Charente. Le petit bourgeois provincial est déjà bien loin, mais, à Jarnac, il retrouve ses frères et sœurs, ses amis, ses livres, la *NRF* dont il partage un abonnement avec sa sœur Geneviève, le ping-pong, le baby-foot et ses habitudes de flânerie...

---

1. Nous avons vu ce qu'il en était. Cf. *supra,* page 32.
2. Cf. pages 527 et suivantes.
3. Voir *supra,* page 49.

JOURNALISTE
A L'ÉCHO DE PARIS

François rentre au « 104 » dans la première quinzaine d'octobre. L'agitation politique est telle que le responsable de la « Réunion », le père O'Reilly, donne des consignes de prudence aux étudiants : « ... Pas de compromission avec les ligues, en aucune manière ! Pas d'affolement... » Il refuse que le foyer serve de lieu d'hébergement aux femmes et aux enfants qui se prétendraient menacés. Il refuse également de constituer des dépôts de vivres. Il affiche une grande sérénité à l'égard du Front Populaire conduit par Léon Blum.

En dehors de la poursuite de ses études, de ses lectures et de ses sorties, François Mitterrand va orienter désormais ses activités sur deux terrains radicalement différents. Au « 104 », beaucoup de « social ». A l'extérieur, du journalisme littéraire à *L'Écho de Paris*. Il semble que ces deux domaines d'action se soient développés au détriment de son engagement politique...

La dimension sociale de l'action du jeune étudiant revêt une grande importance. Il est évident que « faire le bien » est pour lui une préoccupation essentielle. Cette attitude s'inscrit dans sa pratique catholique. A l'automne de 1937, il est élu président de la Conférence de Saint-Vincent de Paul : c'est lui qui dirige au « 104 » les activités caritatives auprès des familles nécessiteuses. Son zèle ne l'empêche pas, au bout de quelques mois de présidence, le dimanche 13 juin 1937, de prononcer au « 104 » une petite conférence au cours de laquelle il « balance » sur la Conférence « quelques paradoxes » qui ne sont pas sans choquer un tantinet le père O'Reilly. Laissons la parole à François Mitterrand pour décrire cette organisation et dresser son propre bilan de président. Le lecteur constatera qu'il parle de la Conférence avec recul et humour, comme s'il s'attachait à ne pas évoquer avec sérieux un engagement important. Son discours sur les pauvres et la pauvreté ne peut se comprendre que si l'on se replace dans le climat qui prévaut au sein du monde catholique de l'époque. J'ai moi-même passé dix-huit ans de ma vie dans des écoles et facultés catholiques, mais l'esthétique du « rire des pauvres » m'est toujours demeurée étrangère...

> *« La Conférence de Saint-Vincent de Paul est une de ces vieilles dames dont on parle sans respect mais avec vénération.*
>
> *De son âge on ne sait rien. On a toujours tendance à croire qu'elle ne fut jamais jeune. Mais la loi du monde nous enseigne que cela doit être faux.*
>
> *Elle a la rigidité de ceux qui connaissent la vie sous toutes ses faces et savent qu'il faut se barricader contre ses fantaisies.*
>
> *Et, précisément, cette fantaisie veut qu'aujourd'hui j'aie à vous conter les faits et gestes d'une Conférence de Saint-Vincent de Paul que nous qualifierons d'exception. Étant donné que le droit commun est déterminé par une limite d'âge.*
>
> *L'organe exécutif de la Conférence de Saint-Vincent de Paul du 104, qui s'appelle subsidiairement Conférence du Bienheureux Chanel, comprend un aumônier, le R.P. O'Reilly, un président, celui-là même qui en parle, un secrétaire dont la voix et l'accent le disputent presque victorieusement à l'esprit, un trésorier dont les aptitudes sont aussi indémontrables que l'évidence.*
>
> *Le rôle de ce bureau est de recevoir les confidences des visiteurs lors des séances hebdomadaires du dimanche matin ; de diriger un vestiaire, une trésorerie ; de créer des occasions de profits financiers, dont la plus brillante et la plus réussie fut le sermon successif que le R.P. Giraudet prononça à Notre-Dame-des-Anges ; enfin, d'organiser des réunions telles que l'Arbre de Noël où l'on put grouper*

familles et visiteurs dans la communion et la compréhension, facilitées par les aventures de Mickey et la distribution de boîtes de perles et d'ours peluchés.

L'organe délibérant constitué par les quarante confrères visiteurs de vingt familles discute chaque semaine des événements concernant "nos familles" – ce "nos familles" me procure toujours l'étonnement mêlé d'effroi que j'éprouvais quand j'entendais le supérieur de mon collège dire au préfet de discipline, en parlant de nous : "nos enfants".

Et cependant, ce "nos familles" est bien un peu de circonstance. S'il faut un médicament, un confrère médecin en fait don ; s'il est une paire de chaussures à découvrir, il est rare qu'elle n'arrive pas, d'autant plus péniblement et méritoirement offerte qu'elle a rendu déjà de longs services. Ainsi s'affirme notre communauté ; ainsi va notre vie, avec ses graves problèmes et ses préoccupations.

Mais quel est le sens de ces accès de charité, de ces tentatives de bons services, me direz-vous ? – Il y a lieu, je le sais, à controverse.

Lorsque M. Zeller, président des Conférences d'étudiants, vint procéder à l'intronisation du président de la Conférence du bienheureux Chanel, il insista sur ce point que, dans notre programme, bénéfice spirituel et aide matérielle allaient de pair. Heureuse formule ! Ainsi les confrères moins expérimentés qui seraient tentés de croire que le bienfait spirituel varie proportionnellement au bienfait matériel doivent-ils apaiser leurs craintes. Il ne faut jamais calomnier – ou médire – lorsqu'il s'agit de la nature humaine.

Il est d'usage de penser que les visiteurs de Saint-Vincent de Paul sont de la cohorte de ces bonnes âmes qui font la charité – comme si la charité pouvait se résumer dans l'offrande à la sébile, le denier du culte et le sou au pauvre à la semaine ! Comme si l'on pouvait faire la charité à ces privilégiés que sont les pauvres ; ces pauvres auxquels est tout l'avantage, s'il est vrai, selon l'Évangile, qu'il n'y a de meilleure spéculation que celle qui rapporte le Tout contre Rien.

Sans doute, il serait facile de démontrer qu'il n'y a rien de plus différent d'un pauvre en général qu'un pauvre en particulier – et que la sainteté du dénuement s'accorde mal à ces gens mal élevés, sales trop souvent, et qui n'hésitent devant aucune dépense, pourvu que leurs plaisirs l'emportent. Il n'est pas en effet de plus grand scandale pour les bons esprits que de constater le luxe dont se pare l'indigence, l'exigence que montrent les affamés, l'insouciance qu'exhibent les démunis.

Comme si cela n'était simple, naturel et raisonnable.

Je ne sais qui disait : "Il est facile de pleurer, mais combien dur de rire." La charité ne trouve-t-elle pas son explication dans ce rire des Pauvres – cette possibilité de superflu – et plutôt cette découverte de l'essentiel ? Mais le sujet de ce rapport était, il me semble, la Conférence de Saint-Vincent de Paul... Qu'en dire de plus ?

Si je vous parlais en pharisien, je vous dirais nos mérites, nos actes valeureux, nos succès. Si je vous parlais en publicain, je vous dirais nos défauts, nos difficultés, nos négligences. Mais c'est le publicain qui aurait tort. D'ailleurs, il ne faut jamais être publicain... c'est une fonction difficile à remplir. Et le publicain qui a lu l'Évangile doit avoir de la peine à rester à genoux.

C'est donc par des remerciements que je terminerai. Un rapport est fait pour des remerciements : aumônier, bureau, confrères, auditeurs, je vous les donne par brassées.

Quant aux principaux intéressés... ils sont malheureusement absents : ce sont ceux qui, en échange de nos faibles dons, nous ont offert le spectacle de leur pauvreté. A nous qui venions leur porter secours avec, au fond du cœur, la sensation d'un beau sacrifice à faire chaque semaine, ils nous ont appris que le sacrifice n'est que le contraire de la pénitence.

Quand il serait le seul, cet enseignement aurait quand même quelque valeur[1]. »

François Mitterrand n'a pas changé d'idées politiques, mais, depuis la dissolution des Volontaires nationaux, il ne s'engage plus formellement, même si la couleur politique de l'*Écho de Paris* correspond globalement à ses convictions. Delage est proche du colonel de La Rocque : il devient même, à la fin décembre 1936, membre du comité exécutif du parti social français, la nouvelle formation qui remplace Croix-de-Feu et « V.N. ». Dans les colonnes de son nouveau journal, on pourfend Léon Blum, Moscou, les bolcheviks, les communistes et les républicains espagnols... On y voit des

---

1. Publié dans la *Revue Montalembert*, octobre 1937.

caricatures (Léon Blum en balai : celui qui va « tout balayer ») ; le 29 avril 1936, juste avant le deuxième tour des législatives, le gros titre était : « LE DANGER COMMU- NISTE », suivi, le lendemain, par la publication en première page d'un appel des Croix-de-Feu. Le lien direct entre le journal et les Croix-de-Feu, puis le PSF, est Henri de Keril- lis, qui n'hésite pas, dans ses articles de première page, à van- ter les mérites de l'organisation contre la mauvaise foi du « camp moscoutaire ». Rares seront les jours, en 1936 et 1937, où l'on ne trouvera pas dans le journal un compte rendu, si ce n'est une pleine page sur les activités du PSF. Jacques Doriot y est aussi souvent mentionné ; La Rocque et lui y font figure de martyrs des « rouges » : ceux-ci pro- voquent à la base les bagarres et, en haut lieu, leur interdisent certaines manifestations. De quoi exciter les dizaines de mil- liers de sympathisants effrayés par un contexte intérieur et extérieur instable.

La rubrique « La Vie des étudiants », selon Delage, devait s'abstenir de toute politique partisane. La politique étant, à l'*Écho de Paris,* le domaine réservé d'Henri de Kerillis, les étudiants intéressés par elle pouvaient aller le trouver, ou fré- quenter son centre de propagande des Républicains natio- naux, dont Raymond Cartier était le pilier. Pour Delage, « il ne s'agissait pas d'imposer nos idées aux étudiants que nous voulions toucher, mais de demander les leurs, nous réservant bien entendu d'en discuter.[1] » Il souhaite venir en aide aux potaches et leur faciliter la vie. Il les convie à venir danser au Cercle interallié pour secourir les étudiants russes émigrés ; ses propos sont souvent empreints d'optimisme ; dans ses éditoriaux, il se préoccupe du placement des jeunes, les exhorte à écrire au journal, à se joindre au cercle de la « Vie des étudiants »... A l'heure des Mémoires, il se souviendra de sa nouvelle recrue :

1. In *Ma Vie à cœur ouvert*, de Jean Delage, Ed. Pneumathèque, 1981.

« Pourrais-je oublier cet étudiant débordant de vie, cordial, un soupçon d'ironie sur les lèvres, qui s'intéressait à la section littéraire ? Il avait nom François Mitterrand. Combien de fois, avec d'autres étudiants, au sortir d'une de nos réunions, avons-nous fait de parties passionnées de billard russe dans un bistro à l'angle de la rue Saint-Honoré et de la rue Saint-Roch[1] ? »

Le 28 novembre 1936 paraît dans le journal une photo de l'étudiant en question. La légende permet d'apprendre qu'il a été élu président de la « section littéraire » et qu'il a tenu, à ce titre, sa première réunion, le jeudi précédent, à *L'Écho de Paris*. Juste au-dessus du cliché, Jean Delage salue avec emphase les jeunes qui l'entourent : « ... C'est une génération de constructeurs qui se lève ! »

Dans un article daté du 5 décembre et intitulé « Étudiant 1936 », François Mitterrand décrit d'une plume enlevée, et avec un indéniable goût du verbe, l'étudiant qu'il pense être typique de cette année-là. C'est aussi une occasion de se moquer de lui-même. Après s'être attardé sur l'« enveloppe », il parle de l'« intérieur » :

> « ... *Vous tremperez ce que vous appelez des principes ; il en gardera le goût, et, tout en les respectant, s'empressera de ne pas les suivre.*
>
> *Puis jetez-y pêle-mêle des idées ou des contrefaçons d'idées qu'il cultivera avec amour et qu'il se chargera d'unir avec logique selon ce qu'il nommera des raisonnements...*
>
> *Avec cela, ajoutez un peu de fantaisie ou de velléité de fantaisie : du brillant, de la verve et une apparence de pensée. Car il vous faut obtenir ce "roseau pensant" dont parle Pascal.* »

Il clôt sa description en ouvrant le débat : « *Si toutefois vous n'êtes pas d'accord, vous pouvez toujours me contredire...* »

Le 19 décembre, François fait un compte rendu de la conférence qui a été donnée par la section littéraire. Il parle

1. *Ibid.*

de la vérité qui n'a pas été atteinte : « *Peut-être avons-nous droit à l'illusion d'en avoir arraché des parcelles ?* » En conclusion, il invite les étudiants à s'inscrire à « cette causerie ».

La semaine suivante, il est très visible sur une photo : il semble faire partie intégrante de la maison.

L'assemblée générale de la Vie des étudiants élit à l'unanimité François Mitterrand, déjà président de la section littéraire, à la présidence du Cercle. Il n'a que vingt ans et cumule déjà les titres de président (nous verrons plus loin qu'il en a raflé deux autres au « 104 »).

Dans *L'Écho de Paris* daté du 2 janvier 1937, le nouveau président signe un éditorial qui annonce ses intentions, son programme. Le politique affleure sous le chroniqueur :

> « *Il est de coutume de gémir sur l'indifférence et la faiblesse de notre temps. Et plus les plaintes sont lamentables, plus les reproches se font exigeants : "Les jeunes doivent être constructifs, la société, le pays ont besoin d'eux ; les jeunes, et particulièrement les étudiants, ont un devoir moral qu'il est nécessaire de remplir…"*
>
> *Ainsi, placé à la tête de ce cercle de la "Vie des étudiants", m'étais-je préparé à subir le front bas* cette vindicte des bons esprits. Mais je me suis pris à songer que réclamer était plus facile qu'agir, et que chacun demande un programme dont il ne sait pas le moindre principe[1].
>
> *Si je partais en quête de formules, il s'en présenterait de multiples aux apparences les plus diverses et les plus aguichantes.* Mais je crains le vide des formules et je ne puis m'empêcher de croire qu'il est plus important de comprendre que de classifier et d'étiqueter[2].
>
> *Alors, sous quel signe accomplirons-nous notre tâche ? De toutes parts s'élèvent des bruits de disputes, et les programmes – dont chacun a le privilège de posséder la seule vérité ! – s'entrechoquent. Le quartier Latin nous offre ce pauvre spectacle d'un immense malentendu.*

1. Souligné par l'auteur.
2. *Idem.*

La ligne d'action de notre cercle est de réunir des jeunes dont le but est de se connaître à l'occasion des manifestations les plus importantes de la culture. Il faut que naisse un esprit commun, un esprit de compréhension.

La "Vie des étudiants", déjà si active, doit continuer sans faiblir dans cette voie : l'entente et l'union des jeunes. Il s'agit pour nous d'encourager un sentiment de solidarité... Nous voulons grouper autour de nous les étudiants à l'affût de réalisations, désireux de s'entendre et de s'estimer. Nous leur offrons pour cela les activités les plus diverses. Et nous placerons cette année qui s'ouvre sous le signe de la Volonté. »

En ce même début janvier 1937, la signature de François Mitterrand apparaît dans la *Revue Montalembert* sous un article intitulé « Les géants fragiles », où il se livre à un véritable jeu de massacre envers la plupart des grands auteurs : Gide, Valéry, Maurras, Giraudoux, et même Mauriac. Seuls Claudel et Francis Carco trouvent grâce à ses yeux. Il reproche aux « géants » d'être trop orgueilleux : « *A vouloir examiner la vie, on la tue.* » Réplique anticipée à ses futurs biographes ? Il y a toujours, chez Mitterrand, un refus ou une peur de l'explication et de l'analyse personnelles... Les « géants », selon lui, sortent de leur domaine. Il faudrait restreindre le champ de l'Art : « *Si la littérature était raisonnable, elle limiterait son royaume* » :

> « *David dut être déçu d'avoir abattu Goliath d'une pierre, car un géant tué d'un coup de fronde ne pouvait être un vrai géant. Rien n'est plus grotesque qu'un géant fragile : Pourquoi l'affirmation majestueuse de sa taille, s'il est susceptible de tomber ? Pourquoi l'élévation de son corps, si le caillou venu de terre le détruit ? Pourquoi son front si haut, s'il doit être frappé en plein front ? Il ferait mieux de ramper, celui qu'un peu de terre assujettit ; il trouverait son destin à sa mesure ; car il n'y a pas d'effort plus dérisoire que l'emploi d'une force sans objet, qu'une victoire sans lutte. Mais lequel est le plus risible de celui qui gagne cette victoire ou de celui qui la loue ?*

Le domaine littéraire est riche ainsi de géants fragiles : ils portent haut le front, car leur sacerdoce est d'exhiber la vérité, et ne se doutent pas qu'une parcelle de vérité les guette pour les tuer. Les auteurs contemporains célèbres et mis au pinacle répètent la sotte faiblesse de Goliath : la prétention forge leur grandeur et la gloire leur sert de socle. Mais que d'impuissance et de stérilité dans leur position ! Que le caillou ne soit pas ramassé, peu importe, sa présence suffit. Et qui résisterait à cette présence perpétuellement attentive que l'on nomme le goût du vrai ? Ce qui fait le mensonge et la fragilité de la littérature, c'est sa divinisation ; ce qui fait le mal de la littérature, c'est que son mal attire et qu'on l'apprécie pour lui-même. Ainsi naît l'orgueil : le géant qui voit les êtres si petits juge tout à son échelle, et il pense : "Comment Dieu pourrait-il être plus grand que moi-même ?"

Le but d'une œuvre littéraire est d'exprimer un peu de la vérité de l'homme et du monde : sa qualité d'expression nécessitant une forme soumise à ses propres règles, et sa qualité de vérité nécessitant une connaissance approfondie des données humaines. Il faut donc allier deux nécessités souvent contradictoires, car si la vérité contient d'immenses ressources d'art, ces ressources ne peuvent s'exprimer que par des modes subtils. C'est là l'origine de la lutte entre le mot et la pensée, car la pensée, pour devenir œuvre, doit se réduire en mots, eux-mêmes coordonnés en phrases assouplies, nombrées et rythmées. A cette réduction s'achoppent la plupart des auteurs, ceux qui n'ont pas la possibilité créatrice. Pour un écrivain qui subordonne le mot à la pensée, combien ramènent la pensée au mot ! Pour un qui crée le mot à la convenance de son esprit, combien imaginent créer la pensée en prononçant le mot ! « Génie, mystère profond…, attributs qui conviennent au néant, renseignent moins sur le sujet que sur la personne qui en parle », dit Valéry dans Variétés I. *Et tous les mots tendent à devenir les monstrueux refuges des indigences de la pensée.*

Si l'on considère les œuvres des plus célèbres auteurs de notre temps, on aperçoit quelle fragilité se cache sous le masque de la puissance ou de la beauté : cette fragilité découle du manque de vie, lui-même provenant de l'absence d'un sentiment pur, d'une passion vraie. Aussi ces œuvres sont-elles passives, car l'homme ne s'y retrouve que pour mesurer ses grimaces ou pour disséquer ses élans.

Gide a-t-il jamais fait autre chose que « le voyage d'Urien » ? Valéry a revêtu de splendeur son inutilité. Maurras a dépouillé de foi son effort. Et si Giraudoux sait caresser, parfois pénétrer la folie des hommes, si Mauriac les met devant un problème à la solution douloureusement accordée, si Romains et Martin du Gard rebâtissent les étages d'une génération ou d'une famille, qui répond au besoin de réalité mêlée de rêve, qui répond gravement du centre de la vie ? Que signifient des commentaires, quand nous demandons une raison ? Il y a plus de certitude dans un poème balbutié que dans l'explication des idées et des passions.

A vouloir examiner la vie, on la tue, la décomposition de son mouvement l'arrête, le commentaire de son domaine épuise son objet. La concurrence du mot et de la pensée rend l'effort stérile, et la pensée victorieuse se met à tourner en marge du monde : ainsi l'esprit sait l'existence du cœur et ne peut battre à son rythme.

Voilà la fragilité du géant. L'œuvre littéraire se dresse haut, forte de son enchaînement et de son harmonie : elle représente la vie telle qu'elle la croit vraie. Mais la pierre qui heurtera son front est prête au lancer : un cri de souffrance, une clameur de joie, et la vie animée de sa propre vérité abat le géant.

Et le géant s'apprêtait à dire : "Comment la vie pourrait-elle être plus vivante que moi-même ?"

Si la littérature était raisonnable, elle limiterait son royaume. Pour cela, elle se cantonnerait dans la formule de l'Art pour l'Art, et demeurerait inoffensive. Quel plaisir de styliser une ligne, de creuser une pierre, de sertir un joyau ! L'harmonie vaut la peine qu'on la travaille et mérite l'attention de l'artisan. Quand les enfants jouent à la balançoire, ils mettent leur ambition à s'élever le plus haut possible ; mais il ne leur vient pas à l'idée de sortir de la balançoire pour atteindre plus de hauteur. En somme, ils jouent comme il convient. Que l'Art détermine ses lois, qu'il s'y applique, et qu'il les fourbisse un peu plus chaque siècle, et qu'il joue le jeu convenu. Mais qu'il ne prétende pas en sortir : la vie n'a que faire de l'incurvation d'une ligne ou de la chute harmonieuse d'une phrase. Car la vérité, pour être savamment voilée, n'en demeure pas moins invisible.

Par quel sortilège une œuvre littéraire saurait-elle donc émouvoir celui qui se défie d'elle ? Ah ! la magie n'est pas secrète, le sortilège est simple. Celui qui retrouve l'accent et le souffle, celui qui crée parce qu'il vit n'a pas besoin de lois pour conquérir. Projection de la vie, une œuvre qui taille sa part sans l'homme est assurée de la grandeur de son rôle. Le géant ne peut être fragile, qui a ramassé la pierre et la contient comme une ville entre ses mains. Une scène du Soulier de satin, *et la littérature vit ; un poème comme* L'Ombre de Carco, *et la fragilité disparaît.*

Qu'il soit nécessaire d'être créateur pour justifier son rôle restreint évidemment le champ : beaucoup se rompent à tenter l'impossible. L'effort n'est couronné de succès qu'à la condition de correspondre à une réserve suffisante, d'être aussi soutenu, aussi possible, qu'il est pénible : effort du poète pour saisir son inspiration ; il faut que celle-ci soit assez robuste pour que la recherche ne la tue. Si elle est trop faible, elle disparaît, car l'effort, en faisant intervenir d'autres facteurs que la nature, risque de l'étouffer : c'est pourquoi seuls les écrivains en mesure d'être créateurs arrivent par le travail à réaliser une création. Qui n'a pas tous les atouts dans son jeu perd ceux qu'il a à vouloir les exploiter.

Ainsi, cette masse mouvante de la vie peut être endiguée par la création. D'avoir enchaîné sa liberté à son œuvre permet à l'homme les plus fous rêves de liberté. Créant pour ne pas se regarder vivre, la vie sort de lui comme d'une source sans fin. Et ceux qui écoutent apprennent que l'action révèle un monde plus réel que l'inaction, si riche pourtant de libertés.

Mais que d'une époque on ne puisse retirer qu'une parcelle de création contre un amas de fragilités ; que les hommes se laissent prendre à ce jeu des apparences qu'est la littérature, c'est ce que certains appellent un drame.

Il est vrai que drame *est un mot dans lequel l'on peut mettre ce que l'on veut.* »

Le président du Cercle littéraire de *L'Écho de Paris* estime donc qu'« *il y a plus de certitude dans un poème balbutié que dans l'explication des idées et des passions* ». Il est cohérent avec lui-même quand, dans *L'Écho* du 16 janvier 1937, il lance une grande enquête intitulée : « Y a-t-il encore des poètes ? Si vous le pensez, lesquels préférez-vous ?... »

Le 29, l'ami Jean Delage signe un article intitulé « M. Jacques Doriot a parlé hier soir aux étudiants ». Le maire ex-communiste de Saint-Denis, leader du PPF, a conseillé aux étudiants – Delage s'en félicite – de ne pas mêler la politique à leurs revendications et de se regrouper dans une seule association, quelles que soient leurs opinions. « Qu'ailleurs, et c'est leur devoir, ils militent dans le parti qu'ils ont choisi, mais que dans leurs associations ils n'aient de soucis que corporatifs. » Si l'on sait par ses amis d'alors qu'il a écouté Doriot, il est plus que probable que le président du Cercle ait assisté à cette réunion.

En ce même mois de janvier 1937, *L'Écho de Paris* défend Mussolini et le fascisme :

> « ...Si vous voulez savoir ce que l'on peut faire d'un peuple et de sa jeunesse et comment l'habitude de courir des risques et d'aller à la victoire à travers les pires difficultés a donné à plus de 40 millions d'hommes l'orgueil de leur race et le goût passionné des grandes actions... »

Henri de Kerillis dénonce violemment le gouvernement Léon Blum pour l'aide qu'il apporte aux républicains espagnols. Il accuse en particulier Pierre Cot, ministre de l'Air, d'avoir livré des avions à Barcelone.

Chaque semaine, jusqu'au 6 mars, François Mitterrand fait le point sur les réponses apportées à l'enquête qu'il a lancée : il les commente et fait montre de son savoir littéraire comme de son habileté à façonner sa culture. On le sent heureux d'avoir à dépouiller un nombreux courrier : « *Le débat vaut la peine d'être encore enrichi, et si les avis sont très différents, quel plaisir pour nous de constater que la poésie compose toujours son auditoire aussi divers que passionné...* » Responsable toutpuissant, il cite de larges extraits de la lettre envoyée par son ami Jacques Marot, futur rédacteur-en-chef de l'A.F.P., qui a largement forgé son amour de la poésie à son contact :

> « *M. Jacques Marot estime que si le Roman a "grignoté" des poètes certains – Mauriac, Montherlant –, ceux-ci ont amené au Roman une certaine manière de voir et surtout d'exprimer – le style chez eux relève de la poésie. Il en est de même de "romans poéti-*

ques" entourés d'un halo et d'une émotion suggérée, tels que Le Grand Meaulnes, La Porte étroite, Poussière *ou* Regain... *Faut-il admettre comme poète l'auteur qui versifie ou tout au moins est lyrique sans se servir du roman et du théâtre, qui écrit une poésie pour poésie ? Je ne le crois pas, ou alors c'est condamner toute l'œuvre de Claudel qui me semble être, en définitive, uniquement une magistrale explosion poétique. N'en déplaise à M. Talvart, je ne trouve pas que la poésie moderne soit tellement "obscure, pédante, précieuse". Abandonnons-lui la fâcheuse expérience surréaliste. Mais à côté de cela :* Valéry, Francis Jammes, Claudel ! *Diable... Claudel parle pour ne rien dire dans* Le Soulier de satin, *cet extraordinaire et captivant ouvrage que je ne me lasse pas de relire ? Sans doute Francis Jammes tombe parfois dans le genre mièvre..., mais après de si charmantes et belles choses... Non, non, poésie pas morte ! Car enfin, la poésie ne se mesure pas au nombre des pieds du vers, à la césure métallique, au balancement alexandrin. Est-ce que la poésie n'est pas surtout l'accord du rythme du style à celui de la pensée, plus et mieux qu'un rythme en soi ? C'est pourquoi la poésie pure me semble une plaisanterie. Dans ce domaine, laissez à la musique son génie. Le poète emploie des mots, et ces mots, nécessairement, ont un sens. On ne peut pas mettre n'importe lesquels bout à bout, aussi jolie que la composition de leurs syllabes puisse être.*

Des poètes modernes ? Il n'en manque certes pas d'admirables : Carco, La Tour du Pin, *et d'autres jeunes tels que* Chabaneix, Estang, *et puis, découvert un soir dans l'enthousiasme,* Noël Ruet. *Aussi* Marie Noël : *qui songe à ce poète dont Bremond prétend que les premières œuvres ont la même importance à notre époque que les* Méditations *en 1820 ?... Seulement, pour connaître les poètes, il faut vouloir les connaître. Ils sont trop discrets : on sait que M. Paul Reboux existe et écrit... beaucoup, même... Dire des préférences ? C'est bien difficile. Un jour celui-ci, un autre celui-là. Tout cela sans raisonner, et puis, finalement, le continuel retour à Baudelaire... »*

Le 6 mars 1937, François Mitterrand publie les conclusions de son enquête, qui reprennent pour l'essentiel le point de vue de Marot. Il assassine les surréalistes : « *Existe-t-il échec moins discuté que lorsque les meilleurs éléments de réussite étaient joints ?* » Le trio qui, selon lui, s'impose, est composé de Valéry, Claudel et Jammes. Il semble avoir oublié que, quelques semaines plus tôt, il écrivait que « *Valéry a revêtu de splendeur son inutilité* »... Il relève dans les réponses qu'« *un certain désir d'ordre intérieur aussi bien que formel, de nourritures substantielles aussi éloignées des jeux seulement intellectuels que des faciles abandons où l'informe et l'impur sont trop souvent offerts, paraît commun à beaucoup de jeunes, tant écrivains que lecteurs, tous poètes* ».

Tandis que se déroule cette enquête, « son » journal a lancé une souscription nationale destinée à financer la croisade anticommuniste et anti-Blum du Parti social français du colonel de La Rocque... Les mauvais esprits pourront relever qu'un certain « F.M. » a généreusement donné 500 francs (les dons vont en moyenne de 5 à 200 francs).

Les 13 et 20 mars, deux photographies montrent François Mitterrand à un dîner régionaliste en compagnie de Pierre Nivert, puis à un dîner artistique présidé par Paul Landowski, membre de l'Institut et directeur de l'École des beaux-arts.

Le 10 avril, François Mitterrand publie un article intitulé « Y a-t-il encore un quartier Latin ? », réflexion amère où il regrette un temps où le « Dehors » n'avait pas pris autant d'importance et où le « Quartier » n'était pas une Tour de Babel. Il s'est laissé aller là à une diatribe feutrée qui révèle le même état d'esprit que celui qui l'habitait en février 1935, quand il manifestait contre les « métèques » :

> « *Dans un livre récent de M. Fortunat Strowski,* Étudiants, Étudiantes, *l'auteur parcourait le quartier Latin le long de ses rues toutes pleines d'histoire. Il s'attardait avec émotion sur les ébats des escholiers et le temps joyeux des grisettes, car le tableau classique où l'on voit Villon déambulant au petit jour va de pair avec le chromo de Murger et les étudiants aux barbes romantiques.*
>
> *Ainsi chacun chante le quartier Latin. Son nom même étonne et ravit. On croit être au centre du monde. Car il est bien entendu que le monde a son centre et sa source dans ce que l'on nomme l'Esprit.*

Et, parce que l'on se préoccupe de l'Esprit et que l'on s'acharne à vouloir l'accrocher au flanc de la montagne Sainte-Geneviève, on ne saisit pas que depuis longtemps il a fui et que de lui ne sont restées que des caricatures.

Des enseignants aux enseignés, des maîtres aux élèves, le virus a gagné. Ses gestes sont restés quand leur sens s'est perdu. Le quartier Latin ne connaît plus ce qui fut son âme.

Les apparences ne trompent d'ailleurs pas. Où sont les groupes d'étudiants que l'on se plaît à nous montrer, le vaste chapeau au vent et la pipe solide entre les dents, avec, au fond de la tête, toute une "librairie" aux coins usés tant ils ont servi ? Il ne reste aux spectateurs de 1937 que l'uniforme taillé, avec des épaules carrées et des vestons si serrés qu'on a l'impression qu'ils enferment du vide...

Le quartier Latin est la proie du Dehors – et j'appelle Dehors ce qui, dans le domaine intellectuel ou seulement national, a bouté l'exacte connaissance de soi-même et le désir d'un peu de raison par-dessus la toute-puissance du cœur.

Désormais, le quartier Latin est ce complexe de couleurs et de sons si désaccordés qu'on a l'impression de retrouver cette tour de Babel à laquelle nous ne voulions pas croire[1] – *parce que nous n'imaginions pas que l'on pût se connaître et construire la même maison sans se comprendre.*

Par le Dedans ou par le Dehors, ce qui faisait la qualité du Quartier des étudiants s'est échappé – et je crois qu'il a bien fait, car il y serait en fort mauvaise compagnie...

...Mais voici que nous faisons une diatribe et que nous serons appelés grincheux – par tous ceux qui ne savent pas voir... »

Le 29 mai, relatant le septième banquet annuel de la Vie des étudiants, un journaliste souligne que de « vifs applaudissements soulignèrent le très spirituel discours » de François Mitterrand. Le 5 juillet, *L'Écho de Paris* publie les résultats de Sciences-Po : l'étudiant de Jarnac est diplômé au titre de la section générale avec la mention bien ; il est classé cinquième de cette section. Son nom apparaît dans le journal pour la dernière fois le 2 juillet 1937...

---

1. Souligné par l'auteur.

François Dalle a surtout connu François à partir de 1936 : « Nous nous voyions tous les jours. Nous allions à la fac de droit le matin et fréquentions la bibliothèque de la fac, qui était "tenue" par les Camelots du roi... Je me souviens de Biaggi[1]. L'ambiance était totalement différente à la bibliothèque de la Sorbonne : il n'y avait pas 5 % de non-marxistes et pas une fille ne levait les yeux... J'ai été deux fois en vacances à Jarnac, pendant les étés 37 et 38. C'étaient des vacances très familiales. Ils étaient tous très brillants. Le père était un homme très austère, très cultivé, très accueillant. Ils étaient tous marqués par leur supériorité intellectuelle sur les gens qui les environnaient, et notamment sur ceux du cognac. François nourrissait même un profond mépris à leur égard, et je crois que toute sa vie il a été marqué par son côté "vinaigrier". Il y avait une lutte sourde mais réelle entre les "vinaigriers" et les "cognaquiers", qui se sentaient supérieurs et qui n'invitaient pas les premiers. C'est à cette époque-là qu'il a forgé son attitude, vis-à-vis de l'argent – dont il n'a jamais manqué –, caractérisée par le mépris de ceux qui en ont et qui le montrent. Mais tout cela n'allait pas jusqu'à épouser les thèses de Blum. Bref, il était catho-social. Et ça, c'est resté. A force de jouer le social, même s'il n'était pas totalement sincère, il s'en est imprégné. Il a épousé une carrière d'homme de gauche... Je me souviens de grandes discussions sur le Front populaire, que tout le monde exécrait. La famille Mitterrand était très catho, très *"NRF"*, aimant tous Chardonne, le voisin qui avait écrit *Le Bonheur à Barbezieux,* Claudel, Gide, Montherlant, Céline, Drieu La Rochelle, Bernanos, Jules Romains *(L'Été 14)*... Je me souviens de la grande douceur de ces vacances, des balades dans l'Angoumois, des promenades en barque[2]... »

1. Jean-Baptiste Biaggi, né le 27 août 1918, fit ses études de droit à Paris. Corps-franc, avocat, défenseur des gestapistes français de la rue de la Pompe, puis de Labrusse dans l'Affaire des fuites, etc. Lié à l'O.A.S. durant la guerre d'Algérie.
2. Entretien avec l'auteur, le 16 février 1994.

LE COUP D'ÉTAT INTÉRIEUR :
DIEU ET BÉATRICE

Les petits cailloux laissés par François Mitterrand pour permettre à ses biographes de retrouver son chemin sont bien peu nombreux en cette année universitaire 1937-1938, et la plupart des souvenirs de ses amis du « 104 » ne sont pas assez précis pour qu'on puisse les attribuer à l'une plutôt qu'à une autre de cette période. Certains affirment que le jeune diplômé de Sciences-Po se serait alors davantage engagé du côté de l'extrême droite et aurait même flirté avec le journal *Combat* : « On était proche de *Combat*, qui guidait nos opinions politiques », déclare ainsi François Dalle.

Combat avait été créé au début de 1936 par deux anciens de l'Action française, Thierry Maulnier et Jean de Fabrègues. Les deux hommes reprochaient à Maurras de n'être qu'un beau parleur : « *Combat* était antiparlementariste et antidémocratique, mais n'était pas fasciste au sens hitlérien du terme. Il a été favorable à Munich. Maulnier était plus polémique que Fabrègues. Il a lancé parallèlement le journal *L'Insurgé*, proche de la Cagoule, alors que Fabrègues a créé *Civilisations*, une revue intellectuelle », précise Mme Chavagnac[1], biographe de Jean de Fabrègues.

1. Entretiens avec l'auteur, début février 1994.

Combat est assurément très à droite. Brasillach y collabore régulièrement, écrivant par exemple : « Un Léon Blum, un Herriot nous paraissent assurément quelques-uns des exemplaires les plus répugnants de l'humanité... » Après la découverte du complot de la Cagoule[1], Thierry Maulnier se prononce « pour un complot contre la sûreté de l'État digne de ce nom ». A la mi-1938, le même se déclare partisan d'un antisémitisme « raisonnable ». En mai 1938, la signature de l'ami Claude Roy apparaît au bas d'un article intitulé « L'esprit français, axe de la civilisation ».

La veuve de Jean de Fabrègues[2] affirme que son mari a connu François Mitterrand dans les années 1937-38, à *Combat*, avec Claude Roy. Elle m'envoie chez Mme Chavagnac, auteur d'une thèse sur son défunt époux. Cette dernière confirme que, dans une interview accordée en 1971 au professeur Loubet, Fabrègues déclarait que François Mitterrand « faisait entrer *Combat* au "104"... ; il en était une sorte de correspondant dans les milieux qu'il fréquentait. L'état d'esprit de François Mitterrand était celui de *Combat* ».

Aujourd'hui, François Mitterrand conteste[3] tout à fait cette affirmation : « Non, non, dit-il, je n'ai eu aucune proximité avec *Combat*. Je me souviens de grandes discussions avec Claude Roy, rue du Dragon. On se querellait toujours sur la politique. Il aurait voulu que je vienne à *Combat*. Je ne voulais pas. Jean de Fabrègues était un furieux, capable de dire n'importe quoi. Très vite, son intolérance, sa méchanceté m'ont éloigné de lui. » En fait, François Mitterrand a été proche de Jean de Fabrègues quand il était à Vichy, mais, après la guerre, leurs chemins ont divergé.

L'écrivain Claude Roy confirme[4] les propos de François Mitterrand : « Nous avions tous les deux de grandes discus-

1. Cf. *Le Mystérieux Docteur Martin,* op. cit.
2. Entretiens avec l'auteur, début février 1994.
3. Entretien avec l'auteur, le 21 mars 1994.
4. Entretiens avec l'auteur, mi-juin 1994.

sions. Il n'était ni entiché, ni proche des idées de *Combat*. On se cherchait, comme on dit. Nos deux passions convergentes étaient la littérature... François était, comme nous tous, à la recherche de la vérité... que nous continuons d'ailleurs à chercher... »

Aux vacances de Noël 1937, François retrouve toute la famille réunie à Rouillac pour le mariage du cousin Pierre Sarrazin avec Odile, la fille cadette du colonel Moreau. C'est ce colonel, admirateur de Maurras et au caractère bouillant, que François aimait contredire. Comme à toutes les grandes réunions de famille, on attendait avec impatience le discours du diplômé de Sciences-Po. Nul ne fut déçu, même si le ton n'était pas conventionnel pour un mariage :

> « *Chère Odile, cher Pierre,*
>
> *En vous voyant gravir, après la bénéniction du prêtre, les trois marches qui mènent au chœur, je me disais que vous veniez de nous signifier une rupture. D'un même pas, d'une mesure égale, vous exprimiez votre départ vers un univers strictement fermé... Je me représentais tout ce qui venait de finir là dans cet instant où, pour vous deux, tout commençait...*
>
> *... Quand nous étions enfants, il n'y eut jamais parmi nous de Mitterrand ni de Sarrazin : on disait les garçons et les filles. Ah ! ces luttes que seul, l'esprit formé aux aventures du capitaine Corcoran ou de Marius Cougourdan pouvait trouver chevaleresque ! Ces "petites guerres"... qui n'étaient que l'esquisse du plus grave des jeux, la vie, et de sa plus fantasque application, l'amour !*
>
> *Car voilà qu'aujourd'hui ce nouveau partenaire est au milieu de nous. Sans doute avait-il fait, parmi les filles, plusieurs victimes. Mais il nous avait épargnés, nous les garçons, nous les plus forts qui ne voulons pas croire que nous sommes les plus faibles... Et voilà que toi, Pierre, le premier des garçons, tu montres le chemin. Il ne s'agit plus de conduire les moissonneuses dans la Grand-Combe ou dans les Bouèges... Tu te souviens des bœufs avec les taons tout autour de leurs yeux..., des cailles qu'on découvrait parmi les blés coupés..., tu te souviens des randonnées en charrette à âne ou à bicyclette..., tu te souviens... tu te souviens... Mais on pourrait tellement en égrener, de souvenirs !*

D'ailleurs, tu en fais un peu fi en ce jour. Te voilà lié, ligoté, attaché ! Te voilà qui, d'un saut, as franchi l'autre partie du monde, et désormais pas une parole qui pour toi n'ait un écho, pas un regard qui n'ait un reflet. C'est chose faite : comme l'ombre perpétuellement à nos pieds, à partir d'aujourd'hui, tu possèdes cette autre partie de toi-même perpétuellement à tes côtés.

Et toi, Odile, comment t'exprimer notre accueil ?... Ce que nous donnons, nous ne le retirons pas et nous t'offrons notre affection. A toi de donner l'amour ou le bonheur, peut-être les deux, à Pierre que nous te laissons. N'oublie pas que l'amour est rarement le bonheur, et que, s'il faut choisir, l'amour doit être le préféré.

Songe surtout à ce que représente pour nous ce mari — quel nom solennel ! — que tu nous as ravi. Nous avons connu les mêmes tendresses, nous avons reçu les mêmes baisers. Trois de ceux qui nous veillèrent et que nous aimions plus que tout au monde sont morts : Maman Ninie, Maman Yvonne et Papa Jules, nos trois gardiens disparus. Papa Joseph et Mamie, nos deux gardiens présents, sont les garants de notre alliance, et cette alliance est pour nous d'une valeur infinie.

Mais parlons d'avenir, avec d'autant plus de gaieté qu'il nous est inconnu. Songeons que l'enfer serait le paradis si le paradis n'existait pas... Et puisque la "petite guerre" continue avec de nouveaux combattants, la grâce que je vous souhaite, mes enfants, est que ce soit une guerre de cent ans[1]. »

Lors de ce mariage, François et Robert Mitterrand ont fait connaissance et beaucoup sympathisé avec une cousine éloignée, Marie-Claire Sarrazin. L'oncle paternel de Marie-Claire était marié à la tante maternelle de François Mitterrand. « Ma mère écrivait à Yvonne Mitterrand », confirme Marie-Claire. A la suite de ces festivités, Marie-Claire a revu fréquemment les deux frères ; François « flairait le vent, il cherchait de quel côté se tourner, se souvient-elle. Les gens l'intéressaient, mais il provoquait toujours. C'était vraiment un provocateur... Il tâtait à droite, à gauche... Il s'intéressait

1. Cité in *Frère de quelqu'un,* de Robert Mitterrand, Robert Laffont, 1988.

d'abord à la littérature, c'est sur ce sujet que nous communiions[1] ».

Après ces vacances de Noël, François Mitterrand entamera une longue correspondance avec celle qu'il appellera « Clairette » ou « Clo », cette jeune professeur de quatre ans son aînée...

En attendant, il vient d'apprendre qu'il a été reçu cinquième à un concours de la Marine marchande, et il fête les Rois au Cercle catholique du droit en compagnie de son frère Robert.

A notre grand regret, François Mitterrand ne tenait pas de journal intime qui nous aurait peut-être permis de mieux cerner le jeune homme qu'il était alors. Heureusement, il a beaucoup écrit dans les journaux, les revues, et il a disséminé une très importante correspondance. En janvier 1938, la *Revue Montalembert* a publié sa réponse à une enquête sur les journaux intimes ; il y explique pourquoi il ne tient pas sur papier « *les archives de son esprit et de son cœur* ». On trouve en revanche dans cette esquive quelques bribes de son intimité :

> « *On tient un journal par plaisir, ou par désir d'un gain intellectuel et moral. Le plaisir peut être le plaisir d'écrire :* il est agréable de noter une sensation, de l'enserrer dans une formule, comme il est précieux de transcrire un sentiment : c'est le plaisir de la recherche difficile, la mise au clair de l'obscur[2]. *Le plaisir peut également naître par anticipation : il sera plus tard intéressant et émouvant de se retrouver tel que l'on fut dans le passé : le journal est alors une manière de survie, car en notant le présent, on accumule les souvenirs.*
>
> *Si donc on écrit un journal par plaisir et sans chercher plus loin, le jeu est amusant et ne nuit à personne. Mais si l'on affirme, au contraire, que ces mots se justifient pour des raisons d'ordre moral ou intellectuel, le jeu, pour moi, devient dangereux par suite même de l'importance qu'il prend.*

1. Entretien avec l'auteur, le 11 novembre 1993.
2. Souligné par l'auteur, comme tous les autres passages en romain.

En effet, le critère d'un profit moral éventuel est l'absolue sincérité de l'auteur ; or, à cette sincérité s'opposent tant d'obstacles que ceux-ci l'emportent toujours.

D'abord, à quel moment écrire ? Les uns disent : au moment même ; d'autres disent : après l'événement, par exemple à la fin de la journée. Il est évident que les premiers sont plus logiques : jamais je n'exprimerai mieux ma colère qu'à l'instant où je suis en colère ; ma colère tombée, si je veux la décrire ou en retirer des enseignements, il me faudra procéder à une reconstitution, à une reconstruction : du Viollet-le-Duc sur une cathédrale, du ciment sur le Parthénon ! Mais cette notation sur-le-champ, plus sincère (encore la sincérité connaît-elle très peu la vérité !), est impossible et absurde. Situation ridicule que de tirer son carnet chaque fois que l'on sent ou pense de manière originale. Et même si on le faisait, on verrait fuir l'objet de sa recherche, car le meilleur moyen de tuer ou de dessécher un sentiment vif est de l'analyser et de l'examiner.

Cela revient à la méthode du sage qui tourne sept fois sa langue dans sa bouche. Ainsi la douleur s'amollit en se transcrivant comme elle s'amoindrit en se transmettant ; deux nouvelles sources d'intérêt jaillissent alors : quelle impression produire, et de quelle façon ? Un tiers entre en jeu qui détourne l'attention de l'homme : l'homme s'adresse à lui et tire de sa souffrance une image, une apparence, nécessaire au langage comme à l'écriture. Plus encore, l'image se substitue à la réalité et se met à vivre indépendante. Ainsi l'homme change de partenaire. Le cri le plus pur d'amour, de peur ou de colère a toujours été inarticulé.

Alors, comme l'objet de la description s'échappe, il faut bien l'inventer et se contenter, consciemment ou non, de son image : et l'on aboutit à la littérature.

Si l'on tient son journal à tête reposée, à la fin de la journée, le même inconvénient se présente, légèrement atténué, car on fait mieux la discrimination entre le sentiment et sa représentation. Mais l'exactitude se trouve plus foncièrement faussée, car la simplicité première a disparu. D'autres faits se sont produits qui en ont modifié la texture.

Enfin, que faire de son journal, une fois écrit ? Certains se promettent de le détruire, d'autres de le conserver pour le relire et tirer profit de cette lecture. Dans les deux cas, le journal est ou nuisible ou inutile. S'il doit disparaître immédiatement, pourquoi l'avoir fait ?

Les véritables événements d'une vie sont suffisamment parties de cette vie ; la mémoire n'a pas besoin de ressusciter ce qui n'est pas mort. Mais ce qui est mort ne peut être ressuscité. Et la transcription n'y change rien. *S'il doit être relu, tous les dangers de la littérature fondent sur le journal : souci d'être clair, émouvant, original, sincère, et ce souci suffit à créer le factice.* De plus, ceux qui notent chaque événement interne ou externe de leur existence oublient que notre passé nous est aussi étranger que le passé des autres, et que fouiller son passé est plaisir d'archéologue. *Et nous en revenons au même point : plaisir, et non enseignement vivant et véritable.*

On pourrait encore insister sur les déformations et déviations inhérentes à l'analyse, à tout ce qui doit être écrit, donc revêtir une forme littéraire (narcissisme, égocentrisme, etc.). Mais ce sont là des sujets que l'on a vraisemblablement étudiés à fond au cours de cette enquête, et sur lesquels il reste peu à dire.

De tout ce qui vient d'être écrit, on peut ainsi retirer les réponses à l'enquête :

1°) Un journal intime confère plus de déformations que de bénéfices.

2°) Je ne tiens pas sur papier "les archives de mon esprit ou de mon cœur". Il me suffit de noter à quelle pièce de théâtre j'ai assisté, quel ami j'ai rencontré, combien j'ai dépensé et quelle idée extraordinairement originale j'ai eue : en somme, tout ce qui n'a pas d'importance.

3°) J'aime par curiosité les "réactions subjectives au choc des événements, tout en restant sceptique sur l'évolution secrète d'une personnalité, de ses sentiments et de ses idées". Le mystère de l'homme me paraît être une colossale pièce montée !

4°) Si je lis avec intérêt le Journal *de Gide, ou celui de Stendhal, avec amusement les* Cahiers *de Barrès, c'est que je vois évoluer d'autres hommes et les observe avec leurs tics et leurs préoccupations infimes ; mais aussi que, selon Thomas Mann, "l'indifférence à la vie intérieure d'autrui et l'ignorance qu'on en témoigne faussent nos rapports avec la réalité et engendrent la cécité morale".*

Enfin, puisqu'il est bon d'avoir avec soi le témoignage des "autorités" :

« ... D'ailleurs, les auteurs de confessions ou de souvenirs ou de journaux intimes sont invariablement les dupes de leur espoir de choquer ; et nous, dupes de ces dupes. Ce n'est jamais soi-même que l'on veut exhiber tel quel ; on sait bien qu'une personne réelle n'a pas grand-chose à nous apprendre sur ce qu'elle est. On écrit donc les aveux de quelqu'autre, plus pur, plus noir, plus vif, plus sensible et même plus soi qu'il n'est permis, car le soi a des degrés. Qui se confesse ment et fuit le véritable vrai, lequel est nul ou informe, et en général indistinct. Mais la confidence toujours songe à la gloire, au scandale, à l'excuse, à la propagande », dit Valéry dans Variétés II. »

Son frère Robert, qui ne nourrissait heureusement pas ces réserves, tenait quand à lui un journal dont il a livré des bribes dans son témoignage[1]. Il est ainsi possible de restituer quelques traces supplémentaires du jeune François durant cette année 1938. On le voit patiner à Molitor avec une amie de faculté et Robert, avant d'aller s'asseoir dans les fauteuils d'un théâtre qui joue *L'Habit vert*.

Le 14 janvier 1938, il écrit à Marie-Claire Sarrazin. Il parle d'un *« perpétuel coup d'État intérieur »* qui l'agite, confirmant ainsi qu'il est en proie à bien des contradictions. Les *« choses du Dehors »* que j'ai pu capter çà et là sont loin de suffire à rendre compte de son tempérament bouillonnant. Dans la même lettre à Marie-Claire, il affirme qu'il *« aime le risque, sinon il s'ennuie »*. C'est un trait essentiel de son caractère, qui explique beaucoup de son comportement. Mais ce trait est masqué par une exceptionnelle retenue. *« Le risque serait l'absence de risque »*, conclut-il sur ce thème. *« Mon grand regret est de ne pouvoir me mêler de toute chose. J'aimerais que le destin de tous ceux que je rencontre soit une proie où je pourrais faire à ma volonté des incursions. Comment Dieu a-t-Il pu créer le monde sans que je sois à l'origine ? »* S'il y a de l'humour dans cette extraordinaire formulation, elle dénote à vingt-trois ans

---

1. *Frère de quelqu'un*, op. cit.

un féroce appétit de dominer, « vampiriser » autrui, prendre toute sa part à la création d'un monde...

Mais il y a bien peu de gens pour recevoir de pareilles confidences. C'est le Mitterrand secret qui révèle par moments cet insatiable appétit vis-à-vis du monde. Dans le même temps, il manifeste une ironie aiguë, une certaine légèreté, un goût prononcé pour le futile, pour la danse, mais aussi pour les musées, sans oublier la famille et Dieu... Bref, il est riche de presque tous les contraires.

Le 28 janvier 1938 est une date essentielle dans sa vie. Laissons à Jacques Biget, un de ses compagnons de captivité dont nous ferons plus loin la connaissance, le soin de raconter cette soirée :

> « *Est-ce que vous savez ce qu'est le coup de foudre ?* me demande un jour François Mitterrand au stalag IX A.
> — Je ne sais pas, mais décrivez-moi ce que c'est, et je serai alors en mesure de vous répondre.
> — *Un samedi, j'avais le cafard, je rentre dans ma chambre. Je tombe sur un bristol que j'avais oublié sur ma table. C'était une invitation à aller au bal de Normale sup'. J'y vais. Je vois une blonde qui me tourne le dos. Elle se tourne vers moi. Je suis resté les pieds rivés au sol... Puis je l'ai invitée à danser... J'étais fou d'elle.* »

« Cela peut vous surprendre, mais François dansait très bien », se souvient[1] aujourd'hui Catherine Langeais, la belle blonde qui avait quinze ans et s'appelait à l'époque Marie-Louise Terrasse. Le coup de foudre ne fut pas réciproque : « Je ne lui ai pas donné mon nom, parce que ma mère me l'interdisait. » François l'a alors baptisée « Béatrice », par référence à Dante Alighieri.

François Dalle est mis rapidement dans la confidence. Béatrice va presque devenir le seul sujet de conversation entre eux deux. Dans un premier temps, François va retrou-

1. Entretiens avec l'auteur, janvier-février 1994.

ver la trace de la jeune fille, puis surveiller ses allées et venues entre le lycée Fénelon et l'appartement de ses parents, du côté de la place Denfert-Rochereau. Une fois ce repérage accompli, le plus dur restera à faire, car les instructions de la mère de Béatrice sont draconiennes : elle a interdit à sa fille de parler avec des garçons dans la rue, davantage encore de les suivre au café ou dans un quelconque autre lieu.

Le 30 janvier, François Mitterrand se change les idées en allant voir l'exposition Goya à l'Orangerie...

Le 8 février 1938, il écrit à Marie-Claire Sarrazin. Lettre bizarre : « *Pour vivre sans entraves, il faut mépriser son voisin* », postule-t-il avec un cynisme qui tranche sur l'état amoureux que tout le monde lui connaît à l'époque. Il précise de surcroît qu'il « *ne s'attache qu'à peu de choses* » et reste toujours au-dessus. Il continue néanmoins à lire beaucoup et apprécie particulièrement, en ce début d'année, *Journal 2*, de Mauriac, et le *Journal* de Stendhal, probablement parce qu'il lui a fallu répondre à l'enquête du « 104 » sur les journaux intimes... Il lit aussi du Tardieu et du Bergson. Il exprime enfin des doutes sur Dieu... Turbulences.

En ce mois de février, il sort souvent avec ses frères et sœurs, et aussi avec son père qui vient passer quelques jours à Paris. François est décidément très mondain : il se rend au bal de l'Élysée donné le 23 février sous la présidence effective d'Albert Lebrun. Il y a là Camille Chautemps, Albert Sarraut. C'est la première fois qu'il met les pieds au 55 de la rue du Faubourg Saint-Honoré.

Comment cerner la personnalité de quelqu'un que l'on sait fou amoureux, que l'on voit tantôt sceptique et cynique, tantôt futile et heureux en famille, et qui, le 25 février, partage sa journée entre la fréquentation du farfelu Ferdinand Lop et la Chambre des députés où se déroule un important débat sur la politique étrangère de la France ?

François Mitterrand assiste à cette occasion à un échange politique dont l'époque est coutumière. Débat houleux au cours duquel chaque camp incrimine l'autre, essaie de rejeter sur lui la responsabilité d'une situation qui place la France sous la menace des pays fascistes qui l'enserrent. Le député Marcel Boucher parle de la faillite des politiques financière et étrangère du Front populaire, il évoque « cette guerre dont certains parlent avec tant de légèreté... » Ce à quoi un député de gauche riposte : « C'est exactement notre avis, vous voyez bien que nous sommes d'accord... » A droite, on clame : « La guerre est le châtiment de ceux qui s'abandonnent aux concessions perpétuelles ! » Sur les bancs de la gauche, une voix lance ironiquement : « Laval ! » La gauche : « Vous avez saboté la SDN ! » La droite : « Vous avez saboté la paix ! » La droite : « Ceux qui se sont refusés obstinément à l'envoi d'un ambassadeur de France à Rome, pour ne pas avouer, malgré l'évidence, la victoire des armées italiennes... » La gauche : « Faites-vous naturaliser Italien, cela vaudra mieux ! » La droite : « Allez avec vos amis de l'autre côté du Rhin... L'axe Rome-Berlin, c'est vous qui l'avez créé ! » Joseph Massé : « Nous en avons assez d'être gouverné par des Juifs !... »

Le mardi gras 1er mars, François Mitterrand descend, masqué d'un groin, le boulevard Saint-Michel. « Clo » se tient sur le trottoir : « Je me souviens de lui à un défilé royaliste du mardi gras, avec un masque de cochon... », se remémore Marie-Claire Sarrazin.

Le dimanche suivant, 6 mars, il va danser avec ses frères, Jacques et Robert, chez des amis, les Chaix.

L'ANSCHLUSS, LA CASERNE
ET LE COMTE DE PARIS

Dans la nuit du 11 au 12 mars 1938, les troupes allemandes ont pénétré en Autriche, annexée le lendemain au Reich : c'est l'Anschluss. A l'invitation de son frère Robert, le polytechnicien, François Mitterrand danse au bal de l'« X », où il s'est rendu en compagnie de François Dalle et de quelques amies. Béatrice n'est pas de la partie. Chroniques et souvenirs ne mentionnent guère d'éventuels états d'âme chez le beau François. L'Anschluss ne le laisse pourtant pas indifférent. Le lendemain, dimanche, Robert et François discutent de cette nouvelle donne et de l'irrésistible montée du nazisme. Les jours suivants, dans sa chambre du « 104 », le second va rédiger son premier texte politique (il parle aujourd'hui de son *« entrée dans l'écriture, de sa première véritable affirmation »)* : « Jusqu'ici et pas plus loin ». Ce texte ambigu révèle une approche très « realpolitik » de la situation, sa connaissance approfondie de l'Histoire, son sens aigu de la géopolitique. Seules quelques lignes, à la fin, laissent transparaître un souci moral[1].

« On ne peut reprocher aux Alliés d'avoir bâti de mauvais traités, car tout traité porte nécessairement en lui le vice de procla-

1. Publié en avril 1938 dans la *Revue Montalembert* ; repris dans *Politique 1,* Éd. Fayard, 1977.

mer une victoire et de sanctionner une défaite. *Sans doute, ils ont remué les frontières et bouleversé les États beaucoup plus en raison de leurs préjugés que de l'équité (parce que certaines nations possédaient une religion, une culture, un passé gênants, elles furent brisées) ; sans doute ils ont cantonné les nationalités dans des limites mal formées et logé des minorités au sein d'États étrangers parfois ennemis.*

Mais, cela, l'Histoire le veut : un traité construit un édifice ; tant pis pour les pierres qui soutiennent le poids des autres. Que l'Europe de mil neuf cent dix-neuf ait été mal équarrie, peu importe : l'erreur de ses créateurs fut d'oublier, à Versailles, à Trianon, à Neuilly et à Saint-Germain, qu'ils signaient des chiffons de papier.

En réalité, toutes les guerres aboutissent au même résultat : le vaincu apporte son humiliation et le vainqueur son triomphe. Lorsque les apports s'équivalent, on prend une balance, on règle les niveaux et on obtient ce qui se nomme l'Équilibre européen. En somme, il est décrété qu'à partir de ce jour le règne de la Justice commence et que toute atteinte aux droits établis va contre lui. Et, sur ces bases, on donne à l'Histoire un nouveau départ.

Personne, d'ailleurs, ne se fait illusion. On sait que la Justice s'accommode fort bien de l'Intérêt : la règle du jeu veut que chacun cite la première et parle du second, et que les interlocuteurs se comprennent toujours.

De cet état de choses, il n'y a pas à s'indigner : un traité est le premier acte d'une nouvelle guerre ; le seul crime réside dans la faiblesse de ceux qui ne s'apprêtent pas à fourbir leurs armes.

En politique, deux attitudes sont seules concevables : ou l'abandon total, ou la force absolue. L'abandon, commandé par le sacrifice, serait pour un peuple le plus beau témoignage de sa grandeur. Les individus savent parfois se sacrifier, pourquoi les nations en seraient-elles incapables ? Ce genre d'héroïsme demeurerait-il interdit à cette masse mouvante et vivante d'individus qui composent un État, cette fiction ?

Mais le renoncement volontaire, cette offrande de la joue droite après le coup sur la joue gauche, est inconnu des peuples et risque fort de le demeurer longtemps. Cependant, comme les hommes se targuent de principes, même s'ils n'y croient pas, ils ont remplacé le renoncement par la modération, l'absolu par le juste milieu. Le

*juste milieu ! Comme si l'on pouvait tracer une ligne de partage
entre le bon et le mauvais, le juste et le faux, et danser sur cette corde
raide ! Le juste milieu devint le leitmotiv des peuples faibles.
L'équilibre, le droit acquis, la nature des choses proposent de confor-
tables abris. Pourquoi ne pas y sommeiller ? Oublieux de cet axiome
que le juste doit être plus fort que le fort s'il veut s'occuper des
affaires du monde, les pays vainqueurs de la Grande Guerre se sont
contentés du succès de leurs armes ; puis ils se sont endormis derrière
la forteresse de carton dressée par les traités. Et, chaque fois que le
vaincu d'hier abattait, écrasait ou brûlait une tour, excipant les
nécessités vitales et ses bonnes intentions du dedans, on lui criait :
"Jusqu'ici, oui, mais pas plus loin !"*

*Lorsque le chancelier Schuschnigg répondit à Hitler : "Jusqu'ici
et pas plus loin", les troupes allemandes avaient déjà reçu l'ordre
d'occuper l'Autriche. Parce que la force avait pénétré, elle ne pouvait être freinée : qui oserait prétendre que le fort saura se limiter ?
C'est le faible qui se donne du courage en parlant et qui, croyant
fixer une frontière à la puissance du fort, détermine les concessions :
"Jusqu'ici et pas plus loin." Mais alors, pourquoi le fort irait-il jusqu'ici s'il n'avait l'intention de poursuivre plus loin ? On a tendance à ignorer cette vérité d'histoire et de science qu'une expérience
réussie commande une seconde expérience. Dans la vie des peuples
aussi bien que dans la vie des individus, tout recul est une bataille
perdue. Un recul stratégique masque toujours une défaite, et les
explications tendant à diminuer la faute, à définir les causes, à rejeter les responsabilités, ne changent rien à ce fait que l'homme, dès sa
première chute, prononce sa propre condamnation. Qu'est-ce que la
pureté si, une fois, elle défaille ? Qu'est-ce que la volonté, si elle
plie ? Qu'est-ce que la liberté, si elle cède ? Sans doute, il y a possibilité de rachat ou de revanche, mais le sang et l'angoisse en servent de monnaie. Lorsque le cardinal Innitzer[1] signe : "Heil Hitler", il sauve la partie pour quelques jours : rien à craindre tant
qu'on aura besoin de lui. Lui aussi déclare que jusqu'ici il peut traiter, mais pas plus loin. Lui demandera-t-on son avis, la prochaine
fois, quand il s'agira d'aller plus loin ?*

1. Theodor Innitzer, chef de l'Église autrichienne à qui Hitler rendit
visite, le 14 août 1938, en lui promettant l'indépendance complète de
l'Église dans son pays.

La France, l'Angleterre et l'Italie enregistrent l'Anschluss. *Plus ou moins sèchement, elles signifient leur agrément. "Cela suffit. — Ne touchons plus à l'Europe. — Assez de chantage. — Nos armées s'équipent et nos peuples s'énervent. — Attention. — Jusqu'ici, mais pas plus loin." C'est ce que l'on appelle la mauvaise humeur. Mais la mauvaise humeur n'a jamais remplacé la colère.*

La modération est une vertu si elle s'appuie sur la justice ; et il est agréable de confondre la justice et la volonté du peuple : voilà le sens d'un plébiscite. L'Autriche est allemande ; c'est l'autre Allemagne, celle des valses, de l'esprit, du Danube, de Vienne et de Mozart – selon le chromo classique. On a rompu l'Empire austro-hongrois et, avec l'Empire, l'âme s'est enfuie. Il fallait à l'Autriche ambitieuse et légère les favoris d'un empereur et la guirlande des archiduchesses ; et, tout autour, le Slave grondant et le Tchèque batailleur. Il existait un Parlement : bonne occasion pour chacun d'affirmer sa volonté, mais aussi bonne raison de ne rien faire, car ceux qui parlent n'aiment pas agir. Mais tout cela est mort, déchiqueté. Et l'ombre du voisin, peut-être trop sombre, mais mystérieuse (l'attrait du mystère), s'est étendue. L'économie, l'argent, les débouchés, la puissance et le droit de clamer sa force et son unité, quels prodigieux aimants ! Sans doute, la Prusse guette avec ses hobereaux lourds, mais Vienne est vive et règne au centre de l'Europe : tous viendront s'incliner devant elle quand elle présentera la force derrière le charme. Si le Germain danse mal et maltraite la danseuse, on le fêtera quand même, car il est le triomphateur. Et l'homme, quand il triomphe, a le droit d'être laid. Ainsi la Grande Allemagne naît d'une défaite. Ce que l'Autriche n'a pu réaliser du temps de sa grandeur, ce que la Prusse n'a pu ou voulu obtenir du temps de son hégémonie, une guerre perdue l'accomplit. Le vieux Schwarzenberg et Bismarck, ce modéré, ont rencontré leur maître. Et le Reich allemand a retrouvé son aigle fidèle avec, sur l'Orient et l'Occident, sa double tête pointée.

L'Autriche n'est plus qu'une province. L'œuvre de Wilson est déchirée. La foule, hier pressée le long des avenues de Vienne pour acclamer Schuschnigg, hurle maintenant les louanges d'un nouveau maître. Les tanks et les canons martèlent les rues. Les Docteurs et les Professeurs expliquent que l'évidence est ainsi respectée.

Et cela est peut-être vrai. Le fort l'emporte, il peut se parer d'une apparence de justice. L'Autriche est allemande ! L'Autriche, c'est *la culture allemande ! L'Autriche, c'est le complément nécessaire d'un Empire germanique !*

Il est peut-être vrai que la France serait folle de tenter une guerre pour sauver une paix perdue ; la mort d'un homme est sans doute plus grave que la destruction d'un État. Tout me démontre que rien ne justifie une révolte contre l'événement. Mais, sous le faisceau de ces raisons, j'éprouve encore une inquiétude. Parmi la foule enthousiaste d'Inn et de Vienne, je discerne l'angoisse d'un seul visage penché sur le Danube bleu, et j'essaie en vain de n'y pas déceler le tumulte du fleuve. Devant la venue triomphale du dieu de Bayreuth sur le sol de Mozart, je sais quel sacrilège se prépare, et, malgré moi, j'éprouve une sorte de honte, comme si je m'en reconnaissais responsable[1]. »

Le jour des Rameaux, François se distrait en allant regarder la manifestation du Front populaire. Ce jour-là, le gouvernement Daladier est en voie de formation. Il a pour objectif de mettre fin aux grèves et, plus généralement, au conflit entre le patronat et la classe ouvrière. Daladier a l'intention de montrer ses biceps. En même temps qu'il veut expulser sur-le-champ les « étrangers indésirables[2] », il offre cinq portefeuilles aux socialistes, dont le Quai d'Orsay à Léon Blum. La manifestation, d'abord interdite, puis autorisée, a lieu de la Bastille à la Nation. Il y a là Thorez et Duclos. Les slogans fusent : « Mort aux ennemis du peuple ! », « Ouvrez les frontières de l'Espagne rouge ! » Tout cela, selon *Le Petit Parisien*, garde un aspect bon enfant. Qu'en pense François Mitterrand ? On ne peut qu'imaginer que ces gens qui défilent ont peu de points communs avec lui ; mais qui sait ?

Deux jours plus tard, il part pour Jarnac. Le Vendredi Saint, Robert et lui évoluent dans la bourgeoisie cognacquière locale, chez les Laporte-Bisquit où ils retrouvent les Hine...

1. Souligné par l'auteur.
2. La formule est d'avril 1938 et est destinée à se concilier la droite parlementaire.

Retour à Paris le 20 avril. L'idylle avec le colonel de La Rocque s'achève : il assiste à un discours du leader du PSF, qu'il trouve « navrant ».

Quelque temps après le bal de Normale sup', François Mitterrand est avec des amis, dont François Dalle, sur le Boul'Mich', devant le café « Le Biarritz ». Il leur dit : « Je vous parie que la première fille que vous me désignez, je l'aborde, je l'invite, et elle accepte de prendre un pot avec moi. » Connaissant parfaitement les horaires de Béatrice, il n'ignorait pas qu'elle allait survenir et que, compte tenu de sa beauté, c'est elle que ses amis désigneraient. De fait, la belle Béatrice est montrée du doigt : François l'aborde, et, après quelques hésitations, elle transgresse les instructions de sa mère et lui emboîte le pas pour manger une crêpe...

François prépare son doctorat de droit public, qui commence à la mi-mai. Il est reçu avec la mention bien. Il gagne de surcroît le double de tennis du « 104 ». Début juin, toujours aussi pratiquant, il se rend à la messe à Notre-Dame-des-Champs, le 5, et fait le pèlerinage de Chartres, le lendemain, avec le père O'Reilly. De retour à Paris, il assiste au *Misanthrope* au théâtre des Ambassadeurs, avec Jean-Louis Barrault et Alice Cocéa. Puis il participe à la procession de la Fête-Dieu au « 104 ». Il est enfin admissible au concours de rédacteur à la préfecture de police...

L'irruption de Béatrice a modifié sa carte de l'Ambition. La jeune fille l'a mis en contact avec des normaliens. Son père et son frère ont fait la rue d'Ulm. François est séduit par cet univers plus ouvert que celui qu'il a connu jusqu'alors. Il se rend à Valmondois, dans la résidence secondaire des Terrasse : il y rencontre de brillants esprits des lettres (Georges Duhamel est un habitué) et de la politique (le père de Béatrice est le secrétaire de Flandin). François en veut à sa famille de ne pas l'avoir orienté vers Normale sup'. Ses frères et sœurs ne se privent pas, à leur tour, de critiquer la famille de Béatrice. Une sœur trouve même la mère de Béatrice « vulgaire », et, pour tout dire, elle comme les autres n'apprécient que modérément cette passion qui éloigne François du « clan ».

Fidèle malgré tout à Jarnac, il revient, muni de ses diplômes (il est également licencié ès lettres), au nid familial et se laisse aller à la douceur des jours. La bande des frères, sœurs, cousins, cousines et amis fait du kayak, pratique la pêche aux sourdions, joue au tennis, fréquente les soirées du casino du Sporting, à Royan. Balades en voiture, soirées chez les uns et les autres, plage... Au cours de cet été, François fréquente un nouveau venu, installé dans la villa des beaux-parents de sa sœur Colette : Henri Giraud, le fils du général. Ce rapprochement entre les familles Giraud et Mitterrand aura plus tard quelques conséquences.

A la fin de l'été 1938, François prend des leçons de sténo. A François Dalle, qui passe quelques jours de vacances à Jarnac, et à certains proches, il s'ouvre des vives inquiétudes que lui inspire la situation internationale. Le discours prononcé par Hitler à Nuremberg est en effet bien peu rassurant. Mais Daladier revient triomphant à Paris après avoir paraphé avec Chamberlain les accords de Munich...

François, lui, rentre à Paris le 29 septembre. Il est appelé au service militaire. Son frère Robert écrit[1] :

> « S'il a choisi de ne pas demander un sursis au bout duquel il aurait pu être envoyé en province comme élève officier de réserve, c'est qu'il préfère la Région parisienne. Il semble avoir une bonne raison de ne pas la quitter. Bientôt, j'apprendrai en effet qu'il éprouve un sentiment très fort pour une jeune fille que je crois ne pas connaître encore et qu'il rencontre de temps en temps dans quelque jardin de la capitale, dans un salon de thé ou dans une église...
>
> Sa décision en matière de sursis, François va la payer très cher, car le statut du fantassin a peu de chose à voir avec celui de l'élève officier. »

---

1. In *Frère de quelqu'un,* op. cit.

En attendant de rejoindre la caserne, François pense à Béatrice, la voit dans des lieux publics, continue à beaucoup lire, joue au bridge, au tennis, et s'inscrit à un certificat de morale et de sociologie qu'il a l'intention de préparer durant son service militaire. Avec son frère Robert, il se rend à l'Hôtel de Ville, « où il songe à commencer plus tard une carrière administrative[1] ». Il entre finalement au 23e régiment d'infanterie coloniale, au fort d'Ivry.

François Dalle, qui le voyait alors très souvent, jouant le rôle de « facteur fidèle », lui prête souvent son vélomoteur afin qu'il aille retrouver sa belle : « On ne parlait que de ça ("Ça" étant son amour pour Béatrice). Je n'en pouvais plus ! » se remémore-t-il.

Objectivement, la vie du jeune conscrit n'a rien d'intolérable : il sort souvent, avec ou sans autorisation, continue à fréquenter le « 104 », déjeune en ville, assiste à des spectacles, rencontre Béatrice et lui fait une cour assidue... Mais il ne se fait pas à l'imbécillité des militaires. François Dalle estime même que son service comptera beaucoup dans son évolution : « Sa rupture idéologique avec la société bourgeoise vient de l'armée. Parce qu'il est tombé sur des supérieurs imbéciles, mais surtout parce qu'il ne pouvait pas voir Béatrice autant qu'il le souhaitait. Son contact avec l'armée a été épouvantable. Son incorporation à la caserne Lourcine a provoqué chez lui une grande fureur à l'égard de l'armée. Il ne supportait pas l'autorité absurde et artificielle... Il s'y emmerdait et était alors fou amoureux de la "divine" Béatrice... »

François Mitterrand a lui-même décrit, dans un article publié le 22 juin 1945[2], quelques souvenirs sur la condition du simple troufion qu'il était :

> « *Pour parler de l'armée en connaissance de cause, il faut avoir été deuxième classe. C'est notre cas, et, ma foi, c'est peut-être aussi notre honneur. D'avoir vu l'armée du bas de l'échelle nous a pro-*

1. *Ibid.*
2. Dans le journal *Libres*.

curé l'occasion de faire quelques remarques que, sans aucun scrupule, nous allons généraliser.

Nous sommes allés au service militaire sans bonne grâce. Tomber sous la coupe de sous-officiers à l'intelligence aussi déliée que celle du bélier ne suscite pas particulièrement l'enthousiasme. Nous avons connu les casernes et y avons découvert que l'occupation principale de nos militaires pacifiques consistait beaucoup plus dans la fréquentation du bistrot que dans l'étude de Clausewitz ou plus simplement dans le démontage de la mitrailleuse Hotchkiss. Être soldat, pour nous, qui fûmes appelés en 1938, c'était apprendre de quelle manière un citoyen honnête dans sa médiocrité pourrait s'accoutumer dans le minimum de délai à la saleté, à la paresse, à la boisson, aux maisons closes et au sommeil. Un maréchal de France avait bien écrit autrefois, alors qu'il était lieutenant, un article intitulé "Le rôle social de l'officier". Mais l'officier de notre entre-deux-guerres ne cherchait guère à modifier les conceptions assez sommaires qu'il pouvait avoir sur l'homme en général et le Français en particulier. Sa philosophie se résumait dans la devise bien connue : "Faut pas chercher à comprendre." »

A la caserne, il se lie d'amitié avec Georges Dayan ; c'est le premier homme de gauche qu'il rencontre vraiment. N'étant pas du même bord, les deux hommes n'avaient fait jusque-là que se croiser à la faculté de droit.

Le 5 décembre, il entre au peloton de sous-officiers et part néanmoins le 22 en permission pour Jarnac. Il passe encore Noël en famille ; il a vingt-deux ans.

Il exerce alors une très forte pression sur Béatrice pour qu'elle accepte de se fiancer. La sœur de Jean Bouvyer, Marie, devenue proche de celle-ci, se souvient d'avoir passé une nuit entière à Valmondois à discuter des difficultés qu'elles rencontraient toutes deux avec leurs soupirants. Elles trouvaient la passion de ces derniers par trop envahissante...

François Dalle confirme : « Ça ne s'est pas passé facilement. Béatrice a mis longtemps avant d'accepter de se fiancer avec François. Il l'assassinait avec ses lettres d'amour ! Son amour était d'une telle violence... J'avais le pressentiment que cet amour ne s'épanouirait pas... Il m'en parlait tout le temps, et si je relâchais mon attention, il m'engueulait : "Tu ne t'intéresses pas à moi !..." »

Le souvenir des uns et des autres omet de préciser que sa passion n'empêche nullement François de sortir beaucoup. Le 5 février 1939, il se rend ainsi à nouveau au bal de l'« X » avec deux de ses amies.

Ironie de l'Histoire : le nouveau sergent François Mitterrand assure la garde à l'entrée de la salle du Congrès, réuni à Versailles en 1939 pour la réélection d'Albert Lebrun à la présidence de la République !

Pour une fois, il ne va pas passer ses vacances pascales à Jarnac, mais part avec ses copains Pol Pilven, François Dalle, André Bettencourt et Bernard Duprez sur les routes de Belgique. Bettencourt, plus jeune, connaît Mitterrand depuis peu. C'est Dalle qui le lui a présenté. Il se rappelle[1] encore sa première image du futur Président : « Sur le trottoir, devant le "104", un militaire en bandes molletières[2]. » Il existe une trace écrite de ce voyage en Belgique dans la *Revue Montalembert* :

> « Pendant les vacances de Pâques, Pol Pilven, Bernard Duprez, François Dalle et André Bettencourt circulèrent en Belgique, au Luxembourg, frôlèrent un camp de travail où de jeunes Allemands, menés au sifflet, se baignaient en bon ordre et chantaient des *lieder* romantiques. Ils poussèrent jusqu'en Hollande pour s'y étonner de voir les côtes semées de mitrailleuses dressées contre les avions anglais et les routes du Limbourg coupées de mines. »

Bizarre.. Le rédacteur aurait-il oublié le nom de François Mitterrand et le but principal de cette escapade ? Nenni ! Le sergent de la Coloniale n'ayant probablement pas demandé l'autorisation de quitter le territoire français, il était délicat de

1. Entretien avec l'auteur, le 28 mars 1994.
2. Entretien avec l'auteur, le 28 mars 1994.

citer son nom. Quant à l'objectif, il était de rendre visite au comte de Paris, au manoir d'Anjou, dans la banlieue de Bruxelles.

« C'est moi qui ai obtenu un rendez-vous avec le comte de Paris par l'intermédiaire de mon beau-frère, explique aujourd'hui François Dalle. J'ai fait venir mes amis. Nous étions très impressionnés quand nous sommes arrivés au manoir d'Anjou. C'était beau et il y avait beaucoup de souvenirs sur les murs. Le comte faisait très jeune par rapport à ses photos que nous voyions dans le *Courrier royal*. Aucun d'entre nous n'avait d'appétit royaliste, mais on était très heureux de voir le comte de Paris. Il avait un costume bleu foncé et exprimait une grande gentillesse. Il s'est enquis de nos lectures, de notre vie, de nos opinions... François a beaucoup parlé de la situation politique française et internationale.

« Nous sommes allés jusqu'à la frontière entre le Luxembourg et l'Allemagne, sur les bords de la Sure. De l'autre côté, il y avait une énorme estrade sur laquelle une chorale jouait Ludwig van Beethoven ; les jeunes Allemands étaient nus jusqu'à la ceinture... A un moment, tous ces Allemands se sont jetés dans la rivière...

« A cette époque, on s'interrogeait beaucoup sur le fascisme. Ceux de Mussolini et de Salazar étaient attirants. On croyait que Mussolini n'allait pas suivre Hitler. Nous étions des étudiants bourgeois, catholiques, éloignés de l'argent... On savait déjà que la guerre était perdue, parce que notre armement était aussi nul que le commandement... On était de la chair à canon... On était influencé par *Gringoire* et *Je suis partout*, et, sans être antisémite, on pouvait parler à notre sujet d'ostracisme par contamination... »

Plus ramassés, les souvenirs de Pol Pilven à propos du voyage au manoir d'Anjou confirment les propos de Dalle : « François a parlé tout le temps et de façon très brillante. Le comte de Paris n'a probablement pas oublié ; au cours d'une audience qu'il m'accorda en 1987, ne me déclara-t-il pas "François Mitterrand est le dernier des Capétiens..." ? »

François Mitterrand se souvient lui aussi : « *L'homme était sympathique, charmeur, il avait le prestige de sa lignée. J'ai noué avec lui une relation qui dure jusqu'à aujourd'hui...* » Tout en récusant, on l'a vu, une ancienne adhésion au principe monarchique.

Pour André Bettencourt, « il n'y avait pas de signification politique à cette visite, mais on était très heureux et très fiers de voir le comte de Paris. En feuilletant le livre d'or, à l'entrée du manoir, j'ai été impressionné par les grandes signatures d'hommes politiques, y compris d'hommes de gauche. Impressionné aussi par le train de vie de la Maison de France. Mitterrand n'a pas fait tout le voyage avec nous. Qu'est-ce qu'on a pu rire, pendant ce voyage ! »

Résumant cette période d'avant-guerre et ses idées d'alors, François Mitterrand déclare aujourd'hui : « *Tant que je n'ai pas de vie personnelle, je ne suis qu'un reflet de la société environnante. Je réagissais plus par instinct que par raisonnement. On ne peut parler de création de l'esprit, mais de réactions sentimentales et affectives. Les batailles contre les juifs au quartier Latin me révoltaient... Je n'ai eu un mode de pensée original que plus tard, pendant la captivité. Je n'ai jamais fait partie de groupes étudiants. Nous n'étions pas assimilables...*

« *Je n'avais pas encore fait de choix ; les deux tiers de ma pensée étaient le reflet de mon milieu, qui était de droite. Je marchais alors à cloche-pied avec, d'un pied, le conformisme de mon milieu, et, de l'autre, mon anticonformisme provoqué par une sorte d'instinct réfractaire. On disait à cette époque qu'on "suivait des pistes", on parlait du "rapport à". C'est à travers le vocabulaire que je me suis révolté. Entendre parler des "belles âmes", comme on disait dans les "familles du Plateau" à Angoulême, me révoltait...*[1] »

---

1. Entretien avec l'auteur, le 21 mars 1994.

BAGAGES (2)

Quand François est « monté » à Paris en octobre 1934, la famille Bouvyer, installée rue Gustave-Zédé, dans le XVIe arrondissement, est devenue tout naturellement une famille d'accueil dans laquelle il se rend régulièrement, le dimanche midi. Au début, François y vient en compagnie d'un de ses frères ou des deux, mais Antoinette Bouvyer préfère les voir séparément, tant ils se chamaillent pour prendre la parole. François a beaucoup impressionné cette famille, il l'a même probablement perturbée. Au fil des rencontres, Antoinette manifeste à son égard admiration et affection. Il est peut-être le fils qu'elle aurait rêvé d'avoir, si brillant, si cultivé, si beau. Ses propres enfants s'interrogent aujourd'hui encore sur l'intensité des sentiments que nourrissait leur mère à son endroit. Une chose est certaine : ils en étaient jaloux. Ils enviaient son intelligence, son sens de la repartie, sa causticité qui enthousiasmaient si bien Antoinette qu'eux-mêmes se sentaient négligés, mal-aimés.

Les enfants Bouvyer étaient élevés dans le culte du comte de Paris. Ils devaient lui écrire pour lui présenter leurs vœux. Rue Gustave-Zédé, on était abonné au *Courrier royal*. Dans le souvenir d'Étienne et de Marie, François Mitterrand ne détonnait pas du tout : selon eux, il était alors royaliste. « *Très* royaliste », affirme même Marie, qui nourrit toujours la même fascination pour un François dont elle redoutait jadis l'ironie mordante. On se souvient que Bernard Dalle a gardé le même souvenir : un François Mitterrand opposé à l'Action française, mais attaché à la famille royale et lecteur du *Courrier royal*. Des souvenirs récusés par François Mitterrand.

Étienne et Marie se souviennent[1] d'un François qui venait chez eux « comme un fils, comme un frère ». Il était très anti-communiste et craignait beaucoup le Front populaire. Étienne[2] prétend néanmoins qu'il était en train d'évoluer : « Il était emballé par le *Contrat social*. » Il se rappelle égale-ment que François rappliquait de temps à autre en compa-gnie de François Dalle, lequel était gentil avec le jeune garçon et le traitait comme un « grand ».

Est-ce pour réaliser dans la pratique les paroles de sa mère ou pour lui prouver qu'il était aussi « bien » que François que Jean Bouvyer, le second fils, quitte alors l'Action française pour entrer dans la Cagoule ? Là, au moins, fini les discours ! A la « dizaine » de La Muette, Jean apprend à manier les explosifs pour faire sauter les portes de ministères et les ponts de chemins de fer. Il est exalté à l'idée de prendre ainsi sa part au combat contre la « Gueuse ». Il rapporte des armes à la maison et les exhibe à ses frères terrorisés. Jean ne rêvait que plaies et bosses, se souvient Étienne ; il se remémore cette phrase de son frère : « Avec un revolver, on est toujours le plus fort. »

Celui-ci ne souffle mot à personne – pas même à sa mère – de son appartenance à l'organisation clandestine qui punit de mort toute violation du secret. Jean, qui a changé de lycée, est inscrit à Jeanson-de-Sailly jusqu'en juillet 1936 ; il est admis-sible au bac, mais échoue à l'oral. Il a évidemment la tête ail-leurs. Il profite de la zizanie familiale pour mener son action souterraine sans attirer l'attention de ses parents.

Il est notamment chargé de filatures. Début janvier 1937, Tenaille[3], lui commande de suivre le banquier Dimitri Nava-

---

1-2. Entretiens avec l'auteur.
3. André Tenaille, collaborateur de Filliol, le « tueur » de la Cagoule.

chine, qui réside près de la porte d'Auteuil. Navachine est un citoyen soviétique à la personnalité emblématique pour les cagoulards extrémistes : recruté par la Tcheka en 1922, il a pris la direction de la Banque commerciale de l'Europe du Nord à la fin des années 1920 ; il est rapidement devenu une vedette du Tout-Paris de la finance et de la politique grâce à sa position de dignitaire de la franc-maçonnerie. On le rencontre dans l'entourage de Charles Spinasse et de Pierre Cot. Il fait partie du brain-trust du premier, ministre de l'Économie du Front populaire. Il a ses entrées dans la presse : il finance et conseille le journal radical-socialiste *La République*, mais aussi *Vu*. On le croise dans les locaux du *Courrier royal* du comte de Paris. Il est très proche de Paul Reynaud, mais réussit également, par l'intermédiaire des milieux russes blancs, à pénétrer l'extrême droite. Staline, pour sa part, se méfie de lui, car il le considère comme trotskiste. Bref, juif, franc-maçon, communiste, Navachine fait sûrement partie du « grand complot judéo-bolchevique » qui est, aux yeux des cagoulards, en train de gangrener la France...

Des militaires français – probablement manipulés par Moscou – demandent au Conseil supérieur de la Cagoule une « preuve par le sang » de leur détermination et de leur efficacité. Décision est prise de supprimer Navachine[1]. Le tueur de la Cagoule, Filliol, est chargé de l'exécution ; Tenaille, des investigations préalables au crime. Ce dernier fait appel à ses amis Bouvyer et Derville pour les mener à bien. Ceux-ci interrogent en particulier la concierge de Navachine. Celui-ci vit sur un grand pied, avec trois domestiques et deux secrétaires à son service. Nos deux « filochards » ont remarqué que, chaque matin, l'agent soviétique fait une longue promenade au bois de Boulogne, accompagné de ses deux chiens, et revient toujours par l'avenue du Parc-des-Princes.

1. Lire à ce sujet *Le Mystérieux Docteur Martin*, op. cit.

Le 25 janvier 1937, par une glaciale matinée d'hiver, vers dix heures du matin, M. Leveuf, comptable sans emploi, rentre chez lui, rue Le Marois. Il emprunte l'avenue du Parc-des-Princes, en bordure du Bois. Il tombe en arrêt devant le cadavre d'un homme gisant dans une mare de sang. A ses côtés, un chien, mort également. Jean Filliol, qui vient d'assassiner Navachine à coups de baïonnette, a pris la fuite.

Quelques semaines plus tard, François Méténier, l'un des chefs de la Cagoule, prend contact avec les services secrets fascistes italiens. Il leur expose le programme cagoulard, qui vise à instaurer en France un régime militaire de type fasciste, marqué par une orientation antibritannique. Il cherche à rencontrer le Duce en lui faisant savoir qu'il est et sera le modèle de la Cagoule. Les services secrets de Mussolini comprennent aussitôt tout le parti qu'ils peuvent tirer de Méténier et de son organisation. Contre promesse de fournitures d'armes, la Cagoule exécute de nombreuses missions pour le compte desdits services, notamment du renseignement et du sabotage contre les opérations menées ou préparées en France par les républicains espagnols en lutte contre Franco. Le 22 mars, François Méténier s'engage solennellement à éliminer un leader antifasciste installé de ce côté-ci des Alpes, Carlo Rosselli, dont le comte Ciano, ministre des Affaires étrangères et gendre de Mussolini, exige la mort. Le commandant Navale, du SIM (Service des informations militaires), raconte :

> « Il [*Méténier*] me demanda, en contrepartie, de lui faciliter l'acquisition payante de cent fusils Beretta, pour le moins semi-automatiques, et, sur le moment, pour marquer notre bonne volonté, je promis avec beaucoup de solennité non pas des fusils, ce qui ne relevait pas de ma compétence, mais d'appuyer chaleureusement cette requête, et nous nous sommes séparés sur ces engagements réciproques... Je suggère d'en effectuer la livraison par un intermédiaire que je désignerai. Je rassemblerai les armes de ce côté-ci de la frontière. Je les ferai voir à "Dd" [*nom de code de la Cagoule*] et je

donnerai le laissez-passer pour leur exportation aux risques et périls de "Dd", et seulement après exécution de l'opération Rosselli[1]. »

Le 10 juin 1937, dans un petit chemin près de Bagnoles-de-l'Orne, on découvre la voiture abandonnée des frères Rosselli, une bombe non explosée sous le capot. Des traces de sang maculent le marchepied. Sous un coussin, une douille, et, par terre, un gant ensanglanté. Le lendemain 11 juin, dans un buisson, près du chemin qui mène de Couterne à Bagnoles-de-l'Orne, on découvre deux cadavres : celui de Carlo, qui porte la trace de quatre coups de poignard, et celui de son frère âgé de dix-sept ans.

Fin 1936, début 1937, on rencontre rue Gustave-Zédé des gens dont les noms vont bientôt défrayer la chronique : Méténier, Derville, Tenaille, Puireux, Jacubiez, Fauran... Antoinette est devenue la protectrice des cagoulards, même si elle ne connaît pas encore l'existence de la Cagoule. « Les noms de Corrèze et de Deloncle étaient souvent prononcés à table », se souvient Étienne. Tout ce monde discute dans la grande salle à manger aux vitraux rouge et vert donnant sur la cour. Est-ce que François Mitterrand a rencontré à cette époque cet aréopage, en particulier François Méténier et sa femme ? Il affirme que non. Il connaît en revanche Jean Herpin, lequel figure sur la liste Corre et deviendra plus tard le mari de Marie Bouvyer.

Antoinette ne pose guère de questions. Elle ne se demande pas ce que Jean est allé faire à Bagnoles-de-l'Orne quand elle reçoit, en juin, une carte postale oblitérée dans l'Orne. Elle s'inquiète davantage quand un journaliste curieux interroge son fils à propos de l'exécution des frères Rosselli... Le reporter a appris qu'un certain Bouvyer s'était inscrit dans un hôtel de Bagnoles quelques jours avant l'assassinat. Mais l'affaire ne va pas plus loin et Jean en est quitte pour la peur.

1. In *L'Histoire secrète,* J.R. Tournoux, Plon, Paris, 1962.

A compter de quel moment Antoinette sait-elle que son fils appartient à l'organisation ? Je l'ignore. Étienne raconte aujourd'hui l'anecdote suivante : « Antoinette apprend un jour que son fils fait partie de la Cagoule. Elle est inquiète, elle a peur pour son fils. Elle veut savoir ce que le comte de Paris en pense. Elle va au *Courrier royal* et voit son secrétaire qui lui dit : "Laissez-le-nous..." Qu'a-t-elle dit exactement ? Qu'a compris le secrétaire ? Antoinette a-t-elle entendu ce qu'elle voulait entendre, puisqu'il est bien connu que le comte de Paris n'était pas favorable à la Cagoule ? Toujours est-il qu'elle est revenue chez elle enthousiaste, puisque la Maison de France était derrière la Cagoule et qu'ainsi son fils travaillait pour la Maison de France : "Je fais don de mon fils à la France !" »

Après le passage du journaliste, au début de l'été, Jean est pressé de quitter Paris : ça sent le roussi. Il essaie de s'engager dans l'armée, sans succès, à cause d'une insuffisance de poids. Il passe deux mois avec ses parents à Tharon (Vendée), puis est incorporé en octobre 1937 au 2e régiment de chasseurs d'Afrique, à Mascara. Il se rend ensuite à Constantine où il suit le peloton d'élèves officiers. Tout se passe fort bien, et nul ne serait allé rechercher Jean Bouvyer en Afrique du Nord s'il ne s'était vanté auprès de camarades d'avoir assisté à l'assassinat des frères Rosselli. Son bavardage fait basculer sa vie, celle de sa famille, et ne sera pas sans conséquences, des années plus tard, sur celle de son ami François...

Un des confidents de Jean Bouvyer raconte en effet l'histoire à l'inspecteur principal Bascou, qui en fait rapport le 2 décembre 1937 :

> « Jean-Marie Bouvyer, né en 1917 à Loches (Indre-et-Loire), affecté depuis deux mois au 3e régiment de chasseurs d'Afrique à Constantine, domicilé chez ses parents, rue Gustave-Zédé, à Paris, se serait vanté d'avoir assisté à l'assassinat des frères Rosselli. Un des assassins serait un ancien boxeur qui pourrait s'identifier à Charles Huguet, né à Paris en 1902 et demeurant à l'hôtel Lebon, rue Lebon, où il n'est pas

revenu depuis le 30 novembre 1937, abandonnant ses affaires personnelles. »

Bascou se précipite à Bagnoles, retrouve sans mal la trace de Bouvyer chez un hôtelier, puis fonce à Constantine pour interroger Jean. Celui-ci ne fait aucune difficulté à tout raconter :

> « A la demande de Tenaille, j'ai exercé dans la région de Bagnoles-de-l'Orne, avec Huguet, une surveillance dont l'objet était les frères Rosselli. Tenaille a payé tous les frais. Le 9 juin 1937, j'ai quitté Paris par le train. A la gare de Bagnoles, j'ai retrouvé un camarade, Jacques Fauran, avec lequel j'allais, en 1932 ou 1933, au lycée d'Angers. Il m'attendait avec une puissante voiture américaine, un cabriolet décapotable à deux places. Nous nous sommes rendus à l'hôtel Cordier où je lui ai montré les frères Rosselli.
>
> Dans cette même journée, Jacques Fauran s'est rencontré [*sic*] avec les quatre individus qui ont tué les deux Italiens. Les meurtriers disposaient d'une automobile Peugeot, une 402 noire. L'après-midi, nous sommes allés à Alençon pour filer les frères Rosselli ; j'étais avec Fauran dans sa voiture. Les quatre assassins occupaient la 402. C'est au retour que le meurtre a eu lieu. Fauran et moi y avons assisté d'assez loin. J'ai très nettement entendu deux coups de feu. Les occupants de la Peugeot sont : Filliol, Jacubiez, Puireux et un inconnu, un brun âgé d'environ trente ans. »

Bouvyer est transféré à Paris. Tous les journaux racontent sa tragique odyssée. Fauran est aussitôt arrêté et confirme les dires de Jean.

Le 14 janvier 1938, François Mitterrand écrit à Marie-Claire Sarrazin, qui connaît évidemment les Bouvyer, pour lui raconter, après un assez long développement sur ses propres contradictions et son amour du risque (« *J'aime le risque, sinon je m'ennuie* »), ce qui vient d'arriver à Jean. « Clo » me lit aujourd'hui un bref passage de cette lettre :

> « ... *Un certain Jean Bouvyer, frère de Marie, première demoiselle d'honneur au mariage du 23/12 de Pierre Sarrazin et cava-*

lière de Jacques, est l'un de mes meilleurs amis. Absolument bouleversé, j'ai passé la journée d'hier chez les parents de Jean, accompagné sa mère à la Sûreté générale et vécu des moments terribles avec son frère. Toute l'accusation repose sur les aveux de Jean Bouvyer ! Je suis persuadé qu'il n'est pas coupable, mais je crains que la justice ne soit très dure, à cause du caractère politique de l'affaire. Vous pouvez imaginez l'effondrement de la famille, bourgeoise jusqu'à la moelle des os et ignorant tout... »

Jean Bouvyer fait l'objet d'un mandat de dépôt, le 22 janvier, et est inculpé d'assassinats, d'association de malfaiteurs et de complot.

François Mitterrand va beaucoup venir en aide à Jean et à sa mère affligée. Il ira régulièrement rendre visite à Jean à la prison de la Santé. Catherine Langeais se souvient de l'avoir accompagné dans ces visites en 1938 et 1939. Les frères et sœurs de François trouvent également naturel de réconforter l'ami de la famille. Les Bouvyer réussissent d'autre part à mobiliser du monde en faveur de Jean. Antoinette investit toute son énergie dans le sauvetage de son fils. Elle fait la connaissance de Mme Méténier, avec qui elle se lie d'amitié. Celle-ci se rend régulièrement, comme elle, à la Santé où sont enfermés un certain nombre de cagoulards, dont leur chef, Eugène Deloncle, et François Méténier.

Ce dernier, industriel à Chamalières, est un grand aventurier que tout le monde décrit comme particulièrement attachant. A la différence de Jean, qui n'était qu'un comparse dans le grand complot de la Cagoule, c'était l'un des membres les plus importants de l'organisation secrète d'Eugène Deloncle. Il exerçait un droit de contrôle sur la plupart des services de l'état-major de l'organisation, notamment sur sa fraction militaire. Il s'occupait de collecter des fonds et entretenait des relations étroites avec certains membres de l'état-major. Après avoir été officier d'active, puis obtenu un congé sans solde pour se lancer dans l'industrie, il était devenu capitaine d'artillerie de réserve en 1937. Méténier était tenu pour responsable des deux attentats de septembre

1937 contre le siège du Patronat français, rue de Presbourg, opération conçue par lui et quelques autres pour être imputée aux communistes et entraîner ensuite l'armée derrière la Cagoule dans le putsch en préparation. On se souvient qu'à l'époque où j'enquêtais en vue de rédiger ma biographie du Docteur Martin, la famille de celui-ci m'avait raconté par le menu le rôle qu'était supposé avoir joué François Mitterrand dans ces attentats. Rien ne permet de confirmer ces allégations et je suis convaincu que le jeune François n'a nullement transporté des bombes rue de Presbourg, pas plus qu'il n'a fait partie de la Cagoule, ainsi que le montre notamment cet extrait de la « liste Corre » à la lettre « M » :

MIALET, 32 rue de la Salle, Bayonne
MICHEL Fernand, 12 rue Latreille, Clermont-Ferrand
MICHELS Gustave des, 208.A, 16° R, 25 rue Campagne Première Paris (14°)
MIGNOT Anatole, 436, 15° R, 6 Pge des Thermopyles, Paris (14°)
MILLEIRO Robert, 413, 2° R, 10 avenue Matignon, Paris (8°)
MINARD Jacques, 764, 1° R, 4 rue de l'École de médecine, Paris (6°)
MINGOT Louis, 191.A, 15° R, 14 rue du Général Hubert, Paris (14°)
MINTEGUIAGA Fernand de, 14.A, 15° R, 9 place de la Sablière, Paris (14°)
MIOUX Lucien, 458, 17° R, 52 bd Murat, Paris (16°)
MIRIBEL Aymard de, 1° Br, 9 rue Robert Lecoin, Paris (16°)
MITJAVILLE, Perpignan
MOHRENSCHILDT, 673, 1° R, 83 rue N.D. des Champs, Paris (6°)
MOISSENET Paul, 155, G, 6 rue St Gilles, Paris (3°)
MOITET Jean, 105, 2° R, 70 Fg St Denis, Paris (10°)

Antoinette et son mari prennent Xavier Vallat, député d'extrême droite, pour avocat. Celui-ci a été successivement

Croix-de-Feu, puis inscrit au parti républicain national et social de Pierre Taittinger.

La rencontre des Bouvyer à Rouillac a ainsi placé sur le chemin du jeune François – en tout cas dans les haies qui le bordent – des personnages étranges, sans doute fascinants, mais fort dangereux pour la République.

Les hasards de ces rencontres ne s'arrêteront pas là : par son beau-frère Pierre Landry, le militaire, on a vu qu'il a déjà fait la connaissance de Henri Giraud, le fils du général. Mais ce genre de « bagages » s'alourdissent encore notablement avant la guerre. Le 5 février 1939, son frère Robert rencontre Édith Cahier ; quelques jours plus tard, Robert, Édith, François et Marie-Louise[1] dansent au bal de l'« X ». Édith et Marie-Louise deviendront les meilleures amies du monde. Le 2 juillet, Édith et Robert se fianceront. Le 6 décembre, Robert viendra en permission pour se marier. Rien d'extraordinaire à cela, sauf qu'Édith est la fille du commandant Cahier, lequel s'est trouvé être le supérieur hiérarchique de son futur gendre dans l'artillerie légère. Mais, surtout, sa sœur Mercedes est l'épouse d'Eugène Deloncle, patron de la Cagoule, chef de Jean Bouvyer et de François Méténier ! Ces trois derniers sont alors emprisonnés à la Santé... Par son frère, François Mitterrand vient donc de tisser un fil supplémentaire avec les milieux cagoulards. Mais un fil ténu, car les Cahier, depuis quelques années, ont pratiquement rompu leurs relations avec les Deloncle – notamment leur repas hebdomadaire en commun – par suite de l'engagement politique d'Eugène. « Eugène Deloncle était très intelligent, d'une culture folle, mais son intelligence était dévoyée. C'était une époque terrible pour les familles », se souvient[2] aujourd'hui Henriette Cahier, la veuve du commandant, quatre-vingt-quatorze ans.

1. « Béatrice » se nomme en effet Marie-Louise Terrasse.
2. Entretien avec l'auteur, le 16 juin 1994.

LE SERGENT MITTERRAND
AU FRONT

Les lettres qu'il a envoyées à sa famille et à ses ami(e)s (dont les destinataires ou leurs héritiers nous ont fait la faveur de nous communiquer certains extraits) permettent d'évoquer l'état d'esprit du jeune sergent du 23e RIC et son évolution au fil des mois et des épreuves. Une quinzaine de jours après avoir rejoint le front, en septembre 1939, il a gardé son détachement ironique à l'égard des gens et des choses. Il parle du *« voyage payé par l'État »* pour le conduire face aux *« voisins d'en face »*. *« Je vis en sauvage »*, écrit-il sans en être autrement affecté. *« La vie devient précaire. »* Il regrette l'absence de musique de Mozart et de Beethoven. Il s'habitue pourtant si bien à cette nouvelle existence, aux antipodes de celle qu'il a toujours connue, qu'il note n'avoir contracté aucun rhume, malgré le froid, l'humidité et les courants d'air. Même le bruit du canon est assimilé par lui à quelque chanson monotone.

A la mi-octobre, durant la « drôle de guerre », en première ligne, de retour en Alsace, il vit la plupart du temps dans les tranchées, dort tout habillé dans le foin, retrouve au réveil des limaces dans son casque, et disserte sur l'héroïsme qui, évidemment, *« n'existe pas »*. Il ne croit qu'à *« l'instinct de conservation »*. François s'amuse à relever les tics de langage des gens du peuple qui l'entourent : « Ça fait rien... », « Quelle vie qu'on mène... », etc.

> *« La guerre est une chose stupide, terrible, c'est la destruction, la négation de la vie, du progrès, du bonheur... Elle n'exalte que les qualités déjà nées ou qui seraient nécessairement sans elle...*
>
> *Mon ami Dayan m'accuse chaque jour de m'occuper encore de pittoresque ; de la finesse des lignes, des formes, des tons ; de civilisation. Faut-il sauver nos réactions de "dernier civil" devant la mort ? Je voudrais avoir pour seul testament ce vœu : que les barbares soient détruits, que vivent les civilisés.*
>
> *Mais il ne s'agit pas de mon testament : j'ai l'intention très nette de m'en tirer, et ne négligerai rien pour ce. »*

Une semaine plus tard, il est toujours sur place avec ses douze hommes ; il éprouve un sentiment de puissance à les commander et à se sentir beaucoup moins vulnérable qu'eux :

> *« Moi, je ne me trouvais pas mal, mais je dispose d'un capital poétique, d'une raison préparée par des lectures et des exemples. Les autres sont seuls...*
>
> *Comment oublier que le spectacle qui m'est offert est fait de la peine des hommes ? »*

Dans toutes ses lettres, il montre le même détachement vis-à-vis du danger, de la peur, de la mort.

> *« ... Je ne connais pas encore toutes les horreurs de la guerre..., mais cette artillerie de malheur a le ventre solide... Je sais un sifflement que* toutes *les trompettes du monde ne me feront pas oublier ; on le file de toute son âme ; ça va, ce n'est pas pour nous... »*

Il a emporté dans les tranchées deux livres : les *Pensées* de Pascal et l'*Imitation de Jésus-Christ*.

A la même époque, il écrit au « 104 ». On retrouve dans ces missives le même état d'esprit :

> *« Au front, le risque est débarrassé de son aspect intellectuel. Il ne reste que la réalité, difficile et belle seulement par les interprétations qu'elle permet. »*

François Dalle, affecté à Rouen, reçoit également un abondant courrier de son ami qui est, comme il l'écrit, « aux avant-postes ».

Une lettre datée du 5 novembre 1939 et envoyée à sa future belle-sœur, Édith[1], permet d'apprécier son humeur automnale :

> « ... *Si des hommes se battent, tant pis ; qu'ils apprennent à vivre ; qu'ils pistent leur bêtise jusque dans sa tanière ; qu'ils soient amenés à se frapper la poitrine devant leur barbarie ; les voilà qui, par amusement ou par ambition, sont en passe de perdre leurs libertés, leur finesse, leur art, leurs facilités.* Ce qui m'ennuierait, c'est de mourir pour des valeurs (antivaleurs) auxquelles je ne crois pas. Alors je m'arrange avec moi-même[2]. *Je décide de vivre, si Dieu le veut ; je décide que le froid doit être supporté, que la boue doit être supportée, et le reste à l'avenant.* Je décide qu'il faut payer une dette. Laquelle ? Celle de la sottise. *Et, pour désencrasser un peu la civilisation, je décide que ça vaut peut-être la peine de mourir... Je me porte bien, mais pas tout à fait, car un uniforme blesse qui aime la vie...* »

Lettre importante, qui est aussi dans le droit-fil de ses engagements politiques d'avant-guerre. Cette guerre qu'il hait de toute façon, montrant même une certaine dose d'antimilitarisme, est une conséquence directe de la politique menée par les « politicards ». La tonalité de sa voix change, aujourd'hui encore, quand il évoque l'humiliation de la défaite : « *J'étais un soldat vaincu d'une armée déshonorée et j'en voulais à tous ceux qui avaient rendu cela possible, les politiciens de la IIIe République...* » Avant même l'arrivée de Pétain à la tête de l'État, il est convaincu au plus profond de lui-même que le pays doit s'acquitter à présent d'une dette pour sa sottise et sa mauvaise conduite.

1. Tirée de *Frère de quelqu'un*, op. cit.
2. Les passages en romain sont soulignés par l'auteur.

Le 14 novembre, il a fini les *Diableries*[1] que son amie Marie-Claire Sarrazin lui a envoyé et il est maintenant plongé dans *Terre des hommes* d'Antoine de Saint-Exupéry, que lui a adressé sa sœur. Il est emballé par Saint-Ex : « *Je le crois*, écrit-il ; *l'effort et les difficultés seules grandissent l'homme.* » Il se demande pour terminer « *comment tirer les hommes de leur sommeil sans mal pour eux.* »

Au début de décembre, il a quitté l'Alsace pour les Ardennes, à la frontière belge, près de Stenay, à l'extrémité ouest de la ligne Maginot. Ici, constate-t-il, « *les gens ont le genre héroïque* ».

> « *Je m'embête un peu ici. On s'habitue à vivre sur deux pieds qui bougent, avec un corps qui tremble et finit par goûter la peur, le froid et les délicieuses sensations du danger, et puis d'un seul coup on vous flanque dans un trou, pour creuser des trous.* »

Il dit s'extasier « *devant des filles aux jambes-troncs et qui portent des vêtements endimanchés plus criants que des nudités congolaises* ».

Il revient sur le thème des valeurs (antivaleurs) :

> « *Révision surtout de l'appréciation des valeurs. Je crois que je sortirai de là (sinon le corps en pourriture)* révolutionnaire et positif. *Retour à Auguste Comte. Vive la Révolution, vive l'idéal conquis pièce à pièce par l'intelligence forgée de volonté ! Mais qu'on ne nous parle plus de ces marches à l'écrevisse, de ces politiques négligentes, matérielles. Nous avons besoin, dit Chesterton, d'un homme qui ne soit pas pratique.* »

François Mitterrand est en train de changer profondément. Ces mots, « révolutionnaire et positif », sortent des tranchées et sont bien éloignés des causeries de l'abbé Jobit ou du père O'Reilly. Mais de quelle révolution s'agit-il ? Elle n'a, en tout cas, rien à voir avec celle de 89 !

1. D'Evelyn Waugh, Grasset, 1938.

« Russie, Finlande, Allemagne, Angleterre, France... et puis le monde, la bagarre sera jolie ! Restera-t-il une pierre de ce qui était en août 39, un homme au même point ? Beaucoup croient que tout va continuer sur cette corde raide, en demi-teinte, mais pourrons-nous aimer du même amour qu'hier ? Un bon coup de vent va secouer les cimes, les bases, tuer le fragile, l'inutile, et aussi un peu du solide et de l'utile. »

Il éprouve une délectation romantique à évoquer cette grande tempête qui va bouleverser l'ordre ancien :

« Un souhait : vivre ça. Mais qui y a-t-il pour moi sur les tables éternelles ? Peut-être seulement une petite histoire de peu d'importance terminée sans bruit pour une raison bête. Je ne vois vraiment pas quelle raison parmi celles qu'on invoque mériterait qu'on meure pour elle. Et pourtant, elle existe. »

S'il ne discerne pas encore clairement comment son destin peut s'inscrire dans cette grande révolution annoncée, il n'en est pas moins convaincu qu'il y jouera une place de choix.

Ce bouillonnement se produit dans la tête du jeune sergent alors qu'il creuse, avec ses camarades, un fossé antichar entre la Chiers et la frontière belge. Plus tard, d'autres instructions le transporteront sur la rive gauche de la Chiers afin d'y creuser un autre fossé...

Le jeune sergent du 23e RIC bénéficie d'une brève permission à la fin de décembre 1939. Il la passe à Paris où il revoit Béatrice, mais aussi Édith, la femme de son frère Robert.

Le 14 février 1940, il écrit à son ami Dayan, qui fait maintenant les EOR au camp d'Auvours, à côté du Mans. Le sergent-chef est débordé par son travail à la caserne. Il n'a ni le temps de se laver, ni celui de se raser. Il est triste du départ de son ami : *« Mes bons souvenirs sont liés à toi. »* Il se demande ce que lui réserve l'avenir, et n'aime pas du tout la vie de caserne. Il préfère le front : dès qu'il est à la campagne, il revit.

Fin février, début mars, il obtient une nouvelle permission pour célébrer ses fiançailles avec Marie-Louise Terrasse.

Dayan est présent. François Mitterrand rend également visite au « 104 » et raconte au père O'Reilly et à ses cadets « *la dure vie d'un chef de section dans les petits postes, ses expériences* » ; il évoque longuement « *ses méditations sur l'homme né de la guerre*[1] ».

Quelques jours après avoir rejoint son cantonnement, il reçoit la visite de son frère, qui est lieutenant. Beaucoup de nostalgie dans les sujets évoqués, si l'on en croit la relation de ces échanges fraternels faite par Robert[2]. François lui parle des « trous Gamelin » qu'on leur fait creuser, des sortes de tranchées en forme de « T », de faible dimension. Le 6 avril, il lui écrit qu'il se sent assez libre, ne dépendant, du point de vue hiérarchique, « *que de gens assez invisibles* ».

Le 11 mai, la « drôle de guerre » est terminée. Il écrit à son père entre deux bombardements. « *Si je suis blessé, préviens Marie-Louise* », commence-t-il. Il précise sa position géographique : une ligne de chemin de fer à 800 mètres, une colline dominant la région ; de son poste d'observation, il voit des Français et des Belges qui fuient. Ses hommes et lui ne disposent que d'étroits boyaux pour se protéger.

> « *Un ou deux avions arrivent. J'arrête. L'avion est une arme redoutable. Je suis en train de me construire un petit abri.* »

A la fin de cette lettre, il demande à son père de lui envoyer sept ou huit sacs de jute de 80 × 20 centimètres pour y entasser de la terre afin de s'aménager un abri solide ; un peu de rhum ou de cognac ; cinquante enveloppes. Et il termine par un : « *A demain. Je l'espère.* »

Le 29 mai, il écrit à son ami Dayan. Il lui dépeint la violence des attaques, les combats sanglants. Il a perdu beaucoup de camarades et se demande comment il a pu passer ces dix-neuf derniers jours sans la moindre égratignure. Il a égaré dans la bataille toutes ses lettres et toutes ses photos. « *Quel*

---

1. In la *Revue Montalembert*.
2. In *Frère de quelqu'un...*, op. cit.

crime, la guerre ! » s'indigne-t-il. Il est loin, le temps où il louait les poilus au concours d'éloquence de la DRAC : « *Je ne puis concevoir la ténacité de ceux de 14-18.* » Avant de déclarer son amitié, il tient à prendre du recul : « *Ne pas se laisser dépasser : pensons à l'après-guerre...* »

Le 17 juillet 1940, donc après l'armistice, il écrit à « Clo » :

> « *Au cours de la retraite qui nous a conduits de Stenay à Verdun (et au-delà), des 10 au 14 juin pour moi, et au 24 pour mes camarades, j'ai vécu des péripéties bouleversantes. Blessé le 14, à la fameuse cote 304 devant Verdun, par un éclat d'obus qui est venu se loger sous les côtes de mon côté droit, j'ai été hospitalisé à Toul, puis à Bruyères, et raflé par les Allemands, le 21, de l'hôpital de Bruyères. J'ai été transporté à celui de Lunéville, que je viens de quitter. Après un mois d'hôpital, me voici dans un camp de prisonniers à Lunéville. Je ne vous raconterai pas notre vie, vous pouvez l'imaginer. Quand cela prendra-t-il fin ? Tout le monde est dans la peine. Je n'ai aucune nouvelle de Jarnac. Que s'y passe-t-il ?* »

La guerre s'est en effet mal terminée pour le sergent Mitterrand. Blessé d'abord, puis fait prisonnier, il est, comme à son habitude, extrêmement sobre, voire distant vis-à-vis de ce qui lui arrive. Un peu plus d'un an après, il a raconté à Robert Gaillard, un écrivain parqué avec lui au stalag, les impressions qu'il a ressenties lorsqu'il fut blessé. Gaillard a narré l'épisode dans un livre publié en 1942[1] :

> « Je lui lis ce que j'ai écrit dans ces notes sur la mort, et le pessimiste impénitent qu'il est ne me désapprouve point. Il a été gravement blessé par un éclat d'obus et il me donne ses impressions : "*La victime elle-même,* avoue-t-il, *se joue la comédie, ou joue la comédie. Quand je suis tombé, meurtri, sanglant et choqué, je n'ai pas perdu toute ma littérature. J'ai continué à être un acteur. Il y avait un Mitterrand intact et sauf qui regardait, navré, désespéré, un autre Mitterrand blessé. Je n'arrivais pas à comprendre qu'une telle chose ait pu m'arriver à moi ! à moi ! J'en étais suffoqué et offensé.*" »

1. *Mes Évasions*, Robert Gaillard, *op. cit.*

Quarante-six ans plus tard, le Président narrera à Pierre Jouve et Ali Magoudi[1] ces douloureux événements avec la même distanciation :

> « *On était comme au cinéma. On voyait les Allemands arriver, magnifiques, en culottes courtes, chantant, mitraillette au bras. Il faisait très beau. Nous cueillions des fraises des bois. Soudain, l'un de nous a été traversé de balles. J'ai été blessé et, à un centimètre près, j'aurais eu la colonne vertébrale brisée. C'était la fatalité. La situation était devenue très difficile. Depuis quelques jours, nous avions eu pas mal de tués. J'avais vu sauter dans un fortin toute une section de ma compagnie. Je commençais à être un peu habitué. J'avais déjà vu la mort... »*

Revenant sur sa blessure elle-même, il déclare :

> « *Un petit coup de fouet. Les chairs ont été déchirées. On ne m'a tout de même pas coupé la jambe. J'ai eu le bras immobilisé pendant un an. L'éclat avait pénétré juste à côté de la colonne vertébrale, était passé sous l'omoplate, puis avait déchiré un peu la plèvre et était venu se situer à la jointure de l'épaule. Une gêne, mais pas de souffrance. Je l'ai toujours ; je l'ai complètement oublié... »*

Le bras immobilisé, renforcé dans son sentiment d'invulnérabilité, François Mitterrand est maintenant captif. Un mot dont le seul énoncé, lui qui se veut sans entraves, si totalement libre, le révulse.

---

1. In *Mitterrand, portrait total*, Carrère, Paris, 1986.

DERRIÈRE LES BARBELÉS

La captivité de François Mitterrand marque une étape décisive dans son évolution. Elle a été racontée dans plusieurs ouvrages. Je privilégierai textes, documents et témoignages inédits, notamment ceux émanant du prisonnier lui-même. En Allemagne, il a écrit dans le journal *L'Éphémère* dont il était responsable. Il a envoyé quelques lettres et, surtout, une fois libéré, alors que ses souvenirs étaient encore frais, il a à plusieurs reprises laissé courir sa plume dans les journaux de Vichy. Si bien qu'il est possible de reconstituer l'état d'esprit d'un François Mitterrand auquel le camp n'a rien fait perdre de sa superbe, puisque le journal du stalag IX A le montre caricaturé sous les traits d'un empereur romain[1]...

Le trajet qui le conduit de Lunéville jusqu'en Hesse est décrit de manière quelque peu romancée dans « Le pèlerinage à Thuringe », publié en décembre 1942 par *France, revue de l'État nouveau*[2] :

> « *Un train nous attendait, composé de wagons aux inscriptions cosmopolites. Chacun d'entre eux devait contenir quarante hommes, ce qui fut fait sans trop de mal : nous savons maintenant comment disposer les jambes en les entrecroisant, sous quel angle*

1. Voir cahier d'illustrations.
2. Repris dans *Politique 1,* Fayard, 1977.

plier les genoux, comment se caler flanc à flanc, comment entasser, suspendre les musettes et les faire servir de siège, d'adossoir, d'oreiller. On nous a enfermés dans nos logements respectifs. Pour éviter les tentations, les portes à glissières ont été bloquées à la chaîne, mais, afin de permettre à l'air de circuler et que pénétrât un peu de la couleur du jour, on nous a laissés libres d'ouvrir les volets rectangulaires. Nous nous sommes entassés sans dispute : les formalités, les dérangements, les va-et-vient, les incommodités n'excitent plus guère notre impatience ; notre état social élémentaire a supprimé les préférences. J'étais tout de même étonné de la facilité avec laquelle les hommes s'accoutument à la vie de troupeau. C'étaient pourtant ceux mêmes qui, nourris d'idées de liberté et de progrès, avaient tant promené, et si fièrement, leur qualité d'individus. "A notre époque…", disaient-ils, et ces mots impliquaient toutes les vertus de l'intelligence maîtresse du monde, de la raison arbitre des luttes. "Nous, les hommes du XXᵉ siècle…", et ce XXᵉ siècle pour eux continue uniment la route large et droite ouverte par 89, étayée par la Science et la Machine, et consacrée par Versailles. Comme les paysans de Saintonge qui entourent leurs cours de hauts murs pour mieux affirmer leur indépendance, ils avaient vécu dans des zones obscures qu'ils imaginaient visitées de lumière et bordées de murs qu'ils appelaient leurs droits. Ils étaient en retard et s'estimaient en avance ; ils étaient en retard d'un bon demi-siècle. Seulement, voilà que cet anachronisme si longtemps comique prenait des allures de drame.

Je m'attendais à la révolte, ou tout au moins à la stupéfaction ; mais je constatai une fois de plus que le drame touche rarement ses acteurs : l'homme devant le malheur ou le bonheur est faible ; le plus grand bonheur lui donne la migraine, et le plus grand malheur ne l'atteint qu'à travers les petits ennuis du tabac qui manque et du pain qui durcit. Et donc, chacun ayant abandonné, sans désespoir apparent, ses privilèges d'un autre siècle, ayant d'un coup repris la suite des foules souffrantes, des foules errantes, obéissait à l'antique fatalité des masses soumises aux mouvements obscurs, tout de suite familières avec leur destin. Ils ont commencé par tailler les minces tranches de pain noir et ont partagé posément la boîte de pâté pour six avec cette attention un peu solennelle des gens de chez nous. Les paroles échangées n'exprimaient l'amertume que par de brèves considérations, lieux communs des soldats et traduits par l'éternel

Derrière les barbelés

Parigot : "Si l'on s'était douté qu'on casserait la croûte dans la voiture aux vaches"; "Qu'est-ce qu'elle dirait, ta femme, si elle savait comment tu pique-niques" ; "Faudra plus compter sur moi pour faire du camping..." Et j'avoue que c'était presque un réconfort d'entendre ces blagues sentencieuses, comme de sentir la chaleur de l'épaule voisine : on y trouvait même un contentement (une pointe aussi d'irritation).

Nous avons fait là un curieux voyage, un curieux pèlerinage. Notre train paresseux a mis dix heures pour faire deux cents kilomètres. J'ai d'abord somnolé, puis j'ai dévoré ma fugitive nourriture. Avec une prodigieuse économie de mouvements, quelques camarades avaient réussi à se grouper par quatre et jouaient à la belote. Les annonces fusaient : "Tierce à la dame, cinquante majeur." Et les joueurs reprenaient instinctivement les intonations d'autrefois, timides ou triomphantes, finaudes ou brutales, et scandées par l'accent du terroir. La clarté du jour clignotait à hauteur du col des hommes accroupis et leurs mains s'échappant de l'ombre blanchissaient, porteuses de signes hiératiques.

Le roulement criard des wagons nous étourdissait avec sa litanie indéfiniment répétée du choc des roues contre la rupture du rail. Quand je me suis levé, las de la même position, notre convoi venait de s'arrêter dans une gare : c'était Gotha. La ville, reliée à la gare par un chemin ponctué de pommiers et de pruniers, n'était guère perceptible, voilée par les arbres au feuillage d'août ; on la devinait, tapie, tremblante de chaleur. La campagne alentour ressemblait à mon Angoumois, toutefois moins plissée, moins altière, moins déliée. Des boqueteaux épars étaient brillants de ce voile que la lumière, à force de netteté, pose sur les choses. Tout était calme et sommeillait. Je pensai qu'au milieu de ces terres pesantes, notre errance ne comptait guère plus que les migrations d'oiseaux d'automne.

Les employés de gare jetaient un regard rapide sur ces rames inopportunes. Du pas de leurs portes, des gens considéraient tranquillement nos visages avides, enchâssés comme des dépossédés de Breughel dans leur cadre étroit. Ils ne manifestaient ni joie ni pitié. Proches d'une terre à peine sortie des siècles indistincts, leur compassion venait de plus loin que des gestes improvisés.

L'arrêt fut prolongé. Des sentinelles vinrent ouvrir nos wagons et nous pûmes descendre quelques minutes. Près de la station, il y avait un petit jardin bien entretenu, avec un carré de fleurs et un carré de légumes. Un d'entre nous y est allé et nous a rapporté trois beaux concombres verts ; un autre a ramené d'un champ voisin cinq betteraves fourragères. Nous avons partagé le butin ; la betterave était d'une douceur écœurante et les concombres un peu fades, mais, de longue date, notre appétit avait remisé son exigence.

Après Gotha, je suis resté debout près de la clenche. Ainsi j'ai contemplé les paysages de Thuringe faits de champs ondulés, de perspectives éventées et de forêts encore tenaces au flanc de hauts coteaux. Nous traversâmes Eisenach que Luther habita pour y traduire la Bible en langue populaire ; Erfurt où, devant son parterre de rois, et le cœur plein de l'angoisse de sa puissance solitaire, Napoléon dicta ses volontés suzeraines ; puis nous arrivâmes à Weimar où nous restâmes quelques heures. Il me semblait que l'Histoire déroulait pour moi sa leçon continue : Gotha, Eisenach, Erfurt, Weimar. Le duel franco-allemand, le long des siècles, était là ramassé dans ces quatre noms : les Allemagnes divisées grâce aux ambitions disparates des Princes, les Allemagnes une première fois rassemblées par la révolte contre l'ordre latin, unies par la recherche d'un dieu délivré de Rome et de Jérusalem ; les Allemagnes où, le Saint Empire à peine détruit, l'Empereur des Français, effaçant les réseaux mineurs de frontières, nommant les rois, chassant les princes, créant un corps à l'idée nationale, apporta l'unité ; enfin, Weimar où Goethe saluait la grandeur de la Révolution française, devinant sans doute que de la souveraineté d'un peuple allait surgir la souveraineté des nations, Weimar où la République, en se parant des grâces démocratiques, sauva l'Empire.

Notre convoi misérable me paraissait symbolique. Il marquait dans sa tragique réalité les conséquences de l'abandon progressif du réel. La France, en nourrissant l'Europe de ses ambitions fraternelles, en imposant son ardeur guerrière, en répandant son sang hors de ses frontières et pour d'impossibles frontières, s'était épuisée ; et je pensais que nous, les héritiers de cent cinquante années d'erreurs[1], *nous n'étions guère responsables. J'en voulais à cette histoire triomphale et qui précédait imparablement cette marche lente d'une génération dans des wagons à bestiaux. Je dis-*

---

1. Souligné par l'auteur.

cernais la logique des événements et me demandais s'il était juste que notre misère fût le paiement de gloires mal comprises, ou plus exactement s'il était juste que notre déchéance nous fût imputée, parce que, si nous avions abandonné nos armes, tout le reste nous avait été antérieurement soustrait. Je songeais aux jugements qui condamneront notre débâcle ; on incriminera le régime affaissé, les hommes nuls, les institutions vidées de substance, et l'on aura raison. Condamnera-t-on les erreurs glorieuses ? Je voyais dans cette rencontre de la splendeur et de la misère françaises, au cœur de l'Allemagne, les deux boucles d'un même cycle et qui devaient fatalement se rejoindre. »

« Cent cinquante ans d'erreurs » : une rapide soustraction permet de remonter à la Révolution française. Faut-il en conclure qu'il condamne la chute de l'Ancien Régime ? Le texte permet plutôt d'estimer qu'il réprouve la destruction du Saint Empire par la diplomatie et les armes françaises depuis la fin du XVIIIᵉ siècle.

Il a été affecté au stalag IX A, en Prusse, sur une petite colline située à 60 kilomètres au sud-ouest de Cassel, près d'un bois. Il a décrit son arrivée au stalag dans un texte publié le 15 août 1941 dans *L'Éphémère*, le journal du camp[1] :

« Nous étions arrivés la veille, dans la nuit. Ankylosés, étourdis par les heures identiques passées au fond d'un wagon de bois, dernier témoin de notre très chère civilisation humanitaire et égalitaire (huit chevaux, quarante hommes), nous avions parcouru, silencieux et mécaniques, les quatre kilomètres qui menaient au camp. A peine avions-nous senti l'émotion qu'on prête aux premières impressions d'exil. Seulement étonnés, à la sortie de notre cage à bestiaux, par l'air et ses souffles purs, nous ne connaissions qu'un seul but : dormir, retrouver un sommeil débarrassé des jambes et des haleines mêlées, de cette fraternité tenace à l'odeur de capote mouillée. Nous avions tant de peines, tant d'espoirs, tant de fatigues aussi à oublier ; tant de nous-mêmes à enfouir dans cette première nuit d'Allemagne, ce commencement d'une très longue nuit !

---

1. Repris dans *Politique 1,* Fayard, 1977.

Quand nous nous sommes réveillés, le soleil frappait en oblique le sommet des tentes. Vite animés par la fraîcheur matinale, avidement nous avons fait le tour d'horizon. Ville étrange, irrégulière, le camp s'emplissait de rumeurs ; on distinguait à l'est et au nord des bois qui s'alignaient avec ce petit air de sagesse et de tranquillité qu'affichent les arbres à feuilles persistantes, avec des allées droites et propres, à humilier la rectitude et la propreté elles-mêmes ; à l'ouest, des collines encore blanchies de brume, et, plus bas, le village dont les toits anguleux recevaient les premières atteintes du jour ; au sud, de vastes espaces aux courbes précises, ouverts ironiquement vers un au-delà aussi mystérieux que la liberté ; et, dans les champs, les gerbes, cinq par cinq, qui signifiaient le travail des hommes. Tout le jour partagés entre l'angoisse de la tonte et celle de la fouille, bousculés par des manifestations de curiosité intempestives, sollicités par les appels contradictoires de l'estomac et de la résignation, nous avons erré d'un cercle à l'autre de notre comédie guère plus humaine que divine. Derrière les barbelés, le soleil continuait son chemin coutumier et avec lui les champs, les bois et les villages recommençaient les gestes d'hier et de toujours. On faisait la moisson, on liait les épis, on entassait les gerbes. C'était la vie qui jouait le jeu ; ce jeu dont, pour la première fois, nous comprenions que nous étions exclus. »

C'est probablement dans les jours qui suivent que se situe la « deuxième expérience notable de sa vie » telle qu'il l'a racontée près de trente ans plus tard dans *Ma Part de vérité*. Il semble bien que la réalité ait été objectivement moins rude, mais le narrateur, lui, l'a ressentie durement, et c'est ce qui compte ici :

« Sur le flanc d'une colline de Hesse, avec 30 000 hommes jetés là pêle-mêle, tout a recommencé à zéro. A midi, les Allemands faisaient apporter des bassines de soupe au rutabaga ou des boules de pain, et débrouillez-vous pour la journée. D'abord, ce fut le règne du plus fort, le gouvernement du couteau. Ceux qui s'emparaient des bassines se servaient par priorité et il convenait d'attendre de leur extrême bonté un peu d'eau sale pour la survie. Par l'effet de quelle prise de conscience la masse a-t-elle renversé ce pouvoir absolu ? Après tout, le couteau est le couteau, principe simple de

l'ordre établi. Pourtant, cela n'a pas duré trois mois. Il faut avoir vu les nouveaux délégués, désignés on ne sait comment, couper le pain noir en six tranches au millimètre près, sous le contrôle écarquillé du suffrage universel. Spectacle rare et instructif. J'ai assisté à la naissance du contrat social[1]. *Je n'apprendrai rien à personne en notant que la hiérarchie naturelle du courage et de la droiture qui venait ainsi de s'affirmer plus puissante que le couteau ne correspondait que de loin à la hiérarchie d'autrefois, à l'ordre social et moral antérieur à l'univers des camps. Dérision ! L'ordre ancien n'avait pas résisté à l'épreuve de la soupe au rutabaga !* »

Dès le mois d'octobre 1940, François Mitterrand est envoyé au stalag IX C, au kommando 1515, à Schaala, en Thuringe, logé dans une ancienne faïencerie, avec deux cent soixante prisonniers étiquetés « intellectuels » du fait de la présence parmi eux de soixante-seize instituteurs, vingt et un prêtres, quelques avocats, un avoué, deux notaires et des étudiants... Le kommando comprend également de nombreux prisonniers d'origine étrangère – Juifs d'Europe centrale, Polonais, Espagnols, Slovaques – qui étaient passés par la Légion étrangère. Certaine légende voudrait que le prisonnier originaire de l'Angoumois ait refusé de travailler, ou qu'à l'inverse il ait pavé des routes dans la neige et le froid[2]. Comme toujours, le souvenir est simplificateur. Au « 1515 », il y a quatre types de corvées ou travaux :

1) Les corvées de jardinier, chauffagiste, homme à tout faire... à l'auto-école de l'Armée de l'air, située près de Schaala, sur la route de Rudostadt-sur-Saale, la charmante petite ville voisine. Cette affectation est la plus recherchée, car il est possible de « tirer au flanc » ;

2) L'intendance. Le battage et le chargement du foin étaient déjà beaucoup plus durs ;

1. Souligné par l'auteur.
2. In *Ma Part de vérité,* op. cit.

3) La « terrasse ». Outre les sept kilomètres aller, et autant au retour, les travaux consistaient à aménager une gare de triage ;

4) Les petits emplois dans les entreprises ou chez les artisans du coin, et divers travaux occasionnels.

Début octobre, François Mitterrand a d'abord été jardinier à la caserne-école. «A mon poste de ramasseur de cendres, je vois François, en retrait de l'équipe, effleurer les feuilles mortes plus qu'il ne les racle », raconte Charvet dans le journal qu'il a tenu durant toute sa captivité. Pendant la quinzaine de jours qui suivent, il participe, avec son ami Alphonse Delobre, un grand barbu de jésuite, aux travaux de réfection d'une route. Mais tous ceux qui l'ont côtoyé peuvent témoigner qu'il ne s'est jamais foulé un bras ou un poignet à travailler. Le 11 novembre, il est affecté à la corvée de foin et y rencontre deux hommes qui compteront beaucoup dans sa vie, Jean Munier et Bernard Finifter.

« Le foin arrivait par wagons, se souvient Jean Munier. Il était compressé dans une machine et installé en grandes meules d'une dizaine de mètres de hauteur, dans une prairie. Pour éviter que le foin pourrisse, les meules étaient protégées par de grands panneaux de bois et de carton bitumé. L'installation de ces toitures à foin n'était pas aisée, car les panneaux étaient lourds. Des prisonniers devaient monter sur la meule et tirer avec des cordes les panneaux, pendant que d'autres prisonniers les guidaient et les poussaient. Un jour, je tempêtais contre ceux d'en haut qui ne tiraient pas, quand l'un de ceux qui étaient installés sur le sommet de la meule dit tranquillement : "Si tu faisais comme moi, tout serait encore par terre." Désarmé par une telle évidence, je ne pus que dire : "Tu as parfaitement raison." Ainsi naquit une amitié qui ne s'est jamais démentie[1]. »

Munier est un homme sec et pas commode. Il ne donne pas l'impression d'être un athlète ; pourtant, il est d'une

1. Entretiens avec l'auteur, mars 1994.

résistance et d'un tempérament hors du commun. A Schaala se forme un petit groupe qui comprend également Bernard Finifter, un Juif russe blanc qui est l'interprète du kommando, sympathique, toujours disposé à aider les uns et les autres en leur procurant des douceurs ou des suppléments de nourriture qu'il se débrouille pour extorquer aux Allemands. Il s'est déclaré juif dès son arrivée au camp. Il parle le russe, le polonais, l'allemand, le français. Il a été boxeur à Berlin, puis a voulu se rendre clandestinement à New York en montant à bord d'un bateau à Hambourg ; il s'est fait reprendre et a finalement réussi à rejoindre la France ; engagé dans la Légion étrangère en 1939, il s'est bien battu, a été décoré et s'est finalement retrouvé à Schaala...

« Mitterrand était un homme qui s'imposait par la clarté de ses idées, marqué comme nous tous par la guerre et la défaite, mais qui était absolument persuadé que la défaite était provisoire... Il n'avait pas besoin d'être autoritaire pour s'imposer. Je me souviens d'avoir écrit à ma mère que j'avais rencontré quelqu'un qui avait la stature d'un chef d'État », se souvient aujourd'hui Jean Munier.

François Mitterrand aurait également été charpentier. Ses camarades ne s'en souviennent absolument pas. Dans *France, revue de l'État nouveau,* de son ami l'ancien cagoulard Gabriel Jeantet, lui-même a pourtant écrit qu'il a exercé ce beau métier pendant six mois. L'article s'intitule « Le charpentier de l'Orlathal ». Dans une lettre à une amie du Var, datée de la fin de sa captivité et où il évoque ses différentes activités (jardinier, débardeur, chauffeur, homme à tout faire), il ne fait pas mention du métier de charpentier. Je lui ai posé la question. Il confirme l'avoir bien exercé. Laissons donc la parole au « charpentier de l'Orlathal[1] » :

1. Texte repris dans *Politique 1,* Fayard, 1977.

« *Nous étions alignés au centre de la place quand les gens du village approchèrent pour nous examiner. Puis ce fut le choix. Quelqu'un dit "celui-là", et je suivis docilement mon nouveau maître.*

Il m'emmena à l'autre bout du bourg à travers des ruelles tordues et des jardins plantureux. Nous passâmes un pont surplombant la colère un peu ridicule, en ce jour de septembre, d'un ruisseau trop maigre pour son lit d'hiver, et nous arrivâmes à une maison de planches à la fois fragile et ventrue. Là, mon patron m'indiqua sans mot dire le réduit aux outils, il déposa un chevalet et me mit dans les mains un mètre et une scie. Je sus que, désormais, j'étais charpentier.

La matinée s'écoula sans qu'une parole fût échangée. A midi, mon compagnon disparut, me laissant dans la seule et brève compagnie d'un casse-croûte aux cornichons. Je restai donc longuement accoudé au petit mur qui bordait la cour et je contemplai la campagne. Dehors, c'était la quotidienne merveille des choses familières. Le soleil exaltait les rouges clairs, les rouges sombres, les pourpres des toits et des pierres. Les verts un peu brûlés des champs s'accordaient à la tranquille lumière. Sans pensée, sensible seulement à ce déploiement d'harmonies, je me laissais aller à cette sorte de rêverie musculaire qui suit les grandes fatigues et les peines cruelles.

Il devait être trois heures quand un komm her *sonore me rappela à ma condition. Le charpentier m'attendait avec, sous le bras, un cartable. J'allai à lui. Alors, il prit une large planche qu'il installa sur deux tréteaux, retira l'énorme crayon rouge aux côtés aplatis qu'il logeait derrière l'oreille, et il écrivit. D'abord deux dates, puis deux noms de villes : 1806-1813, Saafeld-Leipzig, et, en regard, ce mot en lettres majuscules : NAPOLÉON. Cela fait, il montra l'horizon d'un geste circulaire et dit : "Über alles, Napoléon." J'étais passé la veille à Saafeld, petite ville proche de la nôtre, et je me souvenais en effet de la bataille d'avant-garde qui y opposa les troupes royales prussiennes à celles de l'Empereur. Le charpentier, voyant que je l'avais compris, se lança dans des explications dont je pus extraire au moins ceci : Napoléon avait logé dans le village et l'on y avait gardé pour sa mémoire un culte fidèle. Puis quand, à Leipzig, il avait connu l'infortune, ç'avait été une belle joie pour les patriotes de l'Allemagne, en même temps qu'une grande tristesse, car on l'avait tout de même aimé, ce puissant chef de guerre.*

Quand il eut terminé son discours, l'Allemand resta un long moment songeur, puis il ouvrit son cartable et en sortit le plus curieux bric-à-brac de souvenirs impériaux que j'aie vu. Des portraits de Bonaparte et de Joséphine, une délicieuse miniature de Napoléon II, une reproduction des mains de Rodin, deux numéros de Marie-Claire *où étaient contées les amours de Marie-Louise avec Neipperg et Bombelles, un numéro de* L'Illustration *contenant des gravures du tombeau de Longwood et quelques paysages de Sainte-Hélène, un ramassis de coupures de journaux. Tout ce qu'il avait découvert dans les journaux et revues français et allemands, il l'avait ainsi rassemblé. Et pourtant, jamais il n'était allé en France et il ne savait pas un mot de notre langue. J'étais évidemment très ému par ces reliques surprenantes et je m'étonnai de cette piété persistante chez ceux mêmes que nos armes avaient alors meurtris.*

Mais je ne dis rien de plus et le charpentier rangea ses images.

J'ai souvent pensé depuis lors à cette aventure. Pendant six mois, j'ai continué de tailler des chevrons, de mesurer des lattes et de scier des planches. Jamais nous n'avons reparlé de ces choses. »

Quelles que soient les corvées de la journée, François Mitterrand rejoint tous les soirs le kommando installé dans l'ancienne faïencerie. Grâce au journal tenu par Paul Charvet, il est possible de se faire une idée de l'ambiance et des conditions matérielles qui y régnaient :

« La nourriture se compose d'une boule de pain compact pour six personnes, de 40 grammes soit de margarine, soit de mélasse, soit de purée de poisson. Soupe claire à midi, à base de millet, pommes de terre, rutabagas et petits dés de viande délayée. Au réveil : une tasse d'infusion qui tient lieu de café. Dimanche, soupe aux choux rouges. »

Son compagnon lui en impose :

« ... Puis, sérieux et digne, François Mitterrand, au visage mat, franchement dessiné. Le regard semble tourné vers l'intérieur. Je saurai vite qu'il a aussi cette vue perspicace des réalités qui lui permet d'assurer sa maîtrise sur les événements. Sergent de l'infanterie coloniale, il n'en porte pas l'uniforme.

Les golfs tombent sur des leggins claires. Il porte le béret brun de la ligne Maginot. Salut collectif et lointain... »

Toujours selon Charvet, les proches de François sont Vermeil, professeur de lycée, au profil de médaille ; Alphonse Delobre, jésuite, grand barbu à lunettes, couvert d'une ample cape grâce à laquelle il dissimule ses chapardages ; Charles Monier, lui aussi jésuite, à la vaste culture, handicapé par une extrême myopie ; Xavier Leclerc, vicaire à Moulins, bon vivant malgré sa maigreur ; Nebout, curé de Louchy ; et Moullec... Ces sept personnes – en comprenant Charvet – se retrouvent chaque soir et chaque dimanche autour de la même table. Au moins au début, car Mitterrand ne va pas tarder à faire la connaissance de nouveaux amis dans les différentes corvées auxquelles il sera affecté.

C'est dans ce kommando qu'il va également rencontrer Roger Pelat. Le père de ce dernier, ancien ouvrier, était un grand mutilé de 14-18. Sa mère, blanchisseuse, ne gagnait pas assez d'argent pour l'élever et l'administration en a fait, à treize ans, un pupille de la Nation. Adolescent, il est devenu ouvrier chez Renault, s'est inscrit aux Jeunesses communistes, et, la fleur au fusil, s'est engagé dans les Brigades internationales pour combattre les franquistes. Roger a créé un mot aux consonances bretonnes, à la fois cri de guerre et cri de ralliement : « *Auskeneguenewol !* » Il occupe la fonction de chef-épouilleur. Cela consiste à faire ronfler les chaudières, à obliger les prisonniers à se déshabiller en veillant à ce que chacun se savonne, cependant que les vêtements sont passés à l'étuve. Roger, c'est l'homme d'action et de terrain qui, issu du peuple, fait découvrir à Mitterrand un monde encore mal connu de lui[1].

Le journal de Charvet révèle aussi un Mitterrand méconnu, qui a des talents de comédien et fait rire la chambrée. Charvet raconte notamment une scène dans laquelle il

1. Détails tirés de *Danielle Mitterrand, Portrait,* par Michel Picar et Julie Montagard, Éditions Ramsay, Paris, 1982.

mime le partage du pain volé auquel procède par un interprète qui se sert lourdement au passage :

> « Le soir, au kommando, j'assiste à nouveau au spectacle
> du matin. François Mitterrand en fait le récit exact. Les
> termes, les intonations, les gestes brefs, le reflet de l'œil pro-
> duisent un tableau saisissant de comique et aussi d'ironie
> méprisante : "La grandeur douloureuse et impudente du
> Sacrifice camouflant le Profit." La scène qui, le matin,
> m'avait laissé plutôt froid, prend alors un autre relief. De sa
> voix un peu saccadée, il interroge : "Vous ne trouvez pas cela
> drôle, non ?"
> Nous sommes pourtant déjà en train de rire. François sait
> faire naître le pittoresque à tout propos. Il s'ouvre ainsi, tout
> en maintenant une certaine distance par la sobriété de son
> comportement... »

Le dimanche précédant Noël, les membres du kommando
lisent la presse fournie et autorisée par les Allemands, quand
un incident survient. Il suscite l'intérêt du chroniqueur Charvet. Celui-ci raconte :

> « Je m'indigne de voir le haut clergé français aux côtés
> d'Abetz et autres *feldgrau* galonnés pour le transfert des restes
> de l'Aiglon aux Invalides[1]. Un prêtre, non des nôtres, est là,
> un professeur, je crois.
> "Jeune homme, vous êtes un sectaire, du même genre que
> le cardinal Verdier quand il a prononcé l'interdiction du prê-
> tre qui a donné l'absoute à l'historien Bainville."
> Mitterrand le coupe d'un ton très sec :
> "Quel est le rapport ?"
> Delobre, ironique, insiste :
> "Bainville a écrit sur l'Aiglon. Pour le reste, je ne
> comprends pas."
> La morgue et l'embarras se mêlent alors dans un discours
> mi-sermon, mi-reproche, adressé aux mauvais esprits qui ne

---

1. Les informations vont vite, puisque cet épisode, qui a provoqué un
mini-coup d'État à Vichy, le 13, s'est déroulé autour du 10 décembre
1940.

comprennent pas que la France est enfin parvenue à la période bénie du grand mea culpa. Grâce au Maréchal, tout se déroule dans la souveraineté française.

"Quelle souveraineté, interroge François, quand la France est occupée aux deux tiers et que nous sommes deux millions de prisonniers ? Ce ne sont que des mots."

Michel, un camarade de Clermont-Ferrand, qui, quelques travées plus loin, a tout entendu, descend de son perchoir et intervient avec fougue :

"Pétain n'est qu'un vieux foutreau que les revanchards utilisent contre le Front populaire. Pour eux, mieux vaut Hitler que Blum."

Retrait de l'ami de Bainville... »

Loin de Jarnac, de Marie-Louise/Béatrice, des amis, la veillée de Noël est une épreuve. François Mitterrand l'a racontée deux ans plus tard – en décembre 1942 – dans la revue des Chantiers de jeunesse, sous le titre « Une grande paix était descendue sur les prisonniers » :

> « *Ce soir commence la veillée si douce et si paisible naguère, et si amère maintenant que nous avons tout perdu. Tout le jour, nous avons ruminé les mêmes pensées, ressassé les mêmes images : la messe de minuit dans l'église paroissiale, le retour à la maison par petits groupes animés, les enfants impatients des découvertes merveilleuses, et toute la cohorte des visages aimés.*
>
> *Ce soir, c'est Noël. Le message de paix apporté il y a deux mille ans, voici qu'il nous surprend, nous les captifs et les abandonnés, dans un village de montagne de ce pays étranger ; et nous sommes là deux cent cinquante hommes de France parmi combien de milliers qui rêvent aux antiques paroles et s'étonnent de ne trouver autour d'eux que peine et désespoir au lieu des merveilles annoncées.*
>
> *Chacun a rangé sa musette, sa gamelle, plié la capote kaki, puis s'est assis sur le bord du lit de planches, et les ombres sont accourues. On n'a plus entendu les plaisanteries coutumières ; personne n'a entamé la partie de belote ou de bridge ; plusieurs, autour du poêle, ont surveillé le pain grillé avec lequel on fera tout à l'heure les tartines grâce aux friandises amassées depuis trois mois. Oui, tout à*

l'heure, on essaiera de rompre le cercle de la peine et de la nostalgie, mais maintenant, pour supporter le poids des souvenirs, il n'est resté que le silence. Pourtant, un d'entre nous a tiré d'un vieil étui de cuir un harmonica et il a commencé de jouer doucement, lentement, pour lui seul.

La mélodie nasillarde s'est élevée, s'est éteinte, a repris et a fini par envahir chaque recoin. Au début, on a d'abord été gênés par cette intruse maladroite : que venait faire cette musique chaloupée aux allures de café-concert ? Et puis, peu à peu, on a dû l'admettre. Tous les airs y ont passé : Marie-Lou, Sur le plancher des vaches *et tout le fonds des chansons du* Temps des cerises. *Elle n'était pas belle, cette musique, et, certes, elle n'était pas accordée à la fête de ce soir, mais on ne lui demandait pas autre chose que de ramener avec elle, dans les plis de sa pauvreté, d'autres richesses lointaines, oubliées. Puis, soudainement inspiré, le joueur d'harmonica a fait le tour des rengaines sempiternelles, du* P'tit Quinquin *à la* Paimpolaise, *et, par quelle magie, l'aigre filet des notes en guingois a pris une subite et curieuse noblesse.*

Étrange veillée ! Combien de temps sommes-nous restés ainsi à suivre gravement le fil des souvenirs ? Cependant, comme s'il avait fallu secouer cette torpeur, quelques hommes se sont levés. Ils ont tranquillement tiré les bancs ; l'un d'entre eux a sorti de son sac deux bougies qu'il a mises de chaque côté de sa table ; puis il a étalé une étoffe blanche, ouvert un livre rouge et, quand le plus âgé a frappé dans ses mains et dit : "Mes amis, nous allons célébrer la messe de minuit", l'harmonica s'est tu. Le prêtre, revêtu des ornements, était déjà au bas de l'autel improvisé et récitait les premières prières lorsque le dernier de ceux qui rêvaient obstinément, le front entre les mains, s'est redressé, a jeté son calot et s'est agenouillé. C'était un vieux rite, une vieille habitude un moment rompue, que tous ces hommes reprenaient ; et ils fixaient les deux petites flammes mouvantes comme s'ils cherchaient encore l'étoile de la première nuit. Uniformes déteints, vestes mal cousues, brodequins déformés, tout cela conférait à cette troupe rassemblée l'apparence d'une caravane fatiguée par les longs détours et qui aurait repris la suite des caravanes d'Orient en route pour atteindre le mystérieux village d'où l'on devait entendre la bonne nouvelle.

La messe a été simple ; on a chanté un Credo *et un* Minuit chrétien. *On a vaguement murmuré les répons aux demandes de l'officiant. Puis, lorsque le prêtre eut levé les mains et dressé au-dessus des têtes le disque étroit du pain consacré, chacun a pris sa part de la visite de l'Enfant-Dieu.*

On eût dit qu'une délivrance secrète avait éclairci les visages, ouvert les cœurs. La messe terminée, des groupes se formèrent ; la conversation s'anima. On évoqua les cérémonies des années heureuses, les réveillons fameux ; on rit des plaisirs passés. Pendant ce temps, les cuisiniers de chaque équipe ne perdaient pas une minute et, bientôt, gamelles et couverts furent disposés entre les châlits. C'était à qui trouverait la plus somptueuse décoration ; là, des tranches de pain d'épices s'élevèrent en pyramides ; là, des entrelacs de sardines et de rondelles de saucisson formèrent les plus savantes et les plus appétissantes figures. Certains avaient rapporté du feuillage. On le piqua au mur, on le tressa en guirlandes serrées. Et commença un festin pittoresque...

Le sous-officier, chef du kommando, nous l'ayant accordé, nous pûmes continuer la fête jusqu'à trois heures. Soumis aux mêmes rigueurs, emplis des mêmes nostalgies, nous nous sentions étroitement unis et nous passâmes la veillée de Noël autour des tables dégarnies avec le chapelet de nos souvenirs racontés à haute voix et qui tous se ressemblaient. Quand la sentinelle de garde vint nous interrompre pour nous avertir que l'heure était passée, les récits continuèrent encore longuement dans l'ombre. Pour moi, après avoir ouvert les volets de ma fenêtre, je restai assis sur ma couche dure. Dehors, les étoiles claires striaient la nuit ; la neige sur les toits confondait le village et les monts. Et j'entendais la plainte régulière du ruisseau coléreux contre les palettes des roues brisées de notre moulin. Il me semblait qu'autour de moi, qu'en moi était survenue une grande paix. »

La vie suit son cours. Mitterrand parle aussi bien politique que littérature. La réélection de Roosevelt est, selon lui, une bonne chose. Il est également convaincu que la confrontation Hitler-Staline est imminente. Il passionne tout le monde quand il parle de Paris, de l'esprit de ses habitants, des débats à la Chambre, et qu'il raconte avec « un sens aigu de l'évocation une passe d'armes entre Blum et Flandin[1] ».

> « L'éloquence de Pierre Cot tient pour lui du grand art. Daladier, "dont les trémolos guettent la fin des phrases", est surtout l'homme contraint de renoncer devant Hitler, à Munich, et le responsable pour longtemps de notre perte de crédit en Europe.
>
> Il revient souvent sur ce sujet qui lui fait mal. Il connaît parfaitement le traité de Versailles et celui de Saint-Germain. Je l'écoute avec attention et je ne suis pas le seul.
>
> Du haut de sa paillasse, il ne professe pas : j'admire qu'un esprit si brillant accueille aussi volontiers autrui. Il l'incorpore, l'analyse et s'en enrichit. C'est pour moi le fait d'une intelligence généreuse. Deux seules attitudes impardonnables à ses yeux : la veulerie et la grossièreté. Ainsi du lâche dont il dit devant moi : "C'est un sous-produit."
>
> Le ton, le regard, le mouvement des lèvres sont inflexibles.
>
> Même attitude, silencieuse cette fois, pour celui qui annonce, en passant devant nous, qu'il va satisfaire ses besoins naturels.
>
> Nous apprécions tous cette élégance constante dans la promiscuité, la façon dont il sait décrire Paris, Jarnac, Touvent, et la finesse de ses goûts (cher XVIIIᵉ siècle !)... François connaît Mauriac et aussi Jacques Chardonne. Nous sommes tous un peu impressionnés. Il aime Lamartine, j'en suis heureux. A cette époque, il ne connaît pas encore Cluny.
>
> Nous nous sentons comme nés des gens de la terre et négligeons l'aspect parfois un peu larmoyant du poète de la Saône.
>
> Tous deux, nous avons notre "campagne" et sommes d'une nombreuse famille. Chez lui comme chez moi, "on ne parle pas d'argent à table". »

François Mitterrand travaille le bois jusqu'au jour où son kommando doit s'en retourner en Hesse, là d'où il est venu

---

1. Extrait du journal de Paul Charvet.

six mois plus tôt. Laissons-lui le soin de raconter[1] son dernier jour chez le charpentier allemand :

> « *Ce ne fut que le dernier jour, quand il fut décidé que mon kommando serait transféré de Thuringe en Hesse, que mon solide mentor eut de nouveau quelque attention pour moi. Il me conduisit à l'atelier par un chemin inhabituel. Ainsi, je pus connaître le quartier bourgeois de la petite ville. Les habitations modernes et spacieuses alternaient avec les bâtiments vieux d'un siècle. Mais cela ne créait aucun déséquilibre. Les jardins, les cours, les espaces libres, avec leur verdure opulente et leurs fleurs depuis peu épanouies, mêlaient aux constructions la fantaisie et la richesse des tons de la campagne. Je remarquai là l'énorme effort architectural et urbanistique accompli par le régime. L'harmonie des formes commande souvent l'harmonie de l'âme et des sens. On ne l'avait pas négligé. Le charpentier semblait heureux de me montrer sa petite ville. Il soulignait la fraîcheur des avenues en m'expliquant comment il fallait tailler le dôme des arbres, il exhibait la propreté des rues en me détaillant les frais d'un service de voirie. Près d'une maison basse aux volets verts et au méthodique entrelacs de chevrons, il s'arrêta. Puis il en fit le tour, m'appela et me fit lire le texte d'une plaque de marbre scellée dans la muraille. Goethe avait vécu là, et Schiller l'avait visité.*
>
> *Avec mon goût naïf des témoignages du passé, je restai là, muet et charmé. Le charpentier remarqua mon silence. Il mit l'index sous chaque nom et, pour m'avoir vu parfois gribouiller sur des feuilles de carnet, il voulut renseigner ce qu'il croyait être mon ignorance en m'offrant une facile comparaison. "C'étaient, précisa-t-il, deux hommes comme toi qui avaient fait des études, mais ils étaient très grands et sont maintenant célèbres dans tout le monde." Goethe ! Goethe ! C'est donc ainsi que je devais à mon tour te visiter. En foule accouraient les souvenirs de mon adolescence enthousiaste et studieuse. Comme j'avais rêvé d'Athènes, j'avais imaginé les fêtes de Weimar et recomposé les conversations avec Eckermann, et j'entendais de nouveau ces phrases ressassées : "Tout essai en vue d'introduire une nouveauté étrangère là où le besoin de celle-ci n'est pas enraciné au cœur même de la nation est une folie et les révolu-*

---

1. Suite du « Charpentier de l'Orlathal », déjà cité.

tions imaginées sur ce modèle sont vouées à l'insuccès. » Les avais-
je assez méditées, ces paroles mûries dans le désastre d'une nation
qui maintenant dominait la mienne !

Nous poursuivîmes la promenade ; et j'assistai à la fin du jour
qu'un soleil somptueux ornait de toutes ses gloires. Sur le chemin du
retour, nous longeâmes la Saale, vive et pressée. Ses méandres ne
sont pas dus à la paresse, comme ceux de la Charente entre les prai-
ries basses, mais à la dureté de ses bords qui la rejettent, la
repoussent et semblent exciter son flot dans sa course vers le sud.
Tout continuait autour de moi d'affirmer le triomphe de la force
tranquille[1]. Pourtant, dans le lointain, on distinguait les pans mi-
abattus d'un burg *plein d'orgueil et je savais que, d'un siècle à
l'autre, le temps est bref pour les passions des hommes ; là, les
réprouvés de 1918 avaient aussi lancé leur défi au monde victo-
rieux, recommençant ainsi le geste des hommes de ce pays qui,
depuis mille ans, avait toujours refusé de mourir.*

Le charpentier, avant de me quitter, voulut me dire son émotion.
A la porte du kommando, il leva la manche de son bras droit et
découvrit une estafilade. "Verdun", me dit-il. Moi aussi, je portais
sur mon corps les marques de la guerre, et c'était à Verdun, comme
lui, que je les avais reçues. "Verdun", répéta-t-il, et il eut un geste
las. Mais, comme il partait de son pas lourd, je me retournai et
regardai sa silhouette tassée jusqu'à ce qu'elle disparaisse au tournant de la rue. Et je fus stupéfait à la pensée que tout ce qui nous
avait unis en six mois de labeur et de silence, ce n'avaient pas été les
regrets de la paix ou l'espoir de jours riants et fraternels, mais les
souvenirs qui signifiaient lutte et combat. Napoléon, Verdun
tiraient entre nous ce trait sanglant qui rassemble au lieu de séparer
les peuples. »*

Munier remarque un jour Mitterrand occupé à étudier une
carte d'Allemagne. Il a compris que son ami projette de
s'évader, mais préfère rester discret : « Si tu veux, je t'en ferai
une copie... »

Quelques jours plus tard, Mitterrand sollicite son aide
pour porter son barda jusqu'à une baraque, dans la prairie,

---

1. Souligné par l'auteur. Coïncidence ? On se rappelle l'usage qui fut fait
des deux derniers mots durant la campagne présidentielle de 1981.

d'où il a l'intention de s'enfuir avec l'abbé Leclerc. Pour cela, il faut que Munier assure la garde de cette baraque. La veille du jour « J », en revenant de corvée, Munier déclare à la cantonade qu'il sera de faction. Nul n'ose le contredire. Le lendemain matin, comme prévu, Mitterrand arrive à la baraque avec sa capote militaire marquée d'un « K.G. » rouge. Il l'ôte, passe un pantalon de golf, un imperméable beige, sort de sa poche une casquette à carreaux et s'en coiffe. Il a préparé des victuailles pour la route. Munier l'accompagne jusqu'à la « cabane de bois » qui surplombe une voie ferrée, puis un chemin en contrebas à proximité de la frêle clôture de barbelés.

« Pourquoi pars-tu par un si mauvais temps ? s'enquiert Munier.

– Personne ne pensera que quelqu'un puisse s'évader par un temps pareil... »

Van Elstraete, de son côté, accompagne les préparatifs de l'abbé Leclerc.

Le 5 mars 1941, les deux départs se déroulent sans incident, le franchissement de la clôture ne présente pas de grosses difficultés. Mais, quelque temps plus tard, Munier entend un coup de sifflet très faible. C'est l'abbé Leclerc qui dit avoir oublié ses papiers dans la capote laissée à l'intérieur de la baraque ! Munier fouille la capote, mais n'y trouve rien. Finalement, l'abbé retrouve ses papiers : il les portait sur lui, dans une de ses poches ! Il repart et rejoint son compagnon d'échappée...

En fin d'après-midi, les prisonniers se réunissent en rangs par trois pour retourner à Schaala, à quelque cinq kilomètres de là. Finifter garantit aux surveillants allemands que le compte y est. Grâce à un incident provoqué par un dénommé Taveneau – un croche-pied et quelques rires –, les Allemands ne s'aperçoivent pas qu'il manque deux éléments à l'arrivée à Schaala. Le soir, à l'appel devant les châlits, il n'est plus possible de dissimuler davantage les départs de Mitterrand et Leclerc... Branle-bas de combat. Les Allemands mettront du temps à comprendre par où les deux fugitifs ont pu déguerpir. Ce n'est qu'une vingtaine de jours plus tard qu'ils découvriront dans une meule de foin les effets des deux hommes que Munier y avait cachés...

Tout a été bien calculé : Mitterrand et Leclerc croquent douze biscuits de guerre et une tablette de chocolat par jour. Ils traversent la forêt de Thuringe enneigée, mangent ce qu'ils trouvent dans les mangeoires à biches, suivent les traces de sangliers, s'abritent dans des cabanes de bûcherons. Au douzième jour, ils sont arrêtés par un *Schupo*, mais réussissent à repartir en lui faisant croire qu'ils sont des travailleurs italiens volontaires. Après vingt-deux jours de marche, alors qu'ils ont couvert quelque 550 kilomètres, ils parviennent à une trentaine de kilomètres de la frontière suisse. Leclerc, d'une nature peu résistante, a été sérieusement malade. Son compagnon l'a soigné de son mieux, allant même jusqu'à prendre le risque d'acheter du schnaps sans parler l'allemand. Épuisés et affamés, les deux évadés commettent alors l'erreur de marcher de jour et sont arrêtés à Egesheim, puis internés à la prison de Spaichingen, avant de se retrouver sous les verrous au stalag IX C.

Quelque temps plus tard, ils sont transférés au stalag IX A, en Hesse, où ils avaient passé l'été précédent. Ils sont remis en prison.

L'abbé Pierre Dentin, adjoint à l'homme de confiance du camp, se souvient[1] du « jeune homme efflanqué qui sortit de la baraque où étaient enfermés ceux qui purgeaient une peine, notamment les évadés repris, et qui frappa à la porte de son bureau :

– Comment tu t'appelles ?

– Mitterrand.

– Comment tu épèles ?

– M...

– Tu as raté ton évasion ?

– Oui.

---

1. Entretien avec l'auteur, début février 1994.

« – Tu veux t'évader encore ?

– Oui, mais il faut, avant, que je récupère ».

A compter de ce jour, l'abbé, qui s'occupe du contentieux pour les trente-six mille hommes de la IXe région militaire, ainsi que de la distribution des colis de la Croix-Rouge, devient l'ami de François et « lui garde sa confiance ». Très populaire dans le camp, il lui propose d'intégrer la ZUT (Ziegenhain, université temporaire) pour y donner des conférences. Mitterrand accepte et devient l'un des dix chanceliers de l'« Académie » avec pour devise : « François partout, étranger nulle part. »

Rapidement, son brio époustoufle ses compagnons. Aujourd'hui encore, les survivants parlent des conférences extraordinairement brillantes de l'ami François. Tous gardent en mémoire des anecdotes qui, avec quelques variantes, débouchent sur la même conclusion : son agilité intellectuelle les interloquait tous.

L'abbé Pierre Dentin : « Nous avions tous les soirs deux conférences d'une heure chacune, après le dîner. Un soir, je trouve François à la bibliothèque, en pleine lecture :

– Tu parles tout à l'heure...

– Ah bon ! J'avais oublié...

– Mais si, nous fonctionnons tous les deux.

Il laisse tomber son livre et se précipite vers les rayons de la bibliothèque pour en quérir d'autres. Une heure plus tard, il faisait un exposé étincelant, sans notes, sur les lettres de cachet sous l'Ancien Régime... »

Un notaire de Vichy, François Chateau[1], se souvient de ses conférences sur Voltaire, « sans notes, les mains posées sur la table ».

Léopold Moreau[2] : « Je me souviens encore de l'avoir entendu nous parler de *L'Amant de lady Chatterley* ; c'est la

---

1. Entretien avec le fils de l'auteur, début février 1994.
2. Père de Paulette Decraene, secrétaire particulière du président de la République.

curiosité qui m'y avait poussé, parce qu'une heure avant sa conférence, il m'avait annoncé : "Je n'ai rien préparé, rien relu, je ne peux utiliser que ma mémoire." La mémoire fut excellente[1]. »

L'adjectif « courageux » revient souvent dans la bouche des anciens du stalag IX A.

Il fait référence à ses évasions, à son attitude détachée par rapport aux rudesses de la vie. Aux talents d'éloquence, il ajoutait celui de faussaire : de 1941 à 1944, il a fabriqué une quinzaine de jeux de faux papiers aussi bien pour lui-même que pour d'autres. Par exemple, il a confectionné pour Léopold Moreau une carte d'étudiant en médecine de 4e année, inscrit à la faculté de Lyon. « C'est lui qui m'a appris à reproduire un cachet avec une demi-pomme de terre. C'était un bon », se souvient un autre camarade de captivité, Marcel Marivin[2].

Le stalag IX A ne ressemble guère aux autres camps de prisonniers, c'est même le paradis à côté des autres. A la ZUT, sous la férule de professeurs et de doctes conférenciers, on peut se cultiver en de nombreuses matières, y compris la métallurgie, les turbines hydrauliques ou le moteur Diesel. Il y a une importante bibliothèque dirigée par dom Auguste Richard et composée d'environ trente-cinq mille volumes dont une partie a été « récupérée » dans une librairie de Metz. Sept mille livres ne bougent pas du camp, les autres circulent parmi les kommandos de la IXe région militaire. Il y a une troupe de théâtre, un orchestre, des spectacles sous l'égide du « GAZ[3] ». Baron est l'infatigable animateur d'une troupe d'imitateurs, de chanteurs, de danseurs. Les amateurs de cartes sont comblés, car de fréquents tournois de bridge sont organisés. On joue également aux échecs. De nombreux sports sont pratiqués.

1. In journal *Le Contact*, juin 1981.
2. Entretien avec l'auteur, 3 mars 1994.
3. Groupe d'animation de Ziegenhain.

« L'ambiance était bonne, se souvient François Chateau. C'était d'abord dû à l'esprit prisonnier, un esprit particulier. On ne se tirait pas dans les pattes, on ne disait du mal de personne, on ne cherchait pas à provoquer les Allemands. Il y avait beaucoup de curés et d'enseignants. François Mitterrand fréquentait beaucoup les curés. Il mangeait à la table de l'homme de confiance, l'abbé Florin, et fréquentait beaucoup les abbés Dentin et Caillaux. »

Dans son livre intitulé *Mes Évasions*[1], l'écrivain Robert Gaillard, qui était infirmier-chef, a écrit sur le « IX A », « le paradis à côté de ce qu'[il a] connu » ailleurs :

> « Il y a ici des lettrés, des penseurs, des prêtres pleins de finesse qui acceptent de discuter avec mon scepticisme (...). Il y a François Mitterrand, futur secrétaire d'ambassade, nourri des Grecs et des Romains, qui dirige avec l'abbé Delattre le petit journal du camp, *L'Éphémère*. »

La lecture de *L'Éphémère* permet de retrouver un certain nombre d'informations sur la vie à Ziegenhain. Les prisonniers semblent au courant de ce qui se passe en France, puisqu'ils reçoivent *Paris-Soir*, des études, des livres. Diverses associations et œuvres d'entr'aide multiplient les liens entre la Patrie et ses prisonniers.

Mais c'est la lecture des éditoriaux de ce bulletin qui est la plus instructive : parfois, Mitterrand y perce sous François.

Le 1er juillet 1941, il évoque la situation de la France : « *On a touché la dernière heure... Nous voici, divisés et meurtris, qui nous creusons la tête, en quête de raisons.* » Il est constamment en mouvement sur ce thème. Au fond des tranchées, dans le droit-fil de sa trajectoire « nationale », il évoquait une « dette » à payer, le rôle désastreux des politiques ; en juillet 1941, il refuse d'entrer dans ce jeu qui, à Vichy, bat son plein, fustigeant pêle-mêle le Front populaire, les communistes, le parlementarisme.

1. *Op. cit.*

> *« Ce sport manque d'imprévu, qui consiste à fouiller le passé pour*
> *y crocheter nos erreurs et nos fautes... Que chacun, au lieu de se*
> *frapper la poitrine (ou celle de son voisin), au lieu de réciter un* mea
> culpa *(ou bien un* tua culpa*), prenne conscience de ses forces. Que*
> *diable ! Nous ne sommes pas à ce point démunis qu'il ne reste chez*
> *nous des esprits nets et des muscles solides. Chercher des raisons :*
> *tâche de philosophe ou d'historien ; mais il s'agit de vivre le pré-*
> *sent, dégagés d'un passé qu'on nous colle à la face... Pour nous, il*
> *n'y aura pas de création sans cette suprême audace : croire en*
> *nous[1]. »*

Dans une rubrique intitulée « La vie au camp », on peut lire
que les prisonniers pourront rire à la revue *Le GAZ... part,*
montée par Albert Baron, des Folies-Bergère, avec des chansons du même Baron, de Henri Lebon, des vues et des
tableaux de charme « très XVIIIᵉ, mon cher », de Jacques
Biget, un notaire d'Angoulême féru de lettres classiques et
rebaptisé le « petit marquis ». Dans un genre plus sérieux, les
captifs regarderont *L'Annonce faite à Marie,* mise en scène par
Yves Brainville, un élève de Rouleau. On lit à la mi-juillet :

> « Le camp demeure dans le soleil : nudisme, grand et petit
> sport, et longues nuits sans sommeil.
>   L'université continue ses cours, il n'y aura pas de vacances
> cette année.
>   Toute la baraque 29 est réservée aux activités culturelles. »

Si Mitterrand a conservé la même aversion pour le Front
populaire, il définit, dans le numéro du 15 juillet, l'« esprit
prisonnier », monde fraternel où toute classe et toute différence sociale sont abolies :

> *« Elle nous a habitués à d'autres réjouissances, cette fête de la*
> *Liberté ! 14 Juillet des parades et des farandoles : nous éprouvions*
> *l'ivresse d'un peuple qui, de son passé, n'avait retenu que l'occasion*
> *de danser dans les rues ou d'admirer des uniformes. On se grisait de*
> *cette joie éparse au beau milieu des jours d'été, on mesurait notre*

---

1. Repris dans *Politique 1,* Fayard, 1977.

puissance au nombre d'heures des défilés, et l'on avait peut-être raison de rire et d'être fiers. Mais, de Talleyrand, célébrant l'office du premier 14 Juillet, aux cortèges de 1936, on aurait mieux fait de croire davantage que la liberté ne naîtrait pas d'elle-même, qu'il lui faudrait, pour vivre, le secours et l'amitié de chaque citoyen.

Maintenant dispersés et privés de ces biens tant négligés autrefois, que ce 14 Juillet ait été pour chacun jour de travail ou jour de repos, nous avons tous ressenti l'amère nostalgie de ce temps disparu. Prisonniers français unis dans l'infortune, toute classe, toute différence sociale abolies en face du travail aux champs, parfaitement égaux devant la soupe réglementaire, soumis au même rythme de la journée et de la nuit, voici pour nous l'insigne occasion de repartir du même pas.

Que ce 14 Juillet 1941 soit le premier d'une longue série où nous saurons, sans apparat ni serment, fêter un avènement : celui de la fraternité. Car ce n'est pas en criant "Vive la liberté !" qu'on l'acquiert, mais en appliquant avec amour sa force et son intelligence au sein d'un ordre où chacun préfère sa propre tâche à celle de son voisin. »

Une mutation est probablement en train de s'opérer en lui, mais l'appréciation qu'en ont ses compagnons d'infortune n'est pas unanime, comme si, une fois de plus, il n'avait fait que présenter à chacun un miroir.

L'abbé Dentin est convaincu d'avoir assisté à une transmutation droite / gauche : « J'ai beaucoup discuté avec lui et j'ai vu son passage du noir au rouge.

– Tu sais, ce n'est pas l'Église qui va changer le monde. Elle fait tout au plus des saintetés individuelles... Ce qu'il faut, c'est faire concrètement de la politique, me disait François Mitterrand.

Il cherchait du côté de la gauche... J'étais assez d'accord sur son analyse de l'Église, mais insistais beaucoup sur le "recentrage" sur Jésus-Christ. C'est Lui, et Lui seul qui compte, disais-je...

J'aimais beaucoup Mitterrand. Il allait à la messe, comme la plupart des prisonniers, mais il était en crise religieuse. »

Le « petit marquis », Biget, a des souvenirs tout à fait différents : « Mitterrand était d'extrême droite. Il m'a raconté sa rencontre avec le comte de Paris. Il affirmait aller à la messe du 21 janvier[1]. Nous étions tous pétainistes. Nous avions une dévotion pour le Maréchal. Pour nous, c'était le grand-père. De Gaulle et le Maréchal servaient la France l'un et l'autre... » Pour faire bonne mesure, Biget cite des auteurs que Mitterrand aimait bien : Drieu La Rochelle, Chardonne.

Quand j'ai fait part à l'abbé Dentin des propos du notaire d'Angoulême, il ne s'en est pas offusqué et, très œcuménique, a lâché : « Si Biget le dit... » Il semblait considérer que les propos du « petit marquis » ne contredisaient nullement les siens.

Marcel Marivin est lui aussi persuadé que Mitterrand était alors maréchaliste. C'est aussi le sentiment, assez vague, de François Chateau, encore qu'il n'ait jamais entendu François parler politique : « C'était surtout la littérature qui l'intéressait. »

La fête nationale de 1941 revêt un éclat particulier : messe solennelle célébrée sur le terrain de sports par le père Boulay. Dans une allocution émouvante, celui-ci évoque les raisons d'espérer : l'union des Français autour d'un même idéal fraternel. L'après-midi, à la suite d'un rassemblement au cours duquel a été lu un ordre du jour du commandement du camp, on assiste à diverses manifestations sportives, artistiques (avec notamment un radio-crochet), humoristiques (courses en sac et jeux divers), le tout accompagné par l'orchestre sous la direction de Paul Renaux. Le soir, dans les baraques, on chante *La Marseillaise*.

Le 1er août, le rédacteur en chef de *L'Éphémère* montre, s'il en était encore besoin, qu'il n'a guère changé dans son approche politique globale, ainsi que certains hagiographes ont voulu le faire accroire. Il est toujours aussi individualiste et se méfie de tous les mots en « -isme » – il reprendra cette

1. Date de l'anniversaire de la mort de Louis XVI.

formule une trentaine d'années plus tard dans *Ma Part de vérité* –, mais il se livre à une critique inhabituelle de l'autorité et de ses fondements, qu'il reniera d'ailleurs quelques mois plus tard : les chefs ne valent que ce que nous valons, et ce ne sont pas eux qui améliorent la société, mais chacun en travaillant à sa propre perfection...

    « *La mode est à l'esprit social. Articles, études, livres, nul n'économise les exhortations ; chacun paraphrase à sa manière la parole évangélique : aimez-vous les uns les autres. Mais, en général, on est resté à la paraphrase.*

    Qui n'a lu jusqu'à satiété les termes solennels et parfois équivoques d'étatisme, de collectivisme, de socialisme, etc., qui ne sont en réalité que les divers modes d'envisager le même problème : comment empêcher l'homme de mordre son prochain (ou peut-être comment l'y encourager) ?

    C'est une vieille histoire : s'il est difficile à l'homme de vivre seul, il lui est délicat de vivre en compagnie. Inutile d'en revenir à Rousseau ou à Sorel pour épiloguer. Il s'agit là d'une expérience quotidienne à la portée de tous. Si l'homme libre estime que la meilleure façon d'utiliser sa liberté est de rogner celle d'autrui, il est évident qu'un homme prisonnier, donc possesseur d'une liberté réduite, à l'étude des méthodes les plus rationnelles d'obtenir le maximum de "rab", et de ramasser le minimum de corvées, ressentira moins de gêne encore à confondre ses droits avec ceux d'autrui, dans la mesure évidemment où son espace vital personnel risquera plutôt une extension qu'une diminution.

    Et ceci est une histoire toujours nouvelle, puisque c'est l'histoire de notre vie d'aujourd'hui.

    Quand une équipe de football désire l'emporter sur l'équipe adverse, il s'agit d'éviter que l'avant centre n'aille enlever le ballon à son ailier droit ou que l'arrière gauche ne se croie des qualités d'inter. Quand une troupe théâtrale joue Britannicus, il vaut mieux qu'Agrippine ne dispute pas à Junie l'innocence. Cela n'empêchera pas l'avant centre de remplir son rôle avec brio dans les limites qui conviennent, ou Agrippine d'être superbe autant qu'il se doit.

    Ainsi, dans nos kommandos, tout marche selon l'esprit de ceux qui s'y trouvent rassemblés. Certes, là où l'interprète instaure une manière de pouvoir personnel où les bénéfices ne vont qu'au petit nombre (comme il m'est arrivé de l'observer), tout va mal et chacun se plaint ; et là où l'homme de confiance soucieux de sa tâche parvient à équilibrer les exigences et les possibilités, et selon la justice, tout va bien et chacun supporte mieux sa condition. Mais où le représentant des prisonniers puise-t-il son autorité, sinon dans la bonne entente de ceux qui l'ont choisi ? Soyez sûrs que nos chefs ne valent pas ce que nous valons.

Les mots en "isme" ne résolvent aucun problème. Confier sa destinée à une personne morale imprécise et inanimée, et crier haro sur l'individu n'avance guère. Il s'agit de comprendre qu'on n'améliore une société qu'en travaillant à sa propre perfection.

C'est encore la meilleure façon de pratiquer l'esprit d'équipe[1]. »

Dans ce même *Éphémère* du 1er août 1941, on apprend que, dans ce stalag décidément peu ordinaire, les prisonniers, le 17 juillet précédent, ont eu droit à un concert de musique de chambre dirigé par Lucien King, qui deviendra plus tard un chef d'orchestre réputé.

Au cours de cet été, François Mitterrand n'a cessé de rêver à son grand amour, mais il est de plus en plus inquiet. Il ne reçoit plus de courrier de Béatrice. Il est comme un lion en cage. Biget se souvient[2] : « François faisait les cent pas dans une baraque vide. Ça le rendait fou de ne plus avoir de nouvelles de Marie-Louise Terrasse. »

Le 15 août, il consacre son éditorial de *L'Éphémère* au temps qui passe : un an déjà qu'ils sont, qu'il est là. Il laisse s'exprimer son désespoir en songeant très probablement à celle qui l'oublie...

« *Automne, hiver, printemps, été, voici que le blé, le seigle et l'avoine sont de nouveau mûrs ; et, avec eux, toutes les choses soumises à la loi des saisons et du temps qui passent. Un an, et les êtres aimés grandissent, vieillissent loin de nous ; un an, et le travail quotidien se fait sans nous ; un an, et sur nos joies et nos amours* »

1. Repris dans *Politique 1*, Fayard, 1977.
2. Entretien avec l'auteur, 21 janvier 1994.

s'étend l'oubli. Et cependant, quelle espérance si, du sein de notre détresse, nous savons préparer ce temps où nous cesserons enfin de contempler des moissons qui ne sont pas les nôtres ! »

Dans une lettre envoyée quelque temps plus tard à une amie établie dans le Var, il reprend les mêmes thèmes. Il éprouve une *« étrange impression d'oubli »*. *« De tout cela on sort endurci... Où sont les rêves ? »* Tout en reconnaissant que lui et ses compagnons sont des « privilégiés », il demande à son interlocutrice de *« ne pas se laisser prendre par une certaine propagande »*. Il parle d'un petit cercle d'amis composé d'un journaliste-romancier, d'un aventurier polonais (il s'agit de Dobrowolsky, dont on reparlera plus tard), d'un ex-camarade de Sciences-Po, de deux étudiants en droit, d'un ex-prince russe.

Le 28 août, il envoie une longue lettre écrite au crayon à son frère Robert. François lui laisse entendre qu'il sera rentré dans les trois mois, car il s'inquiète de plus en plus de sa fiancée. Il le remercie des démarches qu'il a déjà faites auprès d'elle ; il le charge une fois encore de la revoir et de tenter de retarder toute décision définitive, en accord avec le père de Marie-Louise, qui *« est un homme très juste et très bon »*.

Robert n'a pas été le seul chargé de mission dans cette délicate affaire. Antoinette Bouvyer, qui a servi pendant toute cette période de « boîte aux lettres » entre les jeunes gens, semble avoir joué un rôle déterminant. Elle a su avant tout le monde que Marie-Louise n'aimait plus son soupirant, mais elle a voulu protéger « son » François. Une réunion a lieu, rue Chernovicz, dans le courant de l'année 1941, entre Antoinette, Jacques Bénet, François Dalle et Marie-Louise, afin de définir la meilleure attitude à adopter pour ne pas faire de peine au prisonnier. Décision est prise de « faire comme si ». Bénet se souvient également d'avoir rendu visite une ou deux fois au père de Marie-Louise à ce propos.

« Tu crois peut-être qu'il vaut mieux pour moi que tout finisse, mais j'ai entière confiance en toi et je te demande, même malgré

toi, de faire ce que je viens de dire », écrit François à Robert[1]. Il affirme garder néanmoins son amour et son estime à la jeune fille : « *Je ne veux pas la retenir, ni qu'elle souffre par moi... Si elle vous paraît faible, insouciante du mal qu'elle me fait, sachez surtout qu'elle souffre intensément, avec une violence que vous ne pouvez deviner. Elle mérite beaucoup de compréhension et d'amitié...* »

Il est probable qu'à l'issue de cette période, il restera plus marqué par sa blessure amoureuse que par sa guerre ou sa captivité. Il a vérifié près de Verdun et sur les autres fronts qu'il était indifférent à la peur physique et nourrissait même un goût certain pour le risque. En Hesse et en Thuringe, il a pu vérifier ce qu'il savait déjà depuis quelques années : qu'il aimait exercer un certain ascendant sur les gens, et qu'il en avait. Son amour perdu le rendra plus cynique et plus dur envers les autres...

Le 30 août, le stalag IX A reçoit la visite de la mission Scapini, dirigée par le capitaine de La Chapelle. Georges Scapini, député, ancien président du Comité France-Allemagne, avait été chargé par le maréchal Pétain, en juillet 1940, de négocier avec les autorités allemandes tout ce qui pouvait être obtenu en faveur des « PG ». Il avait été nommé ambassadeur de France, chef du service diplomatique des prisonniers de guerre, pour remplir cette mission. La mission Scapini avait une antenne à Berlin, dite « Délégation française de Berlin ».

Le compte rendu de cette visite paru dans *L'Éphémère* n'est pas signé, mais il a probablement été rédigé par François Mitterrand, ou pour le moins été assumé par lui :

> « M. de La Chapelle, dans les limites fixées par ses devoirs de diplomate, nous a donné quelques nouvelles de France. Il nous a dit comment, au milieu d'une situation politique et sociale confuse, seule la personne du Maréchal Pétain pouvait symboliser l'unité du pays et sa grandeur survivant aux

1. *Frère de quelqu'un*, op. cit.

misères et au chaos de la défaite ; et comment l'intérêt des Français doit se confondre avec leur devoir, s'ils savent se plier aux exigences d'une discipline nécessaire aussi bien dans les pensées que dans les actes.

A ceux qui n'ont pu l'entendre, nous transmettons le salut cordial de notre visiteur, représentant tous ceux qui, en France, n'oublient pas.

Et que nos remerciements aillent à celui qui nous a apporté, avec son expérience, son amitié et sa courtoisie, ces qualités de France qui jamais ne laissent indifférent. »

J'ai fait parler les compagnons de captivité de François Mitterrand afin d'essayer de cerner l'homme qu'il était alors, ou à tout le moins l'empreinte qu'il a laissée dans leur souvenir. Il est inutile de souligner combien celle-ci peut varier selon les uns et les autres, mais s'y révèlent néanmoins quelques points communs. Un mot revient constamment : *fidélité*. La plupart des vieux messieurs que j'ai interrogés tiennent à préciser qu'ils ne sont pas socialistes, qu'ils ne sont pas d'accord avec la politique de l'hôte de l'Élysée, qu'il les a déçus, mais tous tiennent à répéter qu'il est un ami fidèle. « Dites-lui qu'on l'aime », ai-je entendu à plusieurs reprises. Tous notent qu'il gardait une certaine distance vis-à-vis de ses compagnons. « Il n'était pas de ceux que l'on tutoie », résume le « petit marquis ». « Certains l'appelaient « le Professeur ». François appelait tout le monde par son nom et disait "vous" à tout le monde... J'ai toujours été frappé par le profond respect qu'il inspirait et la majesté qui ressortait de lui. Il a toujours mis un point d'honneur à respecter les autres et aussi à en être respecté », se souvient Ernest Prodhomme[1]. « François Mitterrand était amical avec tout le monde, sans pour autant se confier trop. Il mettait de la vie dans le camp », se rappelle de son côté François Chateau. « C'était un ambitieux, un orgueilleux. Il se sentait déjà au-dessus de la masse », souligne Marcel Marivin. Raoul Idrac a gardé un

---

1. In *France-Soir Magazine*, 23 mai 1981.

souvenir différent : « Il était charmant, il me parlait beau-coup, beaucoup de politique. Il voulait être ministre des Affaires étrangères... »

Nul ne peut se vanter de le connaître vraiment. Il troublait tout le monde par son comportement insaisissable, sa culture. Le prisonnier qui signe « Asmodée » trace de lui un portrait intéressant dans *L'Éphémère* du 1er septembre 1941 :

> « Tel Vautrin, François Mitterrand est l'homme aux incar-nations multiples. Il a en effet le don d'ubiquité et je le soup-çonne fort d'être en possession du secret redoutable du dédoublement de personnalité. Nouveau Janus, on le voit ici élégant rédacteur du journal, fin lettré, philosophe perspicace et subtil, et on le rencontre là, sanitaire ponctuel et affairé, dévoué à la cause d'Hippocrate. Les Grecs professent qu'il est indigne d'un sage de s'appliquer à un art futile et grossier ; mais Mitterrand, qui sait qu'un gentleman est partout à sa place, remplit très bien l'une et l'autre de ses fonctions et tou-jours avec le plus de grâce.
>
> Soit qu'on rencontre le penseur pénétrant, soit qu'on frôle le sanitaire absorbé dans ses agitations quotidiennes et mati-nales, il ne faut pas oublier que François Mitterrand a un culte intime pour l'aristocratie, c'est-à-dire qu'il est inces-samment consumé par les flammes dévorantes du lyrisme, de la beauté, de l'élévation de la pensée. Il est au physique une créature simple et tranquille, qui a l'air comme Marianne d'être conservée dans le miel. Qu'on ne s'y trompe pas, il a, comme l'abeille, le nectar et l'aiguillon ; il a l'esprit ironique et l'âme tendre. Il a de l'esprit ; mais il a mieux encore : il a du cœur et c'est bien, car le cœur ajoute de l'esprit tandis que l'esprit ne donne point de cœur. Cela permit à Mitterrand, dirait-on, de traverser la vie avec des lunettes roses. On l'ima-gine en effet ne voyant autour de lui que coupes d'or, cou-ronnes, chevelures d'hyacinthes, yeux de violettes, lys, nymphes, driades et faunes... Mais Mitterrand est un sage plein de scepticisme qui ne saurait avoir l'avilissante abnéga-tion de l'esclave Épictète, et, à travers ses verres roses, ses prunelles bistres voient tout en noir. Pourtant, comme il peut

dire avec l'élégiaque latin : "Je suis doucement lié par une chevelure blonde et des bras délicats", il me fait invinciblement songer à Babooz qui, endormi dans un ruisseau et foulé aux pieds par les passants, sentait malgré tout, sur ses lèvres, les lèvres parfumées d'une reine... »

« Asmodée » connaît lui aussi le grand secret de François. Il souligne en outre son goût pour l'aristocratie, comme l'a fait Robert Gaillard dans son livre :

> « Mon ami Mitterrand, le futur diplomate, a le culte intime de l'aristocratie, mais il explique qu'il entend par aristocratie cette élévation de pensée qui distingue les créatures d'élite. »

Dans un numéro spécial de *L'Éphémère* intitulé « Douce France », le caricaturiste Bernard Monsour, le lettré Biget et Ernest Prodhomme ont croqué leurs compagnons. François Mitterrand n'a pas échappé à la gourmandise des « croqueurs ». Il est représenté en empereur romain coiffé d'une couronne de lauriers et vêtu d'une toge[1]. Le texte concocté par le « petit marquis » est le suivant :

> « Hautain, sensible et péremptoire
> Temple incontesté de l'Esprit
> Il a le front nimbé de gloire
> On dirait Dante Alighieri. »

Biget connaissait-il le rapport secret de Mitterrand à l'auteur de *la Divine Comédie* ?

Mitterrand fait en tout cas comme s'il l'avait lui-même oublié. Mortifié par l'absence de nouvelles de Marie-Louise, il a compris que Béatrice est loin. Sur l'exemplaire de *Douce France* du poète charentais, au-dessous de sa propre caricature, il a répondu de la sorte à Biget :

> *« Issus de la même terre, nourris des mêmes substances, et maintenant victimes d'une même catastrophe, Comment ne nous serions-nous pas rencontrés ? Et pourtant la Charente, le Droit, les*

---

1. Voir reproduction dans cahier hors-texte.

Lettres et Ziegenhain réunis n'auront sans doute pas produit de fruits plus différents que nous ! C'est moi d'ailleurs qui vous envie : vous avez une femme et un enfant qui vous aiment. De plus, vous êtes poète, tandis que, pour moi, Dante Alighieri n'est là que pour la rime. »

En cette fin de 1941, il n'entend pourtant pas se résoudre encore à la fin du grand amour. Rompant net avec les tirades sur l'héroïsme de François Mitterrand, son frère Robert affirme que c'est cette raison-là qui l'a décidé à s'évader.

Le 15 novembre, il rédige un long éditorial entièrement consacré à la condition des prisonniers, où l'on décèle toujours l'ombre de Marie-Louise[1] :

« Nous sommes, égrenés dans les camps d'Allemagne, quinze cent mille hommes au cœur incertain. Ceux qui ont tenu les avant-postes de septembre à mai (et l'on disait "drôle de guerre", "petite guerre" : mais qui a su la longue attente misérable quand, devant Siered ou Bitche, la boue, la neige et le froid nous figeaient au guet ?), ceux qui ont foncé vers le canal Albert pour reprendre ensuite et en sens inverse l'épouvantable course à la mer, ceux qui plus d'un mois ont gardé la Chiers, à l'abri de blockhaus inachevés et de boyaux profonds de vingt-cinq kilomètres, ceux qui, dans les intervalles de la ligne Maginot, ont subi les feux de la Pentecôte et contenu l'avance des armées adverses, ils sont là, toujours les mêmes qui continuent, en première ligne des souffrances, à représenter la nation[2]. Et les mois se succèdent qui accumulent les déceptions, qui alourdissent de l'un à l'autre les fardeaux de l'absence, qui rejettent chacun dans la rigide voie de sa solitude... »

Cette absence de reconnaissance ou cet oubli de la France vis-à-vis de ceux qui, comme lui, ont été « en première ligne des souffrances », d'abord à la guerre, puis en Allemagne comme prisonniers, va devenir un leitmotiv du discours puis de l'action de François Mitterrand pendant de longues années.

1. Repris dans *Politique 1*, Fayard, 1977.
2. Souligné par l'auteur.

« Pourquoi le taire ? A quoi serviraient des paroles faciles où s'estomperaient les questions douloureuses ? Si (pourquoi le nier ?) les conditions matérielles de la vie des camps sont respectueuses des conventions internationales, si les prisonniers français bénéficient d'un régime de moindre rigueur, quel pouvoir, quelle bienveillance sauront jamais écarter des hommes que nous sommes cette vision des jours qui meurent et qui emportent notre jeunesse – cette jeunesse dont nous n'aurons éprouvé que le goût de l'amertume ?

Certes, on s'occupe de nous. Dans sa chronique de L'Éphémère, notre camarade Jean Nicolas a relaté "Ce qu'on a fait pour nous" : comités, associations, œuvres d'entr'aide, livres qui retracent la physionomie des camps, groupements qui s'efforcent de multiplier les liens unissant la Patrie à ses prisonniers. Ah certes, on s'occupe de nous ! Mais pour les lettres admirables d'une mère ou d'une femme ou d'un ami fidèle, pour les témoignages d'un camarade de travail ou de l'employeur respectueux de la place quittée depuis deux ans, combien d'oublis et de silences et d'abandons, combien de tendresses perdues[1] *! La nomination d'un fonctionnaire préposé aux services d'accueil au prisonnier, la distribution, dans les gares, de chocolat et de sandwiches, et les sourires des dames de la Croix-Rouge, cela ne peut suffire, croyons-nous, à guérir les inquiétudes, à exalter les courages. Ce prisonnier libéré qu'invite illico un percepteur attentionné, qui quête une place de bureau en bureau, qu'on retient dans les hôpitaux pour soigner des militaires enrhumés, qui retrouve des gosses pâlis loin du soleil qu'on n'a pu leur offrir, nous devinons qu'il est l'image menaçante de chacun d'entre nous. Et je crains qu'on ne parle des prisonniers comme on parle des morts : en vantant leurs mérites, en tressant leurs louanges, mais en estimant que leur première qualité est surtout de ne plus gêner les vivants. Et c'est pour cela que nous en appelons à l'amitié des nôtres. »*

Quelle amertume, en effet, quelle souffrance ! Il revient ensuite sur cette idée de dette qu'est censée devoir payer sa génération. Il s'est lui aussi imprégné de cette attitude sacrificielle prônée par le maréchal Pétain. Et il se refuse à la révolte, encore plus à la révolution. Depuis deux ans, il est en

1. *Idem.*

perpétuelles fluctuations dans son appréhension politique de la situation.

> « *Qu'on ne nous imagine pas révoltés, prêts à soumettre nos revendications. Nous savons trop les méfaits du système des doléances. Si nous avons reçu la tâche amère de représenter devant l'Histoire la génération prodige des biens et des trésors de siècles fastueux, qu'au moins notre Patrie blessée et qui souffre et qui, malgré sa peine et ses angoisses, refuse de mourir, puisse compter sur le soutien de ses fils exilés. Lorsqu'en juin 40 la déchirure s'est consommée qui, à l'Est et au Nord, nous séparait de la France, lequel d'entre nous n'a ressenti le poids de sa responsabilité personnelle ? Non, nous ne sommes pas des révoltés, car ce vieux compte qu'il fallait payer, nous en attendions confusément la note. Nous le savions, la vie d'un peuple, c'est tout de même autre chose qu'un faisceau d'habitudes et d'indifférence... »*

Et de conclure en s'adressant au pays :

> « *Mais, maintenant qu'il s'agit de renaître, que notre voix, que notre apport participent à l'œuvre selon le droit que nous avons acquis. Ah, si la France comprenait notre exigence ! Si la France comprenait que sa grandeur et son fardeau, c'est avant tout d'être aimée de ses fils ! »*

François Mitterrand fera bientôt en sorte que la France entende cette voix des prisonniers.

Il est évident que la captivité a été déterminante dans l'évolution de sa personnalité. Personnalité éminemment complexe : on ne parle pas encore du « Florentin », mais on parle déjà de Janus, de Vautrin, de son don d'ubiquité ; certains le situent à droite, voire à l'extrême droite, d'autres déjà à gauche... Il paraît donc nécessaire de lui laisser là-dessus le dernier mot, même si cette vision est récente. Son insistance à dire que sa pensée autonome s'est forgée là-bas, derrière les barbelés, recèle sûrement une part de vérité :

> « *Ma grande révélation a été la captivité. On m'a promu sous-officier. Nous nous sommes trouvés, un lieutenant et moi, comme seuls gradés dans un kommando de travail. C'était un kommando*

très, très dur. J'y ai rencontré heureusement beaucoup d'amitié. J'ai connu le dénuement, j'ai connu la solidarité. J'ai découvert d'ailleurs que, malgré cette éducation que vous dites (non sans raison) douillette, j'avais une très bonne capacité de survie.

Le danger de cette expérience, c'est le danger de la société sans classes. Nous étions tous en uniforme, tous soumis au même travail et à la même discipline allemande. Donc, nous pouvions rêver d'utopie : pourquoi est-ce que ce ne serait pas comme ça dans la vie de tous les jours ? Certains de mes camarades sont tombés dans ce travers.

Cette vie communautaire m'a marqué en profondeur. Moi qui suis si profondément individualiste, j'y ai trouvé plaisir. Mais le choc principal, c'est que je me suis soudain rendu compte que la hiérarchie naturelle, c'est-à-dire morale et physique, de la société dans laquelle j'étais – celle des camps de prisonniers –, ne correspondait absolument pas à la hiérarchie que j'avais connue pendant toute ma jeunesse. Le notaire et l'instituteur se jetaient à plat ventre pour ramasser les mégots que leur lançaient en riant les Allemands. J'ai vu des sous-officiers en faire autant. C'est là qu'est né en moi ce doute, qui n'a fait que s'élargir, sur la valeur d'une société qui n'est pas mise à l'épreuve. La hiérarchie de la décoration, du diplôme, de l'argent ne vaut rien. L'échelle des vraies valeurs est ailleurs. Toute la société française d'aujourd'hui est construite pour que la hiérarchie des valeurs héritée du passé ne soit jamais mise à l'épreuve, alors qu'elle est fausse. Oui, c'est là que j'ai commencé à remettre en cause de façon fondamentale notre société[1]... »

Avec neuf autres compagnons d'infortune, François Mitterrand a l'idée d'écrire un roman policier, chacun rédigeant un chapitre. Il commence à écrire le sien en même temps que, dans le plus grand secret, il prépare sa seconde évasion. Avec la complicité de Mannissier – encore un curé –, il se procure de faux tampons nazis, des caractères d'imprimerie et de la pâte à empreintes... Le 28 novembre 1941, avec deux compagnons, il s'évade pour la deuxième fois.

1. Interview accordée à Roger Priouret, *L'Expansion*, n° 54, juillet-août 1972.

Le roman policier ne sera jamais achevé. Avant de faire la belle, il confie ses papiers et ses photos à Raoul Idrac... L'un des trois fugitifs est repris sur-le-champ ; les deux autres ne se retrouvent pas. Levrard arrivera jusqu'à Paris, Mitterrand jusqu'à Metz, qui est alors ville allemande. Alors qu'il se repose dans un hôtel, près de la gare, la tenancière le dénonce. Il est conduit *manu militari* jusqu'à un camp de triage pour évadés, à Boulay-en-Moselle.

TROISIÈME ET DERNIÈRE ÉVASION

A Boulay, François Mitterrand se retrouve dans de sales draps. Ce centre pour évadés expédie les « fortes têtes » sans espoir de retour. Il a toutes chances d'être envoyé dans un camp polonais. Il le sait et décide de tenter une nouvelle échappée : c'est la bonne.

Plusieurs variantes du récit de cette évasion circulent. J'ai choisi celle donnée par le jeune ministre des anciens combattants François Mitterrand, le 27 février 1947, lors d'une visite qu'il rendit incognito à Boulay afin de remercier ses bienfaitrices[1], version légèrement corrigée par l'une de celles-ci, Marie Baron.

Le 10 décembre 1941, il franchit les barbelés et se cache dans l'hôpital voisin où il est accueilli par de sympathiques infirmières. Pas question de rester longtemps à l'hôpital, car le médecin-chef allemand est un « méchant ». Les infirmières, parfaitement au courant que dans le village une certaine demoiselle Marie Baron a déjà aidé des évadés, lui confient François Mitterrand. Marie Baron le cache, le nourrit et le confie à son tour aux sœurs Stenger, car elle se sait épiée par la Gestapo. Le fugitif reste quarante-huit heures dans la famille Stenger, puis, le troisième jour, Marie Baron

---

1. Le compte rendu de cette visite a été fait dans *Le Courrier de Metz* du 28 février 1947.

vient le rechercher pour le conduire à Metz par le train. On est le 15 décembre 1941.

Marie Baron se dirige directement chez les Grünewald, rue de Verdun. Elle prend ensuite contact avec sœur Hélène, qui est à la tête d'une organisation résistante s'occupant notamment des évadés. Rendez-vous est pris pour le soir même, dans l'église Saint-Martin. Peu avant 17 heures, Marie Baron, accompagnée de Mme Grünewald et de ses deux filles, emmène François Mitterrand à l'église où se trouvent déjà trois autres évadés. Mlle Thiam, de l'organisation de sœur Hélène, conduit tout le monde jusqu'à la gare de Metz. Un passeur les y attend. Marie Baron se souvient encore des derniers mots de François Mitterrand en montant dans le train : « *Les Lorraines sont merveilleuses*[1] *!* »

Évadés et passeur prennent alors le train vers la frontière. Tous quatre sautent à bas du convoi à une quinzaine de kilomètres de Metz, pendant un ralentissement pour travaux indiqué par le passeur. Ils franchissent la frontière à pied, de nuit, dans la tempête, et se dispersent.

François Mitterrand se retrouve à Nancy, d'où il envoie une carte à Marie Baron : « *Colis bien arrivé.* » Il y rencontre un Frère des écoles chrétiennes, membre de l'organisation de sœur Hélène, qui lui donne une fausse carte d'identité portant la photo du religieux. Le Frère lui indique un itinéraire, par Besançon et Mouchard. Le 16 décembre, François Mitterrand passe la ligne de démarcation près de Chamblay.

Il retrouve la France après un an et demi d'absence. Il a raconté non sans lyrisme ce retour dans la mère-patrie, seize mois plus tard, dans le journal des Compagnons de France, *Métier de chef,* en avril 1943 :

> « *La France était claire, ce matin-là. Le soleil avait chassé les brumes. La vallée n'était pas encore frappée par l'aveuglement de la lumière de midi. Les fatigues des jours précédents me semblaient allégées par cette ultime marche, par ces huit kilomètres de route*

1. Entretien, 17 juillet 1994.

droite qui me devaient mener au Centre d'hébergement. Des oiseaux voletaient, filaient à ras du sol et se posaient, tête dressée ; un chien au mufle haletant pistait d'un bord à l'autre de la route des traces incertaines. Les champs s'étalaient gras et vides, mûrissant sous les haleines de l'hiver des naissances secrètes. Des villages blancs et gris séparaient les chemins et les hommes, nonchalamment, sciaient leur bois devant les portes, s'interpellaient en quête des nouvelles de la nuit, poussaient en douceur sur les pédales des bicyclettes.

Je n'étais pas fâché de la retrouver ainsi, ma France presque oubliée. J'avais imaginé je ne sais quels orages et jusqu'à la teinte des nuages, changée. Mais les fumées, les toits, les croisées, mais les terres quadrillées, les haies rectangulaires et les horizons purs, mais les hommes incurieux et froids, c'étaient bien ceux que j'avais quittés. Le retour au pays natal ! J'avais lu la faiblesse qui rompt les jarrets, les mille manières d'être du Petit Liré, j'avais recomposé dans mon exil des scènes volées aux manuels et aux récits de l'autre guerre. Et maintenant j'étais là qui m'efforçais, après deux ans d'absence, de reconnaître les émotions prévues, les constructions ébauchées. A vrai dire, je me forçais un peu et, sur chaque détail, je butais : la route, les arbres, les villages, la vallée coupée net par les coteaux parallèles, les joncs signaleurs des cours d'eau enfouis ne marquaient pour la solennelle rencontre qu'une magnifique indifférence. Mais que les miens m'accueillent avec cet air insouciant, je n'espérais pas plus chère preuve d'amitié. Était-ce pudeur abusive ? J'aurais détesté les gestes, les paroles qui, toujours, au lieu de vous admettre, vous repoussent : mes amis n'ont jamais eu besoin d'autre chose que du silence que je leur permets[1].

Et donc, malgré mes réflexes de "littérateur", mon envie d'imiter les beaux mouvements des morceaux choisis, malgré mon goût du spectaculaire, je préférais que mon retour fût aussi peu glorieux, je dirais aussi peu émouvant. Tout était trop facile pour prodiguer le drame : trop facile, l'air du matin mouillé bu par les heures successives ; trop facile, le ciel parcouru de voiles légères ; trop facile, l'arrangement des tons pour corriger l'âpreté de l'hiver. Admis de plain-pied dans l'intimité difficile des choses, qu'avais-je à faire de mes vulgaires histoires d'homme ? Je n'avais convoqué ni parents

---

1. Souligné par l'auteur.

ni amis ; plus tard, quand ils ne seraient que des jalons dans la reprise de mes habitudes, plus tard, on verrait. J'avais d'abord à respirer l'air de mon pays, à écouter le langage des gens de mon pays ; et, simplement par le jeu de mes oreilles et de mes yeux, j'avais à reconnaître la présence de mon pays. Le reste suivrait, le reste suit toujours ces révélations, ces découvertes immédiates.

J'ai marché d'un bon pas huit kilomètres après tant d'autres, huit kilomètres de dure route bleue ; et, ce faisant, je me souvenais des chemins parcourus avant de parvenir à cette libre marche sur la première route de ma liberté. Avec ce désir de l'enfant qui croit que la vérité se cache de l'autre côté de l'horizon, qui scrute la ligne inflexible du ciel et se demande quels paysages magiques se déroulent là-bas ; avec cette obstination de l'adulte qui refuse sa dépendance et ne cherche qu'en lui-même l'explication de toutes choses, avais-je assez nié le passé, la tradition, les lois et l'amour même, tous ces filets tendus par l'espace et le temps. Il m'avait fallu un long apprentissage pour décanter le visage obscurci de ma patrie, de rêves, d'espoirs, de déceptions, de tout un exotisme apporté par d'étrangères illusions. L'erreur puisée dans mes livres d'histoire et qui m'avait appris à ranger la patrie parmi les Idéals, m'avait peu à peu conduit à voyager dans l'abstraction. Et vite s'étaient décolorés, momifiés des traits jadis robustes et fiers. Notre génération aura fait cent détours avant de comprendre que la France était une personne[1].

Puis, je me rappelais les journées vécues dans les camps et la reconquête, inconsciente avant d'être volontaire, de simples vérités. Là-bas, on aimait parler de chez soi et on s'en voulait des vains désirs qui avaient autrefois poussé l'esprit à voyager, à déserter les lieux faits pour nous et si pareils à nous que, privés d'eux, on sentait un secret malaise. On réfléchissait à toutes ces choses sans histoires qui vous conduisaient d'un bout à l'autre de la vie, à toutes ces choses sans regrets dont était tissée la tâche quotidienne. On se confessait comme d'une trahison et des oublis et des nostalgies. Quand on fouillait les horizons de la terre étrangère, on ne les voyait guère ; dans nos interminables songeries, les images du présent gravitaient, légères, et se dissipaient devant les images du passé. Et, au-delà de nos paroles, les formes qui se levaient, pres-

1. Souligné par l'auteur.

sées, ramenaient les mêmes contours. Derrière les barbelés, on cherchait avidement des marques, des points de repère ; on éprouvait un subit bien-être.

La couleur du ciel, la teinte des toits, la manière de tracer le sillon, l'heure du repas, la voix des enfants, l'odeur de la maison, voici ce que nous évoquions, exilés soumis à des vents inconnus, mal habitués aux toits aigus de tuiles rondes, étonnés des socs hauts et maigres qui fouillent la terre à seigle, réduits à la soupe réglementaire avalée en silence. Pendant les premiers jours, il nous avait suffi d'obéir aux nécessités immédiates : la faim qui tire l'estomac, le froid qui tasse le corps. Mais, vite, nous étions retournés aux gestes appris, aux sentiments mal endormis, à la fraternité des mêmes habitudes ; alors chacun s'était rapproché de ceux qui savaient les mêmes noms de villages et de quel côté l'on tourne pour aller au mas, de ceux qui savaient les mêmes prémices de l'orage dans le flamboiement des soleils couchants, de ceux qui allongeaient ou raccourcissaient les mêmes syllabes.

Ainsi s'était rétablie une liaison mystique entre les groupes d'hommes et la terre en leur possession, comme à l'époque primitive où elle appartenait à la communauté des morts et des vivants ; les fruits du sol figuraient alors l'âme des disparus et chacun avait conscience de participer à un monde obscur dont l'individu n'était que l'expression fugitive. Qui donc aurait pu séparer ce tout ? L'homme s'intégrait à l'animal, au végétal, au minéral, et se reconnaissait en eux : il n'était pas encore ce faux dieu qui danse sur le monde et ne sait plus, comme entraîné par sa propre folie, où il reposera les pieds.

Comme les fièvres d'antan me paraissaient vaines, maintenant qu'en ce matin d'hiver je parcourais, paisible et calme, au plus profond du cœur, la première distance du chemin retrouvé ! Voici que je retournais dans mon clos exigu, dans ma maison de pierre blanche, parmi les hommes simples et bruts. Mais les barrières n'étaient plus là où je les avais crues. Les coteaux ondulés de mon pays natal ne bordaient plus mon univers. Loin d'eux, j'avais appris à déceler les richesses enserrées dans leurs lignes précises. Désormais, attentif aux parfums, aux couleurs, aux changements du ciel, aux gestes des animaux, aux cycles des saisons, aux coutumes des hommes soumis au rythme de la vie propre à ce coin de terre et à cette race d'hommes, j'allais pouvoir mêler mon souffle en une cadence égale à la toute-puissance des souffles originels. Cette facilité, conquise après tant d'errements, me fournissait la dernière preuve : je devenais homme libre sitôt ma liberté remise à la réalité charnelle de mon sol[1].

Et voici que l'heure était venue où, pour moi, s'accomplissait le rite définitif. Au terme de ma longue route, pèlerin avancé au-devant de l'immobile cortège, précurseur de milliers d'hommes en uniformes kaki, je sus que j'avais découvert dans les vallées d'exil les espaces et les bornes du domaine ancestral.

Il est des amitiés qui naissent un jour d'été parce que le soleil est là, qui donne aux choses des couleurs telles que leur fragilité s'inscrit dans leur splendeur ; et, pour sauver cette minute, l'être qui l'a partagée avec vous, vous l'aimez. Tout ce qui va mourir incite au partage, comme on partage la peur en s'étreignant l'un l'autre. Ainsi le voyageur, sur le quai, a l'envie d'embrasser celui qui reste ; celui qui reste a le cœur étrangement troublé de ce départ d'un être auquel rien peut-être jusque-là ne le rattachait, et qui perd soudain son vêtement d'étranger parce que la vie leur signifie en même temps qu'elle est faite de mort et d'oubli.

Il est de longues correspondances qui s'ébauchent au cours d'une promenade, devant un tableau de maître, dans la communion d'une admiration. L'âme a frémi dans ce moment unique et les sens se sont émus, et jamais ne sera séparé de ces frémissements l'autre visage qui les a connus. Et puis, le temps passe avec ses années parallèles. Si les êtres essaient de sauter hors de leur ligne pour aller à la rencontre d'un de ces fugitifs porteur de tant de rêves, quelles déceptions, quel impossible raccord ! Les nourritures ont été trop dissemblables, la chair et l'esprit ont été meurtris et ravis par d'autres coups et d'autres merveilles. Et c'est, dans La Porte étroite, *la main de Jérôme au retour de son voyage d'Italie qui, au haut de la côte, se déprend de celle d'Alyssa parce qu'il fait trop chaud et leurs corps sont trop lourds, et parce que, de l'un à l'autre, plus rien ne communique.*

On ne préserve ces amitiés exaltantes et douces qu'en vivant du souvenir d'où jaillit l'eau fraîche ; mais qu'on ne tente pas de répéter le choc de la baguette sur le rocher ; il ne se fendra pas ; et seule

1. Souligné par l'auteur.

demeurera la sécheresse, d'autant plus désolante qu'elle exprime désormais l'abandon de la grâce.

Mon amitié pour mon pays, je le comprenais subitement, ce n'était pas cette amitié d'un moment qui alimente une longue suite de jours, mais l'attache ignorée, toute-puissante, libre de peur et de déchirement, qui n'a besoin, pour se révéler, que de la facilité des nouvelles rencontres. Quand on retrouve son pays, on ne pousse pas des cris de joie. La joie est là qui vous gonfle la poitrine, qui vous parcourt les muscles des jambes, qui vous dirige les regards. Il n'y a pas besoin de clamer cette joie ; elle est une manière de marcher, de respirer, de voir une mise en accord rapide et harmonieuse avec les choses d'alentour. Ainsi, sur cette route nationale, sur cette route de plaine, bleue et cernée de vert, je comprenais que ma joie était faite de certitude et de facilité. J'avais désiré autrefois les espaces et je ne sais quels infinis horizons. Comme cela avait été compliqué ! Comme je m'étais torturé l'esprit et le cœur ! L'infini, l'espace, la liberté, c'était cette joie d'aujourd'hui, si sûre d'elle et si pareille à ce bout de route sur laquelle mes brodequins frappaient dur.

Aussi ma libération n'avait-elle commencé que du moment où, débarrassé des gestes officiels, j'avais pu, muni de mon mince bagage, entamer la dernière étape. L'émotion légitime des accueils en fanfare, cela faisait encore partie du cérémonial de l'absence. Sitôt abandonné à moi-même, j'avais décidé cette marche, ce contact direct avec les choses de chez moi. Une grande joie se tait pour nourrir les souvenirs : comme le nageur dans l'eau et l'oiseau dans l'air, je me sentais élastique et frais ; nul besoin d'intermédiaires pour me soutenir ; l'éclat de la voix, les bondissements du cœur eussent été importuns.

D'ailleurs, toute convention m'avait été gracieusement épargnée. Le printemps ne se passe pas de bourgeons, l'été de feux, l'automne de feuilles mortes, l'hiver de neige et de tourments ; et, justement, l'hiver de ce jour était clair et serein, plein de murmures et d'ébats ; le soleil révélait des couleurs nettes, délimitait, multipliait les nuances. Mon pays pouvait se distraire à me présenter un visage inattendu que l'étranger eût appelé pittoresque ; je n'y discernais qu'un jeu familier.

La foulée large, la respiration ample, les mouvements aisés, j'avançais ainsi, libre d'entraves. Si mon pays m'était apparu moins vivace que mon appétit, moins vaste que mon ambition, *moins riche que mes désirs, moins rigoureux que mon exigence, moins grand que mon espoir, quelle délivrance dérisoire ! Mais ces coteaux, cette lumière, ces horizons affublés de qualificatifs trompeurs affirmaient autre chose que des "élans moyens", que des "tons en demi-teinte", qu'un "raffinement dénué d'énergie". Chaque carré bruni par la trace des labours, chaque champ, chaque maison sagement défendue contre les vents, racontait une victoire. Un accord subtil s'était établi entre l'homme, dernier venu triomphateur, et la terre, siècle par siècle livrée. La force naît de l'équilibre. Non par la demi-mesure, la fausse sagesse du juste milieu, mais par l'âpre violence, la conquête brutale, la soumission exigée. La terre aime ce viol et rend à l'homme plus qu'il n'espère. Mais, en le reconnaissant pour maître, elle le tient. Cette histoire se déroulait sous mes regards. Pas un mètre carré qui n'eût reçu la visite du paysan, pas un mètre cube qui n'eût été remué par ses outils ; l'œuvre de l'homme commandait jusqu'aux teintes, obligeant le soleil à sanctionner là le rouge de la glèbe fendue, là le gris de jachères voulues pour le repos, là le bleu de la route, là le vert des feuilles persistantes. Chacun de mes pas me rapprochait de la gloire des miens, la seule éternelle ; celle que la terre exalte en son orgueil de vaincue. Ce peuple qui domine le sol où il vit et qui reçoit, en échange, l'apport des puissances secrètes contenues dans ses flancs, je pouvais le rejoindre sans crainte. Loin de lui, j'avais appris à désirer la grandeur ; je devinais, presque interdit, qu'en lui j'allais la posséder.*

Le soleil était dieu en ce jour de décembre ; et il avait choisi chaque chose pour s'y développer d'apparence. Chacune des nuances avait sa vérité qui se manifestait dans le plaisir secret des orgueils véritables : acceptant de paraître incertaine, confondue, intransigeante seulement pour ses élus. C'est ainsi que les peupliers défeuillés allaient du clair au sombre, détachés sur les verts et les gris variables des collines ; que les chemins couraient, couleur de sable sale ; que les toits penchaient leurs tuiles brunes sur les villages purs ; que le ciel emmêlait les douceurs d'or parmi les bleus. La mesure de cette matinée était celle où l'homme peut marcher sur les sentiers irréguliers de la terre comme sur les larges avenues, et partout se sentir à l'aise, léger de la certitude d'être admis. Quand je me détournais pour regarder le mont qui détache sa parabole au-dessus des pignons pointus, quand je distinguais Toulouse avec son pan de muraille resté là pour témoigner que les siècles ne meurent que dans l'œuvre des hommes, quand je cherchais Baudin camouflé dans un pli de terrain, humble de ses cheminées d'usine, et quand, d'un coup, je découvris Montchauvier, sa tour carrée et ses maisons tranquillement posées sous leur ciel d'école florentine, je fus comme un homme aux vêtements de lumière. Vraiment rien n'embarrassait les gestes, et les regards voyageaient sans fatigue. Il y avait bien un peu de complicité dans cette attitude du soleil : juste assez pour éliminer les sueurs, les dépits, les lassitudes, et surtout pour distraire l'esprit de l'implacable jeu qui oblige à donner vie pour mort et mort pour vie. Et c'était en cela que je pouvais crier à l'exception et me presser de respirer dans l'oubli des miasmes. Par une pente naturelle, je commençais même à rêver l'impossible et j'imaginais déjà une vie pareille à cette splendeur où, sans effort ni transfiguration, la condition humaine allait de niveau avec le dieu caché dans ces choses. Non, la plaine ni les coteaux, les hameaux ni la route, seule dans sa rectitude, les cloches qui tintaient dans les tours des églises, les cris rapides des oiseaux et des insectes, ni l'appel grondeur de l'homme au cheval qui bronchait ne semblaient rien annoncer. Et pourtant, qui hors d'eux avait deviné que ma silhouette vagabonde venait enfin de terminer les aventures éphémères ?

Quand j'arrivai au centre d'hébergement, m'y accueillit un Compagnon de France. Il me fit entrer dans une maison basse et fraîche. Dans la pièce de gauche aux murs craquelés, il y avait une table longue avec des couverts pour le repas de midi, et dans celle de droite, une table ronde avec des registres. On commença par les papiers. Une fois de plus, je remplis des colonnes, déclinai mon identité et signai. La France était bien enclose entre ces quatre murs avec son odeur d'encre et de pain. On parla. Le compagnon, poli et propre (ô surprise !), eut l'à-propos de ne pas s'apitoyer, de ne pas exhorter. Il faisait son travail et ce travail, il ne l'appelait pas son devoir. Il m'entretint du temps, de la campagne et de toutes choses ordinaires. Il me demanda d'où je venais et non pas où j'allais ; il savait bien que j'allais n'importe où qui serait pareil à mon goût du silence. Moi, j'écoutais le son de sa voix et son accent, insignifiant et net comme son discours, prêt à inscrire toute modulation ou idée. Oui, ce Compagnon de France, ce premier Français de ma liberté m'est apparu étrangement prêt. Puis je passai à table, et, comme je commençais à rompre mon pain, je remarquai le rai de soleil qui, pénétrant par la fenêtre grande ouverte, dessinait sur le plancher un

rectangle pur. J'y jetai quelques miettes. S'agita puis se referma un remous de poussière.
　　Dehors, la France avait son visage paisible. »

Les huit kilomètres que François Mitterrand parcourt à pied sont ceux qui vont de Monay à Mantry avec, d'un côté ou de l'autre, Baudin, Toulouse et Montchauvier. Dans ce texte, le centre d'hébergement des Compagnons de France se dresse au bout du chemin, alors que l'ex-prisonnier arrive en réalité à Mantry, chez Marie-Claire Sarrazin.

J'ai interrogé François Mitterrand : il a bien passé la ligne de démarcation près de Chamblay. Il a ensuite couché dans le foin et, au petit matin, il a connu cette euphorie de la liberté. On lui a signalé une maison des Compagnons, à Chamblay. « *J'ai signé le livre de passage... J'ai marché ensuite jusqu'à ce que je trouve un car qui pouvait m'emmener à Lons-le-Saunier.* » A Dôle, il a pris un car qui empruntait la Nationale 83 ; le nez collé à la vitre, il a aperçu le nom de Mantry, là où vivait sa très chère amie Marie-Claire Sarrazin, qu'il n'avait pas revue depuis 1939. Il est descendu du car et a demandé les Sarrazin ; la propriété était située à quelques centaines de mètres de la Nationale. Il effectuerait plus tard les formalités administratives de démobilisation.

Autrement dit, le texte qu'il a publié dans *Métier de chef* est « globalement » vrai, puisqu'il est bien passé par Chamblay, est bien entré dans un centre d'hébergement, mais ce centre, dans le texte, n'est pas situé au bon endroit, et le parcours de huit kilomètres qu'il décrit a probablement été couvert en compagnie de Marie-Claire Sarrazin lors d'un des séjours qu'il fit à Mantry dans les années 1942-43...

A la déclaration de guerre, Marie-Claire Sarrazin avait en poche un billet pour Beyrouth où elle escomptait aller enseigner la physique et les mathématiques. Elle a finalement choisi de s'installer, avec sa sœur Marguerite, dans la propriété familiale de Mantry, dans le Jura, à quinze kilomètres de Lons-le-Saunier, et elle a décidé d'ouvrir, sans autorisation, un petit collège d'enseignement secondaire. Aux cinq-six élèves du début se sont bientôt ajoutés des petits enfants juifs. « Clo » enseigne le français, le latin et les mathématiques ; sa sœur, le dessin, l'histoire-géo et les sciences naturelles.

Un jour de décembre 1941, les deux sœurs voient débarquer un François tout amaigri. « Le malheureux était pâle, épuisé, affreux, et avait la frousse d'être repris », se souvient Marie-Claire[1]. « On l'a gardé, nourri, réconforté ; on lui a trouvé des chaussures, une écharpe rouge. Il est resté quelques jours pour se retaper. Nous avions un jardin grâce auquel nous avons pu lui donner du maïs, des rutabagas, du soja ; nous élevions une petite chèvre qui nous permettait de faire du fromage ; nous faisions également du miel... Puis il est reparti sur Lons, pour se faire démobiliser... Une tendre amitié s'est nouée entre nous... Il m'a écrit fréquemment et est venu régulièrement me rendre visite, généralement en coup de vent, en 1942 et 1943... Il s'intéressait beaucoup à moi, surtout après qu'il eut constaté que son grand amour, Marie-Louise Terrasse, ne l'avait pas attendu... »

Il n'oubliera pas ces quelques jours passés dans ce bout de « doulce France ». Plus tard, il s'évertuera en permanence à arranger son emploi du temps afin de pouvoir faire un saut jusqu'à Mantry, ou bien il essaiera par tous les moyens de faire venir « Clo » jusqu'à Vichy, Lyon ou Paris. Tout en lui témoignant beaucoup de tendresse, « Clo » le trouvera souvent trop romantique, un peu fou. Après une énième tentative pour obtenir un rendez-vous compliqué, elle lui enverra ce télégramme : « Rendez-vous dans l'étoile Polaire » mais, au fil des mois, elle se sentira emportée par le tourbillon... De temps en temps, le jeune Mitterrand croira discerner, dans la belle écriture de Clairette, quelques « ricanements » envers ce qu'elle considérait comme des excès, des extravagances... Il arrivera même à la jeune prof de noter les lettres de son cor-

---

1. Entretien avec l'auteur, 10 novembre 1993.

respondant, probablement pour garder une certaine distance, et le moins qu'on puisse dire est qu'elle ne sera pas
toujours indulgente pour son style (« Écrivain plein de lui-
même... »). Tout en se gardant d'ajouter foi à toutes ses
déclarations, elle sera séduite par ce jeune homme brillant, de
quatre ans son cadet. Cinquante ans plus tard, on jurerait
qu'elle a toujours pour lui le même regard...

A LA LÉGION FRANÇAISE
DES COMBATTANTS

« *Rentré en France, je deviens résistant, sans problème déchirant* », écrit François Mitterrand dans *Ma Part de vérité*. Le raccourci, en l'occurrence, n'est pas le plus court chemin vers la réalité historique.

Prévenu de l'arrivée de son frère, Robert le rejoint à Mantry ; il le trouve « si maigre et si fourbu » qu'il le convainc d'aller se « remplumer » chez des amis très sûrs, les Lévy-Despas, à Saint-Tropez, dans une grande maison près de la citadelle.

François commence à se « remplumer » et tente d'oublier les mois perdus dans les stalags. Il passe la veille du Nouvel An 1942 sur la Côte d'Azur, mais, dans la journée du 1er janvier, il quitte « brusquement » la station balnéaire. Ce départ précipité s'explique probablement par un coup de fil du colonel Cahier lui demandant de regagner promptement Vichy. Il prend le train, passe par Bordeaux, saute en marche à la faveur d'un ralentissement dont on l'a prévenu, puis traverse la ligne de démarcation à Langon, en compagnie de quelques voyageurs et sous la conduite d'un passeur, après avoir déchiré quelque courrier compromettant, dont une lettre non postée à Marie-Claire Sarrazin. A Jarnac, qu'il n'a pas revu depuis le début de la guerre, il retrouve son père, Geneviève qui vient de se fiancer, Philippe, Colette et ses enfants, ainsi que Marie-Josèphe, venue de Paris retrouver sa fille pour Noël. D'autres membres de la famille qui ont participé aux réunions du Nouvel An sont encore là : sa sœur Antoinette, le ménage Thirion, les cousins Sarrazin[1].

Il monte à Paris. « Un soir, raconte une de ses sœurs, on frappe à la porte. C'est François, amaigri, mal vêtu, minable. Nous n'avions pas de nouvelles de lui depuis des mois. Il me dit, comme s'il m'avait quitté la veille : "Alors, je peux coucher ici ?" Pas une exclamation, pas un éclat de voix. Sa joie se lit seulement dans son regard. Il est raide comme la justice. Il est ainsi, François : jamais il ne se laisse aller, jamais il ne perd le contrôle de lui-même. Il sait se dominer comme personne au monde[2]. »

Il revoit Marie-Louise. La rupture est officialisée mais laissera encore longtemps des traces.

Mitterrand ne s'éternise pas à Paris et redescend sur Vichy. Il rencontre d'abord deux militaires proches de sa famille : le commandant Jacques Le Corbeiller et le colonel Cahier.

Le Corbeiller est membre du cabinet de l'amiral Darlan, ministre de la Défense nationale. Il était le major de la promotion de Pierre Landry, le mari de Colette Mitterrand, sœur de François, à l'École de cavalerie de Saumur. Le Corbeiller avait servi à Tlemcem dans les spahis avec son ami Pierre Landry et Henri Giraud, le fils du général.

Les Cahier, eux, logent dans un petit hôtel. Après une captivité éprouvante, le colonel a rejoint le Contrôle général de l'Armée et est installé depuis peu dans la station thermale. « Je me rappelle le jour où il [F. Mitterrand] a débarqué dans ma chambre, dit Henriette Cahier. Il arborait quelques vêtements de fille[3]. Je lui ai donné des vêtements de mon mari... »

1. Cf. *Frère de quelqu'un,* op. cit.
2. In *Paris Match,* 27 avril 1974.
3. Allusion aux effets remis par Marie-Claire Sarrazin à Mantry, ou distorsion de la mémoire ?

Cahier –et probablement Le Corbeilier – trouvent à François Mitterrand un petit emploi à la documentation générale du directoire de la Légion des combattants et des volontaires de la Révolution nationale.

La Légion ? Elle est née, le 29 août 1940, d'une idée du secrétaire d'État aux anciens combattants, Xavier Vallat, ex-Cagoulard et ancien avocat de Jean Bouvyer, consistant à mobiliser la masse des anciens combattants en vue de favoriser le rassemblement de tous les Français autour de la personne du maréchal Pétain. La Légion a pour mission civique d'établir, entre « le Chef et le Peuple, le lien indispensable ». Vallat a placé à sa direction des anciens cagoulards, notamment le colonel Heurteaux et Loustaunau-Lacau, des antiallemands et d'autres nationalistes comme François Valentin, qui basculeront presque tous, plus ou moins rapidement, dans la Résistance. Pour sa part, Vallat a été éloigné de ce poste au printemps 1941 pour être nommé commissaire général aux Questions juives.

Le 31 août 1941, le Maréchal a décidé de transformer la Légion française des combattants en Légion française des combattants et des volontaires de la Révolution nationale. Cette décision se concrétise par une loi du 18 novembre 1941 dont l'objectif est la transformation de la Légion en mouvement unique d'action civique en France non occupée. L'homme-clé de la Légion, depuis le printemps 1941, est François Valentin, ancien député nationaliste de Nancy, apprécié avant la guerre au « 104 », qui en est le directeur général. A la tête d'un million cinq cent mille anciens combattants, Valentin se veut le chef de la propagande de la Révolution nationale et le principal formateur des cadres de la « nouvelle France ». Dans son message du Nouvel An 1942, il déclare : « Le Maréchal nous confie l'étude, la diffusion et la défense des principes de la Révolution nationale en quoi se résument les conditions de notre redressement. » Il voudrait « apporter une âme à la vie publique et assurer, sur le plan personnel et vivant, la liaison entre le Chef, qui dégage les principes nouveaux de l'État, et un peuple qui n'a pas encore été imprégné de ces principes ».

Intransigeant défenseur du Maréchal, antiallemand, François Valentin se bat sur plusieurs fronts. Il voudrait étendre son influence en zone occupée, mais se heurte aux collaborationnistes de Paris comme Marcel Déat et Jacques Doriot. Il lutte également contre toutes les dérives activistes dans l'utilisation de la Légion, notamment celles de l'ancien cagoulard et héros de la Grande Guerre Joseph Darnand, président de la Légion dans les Alpes-Maritimes, qui a l'oreille du Maréchal. Darnand a reconstitué autour de lui un état-major d'anciens cagoulards ; il organise à Nice de « belles » réunions patriotiques mais constitue aussi en secret, avec l'aide du 2ᵉ Bureau, des stocks d'armes... Estimant qu'il a vocation à regrouper dans la Légion tous les anciens combattants, et donc à s'occuper des prisonniers rapatriés qui appartiennent par définition à cette catégorie, Valentin se bat enfin contre Maurice Pinot, commissaire au Reclassement des prisonniers de guerre rapatriés.

A l'automne de 1941, après l'attaque allemande contre l'URSS, les collaborationnistes de Paris et l'ancien chef de la Cagoule Eugène Deloncle, qui entendent aider l'Allemagne nazie à vaincre l'« hydre moscoutaire », créent en zone occupée la LVF (Légion des volontaires français, connue aussi sous l'appellation de Légion française antibolchevique). Pour faire contrepoids, Darnand crée le Service d'ordre légionnaire (SOL), qui se développe rapidement bien au-delà des limites des Alpes-Maritimes. Valentin juge le SOL trop fasciste, trop remuant, et tente de s'opposer à lui, mais la tâche n'est pas facile, car Darnand agit sous le couvert du Maréchal et de la Révolution nationale. Valentin doit céder en décembre 1941 : le SOL fait désormais officiellement partie de la Légion. Si Valentin en devient le patron officiel, c'est Darnand, son ennemi, qui le dirige en fait. Le SOL est une troupe de choc qui entend traquer partout les adversaires de la Révolution nationale, qu'ils soient gaullistes, communistes, républicains et, bien sûr, juifs. Un an plus tard, une ultime mutation transformera le SOL en la sinistre Milice. Pour tenter de contrebalancer l'influence grandissante de Darnand et de ses amis, de plus en plus activistes et influents, François Valentin passe un accord, à la fin de 1941, avec le colonel de La Rocque en vue de fusionner la Légion et le PSF.

François Mitterrand s'installe donc à la mi-janvier de 1942 dans une Légion en crise dont le directeur général, François Valentin, est en train de s'associer à un homme qui suscitait huit ans plus tôt son admiration : le chef des Croix-de-Feu...

A défaut de connaître ses états d'âme au moment précis de son entrée à la Légion, je crois pouvoir dire que le programme idéologique affiché par celle-ci ne le rebute pas. Marqué par la défaite, puis par les épreuves de la captivité qui, pour lui, se superposent à ses déboires sentimentaux, le jeune François, encore très imprégné de l'idéologie de droite, rejette plus que jamais tout ce qui peut rappeler la IIIe République. Dans les textes qu'il a publiés durant sa captivité, on retrouve d'ailleurs certains des thèmes principaux développés par les thuriféraires de la Révolution nationale.

Le service de « documentation » dans lequel entre François Mitterrand est en réalité un petit service de renseignements dirigé par Jacques Favre de Thierrens. C'est un sacré personnage : « vieille tige » de la guerre de 14-18, cet aviateur est colonel de réserve, très lié aux milieux « anciens combattants ». « *J'étais un petit scribouillard. Je faisais des fiches sur les communistes, les gaullistes et ceux qui étaient considérés comme antinationaux. Favre de Thierrens m'a mis dans le coup. Il s'agissait avant tout de ne pas dire. Je me demande ce qu'on pouvait faire des dossiers et fiches qu'il envoyait. Ce qui était amusant c'est que tout était trafiqué. Favre passait son temps à éructer contre Vichy. Lié à l'armée, c'était un séducteur, un fou sympathique*[1]. » Ce que François ignorait, c'est qu'il travaillait pour les...

1. Transcription non littérale d'un entretien de François Mitterrand avec l'auteur, le 26 mai 1994.

« Travaux ruraux », autrement dit pour les services spéciaux résistants au sein de l'armée, dirigés par le capitaine Paillole.

C'est au sein du Contre-Espionnage de l'armée que sont nés en effet, peu après l'armistice, les premiers groupes de résistance militaire, les Groupes d'autodéfense (GAD). Le capitaine Lambert avait été désigné pour organiser ces groupes, en liaison avec Paillole. Lambert recruta alors Lejeune, Du Passage (le lecteur retiendra ces deux noms) et quelques autres qui structurèrent les GAD, discrètement protégés par les « Travaux ruraux » de Paillole. Favre de Thierrens, qui était déjà un « honorable correspondant » de Paillole avant la guerre, avait accepté de reprendre du service pour son ami, patron du Contre-Espionnage.

A l'évocation de son nom, Paillole, aujourd'hui, ne tarit pas d'éloges sur son camarade, « très fouineur, très séduisant, avec une extraordinaire faconde ; ce gentilhomme protestant, un peu hâbleur, a été un grand résistant ». Favre de Thierrens est entré à la Légion à sa demande ; connaissant Valentin, Paillole a pu l'installer comme « taupe » à l'intérieur d'un organisme important. « Il me tenait au courant de tout ce qu'il faisait et de tout ce qui se passait à la Légion. C'est par lui que François Valentin est devenu à son tour un de mes "honorables correspondants", et c'est donc tout naturellement qu'il a rejoint ensuite officiellement la Résistance[1]. » Paillole tient aussi à rappeler que Favre de Thierrens, à l'automne de 1942, accepta de cacher dans sa propriété de Ledenon (Gard) une vingtaine de tonnes d'archives du Contre-Espionnage français, archives qui furent ensuite confisquées par la Gestapo, emportées à Berlin, reprises ultérieurement par les services secrets soviétiques, et dont la restitution a fait récemment l'objet d'un accord entre Paris et Moscou. Les Archives nationales et le Quai d'Orsay récupéreront ainsi prochainement des microfilms des archives qui transitèrent par les caves de la propriété de Favre de Thierrens... Durant

1. Entretien avec l'auteur, juin 1994.

le mois d'avril 1942 (Mitterrand travaillait alors auprès de lui), Favre de Thierrens a également participé à l'évasion du général Giraud en l'accueillant dans son bureau annexe, rue des Pyrénées, à Vichy.

En ce début de 1942, François Mitterrand réapprend la vie civile ; il recouvre peu à peu ses marques, il écoute et lit. Il n'est *« pas trop bousculé et envisage de travailler pour lui »*, écrit-il le 20 janvier à l'une de ses relations. Le jeune homme trouve la ville bien morne, mais est heureux d'y retrouver quelques camarades d'université et toute une bande du « 104 » : Jacques Marot, à la direction des Compagnons de France, André Bettencourt, Michel Rosaz, diplomate, Jean d'Yvoire, Marcel Villoutreix, professeur de lettres, Jean Roy, musicologue, fonctionnaire au ministère de l'Intérieur... Vichy est une toute petite ville. Tout le monde se connaît, tout le monde fréquente les mêmes restaurants, les mêmes cafés. François Mitterrand, qui s'y fait de nombreuses connaissances, a tôt fait de se couler dans cette nouvelle existence qui n'a rien de trop désagréable. *« Ma situation me permet de vivre sans souci matériel. Mais je ne peux la concevoir comme un état stable »*, constate-t-il le 11 février. Moins de trois semaines après son installation, il prend un long week-end de quatre jours à Paris, du 6 au 10 février. Il voit beaucoup de gens *« intéressants, mais beaucoup de nuls »*.

Il n'est point débordé par son travail et entreprend de compléter sa formation. Il veut comprendre ce qui s'est passé depuis qu'il a quitté la vie civile. Il se remet à beaucoup lire, mais, cette fois, il jette son dévolu sur des ouvrages d'histoire et d'économie. Sans qu'il comprenne lui-même pourquoi, il n'a plus aucune envie de se plonger dans des romans. Il ne s'explique pas davantage pourquoi il apprécie tant la lecture de l'*Histoire de l'armée allemande*, de Benoist-Méchin, qui est alors secrétaire d'État à la vice-présidence du Conseil. S'il se remet à l'étude, c'est dans un objectif bien précis ; il écrit le 13 mars à un de mes témoins qui me lit l'extrait suivant de sa lettre :

« Je suis vraiment ambitieux, mais ne suis pas assez fort de méthodes pour contenter cette ambition[1]...

Je me suis composé une vie fort remplie, non par mon travail professionnel, qui n'est pas astreignant, mais par ce que j'y ajoute. Je prends des leçons d'anglais et d'allemand. Je fais du droit et de l'histoire. Je voudrais connaître tant de choses que j'ignore, mais ne croyez pas que je pense trouver cette connaissance dans les livres. Je cherche seulement à constituer des fondements solides, à me plier à des méthodes, je ne suis pas assez appliqué, je manque de constance dans mes efforts. Tout cela m'aide à les relier. »

L'important, pour lui, ne se passe pas dans son petit bureau de l'hôtel de Séville, boulevard de Russie, mais ailleurs, dans ses multiples rencontres. En revanche, il peut se sentir en parfaite harmonie avec les idées développées par le directeur de la Légion, François Valentin. Il fait alors partie des gens qui estiment que le Maréchal est un homme seul, qu'il est trahi et que ses idées ne sont « malheureusement » pas appliquées. En captivité, il avait à plusieurs reprises épilogué sur la nécessité de faire une Révolution. Il était clair que celle-ci n'avait rien à voir avec la Révolution française de 1789. Il est tout aussi clair, à présent, qu'il aspire à une authentique Révolution nationale :

« *J'ai rencontré des gens fort sympathiques ; pourtant, tous ceux que je vois, que je connais ne me paraissent guère transformés par les dures leçons actuelles.* La Révolution nationale, c'est malheureusement l'union de deux mots vidés de sens[2]. *Il n'y a pas de révolutionnaires nationaux. Ce sont en général des hommes butés qui sont, au fond, de ce bord par facilité. C'est un succès de la droite d'antan, et non la prise du pouvoir par des gens décidés à commander les événements et jouant leur vie. Nous sommes encore au temps du politique dont parle Péguy. Le Maréchal est presque seul et ceux qui croient en ses idées sont loin de lui.* »

1. Souligné par l'auteur.
2. Souligné par l'auteur.

En ce mois de mars 1942, François Mitterrand est un « révolutionnaire national » au sens premier du terme. Il tient partiellement le même discours que les cagoulards qui se trouvent à Vichy – notamment Gabriel Jeantet, qu'il fréquente ou va fréquenter –, lesquels enragent depuis bientôt deux ans que la politique du Maréchal soit déviée, détournée par les « synarques », les patrons des trusts et de la haute finance, et la vieille droite, lâche et veule, qui s'est accommodée naguère de la « Gueuse » et du jeu stérile des partis[1]. Dans cette même lettre du 13 mars, il écrit :

> « *Quand je pense à mon destin, je n'y découvre qu'incertitudes. Je ne sais qu'une chose : vivre hors de l'habitude et porter au maximum l'intensité de vivre. Je filerai vers des pays qui me donneront l'illusion de la découverte, où dans la volonté et l'exercice de la puissance je trouverai le goût du risque, mais je ne voudrais pas être inutile ou vain.*
>
> Oui, j'ai vu une fois le Maréchal au théâtre. J'étais assis juste devant sa loge et j'ai pu le considérer de près et confortablement. Il est magnifique d'allure, son visage est celui d'une statue de marbre[2]. »

François Mitterrand est manifestement impressionné par cette vision du Maréchal qui a probablement lieu le 2 mars 1942, au cinéma de la rue Sornin, au cours d'une séance de fin d'après-midi.

Lui qui s'est fait dérober quelques années essentielles, il bout de rattraper le temps perdu. Toujours aussi romantique, il est impatient de vivre hors des normes et d'exercer son propre goût de la puissance. Il est fasciné par ce symbole de la puissance tranquille que représente à ses yeux le Maréchal. Jacques Bénet, l'ami du « 104 », l'a rencontré à Paris à cette époque. Il n'a pas gardé souvenir que son ami ait tra-

---

1. Un discours quasi analogue est tenu à l'époque par des hommes d'horizons très différents : socialistes, anarcho-syndicalistes, proudhoniens, pacifistes, etc.
2. Souligné par l'auteur.

vaillé à la Légion, mais il se remémore les discussions au cours desquelles François ne cachait pas sa sympathie pour le Maréchal :

« Nous parlions de l'avenir sombre de la France. Quand on sort de captivité, on est matraqué, on sort d'une longue nuit, on essaie de comprendre la situation. Le chef de l'État ne prête pas d'emblée à critiques. Après tout, sa présence est peut-être bénéfique. Nous ne connaissions pas les choses lourdes qui s'étaient passées entre le Maréchal et l'Allemagne... J'étais maréchaliste ; je crois que François était, quant à lui, pétainiste. On oublie aujourd'hui que tout le monde était, à l'époque, plus ou moins favorable au maréchal Pétain. Nous soupçonnions qu'on nous avait oubliés et que les responsables du pays n'avaient pas pris la mesure de la catastrophe et avaient tendance à considérer les deux millions de prisonniers comme une masse de pauvres types. Nous avions un devoir primordial de solidarité à l'égard des prisonniers. Notre mission était imprégnée de ce devoir. C'est pour cela que nous n'envisagions pas de quitter la France pour nous opposer à l'Allemand[1]. »

Le terme « pétainiste[2] » peut certes être utilisé pour caractériser les idées de François Mitterrand à cette époque précise, à condition toutefois de l'atténuer, car, à ma connaissance, il n'a jamais été antisémite et ne s'est d'aucune façon montré favorable à la collaboration. Le « pétainisme » de François Mitterrand ne l'empêche pas de penser, en tout cas, aux prisonniers qu'il a laissés au stalag IX A. De se sentir solidaire des rapatriés et des évadés comme lui, et d'être, comme une bonne partie de ses amis, à la Légion ou ailleurs, antiallemand.

1. Entretien avec l'auteur, 12 novembre 1993.
2. Nous nous conformons ici à la distinction utilisée par les historiens de l'IHTP entre « pétainisme » et « maréchalisme » : le premier recouvre l'adhésion à l'idéologie de la Révolution nationale, le second se borne à l'adhésion à la personne du Maréchal.

Il a retrouvé à Vichy son ami royaliste d'Angoulême, Claude Roy, qui, de Nice, dirige une émission littéraire sur la Radio nationale. Roy lui propose d'intervenir sur les ondes pour parler des prisonniers, thème qui lui est cher. Sous le nom de François Lorrain, il s'exprime à plusieurs reprises sur les ondes. Lorrain est le nom de famille de sa mère : « *Je préfère ne pas attirer trop l'attention sur moi, car je veux pouvoir me rendre facilement en zone occupée, et trop d'imprudences me mèneraient rapidement où je sais* », écrit-il dans sa lettre du 13 mars. Sa collaboration avec Claude Roy se terminera le 18 avril, car l'ami de François donnera sa démission le jour même de l'arrivée de Laval à la présidence du Conseil.

Durant ce même mois de mars, François Mitterrand participe à une réunion d'évadés qui a lieu à 21 heures, rue Sornin, à la « popote » de la vice-présidence, tenue par M. et Mme Groube. Il y a là une quarantaine d'anciens prisonniers qui ont en commun de s'être fait la belle. Parmi eux, Picart-Ledoux, du service photo de l'armée, Serge Miller, « Max » Varenne, ancien du kommando 1515, Marcel Barrois, Vazeille, fils du patron du plus grand café de Vichy, et Jean-Albert Roussel, qui est à l'origine de cette rencontre. C'est « Max » qui a emmené son camarade François. La rencontre touche à sa fin. Mitterrand qui, jusque-là, n'a pas desserré les lèvres, se lève et fait une intervention qui laisse l'assistance médusée. Roussel est encore tout ému quand il narre cette histoire[1]. Une phrase est toujours présente dans sa mémoire : « *Mes camarades, il ne faut jamais faire de politique !* »

Le lieutenant Jean-Albert Roussel s'était évadé le jour de la Toussaint 1941 et était arrivé à Vichy le 3 janvier suivant, quelques jours avant François Mitterrand, mais il ne bénéficiait pas du « piston » du Charentais pour s'installer dans la capitale de l'État français : les évadés y étaient théoriquement interdits. Roussel s'était donc retrouvé avec beaucoup

---

1. Entretien avec l'auteur, le 24 mai 1994.

d'autres au château des Épigeards, à Saint-Germain-des-Fossés, non loin de Vichy. Il y avait là un Centre d'accueil des évadés dépendant du ministère du Travail, dirigé par Marcel Barrois avec pour principal adjoint Duntz. Barrois, Duntz et Vanhaeghe (qui, lui, était installé à Vichy, boulevard Gambetta) non seulement s'occupaient d'accueillir les évadés, mais essayaient de leur trouver du travail, en liaison avec le Commissariat au reclassement des prisonniers de guerre, dirigé par Maurice Pinot.

Une quinzaine de jours après l'arrivée de Roussel, Vanhaeghe, obligé de partir en cure, lui propose sa place au Bureau de reclassement des rapatriés, au ministère du Travail. Roussel accepte avec joie ce travail qui le met en rapport à la fois avec les administrations et avec les rapatriés, évadés ou non. En dehors de ses heures de bureau, il cherche à aider les anciens évadés et se retrouve ainsi à la réunion chez les Groube, rue Sornin.

Roussel est impressionné par ce jeune homme, de quatre ans son cadet. Il veut le connaître davantage. Mitterrand et lui discutent beaucoup, dans la rue ou dans le studio qu'occupe le premier ; Roussel se souvient encore de la photo de « Catherine Langeais », bien en évidence. Il se voient tous les deux ou trois jours et étudient les meilleurs moyens de former un groupe constitué uniquement d'évadés, qui se réunirait régulièrement. François Mitterrand entame ainsi, mine de rien, une activité parallèle.

La première action qu'il mène avec Roussel est l'organisation, début avril 1942, d'une « expédition » à Clermont-Ferrand contre Georges Claude, un savant ultra-collaborationniste – il écrivait dans *L'Appel* de Costantini et dans *La Gerbe –*, membre de l'Académie des sciences ainsi que du Conseil national du maréchal Pétain. Le 30 mars, à Vichy, Georges Claude avait déjà donné une conférence, sous la présidence de Georges Bonnet, à laquelle assistaient de nombreux auditeurs. Mitterrand se trouvait peut-être parmi eux.

Il en connaissait en tout cas le contenu. Voici comment *Le Progrès de l'Allier* en rendit compte :

> « Après avoir envisagé quelle serait la situation de la France dans l'Europe de demain, Georges Claude avait rappelé l'état des rapports franco-allemands depuis le début du siècle et avait souligné, à ce sujet, l'action constante que, selon lui, l'Angleterre ne cessa de déployer, conformément à son égoïsme politique traditionnel, pour envenimer ces rapports. Le conférencier avait notamment insisté sur la responsabilité de l'Angleterre dans le déclenchement de la guerre actuelle. Il s'était ensuite attaché à dissiper les préventions qui existent, dans l'esprit de certains Français, au sujet de la politique de collaboration. »

Ce qui n'est pas dit dans cet article censuré, c'est que Georges Claude s'appuie sur les prisonniers pour prêcher la collaboration.

« Mitterrand, qui était maréchaliste à cent pour cent et très antiallemand, devait s'installer au premier rang de l'assistance pour lui couper la parole, raconte Roussel. Malheureusement, d'autres anciens prisonniers de Clermont avaient eu la même idée et avaient décidé de perturber la conférence. La police fut probablement alertée, car Georges Claude ne parla pas des prisonniers. Nous nous contentâmes de faire un peu de chahut. »

Roussel présente ce jour-là Mitterrand au Dr Fric, qui est déjà engagé dans des activités clandestines.

Dans une lettre datée du 26 mars 1942, François Mitterrand, qui n'est pas du tout guéri de sa « blessure Béatrice », joue les cyniques qui ne veut plus souffrir. Il parle de la *« sécheresse de ses sentiments » : « J'ai trop de choses à réapprendre. »* Et, comme si les choses étaient liées, il affirme qu'il a *« de plus en plus horreur des idées »*. Anti-intellectualisme vichyssois ? Les historiens seront peut-être conduits à examiner plus avant les conséquences de la rupture avec Marie-

Louise Terrasse sur le comportement et les engagements de François Mitterrand au cours de cette année 1942...

A une relation proche qui lui a probablement parlé de gens peu estimables se recommandant de la Révolution nationale, il répond dans cette même lettre du 26 mars :

> « *Puis-je vous avouer que j'ignore absolument cette pègre crapuleuse dont vous m'entretenez.* Je ne connais que des gens honorables, sinon honnêtes, hauts fonctionnaires, journalistes officiels, gens de la radio d'État, service de l'Information[1], *et si je m'inquiète des insuffisances, c'est que je les constate non pas d'après les on-dit, mais directement. Personne n'a la foi, beaucoup travaillent consciencieusement, et ce travail fructifiera, c'est sûr, mais* le manque de fanatisme et le manque de compétence nous conduisent fatalement à l'échec ou plutôt au demi-échec, car, comme vous, je crois que la moisson germe ; seulement, ne nous attachons pas à ce qui va périr[2]. »

Ce regret affiché à l'égard du manque de « fanatisme » des artisans de la Révolution nationale, et le sentiment que néanmoins, la moisson germe, confirment bien l'état d'esprit de François Mitterrand tel que nous l'avons cerné en ce début d'année 1942.

Quels sont les hauts fonctionnaires, les journalistes officiels, les gens de la radio d'État, du service de l'Information, qu'il fréquente alors ?

Je n'en ai retrouvé que quelques-uns. Citons Paul Creyssel, le directeur de la Propagande ; Alfred Fabre-Luce, écrivain ultra-pétainiste ; Simon Arbellot de Vacqueur, chef du service de la Presse française, c'est-à-dire l'homme qui dispense la « bonne parole » de Vichy à tous les correspondants français et étrangers en poste dans la station thermale. Arbellot est un Charentais dont François Mitterrand connaissait la famille. Il revoit aussi Jean Delage, son ancien mentor à

1. Souligné par l'auteur.
2. *Idem.*

L'Écho de Paris, devenu l'attaché de presse du général de La Porte du Theil, le patron des Chantiers de jeunesse...

A partir de ce printemps de 1942, François Mitterrand évolue beaucoup dans le monde de la presse, de la censure et de la propagande, qui se retrouve au bar du « Cintra ». A un moment que je ne puis situer avec précision dans le courant de cette année, mais au plus tard au mois d'octobre, il se lie à un important personnage de Vichy, au lourd passé : Gabriel Jeantet. L'ancien cagoulard est très proche du Dr Ménétrel, secrétaire particulier de Pétain. Il a un titre de chargé de mission au cabinet du Maréchal et a créé une maison d'édition, les Éditions de l'État nouveau, qui publie *France, revue de l'État nouveau*. Jeantet, perpétuel comploteur, est à la fois un propagandiste militant et un homme de l'ombre ; il reçoit et aide des résistants (anciens cagoulards) venus de Londres et favorise d'autres menées anti-allemandes. Cette relation entre François Mitterrand et Jeantet fera beaucoup pour accréditer la fameuse rumeur cagoularde. L'actuel Président ne dissimule pas qu'il a connu Jeantet : « *Oui, je l'ai connu à Vichy. C'est probablement par Simon Arbellot de Vacqueur, un Charentais dont je connaissais la famille, que je l'ai rencontré. Il était sympathique. Il m'a pris par mon faible, disons-le : par une certaine vanité. J'avais le désir très fort d'écrire dans une revue. Jeantet éditait* France, revue de l'État nouveau. *Je ne me suis pas posé de questions sur les idées véhiculées par cette revue ni par les gens qui y signaient. Il y avait en tout cas des gens qui sont devenus connus. Je ne voyais pas de crime dans le fait de signer des articles dans cette revue. J'aurais peut-être dû faire attention...*[1] » Manifestement, ce regret est une clause de style. Il assume parfaitement d'y avoir signé deux articles en décembre 1942 et mars 1943[2].

1. Entretien avec l'auteur, le 26 mai 1994.
2. Voir pages 119 et suivantes, 127 et suivantes.

Le 8 avril, François Mitterrand publie dans *Le Figaro* un grand article[1] sur le livre de Robert Gaillard[2], son camarade de captivité, intitulé *Mes Évasions,* qui a obtenu un prix de l'Académie française et est préfacé par Paul Marion, ministre de la Propagande. Mitterrand explique notamment que ce livre existe grâce à lui, car non seulement il a assuré l'auteur de « *l'intérêt et du profit que trouverait un large public dans des pages si véridiques* », mais c'est lui qui a porté le manuscrit à la censure du stalag, « *dont il revint sans accident* ».

Dans un courrier du 11 avril, François Mitterrand explique comment les expériences de la guerre et de la captivité l'ont profondément changé. Il prétend ne plus aimer les fards, les masques, les faux-semblants. Il écrit qu'il ne fait pas de brouillon, car il jette sur le papier sa vérité de l'instant. « *Je suis un homme extrêmement naturel...* » Il ne pourrait plus aimer « *une femme fardée* ». Il explique cette transformation majeure par le fait qu'il a « *vu la misère, les cadavres,* [ce qui] *rend impossible le travestissement* ». Mais, s'en voulant de s'être ainsi abandonné, il « *efface* » tout et enchaîne sur une contradiction qui est, en réalité, ontologique : « *Si vous lisez mes écrits, je m'y déguise malgré l'abandon apparent. La sécheresse que je vous montre à vous est plus à mon image.* »

Le 18 avril 1942, sous la très forte pression d'Otto Abetz, le Maréchal rappelle Laval, qui avait été chassé du pouvoir, le 13 décembre 1940, par un mini-coup d'État monté notamment par l'équipe des anciens cagoulards, Méténier, Groussard, Martin, parce qu'il était jugé trop collaborationniste et censé entraîner le Maréchal dans une politique contraire à l'idée que ceux-ci se faisaient de la Révolution nationale.

1. Qui a obtenu le visa de censure DSPG n° 50.64.
2. Gaillard va quitter le stalag IX A dans des conditions peu honorables et tiendra à la mi-1942 la rubrique « Prisonniers » dans le journal *Révolution nationale,* l'organe du MSR de Deloncle, financé par le patron de L'Oréal, Eugène Schueller. François Mitterrand continuera à le voir épisodiquement.

Laval prend la place de l'amiral Darlan et accapare la quasi totalité du pouvoir.

La veille, le général Giraud s'est évadé de la forteresse allemande où il était emprisonné. Une opération montée par des officiers de l'armée d'armistice – dont Paillole –, qui n'ont pas renoncé à se battre. Le retour de Giraud sur la scène française sera important pour le destin du jeune héros de ce livre.

Quatre jours après le retour au pouvoir de Laval, François Mitterrand, qui écrit énormément à ses ami(e)s et à sa famille, éprouve le besoin de s'exprimer longuement sur la politique de la France. Il vient de donner sa démission de la Légion, non parce qu'il est en désaccord idéologique avec la ligne politique suivie, pas davantage parce que Laval vient de revenir à la présidence du Conseil, ni parce que son directeur, François Valentin, vient de renoncer à son poste justement à cause du retour de Laval, non, non : il a démissionné parce qu'il lui *« déplaît de ne servir à rien »*. Il compte quand même rester à Vichy. Ignore encore comment. Il **sait** en tout cas que jamais il ne sera fonctionnaire. Cette lettre du 22 avril marque le point culminant de son « pétainisme » :

> *« ... Je me suis composé une vie bourrée d'occupations de toutes sortes. En premier lieu, je suis évidemment passionné par la vie politique. Comment arriverons-nous à remettre la France sur pied ? Pour moi, je ne crois qu'à ceci : la réunion d'hommes unis par la même foi. C'est l'erreur de la Légion que d'avoir reçu des masses dont le seul lien était de hasard : le fait d'avoir combattu ne crée pas une solidarité.* Je comprends davantage les SOL, soigneusement choisis et qu'un serment fondé sur les mêmes convictions du cœur lie. Il faudrait qu'en France on puisse organiser des milices qui nous permettraient d'attendre la fin de la lutte germano-russe sans crainte de ses conséquences – *que l'Allemagne ou la Russie l'emporte, si nous sommes forts de volonté, on nous ménagera.* C'est pourquoi je ne participe pas à cette inquiétude née du changement de gouvernement. Laval est sûrement décidé à nous tirer d'affaire. Sa méthode nous

paraît mauvaise ? Savons-nous vraiment ce qu'elle est ? Si elle nous permet de durer, elle sera bonne[1]... »

« Durer » est important chez les Vichyssois qui ne sont pas collaborationnistes. Selon eux, seul ce sursis permettra de faire la Révolution nationale, de reconstruire la nation sur de nouvelles bases, de bâtir une France forte pour qu'ensuite elle se libère du joug de l'occupant.

> « ...*Je viens de donner ma démission de la Légion. J'y travail-lerai donc le délai utile à la "passation des pouvoirs", mais ma décision est définitive. Cela me déplaît de ne servir à rien. Je compte quand même rester à Vichy. Ne sais encore comment. Je sais en tout cas que jamais je ne serai fonctionnaire... Mieux vaut mourir dans le mouvement, dans l'action et à bref délai, en acceptant tous les risques, que d'attendre que la mort vienne vous chercher selon la norme, c'est-à-dire avec les couronnes de regrets de MM. les chefs de bureau, vos collègues.*
>
> *Or la Légion est fonctionnarisée. Je suis d'une autre trempe, malgré ces faiblesses, ces hésitations qui sont en moi. Notre époque est magnifique. Je ne veux pas la regarder de ma fenêtre (ce serait sans doute la suprême sagesse, mais alors être Pascal).*
>
> *Vichy est une ville affreuse (pas désagréable, pas ennuyeuse : laide), rien qui vous arrête le regard, des hôtels mafflus ou sotte-ment linéaires, des villas prétentieuses plantées là selon le goût dou-teux de grosses femmes. On devrait raser les villes d'eaux. Nos imbéciles de petits-enfants les trouveront belles parce qu'anciennes.* »

François Mitterrand confirme ce qui apparaissait déjà comme une évidence : il est passionné par la politique et entend bien, à vingt-six ans, participer à la reconstruction de la France. Texte sans ambiguïté, cohérent avec le profil qu'il a laissé deviner jusqu'ici dans ses articles et son courrier...

Il est certes difficile de se replacer dans le contexte de l'époque : vu d'aujourd'hui, dans le cadre d'une histoire qui, après avoir fait longtemps silence sur la période, réduit à pré-

---

1. Souligné par l'auteur.

sent Vichy à un dense ramassis de traîtres, de lâches et d'antisémites, le portrait du jeune Mitterrand qui vient de se des-
siner laisse bien mal augurer de l'avenir. Pourtant, des jeunes
et des moins jeunes, qui ont les mêmes idées que lui, sont
déjà engagés sur le chemin, certes souvent sinueux, qui mène
au champ de luttes où se récolteront plus tard médailles de la
Résistance et titres de « Compagnons »...

Au début de mai 1942, François Mitterrand est donc chômeur à Vichy. Il cherche un nouvel emploi « hors normes », et
développe simultanément des activités parallèles avec Roussel, « Max » Varenne, Barrois et quelques autres évadés. Au
cours de ce printemps, on assiste à un foisonnement d'initia-
tives individuelles ou de petits groupes qui souhaitent faire
quelque chose pour aider les prisonniers restés en captivité à
s'évader et assister ceux qui sont rentrés soit en s'évadant,
soit en étant libérés. On ne peut parler de mouvement organisé, encore moins de résistance devant ce qui n'est encore
qu'une attitude marginale. Une marginalité qui ne s'exerce
pas à l'encontre du Maréchal, puisque ceux qui tâtonnent
pour « faire quelque chose » sont tous maréchalistes. Une
partie de ces activités sociales a d'ailleurs lieu au grand jour :
Barrois, Roussel, Vanhaeghe et d'autres figurent au Bureau
de reclassement des prisonniers qui dépend du ministère du
Travail. L'autre est clandestine et consiste essentiellement à
fabriquer de faux tampons, puis de faux papiers, à les envoyer
aux prisonniers pour qu'ils s'évadent, à leur trouver des
filières d'évasion, à leur fournir des cartes, des noms de correspondants, des relais... Le responsable de l'officine de faux
papiers est Roussel, entouré des hommes déjà nommés, mais
aussi de Henri Philippe, le spécialiste des cachets (il dispose
de plus de deux cents cachets de kommandanturs, de postes
de police, de villes, de sociétés, d'organismes de travail allemands), d'Albarranc, industriel du papier, et des frères
Ribaud, imprimeurs à Vichy. Le Dr Fric, de Clermont-Ferrand, fait également partie de ce groupe, ainsi que deux officiers de l'état-major de l'armée d'armistice. François Mitter-

rand s'y intègre : il est celui qui sait parler, et, à ce titre, prend de l'ascendant sur lui ; il est aussi le plus gros consommateur de faux papiers, qu'il achemine dans le dos des brosses ou dans les portraits du Maréchal envoyés par colis aux prisonniers.

Grâce à Sauvan, un autre évadé, Roussel fait la connaissance à Vichy d'Antoine Mauduit. « Ce fut pour moi un choc fantastique, raconte-t-il aujourd'hui. C'était un personnage hors du commun. Il m'a tout de suite adopté. »

Antoine Vandersteen-Mauduit-Larive est en effet un personnage. Il appartient à une famille aisée :

> « *Il possédait ce qu'on a coutume de croire indispensable : fortune, confort, situation. Mais, un jour, cela lui devient insupportable. Il abandonne tout et il part s'engager dans des fermes afin de travailler aux plus dures tâches de la terre. En même temps, son esprit se découvre avide de connaître l'inconnu, l'insaisissable. Il lit. Il se forme aux sciences théologiques. Peu à peu, il se prépare à la Révélation. Et il se convertit au christianisme. Il s'engage alors dans la Légion où, rapidement, il devient officier. La guerre devait le surprendre au 11ᵉ étranger. Son courage, son entrain sont si vite si populaires qu'on le connaît partout à la ronde. Mauduit, pour ses hommes et ses camarades, c'est déjà le héros dont l'aventure passionne et qu'instinctivement on voudrait suivre. Prisonnier de guerre, il part pour son oflag, dont il revient dix-huit mois plus tard, rappelé comme colonial au moment des premières affaires de Syrie*[1]*... »*

Revenu en France, Mauduit s'installe d'abord à Fréjus et cherche lui aussi à faire quelque chose pour les évadés et les gens traqués. Un jour d'avril 1942, dans le soufflet d'un train, il rencontre Marcel Bouchard – de son vrai nom Bouchara –, un Juif qui a préféré quitter Paris, changer d'identité et de métier, pour s'installer à Lyon et tenir une brasserie. Les deux hommes tombent d'accord pour créer un mouve-

---

1. Texte de François Mitterrand, publié dans le n° 2 du *P.G.*, 1ᵉʳ juillet 1945, quelques semaines après la mort en déportation de Mauduit.

ment antiallemand aux contours encore indéfinis, mais qui, rapidement, disposerait de lieux sûrs pour accueillir les évadés. Il faut de l'argent. Bouchard et Mauduit sollicitent leurs amis. Mauduit rencontre des oreilles réceptives chez certains militaires, notamment le général Mennerat et le colonel de Linarès (il fait partie des officiers qui, depuis l'armistice, mènent une action clandestine pour que l'armée soit prête, le moment venu, à reprendre le combat contre l'occupant). De Linarès est un des trois officiers de l'état-major à avoir organisé l'évasion du général Giraud et est resté depuis lors son chef de cabinet. C'est lui qui assure la liaison avec les activités clandestines déployées au sein de l'armée d'armistice : avec le capitaine Lejeune et les groupements d'autodéfense, avec les services spéciaux de l'armée. De Linarès cautionne l'action de Mauduit et la chaîne d'évasion qu'il est en train de mettre en place. Il met à sa disposition une usine désaffectée. Mauduit et Bouchard trouvent quelque financement auprès d'entrepreneurs comme Freyssinet, à Marseille, et Visseau, à Lyon. C'est alors qu'il est en quête de lieux, d'argent et de soutiens de toute nature que Roussel rencontre Mauduit à Vichy. Roussel, l'homme d'action, naguère séduit par l'intelligence et le brio de Mitterrand, adhère aux idées de Mauduit, le mystique, qui pare ses projets d'une dimension religieuse. « *Solide, carré, le visage brique, la voix ferme, rien en lui n'évoque le mystique qu'on imagine vulgairement. Pourtant, il est mystique, essentiellement. L'œuvre qu'il va créer est orientée secrètement : il rêve d'une France chrétienne, forte, saine, généreuse* », écrira de lui François Mitterrand[1].

Roussel participe au choix définitif d'un « repaire », le château de Montmaur, situé dans les Hautes-Alpes, près de Notre-Dame-de-la-Salette. Officiellement, Montmaur aura donc vocation à accueillir des évadés qui travailleront, défricheront, feront du charbon de bois. Les fondateurs savent déjà que leur action ne se cantonnera pas au rôle de foyer

---

1. Dans l'article du *P. G.*, déjà cité.

agricole. Une fois prise la décision d'installer un centre à Montmaur, Mauduit multiplie les démarches, principalement à Lyon et à Vichy. A Lyon, il rencontre notamment les dirigeants du CAP.

Le Centre d'action des prisonniers a été créé par Jean de Fabrègues et Henri Guitton, au début de 1942, sous l'égide du Commissariat au reclassement des prisonniers de Guerre de Maurice Pinot. Il en constitue une sorte de bureau d'études pour toutes les questions intellectuelles, artistiques, sociales et morales. L'objectif est de préserver le capital humain accumulé durant la captivité, de recueillir et faire germer tous les témoignages issus de cette captivité, et surtout d'en faire apport à la « Communauté française » retrouvée. La « Communauté française » est une des expressions magiques de la Révolution nationale qui recouvre l'espérance de faire de la France une société sans classes, fraternelle et solidaire. L'idée des penseurs du mouvement est que l'« esprit prisonnier », fait de fraternité, de solidarité, et ayant aboli la hiérarchie bourgeoise, pourrait servir de base à cette « Communauté ». Le CAP pour la zone non occupée – on disait à l'époque la zone « nono » – est installé à Lyon.

Les principes qui gouvernent l'action du Centre ont été élaborés lors de sessions réunies à Crépieu-la-Pape, au siège des Compagnons de France, mais ils s'appuient surtout sur le livre de Jean Guitton qui vient d'écrire, dans son oflag, *Fondements de la Communauté française*, une déclinaison des principes de la Révolution nationale. Le livre de Guitton est une sorte de bible au sein du mouvement de prisonniers. Les fondateurs du CAP sont presque tous issus de l'Action française ou de groupes d'extrême droite. Jean de Fabrègues, après avoir été Action française, puis proche du comte de Paris, a été le fondateur, avant-guerre, de la revue d'extrême droite *Combat*. Fabrègues est rejoint à la direction du CAP par Jacques de Montjoie, autre royaliste. Comme l'indique une note élaborée par le cabinet du secrétariat d'État à la Guerre en date du 29 juin 1942, le Centre « poursuit un but de propagande en faveur de la Révolution nationale. L'action de ce centre doit être le prolongement de celle des cercles Pétain qui fonctionnent dans les camps ».

Fabrègues, principal inspirateur idéologique du CAP à la mi-1942, est également le fondateur et le directeur du journal *Demain*, qui ressemble comme un frère à *Combat*, lancé avant-guerre avec Thierry Maulnier. On y lit les mêmes signatures : Gustave Thibon, Jacques Madaule, Jean et Henri Guitton, François Perroux et... Henri Massis ! *Demain*, de couleur ultracatholique, est partie prenante à la définition et à la diffusion de l'idéologie « Révolution nationale ». Il consacre par exemple une page entière à la « Jeunesse de France », dans laquelle on peut lire de longs articles sur les Compagnons de France et les Chantiers de la jeunesse, et plus généralement sur tous les mouvements de jeunesse maréchalistes. Hommes et idées du CAP, des Compagnons et des Chantiers sont d'ailleurs très proches.

Le mois de mai de François Mitterrand est très agité. S'il est officiellement chômeur, il s'active beaucoup avec ses camarades évadés. Vers la fin du mois, Roussel, qui, dans son Bureau de reclassement des prisonniers, est bien placé pour trouver de bonnes planques à ses camarades, propose deux postes à son ami François : l'un au Commissariat aux questions juives, l'autre au Commissariat au reclassement des prisonniers. Mitterrand choisit sans hésitations le second, quoique celui-ci soit trois fois moins bien payé[1].

Début juin, avant de prendre ses nouvelles fonctions, François Mitterrand passe huit jours de repos à Mantry, chez les deux sœurs Sarrazin. La « blessure Béatrice » commence à se cicatriser. « *Je l'aime parce que je l'ai aimée... Je ne souffre pas et je peux aimer hors d'elle,* écrira-t-il peu après. *Elle est une de ces déesses allégoriques dont parle Proust...* » Il prend de plus en plus plaisir à revoir sa lointaine cousine Marie-Claire, qu'il appelle « Clo ». Dans un univers exclusivement composé de

---

1. Source : l'auteur de la proposition, Jean-Albert Roussel.

femmes, il exerce son ascendant et donne libre cours à son humeur ombrageuse. Les femmes de Mantry le surnomment le « tyran ».

François revient à Vichy le 10 juin 1942. Il reprend contact avec Roussel qui lui demande de l'accompagner à Montmaur pour la Pentecôte. Des ex-prisonniers s'y rencontrent autour d'Antoine Mauduit pour lancer quelque chose...

Dans un courrier daté du 11 juin, il explique dans quel esprit il aborde cette réunion. L'égalitarisme qui l'avait effleuré au stalag semble l'avoir quitté :

> *« Vendredi soir, je compte partir pour Montmaur, dans les Hautes-Alpes, où doit avoir lieu un rendez-vous d'ex-prisonniers. Je voudrais qu'en sortent la création et l'organisation d'un mouvement solide. Aussi ne manquerai-je pas d'affirmer mes leitmotive :*
> 1. *On ne dirige une masse qu'avec quelques hommes,*
> 2. *qui ne doivent rendre aucun compte à cette masse,*
> 3. *et la dirigent selon leur bon plaisir qui, pour notre part, doit être notre conscience et notre volonté de réussite[1]. »*

François Mitterrand y rencontre beaucoup de monde : les dirigeants du CAP, le colonel de Linarès, le général Mennerat, qui était son colonel au moment de son incorporation... Le 16 juin, rentrant de Montmaur, il raconte à l'un de ses correspondants :

> *« J'ai passé là-bas trois journées curieuses, surprenantes. J'y ai fait la connaissance d'un animateur de mouvements d'entraide aux prisonniers, personnage extraordinaire, attachant et qui mérite qu'on suive ses pas. Dans un château du XVe fort confortable a été fondé un groupement que je crois destiné à un avenir marquant... »*

Le personnage extraordinaire n'est autre qu'Antoine Mauduit. On a déjà vu, par le portrait qu'il a dressé de lui en 1945, combien François Mitterrand a été marqué par cet homme qui rêve d'une « France chrétienne, forte, saine et géné-

---

1. Souligné par l'auteur.

reuse[1] ». La rencontre entre les deux hommes est encore ina-chevée. Mauduit se méfie de ce qui vient de Vichy, et Mitter-rand a été, semble-t-il, précédé d'insinuations désagréables. Ces ombres ne seront dissipées que quelques semaines plus tard, à Vichy. Mauduit baptise lui-même son mouvement *la Chaîne*, « réseau d'action pour le redressement de la France et pour la défense de la civilisation chrétienne ». Précisons que les idées développées à Montmaur n'étaient pas consi-dérées comme iconoclastes à Vichy...

Roussel, devenu l'« homme de Mitterrand », entre au comité directeur de la Chaîne, ébauche d'un mouvement qui fédère désormais différents groupements informels, dont celui de Roussel et Mitterrand eux-mêmes.

---

1. A l'inauguration, le 20 août 1986, du monument dédié à Mauduit, le président de la République dira : « *Je n'ai pas rencontré, dans ma vie, cinq personnes d'un tel rayonnement.* »

FONCTIONNAIRE MARÉCHALISTE

Au lendemain de la Pentecôte, François Mitterrand prend donc ses fonctions au Commissariat au reclassement des prisonniers, tout en menant une intense activité semi-clandestine. Il dresse ce bilan[1] :

« *Je me réinstalle donc à Vichy, ayant abandonné mes fonctions de chômeur. Désormais, jusqu'à nouvel ordre, je suis exigeant et mon humeur changeante. Je m'occuperai des rapports du Commissariat des prisonniers avec la presse. Travail qui doit être intéressant, si on me laisse libre d'agir au maximum hors des entraves administratives. Je serai amené vraisemblablement à circuler en zone libre de manière à entrer en contact avec les journaux départementaux ou régionaux.* Il me semble qu'il y a là une tâche de propagande utile à réaliser. L'esprit du Commissariat me paraît bon[2]. *Quelques hommes intelligents et actifs, en particulier les dirigeants pour la zone libre. Il doit y avoir possibilité d'obtenir avec eux de bons résultats...*

Vichy aujourd'hui me déroute. Cette cuvette où l'air incite à la torpeur, chargé qu'il est d'humidité mauvaise, où les hommes vivent éloignés des souffles et de l'extase, je ne puis en faire ma demeure...

... Je me sens de plus en plus disponible. J'aurais une croyance ferme, rien pour moi ne serait sacrifice. Que faire sans terrain

1. Courrier adressé le 16 juin 1942 à une de ses relations.
2. Souligné par l'auteur.

où poser le pied pour l'élan ? De toute manière, je ne puis me satisfaire d'une existence où la vie est sommeil et copie de la mort. Sensations, ou victoire de l'esprit, je ne sais encore qui m'attirera. Ce que je sais, c'est que, corps ou âme, je les ferai courir à fière allure[1]...

    Je m'humanise, et donc me féminise. »

Si François Mitterrand n'a toujours pas fait de véritable choix de vie ni même de vrai choix politique, ne sachant encore où « *poser le pied pour l'élan* », il entre néanmoins au Commissariat au reclassement des prisonniers comme chargé de la propagande pour la zone non occupée. L'esprit qui y règne lui semble « bon ».

Il convient de rappeler ici l'importance du traumatisme provoqué par la captivité d'une importante fraction de l'armée française. Depuis le début de l'été 1940, une part notable des forces vives de la nation se trouve derrière les barbelés. Un peu moins d'un million cinq cent mille jeunes hommes sont encore internés, à la fin de 1941, dans des stalags ou des oflags. Les problèmes posés par cette captivité sont multiples : psychologiques pour les détenus, leurs épouses ; matériels et sociaux pour leurs familles. Toute la société française en est affectée. S'ajoute le sentiment plus ou moins avoué, chez ceux qui sont restés en France, que ces prisonniers portent une part de responsabilité dans la défaite, donc dans la situation désastreuse du pays. Les prisonniers, eux, se sentent oubliés, abandonnés. Sauf par le Maréchal. Ils en veulent à la classe politique. Ressentiment, frustration, honte, culpabilité caractérisent de part et d'autre l'approche du principal stigmate de la défaite.

A la fin de 1941, Vichy se trouve confronté à un problème matériel extrêmement délicat : la réintégration sociale de 349 000 hommes rapatriés ou évadés des camps. Partis depuis plus de deux ans, les anciens prisonniers ne retrouvent généralement pas leur emploi. A l'automne de 1941, le gou-

---

1. Souligné par l'auteur.

vernement décide donc de créer un Commissariat au reclassement des « P.G. » rapatriés ; il en confie la direction à Maurice Pinot plutôt qu'au préfet René Bousquet (soutenu par Pierre Pucheu, ministre de l'Intérieur).

Maurice Pinot – de son vrai nom Pinot de Périgord de Villechenon – est un grand bourgeois et un *« grand monsieur »*, pour reprendre l'expression de François Mitterrand. Fils de Robert, le fondateur du fameux Comité des forges, journaliste économique, puis attaché au cabinet de C.-J. Gignoux, le « patron des patrons », prisonnier en oflag, il fait venir à ses côtés, sitôt nommé, des camarades de captivité et des syndicalistes du Livre pour gérer avec lui le Commissariat, d'abord chargé du reclassement professionnel et de la réintégration des rapatriés. Il coiffe l'ensemble des institutions publiques et privées qui s'occupaient jusque-là des anciens prisonniers de guerre. Pour remplir cette fonction éminemment sociale, Pinot crée dans chaque département des « Maisons du Prisonnier » qui, autour d'un directeur dépendant du Commissariat, rassemblent des représentants de toutes les administrations et services s'occupant des rentrants. Importante innovation, car, jusqu'alors, les anciens prisonniers, déjà très éprouvés, devaient se livrer à un véritable parcours du combattant pour faire valoir leurs droits. Pinot instituera plus tard dans chaque canton des Centres d'entraide (CEA) qui permettront aux ex-prisonniers de se réunir, de se porter secours, d'organiser des repas, des spectacles, bref, de perpétuer, après leur retour, cette mentalité singulière qui s'est forgée dans les camps : l'« esprit Prisonniers ». Cet esprit n'était nullement en contradiction avec la Révolution nationale ; le Maréchal bénéficiait parmi eux d'une grande cote d'amour.

Le Commissariat, dont l'action va se développer durant l'année 1942 au point d'embrasser toute la « communauté Prisonniers » – les rapatriés, leurs familles, etc. –, s'inscrit tout naturellement dans les conceptions du gouvernement de

Vichy. Le 8 novembre 1941, dans son premier éditorial du journal des prisonniers, *Toute la France*, Maurice Pinot écrit :

> « Le Maréchal compte sur les prisonniers rapatriés pour être l'aile marchante du grand mouvement de redressement national, le véritable ciment de l'unité française... Réintégrés dans la vie nationale, vous devez participer au relèvement de la patrie... »

Dans le courant de mars, le Commissariat donne son accord à la propagande en faveur du Maréchal dans les camps. Pétain écrit à Pinot, le 21 mars 1942 :

> « J'ai suivi avec attention l'œuvre qu'accomplit votre Commissariat ; j'en apprécie les résultats et je vous renouvelle l'expression de ma confiance.
>
> Vos camarades rapatriés, fidèles à l'esprit des camps, doivent servir, dans l'union, pour le relèvement de la France.
>
> Il vous appartient de diriger leur action, et, dans le cadre des lois en vigueur, de contrôler leurs groupements. Pour dissiper toute équivoque, je vous rappelle que je n'ai accordé mon patronage à aucun groupement de prisonniers rapatriés.
>
> Poursuivez votre tâche, de façon à préparer le retour des absents. »

Le 27 juin, soit quelques jours après l'arrivée de François Mitterrand au Commissariat, le Maréchal reçoit Pinot et lui exprime une nouvelle fois sa confiance.

Pinot et son équipe ne sont pas collaborationnistes. Ils sont même nettement antiallemands et se battent pour empêcher que le Commissariat ne soit impliqué dans des activités spécifiquement politiciennes. Malgré les multiples pressions externes, Pinot maintient le cap et entend continuer à limiter les compétences du Commissariat à l'action sociale.

La direction du Commissariat a son siège à Paris, rue Meyerbeer, mais dispose à Vichy d'une direction ayant vocation à s'occuper de la zone non occupée et à assurer la liaison avec le cabinet du Maréchal. Quand Mitterrand entre au Commissariat, rue Hubert-Colombier, à Vichy, le patron de la zone « nono » est un industriel nommé Ruillier, remplacé quelques semaines plus tard par Georges Baud. C'est donc sous les ordres de ce dernier qu'il se retrouve.

Baud est maréchaliste bon teint, comme tous les cadres du Commissariat. Une « écoute » de Baud[1] datée du 8 janvier 1942 à 9 heures 10 permet d'avoir une idée non travestie de ses opinions quelques mois avant qu'il ne prenne la direction du Commissariat à Vichy :

> « On a créé des cercles Pétain dans tous les camps.
>
> ... Je ne suis pas collaborationniste pour un sou, mais il faut ce qu'il faut. Il faut suivre les directives du Maréchal, sans en rajouter. Si les Anglais et les Allemands se réconcilient sur notre dos, nous sommes frits. D'autre part, si les Anglais gagnent, ça nous ramènerait les Juifs.
>
> Je suis à Berlin, où j'ai un travail déterminé[2] ; je ne peux pas m'y soustraire, mais, aussitôt après, je dois revenir à Paris, au Commissariat aux prisonniers de guerre. Ce sera quelque chose de très important... On veut, avec les prisonniers, faire les nouveaux cadres de la nation. A ce moment là, je serai à Paris... »

Les Archives nationales ont gardé trace du passage de François Mitterrand au Commissariat. Il a le titre de chef de la section Presse en zone non occupée. Ce titre sera confirmé le 24 novembre 1942 par la note de service n° 1, « série B », du Commissariat[3], signée par le directeur de cabinet Bernard Ariès, qui redéfinit l'organisation des services de propagande et de presse du Commissariat. Ces services ont la haute main sur la « présentation de toutes les productions du Commissariat en zone non occupée en matière d'édition, de radio, de cinéma et de presse », donc sur la censure. La note précise les devoirs de réserve des membres de ces services qui « sont à

---

1. A.N., AJ/41/453.
2. Baud faisait partie de la Délégation française de Berlin, l'antenne de la « mission Scapini ». Il était particulièrement chargé de la propagande maréchaliste dans les camps.
3. A.N., F9 2998.

même de connaître un grand nombre d'informations » : « Les chefs de service et leurs collaborateurs doivent observer la plus grande discrétion à cet égard, en tenant compte en particulier du fait qu'ils appartiennent à un service public ». Le chef du service Propagande-Presse est Marcano, qui est donc le supérieur direct de François Mitterrand. En son absence, précise la note, c'est ce dernier qui fait fonction de chef de service.

Dans un courrier du 21 juin 1942, François Mitterrand décrit ses nouvelles occupations :

> « *J'ai un boulot considérable. Je suis chargé de tous rapports avec la presse par le Commissariat des prisonniers, d'une revue de presse, de la censure des articles concernant les rapatriés et d'un bulletin mensuel de liaison. A cela doit s'ajouter les articles de semi-propagande qu'il faut fournir à la radio et aux journaux. Ainsi, deux topos pour Crécel[1] pour jeudi, et toute une page de journal à bâtir sur l'œuvre du Commissariat. Cela me plaît assez, d'ailleurs ; ou il me faut un gros travail qui avale mes journées, ou rien du tout et le farniente le plus absolu ; autrement, je me sens en déséquilibre.* »

En cette fin de juin, il continue à apporter son aide clandestine aux évadés et n'oublie pas ses camarades de captivité. Il s'occupe de leur faire parvenir des faux papiers. Ainsi, le 29, il écrit au père de Paul Charvet pour lui demander de toute urgence deux photos d'identité de son fils : « *Le moyen dont je dispose offre toute garantie de réussite et de sécurité. Aussi faut-il absolument en profiter...* »

Pourtant, toutes ces activités ne le comblent pas. Il se sent cafardeux et préférerait être ailleurs qu'à Vichy... Reprenant à propos de Valéry un thème qu'il développait souvent avant-guerre, il rejette critiques et jugements comme s'il souhaitait s'en prémunir lui-même : « *Toute critique est signe d'impuissance* », écrit-il.

---

1. Il s'agit de Paul Creyssel, directeur de la Propagande de Darlan et de Laval, et l'un des dirigeants du PSF.

Les leçons de la guerre et de la captivité n'ont pas effacé chez lui les réflexes bourgeois et hautains. Dans un courrier du 6 juillet 1942, il raconte son dernier week-end chez un ami, dans un hameau au cœur de l'Auvergne, entre Ambert et Thiers. Il se montre consterné de découvrir « *les gens du cru, petits besogneux, laids...* », au « *patois embué de français* », qu'il a vus à la messe dominicale : « *Au diable les écoles communales !* » lance-t-il dans un cri où l'on ne reconnaît guère la voix de Jules Ferry, encore moins celle de Jaurès. Puis il poursuit par ces phrases qui semblent le rattacher alors au messianisme de la droite extrême :

> « *Comment redonner à ce peuple la flamme ? Quelle différence les sépare des porcs, sinon ce qu'ils ratent ? Je pense à cette parole de mon ami de Montmaur : "C'est nous, avec notre sang et notre héroïsme, qui paierons pour tous. C'est nécessaire, il faut des sacrifices pour la foule immense. Allons-y." Mais je suis encore mal préparé, au commencement seulement de la route...* »

Probablement est-ce ces jours-là qu'il revoit son « ami de Montmaur », Antoine Mauduit. Roussel a organisé une rencontre dans un petit restaurant en face du club de l'Aviron, sur les bords de l'Allier, entre Mauduit et quelques cadres du Commissariat. Roussel note que quelque chose ne tourne pas rond : Mauduit s'adresse à tout le monde, sauf à Mitterrand. « Les collègues de Mitterrand étaient jaloux de lui. Il était trop fort. Ils avaient peur de lui. Ils l'avaient mis dans une sorte de quarantaine et avaient chambré Mauduit. J'ai organisé pour le lendemain un petit déjeuner et tout s'est arrangé entre Mitterrand et Mauduit et les cadres du Commissariat », se souvient Roussel.

Le 5 juillet, le jeune homme à sang froid, qui ne s'emballe que rarement pour les autres, fait une nouvelle rencontre importante : celle de l'ancien patron de la Légion française des Combattants, François Valentin.

> « J'ai eu hier à Vichy la visite d'un homme puissant, étrange, et dont le destin commandera certainement pour

une part le nôtre, un jour sans doute proche. Un hasard me l'a fait connaître. Je ne sais ce qu'il en sortira[1]. *Je reconnais en moi un curieux mélange d'audace et de prudence, cela pourrait faire une moyenne qui s'appelle faiblesse, je crains. Mais j'ai toujours peine à m'engager. En tout cas, j'ai eu là l'occasion de conversations intéressantes, d'aperçus sur les hommes qui dirigent.* Je crois à mon propos que les trois mois qui vont venir m'orienteront, peut-être imposeront-ils mon choix... *J'ai peur parfois de confondre mes ambitions et ma vérité (ou plutôt de ne pas savoir les confondre) : une tare terrible. On me disait autrefois que j'étais entêté, je le remarque aujourd'hui et je distingue la cause : mon entêtement est une forme de fidélité.* Je suis fidèle et cela tue surtout quand on veut se mêler de politique, alors je me méfie et ne m'engage que forcé, tant je sais qu'ensuite je ne dévierai pas, même si je vois que je me trompe. *Je suis persuadé que nombre d'hommes d'État qui ont laissé dans l'Histoire traces d'imbéciles, ou de brutes, ou de bêtas, ont dû agir sachant l'erreur. Mais l'Histoire ne juge que les actes.[2]* »

Le 7 juillet, le Commissariat réunit une brochette de directeurs de journaux de province et d'inspecteurs régionaux pour entendre la bonne parole de la bouche de Pinot. Comme Mitterrand est chargé d'assurer la liaison avec les journaux de zone sud, nul doute qu'il assiste à cette réunion. Pinot explique le rôle de son administration et réaffirme son soutien sans failles à la politique du Maréchal. Cette déclaration reflète bien l'esprit du Commissariat en ce milieu de l'année 1942 :

> « Vous le savez, le Commissariat est chargé de toutes les questions concernant les prisonniers. Au dernier Conseil des ministres, il a été chargé par le président Laval de s'occuper également des questions des familles de prisonniers. En ce qui concerne les prisonniers rapatriés, notre dernière préoccupation a été d'abord d'assurer les conceptions nouvelles du retour. Le "problème Prisonniers" est un des problèmes les

1. Les passages soulignés le sont par l'auteur.
2. Correspondance à une de ses relations datée du 6 juillet 1942.

plus angoissants de la France d'aujourd'hui et de la France de demain. D'abord par le nombre de prisonniers : 1 200 000 sont en captivité, 1 200 000 qui représentent environ la moitié des jeunes gens de France qui étaient en 1939 en âge de porter les armes. Ces hommes sont séparés de leur patrie. Ils sont encore sous le coup de la défaite et sur l'impression dominante de cette défaite qui est, il faut le dire, la trahison ; 1 200 000 hommes répartis en Allemagne dans leurs kommandos ont l'impression qu'ils ont été trahis, impression d'autant plus vive que le plus grand nombre d'entre eux ont eu à peine à se battre. Rien n'a pu leur faire comprendre les causes de cette défaite. C'est donc l'impression dominante dans les camps qu'eux-mêmes, les prisonniers, ont été trahis. Par qui ? Par leur commandement, leurs officiers ; trahis par les partis politiques, par l'État. Mais là n'est pas l'important, ils ont simplement cette impression. A cette impression vient s'en ajouter une seconde, d'avoir été abandonnés par la nation. C'est une impression que nous avons même ressentie assez douloureusement et qui s'est effacée avec le retour. Le prisonnier a l'impression que la nation s'est refaite sans lui, et parfois même contre lui. Il a l'impression qu'il y a des Français, des parias, des pauvres types qui sont des prisonniers, et puis d'autres qui ont eu le bonheur de ne pas être prisonniers, et cette impression s'est encore accrue par l'ouvrier français qui venait travailler en Allemagne[1]. Vous avez nettement l'impression qu'eux, les prisonniers, qui fournissent un travail très dur, non rémunéré, et qui sont le soir enfermés dans des barbelés, sont véritablement des parias par rapport à leurs camarades ouvriers, anciens affectés spéciaux, qui viennent travailler en Allemagne, largement rémunérés et qui, de plus, sont libres...

... Ces hommes seront définitivement des révolutionnaires. Sans pourtant très bien savoir quelle sera cette révolution. Sans doute, dans les oflags et dans certains stalags, la Révolution du Maréchal est-elle connue. Elle est ardemment suivie et ces hommes sont certainement parmi les pionniers les plus véhéments de la Révolution nationale, mais ce n'est

1. Dans le cadre de la "Relève". Cf. note page 230.

qu'une minorité. Ils sont environ 100 000 sur 1 200 000 (...). Ceux qui savent à peine que le Maréchal est à la tête de ce pays, et ayant au cœur simplement ce sentiment de révolution, faute d'être accueillis comme ils doivent l'être, augmenteront, dans des conditions qui peuvent être dramatiques pour ce pays, la masse des communistes et tous ceux qui sont opposés à une rénovation nationale voulue par le Maréchal...

Il est essentiel pour l'avenir que les prisonniers ne forment pas une catégorie à part dans la nation et qu'ils ne soient pas, pendant toute la vie, des revendicateurs...

Nous voulons donner ainsi l'occasion à tous les prisonniers rentrés d'avoir immédiatement la possibité de servir. D'autre part, il s'est constitué en zone occupée une association, l'"APG 1939-40[1]", qui a pour but de grouper sur le plan politique les prisonniers rapatriés. Cette association est une association contrôlée par le gouvernement français, qui est très différente dans son but de ce que je viens d'indiquer. Le prisonnier rapatrié, à son retour, se trouve pris soit dans l'organisation sociale du Commissariat, soit dans l'Association des prisonniers de guerre 39-40. C'est un groupement seulement politique. Il vient de recevoir l'approbation du Maréchal. J'ai présenté son bureau directeur il y a quelques jours. Il groupe les prisonniers sur le plan politique. Il est évident que cette association a un grand rôle, que nous l'encourageons, mais qu'elle n'est pas directement dirigée par le Commissariat[2]. »

Trois jours après cette réunion, un courrier nous apprend que François Mitterrand est très absorbé par la confection du bulletin de liaison, par la censure qu'il exerce sur les articles relatifs aux prisonniers, par les revues de presse qu'il doit confectionner à l'intention des responsables du Commissa-

---

1. L'"APG 1939-40" est une création des mouvements collaborationnistes de Paris pour la zone occupée, soutenue par l'Allemagne. Maurice Pinot a lutté pour limiter son influence. En mai 1942, certains de ses fondateurs sont exclus et l'APG accepte théoriquement de se cantonner désormais à l'action civique. Elle continue néanmoins à soutenir Laval et lutte secrètement contre Pinot.
2. SHAT, 2 P 68.

riat, par les communiqués qu'il envoie à l'Agence officielle (OFI).

Le bulletin de liaison[1] de la « direction ZNO » du Commissariat au reclassement des prisonniers de guerre rapatriés est à usage interne. Une note encadrée au bas de la première page précise :

> « Entre nous ! Ce bulletin de liaison est destiné à vous informer des questions générales touchant aux prisonniers et des questions particulières relatives à l'action du Commissariat. En aucun cas ces informations ne doivent être communiquées à la presse. »

Dans les éditoriaux du numéro 4, daté de juin 1942, mois où François Mitterrand arrive au Commissariat, les objectifs de ce dernier sont clairement rappelés : « Esprit d'équipe, discipline, n'est-ce pas là le véritable visage de la France telle que le veut le Maréchal ? » conclut l'un ; le second dresse le bilan de huit mois d'action, et son auteur termine : « En vue de mettre les rapatriés au service du Maréchal et de la Révolution nationale, le Commissariat suscite la création de centres d'études (CAP) et de centres d'entraide. Il contrôle et coordonne l'action des groupements de prisonniers. »

François Mitterrand est le rédacteur en chef du numéro de juillet. La tonalité maréchaliste n'a pas varié. L'objectif du Commissariat est toujours de « travailler pour la France du Maréchal, en travaillant pour nos camarades qui sont derrière les barbelés et pour leurs familles qui les attendent depuis deux ans ». On reconnaît la patte de l'auteur dans un éditorial qui reprend un de ses leitmotive de l'époque : « Pour construire, il faut avoir la foi », et dans lequel on retrouve presque mot pour mot des phrases écrites naguère dans *L'Éphémère*.

---

1. Les dossiers F9 2996 à 3094 ont été utilisés dans la rédaction de ce chapitre.

Ce premier bulletin suscite la satisfaction du secrétariat particulier de Pétain. Dans les papiers du Maréchal, j'ai retrouvé un spécimen du numéro de juillet 1942 annoté au crayon rouge par Paul Racine, secrétaire de Ménétrel : « C'est du bon travail de François, ça, docteur. »

Non content des nombreuses responsabilités qu'il exerce au sein du Commissariat, de ses activités parallèles pour venir en aide aux évadés avec le groupe constitué par Roussel, Barrois, Varenne, Vazeille, de ses liens avec « la Chaîne », François Mitterrand crée avec Marcel Barrois et Jean-Albert Roussel le centre d'entraide de l'Allier, qui devient la couverture officielle de l'action clandestine de leur groupe. Le CEA de l'Allier a son siège 22, boulevard Gambetta, là où travaillent Roussel et Barrois. Ces activités confèrent à François Mitterrand, au sein du Commissariat, un poids qu'il n'aurait sans doute pas eu sans cela : « *C'est moi qui fais le lien entre le groupe Barrois-Roussel et le Commissariat.* » Il évoque une rivalité entre le groupe Pinot et le sien, et parle même de conflits : « *Je serai parfois en délicatesse avec l'équipe Védrine*[1]*-Pinot.* Elle avait certes l'esprit de résistance, mais était très en retrait sur nous dans l'action. On méprisait un peu les CEA...[2] » Je ne suis pas certain que le souvenir n'ait pas distordu ici quelque peu la réalité : ces divergences d'appréciation entre Pinot et François Mitterrand ont vu le jour dans le courant de l'année 1943, quand le second a pris son élan et estimé qu'il pouvait s'émanciper de la tutelle du premier, sa propre assise dans le « milieu Prisonniers » lui semblant désormais suffisante.

Au début de juillet, Mitterrand monte également un « centre d'études » dont je ne suis pas parvenu à définir les contours. Le Président ne s'en souvient pas davantage aujourd'hui.

1. Jean Védrine n'arrive au Commissariat qu'en novembre 1942. Cf. p. 233.
2. Entretien avec l'auteur du 26 mai 1994.

Il reçoit la visite de Jacques Bénet, avec qui il passe un week-end à visiter l'ancienne capitale de l'Auvergne. Avec son ancien camarade du « 104 », il agite mille projets. Bénet affirme aujourd'hui qu'il pousse son camarade à s'engager davantage. Le dimanche midi, le déjeuner est égayé par la présence dans le restaurant de Danielle Darrieux et de son nouveau mari, Porfirio Rubirosa, diplomate de république Dominicaine.

A la même époque, le 2 juillet 1942, le secrétaire général de la police, René Bousquet, rencontre les plus hautes autorités allemandes en matière de sécurité au sujet de la livraison à l'Allemagne de dix mille Juifs de zone libre et de vingt mille Juifs de zone occupée. Bousquet affirme que Laval, se conformant à des directives de Pétain, aurait proposé : 1°) que les arrestations en zone occupée ne soient pas effectuées par la police française ; 2°) que seuls les Juifs de nationalité étrangère soient appréhendés et livrés aux Allemands. Le chef de la sécurité nazie, Knochen, ayant souligné la priorité absolue à accorder, conformément au vœu de Hitler, à une solution définitive de la question juive, Bousquet s'est déclaré « prêt à faire arrêter dans toute la France, et dans le cadre d'une action menée selon des modalités uniformes, un nombre de Juifs de nationalité étrangère correspondant au chiffre souhaité par les autorités allemandes[1] ». Finalement, Bousquet propose de faire arrêter par la police française les Juifs étrangers résidant dans les deux zones. Le 3 juillet, en Conseil des ministres, Laval donne son accord aux décisions prises la veille. Le lendemain, Knochen réunit Bousquet et Darquier de Pellepoix, commissaire général aux Questions juives, pour organiser la grande rafle à Paris. Bousquet s'en décharge sur Darquier. Le 15 juillet, Bousquet donne ses

---

1. Extrait du compte rendu de la conférence du 2 juillet 1942 réunissant à Paris, outre René Bousquet, le général Oberg, Knochen, Lischka, Schmidt, von Schweirichen et Runkowski. Cf. "Dossier Bousquet", supplément à *Libération*, n° 3776.

instructions au préfet de police. D'autres rafles auront lieu partout en zone occupée. Les 16 et 17 juillet, 12 884 arrestations sont opérées. Les représentants de la police française, conformément aux choix gouvernementaux, insistent pour déporter aussi les enfants. Le 19 juillet, le premier train de déportés part pour Auschwitz...

Cette irruption du drame dans la relation d'une tranche de la vie d'un jeune Français sous Vichy est à l'évidence un artifice et constitue même une entorse à la règle initiale que je m'étais fixée : faire comme si j'ignorais jusqu'où son ambition conduirait ce jeune homme. Il n'empêche : ce drame-là a été voulu ou pour le moins avalisé par Vichy, là où se mouvait alors François Mitterrand. Celui-ci en a-t-il été informé, s'en est-il préoccupé ? Plus généralement, quelles furent ses réactions aux mesures antisémites et aux déportations de Juifs ordonnées par Vichy ? J'ai posé la question. La réponse a été très sobre : « *Je ne pensais pas à l'antisémitisme de Vichy. Je savais qu'il y avait malheureusement des antisémites qui avaient pris une place importante auprès du Maréchal, mais je ne suivais pas la législation du moment et les mesures prises. Nous étions des marginaux. J'avais quatre ou cinq Juifs autour de moi*[1]. *On ne s'occupait pas de cela... On ne s'intéressait qu'au sort des prisonniers et des évadés, et puis, après, à la lutte contre l'occupant...*[2] »

J'ai revu le Président et suis revenu sur ce sujet. Il est agacé qu'on puisse le soupçonner d'antisémitisme : « *c'est un problème qui ne m'a jamais effleuré.* » Il tient à me livrer une confidence : « *Ma mère a laissé des carnets intimes. Je vous les montrerai. A la fin du siècle dernier, elle a fait un voyage en Espagne pour aller saluer Déroulède, exilé à San Sebastian. Elle revenait par le train et, dans le compartiment, se retrouve avec quelques*

---

1. Serge Miller, Bernard Finifter, auxquels s'est joint en 1943 Georges Beauchamp. François Mitterrand inclut également Georges Dayan, qu'il a connu avant la guerre, et le frère de celui-ci, qui est devenu son médecin.
2. Entretien avec l'auteur du 26 mai 1994.

dirigeants de La Ligue des Patriotes qui parlaient bruyamment de l'affaire Dreyfus. Les propos antisémites fusent. Elle a dix-huit ans, elle n'a jamais vu de Juifs. Elle note sur son carnet des réactions naïves : "Le Christ et la Vierge étaient juifs...". A partir de là, elle rompt avec ce milieu. Et il n'y a jamais eu une ombre d'antisémitisme dans la famille[1]. »

Ses lunettes d'aujourd'hui chaussées sur son nez, le lecteur risque malgré tout de trouver la réponse un peu courte. Avant qu'il ne se lance dans l'interprétation, je souhaite néanmoins lui fournir quelques clés de lecture supplémentaires.

J'ai acquis la conviction que François Mitterrand n'a à aucun moment été antisémite. Son amitié, à partir de 1938, avec Georges Dayan n'est pas la seule « preuve » à l'appui de cette affirmation. Georges Beauchamp, juif lui aussi, qui travaillera à ses côtés à partir de l'automne 1943, déclare : « Tactiquement, il avait des opportunités droitières, mais il avait un certain goût de la justice et du social... Il était allergique à l'antisémitisme. »

J'ai été frappé, au cours de mon enquête auprès de plus d'une centaine de témoins, par le fait que le sujet n'ait jamais été évoqué spontanément, y compris par ceux qui possédaient les meilleurs brevets de Résistance.

Après avoir interrogé le principal intéressé, j'ai ainsi éprouvé le besoin de poser les mêmes questions à Edgar Morin qui, juif et communiste, a milité pendant la guerre dans le mouvement de résistance « Prisonniers » de Michel Cailliau, et, à partir de mars 1944, s'est retrouvé dans le même mouvement que François Mitterrand. J'ai gardé volontairement la formulation orale de sa réponse :

Première réaction : Edgar Morin, qui était à Toulouse, en zone sud, en 1942, ne se souvient plus de la date exacte de la

---

1. Entretien avec l'auteur du 1er juillet 1994. La "confidence" figurait également dans *Verbatim 1*, de Jacques Attali, p.81-82. Le 3 août 1994, le Président évoque cette fois la révolte de son père *« très droit, chrétien dans le vrai sens du terme »* contre les mesures antisémites de Vichy.

rafle du Vél' d'hiv. « Si la nouvelle m'est parvenue, elle m'est arrivée tardivement. » Puis le sociologue ressent le besoin de replonger dans sa mémoire familiale avant de reprendre le fil de sa réponse : « Mon père s'est fait démobiliser en zone sud et a rejoint Paris où était une grande partie de ma famille maternelle. Mon père, ma tante Corinne, qui était la sœur de ma mère, et son mari ont quitté, à une date dont je ne me souviens plus exactement, la zone nord, probablement avant la rafle, parce qu'ils sentaient que ça devenait mauvais. Ma tante et son mari sont allés à Nice, où ils furent un temps tranquilles sous l'occupation italienne... Je me souviens, à Paris, dans l'année 1943, d'avoir rencontré une tante qui habitait rue de la Roquette : elle sortait en mettant son sac à main sur son étoile ; elle camouflait l'étoile tout en la portant. Elle me disait qu'elle et son mari couchaient la nuit dans un appartement au-dessus du leur, avec la complicité de la concierge. Ils n'ont donc pas été inquiétés. Mon oncle Jo s'est fait arrêter en gare de Nice, il a été déporté et a disparu, probablement à Auschwitz. Mon autre oncle, Benjamin, a été arrêté juste avant la libération de Paris et est mort à Compiègne...

« Les lois d'exclusion de Vichy, qui rejetaient les Juifs français, ne m'ont pas frappé. J'étais étudiant à Toulouse et le *numerus clausus* institué par Vichy n'a pas été appliqué dans l'université où j'étais inscrit. J'ai toutefois été marqué, à l'automne 1940, par l'éviction de deux professeurs juifs, Jankélévitch et Meyerson, et deux professeurs francs-maçons, dont Albert Bayet. Je me souviens bien du dernier cours de Jankélévitch : j'étais présent, et bon nombre d'étudiants, dont celle qui allait devenir ma femme, ont manifesté leur soutien au professeur et leur colère face à cette mesure.

« Ce qui se passait en zone nord était très différent. Il y a eu l'étoile jaune, puis les grandes rafles... Moi, j'étais en danger parce que résistant, mais, en tant que Juif, j'avais des papiers d'identité "aryens". Je vivais dans un autre monde, celui de la Résistance, où je me sentais très bien intégré. Quand je suis monté en zone nord, début 1944, je me sentais quasi invulnérable sous mon identité de "Gaston Poncet" !

« J'ai appris ce qu'était l'horreur d'Auschwitz sous l'Occupation, fin 43-début 44, par un gros document de l'agence de presse clandestine dirigée par Martinet, à partir des témoignages de quelques évadés d'Auschwitz. J'étais parmi les rares qui ont su. La population ne savait pratiquement rien. C'est pour cela qu'on ne peut raisonner en faisant rétroagir notre savoir postérieur, comme si tous les Français, maréchalistes, résistants, familles des victimes, savaient que tous les juifs déportés allaient être exterminés.

« Vichy a fait spontanément – et non sur injonction des Allemands – des lois antijuives dans la tradition d'un antisémitisme maurrassien et nationaliste... Ces mesures d'exclusion n'étaient évidemment pas prises avec des intentions homicides de masse. C'est l'extermination des Juifs décidée par Hitler en 1942 qui, rétroactivement, en a fait une première étape discriminatoire permettant de les arrêter facilement. Avec le procès Touvier, on réduit Vichy à la Milice et au Vél' d'hiv. Or le Vél' d'hiv, ce n'est pas Vichy, c'est la police française agissant sur injonction des Allemands de la zone nord. La Milice est une expression tardive de Vichy, de plus en plus lié à l'Allemagne nazie.

« L'antisémitisme est un aspect de Vichy, mais il y a de nombreux autres aspects. Vichy a évolué dans le temps. Quand les parlementaires votent les pleins pouvoirs à Pétain, ce n'est pas pour la collaboration, qui est postérieure... Le pays est effondré. Alésia, c'est de la bibine à côté de la débâcle d'une des plus grandes armées du monde en juin 1940. Il y avait un sentiment de cataclysme. Vichy, au début, c'est la branche du noyé. Il y a là un conglomérat incertain, avec des gens comme Berl, des socialistes rénovateurs, des pacifistes, la vieille réaction maurrassienne, puis ça se décante. Avec le tournant de la guerre, il y a une hémorragie des substances vives qui soutiennent Vichy. On assiste à des décantations successives. En quatre ans, il y a eu une évolution extrêmement rapide, alors qu'on voudrait fixer Vichy dans une sorte d'essence immuable. C'est ça, l'erreur ![1]

« Il ne faut pas oublier aussi que de 1941 au début de 1944, une bonne partie de la population était pétaino-gaulliste. Pétain était le bouclier ; de Gaulle, le glaive. Cette mentalité était extérieurement invisible, car ni la presse d'occupation, ni la presse de la Résistance n'en faisaient état. Évidemment, ce pétaino-gaullisme s'est effrité à partir de l'invasion de la zone sud et du débarquement allié en Afrique du Nord, puis il s'est effondré.

« Enfin, il ne faut pas oublier que la défaite française est venue accroître une confusion mentale antérieure. La gauche, avant 1933, était pacifiste et s'opposait au traité de Versailles qui amputait l'Allemagne ; par antifascisme, elle a dû s'opposer aux revendications allemandes. La droite, qui était antiallemande, commença à admirer l'« ordre » hitlérien. Il y a eu d'étranges permutations du communisme au fascisme, du nationalisme à la collaboration, du pacifisme à la Résistance.

« La première année à Vichy rassemble pacifistes, collaborateurs, nationalistes, réformateurs autour d'un noyau qui devient de plus en plus dur, celui de l'ordre maréchaliste. Puis, à partir de l'automne 1941, les choses se décantent. La Résistance prend son premier essor et le communisme ressuscite, parce que l'URSS incarne désormais l'espoir d'un monde nouveau.

« Les mêmes processus de justification qui m'ont porté vers le communisme en ont poussé d'autres vers l'Allemagne pour faire l'Europe : ceux-ci pensaient que l'Allemagne serait dépassée par sa conquête, comme le fut l'Empire romain. J'avais le même raisonnement à l'égard de Staline et de

---

1. A sa façon, François Mitterrand ne dit pas autre chose : « *Vichy, c'était la pétaudière. Il ne faut pas imaginer un régime nazi. Ce n'était pas ce qu'on décrit aujourd'hui* ». Entretien avec l'auteur du 3 août 1994.

l'URSS : une fois vainqueurs, il y aurait dégel et épanouissement d'une civilisation socialiste...

« Si on ne tient pas compte de l'affolement des esprits face aux événements formidables, imprévus, déroutants qui surgissent de 1934 à 1944, si on ne tient pas compte des erreurs et des dérives et qu'on veut figer tout cela, alors on ne peut concevoir cette époque dans sa complexité, ses évolutions, ses contradictions... »

Un courrier du 22 juillet 1942 nous apprend que François Mitterrand aspire aux vacances. Une fois de plus, il est préoccupé par son « *manque de vie, [son] manque du don de sympathie* ». C'est pourquoi il « *parle plus volontiers des choses que des êtres* ». Il insiste sur son insensibilité à l'égard des hommes :

> « *J'ai une grande puissance d'indifférence qui devient faiblesse, misère, quand il m'advient d'aimer. Chose banale, mais nombreux sont ceux qui ne m'atteignent pas. Mais peu m'importe. Comment distraire cette timidité, ce recul, comme un secret fermé qui m'éloigne de ceux qui me touchent ? Je n'accomplis mes violences que dans la certitude profonde de victoires sans prix.*
> *Ce que je demande aujourd'hui aux êtres, c'est de me distraire. J'attends ceux qui me soulèveront de joie. Ils sont venus et partis... Les reverrai-je ?* »

François Mitterrand incrimine son tempérament, mais aussi les nombreuses entraves sécrétées par son éducation. Ce mot d'« entraves » revient souvent dans ses propos. Pour illustrer ce thème, il répète à quel point il hait l'harmonium!.. Pourtant, même si ses allusions à sa froideur et à sa difficulté de communiquer sont fréquentes, il est manifeste que, malgré la distance qu'il impose à ceux qui l'approchent, il suscite l'amitié. Au fil de mon enquête, c'est un des traits qui m'a le plus frappé : François Mitterrand a engendré autour de lui de très nombreuses inconditionnalités.

Il a finalement renoncé à faire le pèlerinage de la Vierge, le 15 août 1942, au Puy. Il a eu peur de la foule. Il reste attiré par la foi, mais « *trop d'idées s'agitent alors en tous sens* ». Il est néanmoins persuadé qu'il « *reviendra à la foi après mille détours et fatigues...* » Il continue à se chercher, à s'irriter de n'être que contradictions : « *Il y a si longtemps que j'ignore ma vérité...* »

En cette mi-août 1942, il est heureux de revoir un des deux hommes qui l'ont jusqu'ici le plus séduit : François Valentin. L'ancien patron de la Légion est allé lui rendre visite chez lui, rue Nationale : « *Il s'est assis sur un de mes fauteuils, a fumé trois cigarettes. Il m'a longuement entretenu de ses projets. Quelle intelligence lumineuse !* » Dans un de ses courriers, il dresse un parallèle entre Valentin et « *ce pauvre type qu'est Fabre-Luce* ». Le fait que Valentin fasse part de ses projets à Mitterrand est important : il est en effet en train de s'écarter de plus en plus des démons vichyssois et est en contact avec des officiers qui, eux aussi, n'ont pas baissé les bras. A l'issue de cette longue discussion, Mitterrand raccompagne Valentin à son domicile et retrouve dans un restaurant l'écrivain collaborationniste Fabre-Luce. Il est suffisamment familier avec ce « *pauvre type* » pour lui avoir présenté sa grande et chère cousine, Clairette, et pour dîner avec lui.

> « *Quand Fabre-Luce me conjure de ne pas perdre un instant, me convie à me rallier à son aristocratie, tout cela, je le sens comme lui, mais il ne propose que fumée, qu'idées mêlées de déséquilibre, que plans sans harmonie... Voulez-vous ce ferment qui lève le corps et l'esprit ? préparez-vous, il y aura tant d'occasions de se dépasser, mais ce n'est pas encore le moment... Fabre-Luce me donne une nausée physique. Cette nausée qui précède le dégoût de l'âme. Enfin, j'aime trop la clarté pour me prendre aux thèmes obscurs. Je resterai en contact avec Valentin. Un jour, je vous le ferai connaître, il possède une classe rare...* »

Le 27 août, il écrit à nouveau :

> « *Cette lettre m'a surpris parmi un monceau d'entreprises : le bulletin de liaison (celui du Commissariat et celui du Centre d'action des prisonniers de guerre) à éditer, une page de journal à composer, et tout le travail du centre d'entraide que j'ai fondé ici. Réunion générale où je prendrai glorieusement la parole. Visite des patelins du département pour enflammer les populations, et conférence à préparer pour le Centre d'action...[1]* »

Mitterrand fait alors flèche de tout bois. Son travail est suffisamment apprécié pour qu'il soit augmenté. Il fait aussi de la radio : il dispose de tranches de cinq minutes pour parler des prisonniers et de l'action menée en leur faveur. A ces multiples activités, il ajoute des contacts étroits avec le CAP et ses dirigeants qui sont, comme on l'a vu, très « Révolution nationale ». La tête pleine de projets qui ne sont pas encore très clairs, il lance ses filets dans de nombreuses directions.

Il fait sa première conférence à Lyon, salle Béal, le 8 septembre 1942 à 20 heures 30, devant les Chantiers de jeunesse. Fabrègues, Montjoie, Gagnaire prennent également la parole. Le père de François est dans le public.

Lors d'un de ses nombreux voyages à Lyon, François Mitterrand rencontre Michel Cailliau, un ancien du stalag XI-B, qui a réuni quelques anciens camarades de captivité et cherche lui aussi à « faire quelque chose » pour les évadés et les prisonniers. Il chasse sur les mêmes terres que lui et fréquente notamment les dirigeants du CAP, Montjoie et Fabrègues. Cailliau est en outre le neveu du général de Gaulle...

Pour quiconque souhaite bénéficier d'un éclairage contrasté sur le destin de François Mitterrand, il n'est pas superflu de faire une petite halte à Prat-Meur. Au bout de la terre, plus loin que Brest, à quelques kilomètres de l'endroit où s'est échoué l'*Amoco Cadiz*, Michel Cailliau vit protégé

---

1. Il s'agit du Centre d'action prisonniers, sis à Lyon et dirigé par Jean de Fabrègues et Jacques de Montjoie.

par les murs épais d'un manoir du XVe siècle. J'ai prononcé le nom de François Mitterrand quelques minutes à peine après mon arrivée, vers onze heures du matin. D'emblée, mon interlocuteur s'est mis à ferrailler avec une juvénile ardeur. Lui qui m'avait dit être en mauvaise santé, passant la majeure partie de ses journées au lit, n'a rengainé son épée, à contre-cœur, que sur le coup de 18 heures 30, sans avoir pris la peine de reprendre souffle. Ou plutôt ne s'apaisant quelque peu que lorsqu'il faisait une pause, en pensée, auprès de son oncle le Général.

A l'évidence, même s'il ne le dit pas exactement en ces termes, Michel Cailliau considère l'actuel président de la République comme illégitime. C'est pour lui un imposteur. Il ne supporte pas qu'il ait revêtu les habits de son oncle après avoir endossé les siens – je veux dire : ceux de Michel Cailliau – il y a bien longtemps...

Si l'on en croit Cailliau, leur premier contact ne s'est pas bien déroulé : « J'ai rencontré François Mitterrand en août-septembre 1942, dans la rue, à Lyon. Il était hostile à la Résistance. Il était tellement hautain, j'ai senti que j'étais un ennemi. C'était un loup... Je l'ai méprisé. Je l'ai revu à la fin 1942, car j'ai fait partie du CAP. J'essayais de noyauter cette organisation. Sans succès... »

Nous retrouverons souvent Michel Cailliau en travers du chemin de François Mitterrand.

Malgré sa vitalité affichée, Mitterrand traverse, vers la fin de septembre, une intense période de doutes et de contradictions. « *J'ai pensé insidieusement aux vanités de mes espoirs, de mes combats...* » écrit-il. Il connaît un accès de grande mélancolie et disserte à l'infini sur la vie et la mort : « *La sagesse des sceptiques ressemble si bien au désespoir qu'en moi elle laisse un vide que seul l'infini pourra contenter.* » Il estime même avoir « *une bonne partie de sa vie derrière lui* ». Rue Georges-Clemenceau, à Vichy, il a surpris son visage dans une glace : « *Des narines aux coins des lèvres, une trace qui signifie que mon corps aussi est sillonné pour les dernières semences... »*

Dans le courant de l'automne, Mitterrand est toujours en relation avec le Centre de Montmaur et « la Chaîne », ainsi qu'avec nombre de personnalités qui partagent les mêmes orientations que lui. Il est mêlé à de nombreuses discussions entre anciens prisonniers, mais aussi avec tous ceux qui, dans les Chantiers et chez les Compagnons, aspirent à développer un mouvement antiallemand sans pour autant rompre avec le Maréchal.

Dans une note[1] du 26 novembre 1943 adressée à Londres et destinée au commandant Revez, François Mitterrand affirme que son mouvement a vu le jour en octobre 1942. Il précise que le Mouvement de résistance des prisonniers de guerre a été créé à l'initiative du Dr Fric, de Montjoie, Louis Augis, Mauduit, René Poirier et lui-même, qui « *décidèrent de fédérer leurs groupements* » avec l'appui du commissaire Pinot. Leurs buts :

« 1. Se défendre contre les recherches de la police allemande ;

2. S'entraider pour retrouver du travail ;

3. Faciliter l'évasion des camarades demeurés en captivité ;

4. Participer de tout leur pouvoir à la lutte contre l'occupant. »

Rien ne vient corroborer cette affirmation. François Mitterrand adresse alors cette lettre à Londres afin de contrer les attaques du neveu du général de Gaulle, Michel Cailliau, lequel affirme que son propre mouvement est beaucoup plus important que le sien. Je ne pense pas qu'en octobre 1942 ces gens qui se rencontrent, sûrement d'accord sur leurs trois premiers objectifs, soient allés aussi loin dans la définition de « la lutte contre l'occupant ». Trois personnalités émergent

---

1. Elle figure dans les archives du BCRA.

au sein de ce rassemblement, les trois « M » : Mauduit, Montjoie et Mitterrand. Mais on ne saurait encore parler d'un mouvement structuré ayant vocation à se battre contre les Allemands. Il faudra, pour ce faire, attendre quelque quatre mois...

Le jeudi 15 octobre 1942, vers 17 heures, un événement important survient dans la vie de François Mitterrand : il est reçu à l'Hôtel du Parc par le maréchal Pétain en compagnie de trois de ses camarades du Centre d'entraide de l'Allier, Marcel Barrois, Albert Vazeille et Blanchet. Le général Campet, chef du cabinet militaire de Philippe Pétain, assiste à cette audience qui, comme tend à le montrer la photo publiée en couverture du présent ouvrage, paraît se résumer à un tête-à-tête entre le Maréchal et le jeune Mitterrand. Ce dernier rend compte au patriarche de l'État français « des résultats de la collecte d'effets chauds entreprise par le Comité d'entraide aux prisonniers rapatriés du département de l'Allier[1] ». Il a probablement dû manifester sa fidélité et les sentiments maréchalistes qui sont les siens à cette époque, mais en dire davantage relèverait de l'extrapolation gratuite...

François Mitterrand reconnaît d'ailleurs avoir rencontré le Maréchal, mais, bizarrement, il situe cette audience en 1943, ce qui, sur le plan symbolique, serait plus compromettant pour lui. Après avoir retrouvé la date de cette rencontre, j'en ai reparlé au Président, qui m'a répondu : « *Le vrai objet de cette audience n'était simplement pas de parler des résultats de la collecte d'effets chauds. Le Maréchal faisait une campagne de séduction à l'égard des mouvements sociaux[2].* »

Aujourd'hui, quand il évoque cette période, le Président prend en revanche ses distances à la fois avec le commissaire Pinot et avec le jeune homme qu'il était, dont il a peut-être oublié les ambitions et les emballements :

1. A.N. Papiers Pétain (2 AG).
2. Entretien avec l'auteur du 1er juillet 1994.

« *Mon alliance avec Pinot a été considérée comme la "preuve vichyssoise". J'ai toujours gardé mon indépendance. Je n'ai jamais eu de fonction de commandement au Commissariat*[1]. »

C'est parfaitement vrai. Il n'occupait pas de fonction de commandement, mais toute son action, y compris clandestine, n'était en rien opposée à la politique du Maréchal. Elle était en harmonie avec l'esprit du Commissariat. Comme il l'a souligné dans une interview, il était convaincu, en arrivant de captivité – et cela semble toujours vrai à l'automne 1942 – que Pétain et de Gaulle, à leur manière, servaient tous deux la France[2].

A l'évidence, François Mitterrand est porté à insister aujourd'hui sur sa participation à la création d'un « *mouvement d'autodéfense des prisonniers évadés, destiné à les protéger. Nous étions en effet des hors-la-loi. Nous fabriquions des faux papiers en utilisant notamment des tampons en pomme de terre. Nous acheminions des fausses pièces d'identité aux prisonniers, que nous cachions dans le dos en bois des brosses placées dans les colis. Papiers destinés à faciliter leur évasion. Nous sommes devenus des spécialistes de la clandestinité et avons eu tout naturellement des contacts avec des gens qui faisaient la même chose que nous et qui se sont révélés ensuite être des résistants... Nous avons appris assez tard qu'il existait d'autres mouvements qui faisaient la même chose que nous*[3]. »

Il décrit là son activité avec Roussel et Mauduit. Mais, comme le souligne Roussel lui-même, qui a gardé intacte la profonde admiration qu'il vouait alors à Pétain et regrette aujourd'hui encore de n'avoir pu lui-même participer, le 15 octobre 1942, à la fameuse audience du Maréchal, « j'étais complètement soutenu par le commandant Alart pour mes activités de fabrication de faux papiers. Le commandant Alart, qui faisait partie du secrétariat général du Maréchal,

1. Entretien avec l'auteur, le 12 octobre 1993.
2. In *L'Expansion*, n° 54, *op. cit.*
3. Entretien avec l'auteur du 12 octobre 1993.

m'avait même donné un permis de circuler dans toute la France ». Roussel me fournit d'ailleurs la preuve de ce qu'il avance : une lettre dudit commandant lui demandant si « satisfaction a pu être donnée aux desiderata exprimés[1] et qui ont fait l'objet de ma lettre du 26-11-42... ».

1. Il s'agit de demandes de faux-papiers émanant du commandant Alart et que Roussel devait fournir !

BAGAGES (3)

Jean Bouvyer a passé toute l'année 1939 en détention préventive à la prison de la Santé. Il écrivait régulièrement à sa mère. Dans ses lettres, il s'enquérait assez souvent de François et du « clan ». Ainsi, le 9 novembre 1939 : « Avez-vous des nouvelles de François Mitterrand ? Est-il descendu de ligne ? » Le 19 décembre, il s'adresse à sa sœur Marie : « Rappelle-moi au souvenir des amis angoumoisins... Josette Mitterrand, Geneviève et Pierre Sarrazin... »

Jean Bouvyer a finalement été libéré en avril 1940. Il rejoint alors le 2ᵉ régiment de chasseurs d'Afrique à Mascara. Début juillet, il écrit à sa mère ; pour la lui faire parvenir, il adresse la lettre chez les Mitterrand, car il est persuadé qu'Antoinette se trouve à Jarnac ; pour être sûr que sa mère la recevra de toute façon, il en envoie un double à Geneviève Mitterrand. Tout son courrier montre que l'univers de Jean se limite alors à sa propre famille, aux Mitterrand et aux Méténier. Ainsi, le 8 juillet 1940 : « Dis-moi où est Papa, quelle est sa nouvelle situation depuis l'occupation... Enfin, dis-moi ce que deviennent les amis charentais ou parisiens – les Méténier, en particulier. »

Dans cette même lettre, il parle de sa rencontre avec un aviateur, Dubrocque, qui connaît Jacques Mitterrand et qui est aussi un copain de Dalle, de Henri (Bouvyer) et de François (Mitterrand). Dubrocque est critique d'art à *Gringoire*, à *Marianne* et au *Crapouillot*.

Le 13 juillet, Jean écrit de nouveau : « N'oublie pas de me donner des nouvelles de Méténier et de tous les amis, en particulier des Mitterrand. »

A cette époque, tous les grands cagoulards sont à Vichy : ils veillent à la disparition de la « Gueuse », dont ils rêvent depuis si longtemps. Eugène Deloncle, François Méténier et le colonel Groussard assistent ensemble, les 9 et 10 juillet 1940, à l'adoption du texte qui confère tous pouvoirs au maréchal Pétain en vue de doter la France d'une nouvelle Constitution qui devra garantir « les droits du Travail, de la Famille et de la Patrie ». Quatre-vingts parlementaires seulement ont le courage de s'opposer à la création de l'État français. Deloncle écrit à sa femme, ce 10 juillet[1] :

> « Je t'écris aujourd'hui plein de joie dans ma douleur. La République n'est plus. J'ai vu aujourd'hui ses pantins se suicider. J'ai assisté à leur agonie, moi qu'ils avaient persécuté. Mon rêve est à demi réalisé, celui pour lequel toi et moi nous avons tant souffert. Si tu avais vu leurs faces grimaçantes de peur et suant l'infamie, quelle n'eût pas été ta joie ! Je ne puis te dire mon rôle dans l'affaire, tu dois le comprendre à demi-mots. Il ne fut pas nul, je te le dis ; l'avenir dira si j'ai eu raison. »

Deloncle, Méténier, Groussard et leur ami Alibert, cagoulard, devenu ministre de la Justice, ont contribué à la mise à mort de la République et entendent bien maintenant protéger le Maréchal et diffuser ses idées. Le colonel Groussard et François Méténier participent d'abord à la création d'une super-police politique, le CIE (Centre d'informations et d'études), pour lutter contre les ennemis de la Révolution nationale : gaullistes, communistes, francs-maçons et juifs. François Méténier, qui a toujours préféré l'action, s'occupe

---

1. Archives départementales de Paris. Versement 212/79/3.

de la création des « G.P. », les groupes de protection du Maréchal. En zone occupée, Deloncle, avec le concours de nombreux cagoulards, met sur pied le MSR (Mouvement social révolutionnaire). Les cagoulards sont également à l'origine de la création par Xavier Vallat, nommé secrétaire général aux anciens combattants, de la Légion française des combattants dont l'objectif est également de promouvoir les idées de la Révolution nationale. Enfin, Gabriel Jeantet, autre ex-cagoulard, crée l'Amicale de France, qui, en liaison avec le cabinet du Maréchal, et plus particulièrement le Dr Ménétrel, a pour unique vocation la propagande en faveur des mêmes idées. Ainsi, tous les cagoulards, tant en zone occupée qu'en zone « nono », se retrouvent au centre du dispositif qui doit quadriller, contrôler et diriger la France pétainiste...

Dans une lettre envoyée le 22 juillet 1940 de Mascara, Jean Bouvyer espère bien que son avocat et ami Xavier Vallat, ainsi que Méténier, vont lui venir en aide :

> « ... J'avais l'intention de hâter ma démobilisation en obtenant d'être lâché avec ma classe 37, et non avec la 39. Ceci, en obtenant un non-lieu par M. le ministre Xavier Vallat qui, j'espère, s'occupe de ces pauvres types de la Santé. Quelle honte ! Quand, en liberté provisoire, mes 27 mois ne comptent pas pour le service, après acquittement ou non-lieu, ils comptent... Méténier, que je suis heureux de savoir sain et sauf, pourra nous être utile dans cette entreprise... »

L'horizon de Jean est effectivement en passe de se dégager, puisque ses amis Vallat et Méténier sont en train de devenir d'importants personnages à Vichy. Il revient finalement à Paris au printemps de 1941. En mai, grâce à Xavier Vallat qui, après avoir été prié de renoncer à son poste aux anciens combattants à la demande des Allemands, est nommé commissaire général aux Questions juives, il trouve un poste de chargé de mission (catégorie E) à ce commissariat, place des Petits-Pères, à Paris. Sans qu'il ait été possible de recueillir des renseignements précis sur ses idées à cette époque de sa vie, on peut affirmer sans grands risques que Jean Bouvyer ne s'oppose pas, c'est le moins qu'on puisse dire, à l'antisémitisme d'État organisé par Vichy, puisque le Commissariat est chargé d'appliquer la législation scélérate de juillet-octobre 1940 sur le statut des Juifs, élaborée par le cagoulard Alibert.

Jugé trop mou, son protecteur Xavier Vallat quitte le Commissariat en mai 1942. Il est remplacé par Darquier de Pellepoix, de sinistre mémoire, qui prend pour directeur de cabinet Galien, l'un de ses compagnons du « Rassemblement antijuif ». Galien, un industriel, entend bien profiter de ce poste pour s'enrichir, notamment en intervenant, dans le processus d'« aryanisation économique », pour que certains commerces et entreprises soient vendus à vil prix à ses amis. Pour mener à bien ces incursions peu orthodoxes dans l'aryanisation économique, Galien utilisera dans son cabinet deux collaborateurs de confiance, Grognot et Jean Bouvyer. Plus officiellement, Bouvyer va assurer, au sein du cabinet, la liaison avec la SEC[1] et avec la section antijuive du S.D. (c'est-à-dire de la Gestapo) installée avenue Foch. Ces indications ont été trouvées dans la partie des archives du Commissariat conservées par le Centre de documentation juive contemporaine (CDJC).

Dans le courant de l'année 1941, Jean Bouvyer, qui a retrouvé les Mitterrand à son retour de Mascara, a noué des liens plus intimes avec Marie-Josèphe de Corlieu, qui a fait un mariage malheureux. La « marquise », que ses familiers appellent Josette, voire, plus simplement, « Jo », est peintre portraitiste et vit au 17, rue de la Paix. Jean est devenu un hôte habituel de son appartement. Après vingt-sept mois de

---

1. La Section d'enquête et de contrôle, créée par Bousquet après la dissolution de la Police aux Questions juives, est chargée, sous l'autorité du commissaire général aux Questions juives, des enquêtes dans le domaine économique et financier. En réalité, la SEC devint l'instrument principal du Commissariat dans la persécution des Juifs.

détention préventive et deux longs séjours à Mascara, il a réintégré la « grande famille » Mitterrand.

Jean Bouvyer n'a pas eu de chance, en revanche, avec son ami et protecteur François Méténier : celui-ci, pourtant si bien en cour à Vichy au second semestre de 1940, a été arrêté par les Allemands le 16 décembre pour participation au complot fomenté, le 13, par d'anciens cagoulards de la GP contre Laval. Incarcéré à la prison du Cherche-Midi, Méténier n'a été libéré qu'en octobre 1941, sur intervention de Doriot dont il était très proche avant-guerre. Toujours grâce à une recommandation de Doriot, il est embauché, dès sa sortie de prison, par l'entreprise Le Can, qui travaille pour l'organisation Todt et gère notamment à Toulon des chantiers pour le compte de la Kriegsmarine[1]. S'il se rend de temps à autre à Toulon, Méténier est souvent à Paris où il recommence à brasser de l'air et des idées. Il revoit évidemment ses amis.

Fin 1941, début 1942, Méténier retrouve Jean Bouvyer et « Jo » à un vernissage, dans une galerie de peinture. Jo y a emmené sa sœur Colette Landry, de passage à Paris et qui loge rue de la Paix avec sa petite fille. Jo présente sa sœur à François Méténier. Colette se souvient fort bien de l'impression que lui fit cet escogriffe à la voix forte et chaleureuse : « Je ne l'ai pas vu très souvent, mais j'avais la sensation qu'il avait pour moi une amitié paternelle, protectrice. Il était très droit, très officier français, très sympathique. Ses conversations étaient très intéressantes. Il était cultivé, mélomane – il composait de la musique classique – et écrivait des romans policiers à ses moments perdus... Un personnage de qualité qui a traversé ma vie et y a gardé une grande place...[2] »

Le lyrisme de Colette se comprend d'autant mieux que le personnage non seulement semble avoir éprouvé un grand « coup de cœur » pour elle, mais lui a sauvé la vie.

1. Archives départementales de Paris. Versement 212/79/3.
2. Entretien avec l'auteur, le 4 novembre 1993.

Au cours de son séjour à Paris, chez sa sœur, Colette se trouvait seule, une nuit, dans l'appartement de Marie-Josèphe, rue de la Paix, avec sa propre fille et les deux enfants de la « marquise », lorsqu'elle fut prise de violentes douleurs au ventre. Dès cinq heures du matin, elle envoie deux des petites chez le bougnat de la rue Daunou, pour en rapporter de la glace qui, elle l'espère, parviendra à la calmer. Vers dix heures du matin, un grand bonhomme frappe à la porte de l'appartement. « Tante Colette est très, très malade », dit l'une des fillettes. Calme et grand seigneur, Méténier décide de prendre les choses en main : « Je vous envoie un médecin de confiance dans la demi-heure qui suit. » De fait, un docteur débarque rapidement et diagnostique une péritonite aiguë. Il faut opérer d'urgence, mais, à cette époque, pour être admis sur-le-champ dans une clinique et, de surcroît, être opéré dans l'heure, il faut être pistonné. Méténier a le bras long. Il fait intervenir du Moulin de Labarthète, directeur de cabinet du Maréchal, et Colette se retrouve dans une clinique de la rue Saint-Dominique, propriété d'un ancien membre important de la Cagoule.

« Méténier m'a bien sauvé la vie », confirme aujourd'hui, reconnaissante, la sœur du Président.

Méténier vient tous les jours à la clinique de la rue Saint-Dominique rendre visite à sa protégée, jusqu'à son retour chez Jo... Puis, remise sur pied, Colette rentre à Jarnac. Durant l'année 1942, elle reviendra plusieurs fois à Paris et reverra Méténier. Colette se souvient de lui avoir demandé s'il pourrait faire quelque chose pour hâter le retour de captivité de son mari, Pierre Landry. Une facilité venait en effet d'être consentie par les Allemands aux officiers en captivité ayant trois enfants ou plus.

« Méténier m'a fortement déconseillé de faire cette démarche. Il avait raison, c'était un homme sage. »

Colette s'est également liée d'amitié avec Mme Méténier. Elle ignorait, affirme-t-elle, où Méténier travaillait, et ne connaissait strictement rien de son passé de cagoulard.

« Je n'entendais rien à la politique. Je savais seulement – surtout à cette époque – qu'il fallait être prudent. Une fois, dans l'année 1942, il m'a expliqué à mots couverts sa longue absence et la raison pour laquelle il n'avait pas donné de ses nouvelles. Une autre fois, il m'a déclaré qu'il s'était occupé d'une "chose importante", puis, plus tard, d'un air très mystérieux, il m'a dit : "Puisque vous le connaissez, je peux vous le dire. J'ai participé à l'évasion du général Giraud et à son départ vers l'Afrique du Nord. Beaucoup de choses dans l'Histoire sont inconnues. Pour l'émergence d'un héros, il faut des hommes qui travaillent dans l'ombre et dont on ne sait jamais rien..." »

De fait, le nom de Méténier n'a jamais été cité dans les récits de cette épopée. Mais la chose est probable, un certain nombre de personnes connues pour y avoir participé étant des familiers de Méténier : Lemaigre-Dubreuil, le célèbre financier de la Cagoule, vieille connaissance de François, ainsi que quelques officiers du 2ᵉ Bureau, également proches de la Cagoule.

Colette Landry connaissait bien la famille Giraud. Henri, un des fils du général, avait été pendant dix ans l'adjoint du capitaine de spahis Pierre Landry, son mari. C'est Henri Giraud qui, en août 1940, annonça à Colette que son mari, disparu depuis le 16 juin, était vivant... Pierre Landry a également été officier de la 82ᵉ division commandée par le général Giraud.

Méténier, si proche de Jo et de Colette, a-t-il rencontré François Mitterrand au cours de cette année 1942 ? Je ne sais. C'est possible, car François se rendait régulièrement à Paris et voyait chaque fois ses frères et sœurs présents dans la capitale occupée, tout comme il rendait fréquemment visite à Antoinette Bouvyer, maintenant installée 7, rue Chernovicz.

Jean Bouvyer poursuit son travail peu glorieux au cabinet de Galien, 1, place des Petits-Pères. Mais son supérieur est chassé en novembre 1942 et remplacé par Antignac, ancien directeur de la SEC pour la zone sud, installé jusque-là à Vichy. Si l'ex-commissaire ne voyait dans son sinistre « job » qu'un moyen de s'enrichir, son successeur est un personnage encore plus détestable : « La personnalité d'Antignac se dessine en une ligne simple et nette : il était en France l'homme de la "solution finale de la question juive". La politique inextricable de Vichy lui posait souvent des entraves. Il poursuivait son but envers et contre tous. Il était lié à Roethke et saisissait avidement toutes les occasions que le S.D. lui fournissait pour livrer le plus grand nombre possible de Juifs à la déportation. Sous l'impulsion d'Antignac, la SEC déployait son action de dépistage, et à la moindre occasion, par ses propres moyens, molestait les Juifs et les mettait à la disposition de la police[1]. »

Bouvyer est maintenu dans ses fonctions à l'arrivée d'Antignac. Jean et Jo ont vraiment de mauvaises fréquentations : en dehors des collègues du Commissariat, ils rencontrent maints personnages peu recommandables, notamment des collaborateurs de *Radio-Paris*.

Décidément, pour François Mitterrand comme pour certains membres du « clan », l'avant-guerre perdure sous les premières années de guerre.

---

1. In *Le Commissariat général aux Questions juives,* de Joseph Billig, Éd. du Centre, Paris, 1955.

LE DÉPART DE PINOT

Au début de novembre 1942, dans le cadre de son travail au Commissariat, François Mitterrand fait un tour dans le Loiret. Il est alors préoccupé par l'état de santé de son père. Il revient à Vichy, puis se retrouve à Lyon le jour où les Alliés débarquent en Afrique du Nord.

Les Américains ont monté cette libération d'une fraction de l'Empire français avec l'aide du « comité des Cinq », formé de personnalités de droite parmi lesquelles figure l'ancien cagoulard Lemaigre-Dubreuil. Celui-ci a prévu d'installer le général Giraud à la tête du commandement civil et militaire de l'Afrique du Nord. L'un des objectifs de l'opération est de supplanter le général de Gaulle, qui pose problème aux Américains comme à la droite française antiallemande.

L'opération ne se déroule pas comme prévu : l'amiral Darlan a devancé Giraud à Alger et persuadé les Américains de l'installer dans le fauteuil prévu pour le général. Homme ambigu, Darlan, lui, pose problème à Vichy autant qu'à Londres. Il est assassiné, la veille de Noël, et remplacé par Giraud.

Le 11 novembre, la Wehrmacht a envahi la zone libre. Hitler a expliqué cette décision par la trahison du général Giraud et le débarquement anglo-américain. Tout ce que, dans la clandestinité, certains officiers avaient mis sur pied depuis deux ans – préparatifs secrets de mobilisation, camouflage de matériel et d'armement – part en fumée en l'espace de quelques heures. Le 8 novembre, le général Verneau avait envoyé un télégramme aux divisions militaires pour mettre en œuvre le plan prévu de résistance aux Allemands. Le lendemain, au nom de Vichy, le général Bridoux demande à l'armée d'armistice de ne pas bouger. Elle ne bouge pas. Seul le général de Lattre de Tassigny essaie de résister et est mis aussitôt en état d'arrestation... A la fin de novembre, l'armée d'armistice est désarmée et la flotte se saborde à Toulon.

Ces événements constituent un tournant pour de nombreux Français. Comment François Mitterrand y réagit-il ?

Je n'ai pas trouvé trace de lettres ou autres documents qui permettent de connaître le fond de sa pensée en ces semaines décisives. Comme ses amis, il témoigne d'une volonté plus marquée de s'engager contre l'occupant, sans que les contours de cet engagement soient encore très précis et sans qu'il entraîne une rupture avec le Maréchal et son entourage. Le 8 novembre, ses amis du CAP, réunis à Montpellier, se sabordent dès qu'ils apprennent le débarquement américain en Afrique du Nord. Ils décident d'exercer désormais une activité clandestine. En ce même mois de novembre – ou au plus tard au début de décembre –, François Mitterrand participe à Montmaur à une réunion à laquelle assistent une vingtaine de membres de la Chaîne, autour de Mauduit, et quelques démissionnaires du CAP, avec Montjoie, Fabrègues et Gagnaire[1], pour décider de déployer une action plus ample et clandestine en milieu « Prisonniers ». Certains, aujourd'hui, situent là la naissance du mouvement RNPG. Disons que les membres de la Chaîne et leurs amis font là un pas supplémentaire vers ce qui deviendra *plus tard* un mouvement de résistance...

Pour cerner l'état d'esprit de François Mitterrand à cette époque charnière, le témoignage de Jean Védrine[2] est impor-

1. Futur maire de Villeurbanne.
2. Père d'Hubert Védrine, actuel secrétaire général de l'Élysée.

tant. Védrine arrive en effet au Commissariat au reclassement des prisonniers en novembre 1942 et se lie aussitôt d'amitié avec François Mitterrand. Catholique et ancien scout, il était prisonnier au stalag VIII C et unanimement apprécié pour son dévouement. Très maréchaliste, il écrivait en mars 1942 dans le journal de son camp, *Le Soleil saganais* :

> « Nous n'avons pas à juger, à critiquer ou à approuver les décisions ou les actes du Maréchal.
>
> Les uns voudraient une rupture avec les États-Unis, les autres critiquent Montoire. Certains s'étonnent que Blum et consorts ne soient pas fusillés déjà, d'autres demandent leur mise en liberté.
>
> Les uns disent : Darlan est un homme louche prêt à toutes les combinaisons ; les autres écrivent : Du Moulin de La Barthète est un suppôt de Londres...
>
> Tout cela, ce sont de vieilles habitudes, des bavardages stériles, des dénigrements systématiques, de la politique de cafés et de trottoirs... La leçon semble n'avoir pas suffi.
>
> NOUS, nous faisons confiance au Maréchal. Nous savons que LUI est informé et responsable, qu'il agit toujours dans notre intérêt, qu'il ne dit que ce qu'il veut dire, qu'il lutte contre des grandes difficultés. Ses collaborateurs directs lui sont certainement fidèles, sans quoi il n'attendrait l'avis de personne pour les chasser. Ce sont les instruments du Chef. S'il les garde, c'est que, pour l'instant, il les estime bons. Si nous sommes un peu surpris de certaines décisions, faisons-lui toujours entière confiance. Il sait où il va. Et nous, nous ne savons rien. Notre fidélité et notre intelligence doivent trouver les arguments simples qui éclairent, aux yeux des sceptiques et des adversaires, la pensée et l'action du Chef... »

Rentré en France à la fin de l'été 1942, Jean Védrine se retrouve disponible et souhaite se rendre utile. Il estime avoir une dette envers ceux qui sont restés en captivité. Il écrit à Georges Baud, alors directeur du Commissariat pour la zone sud. Il l'a connu dans un camp de Silésie. Baud le convoque à Vichy et lui confie la direction des Centres d'entraide (CEA) : il connaît son dévouement et ses idées maréchalistes. Dans les jours qui suivent son arrivée au Commissariat, en novembre, Védrine fait la connaissance de Mitterrand :

« Après 48 heures, nous étions amis et déjà complices. La deuxième ou troisième fois que je le vois, il me demande de l'accompagner, et, sans aucune gêne, me parle de son action clandestine de fabrication de faux papiers. Peu de temps après, il m'a emmené à un rendez-vous clandestin. François était de droite et, pour tout dire, maréchaliste. Pinot était le moins maréchaliste de nous tous, plus hésitant que François et moi. Aujourd'hui, il est difficile de faire comprendre qu'on pouvait en même temps aimer le Maréchal et se battre contre l'occupant[1]. »

François Mitterrand a laissé une autre trace, qui a déjà fait couler beaucoup d'encre et qui, pourtant, n'a rien d'extraordinaire : je veux dire par là qu'elle est cohérente avec ce qu'il pense et fait en cette fin d'année 1942. Il a rédigé, courant novembre, un article intitulé « Pèlerinage en Thuringe » dans *France, revue de l'État nouveau,* dirigé par son camarade, l'ancien cagoulard Gabriel Jeantet. Ce texte a été publié dans le numéro 5, du mois de décembre. Il est intéressant de souligner qu'au moment où les auteurs ont remis leurs articles, ils n'ignoraient pas que les Anglo-Saxons avaient débarqué en Afrique du Nord, que les Allemands avaient envahi la zone sud et que l'armée d'armistice avait été désarmée.

La revue de Jeantet a pour premier objectif de défendre l'idéologie de la Révolution nationale. Jeantet est officiellement à Vichy un propagandiste du Maréchal ; il tient ses subsides du Dr Ménétrel, secrétaire particulier de Pétain. La première contribution à ce numéro 5 est tout simplement

1. Entretien avec l'auteur, le 17 novembre 1993.

l'ordre du jour adressé par le Maréchal à l'armée de l'Air et à la Marine, le 28 novembre, c'est-à-dire au lendemain du désarmement de l'armée d'armistice. Le deuxième est une interview du Maréchal. Le troisième, intitulé *Le Complot contre la France et contre la paix*, une violente charge contre les communistes, signée par Paul Creyssel, haut responsable de la propagande du gouvernement de Vichy, que connaît François Mitterrand dans le cadre de ses activités de propagande au Commissariat. La signature de François Mitterrand voisine également avec celles de Noël de Tissot, secrétaire général du Service d'ordre légionnaires (SOL), et de L. de Gérin-Ricard. Le premier, dans un article intitulé « Nos ennemis », explique qu'après le débarquement anglo-saxon, la France aurait dû « mettre fin à ses querelles intestines et rassembler tout le pays derrière son Chef, dans un même sursaut d'indignation, dans un même désir de vengeance », et, plus loin : « Les juifs de la Côte d'Azur attendent béatement que leurs amis américains leur apportent les cigarettes épicées que le marché noir ne leur procure pas à leur gré en assez grande abondance. Du fond de leur fauteuil, les bourgeois gaullistes saluent d'un sourire odieux la mort de nos marins. » Le second, dans la même rubrique « Variétés » où figure le texte de François Mitterrand, publie un article intitulé « La condition des Juifs à Rome sous la papauté », de tonalité évidemment antisémite. La conclusion en est édifiante :

> « Telles furent quelques-unes des difficultés qu'eurent, au cours des siècles, les souverains pontifes avec la population juive de la capitale du catholicisme. Au XVIIIe siècle, Benoît XIV interdit aux habitants du ghetto de porter leurs morts au cimetière autrement qu'en silence, d'avoir des serviteurs chrétiens, des voitures et des chevaux, de se déplacer sans autorisation, enfin d'exercer une fonction ; il fit saisir et brûler leurs livres. De telles mesures étaient périodiquement nécessaires pour arrêter l'"envahissement hébraïque". Une leçon à méditer... »

L'article de François Mitterrand, « Pèlerinage en Thuringe »[1], entre dans le cadre de ses activités au Commissariat au reclassement des prisonniers. Il est consacré à une expérience de captivité, la sienne, et s'appuie sur elle pour développer des idées qui s'intègrent parfaitement à l'idéologie « Prisonniers » de Vichy. Il condamne non seulement le *« régime affaissé, les hommes nuls, les institutions vidées de substance »* parmi les causes de la débâcle, mais les *« cent cinquante années d'erreurs »* de la France, désignant par là l'espace de temps séparant la chute de l'Ancien Régime de la défaite de 1940. François Mitterrand reprend là un des thèmes classiques de la droite extrême qui est au pouvoir à Vichy.

A la même époque, il a laissé plusieurs traces dans la revue des Chantiers de jeunesse, d'inspiration évidemment maréchaliste, organe du mouvement dirigé par le général de La Porte du Theil. Les contacts de Mitterrand avec les Chantiers ont été noués par son ami Jean Delage, l'homme qui l'avait recruté à *L'Écho de Paris* et qui s'occupait à présent de la propagande des Chantiers. Dans le numéro 64 du 19 décembre 1942, il renoue avec la critique littéraire. Il commente le premier tome des *Mémoires* de Joseph Caillaux : « Quand on arrive à la dernière page, on ne regrette sûrement pas cette lecture ; elle nous confirme dans cette pensée qu'une époque animée par d'aussi petits hommes devait nécessairement mener à toutes les déchéances », attestant ainsi sa détestation de la IIIᵉ République. Dans le numéro suivant, daté du 26 décembre, il publie un texte intitulé « Une grande paix était descendue sur les prisonniers », qui relate la nuit de Noël 1940 qu'il a passée au kommando 1515, à Schaala[2]. Comme l'article « Pèlerinage en Thuringe », celui-ci entre dans le champ de ses activités normales au Commissariat.

1. Voir pages 119 et suivantes.
2. Voir page 132 et suivantes.

Fin novembre, il voyage pour le Commissariat ; après Limoges, il se rend le 2 décembre à Clermont, puis, le 3, à Lyon. Rien ne semble avoir changé dans sa vie, mais le propre des actions secrètes, c'est de ne point laisser de traces ! Il partage son temps entre ses responsabilités de propagandiste, qui l'obligent à voyager beaucoup, et son aide clandestine aux évadés, tout en nourrissant l'intention de s'engager plus avant dans le combat contre l'occupant. Ginette Caillard, alors secrétaire d'André Magne au Commissariat, se souvient qu'en ce mois de décembre, elle tapait des papiers confidentiels concernant les évadés pour le compte de François Mitterrand.

Il se rend à Grenoble, Châteauroux, Chambéry, Lyon, et rencontre Jean Munier en gare de Dijon. Son camarade de captivité est en effet revenu d'Allemagne le 16 décembre. Dès son arrivée à Dijon, il a téléphoné à Geneviève Mitterrand pour qu'elle prévienne son frère de son retour. Deux jours plus tard, il reçoit un coup de fil de François lui fixant rendez-vous. Munier se souvient de cette brève rencontre[1]. « Je vais reprendre la lutte contre l'occupant, lui déclare Mitterrand. Es-tu d'accord pour travailler avec moi ? » Munier accepte. Non seulement il souhaite en découdre avec les nazis, mais il serait prêt à suivre Mitterrand au bout du monde. Il est convenu que François le préviendra au moment utile...

Ce dernier passe Noël en famille, à Jarnac, puis revient le 30 décembre.

Je n'ai pas trouvé trace de ses rencontres avec son ami François Valentin, mais il est plus que probable que les deux hommes se sont vus à cette époque. Mitterrand a manifestement confiance en lui et tous deux sont proches des militaires qui n'ont pas baissé les bras. Le 9 janvier 1943, Valentin assure devant le Tribunal d'État de Lyon la défense du général de Lattre de Tassigny qui, à Montpellier, a tenté de résis-

1. Entretiens avec l'auteur, mars 1994.

ter aux Allemands. De Lattre est condamné à dix années d'emprisonnement pour « abandon de poste et tentative de trahison ».

Dans les papiers de Pétain[1], à la date du 13 janvier 1943, on trouve la trace de François Mitterrand. Celui-ci écrit une lettre au secrétariat particulier du Maréchal pour obtenir une liste du cabinet. C'est le commandant Alart qui lui répond.

Et Maurice Pinot ? Après l'invasion allemande de la zone sud, Pinot a donné l'ordre aux services du Commissariat et aux Centres d'entraide de faire le nécessaire pour mettre les évadés en sécurité. Mitterrand a pris sa part à l'exécution de cette directive. Tout naturellement, les Allemands commencent à surveiller de près le Commissariat. Ils ne sont pas les seuls à s'irriter de l'attitude du commissaire.

Lachal, successeur de Valentin à la Légion, et Darnand, chef des SOL, réclament la révocation de Pinot. L'entourage de Laval et les autres collaborationnistes considèrent en effet que celui-ci se livre à un véritable sabotage de la politique vichyssoise. Le désir des rapatriés de se regrouper était alors exploité par les agents allemands ou leurs propagandistes (Yves Dautun, notamment), la Légion au sud, les partis collaborationnistes au nord, pour tenter de créer un vaste mouvement unique de rapatriés qui appuierait la politique de collaboration sous prétexte de hâter la libération générale de leurs camarades encore prisonniers.

De son côté, en décembre 1942, Laval souhaite créer un parti unique. Son gendre, Chambrun, et Hulot, rédacteur en chef du journal collaborationniste des prisonniers *Toute la France*, lui conseillent de s'appuyer sur les prisonniers pour instituer ce parti unique. Dans un rapport remis à Laval le 31 décembre, Hulot écrit :

> « ... Si les rapatriés ne tiennent pas les promesses de la captivité, cela ne peut être imputable qu'à l'organisme officiel

1. A.N./2. A.G.

chargé de recevoir les rapatriés... Les rapatriés ne participent pas à l'action politique de l'APG parce que l'organisme officiel chargé de les guider a jeté le trouble dans leur esprit en présentant l'APG comme un foyer de propagande allemande... »

Aux yeux de Hulot, les chiffres parlent d'eux-mêmes pour accuser Pinot de sabotage : 60 % des prisonniers adhèrent dans les camps aux cercles Pétain, alors que six mille rapatriés seulement font partie de l'Association des prisonniers de guerre 1930-40. En conclusion, Hulot réclame la création d'un groupement unique de rapatriés, la Légion des Anciens Prisonniers, qui serait, en zone sud, l'équivalent de la Milice. Pour ces raisons et d'autres (sa lutte contre la Relève[1]), Pinot ne peut rester à la tête du Commissariat.

De son point de vue, Hulot n'avait pas tort : Pinot entendait bien se tenir à l'écart de la politique de collaboration et se limiter à l'action sociale, tout en se réfugiant derrière la protection du Maréchal.

Laval convoque Pinot à Matignon, le 12 janvier 1943, et lui déclare aimablement que les temps ont changé, qu'un homme juste sorti des camps serait mieux à même de traduire les changements de mentalité des prisonniers. Il lui demande d'aider son successeur à accomplir sa mission. Pinot le prend de haut et réplique à Laval que, si le gouvernement n'est pas content de l'action qu'il a menée, il lui est facile de le révoquer. Laval change de ton et se fait alors menaçant. Il reproche à Pinot d'avoir saboté la Relève[2] et d'avoir donné aux rapatriés des consignes opposées à ses propres directives :

1. Laval a demandé aux Allemands de libérer des « P.G. » en échange de l'envoi de travailleurs requis. Cette opération a abouti à une véritable duperie puisque l'échange s'est fait sur la base d'un « P.G. » libéré contre trois ouvriers qualifiés.
2. A.N./3 W 115. Les éléments ayant conduit à la révocation de Pinot figurent pour l'essentiel dans ce dossier.

« Le gouvernement entend se faire obéir de tous les fonctionnaires. Je me séparerai de ceux qui ne se plieraient pas à mes instructions et je saurai leur faire payer le prix de leur désobéissance...

– J'ai compris que je dois considérer ma révocation comme acquise. »

Convaincu qu'il va se faire arrêter, Pinot ne rentre pas à son domicile, mais au Commissariat, rue Meyerbeer, près de l'Opéra.

Le lendemain 13 janvier, il réunit les principaux cadres du Commissariat pour leur dire que, quoi qu'ils puissent entendre, il n'a pas donné sa démission ni accepté de cautionner le futur commissaire général. Il se considère au contraire comme révoqué. La réaction de tous est immédiate et unanime : ils se déclarent solidaires de son action et présentent leur propre démission.

Pinot demande alors à tous les cadres du Commissariat de sillonner la France pour expliquer aux responsables des Centres d'entraide et des Maisons du prisonnier les motifs de sa révocation. Il décide ensuite de se rendre à Vichy pour annoncer son renvoi aux cadres de zone sud. Pinot a été en contact avec Chigot ou Védrine dans l'après-midi du 13. A 19 heures, ce même 13 janvier, Chigot et Védrine avaient rendez-vous avec Paul Racine au secrétariat particulier du Maréchal. Ils l'informent de la révocation de Pinot. Racine écrit dans son agenda : « Pinot dans le lac[1]. »

Le soir, à 21 heures 59, une dépêche de l'agence officielle OFI annonce que le remplacement de Pinot par André Masson, membre de l'équipe du journal collaborationniste *Toute la France*, a été effectué en « plein accord avec le maréchal Pétain ». Masson va poursuivre la tâche entreprise en l'amplifiant, affirme la dépêche. Les « pinotistes » sont furieux : toutes les précautions prises par le commissaire limogé pour

1. Agenda de l'année 1943 dans lequel Paul Racine note en style télégraphique ses rendez-vous et activités.

que la vérité soit connue des rapatriés ont été vaines. Ceux-ci vont croire que Masson est de la même eau que son prédécesseur et qu'il va faire la même politique. Pourtant, avant même l'arrivée de Pinot à Vichy, Mitterrand, Chigot, Védrine et quelques autres ont déjà décidé de ne pas travailler avec le nouveau commissaire.

Les sentiments de Védrine sont contradictoires : il est indigné par l'éviction de Pinot et, en même temps, heureux d'être reçu, le 14 janvier 1943, en audience publique par le Maréchal. Il est vrai que ce dernier portait une affection particulière à « ses » prisonniers. Son secrétariat particulier, dirigé par le Dr Ménétrel, avait prié quatre rapatriés – Jean Védrine, Pierre Chigot, André Maders et Hubert Vadon – d'assister à cette audience. Au secrétariat particulier, un homme, Paul Racine, s'occupait exclusivement des problèmes de prisonniers. On l'a vu, c'est lui, notamment, qui assurait la liaison entre le Commissariat et le Maréchal.

Racine avait reçu Chigot et Védrine, le soir du 13 janvier, au bureau n° 128, à l'Hôtel du Parc, à la demande du Dr Ménétrel, pour évoquer l'audience publique du lendemain. Les deux anciens du stalag VIII-C lui avaient fait part de leur amertume après l'éviction de Pinot et de leur intention d'évoquer ce problème, parmi d'autres, devant le Maréchal. Racine se souvient[1] d'une partie de cette conversation :

« Nous allons être reçus par le Maréchal, nous voulons être fixés sur ce qu'il pense, dit l'un des deux anciens "P.G.".

– Sur quoi en particulier ? »

Ils expliquent leur trouble devant l'utilisation politique des prisonniers que certains entendent faire au nom du Maréchal, et se demandent s'ils peuvent aborder ce genre de question lors de l'audience.

« Mais bien sûr, il faut dire la vérité. Il ne demande qu'à être informé. Il faut lui casser le morceau », leur répond Paul Racine.

---

1. Entretien avec l'auteur du 16 mars 1994.

Racine est ulcéré du départ de Pinot et de la façon dont il a été congédié : « J'aimais beaucoup Pinot, qui était un homme près des humbles. »

Il est important de s'arrêter un moment sur la personnalité de Paul Racine, car c'est lui qui, pendant toute cette année 1943, va servir de lien entre l'équipe Pinot-Mitterrand et le Maréchal.

Avant-guerre, Philippe Pétain avait été reçu à plusieurs reprises par sa famille. Lui, Paul Racine, vouait un véritable culte au vieux militaire. Ancien étudiant des Arts déco et de l'École technique de publicité, il avait été grièvement blessé au front. Au printemps de 1941, en convalescence à Saint-Gervais, après avoir refusé un poste – « dans la semoule ! » – proposé par un oncle, il avait décidé de se mettre au service du Maréchal pour l'aider à réussir son entreprise de rénovation nationale. Il s'était donc rendu à Vichy et avait obtenu sans difficultés, grâce à la recommandation d'une de ses tantes, un rendez-vous avec le Dr Ménétrel, le 28 avril 1941.

Paul Racine explique alors au médecin, devenu secrétaire particulier de Pétain, qu'il n'a aucun goût pour le commerce de la semoule et voudrait travailler à la propagande du Maréchal.

« Écoutez, j'ai deux jeunes collaborateurs : l'un est très bien et sérieux, l'autre est un fils de famille que je ne vais pas garder, lui dit Ménétrel.

– Je ne veux prendre la place de personne...

– Pas du tout. J'avais de toute façon l'intention de m'en séparer. Je vous fais la proposition suivante : je vous prends au secrétariat particulier. Je vous préviens, le plus clair du travail sera pour vous sans intérêt : répondre à des mères de famille qui ne peuvent nourrir leurs enfants, qui n'ont pas assez de tickets, qui n'ont pas de nouvelles de leur mari... Je vous prends à l'essai pour un mois. Si vous ne me convenez pas, je vous le dirai très simplement et vous aiguillerai vers une activité plus conforme à vos aspirations...

— Je ferais n'importe quoi pour servir le Maréchal », répond le jeune homme.

Paul Racine explique aujourd'hui à quel point il était heureux : « C'était comme entrer au paradis. Le Maréchal avait une telle aura ! »

Alors que le rendez-vous touche à sa fin, le docteur lui dit : « Attendez-moi une minute. » Il ouvre une porte, s'éclipse un instant et revient en lui lâchant : « Vous êtes invité à déjeuner chez le Maréchal. »

Paul Racine est encore tout ému en me racontant cette histoire. Il a serré la main de Pétain et échangé quelques banalités avant de déjeuner dans la plus grande félicité.

Il demande huit jours au Dr Ménétrel pour rassembler ses affaires et revenir à Vichy. Le 8 mai 1941, il entre au secrétariat particulier du Maréchal. Quelque temps plus tard, lui tombe entre les mains le projet de réponse du général Campet, chef du cabinet militaire, à un prisonnier qui a écrit au Maréchal. Racine est scandalisé par le ton de cette lettre qui se termine par une « considération distinguée » selon lui totalement incongrue. Il prend sur lui de rédiger une autre lettre commençant par « Mon cher camarade », et, les deux projets de réponse à la main, se dirige vers le bureau du Dr Ménétrel.

« Docteur, regardez la lettre que va recevoir ce prisonnier. Je vais vous dire ce que je ferais, dans mon camp, si je recevais une telle lettre... Le général, il peut se la mettre là où je pense !

— Popaul, vous avez bouffé du lion ! s'exclame Ménétrel.

— Ça ne peut pas continuer !

— Je vais donner des ordres pour que toute la correspondance "Prisonniers" vous soit adressée... »

C'est ainsi que Paul Racine est devenu progressivement auprès du Maréchal un correspondant important du Commissariat aux prisonniers de guerre, notamment de Maurice Pinot qu'il appréciait beaucoup.

Revenons au 14 janvier 1943, à 16 heures 30, à l'audience publique du Maréchal qui se tient au rez-de-chaussée, dans la salle à manger. Laissons la parole à Jean Védrine[1] :

« Nous occupions le milieu de la rangée de base du rectangle qu'on nous avait fait constituer. A côté de nous et sur les autres rangées, il y avait, autant que je m'en souvienne, un "meilleur ouvrier de France", des "Compagnons du devoir", des champions d'athlétisme, un médecin, des cadres, des pâtissiers, des dirigeants paysans, des syndicalistes, un écrivain, un fabricant de faïence, etc. Tous ces gens étaient très émus, nous aussi. Le Maréchal, annoncé en grande pompe, arrivait avec majesté et, après avoir salué l'ensemble des personnes présentes, il commençait à faire le tour de la salle, accompagné par une petite cour composée de membres de son cabinet, et parfois, contrairement à sa volonté, de membres de l'entourage de Laval. Un petit arrêt du chef de l'État devant chaque groupe ou chaque personnalité, présentation par le Dr Ménétrel ou un de ses assistants, quelques minutes d'entretien entre le Maréchal et ses invités, et, souvent, remise par ceux-ci d'un présent qu'il acceptait royalement et qui allait ensuite au petit musée "maison". Je crois qu'il reçut ce jour-là, par exemple, un modèle réduit d'escalier à double révolution, un livre, un flacon de kirsch, des assiettes de faïence décorée, une pièce montée, une nappe brodée qu'il fit déployer en assurant : "Je fais le vœu de ne m'en servir que le jour de la signature de la paix."

Quand vint notre tour, le Maréchal donna l'impression d'être content de nous voir et s'exclama : "Voilà mes prisonniers ! Vous n'avez pas trop souffert ?" Ménétrel et Paul Racine lui expliquèrent ce que nous avions fait en Allemagne et il nous posa quelques questions sur la nourriture, le service de santé, le "moral", la sévérité de la discipline allemande... Au nom de notre groupe, André Maders, qui avait été un

1. In *Dossier P.-G. Rapatriés, 1940-45,* sous la responsabilité de Jean Védrine.

homme de confiance principal[1] intègre, courageux et patriote, rendit compte de la situation des "P.G." au stalag VIII C. Nous connaissions très bien la question. S'ensuivit un échange de banalités, affectueuses de la part du Maréchal, et émues de la nôtre. Nous lui offrîmes ensuite un message remis par les copains du camp et un présent tout à fait symbolique. Il s'agissait d'un morceau de pavillon français qui avait été hissé impromptu sur le camp, le 1er mai 1942, et qui avait 11 mètres de longueur sur 4 ou 5 de largeur. Ce genre d'exploit paraît dérisoire et anachronique. Et pourtant, cela avait, à l'époque, beaucoup de signification personnelle et collective. Ce défi comportait des risques. L'idée de hisser les couleurs "à la barbe des Allemands" avait été prise par les dirigeants français du camp et nous y avions associé, dans le secret, de très nombreux camarades : des centaines de mouchoirs furent collectés, portés secrètement à teindre en bleu ou en rouge en ville, ensuite cousus la nuit tout ensemble. Onze mètres sur quatre, il faut le faire ! Et ce pavillon qui montait dans le ciel de Sagan, c'était quelque chose pour le moral des milliers de prisonniers qui en avaient marre de la captivité, de l'exil, de la guerre, des nazis et d'un peu de tout ! Ils s'étaient réunis volontairement à raison de 90 % des effectifs du camp pour cette "cérémonie patriotique".

C'était un morceau de ce drapeau que les camarades m'avaient chargé d'offrir au Maréchal, et les menuisiers du camp avaient fabriqué, pour contenir et offrir ce témoignage, un coffret de marqueterie qui était, en réalité, fait de planches de sapin des caisses des "colis Pétain". Notre cadeau fut apprécié à sa valeur.

Ce petit intermède émouvant m'avait donné brusquement assez d'audace pour exprimer à haute voix, en ce lieu particulièrement choisi, notre protestation contre la nomination d'André Masson (...) :

– Monsieur le Maréchal, permettez-moi de vous dire notre surprise et notre tristesse de voir que vous avez remplacé Maurice Pinot, le commissaire général, que vous aviez choisi

---

1. Statut prévu par la Convention de Genève : il représentait les prisonniers et assurait la liaison avec les autorités allemandes du camp.

vous-même et en qui nous avons toute confiance, par un homme en qui nous n'avons aucune confiance, André Masson.

Brouhaha dans la salle et dans le petit groupe qui accompagnait le chef de l'État. Celui-ci :

– Mais, je ne sais pas...

Et il se retourna, interrogatif, vers ses collaborateurs directs, Ménétrel et le général Campet, qui répondirent à leur tour :

– Mais le Maréchal n'est pas au courant.

Quelqu'un de chez Laval s'exclama :

– Faites-le taire, c'est inadmissible !

Ménétrel :

– Mais si, parlez librement ! Si on ne peut pas parler librement ici, où le fera-t-on ?

Moi :

– La décision est prise, elle a été annoncée ce matin[1] par l'Agence officielle comme une décision du Maréchal. Je tiens à redire que les rapatriés ont une confiance complète en Maurice Pinot et que la nomination d'André Masson risque d'entraîner de graves conséquences.

Comme mes camarades, j'avais été très impressionné par le comportement de ce grand vieillard. Il avait l'air mécontent, impuissant, décontenancé, nerveux, un peu hagard... On l'entraîna vers les groupes suivants et le rite se poursuivit, accéléré et plus automatique. Le Maréchal allait se retirer lorsque, contrairement à l'habitude, il revint et demanda à être photographié avec notre groupe ; ce qui fut fait. Il tint quelques propos dans le genre :

– Je ne peux pas me faire photographier à cheval avec vous... Je n'ai plus d'amiraux, mais il me reste mes prisonniers... Notre seule chance de salut est de rester unis jusqu'à la fin de la guerre...

Puis, me prenant les deux mains, il répéta :

– Je vous remercie, je vous remercie de m'avoir prévenu.

---

1. On a vu que la dépêche était tombée sur les télex la veille, à 21 heures 59, mais elle n'avait été connue du grand public que dans la matinée du 14 janvier 1943.

Et il s'en alla.

Je dois dire que je suis resté un long moment "saisi", et mes camarades également, après cette mini-scène historique. Parlant pour moi, je puis dire que j'étais très ému d'avoir enfin vu celui qui avait représenté l'homme providentiel, en quarante, pour la grande masse des "P.G.", et dont je ne contestais ni la légitimité, ni la légalité. Il était pour moi le représentant de l'État et de la communauté nationale, comme, avant lui, le président de la République. Pendant toute la captivité, c'est sous son patronage que nous avions travaillé à organiser le camp, à servir et à défendre nos camarades, à faire connaître les réformes entreprises en France depuis 1940, à lutter pied à pied contre les Allemands, à déjouer les menaces du groupe "Jeune Europe[1]" et sa propagande collaborationniste contre notre équipe et nos idées, à rassembler tous nos camarades dans une atmosphère d'unité vraiment impressionnante... »

Tout ce qu'exprime Védrine avec franchise et fidélité correspond, à quelques nuances près, à ce que pensent les cadres de l'équipe Pinot, y compris François Mitterrand. Le Maréchal est encore à leurs yeux le symbole de la lutte contre l'occupant et la France ne pourra renaître que si les Français restent unis derrière lui. La critique contre Masson vise en fait Laval qui, face au « bon » Maréchal, incarne le Mal. En ce début d'année 1943, Védrine et ses amis sont encore tous maréchalistes.

Au soir du 14 janvier, les cadres du Commissariat de la zone sud se retrouvent à dîner. Mitterrand est là, ainsi que son ami Védrine. Sans hésitation, ils décident de présenter leur démission collective. Une attitude qui, par ces temps troubles, est exceptionnelle. Ainsi Ariès, Baud, Chigot, Gipoulon, Guénault, Idrac, Magne, Mitterrand, Marcano, Ruillier, Van Batten, Védrine rejoignent dans la même attitude Guérin, Join-Lambert, et les trois syndicalistes Cor-

---

1. Mouvement collaborationniste né dans les camps avec l'aide des Allemands.

nuau, Amaré, Pernin, de zone nord... Tous s'accordent néanmoins pour demander à quelques-uns d'entre eux de rester sur place afin de maintenir une certaine continuité dans l'action sociale, mais surtout pour continuer à savoir ce qui se passe au sein du Commissariat.

Le lendemain 15 janvier, Jean Védrine écrit à Paul Racine pour lui parler de l'audience de la veille et de la révocation de Pinot. Il en profite pour lui faire part de ses sentiments maréchalistes, mais aussi de ses états d'âme[1] :

> « Nous sommes encore éblouis de la vision d'hier (...). Nous n'espérons plus grand-chose. Et M. Pinot est un trop grand seigneur pour s'indigner. Le souci de nos camarades prisonniers et de leurs familles implique une décision d'action tant que leur intérêt même n'exige pas un refus de concessions et de compromissions impossibles. Nous tiendrons tant que nous pourrons ! »

Il explique les conséquences probables de l'arrivée de Masson à la tête du Commissariat. Il prévoit un éparpillement des prisonniers :

> « Une partie des éléments actifs passera à l'opposition et sera la proie des propagandes dissidente et communiste... De toutes façons, c'est la rupture de l'Unité prisonniers, élément de l'Unité française... »

Racine reçoit très favorablement cette lettre, car il est lui aussi convaincu que l'arrivée de Masson à la tête du Commissariat est une catastrophe.

Le jour où Védrine fait part de ses impressions à la vue de Pétain, Pinot arrive à Vichy et réunit les principaux cadres du Commissariat à l'Hôtel Gallia. Il y a là une soixantaine de personnes. On sert de l'oie. Tout le monde plaisante lourdement sur « le Commissariat mis au pas de l'oie... » Le propos et beaucoup d'autres seront rapportés par un homme de Laval qui est parvenu à s'introduire dans la salle. Chacun

1. Papiers Racine, A.N./2 AG 89.

attend le discours de Pinot. Celui-ci, rappelons-le, est admiré de tous ses collaborateurs. Il se lève et tient les propos suivants[1] :

« Je ne suis pas démissionnaire, mais chassé du Commissariat. J'ai mené la lutte jusqu'à ce jour pour défendre l'orientation que je lui avais donnée. On me chasse.

Je ne me crois pas le droit d'engager nos camarades encore prisonniers dans une voie qui n'est probablement pas celle qu'ils désirent, celle dont ils ont rêvé. Nous ne savons pas ce que veut la majorité d'entre eux.

Je ne veux pas faire de politique française, ni de révolution dans un pays occupé par l'ennemi. Chacun parle de sa révolution nationale. Il est incapable de la définir, incapable de la réaliser. Seul ce grand Français, le Maréchal, sait ce qu'elle est, sait ce qu'il veut, mais presque tous trahissent sa pensée pour des intérêts égoïstes. Orienter la cause des prisonniers vers la politique, c'est diviser ce qu'il faut unir, c'est trahir la pensée de nos camarades.

Mes collaborateurs les plus directs ont donné leur démission. Je ne veux pas que ce mouvement s'étende. Vous n'avez pas le droit de saborder le Commissariat. Pensez à nos camarades. Ne vous en allez pas sur un coup de tête ou simplement pour me suivre. Jugez en toute conscience devant vous-mêmes et dites-vous qu'il faut que la France continue. Répétez bien tout ce que je vous ai dit à tous vos collaborateurs. Pas de sabordage. Pas de rancœur inutile. Que tous pensent à l'intérêt de nos camarades et jugent en leur âme et conscience.

Pensons à la France. Pensons à son chef, le Maréchal, dont la tâche est lourde et décevante. Pensons à tous ceux que nous représentons ici, au million de camarades encore captifs, de qui nous avons reçu une mission. Remplissons-la.

On vous dira que rien n'est changé, que tout continue exactement comme par le passé. Je vous dis qu'il y a quelque chose de changé. A vous et à vous seuls de juger sans vous

1. SHAT. 2 P 68.

laisser entraîner par aucun autre sentiment que l'intérêt de nos camarades. »

Le coup de tête de l'équipe Pinot ne vise pas à tout faire voler en éclats dans ce qui a été accompli à l'ombre du Maréchal. Il marque en revanche une certaine distanciation, non dépourvue de panache, vis-à-vis de la politique du chef du gouvernement : Pinot et ses amis refusent que les prisonniers servent de masse de manœuvre dans le jeu politicien du collaborationniste Pierre Laval. Mais tous gardent confiance dans le Maréchal...

LA « DOUBLURE »

Douze jours après sa démission du Commissariat, François Mitterrand écrit à l'une de ses relations pour raconter tout ce qui vient de changer dans sa vie :

> « *Je viens de vivre dix journées trépidantes et les brèves vacances que je m'accorde me seront utiles. Vous avez dû apprendre par presse et radio la nomination d'André Masson à la place de notre commissaire général aux prisonniers, Maurice Pinot. Cet événement a quelque importance, vous en devinerez sans peine les raisons. Pour ma part, je me suis solidarisé avec Pinot et je viens de démissionner. Je ne m'inquiète pas pour le lendemain, qui se présente au contraire sous plusieurs formes plutôt souriantes, et je vais un peu au vert. J'ai à traiter pas mal de questions à Paris, puis je filerai trois ou quatre jours vers Jarnac, mais je serai de retour dans cette zone au cours de la première semaine de février... »*

Mitterrand a déjà noué des contacts qui lui laissent augurer l'avenir sous des formes plutôt « souriantes[1] ». A Paris, il doit discuter avec son ami Jacques Bénet de ce qu'il convient de faire, mais il n'oubliera pas d'aller ensuite se ressourcer en Charente.

> « *... Je vous écris de la salle de rédaction de l'hebdomadaire* Demain, *chez mon ami Jean de Fabrègues. Tout à l'heure, je déjeunais à Crépieux-la-Pape avec de Tournemire, chef des*

---

1. Ces formes se découvriront plus loin, pages 297 et suivantes.

Compagnons de France : ambiance sympathique, site splendide au-dessus du Rhône dont un bras frôle le bas de la roche tandis que l'autre s'étale au loin, découpe une campagne aux allures de plaine... »

Ces quelques lignes sont importantes : elles confirment son intimité avec Jean de Fabrègues et Guillaume de Tournemire, montrant, s'il en était encore besoin, la cohérence idéologique de son engagement. Le tournant qu'il est en train de prendre s'effectue sans rupture. Il réfléchit avec ses compagnons maréchalistes sur la voie à suivre après les récents événements.

L'ancien fondateur de *Combat*, Jean de Fabrègues, a mené depuis 1942 une double activité. A l'intérieur du CAP, il s'est dévoué à la cause des prisonniers et a travaillé ainsi aux côtés de François Mitterrand ; en créant *Demain*, édité à Lyon, il a continué à soutenir la même ligne idéologique qu'avant-guerre et s'est fait le propagandiste de la Révolution nationale.

Demain consacre une page entière à la « Jeunesse de France », dans laquelle de longs papiers traitent régulièrement des Compagnons de France, des Chantiers, et plus généralement de tous les mouvements de jeunesse. Rien d'extraordinaire à cela, puisque Jean de Fabrègues est en parfaite symbiose avec les dirigeants de ces mouvements, notamment avec Tournemire qui a hébergé de nombreuses réunions du CAP à Crépieux-la-Pape, point de ralliement des Compagnons.

Quelques « unes » permettent de se faire une idée de l'état d'esprit qui prévaut à *Demain*. 8 février 1942 : « Les idées corporatives reçoivent-elles une adhésion sincère de l'opinion ? » ; 10 mai 1942 : numéro spécial sur Jeanne d'Arc ; 16 août 1942 : le pèlerinage du Puy-en-Velay... Après l'invasion de la zone non occupée et le débarquement allié en Afrique du Nord, pas une ligne n'est consacrée à ces événements. Fabrègues est plus préoccupé par le « réarmement de nos enfants ». A la mi-septembre de 1943, un long reportage sur « Équipes et Cadres », le mouvement où est employé Pol Pilven, collaborateur direct de François Mitterrand.

Comme ce dernier, Jean Védrine est proche de *Demain* et de l'équipe de Jean de Fabrègues. A partir du 14 mars 1943 et jusqu'à la mi-août, il y signera douze articles. Le premier a trait à « La campagne des traditions militaires ». Parmi les autre titres, relevons : « Alerte aux foyers dispersés », « L'heure du cran » ; les deux derniers rendent compte d'une longue enquête sur les Compagnons de France, dirigés par un des amis de l'équipe Pinot-Mitterrand, Guillaume de Tournemire.

A cette date, l'esprit du journal n'a donc pas changé : il est toujours très favorable à la Révolution nationale, attaque les francs-maçons, entend réhabiliter les vraies valeurs de la France, et, à titre d'exemple réussi, fera sa « une », début août, sur Salazar et le corporatisme...

Ainsi, le 26 janvier 1943, après avoir effectué une tournée dans les Centres d'entraide et les Maisons du prisonnier pour y porter la parole de Pinot, François Mitterrand a beaucoup discuté de l'avenir avec deux figures de proue du maréchalisme, le directeur de *Demain* et le chef des Compagnons de France.

A cette époque, le capitaine Guillaume de Tournemire a déjà pris langue avec d'anciens chefs de l'armée d'armistice sur les meilleurs moyens d'utiliser son mouvement pour refouler l'occupant allemand. Il a déjà accepté que les Compagnons servent de réservoir humain à la Résistance. Des liens avec le réseau « Alliance » de Marie-Madeleine Fourcade sont déjà esquissés.

François Mitterrand ne renie rien de ce qu'il a fait, mais il est heureux de prendre un nouveau départ, content aussi d'entrevoir le risque à l'orée de ce nouveau chemin.

> *« Cette semaine, j'ai beaucoup voyagé, puisque samedi et dimanche, j'étais à Toulouse, hier à Vichy, auparavant à Limoges*

et Clermont. Ces errances ne me déplaisent pas, mais à la condition qu'une solide toile de fond soit tissée par-derrière, faite du plus nécessaire fil : le calme et la paix du cœur, pauvre paix encore plus lointaine que ce lac des Pyrénées...

J'ai failli aussi me désoler devant tout notre travail de ces derniers mois qu'un trait de plume abolit, mais mon goût de l'incertain l'emporte, l'incertain si gros de triomphe, et ce départ est vraiment, en même temps qu'un éloignement, un rapprochement de ce qui reste vrai. Je démarre, et pas du point d'origine, et je regarde les plateaux successifs qu'avec un pied ma foi solide je crois avoir escaladés... »

Dans la même lettre, il parle du couvre-feu qui lui évitera une longue attente dans une gare surchauffée. Il compte passer par Mâcon, Dijon, et il essaiera de voir cette « *Bourgogne qui plaît tant à mon imagination, riche en tout, grasse et fine, civilisée... Quand verrai-je Vézelay ? Il me semble que j'ignore l'art de mon pays, tant me pèse de ne point connaître cette Madeleine triomphale...* » Le samedi précédent, il a déjà été émerveillé par Saint-Sernin, à Toulouse.

« *...La situation future, que j'ignore, me laissera à Vichy ou m'amènera à Lyon...* », prophétise-t-il.

Il aurait pu également signaler dans cette même lettre qu'il a publié, le 23 janvier 1943, une critique littéraire pour la revue des Chantiers de jeunesse de son ami Delage. Dans *Poésie d'aujourd'hui et le cas Aragon*, il retrouve la verve avec laquelle il s'exprimait naguère sur le devenir de la poésie dans la *Revue Montalembert* et dans *L'Écho de Paris*, avec la complicité de son ami Jacques Marot. Ah, justement, dans la même rubrique où François se refait les griffes, Jacques s'adonne à la critique du film *Les Visiteurs du soir*. Ouvrons nos propres pages au premier pour constater que ni le temps, ni la guerre, ni la captivité n'ont altéré son goût de la poésie et sa vaste culture :

« Les poètes d'aujourd'hui manquent de discrétion. Les plaquettes où s'épanche leur génie se multiplient si bien qu'on ne sait plus où donner de la tête. Des revues bourrées de poèmes anéantis-

sent le lecteur sous le cliquetis des imprécations, des confidences, des pleurs, des désirs rythmés. Des cénacles se constituent : on se réunit à Lyon, à Marseille, un peu partout pour discuter poésie. On crée des prix, on tresse des couronnes, on édite des numéros spéciaux. La critique, évidemment, s'est mise de la fête. Qu'elle condamne ou loue, elle sert également une publicité fort bien agencée. Mais que devient dans tout cela la poésie ?

Que le lecteur ne s'inquiète pas. Nous n'allons pas, à notre tour, en inventer une définition, pas plus que nous n'adopterons un langage hermétique, vaticinant, pour parler de choses fort simples. Car la poésie, c'est la simplicité. Qu'elle soit le fruit d'un long travail ou d'une inspiration immédiate et facile, pour me plaire, elle doit éclairer toute chose et non pas l'obscurcir, et si elle s'aventure dans les ombres que ma vue ne perce pas, je veux qu'elle me rapporte la lumière. Je ne dédaigne pas la poésie rhétorique, la poésie d'alambic. Mon agrément est d'en découvrir la clef et j'exerce mon astuce afin d'en pénétrer les arcanes secrètes. Mais cette poésie-là, comme elle me paraît naïve, superficielle, proche des mots croisés ou des petits problèmes, objets des jeux de société ! Je pense devant elle que la complication est une forme de l'impuissance. Embarrasser le style pour y loger du mystère prouve l'incapacité de concevoir et de transcrire l'immense mystère, simple et direct, de la vie. Et puis, pourquoi tricher avec mon plaisir ? Je n'aime pas qu'un poète ait trop d'intentions. S'il est le vates, le chantre désigné pour conduire mon esprit et mon âme aux lieux de Beauté et d'Amour, qu'il dédaigne le doigt sur les lèvres, le masque, les pitreries comme les boniments. Le reste m'ennuie et je préfère, à douze numéros de Poésie 42, une promenade sur les bords de l'Allier.

Il faut dire tout cela, car les poètes 40-43 font grand tort à la poésie.

Je me souviens de l'illumination magnifique de Quête de joie[1] ; je goûte le charme rare d'un Supervielle ou d'un Éluard, et je reconnais que Ganzo ou Emmanuel[2] ne sont pas avares d'une richesse qui prêtera sans doute, à notre siècle, une place de premier choix

1. La Quête de joie, Patrice de La Tour du Pin, 1933.
2. Il s'agit probablement de Pierre Emmanuel, qui a publié Jour de Colère en 1942.

dans notre évolution poétique. Mais, dois-je l'avouer, aucun recueil ne m'a plus enchanté que Les Yeux d'Elsa, *d'Aragon.*

Aragon fut surréaliste, et surréaliste militant. Péché de jeunesse, et pas fâcheux, car il a rompu son auteur à toutes les roueries de la langue, à toutes les subtilités voulues ou mécaniques de l'inspiration. "Hourra l'Oural !" se justifie quant il en naît un Crève-cœur *ou ces* Yeux d'Elsa *"si profonds qu'en se penchant pour boire, on voit tous les soleils y venir se mirer". Tandis qu'on ne voit pas ce qui pourrait excuser les pontifiantes impuissances d'André Breton et de ses collègues.*

Le symbolisme est mort, et c'est juste. Le surréalisme meurt, et c'est heureux. "Que triomphe la voix humaine", dit Elsa. Trop d'ouragans, trop de mystique l'ont couverte, cette voix, et trop de théorèmes et trop de maléfices. "Si tu veux que je t'aide, apporte-moi l'eau pure", ajoute-t-elle, et c'est toute la poésie qui parle par sa bouche, la pauvre poésie desséchée et qui a besoin seulement de la fraîcheur de l'eau limpide.

Maintenant, si Aragon veut se distraire à nous distribuer préface et commentaires pour nous expliquer ce qui ne s'explique pas, libre à lui. Il a de quoi se faire pardonner. »

Peut-on considérer ce texte comme un clin d'œil, une sorte d'indice sur les nouveaux engagements qu'il est en train de prendre ? Probablement, car Aragon est un poète engagé, « le plus grand poète de la Résistance », lié au parti communiste clandestin. Ses poèmes sont publiés en contrebande. On a du mal à croire que Mitterrand l'ait ignoré...

Après la guerre, tous ceux qui ont peu ou prou lutté contre l'occupant ont essayé de reconstituer une histoire linéaire et cohérente en dotant de sigles et d'actes de naissance les groupements et mouvements de l'époque. Dans l'histoire de la Résistance en milieu « Prisonniers », le Rassemblement national des prisonniers de guerre (RNPG) serait ainsi censé déjà exister. Or, ce n'est pas le cas. En cette fin de janvier 1943, on discute pourtant beaucoup dans ces milieux voisins les uns des autres (militaires, anciens prisonniers, mouvements de jeunesse) qui, à Vichy et à Lyon, partagent les mêmes idées et souhaitent faire quelque chose après les récents événements. La Chaîne, dirigée par Antoine Mauduit, secondé par Mitterrand, Montjoie – les 3 M – et quelques autres, est la seule structure légère à exister alors.

En milieu « prisonniers », deux personnalités émergent : Pinot et Mauduit. Pinot est le patron de ce groupe informel d'anciens du Commissariat. Antoine Mauduit, lui, bénéficie d'un statut spécial, celui de l'inspirateur ; c'est chez lui qu'on se réfugie quelque temps avant de repartir à l'attaque ; avec la Chaîne, il a créé quelque chose de concret. Mais, déjà, François Mitterrand rêve d'horizons où personne ne le tiendra par la main. Il développe ses propres contacts avec des gens aussi importants que Tournemire, Fabrègues, les cadres d'Uriage. Il est *dedans* tout en constituant autour de lui l'amorce d'un réseau personnel...

Retrouver la trajectoire d'un personnage comme François Mitterrand dans une période aussi troublée relève de la gageure, car c'est être tenté de le placer sur un seul chemin alors qu'il va en tous sens pour trouver justement son chemin, et qu'il côtoie d'autres personnalités qui se cherchent tout autant que lui. Gageure aussi parce que l'histoire tend à plaquer aujourd'hui sur cette période des schémas rigides dans le cadre desquels les hésitations ne sont perçues que comme les masques de la lâcheté. Ici et là, cinquante après, il est devenu mal considéré d'estimer et d'écrire que certains hommes de Vichy ont pu être autre chose que des salauds, des pleutres ou des antisémites acquiesçant et contribuant à une politique de collaboration d'État avec l'occupant nazi et sa solution finale de la « question juive ». Paxton et Klarsfeld ont heureusement permis de rééquilibrer une histoire officielle qui avait la « réconciliation nationale » comme finalité, au prix d'un aveuglement plus ou moins délibéré sur tout ce qui concernait l'action de l'État français contre les Juifs, mais la vision qu'ils ont inspirée à certains commentateurs, en se voulant globale, a entraîné la diabolisation de tout ce qui, de près ou de loin, gravitait autour de Vichy.

Il faut donc rappeler que dans les années 1930, l'antisémitisme était l'attitude la mieux partagée dans la France de droite, voire au-delà de la frontière droite/gauche. Il convient de souligner que dans les discours de Londres ou d'Alger, la fracture avec Vichy ne porte qu'accessoirement sur le problème des Juifs. Les discours du général de Gaulle, de Maurice Schumann ou de Jean Marin, les journaux clandestins ne traitent pas des mesures antijuives de manière spécifique, mais les rangent parmi les réactions de Vichy aux « menées antinationales », c'est-à-dire parmi les représailles visant gaullistes, communistes, Juifs et francs-maçons... La seule ligne de fracture importante à l'époque est celle qui sépare collaborationnistes et antiallemands.

Or l'histoire que nous évoquons se situe à Vichy à un moment où nombre de gens, y compris dans l'entourage proche de Pétain, tous plus ou moins maréchalistes, qui n'ont jamais accepté l'occupation mais étaient jusque-là convaincus que la politique du vainqueur de Verdun était celle du moindre mal, commencent à douter des capacités du chef de l'État français à se montrer à la hauteur des événements récents, et cherchent une autre voie pour la France. Ces gens restent idéologiquement à droite, leur cœur est encore maréchaliste, et ils considèrent souvent de Gaulle comme un aventurier entre les mains des Anglo-Saxons et des communistes. Mais tous ces « Vichyssois » qui sont en conciliabule à Vichy, Lyon, Alger ou Paris, et qui ont basculé ou basculeront dans une résistance spécifique, joueront, qu'on le veuille ou non, un rôle déterminant dans la libération du pays. Pinot, Mitterrand, le général Revers, chef d'état-major de l'armée d'armistice, les responsables des Chantiers de Jeunesse, des Compagnons de France, de l'école d'Uriage, etc., qui tous garderont longtemps encore leurs entrées au cabinet du Maréchal, sont partie prenante à ce mouvement aux contours encore indécis.

Il est important de garder à l'esprit qu'après le débarquement anglo-saxon en Afrique du Nord, l'arrivée du général

Giraud à Alger, suivie de la reconnaissance par les Alliés de son commandement civil et militaire sur cette partie importante de l'Empire, est un « produit » de Vichy. C'est en effet sous l'impulsion de l'ancien cagoulard Lemaigre-Dubreuil, aidé d'un côté par quelques individualités familières des eaux cagoulardes, de l'autre par les services spéciaux de l'armée d'armistice, qu'a été montée cette opération.

Un bref retour en arrière est ici nécessaire pour comprendre comment le général Giraud s'est retrouvé, début 1943, à la tête d'une fraction de cette armée d'armistice, et en quoi cette liaison entre Alger et les militaires de Vichy exerce une influence décisive sur la suite de notre histoire.

Pendant l'été de 1940, après la convention d'armistice, et pour la détourner, quelques responsables de l'armée s'engagent dans une action clandestine axée essentiellement sur le recensement des personnels, le camouflage des matériels, une action doublement secrète des services spéciaux qui continuent à faire du contre-espionnage contre les Allemands et transmettent des renseignements aux services anglais[1]. Le général de Gaulle en convient dans ses *Mémoires de guerre* :

> « Les premiers actes de résistance étaient venus des militaires. Des officiers appartenant aux états-majors de l'Armée et des régions soustrayaient du matériel aux conventions d'armistice. Le S.R. continuait d'appliquer dans l'ombre des mesures de contre-espionnage et, par intervalles, transmettait aux Anglais des informations. Sous l'action des généraux Frère, Delestraint, Verneau, Bloch-Dassault, Durrmeyer, et en utilisant les amicales des corps de troupe, des mesures de mobilisation avaient été préparées. Parmi les moniteurs des Chantiers de jeunesse, qui comptaient nombre d'anciens militaires, beaucoup s'entraînaient et entraînaient les autres en vue de prendre les armes. Dans ce qui restait d'unités

---

1. Cette description des activités clandestines de l'armée est largement inspirée par le livre du colonel A. de Dainville intitulé *L'ORA. La Résistance de l'armée (guerre 1939-45)*, Lavauzelle, Paris, 1974.

constituées, presque tous les officiers, les gradés, les soldats ne cachaient pas leur espérance de retourner au combat. Ainsi l'Armée, malgré la captivité et la mort, souvent, des meilleurs des siens, se montrait spontanément disposée à encadrer la résistance nationale... »

Le général Revers, chef d'état-major de l'amiral Darlan, et le général Verneau, de l'état-major de l'armée de terre, jouent un rôle déterminant dans ces activités clandestines, même si le second, installé à l'Hôtel des Bains, s'est longtemps défié du premier, installé à l'Hôtel Thermal. Certains officiers, travaillant en étroite harmonie avec Verneau, sont les pivots de l'exécution : ainsi le colonel Henri Zeller, installé à l'Hôtel des Bains, sous-chef du 1er bureau de l'état-major, chargé de l'organisation générale de l'armée d'armistice ; le colonel Pfister, adjoint de Zeller ; le commandant Masson ; le capitaine de La Blanchardière ; le capitaine Lejeune et le capitaine Du Passage.

Les officiers qui préparent la mobilisation clandestine s'appuient beaucoup sur les mouvements de jeunes, tous d'inspiration maréchaliste. Ils voient en eux un immense réservoir dans lequel puiser le jour venu : ainsi les Compagnons de France, dirigés à partir de 1941 par le capitaine Guillaume de Tournemire, saint-cyrien, qui a la mainmise sur 32 000 garçons et cadres dont la formation repose sur la mystique du chef responsable, l'efficacité dans le travail, l'engagement et le risque ; ainsi l'école d'Uriage, autre création du secrétariat à la Jeunesse, fondée en 1940 par le capitaine Dunoyer de Segonzac, ami de Tournemire et camarade de promotion de Henri Frenay, patron du mouvement de résistance « Combat » ; l'état d'esprit y est grosso modo le même qu'aux Compagnons : on y est très maréchaliste, patriote, élitiste au sens où l'entendait le maréchal Lyautey ; ainsi les Chantiers de jeunesse, créés par le général Picquendar en vue de garder sous la main les mobilisés des classes 39/2 et 40/1, de les reprendre en main, de leur inculquer la foi en la France, de les employer à des travaux d'intérêt général ; l'armée considère les cent mille jeunes dirigés par le général de La Porte du Theil comme un réservoir d'hommes et de chefs ; les Chantiers de jeunesse participent aux camouflages de l'Armée, hébergent de nombreux officiers en sureffectifs, mais aussi des évadés, des Alsaciens-Lorrains et des Juifs...

Un mot également sur les groupes d'autodéfense (GAD) créés en 1940, qui sont un embryon de service « Action » susceptible de servir en cas de retraite allemande ou d'opérations allemandes contre la zone sud. « Les GAD devaient alors aider l'action retardatrice des unités de l'armée d'armistice qui, en cas de débarquement de l'armée d'Afrique sur le littoral méditerranéen, s'efforceraient de gagner le temps nécessaire à l'établissement d'une tête de pont », écrit le colonel de Dainville. Au printemps de 1942, deux hommes s'occupent particulièrement des GAD : le capitaine Lejeune, pour la zone sud ; le capitaine Du Passage, pour la zone occupée. Si les résultats des GAD sont alors encore modestes, ils vont devenir le noyau de la future ORA, l'Organisation de résistance de l'armée.

Après son évasion au printemps de 1942, le général Giraud avait rencontré le commandant de Beaufort, qui l'avait entretenu de ces activités militaires clandestines. Beaufort avait mis le capitaine Lejeune et ses GAD à la disposition du général. Giraud avait alors encouragé ces activités qui se retrouvèrent *de facto* coiffées par lui.

Elles existaient également dans les services spéciaux. Grâce à la vigilance du général Revers, l'essentiel du dispositif avait été maintenu après l'arrivée au pouvoir de Laval. D'importants contacts avaient été noués avec l'OSS et l'Intelligence Service.

Giraud n'avait pas réussi à convaincre les Américains de débarquer sur la côte méridionale de l'Hexagone, malgré l'aide que, selon lui, auraient pu leur apporter l'ex-armée de l'armistice et le soulèvement qui devait immanquablement se produire en zone sud... Les Alliés avaient débarqué en

Afrique du Nord sans se préoccuper de Giraud. Ce dernier, avant de gagner Alger, avait nommé Verneau chef militaire clandestin pour la métropole.

Après l'invasion de la zone sud, on a vu que l'armée d'armistice s'était littéralement couchée. Sauf de Lattre, à Montpellier. Les « clandestins » prirent aussitôt leurs dispositions pour jeter les bases de l'Organisation de résistance de l'Armée (ORA), et les principaux membres des services spéciaux, Ronin, Rivet, Paillole, de La Chénelière, rejoignirent Giraud à Alger. Dès le 9 novembre 1942, Giraud fit venir en Afrique du Nord le capitaine Lejeune et le commandant de Beaufort, laissant le commandement des GAD au capitaine Du Passage. Il avait toujours l'intention de lever, à partir des cadres de l'armée, une puissante résistance intérieure, futur relais de l'armée d'Afrique qui bouterait les Allemands hors de France.

Sous la direction du général Frère, l'ORA naissante s'était donc mise au service du général Giraud et se considérait comme l'avant-garde de l'armée d'Afrique. Elle refusait toute inféodation politique et ne se reconnaissait d'autre chef que Giraud. Pour le compte de ce dernier, Lejeune assura la première grande mission de liaison avec l'ORA à la fin février 1943. Avant de prendre contact avec Zeller et Du Passage, il alla voir à Londres le colonel Buckmaster, chef de la section française du SOE[1], le service « Action » des services spéciaux britanniques, qui jouera un rôle déterminant auprès de la résistance militaire giraudiste.

Il est important de noter que, pour les officiers qui avaient prêté serment à Pétain, l'allégeance au général Giraud permettait de concilier leur loyalisme à l'égard du Maréchal et leur volonté de résistance à l'occupant. Après son évasion, Giraud n'avait-il pas confirmé lui-même son « parfait loyalisme » et déclaré être pleinement d'accord avec la politique que le chef de l'État « entend suivre à l'égard de l'Alle-

---

1. « Special Operations Executive ».

magne » ? Il ne rejettera la légitimité de Vichy que le 14 mars 1943, mais restera encore ambigu à l'égard de la personne de Pétain jusqu'au début de septembre, date à laquelle il prendra une instruction claire contre le chef de l'État.

Le giraudisme va donc rendre possible l'alliage du maréchalisme et de l'esprit de lutte contre l'occupant, et servir ainsi de « sas » à ceux qui, sans pour autant renier le Maréchal, s'acheminent vers la Résistance.

En janvier et février 1943, Pinot et Mitterrand établissent des contacts avec quelques ex-officiers qui ont décidé de résister et ont fait allégeance à Giraud. A l'époque où il était encore commissaire, Pinot avait eu des échanges avec le général Revers à propos du statut des prisonniers, de l'aide matérielle et morale que l'armée d'armistice pouvait leur apporter[1]. En février, Pinot et Revers se retrouvent chez des amis communs, probablement les Chalvron. Chalvron, ancien camarade d'oflag, est devenu un actif résistant. Pinot offre à Revers de mettre les mouvements de prisonniers à la disposition de l'ORA.

> « De plus..., Pinot s'était préoccupé de préparer dans les camps de prisonniers une sorte de soulèvement qui, si le besoin s'en était fait sentir, aurait pu faciliter l'entrée des troupes alliées en Allemagne.
>
> Il avait donc été constitué près de lui une sorte d'état-major, placé sous la direction d'un de mes collaborateurs, le lieutenant-colonel Carollet, rapatrié depuis peu, et cette action était menée en Allemagne par le commandant de l'Estoile, prisonnier non libéré et qui appartenait à la mission Scapini... »

En ce début d'année 1943, Pinot accepte également de mettre « ses » hommes et son influence au service de son ami

---

1. Les relations Revers-Pinot sont décrites à partir d'une déclaration du général Revers faite, le 29 août 1945, au procès en Haute Cour de Maurice Pinot (A.N. 3 W 115).

Bernard de Chalvron, ancien du cabinet du Maréchal, devenu l'adjoint de Claude Bourdet, du mouvement de résistance NAP[1], dont l'objectif est de noyauter l'Administration. Pinot présente Mitterrand à Chalvron :

> « Comme je m'en doutais, sa réponse fut absolument affirmative. *C'est alors qu'il mit entre lui et moi M. Mitterrand, qui nous servait de moyen de truchement*[2].
> Je l'ai présenté à Rollin, chef de Super-NAP. Rollin a dit à de Chalvron que d'Astier parle de tout cela à Alger.
> Nous avons décidé de réunir Pinot, d'Astier, Copeau et Bourdet. A la suite de l'exposé de Pinot, il a été décidé que Pinot écrirait une lettre au général de Gaulle, à qui elle serait remise par d'Astier. A la suite de cette lettre, nous avons considéré Pinot comme un des nôtres...
> *Il fut décidé que le chef officiel serait non pas Pinot, pour des raisons politiques évidentes (il avait appartenu au gouvernement de Vichy), mais Mitterrand*[3]. »

Mitterrand joue donc, au début, la « doublure » officielle de l'ancien commissaire de Vichy. Il noue d'importants contacts avec l'ORA, la Résistance intérieure, les Compagnons de France, les cadres d'Uriage, les Chantiers de jeunesse (*via* son ami Jean Delage). Il se retrouve avec de très belles cartes entre les mains ; compte tenu de son tempérament et de son ambition, elles l'inciteront à dépasser très rapidement le rôle de doublure, qui n'est pas de ceux qu'il préfère. Évolution facilitée par le soin jaloux qu'il apporte à être le seul à connaître l'ensemble des cartes.

En février 1943, deux réunions décisives ont lieu dans ce milieu « prisonniers » qui cherche sa voie. La « doublure » y participe.

---

1. Service du NAP (Noyautage des Administrations publiques), réseau fondé par Claude Bourdet assisté de Bernard de Chalvron.
2. Les passages soulignés le sont par l'auteur.
3. Témoignage de Bernard de Chalvron, le 2-9-1945, au procès de Maurice Pinot en Haute Cour.

Parmi le groupe des démissionnaires du Commissariat, « l'idée prend corps rapidement d'une réunion de mise au point, à l'abri des oreilles indiscrètes, dans la propriété de famille de Pierre Chigot, dite "Chez Livet", à Saint-Silvain-Bellegarde, en Creuse, à douze kilomètres d'Aubusson[1] ». A partir du 2 février, Pierre Chigot, Marcel Guénault, André Magne, Georges Van Batten, Jean Védrine et François Mitterrand[2] réfléchissent au coin de l'âtre, ou dans les collines environnantes, sur les moyens d'appliquer les consignes générales de Pinot et de mettre leur action d'anciens P.G. au service de la « lutte contre l'occupant et ses valets », tout en gardant la confiance et l'unité de la communauté « prisonniers ». Les « six » tombent d'accord pour « noyauter » le Commissariat Masson, « retourner » certains cadres et renforcer l'autonomie des Centres d'entraide (le projet d'une Fédération clandestine des CEA est discutée afin de protéger les rapatriés des tentatives d'embrigadement par les partis collaborationnistes et la Légion). Cette action doit constituer la priorité de cette équipe de démissionnaires au sein de laquelle François Mitterrand n'est encore qu'un membre parmi les autres. A son initiative est abordée et discutée la question de l'éventualité d'une action résistante des rapatriés et des évadés, et de l'opportunité de les regrouper. Dans l'immédiat, les « six » ne souhaitent pas d'action militaire prématurée, source de représailles, mais discutent de la possibilité de faire du renseignement, du sabotage.

Mitterrand se retrouve alors à cheval sur deux structures : d'une part, les « démissionnaires du Commissariat », qui viennent de se réunir dans la Creuse, et la « Chaîne », dont les principaux membres se rencontrent le 13 février. Cette position originale va faire de lui la principale « passerelle » entre deux groupes qui poursuivent les mêmes buts, évoluent

1. Témoignage de Jean Védrine.
2. Maurice Pinot devait se rendre à cette réunion. Un empêchement sérieux le retint à Paris.

grosso modo de même façon et, idéologiquement, rassemblent des gens fort proches.

Le 13 février 1943, Mauduit et Roussel montent dans le train en gare de Saint-Germain-des-Fossés et retrouvent à Lyon François Mitterrand, Cailliau et Montjoie. Tous se dirigent vers Montmaur où doit se tenir une importante réunion de la Chaîne, rassemblant une trentaine de personnes. La Chaîne, « réseau d'action pour le redressement de la France et pour la défense de la civilisation chrétienne » fondé par Antoine Mauduit, fédère différents groupements et individus de manière assez lâche. Parmi eux, des membres démissionnaires du CAP (Montjoie, Hædrich, Gagnaire, Albaran...) ; des membres du Centre d'entraide de l'Allier, autour de Barrois, Roussel et Mitterrand, qui ont tous en commun de participer à des actions clandestines d'aide aux évadés et aux irréguliers ; également quelques anciens du stalag XI B, autour de Michel Cailliau.

Le neveu du général de Gaulle est plus engagé que les autres dans la Résistance. Arrêté à Lyon le 10 novembre 1942 par la police française pour « menées antinationales », il a fait huit jours de prison à Saint-Paul, la liaison ayant pu être établie entre le résistant Jean-Pierre Lévy et lui[1]. Une fois libéré, il a repris une activité fébrile en contactant sans trop de précautions divers résistants et réseaux. Il a d'abord rencontré Michelet, Frenay, Barroz et Claude Bourdet à qui il a exposé son plan de travail auprès des anciens prisonniers et évadés. Il a reçu 20 000 francs par mois pour entretenir quatre ou cinq permanents. A partir de décembre 1942, il a également noué de nombreux contacts avec des agents de l'Intelligence Service (par le colonel Victor, puis par Menesson et Georges Valentin). Il a tenté, à peu près à la même époque, d'entrer en contact avec le BCRA. Le neveu du général de Gaulle a enfin rencontré François Mitterrand. L'entrevue ne s'est pas très bien passée...

1. Note du BCRA du 31 juillet 1943.

Si Cailliau a accepté de se rendre à Mautmaur, c'est parce qu'il espère bien récupérer cet ensemble de gens influents au sein du milieu « Prisonniers » et les agréger à son groupe, qui comprend notamment Charles Bonnet, André Ulmann, Pierre Lemoign', Philippe Duprat-Genneau (le futur Philippe Dechartre). Après la démission de Fabrègues de la présidence du CAP, muni des adresses que lui a fournies Montjoie, il a déjà tenté de recruter des anciens du CAP et des membres du Commissariat, avec un succès mitigé.

Les discussions tournent autour de la consolidation d'un mouvement de résistance « P.G. » unifié pour l'ensemble du territoire national. Mais les participants ne sont pas d'accord sur les moyens et objectifs d'un tel mouvement. Si les témoignages sur cette réunion ne concordent pas, il ressort néanmoins avec netteté qu'il y eut affrontement entre deux conceptions différentes de l'entrée en résistance des P.G. : l'une, défendue avec ardeur par le neveu du Général, veut un engagement à fond, mener des actions, renseigner Londres ; l'autre, soutenue par François Mitterrand, cantonne pour l'heure l'action à la préparation du jour « J », tout en sauvegardant l'unité du mouvement et en luttant contre Masson à l'intérieur du Commissariat. « François Mitterrand visait à la lutte politique contre Masson, refusant la Résistance gaulliste, refusant le renseignement, le sabotage, la constitution de groupements paramilitaires et la direction de France de la Résistance en Allemagne », expliquera quelques mois plus tard Michel Cailliau[1].

Marcel Hædrich, qui connaissait déjà Cailliau et travaillait avec lui, rencontre Mitterrand pour la première fois à Montmaur, le 13 février 1943 : « L'homme était très sympathique, très brillant ; c'était un disciple de Mauduit qui a monté un ordre pour sauver la France. Il y avait un côté chevalerie du Moyen Age, avec une nuit de veille dans une salle d'armes

1. A Londres, le 18 août 1943, au BCRA.

pour les nouveaux, et un pèlerinage à Notre-Dame-de-la-Sallette. Mauduit était financé par Vichy... Les discussions qui se sont déroulées à Montmaur ne m'intéressaient pas. Michel faisait du renseignement, il représentait le noyau actif de la résistance "Prisonniers", il voulait intensifier l'action directe. Mitterrand, qui venait de quitter le Commissariat, parlait pour une majorité plus réservée. Tout le monde essayait de faire de son mieux. Mitterrand était considéré comme le poulain de Pinot. Les deux hommes s'entendaient bien. Pinot, c'était le "bon de Vichy". Il estimait que la France pouvait s'en sortir par l'esprit "Prisonniers" qui était fait de solidarité. Pinot, c'était le fils du fondateur du Comité des forges : il ne faut pas oublier que Vichy, c'était le grand patronat au pouvoir. François Mitterrand est sorti de Maurice Pinot... Ça n'accrochait pas, entre Cailliau et Mitterrand. François Mitterrand jugeait que les structures officielles créées pour les prisonniers, utilisées avec intelligence, permettraient d'agir sur les mentalités par une propagande appropriée...[1] »

Roussel affirme de son côté qu'à Montmaur, « le sujet principal était d'entrevoir la jonction de notre mouvement avec les généraux Giraud et de Gaulle, et de préparer la désignation d'un envoyé vers cet objectif ». L'autre sujet était de compléter l'équipe dirigeante des "3 M" » (la précédente réunion de Montmaur, à l'automne de 1942, avait en effet désigné un comité directeur composé de *M*auduit, *M*ontjoie et *M*itterrand).

Une motion de synthèse est adoptée par tous. Des structures nouvelles sortent de cette réunion de Montmaur[2]. L'assemblée décide de créer un « Comité national de lutte par les prisonniers », composé d'Antoine Mauduit, François Mitterrand, Jean Roussel et Michel Cailliau. (Plus tard, Montjoie y sera intégré.) Ce Comité de lutte est secondé par

1. Entretien avec l'auteur, 11 février 1994.
2. D'après une note du BCRA du 18 août 1943.

un « Comité des 15 » comprenant notamment Hædrich, Gagnaire et Albaran. Les majoritaires, autour de Mauduit, Mitterrand et Montjoie, évincent Michel Cailliau de la rédaction d'un manifeste expliquant les objectifs du nouveau mouvement de résistance P.G. qui n'a pas pris, semble-t-il, de nouvelle appellation et se présente à l'époque comme un prolongement de la Chaîne. Cailliau avait une fois de plus réclamé l'adoption d'un « plan général de résistance ». François Mitterrand avait répondu : « Ce n'est pas le moment. » Les majoritaires condescendent cependant à charger le neveu du Général de la diffusion dudit manifeste, lequel ne reprend pas, tant s'en faut, ses thèses ! Le nouveau mouvement « prisonniers » a donc alors pour objectif principal de lutter contre Masson tout en se préparant à d'autres échéances.

Le neveu de De Gaulle, désormais membre du mouvement, qu'il baptisera « Pin' Mitt' », quitte Montmaur avec une sourde rancœur envers François Mitterrand, car il n'a pas atteint ses objectifs, malgré l'avance qu'il croyait avoir prise par ses nombreux contacts avec la Résistance. La machine Mauduit-Pinot-Montjoie-Mitterrand est puissante, mais il ne désespère cependant pas de la gripper... Le clivage apparu à Montmaur entre Mitterrand et Cailliau dépasse les problèmes de personnes, même s'ils ne le savent pas eux-mêmes. Les deux hommes se préparent déjà à être les champions d'une lutte visant à conquérir le même terrain pour le compte de deux seigneurs – de Gaulle et Giraud – qui vont s'affronter mortellement dans les mois qui suivent...

Du côté de l'équipe des « démissionnaires », ces conciliabules ne remettent pas du tout en cause les liens avec le secrétariat particulier du Maréchal, plus précisément avec le Dr Ménétrel, Lavagne, Paul Racine et Gabriel Jeantet ; chez ces derniers, on apprécie dans l'ensemble les prises de position contre Laval et le commissaire Masson[1]. On peut même aller jusqu'à dire que, durant ces quelques mois, ces liens vont

1. Voir pages 275 et suivantes.

même se renforcer. C'est ainsi que Pierre Chigot, qui avait d'excellentes relations avec Ménétrel, marié avec la cousine germaine d'un de ses amis d'enfance, a été engagé au secrétariat particulier du Maréchal sous les ordres directs du docteur. Védrine, qui n'est encore que l'ami de Chigot – il va devenir son beau-frère –, est également recruté au secrétariat particulier du Maréchal et travaillera du début 1943 au printemps 1944 à l'Hôtel du Parc ; il est affecté au Bureau de documentation situé au sous-sol. Les deux hommes serviront d'« interface » entre le cabinet de Pétain et le mouvement « prisonniers ». Au courant de tout ce qui concerne celui-ci, ils trouvent aide et assistance pour lutter contre Masson et travaillent à un endroit idéal pour glaner du renseignement. Il est manifeste que leurs correspondants au sein du cabinet du Maréchal n'ignorent pas qu'ils mènent aussi des actions clandestines.

Quant à François Mitterrand, il est toujours en étroites relations avec Gabriel Jeantet, pour qui il prépare un texte intitulé « Le Charpentier de l'Orlathal[1] » destiné au numéro 8 de *France, revue de l'État Nouveau* (mars 1943). L'article, qui rapporte ses dialogues avec le charpentier qui l'employait à Schaala, est autorisé par le visa de censure n° 5610[2]. Il est vrai qu'il n'y a rien à y redire du point de vue de la « Révolution nationale ». Dans ce récit ambigu, il raconte que ce qui l'avait rapproché de son employeur allemand, blessé comme lui à Verdun, mais en 14-18, « *ce n'avaient pas été les regrets de la paix ou l'espoir de jours riants et fraternels, mais les souvenirs qui signifiaient lutte et combat. Napoléon, Verdun tiraient entre nous ce trait sanglant qui rassemble au lieu de séparer les peuples...* » Sa collaboration avec Jeantet est une couverture supplémentaire pour ses activités parallèles. Il s'inscrit également comme avocat au barreau de Cusset[3].

1. Voir pages 127 et suivantes.
2. A.N. F⁴¹/208.
3. Témoignage de Jean Védrine.

Pendant ces premiers mois de 1943, Mitterrand rencontre à plusieurs reprises des officiers de l'ORA naissante – du Passage, Zeller, Pfister – afin de déterminer le type de collaboration que l'ORA et le mouvement « prisonniers » pourraient développer. A la fin de février, le commandant Lejeune arrive en France, à bord d'un Lysander britannique, porteur des ordres de Giraud et des premières ressources financières destinées à l'ORA. Il rencontre d'abord du Passage à Paris, lequel l'emmène à Vichy où il rencontre Zeller, Pfister et quelques généraux parmi lesquels Frère, Verneau et Revers. L'arrivée de Lejeune a une conséquence bénéfique pour François Mitterrand : l'ORA décide de le prendre complètement en charge. L'organisation giraudiste va également financer les heures supplémentaires effectuées pour lui par Ginette Caillard, ainsi que quelques frais de fonctionnement.

Cette décision est fondamentale pour l'avenir du jeune François. Jusque-là, il n'était qu'un parmi d'autres, et plutôt moins que les « grosses têtes » comme Pinot, Mauduit et Montjoie. Grâce à l'argent de Lejeune, Mitterrand devient le premier permanent d'une ébauche de mouvement.

Les contours de celui-ci ne sont encore précis que dans sa tête. Il regroupe les « démissionnaires », qui s'appuient eux-mêmes sur le Commissariat qu'ils entendent noyauter, et le mouvement créé à Montmaur, qui recoupe en partie le précédent et projette de nouer lui aussi des rapports très étroits avec l'ORA. Pour mettre sur pied l'organisation correspondant à ses ambitions, François Mitterrand ressent le besoin de s'entourer de collaborateurs fidèles qui ne soient ni des anciens du Commissariat, ni des membres d'autres groupes agglutinés autour de Montmaur. Depuis plusieurs semaines, il « tient au chaud » quelques camarades et amis répondant à ces critères. Désormais, il sait qu'il va disposer de moyens qui vont lui permettre de s'étendre. Il reprend langue avec ses camarades du « 104 » et certains fidèles connus en captivité.

Depuis son retour d'Allemagne, il a régulièrement revu Jacques Bénet : les deux hommes s'apprécient, ils se sont tenus au courant de leur évolution et de leurs projets. A ces rencontres parisiennes a souvent participé Pol Pilven, autre camarade du « 104 ». A Paris, en novembre 1942, après le débarquement anglo-saxon en Afrique du Nord, Mitterrand leur a présenté Antoine Mauduit. Celui-ci a séduit les deux hommes, qui se tiennent prêts à rejoindre Mitterrand dans l'action clandestine quand l'heure sera venue. A la fin de janvier 1943, Mitterrand revoit ses deux camarades et leur dit de se préparer à se rendre en zone sud. Après qu'il a reçu la promesse de l'ORA de financer le mouvement, Mitterrand les prie de quitter la capitale et de le rejoindre. Encouragés par François Dalle qui reste prudemment à Paris chez « Monsavon », Bénet et Pilven prennent le train pour Vichy.

Les trois anciens du « 104 » forment le premier noyau permanent du mouvement qui ne porte pas plus de nom que les précédents, mais qui, dans la tête de François Mitterrand, doit les englober tous. Pol Pilven s'installe à Vichy auprès de François. Il est convenu avec Bénet que ce dernier s'implantera à Lyon et rayonnera, à partir de là, pour recruter des membres du mouvement dans les Maisons du prisonnier de zone sud. Grâce à ses relations maristes, il trouve une chambre.

En attendant que l'ORA fournisse de plus amples moyens, des « petits boulots » sont trouvés aux deux anciens du « 104 » : Jacques Bénet bénéficie d'une « couverture » au Centre interprofessionnel des commissions de reclassement des prisonniers de guerre grâce à la recommandation de Maurice Pinot ; Pol Pilven est recruté par l'association de formation de jeunes, dénommée « Équipes et Cadres », nourrie du même esprit maréchaliste que les Compagnons et les Chantiers de jeunesse.

François Mitterrand a également approché Jacques Marot et André Bettencourt. Sans s'impliquer complètement, Marot, qui travaille aux Compagnons de France et est logé à Lyon, rendra ponctuellement des services à ses amis. Bettencourt répond présent à son camarade François : il assurera les contacts avec les milieux agricoles et jouera les ambassadeurs auprès de certaines personnalités. Son excellente présentation, sa bonne éducation, sa fidélité ont déterminé le choix de Mitterrand.

Celui-ci prend également pour collaboratrice Ginette Caillard, qui continue à travailler au Commissariat. Elle fait la navette entre la rue Hubert-Colombier, siège du Commissariat, la rue Nationale, où loge Mitterrand, et l'Hôtel de l'Amirauté où elle dispose d'une petite chambre. C'est elle qui tape sur son Underwood les tracts, rapports et circulaires. Elle en est le cœur et en connaît tous les secrets.

Marcel Barrois, président du CEA de l'Allier, fait également partie de ce petit noyau vichyssois.

Au début de mars, François Mitterrand et Jacques Bénet jettent les bases d'une organisation qui dépasse largement le club des démissionnaires du Commissariat et la Chaîne, tout en s'appuyant sur eux. Les démissionnaires ne sont pas au courant des discussions que leur ami François a menées avec l'ORA, encore moins des subsides que les officiers lui ont promis. Il a déjà commencé à ménager un cloisonnement très étanche entre les membres ou groupes de la nébuleuse qu'il est en train de constituer, et qui, pour l'heure, ne porte toujours pas de nom. Ses plus proches collaborateurs, répétons-le, sont des hommes qui n'ont aucun lien avec l'équipe Pinot ou avec celle de Montmaur : il s'agit de Pilven, Bénet, Bettencourt, bientôt Jean Munier et d'autres. Mais, pour préserver les chances de développement de la nouvelle organisation, Jacques Bénet associera le plus possible Pinot, Mauduit et Montjoie à l'élaboration des choix de la nouvelle direction.

Mitterrand peut prendre quelques jours de repos. A la mi-mars de 1943, il retourne se ressourcer à Jarnac, au milieu des siens. Il écrit à l'un de ses correspondants :

> « *Depuis six mois, qui ai-je rencontré ? Je ne connais plus que les journées où le présent nie le passé, je n'ai pas écrit une lettre, je garde*

mes amis, mais comment faire le geste qui les rejoindrait quand moi je fuis ? »

Il a maintenant plusieurs vies. Celle de François Mitterrand, toujours membre du comité directeur des CEA de l'Allier ; celle du journaliste dans la presse à tonalité « Révolution nationale » ; et celles, clandestines, qu'il va mener sous divers noms d'emprunt.

Il vient de passer une semaine à Paris où il a revu notamment ses sœurs Geneviève – qui va dès lors lui servir de boîte aux lettres – et Marie-Josèphe. Il est passé par Lyon. Sa nouvelle existence lui plaît : elle est dangereuse et compliquée.

> *« Je mène une vie qui m'absorbe et me plaît, difficile et peut-être dangereuse, compliquée en tout cas. A quoi aboutira-t-elle, je le pressens et ne le redoute pas. Avant de finir, j'accomplirai une bonne part de ce que je veux. Les années devant moi sont fécondes, les deux mains sont pleines. Pour longtemps ? Peu importe. Comme moi, vous pensez que la vie ne se compte pas aux années.*
>
> *Si je vous revoyais, j'arriverais à vous raconter tout de même un peu de cette trame... »*

François Mitterrand (au centre) avec Mme Moreau, François Moreau et le colonel.

Les hasards de l'histoire de quatre familles charentaises (les Moreau, Koechlin, Sarrazin et Mitterrand) ont mis Jean Bouvyer (dans le cercle) en présence de François Mitterrand à partir de 1933. Quelques mois après cette photo (prise à Tonne en 1936), Jean Bouvyer, devenu Cagoulard, faisait le guet pendant que d'autres assassinaient les frères Rosselli…

Jean Bouvyer quelques mois avant son rendez-vous tragique avec l'Histoire.

Photo Roger-Viollet.

CONTRE L'INVASION MÉTÈQUE FAITES GRÈVE

Photo Keystone.

Le 1ᵉʳ février 1935, François Mitterrand manifeste contre l'«invasion des métèques» et fait la «une» des journaux le lendemain. (Les manifestants, entourés d'un cercle dans la photo du haut, se retrouvent aux côtés de François Mitterrand dans les autres).

Des agents souriants parlementent avec les « grévistes », J.P. et autr
camelots. Ils ne font pas preuve de tant de bonne humeur lorsqu'ils
trouvent en présence d'ouvriers manifestant pour leurs salaires.

AU QUARTIER LATIN

La grève des étudiants en médecine est virtuellement terminée

Mais il se peut que de nouveaux incidents se produisent cet après-midi

Durant l'après-midi et très tard dans la soirée, les abords de la
Faculté de Médecine retentirent des cris, chants ou protestations
des grévistes.

Photo BN

Photo Keystone.

Le 5 mars 1936, François Mitterrand manifeste contre le Professeur Jèze, Conseiller du Négus. François Mitterrand avec Bernard Dalle. (Le détail encadré de la photo de gauche a été agrandi à droite).

Au temps heureux du «104».
En retraite (à droite) au Petit-Clamart en 1936 avec Marot et Clayeux.

Assistant (dans le cercle) à la finale du tournoi de tennis du «104», en 1937.

M. François Mitterand, président de la « Section littéraire », qui a tenu sa première réunion, jeudi dernier, à « L'Echo de Paris ».

François Mitterrand à l'*Écho de Paris*.
Sa première photo de «président». Décembre 1936.

Mariage de Pierre Sarrazin et Odile Moreau, décembre 1937, à Jarnac.
(François Mitterrand se tient à l'extrême droite).

Au front (à gauche) avec son ami Georges Dayan
(au centre).

Au stalag IX A à Ziegenhain.
Équipe administrative, Jules Florin (brassard), Pierre Dentin (lunettes), Masson (à l'extrême droite).
François Mitterrand est le deuxième à gauche au deuxième rang.

Numéro 3

15 Juillet 1941

l'Éphemere

" Mais l'on me doit surtout la publication de ce journal
qui donne les nouvelles précises non des hommes, immuables par définition, mais de tout ce qui est par rapport à
eux éphémère .. "

Jean GIRAUDOUX.

Journal bi-mensuel du Stalag IX A

Elle nous avait habitués à d'autres réjouissances cette fête de la liberté ! 14 juillet des parades et farandoles : nous éprouvions l'ivresse d'un peuple qui de son passé n'avait

*Ce Journal
est rédigé, composé, illustré
par des prisonniers de
guerre français*

Son Directeur responsable :
Joseph DELATTRE
du Nord

Son Rédacteur en Chef :
François MITTERRAND
de la Charente

Ses Typos :
Roger DARDENNE
du Puy-de-Dôme
Maurice PAILLIARD
de Paris
Henri BOUCARD
de la Gironde

Son Illustrateur graveur sur bois :
Marcel CHEVALIER
du Nord

Son Dessinateur :
Jean GRUAT
de Seine-et-Marne

Son Imprimeur :
André GOUREAU
de Paris

Et tous ses rédacteurs viennent
de tous les coins de France.

*Lisez - le
avec sympathie. Ecrivez-lui
Il doit être l'expression de
notre communauté.*

VISAGES RETROUVÉS

*Nous désirons, à notre retour,
trouver une France qui ne soit
pas une machine administrative
mais un être géographique, vivant, aimable, d'âge mûr et
d'humeur stable.*

*Lorsque nous aurons retrouvé
le vrai visage de la France,
nous commencerons peut-être
alors à l'aimer et à la caresser.*

***

*Ouvrez sur notre pays votre
fenêtre, un matin clair et frais :
villages et villes sont là, ni*

INFORMATIONS

◆ Au grand commando 401, après
la journée de travail, on a fêté le 14
juillet ; l'orchestre du C.R.A.K. joue
"Sambre et Meuse", puis le docteur
Taranger fait une allocution suivie de
la sonnerie "Aux champs", une minute de recueillement; et pour terminer "la Marseillaise". Courte mais
émouvante cérémonie.

A. G.

◆ Nous avons déjà reçu un courrier
ı ombreux des commandos. Nous vous
en accuserons réception en détail
dans le prochain numéro.
Nous ne publierons que les articles
signés

◆ Yves Brainville vous parlera dans
le prochain numéro de "l'Annonce faite
à Marie" de Paul Claudel, qu'il vient
de mettre en scène au camp et qui
obtint un grand succès.

(Lire la suite page 8)

et son intelligence au sein d'un
ordre où chacun préfère sa
sa propre tâche à celle du
voisin.

François MITTERRAND.

Rédacteur en chef de *L'Éphémère*.

trop grands, ni trop petits, proportionnés au paysage, composés
par le travail lent, tenace, précis
des êtres qui y naissent, y vivent
et y meurent ; qui aident à le
constituer comme les rivières, les
collines et les plaines, les vergers
et les champs.

*Visage du travail commencé
à l'angélus du matin, laissé le
soir avec une part pour le lendemain... cheminées droites et
sombres, signaux du labeur, de
l'industrie, du fer qu'on bat et
de la laine qu'on carde... routes
droites et longues, sinueuses et
lentes qui vont de point vivant
en point vivant, protégées de
peupliers et de hêtres.*

*Visages de France : celui-ci
jaune et rose du fonctionnaire
content, en pantoufles et en canotier pâli... ombre courte du
pêcheur à la ligne, petit pro-*

François Mitterrand croqué en empereur pendant
sa captivité en Allemagne.

ÉGION FRANÇAISE DES COMBATTANTS

D I R E C T O I R E   N A T I O N A L

HOTEL DE SEVILLE . 9 Bⁿ DE RUSSIE . VICHY
TÉLÉPHONE   32-23 — 32-86
TÉLÉGRAPHE   LEGIOFRANCE . VICHY
C/CHÈQUES POSTAUX   297.95 CLERMONT-FERRAND

11 février 1942

[texte masqué]

...rire encore d'un bref séjour à Paris. Parti le 6
suis revenu à Vichy le 10. J'ai retrouvé mes neuves
[h]abitudes et cette fois sans espoir immédiat de les
[rom]pre. Mon travail est tout à fait supportable. J'puis
et j'me suis à cet effet spécialisé dans des ouvrages
[d'h]istoire ou d'économie. J'ne suis pas tenté par le
[ro]mans et ne sais pourquoi. J'ai apprécié en particulier
[un] chef d'œuvre   qui est "L'Histoire de l'Armée Allemande"
Benoît. Méchin. [texte masqué]

[texte masqué]

Ma situation me permet de vivre sans soucis matériels.
[ma]is j'ne peux la concevoir comme un état stable.
[je] suis vraiment ambitieux mais ne suis pas assez
[sûr] de méthode pour contenter cette ambition. J'ai
[vu] de gens intéressants. et beaucoup de nuls.
Répondez moi. j'en serai heureusement surpris.
François.

Mi-janvier 1942 - début mai 1942.
François Mitterrand est à la Légion Française
des Combattants.
Il adhère à la «Révolution Nationale».

le 22 Avril 1942

[texte masqué]   B

[texte masqué]

Je me suis composé une vie brumée d'occupations.
De toutes sortes. En premier lieu je suis évidemment passionné
par la vie politique. Comment arriverons nous à remettre la
France sur pied ? Pour moi je ne crois qu'à ceci : la réunion d'homm[es]
unis par la même foi. C'est l'erreur de la Légion que d'avoir
reçu des masses dont le seul lien était le hasard : le fait d'avoir
combattu ne crée pas une solidarité — Je comprends davantage les
S.O.L soigneusement choisis ; et qu'un serment fondé sur
les mêmes convictions du cœur lie. Il faudrait qu'en France on puisse
organiser ses milices qui nous permettraient d'attendre la fin
de la lutte germano-Russe sans crainte de ses conséquences. Que
l'Allemagne ou la Russie l'emporte si nous sommes forts de volonté
on nous ménagera. C'est pourquoi je ne participe pas à cette inquiét[ude]
[gé]né[rale au] changement de gouvernement. Laval est sûrement déli... à no
très d'affaire. Sa méthode nous paraît mauvaise ? Savons-nous
vraiment ce qu'elle est ? Si elle nous permet de durer, elle
sera bonne.

Je viens de donner ma démission de la   [texte masqué]
j'y travaill[e]   ne le   utile à   voter   vais
[texte masqué]   rie[n]

[texte masqué]

François

François Mitterrand (à droite) à Mantry (Jura), avec la sœur de sa mère Antoinette Sarrazin
et Marie Sarrazin, en 1942. Il attend le car qui le ramène à Vichy.

N° 5

ENTRE NOUS ! En aucun cas les informations de ce Bulletin ne doivent être communiquées à la Presse

JUILLET 1942

BULLETIN

DE LIAISON DE LA DIRECTION Z. N. O.
DU COMMISSARIAT AU RECLASSEMENT
DES PRISONNIERS DE GUERRE RAPATRIÉS

1, Rue Hubert-Colombier - VICHY — Téléph. 30-55

Le mot du Directeur

L'extension du Commissariat et son activité toujours croissante ont conduit M. Pinot à appeler auprès de lui à Paris, M. Bernard Ariès. Ce dernier devient Directeur du Cabinet de M. Pinot et prendra spécialement en mains les problèmes concernant les familles de prisonniers. Ce n'est pas un véritable départ pour tous nos collaborateurs de la Z.N.O., car il continuera, par de nombreux voyages, à tenir un contact très étroit avec Vichy. Il est remplacé au poste de directeur de la Z.N.O. par M. Ruillier qui entre ainsi dans « l'équipe ». Rien de changé : Ce seront les mêmes principes qui présideront à la direction du Commissariat en Z.N.O. Ce seront les mêmes méthodes de collaboration confiante, le même esprit de camaraderie, enfin le même idéal de dévouement à la cause qui nous est chère :

Travailler pour la France du Maréchal, en travaillant pour nos camarades qui sont derrière les barbelés, et pour leurs familles qui les attendent depuis deux ans.

B. Ariès. R. Ruillier.

La nouvelle tâche du Commissariat

Le Chef du Gouvernement vient de confier au Commissariat la mission de coordonner et de contrôler l'action des organismes publics et privés s'occupant des familles de prisonniers. Le texte de la loi étendant notre compétence va paraître incessamment.

D'ores et déjà, j'attire l'attention de tous les collaborateurs du Commissariat sur l'importance du rôle nouveau qu'ils auront à exercer. Nous savons tous que le sort de leurs familles constitue la préoccupation majeure de nos camarades prisonniers. C'est avec une angoisse croissante, au fur et à mesure de la prolongation de leur captivité, qu'ils se demandent ce que deviennent les leurs.

Avant même la parution de la loi qui nous donnera définitivement compétence pour cette nouvelle mission, je demande aux services centraux et aux inspecteurs régionaux de procéder à une enquête précise sur la situation des familles de prisonniers et sur les mesures prises ou à prendre pour leur venir en aide.

Cette enquête devra porter sur les trois ordres de questions suivantes :

— Régime des allocations militaires (modalités d'attribution, fonctionnement des Commissions, etc...).

— Possibilités de travail offertes aux femmes de prisonniers.

— Aide privée aux familles de prisonniers (Secours National, Associations de Femmes de Prisonniers, etc...).

Nous avons maintenant, au nom du Maréchal et de son Gouvernement, la charge du sort des familles de prisonniers. Notre responsabilité envers nos camarades absents est lourde.

Je compte que chacun en mesurera le poids. Maurice PINOT.

P. S. — Au moment où notre Directeur, M. Bernard Ariès, quitte la direction de la Z.N.O. pour prendre en charge les nouveaux et importants problèmes posés au Commissariat par l'extension de sa mission, je tiens à redire combien je lui suis personnellement reconnaissant du beau travail qu'il a réalisé. L'organisation des services centraux de Vichy, la mise en place des régions, la construction des Maisons du Prisonnier, et surtout « l'esprit d'équipe prisonnier » qui anime le Commissariat, sont son œuvre.

M. Ruillier qui lui succède, M. Ariès dans ses nouvelles fonctions et toute l'équipe du Commissariat mèneront à bien l'œuvre commencée, et maintiendront l'esprit. Les résultats obtenus dans des débuts difficiles sont le gage des succès de demain.

M. P.

Photo D.R.

Le bulletin de liaison en Z.N.O. du Commissariat au Reclassement des Prisonniers de guerre. François Mitterrand a été responsable de cette publication de juillet à décembre 1942.

N° 6 — AOUT 1942

BULLETIN

DE LIAISON DE LA DIRECTION Z. N. O.
DU COMMISSARIAT GÉNÉRAL AUX PRISONNIERS DE GUERRE
RAPATRIÉS ET AUX FAMILLES DES PRISONNIERS DE GUERRE

1, Rue Hubert-Colombier - VICHY — Téléph. 30-55

Le mot du Directeur

L'esprit d'équipe, c'est l'esprit du Commissariat. Tous coude à coude vers le même but; pas de réclame personnelle, pas de terrain réservé, liaison entre tous les services, servir en camarades ceux qui restent en captivité et leur famille.

Ainsi nous remplissons le mieux que nous pouvons la tâche dont l'État nous a chargés et que notre conscience nous a fixée, ainsi nous restons fidèles à notre serment de solidarité à l'égard de ceux qui sont encore derrière les barbelés.

Venus de tous les horizons professionnels nous donnons à notre travail le meilleur de nous-mêmes avec les avantages d'expériences variées et quelquefois les inconvénients d'habitudes enracinées.

Pour la plupart, fonctionnaires de fraîche date, nous nous heurtons à certaines règles qui nous paraissent rigides et nous ne nous rendons pas toujours compte de leur utilité, basée cependant sur une expérience séculaire.

Tout cela : camaraderie, solidarité, dévouement, dynamisme, créent au Commissariat un climat qui lui est bien personnel. Mais si le Commissariat a sa marque personnelle, dont je n'ai pas à juger de la qualité (les résultats sont là pour m'éviter une apologie qui serait déplacée), d'autres organismes ont aussi la leur.

Sur le terrain de notre travail, sur notre « chantier », nous nous rencontrons tous les jours avec d'autres équipes qui doivent collaborer à la même construction : Secours National, Légion Française des Combattants, Croix-Rouge Française, etc... Les méthodes de ces organismes sont quelquefois différentes des nôtres, le recrutement de leurs membres, de leurs responsables, leur âge, leur conception ne sont pas toujours les mêmes que celles de nos collaborateurs. De là des heurts et des difficultés. Il faut, à tout prix, réduire ces frictions. Le Commissariat a toujours fait preuve sur tous les plans, d'une grande modération. C'est une de ses forces. Il faut que dans nos rapports avec le Secours National et la Légion Française des Combattants en particulier, nous fassions des efforts de compréhension qui nous permettront de mieux coopérer avec eux. Nous atteindrons plus rapidement notre but. Ce but n'est-il pas, en définitive, le but commun de tous ?

R. RUILLIER.

LE NOUVEAU TITRE DU COMMISSARIAT

Nous, Maréchal de France, chef de l'État français,

Le conseil des ministres entendu,

Décrétons :

Art. 1er. — Les attributions du Commissariat au reclassement des prisonniers de guerre rapatriés instituées par la loi du 2 septembre 1941, telles qu'elles sont définies par cette loi et le décret du 24 novembre 1941 sont étendues aux familles des prisonniers.

Art. 2. — Le Commissariat est chargé du contrôle de la répartition des fonds affectés aux prisonniers de guerre rapatriés et aux familles des prisonniers de guerre.

Art. 3. — Le commissariat au reclassement des prisonniers de guerre rapatriés prend le titre de Commissariat Général aux Prisonniers de Guerre rapatriés et aux familles des prisonniers de guerre.

Art. 4. — Le présent décret sera publié au *Journal Officiel* et exécuté comme loi de l'État.

Fait à Vichy, le 20 juillet 1942. Ph. PÉTAIN.

Pour le Maréchal de France, chef de l'État français :
Le chef du gouvernement, Pierre LAVAL.
Le Ministre secrétaire d'État aux finances, Pierre CATHALA.

ENTRE NOUS !

Ce Bulletin de Liaison est destiné à vous informer des questions générales touchant aux Prisonniers et des questions particulières relatives à l'activité du Commissariat. En aucun cas ces informations ne doivent être communiquées à la Presse.

N° 8 — OCTOBRE 1942

BULLETIN

DE LIAISON DE LA DIRECTION Z. N. O.
DU COMMISSARIAT GÉNÉRAL AUX PRISONNIERS DE GUERRE
RAPATRIÉS ET AUX FAMILLES DES PRISONNIERS DE GUERRE

1, Rue Hubert-Colombier - VICHY — Téléph. 30-55

LE POINT DE DIRECTION

Le Congrès de Lyon est riche d'enseignements. Les problèmes qui y furent traités posèrent les conditions mêmes de l'existence des Centres d'Entr'aide. Mais aucune de ces conditions ne parut plus évidente que celle que M. Maurice Pinot proclama dans son discours de clôture : « Les Centres d'Entr'aide ne pourront vivre et remplir leur fonction qu'autant que les rapatriés sauront maintenir entre eux l'esprit des camps ».

L'esprit des camps n'est pas une formule vide quoiqu'on l'emploie souvent à tort. Ceux qui n'ont pas connu l'épreuve de la captivité croient facilement que cet « esprit » est issu de la méditation seule et constitue l'aboutissement d'une haute spiritualité. Cette conception erronée risque de fausser notre action. La loi des camps a obligé un million cinq cent mille hommes à vivre chaque minute en commun; et c'est de cette communauté forcée qu'a dû naître une communauté acceptée. Ainsi l'esprit des camps n'est-il que le fruit d'un long apprentissage : l'apprentissage de l'équilibre social.

Voici le problème essentiel : les Centres d'Entr'aide réunissent des hommes qui ont subi cet apprentissage. Mais le fait du retour ne va-t-il pas modifier les conditions de l'équilibre réalisé naguère ? Pour avoir retrouvé une part de leur état d'individu, ces hommes ne vont-ils pas oublier les règles d'or si durement acquises ? Un camp, un kommando ne valait que par l'esprit d'équipe des prisonniers qui l'habitaient. La France, cette communauté plus large mais aussi exigeante, ne vaudra que par l'esprit d'équipe de ceux qui la servent.

Esprit d'équipe signifie abnégation, discipline, accord de chaque instant dans un même but. L'esprit des camps n'est pas autre chose et les Centres d'Entr'aide se doivent de le prouver.

LE PREMIER DEVOIR

Nos camarades en captivité nous apportent un message de lucidité, d'espoir et d'action. Depuis 28 mois, pour la plupart ils sont privés de tout ce qui avait été l'intérêt et la justification de leurs existences d'hommes; ils ne connaissent plus l'amour de leurs femmes, la tendresse de leurs enfants; le temps pour eux, n'est plus le temps avec la variété des heures et la succession des occupations habituelles. Ils n'ont plus le pouvoir de se déplacer à leur gré. Ils ne savent plus ce qu'est le silence, ce qu'est la solitude, si ce n'est le silence lourd des interminables nuits et de la solitude du cœur qu'aggrave l'angoisse du terme de leur épreuve. Il se produit chez eux une perpétuelle dissociation entre les aspirations vivaces des forces de leur jeunesse et les conditions précaires de leur vie quotidienne. Beaucoup d'entre eux doivent se livrer à des travaux pénibles auxquels ils n'ont pas été préparés. Les matins n'ont plus pour eux la même clarté, les soirs ne leur apportent plus le même apaisement, et tous sont obligés parfois de se raidir contre la tentation du désespoir. Malgré tout cela leur message est un message de confiance et de sérénité. Ceux qui sont restés essaient de toutes leurs forces de ne pas être inférieurs aux tâches qui leur ont été confiées par ceux qui sont restés là-bas. Le Maréchal a voulu que des rapatriés prennent en mains les intérêts de leurs camarades, facilitent leur réintégration dans les activités françaises, et, en attendant leur retour, assurent une vie normale à leurs familles. Les Maisons du Prisonnier, où se rencontrent et s'ordonnent tous les dévouements à cette grande cause et les Centres d'Entr'aide nous donneront à tous l'occasion quotidienne d'exercer notre solidarité à l'égard de ce bien commun de tous les prisonniers, la communauté souffrante des séparés.

Ce qu'il faut surtout, c'est que nous qui sommes rentrés, que le sort a épargnés, nous ne décevions pas ceux qui sont encore dans la peine. Ils nous diront à leur retour : « Nous qui étions condamnés à l'impuissance, nous vivions dans l'unique pensée de mettre toutes nos énergies au service de la Patrie renaissante et de son Chef. Et vous, qui étiez libres, qui pouviez agir, qu'avez-vous fait ? » Il ne faut pas que notre réponse soit négative. Il faut que nous puissions sans gêne les regarder dans les yeux et trouver sur leurs visages une secrète et profonde approbation de nos actes.

R. GIPOULON.
(Texte lu à la présentation de CAMP PARIS)

ENTRE NOUS !

Ce Bulletin de Liaison est destiné à vous informer des questions générales touchant aux Prisonniers et des questions particulières relatives à l'activité du Commissariat. **En aucun cas, ces informations ne doivent être communiquées à la Presse.**

Photo D.R.

A Vichy, fin 1942, avec toute l'équipe du Commissariat général au Reclassement des Prisonniers de guerre rapatriés. Maurice Pinot est le deuxième à droite de la jeune femme qui se tient au centre de la photo. François Mitterrand apparaît dans le cercle.

Védrine

Baud   Pinot   Join-Lambert   Van Batters

Janvier 1943, à Vichy, après la révocation de Maurice Pinot. Avec Georges Baud, Join-Lambert, Van Batters, Magne, Gipoulon, Chigot, Védrine, etc. François Mitterrand est dans le cercle.

Photo D.R.

Les plus proches collaborateurs de François Mitterrand dans la Résistance.
De gauche à droite :
Ginette Caillard, secrétaire. Jean Munier, le chef de l'Action, qui se marie avec Ginette le 26 février 1944.
Jacques Bénet, l'ancien du «104», l'organisateur du mouvement.
Le colonel Patrice-Roger Pelat, qui devient en mars 1944 le responsable des opérations militaires.

Photo D.R.

A Montmaur, le 13 janvier 1943, avec Antoine Mauduit (cercle page de gauche), Michel Cailliau (cercle page de droite à côté de François Mitterrand).

Photo D.R.

Photo Harcourt.

* François Mitterrand.　　　Avant d'arriver à Londres, François Mitterrand appartenait, selon ce document,
aux Services Action de la direction des Services spéciaux,
dirigés par le général Giraud.
Il a été incorporé ensuite aux Services spéciaux gaullistes.

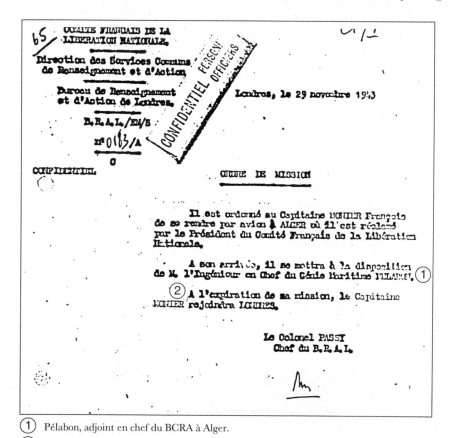

① Pélabon, adjoint en chef du BCRA à Alger.

② F. Mitterrand.

Le général de Gaulle réclame François Mitterrand
à Alger !
Et le colonel Passy lui ordonne de partir.

«Morland» ou «Capitaine Monnier» dans la Résistance.

A la libération de Paris, François Mitterrand (dans le cercle) avec le colonel Pelat, le colonel Dechartre, Henri Frenay, Pierre Lemoign', Charles Moulin et le colonel Ponchel.

Début septembre 1944, Francois Mitterrand (en culotte de golf) avec le ministre Frenay et Philippe Dechartre.

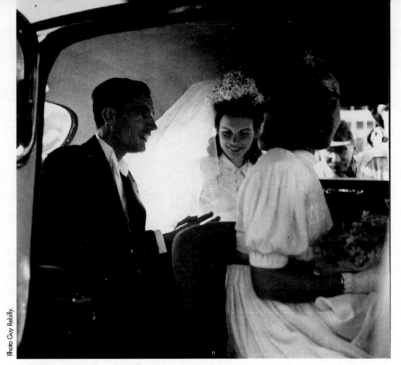

28 octobre 1944. François Mitterrand
se marie avec Danielle Gouze.

François Mitterrand harangue les
prisonniers de la FNPGD en 1946.

Le jeune ministre entouré, de gauche à droite, par Jean Védrine, son directeur adjoint de cabinet,
Robert Mitterrand, directeur de cabinet, et Georges Beauchamp, chef de cabinet.

François Mitterrand,
ministre des Anciens combattants
en 1947.

« NOYAUTAGE »
CHEZ LES PRISONNIERS

François Mitterrand, jeune homme de vingt-six ans, lutte contre le commissaire Masson sans beaucoup se cacher, puisqu'il est protégé à Vichy par tout un clan, autour du Maréchal, qui ne supporte pas Laval et ses affidés. Paradoxalement, l'opération de « noyautage » du Commissariat, qui vise à empêcher l'utilisation de la masse des prisonniers par Laval, est aidée et protégée par le secrétariat particulier de Pétain, autrement dit par le Dr Ménétrel et Paul Racine, qui ont recruté auprès d'eux Pierre Chigot et Jean Védrine.

Les papiers de Racine[1] sont éloquents à cet égard. On se souvient de l'interpellation du Maréchal par Jean Védrine, le 14 janvier 1943, à la suite de la révocation de Pinot, et de la fureur des gens de Laval qu'elle suscita. Dans l'agenda de Racine pour 1943, à la date du samedi 16 janvier, est dessinée une Francisque en regard des noms de Chigot, Védrine, Maders. Il est probable que Racine et Ménétrel ont décidé ce jour-là d'attribuer cette décoration aux perturbateurs de l'audience publique, pour les couvrir. Chigot et Védrine ont en effet reçu la Francisque, et tous deux ont compté Jean Racine parmi leurs parrains. Dans les archives de Racine, on voit encore ce dernier, sitôt après le renvoi de Pinot, se ren-

1. A.N./2 AG 89 et archives personnelles de Jean Racine.

seigner sur les antécédents politiques de Masson : c'est un ancien des « Jeunesses patriotes » et l'ex-secrétaire de Taittinger. Il apparaît également que Racine encourage Védrine dans son action anti-Masson, d'autant plus qu'elle se situe dans la « bonne » idéologie maréchaliste. On se souvient que Jean Védrine, dans la lettre qu'il adressa à Racine au lendemain de l'audience du Maréchal, a évoqué les conséquences de l'éviction de Maurice Pinot et de son remplacement par Masson : d'abord l'« éparpillement » des camarades, mais surtout le passage à l'opposition d'une partie des éléments actifs, qui « sera la proie des propagandes dissidente et communiste. De toute façon, c'est la rupture de l'Unité prisonniers, élément de l'Unité française... » Les petits mots de Paul Racine au Dr Ménétrel ne laissent planer aucune ambiguïté sur ses sentiments. Il transmet les notes de Masson en les accompagnant de commentaires toujours désagréables. Les rapports méchants qu'il reçoit sur Pinot ne modifient pas son opinion. Ainsi d'une lettre de Taittinger qui assimile Pinot aux « synarques » Barnaud, Worms et Cie. « Je pense de plus en plus que la nomination de Masson est une catastrophe pour le Maréchal. Le décrochage se réalise chaque jour davantage », écrit-il en février au Dr Ménétrel.

L'agenda de Racine pour l'année 1943 est aussi éloquent. En style télégraphique apparaît de façon évidente la proximité entre l'équipe Pinot, Chigot, Védrine, Mitterrand et le secrétariat particulier du Maréchal. Pinot, révoqué par Laval, vient quinze fois au bureau n° 128 de l'Hôtel du Parc et rencontre trois fois le Maréchal, dont deux fois à déjeuner[1]. On voit également Pinot rencontrer secrètement et de nuit le Dr Ménétrel pour parler probablement d'une attribution de Francisque(s). Chigot et Védrine se retrouvent très souvent au bureau n° 128 et quand ils quittent Vichy, ils laissent

---

1. Le dernier, au début d'octobre 1943, est pris en compagnie de René Bousquet, d'Esteva et de Lagrange.

l'adresse où ils peuvent être joints. Le nom de Mitterrand apparaît deux fois dans l'agenda :

— à la date du 15 février, derrière celui de Jean Védrine, avec son adresse à Lyon ;

— le mardi 11 mai, à 18 heures, encore une fois accolé au nom de Védrine.

Le 15 mai, à Lyon, salle Rameau, se tient le congrès du mouvement Prisonniers[1] créé par Masson. Il y a là douze cents individus gardés par les SOP. On conteste la dérive politique du Commissariat menée par Masson : « Chacun use du Maréchal pour se soustraire aux exigences du devoir. Social, social, seulement !... » Le commissaire est chahuté. La musique est assurée par les Chantiers de jeunesse. Mitterrand, qui est là au titre de membre du comité directeur des CEA de l'Allier, figure parmi les plus contestataires.

Racine commente avec délectation la rébellion des prisonniers contre Masson. Par une écoute de Reinhardt[2] et de nombreux rapports, il connaît tous les détails de la « séance houleuse ». Il est content d'apprendre que l'ensemble des comités directeurs des CEA[3] refusent d'adhérer au mouvement Prisonniers de Masson et que Loubric, Masson et Lecourt se sont fait traiter de « salauds » et de « vendus ». Un affidé de Masson, qui n'arrivait plus à parler, s'est même écrié : « Nous ne sommes plus en démocratie ! »

« L'effet ! » note sobrement Racine en marge de la note qui rend compte du congrès de Lyon. « De divers côtés, il me

1. Mouvement créé en vue de susciter le soutien des prisonniers rapatriés à la politique gouvernementale. Dans l'esprit de Masson, il devait se substituer aux CEA. Le Service d'Ordre "Prisonniers" (SOP) représentait la partie "activiste" de ce mouvement.
2. A.N. /2 AG /89.
3. Perrin et Augis, du CEA de Lyon, adressent un message de protestation aux autres Centres de zone sud et qui sera diffusé clandestinement par la Fédération autonome des CEA en cours de constitution sous l'impulsion de Jean Védrine.

revient que l'opposition à Masson grandit », écrit-il le 20 mai au Dr Ménétrel.

Le 27, Mitterrand est une fois de plus à Lyon et écrit tout à fait officiellement au directeur de la Maison du prisonnier de Lons-le-Saunier pour le prier de venir, le 30 mai, à la réunion qui se tiendra à Lyon, au Central Bar, rue Ferrandière, pour faire le point sur les décisions à prendre entre tous les délégués des CEA de la région lyonnaise. Il adresse cette lettre en tant que membre du comité directeur des CEA de l'Allier. Cette réunion fait suite au congrès de Lyon du 15 mai. A la fin de mai 1943, une partie notable de l'activité de François Mitterrand n'est donc pas clandestine et reçoit toujours l'aval de l'entourage du Maréchal.

Racine apprend non sans plaisir – et le signale avec délectation à Ménétrel – que, le 7 juin, visitant la Maison du prisonnier de Bourg, le commissaire Masson n'a pas apprécié que son directeur ait gardé une grande photo de Pinot sur son bureau...

En juillet, Jean Védrine adresse à Racine un rapport confidentiel relatif à l'accueil des rapatriés à Compiègne. Ce rapport décrit comment ceux-ci, à peine descendus du train, se voient remettre un bulletin d'abonnement au journal collaborationniste *Toute la France*. « L'argument massue qui décide la plupart de ces pauvres gens à signer est le suivant : "Le Maréchal demande que tu adhères au « mouvement Prisonniers », et pour que tu sois au courant des nouvelles, il demande également que tu prennes un abonnement..." Le Maréchal a dit... Le Maréchal a dit... J'estime que c'est une véritable escroquerie au sentiment ! » Racine apprécie vivement ce rapport.

C'est à la même époque que se situe le premier acte public de résistance de François Mitterrand, que Maurice Schumann, quelques mois plus tard, relatera à la BBC. Un acte courageux dont la réalité même a pourtant été souvent contestée. Il ne fait cependant aucun doute que François

Mitterrand a pris des risques, salle Wagram, le 10 juillet 1943.

La journée nationale du mouvement Prisonniers créé par Masson doit tenir lieu de grand'messe pour le nouveau commissaire, André Masson, et marquer l'aboutissement de ses efforts pour politiser la communauté des prisonniers. Laval, qui le soutient complètement, a décidé de prendre la parole pour la première fois en public devant les prisonniers qui font depuis longtemps l'objet de toutes ses attentions. Trois mille cinq cents délégués, venus de toute la France, affluent à partir de 10 heures du matin, encadrés par un important service d'ordre. La musique de la police nationale, sous la direction du commandant Collery, ancien chef de la musique des équipages de la Flotte, s'est installée au-dessus de l'estrade et joue de retentissantes marches militaires. Derrière l'estrade, sur un immense fond tricolore flanqué de faisceaux de drapeaux, un grand portrait du Maréchal. En grand, la devise du mouvement : « L'espoir est un combat. » Masson arrive, accompagné de nombreuses personnalités qui s'installent sur l'estrade. Le commissaire prend la parole et remercie les représentants du mouvement Prisonniers qui forme « un seul faisceau de forces au service du pays ». Il insiste sur la nécessité d'une « discipline en marche derrière les représentants de l'autorité », et, au nom de tous les prisonniers, il adresse des paroles de confiance au Maréchal ainsi qu'au président Laval, chef du gouvernement. Il évoque les absents et demande aux prisonniers de se dresser contre les agitateurs « afin qu'ils ne nous plongent pas dans un malheur plus profond que celui que nous connaissons actuellement... » Le compte-rendu officiel signale qu'après Masson c'est au tour du poète J.-P. Maxence de prendre la parole. Le journal *Toute la France* – aux mains des amis de Masson – consacre une énorme place à cette journée ; il précise qu'une « alerte » a retardé l'ouverture de la séance et obligé Masson à écourter l'important discours qu'il devait prononcer. Les rédacteurs ne pouvaient raconter qu'en fait d'alerte, un jeune homme avait sérieusement perturbé cette séance matinale.

Dans son premier livre, écrit deux ans après les faits, François Mitterrand[1] raconte :

> « *La police casquée emplissait les avenues avoisinantes. On annonçait la présence de plusieurs ministres. Le "Service d'Ordre Prisonniers" arpentait les allées et surveillait la salle divisée militairement en secteurs. Le début de la matinée fut calme, et déjà Masson respirait. Mais, à 11 heures, alors que tous les présidents départementaux et leurs bureaux étaient rassemblés en commission, j'estimai nécessaire de crier publiquement notre dégoût. Barbedette, secrétaire général du Commissariat, et Jean-Pierre Maxence, perdant pied, André Masson, pâle et rageur, se saisit du micro. Nous eûmes ainsi un dialogue assez vif. Devant les hurlements de l'assemblée, Masson dut une seconde fois battre en retraite. Mais, perdant tout contrôle, il avait crié qu'il me ferait convoquer par le maréchal Pétain et le président Laval, pendant que des rires narquois lui répondaient. Je fus interpellé par des argousins qui me réclamèrent mes papiers d'identité, je dus les leur donner. Puis, accompagné de quelques camarades décidés, je quittai le congrès entre deux rangs de policiers indécis...* »

J'ai retrouvé plusieurs témoins et témoignages qui confirment la version de François Mitterrand.

Par ses fonctions auprès du Maréchal, Paul Racine ne pouvait éviter de « monter » à Paris à la « Journée » organisée par le détesté Masson. Il s'en souvient fort bien : « Avant d'entrer salle Wagram, je me suis retrouvé à côté de François Mitterrand. Je portais ma Francisque, et j'avais un parapluie. Il m'a adressé la parole : "Ne vous mettez pas à côté de moi, je vais vous compromettre !" J'ai souri. Mitterrand a fait une intervention contre Masson, très vive et très courageuse. J'en ai été inquiet pour lui, car je me demandais s'il ne risquait pas

---

1. In *Les Prisonniers de guerre devant la politique*, Éditions du Rond-Point, Paris, 1945.

d'être arrêté à la sortie. Il me semble qu'il est parti peu de temps après sa déclaration[1]. »

Édouard Bougard, qui faisait partie d'une délégation des CEA du Pas-de-Calais, raconte pour sa part : « Nous étions venus pour entendre des instructions concernant le fonctionnement des œuvres en faveur des prisonniers, dont nous étions les dirigeants en tant que directeurs de Maisons du prisonnier et de Centres d'entraide. A un moment donné est venu un délégué du gouvernement pour nous dire que notre politique sociale était intéressante, mais que nous avions beaucoup mieux à faire (c'est-à-dire : rapatrier nos camarades). Pour ce faire, il fallait envoyer des ouvriers en Allemagne, c'est ce qu'on a appelé "la Relève", qui était une escroquerie. Je me rappelle les premiers mots de Mitterrand, qui était avec nous dans la salle, mais que je ne connaissais absolument pas : "Monsieur, vous avez menti !.." Et il a attaqué très violemment la politique du gouvernement[2]. »

La source « Mix-30900 » – émanant du mouvement de Michel Cailliau – a envoyé le 20 juillet 1943 une note au BCRA, à Londres, pour rendre compte de cette journée, et elle confirme entièrement le morceau de bravoure de Mitterrand :

> « ... Pourtant, à la réunion des CEA qui succéda aux discours dithyrambiques de Masson, l'atmosphère changea brusquement. "On" était entre rapatriés et quelques camarades posèrent des questions que l'on avait entendues à Lyon. Naturellement, à ces demandes précises, aucune réponse précise, si ce n'est les éternels : "Je suis là par la volonté du Maréchal et du chef du gouvernement, vous devez obéir." Masson prononça même des paroles menaçantes au président[3] des Centres d'entraide de l'Allier, qui, debout sur sa chaise, disait

1. Entretien avec l'auteur, le 16 mars 1994.
2. Entretiens avec l'auteur, mi-mars 1994.
3. François Mitterrand n'était que membre du comité directeur du CEA de l'Allier, mais la note fait évidemment allusion à lui.

à Masson qu'il n'avait pas de leçons de patriotisme à recevoir de lui. Masson disait donc :

– Monsieur, vous serez convoqué devant le Maréchal et devant Laval !

Une fois de plus, Masson quitta la salle, à la grande joie des congressistes. »

Fin septembre, le BCRA reçut une autre note sur le même sujet de la source « X 13 », qui se termine ainsi :

« ... Le matin, à une prétendue réunion d'étude, un membre s'est levé, demandant des précisions sur le mouvement Prisonniers : "Le mouvement est-il politique ou non ? Qu'entendez-vous par *faire du civique* ? Où commence le *civique*, où se termine-t-il ?..."

Masson n'est pas aimé. Dur, violent, il n'aime pas l'opposition... »

Londres a apprécié la provocation à sa juste valeur et décidé, six mois après les faits, d'en faire un exemple. Le 12 janvier 1944, Maurice Schumann, la « voix des Français », lira à la BBC le texte suivant :

« Ce que c'est que l'esprit Prisonniers ? Demandez-le donc à M. André Masson, rebut des stalags et ministre de Vichy. Demandez-lui de vous raconter ce qui s'est passé, le 10 juillet 1943 en plein Paris, à la salle Wagram. Ce jour-là, André Masson, en présence du regretté Max Bonnafous qui, sous le nom de ministre de l'Agriculture, exerçait encore les fonctions de grand exécuteur des réquisitions allemandes, et de M. Pierre Cathala qui, sous le nom de ministre des Finances, est toujours trésorier-payeur général de l'indemnité d'occupation, avait convoqué trois mille des plus représentatifs parmi les anciens des oflags et des stalags. Aux délégués des Centres d'entraide, Masson avait adjoint quelques centaines d'hommes à lui. Quelques centaines seulement, faute d'en avoir pu trouver davantage. Devant cet auditoire qu'il n'avait pas réussi à trier sur le volet, André Masson s'empressa de justifier la confiance dont l'ont investi l'ennemi et l'anti-France, en dénonçant "la trahison de De Gaulle et la félonie de Giraud". Il n'avait pas plus tôt prononcé ces paroles qu'un auditeur se leva au beau milieu de la salle et s'écria : "Si nous acceptions un tel langage de quiconque, nous ne l'accepterions certainement pas de vous, M. André Masson, qui êtes revenu d'Allemagne dans des conditions que nous n'admettons pas. Mais j'irai plus loin : ce langage, nous ne l'acceptons de personne ! Pas plus que nous n'acceptons le honteux marché que vous appelez la Relève et qui se sert de nos camarades restés là-bas comme d'un moyen de chantage pour justifier la déportation des Français !" A ces mots, Masson, blême de rage, se mit à insulter bassement l'interrupteur qu'il accusa, fort justement d'ailleurs, d'aller à l'encontre de la politique du Maréchal. Mais l'immense majorité des trois mille Français présents prit fait et cause pour le vaillant patriote contre le ministre de l'anti-France, et contraignit Masson, affolé et désemparé, à le laisser terminer sa harangue. Après quoi, il quitta la salle Wagram, entouré d'une foule enthousiaste et chaleureuse. »

Londres a ainsi délivré à François Mitterrand un brevet de patriotisme.

Cette affaire éclaire et confirme les contradictions de Vichy. Voilà un geste apprécié de Londres et qui a été complètement récupéré par le cabinet du Maréchal dans sa lutte contre Laval. Il est même permis de se demander si le Dr Ménétrel et Paul Racine n'étaient pas au courant des intentions de François Mitterrand. On constate en effet que Jean Védrine a rencontré Racine la veille de l'incident de la salle Wagram. Quoi qu'il en soit, Racine exploite au profit du Maréchal le chahutage de Masson. L'affaire de la salle Wagram est présentée par lui et par Ménétrel comme une séquelle naturelle de la contestation de la nomination de Masson par les prissonniers. Grâce à son agenda, on peut reconstituer les "retombées" de l'acte de bravoure de François Mitterrand.

Le 12 juillet, Racine déjeune avec Villar, du cabinet de Pierre Laval, et lui « expose le véritable aspect de la séance de

11 heures de samedi » ; il lui parle de « crise ouverte ». Deux jours plus tard, le jour de la Fête nationale, Racine déjeune avec le Maréchal et lui expose « très nettement la situation du Commissariat général aux Prisonniers d'André Masson ». L'après-midi, pendant deux heures, une réunion rassemble des membres du cabinet Laval et du secrétariat du Maréchal pour dénouer la crise. Il y a là Jardin. Le Dr Ménétrel y fait deux apparitions. On parle de « réforme à opérer ». Une suggestion de Chigot y est discutée : accorder l'autonomie aux Centre d'entraide par rapport au Commissariat ; les CEA pourraient ainsi continuer à faire exclusivement du "social" sans être touchés par la récupération politicienne voulue par Masson et Laval. Au soir de ce 14 juillet, Racine se retrouve à dîner chez Pierre Coursol, le charcutier, avec Védrine, Chigot et quelques autres, pour évoquer la crise. Racine note dans son agenda : « Quel dîner ! ». Le lendemain, Masson rend visite à Racine et lui présente sa lettre de démission. Le 16 juillet, c'est au tour de Maurice Pinot de venir à midi dans le bureau n° 128, pour discuter de la situation créée par François Mitterrand. Ainsi, le mouvement est en train de réaliser son principal objectif, avec la bénédiction du secrétariat du Maréchal.

Il est probable que c'est au cours de ces jours-là qu'a germé dans l'esprit du Dr Ménétrel ou/et dans celui de Racine l'idée de proposer à François Mitterrand le poste d'André Masson, celui-ci n'ayant pas réussi à s'imposer au sein de la communauté des prisonniers. Un des amis de François Mitterrand – qui ne veut absolument pas s'exprimer nommément à ce sujet – affirme avec force que la proposition fut faite à ce dernier lorsqu'il se trouvait encore à Paris, après l'incident de la salle Wagram, et qu'il fut séduit par cette offre. Finalement, après discussion, d'après cette source, il comprit qu'il était trop tard pour accepter un tel poste...

Le souvenir de Jean Védrine n'est pas très précis, mais, en se remémorant une conversation avec Pinot, il n'exclut pas « qu'il y ait eu un projet de remplacement de Masson ». François Mitterand, lui, nie avec la dernière énergie, mais, après un temps de réflexion, il n'exclut pas que cette idée ait pu germer dans la tête de certains collaborateurs de Pétain. En tout cas, malgré les menaces proférées à son endroit salle Wagram, François Mitterrand, protégé par ses amitiés au cabinet du Maréchal, ne fut aucunement inquiété...

Dans le second semestre de 1943, les liens entre certains éléments de l'équipe des "démissionnaires" et l'Hôtel du Parc ne se relâchent pas. Une note de Jean Védrine du 29 octobre 1943, à l'en-tête "Maréchal Pétain, Chef de l'État. Secrétariat particulier", retrouvée dans les papiers de Paul Racine, montre qu'il est toujours maréchaliste et s'intéresse au moins autant aux Mouvements de jeunesse qu'aux prisonniers :

> « *Personnellement, je suis une sorte de voyageur de commerce pour le Maréchal auprès de la Jeunesse. J'y récolte parfois de fort belles choses. Aujourd'hui, c'est moins drôle, mais je crois que c'est fort utile...* »

Jusqu'aux tout derniers jours de 1943, on continue à voir figurer sur l'agenda de Racine les noms de Védrine, Chigot, Coursol et Pinot.

LA FRANCISQUE

Elle a fait couler beaucoup d'encre...

C'est un texte du 16 octobre 1941 qui a créé la décoration de la Francisque gallique. Cette distinction du maréchal de France, chef de l'État français, est attribuée par un conseil de douze membres. Un décret du 31 juillet 1942 en approuve les statuts. Tout titulaire de la Francisque est tenu de prêter le serment suivant : « Je fais don de ma personne au maréchal Pétain comme il a fait don de la sienne à la France. Je m'engage à servir ses disciplines et à rester fidèle à sa personne et à son œuvre. »

Tout candidat à la Francisque doit présenter des garanties morales incontestées et remplir les conditions suivantes :

> « a) avant la guerre, avoir pratiqué une action politique nationale et sociale conforme aux principes de la Révolution nationale ;
>
> b) manifester depuis la guerre un attachement actif à l'œuvre et à la personne du Maréchal ;
>
> c) avoir de brillants états de services militaires ou civiques. »

Toute demande d'attribution doit être signée par le candidat et présentée par deux parrains.

Ces règles formelles ont souvent été contournées. Qui n'a pas fait la demande, qui n'a pas prêté le serment, qui ne l'a pas reçue de façon solennelle ?... Mais tous ceux qui l'ont reçue étaient – au moins dans la période précédant l'attribution – maréchalistes.

A la fin de la guerre, il était d'usage, chez les Français qui avaient peu ou prou fréquenté Vichy, d'oublier ce passé-là. Les mémoires, les petites notices bibliographiques du *Who's who* font l'impasse sur cette période trouble. Antoine Pinay ne mentionna jamais avoir été membre du Conseil national ; Michel Debré, qu'il prêta serment au Maréchal le 13 novembre 1941 ; Alexandre Parodi, délégué général de la France occupée, qu'il prêta lui aussi serment le 19 août de la même année ; Raymond Marcellin, qu'il fut décoré de la Francisque ; François Mitterrand, plus souvent et plus long-temps que les autres sous les feux de l'actualité, n'a pu complètement oublier sa Francisque, mais en a atténué l'effet en affirmant qu'il avait été décoré alors qu'il se trouvait en Angleterre ou à Alger, c'est-à-dire à une époque où il était déjà engagé à fond dans la Résistance :

> « *Je me suis retrouvé titulaire de la Francisque comme bien d'autres membres importants de la Résistance, par exemple mon ami le futur maréchal de Lattre de Tassigny. Lorsqu'elle m'a été attribuée en 1943, j'étais en Angleterre. Ce fut très pratique à mon retour, un bon alibi[1].* »

Malgré la disparition de la quasi-totalité des archives du Conseil de l'ordre, notamment de la fiche de François Mitterrand dans le fichier du ministère de l'Intérieur, il est avéré que ce dernier a eu le dossier n° 2202 dans l'ordre de la Francisque et que ses parrains ont été Simon Arbellot et Gabriel Jeantet.

Les premiers témoignages à verser au dossier sont ceux de l'un de ces parrains. Simon Arbellot, ancien journaliste au *Temps* et au *Figaro*, était devenu directeur des services de presse de Vichy à partir d'octobre 1941 à la demande du Dr

---

1. *Mitterrand. Portrait total*, de Pierre Jouve et Ali Magoudi, Éditions Carrère, Paris, 1986. En fait, De Lattre n'a jamais eu la Francisque.

Ménétrel. C'est lui qui distillait la « bonne nouvelle » aux journalistes accrédités à Vichy. Dans le tout petit monde de la presse et de la propagande qui grouillait dans la station thermale et qui se retrouvait notamment au bar du « Cintra », il était naturel qu'Arbellot et Mitterrand se rencontrassent :

> « Au Cintra, où nous accueille comme jadis chez Fouquet's le jovial patron, M. Fougny, je rencontre le soir mes amis du mouvement Prisonniers : André Magne, Pierre Chigot et François Mitterrand (aujourd'hui ministre et l'homme de demain). Ceux-là, avec leur air de bons jeunes gens, sont de madrés compères et leur réseau est le plus agissant de Vichy. Ils parlent librement devant moi, je fais semblant de ne pas entendre et m'absorbe dans un coup de poker d'as[1]. »

A la suite de la campagne présidentielle de 1965 au cours de laquelle il a été beaucoup question de la Francisque de François Mitterrand, Simon Arbellot a décidé de témoigner sur cette affaire dans la revue d'extrême droite *Les Écrits de Paris* :

> « Il a été maintes fois question, durant cette campagne électorale et présidentielle, dans la presse et du haut des tribunes, de la Francisque de M. François Mitterrand. Mis en cause personnellement, il m'a été demandé, de différents côtés, de m'en expliquer publiquement, ce que j'ai refusé, ne voulant en rien gêner le député de la Nièvre dans le combat qu'il a mené contre les puissants du jour. François Mitterrand est, je le sais, trop intelligent pour attacher à l'histoire de cette Francisque plus d'importance qu'elle n'en a ; il est, de surcroît, bien trop habile pour redouter des révélations qui n'en sont plus, depuis longtemps, pour personne, et ne sauraient compromettre en rien ses convictions. Il a connu, au cours de sa carrière, d'autres pelures d'oranges placées sur son chemin et assurément plus dérapantes que le petit insigne tricolore en métal du Maréchal. Mais il existe, cet insigne, et François

---

1. *J'ai vu mourir le Boulevard,* de Simon Arbellot, Éditions du Conquistador, Paris, 1950.

Mitterrand, avec quelques milliers de Français, l'a porté fièrement à la boutonnière, comme d'autres portaient d'ailleurs la Croix de Lorraine, pour eux symbole de confiance et d'espérance dans les destinées de la Patrie. La Francisque du Maréchal, il faut le dire et le répéter, ne représentait pas autre chose. Elle était, elle, la résistance qui osait dire son nom dans la France qu'on disait libre...

Le Conseil de l'ordre fut ainsi composé : président : général Brécard ; les membres du cabinet militaire du Maréchal : le général Campet, l'amiral Platon, le colonel Bonhomme ; les membres de son cabinet civil : Jean Jardel, Bernard Ménétrel, Roger de Saivre, André Lavagne ; la Production industrielle : M. de Bailliencourt ; les anciens combattants : Maurice Pinot ; la Jeunesse : Gabriel Jeantet ; j'avais l'honneur d'y représenter la presse et mes amis journalistes.

Nous nous réunissions une fois par mois autour d'un tapis vert à l'Hôtel du Parc, dans un bureau attenant à celui du Maréchal. Le général Brécard présidait avec cette autorité un peu méticuleuse d'un vieux militaire à cheval sur les règlements. On commençait par l'examen des candidatures. Et Dieu sait s'il y en avait ! Le Dr Ménétrel en donnait la liste et, à propos de chaque nom, la discussion s'ouvrait...

Aussi invraisemblable que cela puisse paraître, le port de la Francisque, répétons-le, équivalait à Vichy à une sorte de brevet de résistance...

C'est au printemps de 1942 que mes occupations de directeur de la Presse me mirent en contact avec le mouvement Prisonniers. En quittant mon oflag, un an avant, j'avais promis à mes camarades de tout faire, de tout tenter pour adoucir leur sort et plaider leur cause dans la presse. C'est dire avec quelle joie je retrouvais, au bar du Cintra, le petit groupe de prisonniers qui s'était mis sous la protection de Vichy et assurait ainsi la liaison avec l'organisme officiel dont le siège était à Paris. Parmi ces jeunes gens, l'un d'eux m'avait frappé par son dynamisme. C'était François Mitterrand, dont la famille charentaise ne m'était pas inconnue et qui avait été, lui, l'élève de nos "bonnes maisons" dans un pays où je compte beaucoup de parents et d'amis.

Je n'eus pas de mal à m'apercevoir que François Mitterrand et ses amis André Magne, Pierre Chigot, notamment, se livraient à certains petits jeux qu'un fonctionnaire vichyssois n'avait pas à connaître. C'est le premier réseau qu'il me fut donné de deviner et d'approcher. Vite devenus mes amis, les jeunes évadés avaient confiance en moi et me demandaient seulement un semblant de surdité et un peu de myopie quand, devant moi, au Cintra, on abordait des sujets brûlants et on ouvrait des dossiers. J'allais d'ailleurs, au cours de quinze mois passés sur les bords de l'Allier, en voir bien d'autres.

Ainsi François Mitterrand, impatient d'action, allait, dans ses fonctions au Comité des prisonniers, trouver l'occasion de continuer clandestinement la lutte qu'il ne cessa de mener contre l'envahisseur. Il savait le patriotisme, allant jusqu'au sacrifice, qui animait le Maréchal et ses amis ; il connaissait le drame quotidien qui se jouait chez Pierre Laval, la résistance de ces deux hommes, si différente mais si constante. Il me demanda un jour, à moi et à Gabriel Jeantet, animateur des Mouvements de jeunesse, de présenter sa candidature à la Francisque. Il fut admis à l'unanimité du Conseil de l'Ordre, sous le feu approbateur du monocle de l'amiral Platon... »

Malheureusement, Arbellot ne date ni la demande formulée par François Mitterrand, ni la réunion du Conseil de l'ordre qui lui attribua la Francisque. Il est toutefois possible de situer approximativement la tenue de ce Conseil. La fonction occupée par François Mitterrand telle qu'elle figure sur les listes de « franciscains » est « délégué national du Service national des étudiants ». Mitterrand a obtenu cette sinécure quelque temps après avoir démissionné du Commissariat, probablement dans le courant de février 1943. Comme, par ailleurs, Arbellot était physiquement là quand la décision a été prise, la réunion a donc eu lieu avant son départ pour Málaga, où il fut nommé consul par décision du Maréchal datée du 17 avril 1943. La décision attribuant la Francisque à François Mitterrand a donc été prise entre février et la mi-avril 1943.

Pendant cette période, François Mitterrand était, on l'a vu, en relation étroite avec son autre parrain, Gabriel Jeantet, puisque ce dernier publia un premier article de lui dans sa revue *France, revue de l'État nouveau*, en décembre 1942 (« Pèlerinage en Thuringe »), et en publia un second en mars 1943 : « Le charpentier de l'Orlathal ». Mitterrand était non seulement en bons termes avec Jeantet, lui-même proche du Dr Ménétrel, mais aussi avec tous les membres du secrétariat particulier du Maréchal, favorables à son action contre Masson.

Paul Racine a gardé un souvenir précis[1] des démarches entreprises pour l'attribution de la Francisque à François Mitterrand : « Un beau jour, Jean Védrine vient me voir et arbore un fin sourire : "Racine, il faut faire donner la Francisque à François", dit-il. Je pars d'un grand éclat de rire, sachant très bien le travail souterrain auquel se livrait François Mitterrand, car c'était bien lui dont il s'agissait. "Pourquoi pas ?" dis-je, pensant en effet qu'aux yeux de certaines personnalités de l'occupation, cette décoration pourrait lui servir de couverture. Je pensais que c'était cette même préoccupation qui pouvait inciter Védrine à souhaiter l'attribution d'une telle distinction à son ami.

« Jean Védrine m'indiqua alors les deux personnes déjà d'accord pour le parrainer, et qui étaient Gabriel Jeantet et Simon Arbellot de Vacqueur. Je savais que François Mitterrand approuvait les bases fondamentales de la Rénovation. Personnellement, je ne voyais aucune opposition entre servir le Maréchal et faire de la résistance. A titre de confirmation, dans ce même Hôtel du Parc, fonctionnait le Service central photographique, relevant en principe du ministère de l'Information mais dont la raison d'être et le fonctionnement étaient d'abriter un centre de résistance mis sur pied par l'ORA...

1. Entretien avec l'auteur, le 25 février 1994.

« J'ai pensé que Jean Védrine m'avait parlé de cela parce qu'il savait que si j'avais fait opposition, François Mitterrand n'aurait pas reçu la Francisque. Je ne me rappelle pas la date précise où se situe cette scène, mais je crois que c'était au printemps de 1943. Je vois encore dans quelle lumière nous baignions... »

Précisons que Jean Védrine, lui, n'a aucun souvenir de cette scène et doute de la mémoire de Jean Racine.

D'autres témoignages et documents confortent néanmoins l'hypothèse selon laquelle François Mitterrand a reçu la Francisque bien avant son départ pour Londres.

Jean Munier et Ginette Caillard ont eu la même réaction quand ils ont vu François arborer la Francisque gallique : la surprise. Jean Munier : « J'ai été étonné et, face à mon étonnement, François m'a dit : "Ça va nous servir."[1] » Ginette Caillard : « Je me souviens bien qu'il est venu me voir à l'Hôtel de l'Amirauté. "Vous portez la Francisque ! dis-je, stupéfaite. – Ça peut nous être utile", a répondu, décontracté, François Mitterrand. » Cette scène, Ginette la situe probablement en juillet 1943.

Ginette et Jean ont pensé d'emblée que François utilisait là, très provisoirement sans doute, une excellente couverture. Donner le change à l'ennemi était bien souvent une condition de survie. « J'étais bien placé pour savoir que ce "combat de l'ombre" ne se faisait pas dans la dentelle, constate Munier. La lutte contre le nazisme était impitoyable. Nous avions accepté le pire. François Mitterrand, comme nous tous. Lui même, puisqu'il était le responsable de notre réseau, y était engagé jusqu'au bout.

« Une petite note savoureuse, si je puis dire..., ajoute Jean Munier. L'effet de la Francisque s'est manifesté d'une façon inattendue : nous étions reçus dans les restaurants avec beaucoup plus d'égards qu'auparavant, ce qui n'était pas négligeable en cette période de disette ! »

1. Entretien avec l'auteur du 11 mars 1994.

Pol Pilven, lui aussi très proche collaborateur de François Mitterrand en 1943, se souvient fort bien[1] d'avoir vu François arborer la Francisque un jour que celui-ci sortait du Cintra, « un repaire de collaborationnistes et de gestapistes », dit-il. Très surpris, Pol Pilven lui demanda des explications : « Il a rigolé... C'était un peu surprenant. Il adorait aller dans les endroits où ça grenouille... Il la portait par provocation, déclare aujourd'hui Pilven.

– Quand se situe cette scène ?

– Je ne me souviens pas exactement, mais, en tout cas, avant mon arrestation, à Vichy, dans le logement de François Mitterrand, le 11 novembre 1943, donc avant son départ pour Londres. »

Pierre Coursol, autre proche de Mitterrand, qui a reçu également la Francisque « par pli » en octobre 1943, est formel[2] : lui aussi a vu François Mitterrand arborer la maudite décoration.

Pour dater de manière un peu plus précise cette mystérieuse attribution, j'ai cherché des noms de décorés dont le dossier portait un numéro voisin de celui de François Mitterrand. Paul Morand, écrivain connu, avec le numéro 2203, constituait le repère idéal.

Paul Morand, ami de Laval, qui s'est occupé de censure cinématographique avant d'être nommé ambassadeur en Roumanie au début de l'été de 1943, a été décoré *avant* de partir en poste à l'étranger. Il ne fait donc aucun doute pour moi que François Mitterrand a été décoré de la Francisque à la fin du printemps ou au début de l'été 1943. L'octroi de cette décoration ne jure d'ailleurs en rien avec son action et ses idées du premier semestre de 1943. Il est également intéressant de relever que presque tous ses camarades du Commissariat au Reclassement des prisonniers ont également obtenu la Francisque. Eux aussi étaient maréchalistes.

1. Entretien avec l'auteur du 19 janvier 1994.
2. Entretien avec le fils de l'auteur, mi-février 1994.

Quand j'ai abordé ce sujet délicat avec François Mitterrand, il m'a répondu sans aucune gêne, comme si je lui avais parlé de la Légion d'honneur... Après que je lui eus fait part de mes déductions, il n'a fait aucune difficulté pour reconnaître qu'il avait reçu la Francisque *« dans ces dates là, forcément. Mais on voulait me la remettre officiellement et cérémonieusement alors que j'étais* [déjà] *à Londres. J'ai fait partie d'une fournée. Vichy faisait une campagne de séduction auprès des mouvements sociaux – les Centres d'entraide et, me semble-t-il, la Croix-Rouge. J'ai porté la Francisque, c'est vrai. C'était un sujet de plaisanterie. Cet insigne m'a aidé à voyager sans difficultés. J'ai bien porté l'insigne de la NSDAP* [1], *lors de ma première évasion...* [2] »

ANNEXE

LES « FRANCISCAINS » PROCHES DE FRANÇOIS MITTERRAND

513[3]	Étienne Ader
661	Bernard Ariès
684	Georges Baud
685	Louis Devaux
1411	Maurice Pinot
1470	Pierre Join-Lambert
1505	Pierre Arnal
1661	Roger-Victor Ruillier
1689	Jean-L. Cornuau
1761	Henri Guérin
1797	Henri Guitton
2079	Pierre Chigot
2172	Jean Védrine (parrains : Pinot, Racine)
2202	François Mitterrand
2262	Jean-René Boulard
2277	André Magne (parrains : Chigot, Védrine)
2307	Pierre Coursol (parrains : Védrine, Chigot)

1. Le Parti nazi.
2. Entretien avec l'auteur, le 26 mai 1994.
3. Numéro de dossier.

MONSIEUR MORLAND, CLANDESTIN

A partir de février-mars 1943, François Mitterrand, bien connu sous son nom à Vichy, va également s'appeler Morland, Purgon, Monier (ou Monnier), Laroche, capitaine François, Arnaud, Albret... Insaisissable pour la Gestapo, pour la Milice, il l'est tout autant et d'autre manière pour ceux qui croient être ses amis et sans doute aussi pour lui-même. A l'abri derrière le paravent de la respectabilité vichyssoise, il va se mouvoir au gré d'un double, voire triple jeu dont lui seul connaît les points de jonction avec sa véritable personnalité. Incontestablement, il aime ces arabesques qui lui permettent de fuir et de se fuir. Il y a chez lui un goût évident de se dissimuler. Par-dessus tout, il déteste être connu, donc cerné. Il sait qu'il est impossible pour lui, et donc à plus forte raison pour les autres de connaître le vrai François Mitterrand. Rappelons ce qu'il disait des carnets intimes dans la *Revue Montalembert* :

> « *J'aime par curiosité les réactions subjectives au choc des événements, tout en restant sceptique sur l'évolution secrète d'une personnalité, de ses sentiments et de ses idées... Le mystère de l'homme me paraît être une colossale pièce montée... Le meilleur moyen de tuer ou de dessécher un sentiment vif est de l'analyser et de l'examiner...* »

Jamais, en tout cas, cet homme de l'ombre n'a éprouvé un tel sentiment d'exaltation. Il se réalise pleinement dans cette action complexe et risquée. Il n'est plus menacé par l'ennui, sa peur absolue. Il se moque bien de mourir, mais il sait que, s'il en réchappe, il peut lui échoir un véritable destin.

Pour tenter d'avoir un aperçu de l'activité de « M. Morland » – pseudonyme qu'il utilise le plus souvent à partir du printemps 1943 –, il convient de décrire son activité « en étoile », donc quelques-unes des branches qui, partant de lui, puisent en lui leur cohérence. Nous avons déjà dessiné la branche maréchaliste de M. Mitterrand en lutte contre Masson. Certaines autres ne sont pas dissimulées derrière des palissades très épaisses.

Les activités de Jacques Bénet et Pol Pilven sont déterminantes dans la structuration du nouveau mouvement qui s'appuie sur les « démissionnaires » du Commissariat et sur la Chaîne. Les deux hommes sont méthodiques et organisés. Jacques Bénet est un constructeur. Systématiquement, il recrute au nom de Pinot et de Mitterrand. Il sonde les reins et les cœurs de toute la communauté « Prisonniers » de zone sud et met en place des liaisons organiques. Il s'appuie dans un premier temps sur les anciens du CAP à Lyon et sur les anciens de la Chaîne qui ont assisté à la réunion de Montmaur. Il est indispensable que lui, le « parachuté », se fasse reconnaître d'eux. Il déploie beaucoup d'efforts pour obtenir la bénédiction des grandes figures que sont restés Pinot, Mauduit et Montjoie. Sans titre officiel, il assure le suivi des décisions de principe prises tant à « Chez Livet » qu'à Montmaur. Pendant quelques mois – environ jusqu'à l'été de 1943 – deux structures qui se recoupent largement vont continuer à coexister : celle décidée le 13 février à Montmaur, avec son Comité national de lutte et son Comité des Quinze, et la structure installée à Vichy, autour de Mitterrand, avec Bénet, Pilven, etc. Pour ménager les susceptibilités, Bénet et Pilven doivent se montrer diplomates. Le premier élargit progressivement son champ d'action. Il ne crée pas un mouvement centralisé, mais coordonne, fédère les bonnes volontés individuelles ou groupées, tantôt prêtes à se lancer dans des activités de résistance, tantôt cantonnées à l'action politique, à l'aide aux filières d'évasion ou à la fabrication de faux papiers. Ces efforts de structuration n'empêcheront donc pas Montmaur et l'équipe groupée à Lyon autour de Montjoie, mais aussi le groupement du Dr Fric à Clermont, entre autres, de garder une très large autonomie par rapport à la direction de Vichy. Quant à Pilven, le discret Breton, il joue le rôle de secrétaire du mouvement à Vichy. Il n'a pas de spécialité, mais s'occupe de tout. Marcel Barrois, président du CEA de l'Allier, consacre de plus en plus de temps au mouvement et devient à son tour permanent. Il en ira de même de Jean Bertin, avoué à Nancy, recommandé par le représentant du mouvement en Lorraine et appuyé par François Valentin, qui rejoindra en août le noyau des permanents à Vichy.

Après la réunion de Montmaur, et avant que les liens du mouvement avec l'ORA ne se soient considérablement renforcés, Charette et Morland font un bout de chemin ensemble au sein de la structure issue de la réunion du 13 février. Le premier entend utiliser les multiples relations qu'il a nouées pour son mouvement, mais le second et ceux de la majorité Pinot le « marquent à la culotte ». Montjoie avait ainsi obtenu un contact avec un agent du BCRA à Nice, « Judith » ; Mauduit fut désigné pour l'y rencontrer, mais il prétendit ne pouvoir s'y rendre, et Charette se proposa pour effectuer la mission à sa place. Plutôt que de le laisser seul, Mauduit finit par se libérer et par l'accompagner avec Roussel, un fidèle de Morland. « Judith » remit 10 000 francs qui furent utilisés exclusivement pour Montmaur. Le mouvement obtint également 40 000 francs de « Combat » à la suite de l'intervention de Charette, mais la somme fut aussitôt récupérée pour le financement des activités de Montmaur, sans que Charette eût été consulté[1]...

1. Archives du BCRA.

L'opposition se cristallise entre le neveu du général de Gaulle et François Mitterrand. Dès que l'argent arrive en quantité suffisante et que Charette/Cailliau devient moins utile, les vexations et mesquineries s'abattent sur lui : Montjoie lui retire son local, sa dactylo et sa machine à écrire. Fin avril, la rupture est consommée. Cailliau écrit à Mitterrand une lettre dans laquelle il exprime tous ses griefs, tant à son égard qu'à celui des principaux membres du mouvement. Il affirme qu'il ne reviendra que si l'équipe Pinot-Mitterrand se lance dans une « vraie résistance »[1]. Comme beaucoup d'autres, Cailliau ne comprend goutte au jeu mitterrandien... Tous les ponts ne sont pas coupés pour autant entre les deux mouvements. A preuve, la rencontre avec Philippe Dechartre, l'un des principaux collaborateurs de Charette, organisée par Pierre Lemoign', ancien P.G. proche à la fois de Cailliau et de Mitterrand. Laissons la parole à Dechartre[2] qui se souvient de cette entrevue à la fin de mai 1943, sur un quai de la gare de Lyon (Morland se trouvait à Lyon, le dimanche 30 mai, pour une réunion au Central Bar destinée à coordonner l'action des CEA) :

« C'est un souvenir très présent. J'ai rencontré à six heures du matin, dans le brouillard et le froid, un homme en culotte de golf, arborant une grosse écharpe, un béret et une petite moustache... On a longuement parlé et ça a marché, malgré les réserves que j'avais à son endroit. C'était un homme de droite extrême, puis de droite, mais tout cela corrigé par son catholicisme, alors que j'étais moi-même issu d'une famille républicaine, voltairienne et radicale. On a sympathisé. Notre amitié est née là, dans le brouillard. C'était très romantique... Ce qui m'a frappé, c'est son analyse. Il avait une vision pour l'après-Libération. Il imaginait la France de demain : "Si on veut prendre le pouvoir, disait-il, il faudra composer avec les communistes. Ils sont ce qu'ils sont. Il y a

1. « Debriefing » de Michel Cailliau par le BCRA, le 18 août 1943.
2. Entretien avec l'auteur, le 18 mars 1994.

une arithmétique communiste. Il faudra en tenir compte pour l'approche du pouvoir. On ne peut pas passer à côté..." Morland était encore légitimiste, maréchaliste, mais on était d'accord, car le patriotisme l'emportait sur tout. C'était un antiallemand et un authentique résistant. »

Au cours de ce même printemps de 1943, les liens du « groupe Mitterrand » avec ceux qui suivent le même itinéraire idéologique se renforcent : Compagnons de France et anciens de l'École d'Uriage. Le principal collaborateur du chef Compagnon, Georges Lamarque, a créé à l'intérieur du mouvement le réseau « S.R. Druides », en liaison avec le réseau « Alliance », lui-même lié à l'Intelligence Service. Lors d'une énième réunion à Crépieux-la-Pape, au siège des Compagnons de France, à la fin avril, les responsables du mouvement « prisonniers », ceux des Compagnons (Guillaume de Tournemire en tête) et de l'École d'Uriage (avec P. de La Taille) décident de garder des contacts suivis afin de lutter contre l'occupant. Mitterrand, Mauduit, Jallade, Hædrich, Védrine, Marot, Munier et Pierre Merli[1] assistent à cette journée clandestine d'études.

Munier, l'ancien compagnon de captivité, s'en souvient fort bien[2] : depuis la fin de décembre 1942, il attendait un signe de son ami François pour aller travailler avec lui. Celui-ci dispose maintenant de fonds pour le rémunérer. Il lui a donné rendez-vous à Crépieux. Au cours de cette rencontre, Munier fait la connaissance du patron des Compagnons, Tournemire, de Jean Védrine, de Montjoie et de bien d'autres. Les échanges de vues tournent autour de ce qu'il convient de faire pour résister. Munier se rappelle en particulier l'exposé de Védrine sur ce qui attend les membres du groupe dès lors qu'ils décident de se lancer dans la lutte.

---

1. Actuel député-maire d'Antibes. Entretien avec l'auteur, le 31 décembre 1993.
2. Entretien avec l'auteur, le 11 mars 1994.

Pierre Merli se souvient également de cette réunion, car c'est là qu'il a vu François Mitterrand pour la première fois, mais il n'a pu faire plus ample connaissance, car il est alors tombé malade et a été conduit à l'hôpital de Lyon. Une dizaine de jours plus tard, il a reçu une lettre de François lui disant qu'il aimerait le rencontrer. Une seconde lettre lui annonça son arrivée. Afin que Merli puisse le reconnaître à sa descente du train à Nice, il lui précisait qu'il porterait un pantalon de golf et des bas blancs. Il devait rester deux jours. Il ne repartit qu'une huitaine de jours plus tard. François baptisa son correspondant Nikli (Ni comme Nice, Li comme la dernière syllabe de son nom). Tous deux évoquèrent l'installation du mouvement dans le Sud-Est et mirent au point un discret système de communication.

Au début du printemps 1943, François Mitterrand noue des relations de plus en plus étroites avec l'ORA. Les responsables giraudistes acceptent de financer son mouvement qui leur semble en mesure de fournir de l'encadrement à la Résistance. Assez rapidement, l'ORA et le mouvement développent une coopération organique poussée, et nombre de membres du second seront considérés comme faisant partie de la première. Ils vont ainsi se mettre à la disposition des chefs de régions militaires et se trouver mêlés à des actions périlleuses définies en commun par les militaires et quelques membres de la direction nationale du mouvement.

La symbiose entre l'ORA et le mouvement de résistance « prisonniers » va être telle que Morland sera progressivement considéré par le service « Action » de l'ORA, qui dépend des services spéciaux giraudistes, comme l'un des leurs[1]. Et Morland lui-même, comme nous le verrons lors de son voyage en Angleterre, se considérera comme faisant partie de l'organisation giraudiste[2].

---

1. Voir cahier hors-texte.
2. Voir annexe, pages 572 et suivantes.

Il ne partage avec personne ses responsabilités en ce domaine. Il veille même jalousement à ce qu'on n'empiète pas sur ses plates-bandes. Ainsi, Montjoie, qui n'était pas au courant de tout, accepte de prendre langue, place Bellecour, à Lyon, avec un officier de l'Armée secrète[1] venu de Londres. La discussion va suffisamment loin pour que les deux hommes envisagent l'entrée du réseau Pinot-Mitterrand dans l'Armée secrète. Avant d'aller plus avant, Montjoie doit aviser Mitterrand. Quelques jours plus tard, à Lyon, il rencontre ce dernier, qui s'oppose au projet en invoquant la raison suivante : « L'A.S. est de tendance gaulliste et reçoit ses instructions de Londres. Le RNPG doit rester indépendant et est plutôt d'obédience giraudiste[2]. »

La première pièce officielle[3] attestant que le mouvement de François Mitterrand est engagé aux côtés de l'ORA date du mois d'août 1943 et s'intitule « Situation de l'organisation de résistance de l'armée française et des groupements civils similaires » :

> « En zone sud, les groupes de résistance de l'armée ont été initialement formés par des militaires de carrière restés dans leur garnison après la démobilisation de l'Armée.
>
> A ces éléments sont parfois venus s'agglomérer *quelques éléments civils. Parmi ceux-ci, il faut tout particulièrement noter d'importants groupes de prisonniers constituant un Mouvement sans aucune liaison avec l'officiel "Mouvement Prisonniers" patronné par le gouvernement Laval ; ces groupes sont généralement formés d'éléments très sains, parmi lesquels les évadés sont nombreux...[4]* »

---

1. L'Armée secrète fut créée en septembre 1942 sous l'impulsion de Jean Moulin. Elle regroupait les groupes paramilitaires des trois principaux mouvements de résistance, « Combat », « Libération » et « Franc-Tireur ».
2. Témoignage de Montjoie.
3. SHAT 13 P 15.
4. Souligné par l'auteur.

J'ai trouvé relativement peu de détails sur les rencontres entre Morland et Pfister, Zeller, du Passage et Chézelles, mais il est possible de se faire une idée des activités « Action » de François Mitterrand grâce aux témoignages de ses deux principaux collaborateurs en ce domaine, Jean Munier et Jacques Pâris, ainsi que de sa secrétaire, Ginette Caillard, qui était « au courant de tout ». Ou presque...

Ginette Caillard se souvient d'avoir assuré à plusieurs reprises les contacts avec des membres de l'ORA, notamment avec le colonel Pfister (Marius), sa femme (Fanny) et le colonel Henri Zeller. Elle n'a pas oublié qu'un jour, Fanny lui a remis deux cent mille francs enveloppés dans du papier journal. Une autre fois, elle a eu rendez-vous avec Zeller dans la cave d'un immeuble de Vichy ; après qu'elle eut lancé le mot de passe : « Salut la compagnie ! » repris par un « Salut mon vieux ! » de Zeller, celui-ci lui a remis « l'argent de l'ORA qui finançait le mouvement. L'argent était caché dans une maison proche, la villa Pierrette, qui était une sorte de base arrière en cas de nécessité...[1] »

Après la réunion de Crépieux-la-Pape, Jean Munier s'installe à Vichy. Il fait la connaissance des proches collaborateurs de François Mitterrand. Il n'apprécie pas du tout que son ami ait une jeune fille de seize ans pour principale collaboratrice : à cet âge-là, pour lui, on reste chez ses parents... Mais il fait contre mauvaise fortune bon cœur. Ginette, elle, n'apprécie pas davantage cet homme dur et désagréable. Mais tous deux ont un point commun : ils aiment bien Mitterrand. D'emblée, celui-ci explique à Munier qu'il entend faire de lui son « homme d'action » : « Dès le départ, il m'a dit qu'il allait s'orienter vers la lutte armée. » Le premier « pseudo » de Munier est Martet, et ses premiers émoluments se montent à 3 000 francs par mois.

Sa première mission « Action » consiste à conduire trois

---

1. Entretien avec l'auteur, le 11 mars 1994.

déserteurs autrichiens de La Voulte-sur-Rhône jusqu'à Voi-
ron, *via* le Vercors. Puis il est chargé d'équiper en matériel
roulant les gens du mouvement installés autour de Neussargues, dans le Cantal. Avec Maurice Derocker, il subtilise
un autobus de l'armée allemande à Bellerive, puis réédite la
même opération avec un P 45 Citroën réquisitionné par les
Allemands, et deux motocyclettes.

« Martet » contacte ensuite Descours, délégué militaire
régional (DMR) à Lyon, pour obtenir des armes. Celui-ci y
consent à condition qu'il trouve en échange des terrains de
parachutage. Le premier terrain indiqué par Munier est situé
à Saint-Laurent-du-Pont, dans l'Isère ; il en confie la responsabilité à Roger Pelat, un ancien camarade de stalag. La
phrase de la BBC annonçant les parachutages sur ce terrain
est : « Je suis un évadé. » Munier trouve un autre terrain à
Bourg. Il devient ainsi le directeur régional des opérations
aériennes pour la région lyonnaise et les Alpes. Il rend
compte de ses missions à François Mitterrand, à Descours et
au colonel du Passage, lequel transmet les informations de
Munier à Londres, au capitaine Lejeune.

En août, Munier est chargé de prendre contact avec le
DMR de Clermont-Ferrand, Alain de Beaufort, dit « Jean-
René », qui a été parachuté récemment, en provenance de
Londres. Une fois de plus, Munier est chargé de rechercher
dans la région des terrains susceptibles de recevoir des lar-
gages. Il en repère deux : à Maringues, dans l'Allier, – sur
lequel eut lieu un parachutage après que Radio-Londres eut
lancé sur les ondes : « En plein dans le mille, attention on va
tirer ! » – et un autre à Neussargues. En guise de remerciements, Munier reçoit de l'adjoint de Jean-René Mourier,
bibliothécaire à l'université de Clermont-Ferrand, des valises
d'armes pour le mouvement et un 7,65 muni d'un silencieux
pour son usage personnel.

Au moment où Munier préparait sa première mission, un
jeune s'est présenté, tout feu, tout flamme, dans l'un des

bureaux de François Mitterrand. Il n'appartenait à aucun de ses réseaux : il n'était ni du « 104 », ni de Schaala, ni du IX B... A la signature de l'armistice, Jacques Pâris était étudiant à Lyon. Il voulait devenir commissaire de la marine marchande. Au début de 1943, il a été convoqué au STO. Il est hors de question pour lui de partir pour l'Allemagne. Il veut de surcroît entrer dans la Résistance. Il en parle autour de lui et fait la connaissance d'un homme sympathique, Louis Augis, un évadé P.G. qui fait partie de la bande « Pin' Mitt' ». Pâris lui fait part de ses intentions. « Je vais te présenter à Montjoie », lui répond Augis. Pâris rencontre Montjoie qui l'envoie à Vichy, au Bureau de la main d'œuvre des prisonniers rapatriés, 22, avenue Gambetta. Jacques Pâris fait ainsi la connaissance, le 20 avril, de François Mitterrand qui lui fixe rendez-vous pour le soir même.

Les deux hommes se rencontrent par une nuit noire dans les rues de Vichy. Mitterrand tutoie de but en blanc Jacques Pâris qui reconnaît d'emblée en lui un chef. « Tu veux partir de l'autre côté ? C'est bien, lui dit Mitterrand. Notre mouvement est créé et marche bien depuis que le général Giraud nous a demandé de nous grouper. Nous sommes organisés. Nous avons l'esprit et les hommes. Il nous manque une liaison. Nous nous considérons comme les sujets directs et personnels du Général, et nous ne recevrons d'ordres que de lui. Nous avons déjà essayé d'établir une liaison ; deux agents sont partis, il y a un mois et voilà quinze jours ; nous sommes sans nouvelles d'eux... Nous savons que tu te proposais un jour ou l'autre d'aller voir tes parents à Madrid. Tu as des facilités pour voyager : passe, et fais tout ton possible pour établir une liaison entre le mouvement et le Général. Il nous faut des ordres, des consignes, des encouragements, de l'argent, des armes. *Voici les personnes auxquelles tu dois t'adresser dès ton arrivée en Afrique si tu ne peux voir personnellement le Général, ce qui, évidemment, serait l'idéal : le colonel de Linarès ; le capitaine de frégate Jozan ; le colonel Billotte ; le capitaine de spahis Henri Giraud ; le capitaine Le Corbeiller. Dis-leur que nous sommes actifs, et, si tu peux revenir en France, tant mieux[1]. »*

Cette conversation, telle qu'elle a été rapportée une dizaine de jours plus tard par Jacques Pâris au chef de poste de la DSR-SM à Casablanca, est importante : elle confirme que l'action clandestine de François Mitterrand s'inscrit dans un giraudisme sans mélange. Au surplus, tous les officiers qu'il a recommandés à Pâris sont directement ou indirectement liés à Giraud. Linarès est un des fondateurs de la Chaîne ; Henri Giraud, le fils du général, est un ami de Pierre Landry et de sa femme, Colette Mitterrand, la sœur de François ; Le Corbeiller, qui l'a fait entrer à la Légion, est un camarade de promotion du même Pierre Landry. Le maréchaliste a laissé place au giraudiste, ce qui est peut-être difficile à comprendre aujourd'hui, mais idéologiquement cohérent, puisqu'il n'y a pas eu solution de continuité entre les deux fidélités. Le général Giraud, commandant en chef des forces françaises, a d'abord inscrit son action dans la fidélité au Maréchal et n'a lui-même clairement rompu ce lien qu'au début de l'automne 1943.

A la fin de son entretien avec Pâris, François Mitterrand le met en contact avec « quelqu'un » qui souhaite le voir avant son départ « de l'autre côté ». Ce « quelqu'un » n'est autre que le général Frère, patron de l'ORA. C'est dire à la fois l'imbrication entre le mouvement « Prisonniers » et l'ORA, et le niveau des relations de Mitterrand avec les officiers giraudistes installés encore à Vichy ou dans les parages.

Grâce à de nombreuses complicités, Pâris n'aura aucune difficulté à gagner Alger, *via* Madrid, Lisbonne et Casablanca. Il est intercepté le 3 mai par un agent du colonel Paillole à Casablanca. Il se dit chargé d'une mission confiée à

---

1. Les recommandations de François Mitterrand à Jacques Pâris sont extraites de la note DSR-SM n° 321 du 3 mai 1943, rédigée par l'officier qui a « débriefé » l'envoyé à son arrivée à Casablanca. Le passage souligné l'est par l'auteur.

Vichy par Morland et le général Cahier[1], et, en guise d'intro-
duction, il déclare : « Le général Giraud est, en France, l'ami
des prisonniers de guerre. Lorsque Masson a été nommé au
Commissariat à Vichy, les prisonniers et évadés ont immédiatement formé un contre-mouvement anticollabo inspiré
des conseils du Général...[2] » Puis il rapporte dans le détail la
conversation qu'il a eue quelques jours plus tôt avec François
Mitterrand. Précisons que Pâris avait déjà tenu les mêmes
propos au représentant de Paillole à Madrid. L'agent de la
DSR-SM au Maroc envoie la note citée ci-dessus à Paillole,
lequel donne son feu vert à la venue de l'envoyé de Morland
à Alger.

Alger est alors en pleine effervescence. De longues tracta-
tions sont en cours entre les émissaires des deux généraux qui
aspirent à incarner la Résistance et la France. Le 30 mai
1943, de Gaulle débarque pour tenter de trouver un terrain
d'entente avec Giraud. Le 3 juin, le Comité français de libération nationale (CFLN) est constitué à Alger, coprésidé par
les deux généraux.

Les giraudistes affectent Pâris au 1er bataillon de choc.
Pendant deux mois, l'envoyé de Morland s'initie à toutes les
subtilités de l'entraînement « kommando », au maniement
des explosifs, au saut en parachute, de nuit comme de jour.
En août, il est expédié à Londres où il est pris en charge par
les services secrets britanniques. Dans un premier temps, il
est quasiment en résidence surveillée, subit de multiples
interrogatoires dans une villa isolée, puis est acheminé vers le
commandant Lejeune, patron du service « Action » de
l'ORA, qui dépend lui-même de la Direction des services
spéciaux (DSS) giraudistes. Lejeune l'envoie dans une école
du SOE située dans la banlieue de Londres ; il s'y initie à
toutes les roueries du contre-espionnage, « révise » les tech-

---

1. Le beau-père de Robert Mitterrand et le beau-frère d'Eugène
Deloncle.
2. Note DSR-SM n° 321, déjà citée.

niques de sabotage, effectue des atterrissages clandestins. Il partage la chambre de Robert Benoît, champion automobile de l'avant-guerre. Son nom de code pour les Britanniques est « Bellringer »[1].

Tandis que le mouvement « Pin' Mitt' » tisse ses liens avec les giraudistes, Morland diversifie ses allégeances. Dès le début de mars 1943, il approche les principaux chefs de la Résistance intérieure. Les trois grands mouvements de résistance de la zone sud – Combat, Libération et Franc-Tireur – viennent de reconnaître le général de Gaulle pour chef et se sont réunis au sein des MUR (Mouvements unis de résistance), et les éléments militaires de ces mouvements ont intégré l'A.S. (Armée secrète). Henri Frenay, patron de Combat, dirige les MUR.

« Bernard », une femme juive qui servira d'agent de liaison entre Mitterrand et Frenay, donne rendez-vous (en avril ?) à Morland en gare de Perrache dans un grand luxe de précautions. Sur le quai, Morland se retrouve nez à nez avec « Lahire », qui n'est autre que son vieux copain Bénouville. « Comment, c'est toi[2] ! » Le secret est éventé... Accompagné de Jacques Baumel (alias Rossini), Bénouville emmène Mitterrand vers une destination inconnue. Morland se retrouve finalement dans l'arrière-salle d'un bistrot de Charnay-lès-Mâcon, en présence du chef des MUR, Henri Frenay, et de sa collaboratrice Bertie Albrecht.

« Frenay est le chef de la Résistance le plus remarquable que j'aie rencontré[3]. » Quand François Mitterrand parle du personnage, il ne peut éviter d'évoquer aussi l'extraordinaire bataille qui l'opposa à Jean Moulin et, au-delà, l'affrontement entre Résistance intérieure et Résistance extérieure. Il estime que la lumière n'a jamais vraiment été faite sur ce sujet. *« De Gaulle a entrepris une conquête des pouvoirs dès le départ. Il a*

1. A partir d'une note du SOE figurant dans les archives du BCRA.
2. Entretien de François Mitterrand avec l'auteur, le 26 mai 1994.
3. Affirmation réitérée au cours de nos divers entretiens.

retenu à Alger tous les grands chefs qui lui faisaient de l'ombre. Il y avait un véritable acharnement gaulliste à éliminer tous les résistants de l'intérieur, ceux qui n'étaient politiquement pas sûrs[1]... » Ce thème est revenu au cours de chacune de nos rencontres. Sur ce chapitre, il partage tous les points de vue qu'exprimait Frenay, le 8 avril 1943, dans une lettre adressée à Jean Moulin[2] :

> « ... C'est un lieu commun de dire que le général de Gaulle et les FFC retirent leur force principale de la résistance française, organisée ou non. Les mouvements de résistance se sont spontanément ralliés au Général et c'est la spontanéité de leur adhésion qui en fait tout le poids...
>
> Or nous assistons en ce moment même, et un peu du fait des agents de Londres, à une tentative de fonctionnarisation de la Résistance... Lorsque, dans un domaine ou dans un autre, nous émettons des avis qui ne sont pas exactement calqués sur ceux qui vous viennent de Londres, vous vous scandalisez et, pour un peu, vous nous accuseriez de félonie. Vous semblez méconnaître ce que nous sommes vraiment, c'est-à-dire une force militaire et une expression politique révolutionnaire... Nous nous considérons un peu, si vous le voulez, comme un parti qui soutient un gouvernement mais n'est pas pour autant aux ordres de ce dernier. »

La rencontre entre Frenay et Mitterrand se passe bien. Le vichysme supposé du second ne pose aucun problème au premier qui n'a pas, sur ce point, les mêmes préventions que les gaullistes. Il estime que le jeune homme est disposé à se battre, qu'il est ambitieux, qu'il n'a pas froid aux yeux et semble en mesure de noyauter la communauté « prisonniers », donc de rendre de grands services à la Résistance. Mitterrand lui expose le travail clandestin qu'il accomplit en vue de noyauter les structures mises en place par Vichy pour les rapatriés ou évadés d'Allemagne, et demande l'aide de

1. Entretien avec l'auteur, le 12 octobre 1993.
2. In *Histoire de la Résistance,* de Jean Noguères, tome 3, Éd. R. Laffont.

Combat. Frenay connaît déjà le mouvement Prisonniers par Michel Cailliau : Combat lui a lui-même prodigué quelques modestes moyens financiers. Il comprend que Cailliau et Mitterrand se détestent. Celui-ci lui apparaît « comme un homme intelligent et cultivé. Mince, élégamment vêtu, l'œil vif », son sourire l'inquiète, car il lui rappelle « celui de D'Astier[1] ». Ces lignes, écrites longtemps après les faits, ne me semblent pas correspondre à la réalité. Dès leur première rencontre, Mitterrand séduit Frenay qui, dès lors, va prendre son parti dans la lutte qui l'oppose au neveu du général de Gaulle. Frenay plaide ainsi sa cause au Comité de coordination des MUR qui partage son souhait d'aider le mouvement de Morland.

Au sein des MUR, c'est Claudius-Petit qui est chargé de garder le contact avec ce dernier et de tenter de coordonner l'activité des deux mouvements concurrents. La première rencontre entre Morland et Claudius-Petit, en juin 1943, ne se déroule pas à merveille : Morland ne se prive pas de lui déclarer que tout n'était pas à rejeter dans la Révolution nationale, par exemple les organisations corporatives...[2]

Frenay n'en décide pas moins de récupérer Morland et, en même temps, de tenter de le réconcilier avec Cailliau/Charette. A la fin de juin, il convoque les deux hommes devant le comité directeur des MUR, sans les aviser de leur présence conjointe. De même, afin d'éviter tout incident, il n'a pas prévenu Claudius-Petit. La réunion a lieu le matin, à Lyon. Frenay préside, assisté de Claude Bourdet, Jacques Baumel et Pascal Copeau. Charette arrive le premier. Il est ulcéré d'apprendre que Mitterrand est également convoqué et se lance dans une violente diatribe sur les relations vichyssoises de ce dernier, ses idées, etc. Comme à son habitude, Mor-

---

1. In *La nuit finira* de Henri Frenay, Éditions R. Laffont, Paris, 1973.
2. Voir la thèse sur l'UDSR, d'Éric Duhamel, *op. cit.*

land arrive en retard[1]. Frenay tente d'adoucir les rapports entre les frères ennemis, mais, au grand dam de Charette, il « oublie » d'aborder la question du gaullisme. Charette est également mécontent que Frenay ne demande pas à Morland de mettre une sourdine à son anticommunisme. Le patron des MUR a déjà choisi entre les deux hommes, mais leur demande néanmoins de s'unir.

L'après-midi, Morland tient un comité directeur de son mouvement à Lyon. Il a invité Frenay à y assister. Celui-ci y a délégué Claude Bourdet, qui n'y reste pas très longtemps mais s'entretient en tête-à-tête avec Jacques Bénet, à qui il propose un stage d'un mois en Isère, dans le massif de Belledonne. Une vingtaine de personnes assistent à cette réunion, parmi lesquelles Morland, Pinot, Bénet, Montjoie et quelques directeurs de Maisons du prisonnier. Il est surtout question de la lutte anti-Masson. Le soir même, toujours à Lyon, quelques membres importants du mouvement Cailliau se retrouvent à un dîner auquel ils ont convié... Morland ! En dépit des antagonismes, il est décidé de maintenir une liaison entre les deux mouvements : une fois par mois, deux ou trois éléments de chacun prendront un repas ensemble et tenteront de former un front commun. Mais, depuis le matin, Charette a compris que son avenir auprès de la Résistance intérieure est compromis : sous l'impulsion de Frenay, le comité directeur des MUR a choisi Morland dans le conflit opposant les deux hommes. Le neveu du général de Gaulle décide alors de ne plus jouer que la carte gaulliste, d'intégrer le BCRA et d'en appeler à l'arbitrage de son oncle à Alger (qu'il gagnera après un crochet par Londres à la fin de juillet).

Depuis février 1943, Morland entretient également des rapports avec les amis de Bernard de Chalvron que sont les

---

1. L'ambiance de cette réunion est décrite à partir d'une note de Charette au BCRA en date du 18 août 1943.

résistants Emmanuel d'Astier, Nègre et Rollin, de NAP[1] et Super-NAP.

La liaison entre Morland et Jean-Paul Martin constitue-t-elle à elle seule une branche de l'« étoile » ? Probablement. Martin est un grand informateur de Morland au ministère de l'Intérieur où René Bousquet occupe les fonctions de secrétaire général à la police. Grand, le nez un peu retroussé, blond à l'œil clair, avec un petit air secret, Jean-Paul Martin est né le 31 décembre 1913 ; il est diplômé de Sciences-Po et d'études supérieures de droit. En 1943, il occupe les fonctions de directeur du cabinet du directeur général de la police nationale, Henri Cado, et, à ce titre, il prend sa part à la politique antijuive, en pleine connaissance de ce que faisait la police à Vichy[2]. Cado et Martin sont des amis intimes. Cado est le principal collaborateur de Bousquet. Morland a fait la connaissance de Martin par l'intermédiaire d'André Magne. Est-ce un goût partagé de la culture qui rapproche les deux hommes ? C'est sûrement un aspect important de leurs relations.

Martin est considéré comme un ami sûr par la bande qui s'agite autour de Morland : Bénet, Chigot, Magne, Pilven, Munier et Ginette Caillard. Il déjeune souvent à l'Hôtel de Tours avec Pierre Chigot. Il est d'une aide précieuse dans les activités clandestines du mouvement. Il fournit des cachets officiels, de vrais-faux papiers d'identité pour des camarades menacés ou évadés. Mais il communique aussi des renseignements sur les menaces qui pèsent sur les uns et les autres... Cette « taupe » renseignait-elle Morland avec l'accord de Cado et de Bousquet ? On a du mal à penser qu'il ait pu en être autrement.

1. Voir note p. 264.
2. Cf. *René Bousquet*, par Pascale Froment, Stock, 1994.

« Deux hommes ont compté dans ma vie : René Bousquet et François Mitterrand », disait Jean-Paul Martin à la fin de sa vie.

Est-ce sa liaison avec Martin qui est à l'origine de tous les bruits courant sur les relations qu'aurait entretenues François Mitterrand avec René Bousquet du temps de Vichy ?

François Mitterrand parle de son ami Martin et de Bousquet sans aucune gêne et n'élude pas les questions[1]. Il évoque d'abord Martin, « *son cœur d'or[2]* », les multiples et grands services qu'il a rendus au mouvement et à l'ORA, et son exil en Suède[3], pendant quelques années, après la Libération. « *Martin avait très mal vécu l'épuration. C'était un fonctionnaire intègre qui a servi l'État français[4].* » Il précise qu'il l'a pris dans son cabinet quand il fut nommé ministre de l'Intérieur sous la IVᵉ République : « *La SFIO m'a beaucoup critiqué.* » C'est par Martin qu'il aurait connu Bousquet après son acquittement devant la Haute Cour, en juin 1949. François Mitterrand souligne que tous les faits reprochés aujourd'hui à ce dernier furent examinés par la juridiction créée spécialement après la Libération pour juger les responsables de Vichy, et qu'il fut alors acquitté[5]. Sans prononcer le mot, il évoque l'« autorité de la chose jugée ».

---

1. Entretien avec l'auteur du 26 mai 1994.
2. Martin était suffisamment proche de Mitterrand pour faire partie de ceux qui étaient conviés à gravir à ses côtés la roche de Solutré à la Pentecôte.
3. A la libération, Jean-Paul Martin a comparu devant une Commission administrative et a été suspendu avec perte de traitement. Cf. Pascale Froment, *op. cit.*
4. Entretien avec l'auteur, le 1ᵉʳ juillet 1994.
5. « LA HAUTE COUR DE JUSTICE, considérant que, pour si regrettable que soit le comportement de BOUSQUET en divers moments de son activité comme secrétaire général de la police et notamment lorsqu'il a accepté d'aider à l'action de la mission DESLOGES, il n'apparaît pas qu'il ait sciemment accompli des actes de nature à nuire à la défense nationale dans le sens de l'article 85 du Code pénal et qu'il échet en conséquence de prononcer son acquittement ; considérant d'autre part qu'en acceptant de remplir dans le ministère constitué par LAVAL, au

Il est manifeste que François Mitterrand a été opposé à l'ouverture d'un nouveau procès contre René Bousquet pour crime contre l'humanité[1]... Est-il intervenu dans le procès de 1949 ? Pas directement, mais il précise : « *Martin a pu dire que Bousquet avait rendu de grands services à la Résistance, et s'appuyer sur moi pour cela.* » Il laisse entendre que Jean-Paul Martin était probablement « couvert » pour ses activités clandestines.

François Mitterrand ne rechigne pas à parler de René Bousquet : « *Ce n'était pas un Vichyssois fanatique, comme on l'a présenté... C'était un homme d'une carrure exceptionnelle. Je l'ai trouvé plutôt sympathique, direct, presque brutal. Je le voyais avec plaisir. Il n'avait rien à voir avec ce qu'on a pu dire de lui. Il*

mois d'avril 1942, le poste de secrétaire général de la police, qui est un de ceux qui le rend justiciable de la Haute Cour, il s'est rendu coupable du crime d'indignité nationale ; mais, considérant qu'il résulte de l'information et des débats la preuve qu'en de nombreuses circonstances BOUSQUET a, par ses actes, participé de façon active et soutenue à la résistance contre l'occupant ; PAR CES MOTIFS, acquitte BOUSQUET René du chef d'atteinte aux intérêts de la défense nationale ; le déclare convaincu de crime d'indignité nationale, le condamne à la peine de CINQ ANS de DÉGRADATION NATIONALE de ce chef, le relève de la peine en application de l'article 3.4 de l'ordonnance du 6 décembre 1944. Ordonne que le présent arrêt sera exécuté par diligence de Monsieur le procureur général. Fait et prononcé au Palais de justice, à Paris, le jeudi vingt-trois juin mil neuf cent quarante-neuf, à 20 heures, en audience publique de la Haute Cour de justice. »
1. Le 1er mars 1991, René Bousquet est inculpé de crime contre l'humanité « pour s'être sciemment rendu complice des arrestations et séquestrations arbitraires de personnes commis par les représentants et les agents du gouvernement allemand à l'encontre d'individus apatrides ou étrangers d'origine juive, pour s'être sciemment rendu complice des enlèvements de mineurs avec violence en zone occupée et en zone libre, en adressant les 18, 20 et 22 août 1942 des télégrammes destinés à étendre à des groupes de la zone libre qui en étaient exclus, notamment les enfants, les mesures d'arrestations, d'internement et de livraisons projetées... »
Bousquet, comme en 1949, prétendait que le régime de Vichy avait sauvé les Juifs français en sacrifiant les Juifs étrangers. Il ne fut pas jugé, l'action s'étant éteinte à la suite de son assassinat, le 8 juin 1993.

a suscité un véritable culte de l'amitié autour de lui. Bousquet avait un gros rayonnement auprès du corps préfectoral. » Il me cite des noms de proches de Martin et de Bousquet, comme s'il souhaitait que d'autres que lui prennent le relais pour me renseigner sur les deux hommes. Il me donne notamment l'adresse d'Yves Cazaux, qui lui a envoyé une lettre très attristée après l'assassinat de Bousquet. Joint au téléphone, Cazaux ne demande effectivement qu'à parler de ses deux amis.

Il n'est guère surpris des propos du Président que je lui rapporte : « François Mitterrand est fidèle en amitié, et son jugement sur les gens ne change pas au gré des circonstances. » Lui-même a vécu la mort de Bousquet comme un « deuil personnel ». Il était également l'ami de Jean-Paul Martin, et c'est grâce à ce dernier qu'il est devenu proche de François Mitterrand. Cazaux, ancien préfet de la Nièvre, aujourd'hui écrivain, est sans doute l'homme qui peut le mieux parler des relations entre Martin, Bousquet et Mitterrand[1].

Il a connu Bousquet en 1934, au ministère de l'Intérieur, quand ce dernier mettait en place le fichier central et que lui-même était affecté à la direction des Étrangers. « On s'est rencontrés, la sympathie est née immédiatement. René était très direct, très ouvert, très bon camarade, mais pas avec tout le monde... » C'est Cazaux qui a ensuite accueilli Jean-Paul Martin à l'Intérieur. Malgré le caractère secret de celui-ci, les deux hommes ont également noué une solide amitié basée sur un goût commun de la culture et de la poésie : « Martin était très cultivé. » A Bousquet, Martin et Cazaux se joignent alors Henri Cado et Jacques Saunier. Ces hommes ne se lâcheront plus et les quatre derniers voueront au premier ce fameux « culte de l'amitié » dont parle François Mitterrand.

Cazaux, solide républicain dont le père, gaulliste de la première heure, a été arrêté puis interné à Vals-les-Bains,

1. Entretien avec l'auteur du 31 mai 1994.

retrouve ses amis à Vichy. Ceux-ci font tout pour venir en aide à son père. Lui-même entre dans les Travaux ruraux de Paillole, mais trouve toujours assistance auprès de ses amis. Il considère que Bousquet a fait ce qu'il a pu pendant cette période : « René savait que ce qu'il faisait était dangereux. Il m'a dit un jour que personne n'échappe à son destin et que le sien était de faire ce qu'il croyait être son devoir : rester là où il était et faire son travail le moins mal possible. Il disait que, s'il cédait la place, celui qui le remplacerait serait un féroce... Ce fut le cas avec Darnand, le chef de la Milice. C'est René qui m'a appris que Jean-Paul Martin servait d'intermédiaire entre lui et la Résistance. Il m'a dit qu'on lui avait posé le problème de l'exécution de certains Allemands importants, et notamment d'Oberg. Il avait répondu : "C'est une folie ! Je connais ses faiblesses, je peux largement le manipuler. S'il est tué, on me mettra un zèbre que je ne connais pas..." Je suis convaincu que René connaissait les rapports qui existaient entre Martin et Mitterrand. Il y avait au minimum des rapports indirects entre Bousquet et Mitterrand. »

La grande amitié qu'il vouait à Martin n'a pas empêché Cazaux d'être fort étonné d'apprendre que Jean-Paul avait accepté de travailler au cabinet de Lemoine, secrétaire d'État à l'Intérieur, à partir du début de 1944. Il lui a remontré alors combien c'était dangereux : « "Je suis entré dans le cabinet de Lemoine pour assurer les arrières d'un jeune homme que je tiens en la plus haute estime et qui fera une grande carrière. Il m'a demandé d'accepter ce poste, m'a répondu Martin". Cet homme était Mitterrand. » François Mitterrand, pour sa part, rejette cette affirmation.

Ainsi, pendant l'Occupation, Martin lui aurait parlé de l'aide qu'il apportait à Mitterrand et à son mouvement : il l'aidait à accueillir les évadés, il lui fournissait des cartes d'alimentation, de vrais-faux papiers, des renseignements. « Martin a vraiment beaucoup aidé François Mitterrand », conclut Cazaux avant d'ajouter : « Après l'acquittement et la libération de Bousquet – dans l'arrêt de la Haute Cour[1], il a été dit que Bousquet avait participé de façon active et soutenue à la résistance contre l'occupant –, Martin a mis en contact Bousquet et Mitterrand. Les deux hommes se sont estimés et se sont revus. Mais cette estime passait par Martin, que Mitterrand aimait beaucoup. Martin a d'ailleurs fait partie du cabinet de François quand celui-ci était ministre de l'Intérieur. J'en faisais également partie... C'est l'amitié de Martin pour Bousquet qui a provoqué cette rencontre et cette estime... J'ai assisté à un dîner privé chez les Mitterrand où étaient invités Martin et Bousquet. »

Pour donner une meilleure idée de l'intensité des relations entre Mitterrand et Martin, Cazaux tient à raconter les derniers jours de ce dernier et sa mort, le 12 décembre 1986 : « Jean-Paul déclinait. Il était probablement atteint de la maladie d'Alzheimer, et il était aveugle. Danielle Mitterrand a réussi à lui trouver une chambre dans une maison de retraite... Martin meurt. René m'appelle et me fait part des dernières volontés de Jean-Paul : il voulait être enterré dans la fosse commune et que personne ne l'accompagne jusqu'au cimetière. "François Mitterrand vient de me faire dire qu'il voulait qu'il y ait quand même quelques amis à ses obsèques : toi, moi, Georgette Elgey, Huguette Dangelzer, notamment", me dit Bousquet. René et moi, nous nous retrouvons avenue Mirabeau. Je lui demande si François va venir. René me dit qu'il ne croit pas, parce qu'il a une journée très chargée, avec notamment la rencontre de deux chefs d'État ou de gouvernement. A 10 heures 20, nous descendons à la morgue. Le cercueil est recouvert d'un drap noir. Il y a là quelques amis de Jean-Paul. A 10 heures 30 précises, Danielle, suivie de François, arrivent et nous rejoignent. Ils distribuent à chacun une rose rouge. Le Président demande qu'on ouvre le cercueil. Il se penche. Il prie, me semble-t-il. Il est dans un état émotif intense. Il dépose une rose et invite

1. *Cf.* pages 314 et 315.

chacun à en faire autant. Il demande qu'on referme le cercueil. Les croque-morts commencent à remettre le drap noir. "Enlevez cela et allez chercher un drapeau tricolore", murmure le Président. Les croque-morts trouvent un drapeau tricolore et recouvrent le cercueil des trois couleurs. Ils mettent le cercueil dans le corbillard qui part sans nous vers le cimetière. Le Président a fait, m'a-t-on dit, le nécessaire pour que Jean-Paul soit enterré dans un emplacement séparé, en bordure de la fosse commune... »

Le Président a tenu à me parler une nouvelle fois de Jean-Paul Martin, le 1er juillet 1994 : « *C'est lui qui a rédigé son avis nécrologique dans* Le Monde. *Il a emprunté une phrase de Rostand :* "Rien, il n'y a rien après..." *Il était complètement seul. Il avait perdu sa mère... C'était un ami fidèle. Je ne lui ai connu aucune liaison sentimentale. Il se réfugiait dans la culture. A la fin de sa vie, il était d'une tristesse désespérante. Il lisait des partitions et entendait la musique... Un ami charmant.* »

L'avis nécrologique de Martin a en effet été publié dans *Le Monde* du 20 décembre 1986 : « Aucune cérémonie n'a accompagné l'inhumation. Il n'y a pas de condoléances à adresser. Telle a été sa volonté. *"Affirmer la survie, c'est blasphémer contre la fragilité de la personne"* : Jean Rostand. »

Autre nom prononcé par François Mitterrand lorsqu'il m'a parlé de René Bousquet : Jacques Saunier, inspecteur général de l'Administration. Je le rencontre[1]. Après avoir évoqué le déroulement de sa carrière au ministère de l'Intérieur, il me confirme : « Deux hommes ont compté dans ma vie : François Mitterrand et René Bousquet. » A chaque fois que je prononce le nom du second, ses yeux s'embuent. Il se rappelle comment il a connu François Mitterrand chez Jean-Paul Martin, en présence de Cazaux : « François Mitterrand nous a lu quelques pages de Malraux... » Il raconte également comment Jean-Paul lui a téléphoné un jour à trois heures du matin pour lui demander s'il accepterait de faire partie du

---

1. Entretien avec l'auteur, début juin 1994.

cabinet de Mitterrand à l'Intérieur, avec Cazaux et lui, tout en lui précisant que c'était un poste à risques : Mitterrand était déjà très contesté dans la classe politique.

François Mitterrand s'est ainsi largement appuyé sur l'équipe « Bousquet » quand il fut nommé au ministère de l'Intérieur en 1954 : il a pris Martin comme directeur adjoint de cabinet, Cazaux comme conseiller technique, Jacques Saunier comme chargé de mission.

Au cours d'un déjeuner, le 14 juillet 1954, réunissant Mitterrand, Bousquet, Martin, Cazaux et Saunier, les quatre derniers plaidèrent la cause d'un de leurs amis, « épuré » pour un rapport tronqué, Jehan Carayon. Dans un rapport d'inspection relatif aux prisonniers, celui-ci avait écrit : « Il valait mieux les laisser mourir que de les laisser dans cet état-là. » On n'avait laissé subsister que le premier membre de phrase. Il avait perdu son poste. Mitterrand demanda aux quatre d'attester sur l'honneur qu'il s'agissait bien d'une injustice. Ce qu'ils firent. Le lendemain, François Mitterrand signait un arrêté ministériel réintégrant Carayon dans ses droits et ses fonctions[1].

Les histoires contées par Saunier tournent toutes autour de l'amitié qui le liait à Bousquet, Mitterrand et Martin, « ce Saint-Just au cœur d'or » : « Le jour de l'investiture de François Mitterrand, Jean-Paul m'a dit : "C'est le plus beau jour de ma vie. Je peux mourir, maintenant"... Et le dernier grand plaisir de Martin – il était déjà bien malade – a été de recevoir en même temps que moi, le 11 octobre 1983, la rosette d'officier de la Légion d'honneur des mains de François Mitterrand... »

Ainsi, au milieu de l'année 1943, Morland, le clandestin, entretient de multiples liens aussi bien à Vichy, autour du Maréchal et à l'Intérieur, qu'avec toutes les branches de la Résistance, les unes en relations avec Alger, les autres avec

1. Épisode raconté à l'auteur par Carayon, Saunier et Cazaux.

Londres, même si ceux qu'il a tissés avec l'ORA giraudiste sont idéologiquement et financièrement beaucoup plus puissants que les autres... Il s'agite beaucoup. Dans une lettre à l'un de ses amis, datée du 8 mai 1943, il parle d'un *« emploi du temps qui n'admet que de légères fissures »*. Il change continuellement d'identité, de profession. Un de ses amis de captivité, Léopold Moreau, se souvient qu'il se faisait même passer pour un marchand de tableaux et voyageait avec des toiles sous le bras[1].

Il a pris du poids au sein de la communauté « prisonniers ». Si les anciens du Commissariat considèrent toujours Pinot comme leur chef incontesté, la volonté de l'ancien commissaire de rester dans l'ombre laisse le champ libre aux ambitions de François Mitterrand qui, grâce à ses liens avec l'ORA et la Résistance, s'impose peu à peu comme un patron – si ce n'est comme « le » patron –, même si, à l'intérieur du mouvement, la direction reste collégiale. Sa force, on l'a vu, tient à son goût du secret et à la diversification des aides qu'il recueille. Le noyautage du Commissariat est une réussite. Des groupements paramilitaires se sont constitués. Il dispose d'un petit réseau de renseignements. « Tout en continuant à respecter Vichy et à suivre Pétain sous prétexte de la nécessité de l'ordre et de l'autorité... » explique Cailliau/Charette dans une note du BCRA du 18 août. Tout va donc pour le mieux pour Morland. Le seul grain de sable reste précisément le neveu du général de Gaulle qui, pendant cet été 1943, court de bureau en bureau, à Londres et à Alger, pour déblatérer contre Pinot et Mitterrand. A propos du premier, il lance entre autres gracieusetés[2] :

> « Ses attaches avec Vichy restent certaines. Son équipe se pose comme giraudiste... Il faisait comprendre qu'il était anti-Alliés et même antigaulliste... L'idée d'une résistance militaire derrière le général Giraud se développe dans son esprit,

1. In Jean Védrine, *op. cit.*
2. BCRA, note du 18 août 1943.

parallèlement à une volonté continue de refuser toute collaboration avec les milieux gaullistes. Pour Pinot, suivre
Giraud, c'est encore suivre le Maréchal, puisque la pensée de
Giraud, selon lui, était la plus proche du Maréchal. Pinot
espérait aller à Alger représenter les prisonniers. M.H.[1] devait
partir en émissaire... »

Propos désagréables dans le climat de l'époque, mais loin
d'être faux. Aussi désagréable, mais plus éloigné de la réalité,
ce qu'il dit de François Mitterrand :

> « ... Extrêmement intelligent et assez diplomate. Milieu
> d'extrême droite. Un des fondateurs de l'Union Pétain dans
> son camp[2]. François Mitterrand fait partie d'une bande de
> vingt jeunes gens dirigés par Petitjean[3]. Il entre dans la Légion
> où il essaie d'entraîner des groupes de prisonniers
> rapatriés... »

Le 17 juillet 1943, une semaine après avoir perturbé la réunion de la salle Wagram, François Mitterrand, dans une
lettre envoyée à l'un de ses proches, laisse voir son jeu, sur
lequel il porte d'ailleurs un jugement froid et lucide. Dans un
extrait de cette lettre que j'ai eu la faveur de m'entendre lire,
il montre une foi inébranlable dans sa force et son destin :
« *Je ne puis être un chef que par la ruse ou par la terreur, ou grâce
aux réseaux impitoyables de l'inhumain...* » Il ajoute :

> « *Je suis plein d'idées et de prévisions et j'ai le sentiment de voir
> juste chaque fois qu'il s'agit du jeu des événements. Je ne puis aimer
> les hommes et agir sur eux qu'en bloc. Le détail de chaque être me
> lasse et me découvre un champ trop minutieux d'erreurs ou d'inu-
> tilités,* mais qu'une foule, qu'un peuple soit à ma portée et je

1. Il s'agit très probablement de Marcel Hædrich.
2. Le Président affirme qu'il ne fut pas fondateur d'une « Union Pétain »
dans son camp. Je n'ai rien trouvé qui vienne corroborer l'affirmation de
Charette/Cailliau.
3. Armand Petitjean, écrivain collaborationniste. Le Conseil national des
Écrivains le frappa d'interdit en 1944. Il écrivait dans *Idées*, la revue de la
Révolution nationale, dans *la Gerbe*, dans le journal des Compagnons,
était proche de Drieu la Rochelle à la *NRF*.

sais que je puis discerner leur vérité, leur histoire et leur ressort[1]. *C'est ainsi. Jeu bien incomplet et dangereux, d'ailleurs, car
les plus grands des hommes ont dû aimer chacun parmi tous et puiser dans cette amitié les vertus de l'exemple et du commandement...*
Je ne puis être un chef que par la ruse ou par la terreur, ou
grâce aux réseaux impitoyables de l'inhumain, mais alors,
quelle force est en moi, et qu'on me laisse ma chance, je la
sens digne de gouverner...

> *Ce qui ne signifie pas que ma vie personnelle se passe là, non,
> mille contradictions sont en moi, comme en tous...* »

Le commentaire est superflu. Encore que la nature du personnage soit telle que, quelques heures après avoir écrit ces
lignes, il a pu nourrir le plus profond mépris pour le jeune
homme capable de coucher sur le papier de pareilles
énormités !

La clandestinité dans laquelle opèrent Morland et ses amis
rend plus difficile le suivi de ses activités. Surtout qu'il continue de mener une vie « normale » : il voit régulièrement les
membres de sa famille, ses ami(e)s, trouvant toujours du
temps libre pour accompagner des jeunes filles, généralement jolies. L'une d'elles, « Chou », qui épousera un frère de
Jean Bouvyer, se souvient de ses rencontres avec François
quand il venait à Paris : « François était très mystérieux. Il
n'entrait pas dans les maisons. Il se promenait beaucoup
dans les parcs et jardins, et il m'emmenait au restaurant. En
août, il fut très affecté par l'arrestation, au quartier Latin,
d'un de ses camarades... »

---

1. Souligné par l'auteur.

LE GIRAUDISTE

Couvert de ses multiples manteaux couleur de muraille, Morland se démène pour donner du poids à « son » mouvement et le faire reconnaître. Pinot et lui, qui en sont maintenant les deux figures de proue, suivent de près la bataille qui se déroule à Alger entre les deux généraux à la tête du Comité français de libération nationale. Même s'ils se trouvent très engagés du côté giraudiste, ils redoutent de se faire piéger. Le 18 septembre 1943, Pinot écrit ainsi à la fois à de Gaulle et à Giraud :

> « J'ai l'honneur de vous assurer de mon entier concours, et de celui des organisations qui me font confiance, à l'œuvre de libération et de rénovation dont vous assurez la charge. Je suis certain, ce faisant, d'interpréter fidèlement la pensée de mes P.G. Le million d'hommes qui ont connu ou connaissent encore la dure loi de la captivité sont fermement résolus dans leur volonté de résistance... Ils vous sont plus reconnaissants que quiconque de n'avoir jamais cessé de combattre et d'espérer. Ils aspirent à reprendre la lutte sous votre commandement jusqu'à la victoire finale[1]... »

La diversification des liens du mouvement n'empêche toutefois pas Morland d'inscrire son action dans une optique résolument giraudiste. Il travaille avec les anciens officiers de

1. Archives du BCRA.

l'armée d'armistice qui se sont placés sous les ordres du général Giraud, et sa casquette « ORA » est, si l'on peut dire, plus large que les autres. Ainsi, les deux personnes qu'il rencontre le plus souvent sont le colonel Pfister (Marius) et sa femme (Fanny). Institutionnellement, il est même considéré par le capitaine Lejeune – chargé à la mi-1943 par Giraud de monter un service « Action » dépendant de la Direction des services spéciaux (DSS) giraudiste – comme faisant partie de ce service avec rang de commandant. Cette affirmation, fondée sur un document signé Lejeune[1], agace quelque peu François Mitterrand qui déclare n'avoir jamais été qu'un *« civil »* de la Résistance. Mais, l'agacement passé, il n'exclut pas, au bout du compte, que ces *« gens-là »*, mûs par le besoin de classifier, l'aient considéré comme tel.

Une certitude, donc : l'ORA et le mouvement de résistance « Prisonniers » de Pinot-Mitterrand collaborent étroitement. Des missions sont élaborées conjointement, des responsables du mouvement se placent sous les ordres de responsables militaires régionaux, des « actions » décidées à Londres (par Lejeune) ou à Alger sont exécutées par le mouvement, des armes viennent du SOE, via l'ORA, les liaisons entre les deux organisations sont communes ou complémentaires, les renseignements rassemblés par le mouvement sont transmis à l'ORA, etc.

Il n'est pas étonnant que, pour les gaullistes, le mouvement de Pinot-Mitterrand soit considéré comme « giraudiste », épithète presque aussi infamant dans leur bouche que « vichyste » ou « vichyssois ». Si Charette en rajoutait, d'autres, moins mal intentionnés, n'en abondaient pas moins dans le même sens. André Ulmann, membre de l'équipe de Charette, rédige le 16 juin 1943 un rapport au général de Gaulle sur le « mouvement attentiste et giraudiste de Mitterrand ». Picard, dit « Sultan », qui a rejoint le mouvement dans le courant de 1943, a raconté après la guerre ses impres-

1. Voir cahier d'illustrations.

sions : « Il [Picard] avait dit à Montjoie qu'il se considérait comme un soldat, voulait se battre, et, pour cela, rejoindre de Gaulle. Or, en zone sud, il y avait beaucoup de giraudistes. Il sentait que Mitterrand prenait la température et cherchait sous quel étendard il allait lutter. Cet esprit ne lui plaisait qu'à demi...[1] »

Cette étiquette « giraudiste » était si prégnante qu'après la guerre le principal correspondant de Morland, le colonel Pfister, a témoigné en ces termes :

> « Nous pâtirons jusqu'au bout et nous pâtissons du différend Giraud/de Gaulle, de l'antinomie Alger/Londres, de l'incompréhension voulue et sans cesse grandissante entre "l'intérieur" et "l'extérieur", du duel d'influence entre les États Unis et l'Angleterre.
>
> "Giraudistes !" Voilà ce qu'on nous lançait comme une injure jusqu'après le débarquement de juin 44 ! Et pourtant, dès mai 1943, notre seule position se résumait dans la formule-programme suivante : "Nous ne sommes les prétoriens de personne", voulant exprimer et exprimant par là que militaires, certes, nous étions d'abord citoyens, nous incorporant entièrement à la Nation[2]. »

Pfister exprime là une bonne part des obsessions historiques de François Mitterrand. Les nombreuses méfiances de la Résistance vis-à-vis de l'ORA rejaillissaient évidemment sur le mouvement « Pin' Mitt' ». Le colonel Cogny, ancien adjoint du général Verneau, un des patrons de l'ORA, a lui aussi parlé des « nombreux malentendus [qui] ont accueilli sa naissance et gêné son épanouissement. Tard venus et mal guéris de Vichy, tels nous apparaissions en 1943 et 1944 aux gens de Londres comme à ceux des mouvements de résistance. Beaucoup nous acceptaient comme individus, mais non comme groupement, parce que ce groupement représen-

1. A.N. 72/AJ 66.
2. In *L'ORA*, du colonel A. de Dainville, *op. cit.*

tait à leurs yeux un moyen terme, un compromis lourd d'équivoques, un concurrent dangereux aussi[1] ».

Le colonel Passy, patron des services spéciaux gaullistes, confirme l'état d'esprit qui prévalait à Londres : « Cette organisation qui se rallia au général Giraud fut longtemps boycottée par la Résistance tant par suite de la méfiance que celle-ci avait pour l'Armée et ses cadres supérieurs [...] que du désir clairement manifesté par Giraud de monopoliser derrière lui la Résistance dite militaire en lui imposant comme cadres ceux de l'armée de l'armistice[2]. »

Cette méfiance s'explique d'autant mieux que Giraud cultive longtemps l'ambiguïté de sa position à l'égard de Vichy. Ce n'est que le 6 septembre 1943 qu'il prend une instruction claire sur les buts de l'ORA :

> « Dans les conversations sur l'avenir de la France, l'accord doit se faire sur les bases suivantes :
> – l'entente de tous les mouvements de résistance dans le commun désir de chasser l'occupant est notre premier désir ;
> – *le Maréchal ne peut en aucun cas jouer un rôle après la guerre. L'Armée le tient pour mort en novembre 1942*[3] ;
> – toute allusion au désir du général Giraud d'établir à son retour en France un pouvoir dictatorial s'appuyant sur l'armée d'Afrique est mensongère et ne peut être que le fait d'agents provocateurs[4]. »

De Gaulle et ses fidèles n'avaient concédé la coprésidence du CFLN à Giraud que comme une étape dans leur processus de conquête totale du pouvoir. Ils voyaient donc dans l'ORA, rangée sous les ordres de Giraud, une ennemie dans cet affrontement franco-français. Après le 3 octobre 1943, quand de Gaulle devient le seul chef du CFLN, la lutte entre

---

1. *Idem.*
2. In *Missions secrètes en France, op. cit.*
3. Souligné par l'auteur.
4. C'est par une simple ordonnance que le CFLN a éliminé Giraud de sa co-présidence.

giraudistes et gaullistes s'amplifie, notamment entre les services spéciaux. Morland ne peut dès lors être regardé qu'avec grande suspicion par l'aile dure des gaullistes.

S'il a basculé de plus en plus dans la clandestinité résistante, il reste pour l'essentiel fidèle à ses idées, notamment à son aversion à l'égard des communistes. En mai 1943, lors d'une tournée dans la région lyonnaise, Bénet lui suggère d'installer Gagnaire à la tête du mouvement à Lyon. « Mais c'est un cégétiste, c'est peut-être un dangereux communiste ! » rétorque dans un premier temps François Mitterrand. A l'automne, il hésite beaucoup à confier de plus hautes responsabilités à Roger Pelat, pourtant proche de lui, parce qu'il est communiste ou à tout le moins proche du PC. Finalement, Bénet le convainc et Pelat est nommé à la tête du mouvement pour le Dauphiné. « Avant son voyage à Alger, il se méfiait énormément des "cocos" », conclut Bénet[1].

Conséquence de l'ascension de Morland-Janus : l'argent parvient au mouvement en quantité suffisante pour éveiller des appétits. Le petit magot amassé va être à l'origine de la première trahison au sein du réseau restreint des anciens du stalag IX A.

Georges Dobrowolsky avait connu Mitterrand et Munier à Ziegenhain, et s'était tout naturellement retrouvé près du premier au sein de son mouvement « Prisonniers ». « Dobro » était un personnage haut en couleur, grande gueule et frimeur, qui se disait de haute noblesse polonaise. Quand il fut libéré et toucha le costume « Pétain » de grosse flanelle grise, il s'installa à la terrasse du Flore et joua les grands seigneurs, avec son monocle, comme s'il était en frac... Dans *Doux Séjour*, Biget avait écrit de lui :

« Il brilla dans les capitales
D'Europe, d'Asie et d'ailleurs

1. Entretien avec l'auteur, le 12 novembre 1993.

D'une courtoisie orientale
C'est un aimable grand seigneur[1]. »

Dobro connaissait certains secrets du mouvement. Munier l'emmenait parfois avec lui, y compris pour visiter la tourbière de Saint-Laurent-du-Pont (Isère) où Roger Pelat dirigeait une soixantaine d'évadés. Visitant ce site à la nuit tombée, Dobro, au bord d'une fosse, avait même fait cette réflexion : « Ce sera le Katyn des Allemands... » Peu après, à la suite de l'arrestation de plusieurs camarades qui connaissaient le refuge de la villa Pierrette[2], Dobro est chargé de déplacer l'argent du mouvement qui s'y trouvait caché. Il disparaît. Munier, Pilven et Mitterrand pensent d'abord qu'il a été arrêté par les Allemands. Mitterrand rencontre alors Jean-Paul Martin, la « taupe » du ministère de l'Intérieur : celui-ci ne peut que constater qu'aucun Dobrowolsky n'a été arrêté.

Peu après, Féréol de Ferry, un ancien du « 104 » intégré au mouvement, raconte à Munier et Mitterrand qu'à Pau, d'où il arrive, il a vu Dobro, « riche comme Crésus ». Ce dernier lui a même payé une très luxueuse paire de chaussures avec une semelle à trois épaisseurs ! Munier décide sur-le-champ de partir pour Pau en compagnie de Féréol. Le lendemain matin, les deux amis entament leur enquête. Ils trouvent un passeur qui a vu un certain monsieur d'Alégron (Dobro se faisait appeler Dobrowolsky d'Alégron), se prétendant chargé de mission de François Mitterrand, qui cherchait à gagner l'Algérie, *via* l'Espagne. Finalement, l'homme avait renoncé et quitté Pau.

Munier se souvient[3] alors d'avoir déjeuné à Vichy, une dizaine de jours plus tôt, au restaurant L'Oasis avec Dobro dont il était censé être le secrétaire, en compagnie de Levavasseur, milicien et agent de la Gestapo d'Aix-les-Bains, et

1. De Sic et Jacques Biget, *Ziegenhain*, Éd. Éphémère, Stalag IX-A. Achevé d'imprimer du 22 octobre 1941.
2. Voir page 304.
3. Entretien avec l'auteur, le 11 mars 1994.

une certaine Yvette, danseuse au casino de Vichy. Dobro disait pouvoir obtenir de Levavasseur des renseignements intéressants. Munier se rappelle d'autant mieux ce repas qu'il était très mal à l'aise, à cause de la sympathie que lui manifestait le collabo. Celui-ci, à la fin du repas, lui avait même remis sa carte de visite. Dobro a dû gagner Aix-les-Bains, se dit alors Munier, qui prend le train de nuit Bayonne-Saint-Gervais ; Féréol de Ferry, lui, s'en retourne à Vichy.

Au début de la matinée, Munier se présente à l'entrée du pavillon de Levavasseur qui lui témoigne de nouveau une sympathie débordante. Le milicien n'est pas surpris de le voir, puisque Munier est censé être le secrétaire de Dobro. Il le fait entrer chez lui et dit : « J'attends d'Alégron d'un moment à l'autre, car nous sommes en affaires... — Je suis à l'hôtel, devant la gare. Pouvez-vous me prévenir de son arrivée ? » Munier s'installe à l'hôtel et envoie à François Mitterrand le télégramme suivant : « Espère rencontrer prochainement M. d'Alégron. Désirerais être accompagné. Hôtel de la Gare. Aix-les-Bains. »

Le lendemain matin, Munier se présente à la villa de Levavasseur avec Pilven en couverture. Munier joue le tout pour le tout : « Nous faisons partie, d'Alégron et moi, d'un réseau de résistance... D'Alégron est parti avec tout l'argent du mouvement. » Surprise du milicien. « Ah, je comprends ! Nous avons rendez-vous lundi prochain avec le chef de la Gestapo de Lyon. D'Alégron doit dénoncer un mouvement de résistance... Mais vous m'êtes sympathique. Il y a d'ailleurs longtemps que je cherche des contacts avec la Résistance... Je marche avec vous : j'arrête d'Alégron et vous me faites rencontrer le chef de votre mouvement. »

Munier ne s'engage pas trop, mais suffisamment pour que Levavasseur reste dans de bonnes dispositions. Il retourne à son hôtel pour attendre le coup de fil du milicien lui signalant l'arrivée de Dobro. Levavasseur l'appelle peu avant midi pour l'aviser que Dobro arrive avec Yvette par le train de 16 heures. Munier décide alors d'aller revoir Levavasseur pour mettre au point l'arrestation. Munier lui demande : 1°) de réquisitionner un taxi qui stationnera peu avant 16 heures devant l'Hôtel de la Gare (la Gestapo peut tout) ; 2°) de bien vouloir lui confier un revolver (Dobro risque d'être armé). Levavasseur accepte, mais tient à être accompagné par un agent de la Gestapo de ses amis.

Dobro, portant une belle valise de cuir fauve, et Yvette, arborant une superbe fourrure, descendent du train. Ils sont accueillis par Levavasseur qui conduit Dobro à l'hôtel de Munier. Yvette, elle, s'éclipse discrètement avec la valise de cuir fauve. Dès l'arrivée des deux hommes à l'hôtel, Munier et Pilven font leur apparition. Dobro tousse pour s'éclaircir la voix :

« Je suis content de te voir...

— Pas autant que moi ! Je t'emmène à la tourbière de Saint-Laurent.

— Et si je refuse ?

— Tu n'as pas le choix », répond Munier, le revolver au poing.

Pol Pilven avait eu entre-temps au téléphone Mitterrand qui souhaitait qu'on ramène Dobro vivant à Vichy.

Levavasseur, son acolyte, Pol Pilven, Dobro et Munier montent alors dans le taxi réquisitionné par le chef milicien pour se rendre à Saint-Laurent-du-Pont. Ils parviennent à la tourbière. Il n'y a personne : on est samedi. D'un coup d'épaule, Munier fait sauter le cadenas de la baraque de chantier dans laquelle tout le monde s'installe. Munier confie son revolver à Pol Pilven, décide de partir à la recherche de « Patrice » Pelat et de rapporter de la nourriture. Il est accompagné de Levavasseur qui ne le quitte pas d'une semelle. Munier va trouver le quincaillier du village, qui est le chef de l'équipe de parachutage du mouvement. Ils ne sont pas plus tôt arrivés dans la quincaillerie que le maître des lieux déclare : « Nous avons reçu le code de parachutage... — Tais-toi donc !... » Patrice est introuvable. Le quincaillier fournit de la nourriture et de quoi s'éclairer. Munier et Levavasseur retournent à la baraque. Munier fait sortir Dobro.

« Tu ne te rends pas compte que tu es avec des hommes dangereux, lance celui-ci pour tenter de retourner la situation.

– Tu as trahi, tu vas payer ! » lui répond Munier.

Les deux hommes se dirigent vers le bord de la fosse.

« Tu te rappelles ce que tu m'as dit, l'autre jour ?... Tu ne pensais pas être le premier occupant ! » lui lance sévèrement Munier. Puis, lui assénant une bourrade sur l'épaule : « Mais ce n'est pas moi qui vais t'exécuter. »

Dobro prend appui sur lui et éclate en sanglots.

Les gestapistes sont tout surpris de voir les deux hommes revenir ensemble à la baraque. Tout le monde redescend alors sur Lyon. Avant de quitter Levavasseur, Munier lui demande la permission de conserver le revolver. « Ramenez-le-moi avec une bonne nouvelle », lance le milicien. En attendant le train pour Vichy, Pilven, Dobro et Munier s'en vont au cinéma.

A Vichy, Dobro se laisse conduire sans difficulté jusqu'au 20, rue Nationale, où il se retrouve face à François Mitterrand. Celui-ci l'a fait entrer dans son bureau, mais a prié Munier d'écouter la conversation d'une pièce voisine. Après avoir entendu ses explications, Mitterrand lui signifie qu'il a décidé de l'expédier en Algérie, où il devra s'engager dans la Légion. Dobro accepte avec soulagement cette sanction légère, et, avec un aplomb extraordinaire, il emprunte 5 000 francs à Ginette en lui disant : « François vous les rendra ! » puis il extorque la même somme à André Bettencourt, avant de réussir, *in fine*, l'exploit d'« emprunter » un costume appartenant à François Mitterrand avant de prendre le train pour l'Espagne !

A la frontière, Dobro se fera arrêter par les Allemands. Il n'a pas « donné » ses amis du mouvement : il a été fusillé...

Levavasseur représentait encore un danger pour l'équipe de parachutage. Ce problème fut réglé la semaine suivante par Munier lorsqu'il retourna seul lui rendre, comme promis, son revolver...

Début octobre, Jacques Pâris, l'homme envoyé à Alger par Morland, a fini de s'initier aux techniques d'espionnage et d'action en Angleterre. « Aimé » est alors remis à la disposition de Lejeune, qui décide de le parachuter en France dès qu'une opportunité se présentera. Il lui expose sa mission, qui confirme la tonalité giraudiste du « système Mitterrand » :

> « Vous vous rendez en France pour y reprendre contact avec l'Association des anciens "P.G." libérés ou évadés par laquelle vous avez été délégué en AFN, et plus spécialement avec M. Mitterrand, chef de l'Association en zone sud.
> *Cette organisation s'est mise à la disposition du général Giraud pour tout ce qui concerne l'action militaire contre l'occupant. Il est possible que vous receviez des directives du général Giraud par l'intermédiaire de Mitterrand*[1]. Vos relations avec Londres s'effectueront avec un poste radio qui a été désigné à Mitterrand par nos amis.
> Vous vous rendez en France pour organiser sur le plan de l'action militaire les groupements d'anciens prisonniers[2]. »

« Aimé[3] » est parachuté le 8 novembre 1943 en compagnie de Bernard Dilon. Il tombe à deux kilomètres au nord de Lectoure, en plein dans le Gers, vers minuit trente ; l'eau est glacée. Les deux hommes rejoignent le comité de réception au bout de vingt minutes. Aimé a sur lui 1,7 million de francs et des micro-photos. Il doit d'abord entrer en contact avec François Mitterrand. Puis il est chargé de rattacher, si nécessaire, les différentes « régions » du mouvement à la tutelle des organisations militaires de résistance ; de veiller à l'arme-

1. Souligné par l'auteur.
2. Archives du BCRA.
3. La mission d'« Aimé » est décrite à partir de son rapport de mission, envoyé en novembre 1945 à Lejeune (A.N.72/AJ 64), et d'un document du BCRA.

ment, à l'instruction et à l'action du mouvement ; de préparer l'arrivée et l'installation d'un radiotélégraphiste, etc. Parvenu à Vichy, il n'arrive pas à rencontrer Mitterrand ni aucun de ses proches. Il se rend aussitôt à Lyon et se met en contact avec le chef départemental du mouvement. Il apprend qu'à la suite de l'arrestation du secrétaire général, Pol Pilven, qui habitait rue Nationale, au domicile de François Mitterrand, ce dernier a quitté la région et est en instance de départ pour Londres. Finalement, il réussit à joindre le remplaçant de Morland, Marcel Barrois, dit « Bertrand »...

Avant même l'arrivée d'« Aimé », François Mitterrand avait décidé qu'il lui était indispensable de se rendre à Alger et à Londres, les centres où se décidait l'avenir, afin d'y faire ce qu'on appellerait aujourd'hui du « lobbying ». Faute de quoi, tous ses efforts seraient réduits à néant. Au début d'octobre, le général Giraud, sur qui il avait le plus investi, a, on l'a vu, été éliminé de la co-présidence du CFLN, tout en conservant ses attributions militaires. De Gaulle a gagné la bataille : il est maintenant le seul chef de la Résistance. Dans ce nouveau contexte politique, les informations que Morland a recueillies sur l'action de Michel Cailliau sont inquiétantes. Charette est parti pour Londres le 24 juillet, puis il est allé à Alger et n'est revenu en France que le 27 octobre, « mission accomplie ». Dès son arrivée à Londres, à la fin de juillet, Cailliau a adhéré au BCRA – avec « effet rétroactif » – et a créé en son sein un réseau baptisé « réseau Charette ». A Alger, logeant chez son oncle, il a eu tout loisir de convaincre de Gaulle de l'importance de son réseau, de son rôle primordial dans la communauté « Prisonniers », et de la malfaisance du mouvement « vichyssois » de Pinot et Mitterrand. Cailliau a ainsi obtenu du Général la reconnaissance de son propre mouvement, le MRPGD, qui, au printemps précédent, après les « misères » que lui avaient faites Montjoie et Mitterrand, avait repris son autonomie par rapport à l'association « Pin' Mitt' ». Charette a obtenu un accord de principe pour que son mouvement soit représenté à l'Assemblée Consultative, qu'il soit le seul reconnu d'Alger, et qu'il reçoive armes et argent. A son retour en France, le 27 octobre, Charette a pris une confortable avance sur Morland et ses amis. Il y a donc le feu à la maison Pinot-Mitterrand...

François Mitterrand s'est-il alors précipité pour prendre l'avis de Pinot, l'inspirateur du mouvement ? Il en a l'occasion, puisqu'à la Toussaint, il se retrouve avec le brain-trust des anciens du Commissariat au lieu-dit « Chez Livet », dans la Creuse. Il y a là Pierre Chigot, Jean Védrine, Maurice Pinot. On reprend des forces ; on épilogue à l'infini sur les actions déjà entreprises pour noyauter le Commissariat et sur les projets à mener à bien. Il est décidé de créer une Fédération autonome des Centres d'entraide (FACEA) destinée à assurer des relations clandestines avec les CEA, à inciter les rapatriés à y demeurer ou à y entrer, et à établir des contacts entre ceux qui mènent des activités clandestines. Védrine assumera la responsabilité de la FACEA qui cherchera à maintenir l'unité entre tous les évadés, rapatriés et familles de P.G., et à lutter contre l'influence ou la mainmise des Allemands et de Laval. Mitterrand suggère de créer un journal clandestin qui s'appellerait *L'Homme libre*. Ces activités prolongent l'activité de « noyautage » des « démissionnaires », mais laissent à Mitterrand et à ses propres réseaux le soin de mener les actions proprement « résistantes ».

Au cours de cette réunion en petit comité, Mitterrand n'évoque pas ses relations avec l'ORA et ne dit pas davantage qu'il s'apprête à partir pour Londres et Alger : c'est pourtant un choix décisif, non seulement pour son destin personnel, mais pour tous ceux qui défendent avec lui la communauté « Prisonniers » contre Laval et l'occupant. Sait-il que Pinot, figure emblématique de leur communauté, a décidé d'envoyer Marcel Hædrich à Londres ?

Le jour de la Toussaint, à l'abri des murs de sa chambre, au lieu-dit « Chez Livet », il livre ses secrets à l'une de ses plus proches relations. Il laisse transpirer sa décision de partir prochainement pour Londres :

> « Je guette l'avenir et je me prépare, âme et corps, à m'introduire dans le siècle[1]...
>
> *Je suis là avec trois amis pour une halte. Depuis des mois, je cours à travers la France. Nous jouons à cache-cache...* Il faut un beau moment sortir de l'ombre pour se retrouver où conduisent tous les chemins. *Évidemment, il y a des risques dans les jeux que je mène.* Des hommes croient en moi et j'ai peur pour eux. Je ne crois en personne et cela me fait peur pour moi, mais la piste est exaltante, *les progrès considérables, et par-dessus cette recherche qui est mienne, il y a ce qu'on appelle la politique tactique et la stratégie, jeu des hommes et intelligence des choses qui m'absorbent et m'enchantent...* Mon existence est double ou triple... »

Là « *où conduisent tous les chemins* » signifie Alger, où se trouvent de Gaulle et Giraud. Mitterrand s'est autodésigné grâce à l'appui de l'ORA, notamment du colonel du Passage et du général Revers lui-même, chef de l'ORA après l'arrestation du général Verneau.

Tandis que les quatre « démissionnaires » discutent dans la Creuse, la Gestapo découvre le service de faux papiers de Roussel et arrête Pierre Duntz[2], Robert Vanhaeghe[3] et deux autres militants[4]. Ces arrestations interviennent après celle, à Paris, de Serge Miller[5], autre membre de l'officine de fabrication de faux papiers. Cette première vague d'arrestations dans le groupe Mauduit-Pinot-Mitterrand témoigne de l'activisme qu'il développe depuis quelques mois.

Il ne faut pas longtemps aux enquêteurs musclés de la Gestapo pour découvrir l'existence de la planque de la rue Nationale et le nom de François Mitterrand. Le 10 novembre au

---

1. Passages soulignés par l'auteur.
2. Interné, puis déporté ; mort en déportation.
3. Interné, puis déporté ; mort en déportation.
4. Internés, puis déportés.
5. Interné, puis déporté.

soir, inquiet des récentes arrestations, Pol Pilven demande à Jean-Paul Martin, l'informateur du mouvement au secrétariat d'État à l'Intérieur, si le repaire de la rue Nationale est « grillé ». « Tout est tranquille », affirme Martin.

Après la réunion dans la Creuse, Mitterrand est monté à Paris préparer son départ. Il y rencontre Bénet qui, depuis quelques mois, organise l'implantation du mouvement en zone nord. Celui-ci s'est d'abord appuyé sur son ami Robert Antelme, sa femme Marguerite (future Marguerite Duras), sa sœur Marie-Louise. Un peu plus tard, Georges Beauchamp a rejoint le groupe de la rue Dupin... Mitterrand donne à Bénet les dernières consignes et ses contacts à Paris : Pascal Copeau, Verdier et Pierre Hervé. Il l'informe que Marcel Barrois le remplace en zone sud. Convaincu de l'importance de son voyage *« pour entrer dans le siècle »*, François Mitterrand déclare à son ex-camarade du « 104 » : *« Si, au-delà de la guerre, on arrive à faire quelque chose, rappelle-toi dès maintenant : il faut se donner un profil. Lénine et Trotsky pensaient à leur accoutrement*[1]. *»*

Au cours de ce voyage à Paris, Morland rencontre également André Bettencourt qu'il tient au courant dans le détail de son prochain départ pour Londres. Il lui demande d'assurer la protection de ses deux rencontres avec le général Revers, patron de l'ORA, qui est probablement à l'origine du voyage à Londres... Bettencourt suit les deux hommes à une vingtaine de mètres.

Bettencourt[2] se souvient également d'un dîner à Paris avec Pinot, Mitterrand et François Valentin, dans un petit restaurant près des Invalides : « J'avais une trouille noire, parce qu'il y avait des Allemands dans la salle et que j'étais recherché. Mitterrand était très calme et me disait qu'il n'y avait rien à craindre... On transmettait à Londres des textes de Valentin... »

1. Entretien avec l'auteur, le 12 novembre 1993.
2. Entretien avec l'auteur, le 28 mars 1994.

François Valentin est resté en relations permanentes avec Mitterrand depuis le mois de juillet 1942. Tous deux se sont ralliés de plus en plus à l'ORA et ont connu des évolutions parallèles. Pour le troisième anniversaire de la Légion, en août 1943, Valentin avait enregistré une déclaration diffusée par la BBC :

> « ... Jusqu'au retour au pouvoir de Pierre Laval, j'ai été le directeur général de la Légion. A ce titre, et qu'elles qu'aient été mes intentions, j'ai pu contribuer à tromper sur leur devoir de bons Français, légionnaires ou non. C'est à eux spécialement que je veux adresser cet appel pour libérer enfin ma conscience... Un cri de colère monte de nos cœurs quand nous jetons un regard sur le chemin parcouru depuis trois ans et que, nous rappelant les espérances d'alors, nous constatons à quelles réalités nous avons été conduits, de chutes en chutes, de combinaisons en combinaisons, de mensonges en mensonges, de lâchetés en lâchetés. Pourtant, il ne pouvait en être autrement : *notre erreur a été de croire qu'on pourrait relever un pays avant de le libérer. On ne reconstruit pas une maison pendant qu'elle flambe*[1]... »

En ce second semestre de 1943, François Mitterrand aurait probablement pu prononcer les mêmes phrases...

A sept heures du matin, le 11 novembre, des gestapistes sous les ordres de Geissler font une descente au 20, rue Nationale, au domicile-bureau de François Mitterrand à Vichy. Pol Pilven dort dans son lit. Il est arrêté, ainsi que M. Renaud, propriétaire des lieux. La Gestapo néglige d'ouvrir un petit cagibi où dort Ginette Caillard. Jean Munier, également présent, peut s'enfuir par la fenêtre en sautant du deuxième étage dans une cour voisine. La Gestapo venait chercher François Mitterrand.

Après le départ des policiers nazis, Ginette Caillard et Jean

---

1. Souligné par l'auteur.

Munier font le guet pour empêcher des camarades de venir frapper chez Mitterrand. Ils sont surtout inquiets pour celui-ci, qui a prévu de rentrer à Vichy dans la journée. Ils doivent à tout prix l'empêcher de regagner son domicile. A cette fin, ils mobilisent « Fanny », la femme de Pfister – un des correspondants de François Mitterrand à l'ORA – et ses deux filles. Pfister lui-même, Ginette et Jean Munier se rendent à la gare. Dans un wagon, sur le point de descendre, ils aperçoivent Mitterrand en compagnie d'André Bettencourt. Ginette et Jean se précipitent dans le wagon. Les quatre passagers roulent jusqu'à Clermont-Ferrand. A Clermont, ils se rendent immédiatement chez Mme Bouilleur, une amie de Bettencourt, âgée et fort gentille, mais effrayée par ces visiteurs quelque peu encombrants. François Mitterrand, toujours occupé à préparer son départ pour Londres et Alger, rédige des brassées de courrier que Ginette tape au fur et à mesure...

Pendant ce temps, Pol Pilven est interrogé par la Gestapo qui connaît le nom de « Morland ». Ses deux interrogatoires portent exclusivement sur ce dernier. Pilven est emprisonné à Moulins, d'où il partira pour Compiègne, puis Buchenwald et Dora. Renaud sera également déporté et ne reviendra pas.

Morland, Bettencourt et Munier, inquiets du sort de Pilven et Renaud, décident de quitter leur planque de Clermont. Destination : Vichy. Ils voudraient tenter de sauver leurs deux camarades. Ils doivent aussi récupérer rue Nationale un petit casier en bois dans lequel Mitterrand cachait du courrier personnel et divers papiers compromettants. Pendant que François fait le guet au coin de la rue, Munier parvient à récupérer le précieux casier que les gestapistes n'ont pas trouvé. Jean-Paul Martin, alerté par Ginette, rencontre Mitterrand et l'informe de tout ce qu'il sait. Il n'y a rien à faire pour Pol Pilven et Renaud, emmenés par la Gestapo. Martin apprend à son ami qu'il est maintenant « grillé » à Vichy : la vie de Morland est en danger.

Le giraudiste

Mitterrand et ses amis retournent à Clermont-Ferrand. Les derniers fils avec Vichy sont rompus. Depuis l'incident de la salle Wagram, les activités « ouvertes » de François Mitterrand s'étaient réduites comme peau de chagrin, cependant que celles, clandestines, de « Morland » revêtaient de plus en plus d'ampleur...

LE GRAND SAUT

Le 12 novembre 1943, le capitaine Lejeune, probablement prévenu par le « P.C. » de l'ORA installé dans les monts de la Madeleine, dans le Massif central, envoie une note au capitaine Godden, du SOE, pour signaler en ces termes l'arrivée de Mitterrand :

> « Mitterrand est le chef de l'association des anciens P.G. et évadés pour la zone sud et *s'occupe spécialement des questions d'actions*[1]. Il est sous les ordres de Pinot, chef de l'association et ancien Commissaire aux Prisonniers de guerre, démissionné en novembre 1942.[2] »

André Bettencourt et François Mitterrand remontent à Paris et, après une courte étape, prennent le train à la gare Montparnasse. Contre toutes les règles de sécurité, les deux hommes discutent pendant tout le trajet jusqu'à Angers. A la gare Saint-Laud, les deux amis du « 104 » se séparent. François suit deux hommes chargés de l'acheminer vers une prairie sise sur la commune de Seiches-sur-le-Loir, entre Angers et La Flèche.

Interrogé sur cet épisode controversé, François Mitterrand reconnaît d'emblée que l'histoire de son voyage à Londres, tel qu'elle ressort des différents documents anglais, ne corres-

---

1. Souligné par l'auteur.
2. Archives du BCRA.

pond pas du tout à ses propres souvenirs. Seuls la date et le lieu de départ sont identiques.

« *Il fait nuit. Je suis là. On est trois passagers – dont le fils de l'amiral Muselier – à attendre l'avion. Un bruit de moteur. On nous dit de tenir nos lampes braquées vers le ciel pour former un "T". L'avion atterrit. Des voyageurs descendent. Nous montons dans l'avion, un monomoteur Lysander ; nous sommes trois, plus le pilote. Nous mettons la tête entre les jambes pour le décollage. Nous frôlons les peupliers... Plus tard, le pilote se présente à nous : "Je m'appelle Déricourt..." Je dis aux deux autres passagers : "Quel pilote formidable !..." Comment aurais-je inventé tout cela, puisque tout le monde est d'accord que, cette nuit-là, j'ai bien pris un avion pour l'Angleterre ?* »

L'histoire officielle prétend, elle, qu'il aurait voyagé à bord d'un bimoteur Hudson piloté par le commandant Hodges... Il a donc décidé de faire procéder à des recherches[1] pour comprendre l'origine de cette extraordinaire disparité entre son souvenir et la « vérité historique », d'autant plus troublante qu'il est bien difficile de confondre Hudson et Lysander : le premier est un avion bimoteur Lockheed américain, d'une vingtaine de mètres de longueur, qui peut transporter une dizaine de passagers ; le second est un monomoteur d'une longueur inférieure à dix mètres, capable d'atterrir sur deux cents mètres et pouvant transporter deux, voire trois passagers dans des conditions très inconfortables.

Examinons cette « vérité historique » exposée par l'historien officiel du SOE[2] et les anciens de ce service :

L'opération de cette nuit du 15 au 16 novembre 1943 portait le nom de code « *Conjurer* » et était organisée par Henri Déricourt, un *Air-Movement Officer* spécialement chargé des atterrissages clandestins et des *pick-up*. Déricourt faisait partie de la section française du service « Action » britannique

---

1. Entretien avec François Mitterrand, le 12 octobre 1993.
2. Cf. *SOE in France*, de M.R.D. Foot, University Publications of America Inc., 1984.

(SOE), dirigée par le colonel Buckmaster. On sait aujourd'hui qu'il y avait beaucoup de monde dans les buissons entourant le terrain de fortune de Soucelles. Depuis quelques mois, en effet, le pilote Déricourt, trente-quatre ans, avait été « tamponné » par la Gestapo et avait accepté de collaborer avec elle. Il avait été en relation étroite avec le patron de la section IV, Karl Boemelburg, puis avec son adjoint Kieffer quand le premier, en octobre 1943, avait été muté à Vichy. Kieffer, qui avait une confiance toute relative dans la sincérité de Déricourt, avait exigé de recevoir des informations détaillées sur les gens débarquant d'Angleterre et sur ceux qui y partaient. Il avait demandé et obtenu d'assister lui-même à l'opération avec des agents de la Gestapo munis de jumelles spéciales pour voir la nuit et disposés autour du champ où le Hudson devait se poser.

La Gestapo savait donc que François Mitterrand (sous son vrai nom ou sous un « pseudo » ?) allait s'envoler pour l'Angleterre. Est-ce à la suite de cette trahison que des agents de la Gestapo s'étaient présentés quelques jours auparavant à son domicile de Vichy pour l'arrêter ?

Toujours selon la version officielle des membres du SOE, la Gestapo observe le débarquement de cinq ou six personnes. L'une d'elles, Fille-Lambie (officier de transmission de l'état-major de l'ORA pour la zone nord), embrasse Mitterrand, qu'il connaît de Vichy. Déricourt conduit à vélos trois personnes vers la gare de Tiercé. Les autres sont acheminées sur celle d'Étriché. Toutes prennent le train qui remonte sur Paris par Sablé et Le Mans. Déricourt s'aperçoit en montant dans l'omnibus que des gestapistes sont installés à son bord. Il avise tout le monde de cette présence. Fille-Lambie et un autre descendront au Mans pour prendre un train à destination de Rennes. A la gare Montparnasse, Mennesson, Maugenet et Pardi seront arrêtés par la Gestapo.

François Mitterrand est bien monté ce soir-là dans un appareil partant pour Londres. Ses compagnons de voyage, selon les listes officielles du SOE, s'appellent Cammaerts, Chartrand, Mulsant, Barrett, Rechenmann, mais les noms de Muselier, du colonel du Passage et de François Mitterrand lui-même n'y figurent pas !

Après la guerre, Déricourt sera arrêté par la DST, convaincue de sa trahison ; elle le rendra responsable d'un nombre très important d'arrestations qui se sont pour la plupart terminées par la mort. Il fera dix-huit mois de prison à Fresnes et comparaîtra devant le tribunal militaire de Reuilly, en juin 1948 ; il sera acquitté, quarante témoins de qualité ayant plaidé sa cause. Parmi eux, les généraux Zeller et Ély, le colonel Fille-Lambie, devenu patron du service « Action » de la « Piscine », ses supérieurs du SOE, qui affirmeront que Déricourt les avait informés de ses relations avec la Gestapo, et... le ministre des anciens combattants de l'époque, François Mitterrand. Pour des raisons d'« emploi du temps », le ministre ne se sera pas déplacé, mais aura écrit une lettre se félicitant des services de l'équipe dirigée par Déricourt, qui avait assuré son vol à destination de Londres.

Après de multiples recherches, j'ai trouvé un document du SOE, intitulé *Movement of Bodies*, envoyé au capitaine Lejeune et qui récapitule les mouvements des officiers de l'ORA entre la France et la Grande-Bretagne. On y apprend que Fille-Lambie et Courson sont partis pour la France le 15 novembre 1943, à bord d'un Lysander, et que François Mitterrand et Du Passage sont arrivés « par air » le 16 novembre. Comme il est établi par de nombreux documents[1] que Du Passage et Mitterrand ont effectivement voyagé ensemble, qu'ils sont bien arrivés en Angleterre le 16, il me paraît évident que François Mitterrand a bien embarqué à bord du Lysander qui a déposé Fille-Lambie. La confusion provient du fait que ce même soir, à Soucelles, une autre opération *pick-up* a eu lieu avec un Hudson. En

1. L'auteur possède notamment une photocopie du témoignage du général Du Passage.

revanche, le souvenir du Président concernant le pilote ne correspond pas à la réalité. Déricourt était bien à Soucelles le soir du 15 novembre, il a bien fait monter à bord Morland et Du Passage – il n'y a pas trace du fils Muselier dans le document du SOE intitulé « *Movement of Bodies* » –, mais il est resté sur le terrain.

S'il subsiste encore quelques imprécisions sur ce voyage, il est en revanche certain que la venue de Mitterrand à Londres s'inscrit dans la logique de ses relations étroites avec l'ORA, donc avec le SOE qui assure, grâce au capitaine Lejeune, la « matérielle » de l'organisation du général Revers et, par ricochet, de la sienne propre. Depuis le début, l'argent qui finance son mouvement est anglais.

Mitterrand est accueilli par le capitaine Lejeune. Celui-ci, comme on l'a vu, est un personnage important au sein de l'ORA dont il dirige le service « Action » auprès du SOE qui le finance. Lejeune a manifestement plaisir à retrouver son camarade Du Passage, qui était avec lui à Vichy sous les ordres de Henri Zeller, si l'en en croit les confidences qu'il distille aujourd'hui. En revanche, le premier contact avec Mitterrand, semble-t-il, ne s'est pas bien déroulé. Lejeune a trouvé plutôt « désagréable » ce jeune homme que lui a envoyé l'ORA : « Je le voyais assez souvent. Il s'intéressait assez peu aux questions militaires et disait volontiers : Quand je serai ministre[1]... » Le patron du service « Action » l'a néanmoins hébergé à Devonshire Close, dans le petit immeuble qui lui sert de bureau et de lieu d'accueil.

Le SOE, très intéressé par les deux nouveaux venus, convoque Du Passage et Mitterrand le 17 novembre pour procéder, avec le capitaine Mott, aux formalités d'arrivée en Grande-Bretagne. Puis un *briefing* plus poussé est prévu pour le matin du samedi 20 novembre. Les deux hommes doivent se tenir prêts à 10 heures. A l'heure dite, le capitaine Mott appelle Devonshire Close, et, quelques minutes plus tard, il

---

1. Entretiens avec l'auteur, octobre 1993.

prend en voiture les commandants Mitterrand et Du Passage. Il les conduit dans une banlieue de Londres, dans un ancien orphelinat construit jadis pour les enfants dont les parents sont morts durant la guerre de Crimée. Ce vieil immeuble laid est maintenant occupé par le M.I.5, le service britannique de contre-espionnage. Mitterrand raconte son histoire. Il est maintenant fiché.

Mitterrand-Morland-Monnier revient à temps à Devonshire Close pour se rendre, à 14 heures 45, au rendez-vous que lui a fixé le colonel Passy, chef des services spéciaux gaullistes, le BCRA[1].

Le mardi 23 novembre, le patron de la « section F » du SOE, le colonel Buckmaster, rencontre longuement les deux hommes. Le document[2] relatant cet interrogatoire dormait depuis longtemps au Foreign and Commonwealth Office, à Londres. Il est intéressant, car il situe bien l'action de François Mitterrand au sein d'une « organisation giraudiste ». L'homme qui a rédigé la note – Buckmaster ou l'un de ses collaborateurs – remarque que Mitterrand n'est pas un bavard, et que, la plupart du temps, c'est Du Passage qui répond aux questions qui lui sont posées. Voici quelques extraits de cet interrogatoire :

SOURCES

Voici l'interrogatoire de deux hommes qui ont dernièrement travaillé ensemble dans une organisation giraudiste en France. Ils ont été interrogés ensemble et sont :
– Commandant DU PASSAGE Pierre, alias PÉPÉ, DU TERTRE Pierre-François, LESAGE Pierre, LAURENT
    et

---

1. Les pérégrinations de François Mitterrand à son arrivée à Londres sont décrites à partir des notes envoyées à Lejeune et déposées aux Archives du BCRA.
2. Voir annexes pages 571 et suivantes.

Le grand saut

– François MITTERRAND, alias MONIER François-Jacques, MORLAND François, LAROCHE Jacques-André.

MISSION

PÉPÉ était l'officier de liaison entre la zone nord et la zone sud. A ce titre, il avait de multiples contacts. Il a travaillé à Paris, Clermont-Ferrand et Vichy, voyageant fréquemment entre ces villes. Il avait un opérateur TSF connu sous le nom de Serge. Il s'attend à avoir un autre opérateur opérationnel sous peu, qui a été instruit en France et accepté à Londres, mais il ne connaît pas encore son nom. Auparavant, ses opérateurs furent : MÉRINOS / ROBERT à Clermont-Ferrand, BORIS à Lyon et BARMAN à Toulouse.

MONIER s'est occupé de l'aspect militaire de l'organisation et aussi des problèmes de P.G. Il n'a pas dit grand-chose pendant l'interrogatoire, alors que PÉPÉ a répondu à la plupart des questions, qu'elles aient été posées à lui ou à son compagnon. Dans le cadre de son travail, il a voyagé entre la zone nord et la zone sud, vivant de façon intermittente à Vichy. Il a changé souvent d'adresse, restant à un endroit seulement un jour, et jamais plus d'une semaine. Il avait ainsi le sentiment que les Allemands ne l'attraperaient jamais. Il y a une semaine, la Gestapo s'est rendue au domicile qu'il venait juste de quitter. Il sait qu'il est suspecté, mais ne peut dire pourquoi ; il sent qu'il y aurait beaucoup de petits faits qui pourraient lui être imputés si les autorités parvenaient à mettre la main sur lui. La Gestapo connaît son vrai nom, mais il espère qu'ils n'ont pas sa description. Il déclare que, contrairement à d'autres organisations, les giraudistes n'envoient pas les P.G. dans le maquis, mais ils essaient de leur trouver un travail qui leur assure une couverture en même temps qu'une activité rémunératrice. Tous les officiers et sous-officiers réguliers sont à tout moment à la disposition de l'armée clandestine, et peuvent être envoyés dans tout groupe les réclamant.

(...) Beaucoup de Français n'ont pas voulu rejoindre un mouvement de résistance, car ils pensaient que ce n'était pas le moment de soutenir un camp politique plus qu'un autre. Ils voulaient combattre les Allemands, mais avaient peur qu'en cas d'engagement déclaré dans un camp ou un autre, ils se retrouveraient à combattre des Français.

Les giraudistes sont loyaux à l'égard de l'armée française et à l'égard de son actuel chef, le général Giraud, mais c'est l'armée française qu'ils soutiennent, et non son chef personnellement, et si de Gaulle devait demain en devenir le chef, ce serait à lui qu'ils feraient allégeance.

CONTACTS AVEC D'AUTRES ORGANISATIONS

Interrogés sur leurs liaisons avec les gaullistes, la source[1] a répondu qu'ils devaient unir leurs forces pour le jour J, sinon avant. Il n'y a pas actuellement de liens entre giraudistes et gaullistes dans la zone sud, bien que beaucoup d'entre eux se connaissent personnellement et soient en meilleurs termes. Ils veulent tous faire la meilleure utilisation du petit stock d'armes et d'explosifs dont ils disposent, et cela ne peut être possible que dans le cadre d'une coopération entre les deux camps.

Dans la zone nord, VICTOR et COGNY avaient été en contact avec des éléments militaires du mouvement gaulliste avant leur arrestation. Il n'y eut par contre pas de liens politiques, et à cause des nombreux malentendus, la relation aurait été difficile.

La source ne pense pas grand-chose au sujet de la Sécurité gaulliste, mais les groupes, encore une fois, sont mélangés. Les gaullistes s'occupent davantage de sabotage que les giraudistes.

LES MAQUIS

La source admet que les maquis sont en grande partie gaullistes (le mot a ici un sens différent, mais les différences sont

---

1. L'expression « la source » désigne indifféremment Du Passage ou Mitterrand.

plus confuses en France). Malgré cela, il y a quelques maquis à prédominance giraudiste. Il y en a en Haute-Savoie, dans les Basses-Alpes et dans la région de Toulouse (...). Il n'y a pas de recrutement pour le maquis. Ne s'engagent que ceux qui sont recherchés par la police et ceux qui ont effectué un travail de résistance, comme un sabotage. La source est résolument opposée à l'envoi d'hommes dans des camps d'entraînement. Les giraudistes tiennent cette vie dans le maquis pour inutile.

COUVERTURE POUR LES RÉSISTANTS

Les giraudistes ont infiltré plusieurs branches de l'administration officielle, par exemple les EAUX et FORÊTS, et, avec la complicité de quelques fonctionnaires, une large part d'entre eux ont un emploi fictif qui leur permet de ne pas être dans la clandestinité ; ils disposent de salaires et ainsi ne sont pas réduits à voler dans les fermes, etc. La source ne pense pas que le maquis sera d'un grand secours aux alliés le jour J. Les armes, leur utilisation, le ravitaillement, l'argent et les vêtements leur manquent, aussi bien que le sens de la discipline. A moins qu'ils aient à entreprendre un travail de résistance contre les Allemands dans un faible rayon autour de leur camp, le moyen de transporter disons 2 000 hommes se révèle tellement irréalisable qu'il peut de ce fait ne pas y avoir de résistance du tout (...). »

Trois jours plus tard, au cours d'un entretien avec Warisse, le représentant de Frenay à Londres, François Mitterrand affirme que Buckmaster lui a promis un parachutage de soixante conteneurs d'armes et de munitions à l'usage exclusif de son mouvement, qui seront largués prochainement à Saint-Laurent-du-Pont (le terrain tenu par Pelat[1]).

Après avoir fait montre d'une très grande discrétion avec les Britanniques, François Mitterrand est beaucoup plus loquace avec les Français. Il ne va plus parler d'« organisation

1. Voir page 305.

giraudiste », mais exclusivement de son mouvement de prisonniers. Le 26 novembre, il rédige une longue note[1] à l'intention du commandant Revez, qui fait l'historique du mouvement, dont le sigle MRPG[2] apparaît alors pour la première fois dans un document officiel. Mitterrand affirme que celui-ci est né en octobre 1942, avec l'appui du commissaire Pinot, de la fédération de plusieurs petits groupements dirigés par le Dr Fric, Montjoie, Louis Augis, Antoine Mauduit, René Poirier et lui-même (à Paris ?). Il définit les buts du mouvement de la façon suivante : 1) se défendre contre les recherches de la police allemande ; 2) s'entraider pour retrouver du travail ; 3) faciliter l'évasion des camarades demeurés en captivité ; 4) participer de tout leur pouvoir à la lutte contre l'occupant.

Dans cette lettre qui a pour objectif de préparer son voyage à Alger, il se dit prêt à fournir tous détails complémentaires et souligne que le mouvement était déjà organisé quand Charette s'est rendu à Montmaur en février 1943. Nous avons vu que François Mitterrand prend là quelques libertés avec la réalité ; en fait, il n'est pas là pour faire de l'histoire, mais pour montrer que son mouvement est plus important que celui de Charette et qu'il ne correspond pas du tout à ce qu'en a dit le neveu du général de Gaulle.

Le 29 novembre, François Mitterrand rencontre Jean Warisse, le représentant à Londres de Frenay, également chargé des liens avec le BCRA. Cette entrevue est importante, car Frenay a été nommé le 10 novembre précédent commissaire aux Prisonniers, Déportés et Réfugiés du Comité français de libération nationale : en quelque sorte le ministre des Prisonniers à Alger. L'accueil ne peut être chaleureux, car Warisse est un ami de Michel Cailliau. Il écoute, prend des notes et rédige aussitôt une note à l'intention du

1. Archives du BCRA.
2. Les sigles désignant le mouvement « Pin' Mitt' » ont varié au fil du temps. Le seul que l'Histoire ait finalement retenu est « RNPG » (Rassemblement national des prisonniers de guerre).

colonel Passy. Texte intéressant, puisque qu'il permet de connaître la manière dont François Mitterrand se présentait et présentait alors son mouvement[1] :

« J'ai l'honneur de vous transmettre, à toutes fins utiles, le résumé de l'entretien que j'ai eu le samedi 27 novembre 1943 avec M. Mitterrand, dit "Morland" :

M. Mitterrand est arrivé à Londres comme représentant du "-Comité des Cinq", avec *pour intention de venir représenter, à Londres et à Alger, la cause d'un mouvement qui s'adresse uniquement aux prisonniers de guerre, rapatriés ou évadés se trouvant en France*[2]. D'après M. Mitterrand, ce mouvement dispose de groupes dans 52 départements et entretient des liaisons avec 20 camps de prisonniers en Allemagne. Ce mouvement n'a eu jusqu'à présent *aucune liaison avec le BCRA*, les seules liaisons qu'il ait jamais eues avec les organisations de Londres s'étant effectuées par l'intermédiaire des mouvements de résistance. Mitterrand a cité le nom de D'Astier qui, d'après lui, aurait fait des versements d'argent et aurait fourni des armes.

Activités de ce mouvement en France

Ce mouvement entretient des Centres de résistance et des Centres d'entraide dans les milieux d'anciens prisonniers de guerre. Comme exemple, M. Mitterrand cite Clermont-Ferrand, avec 350 adhérents, Guéret, avec 45 adhérents, Nice, avec 300 ; dans l'Ardèche, 75. D'autre part, ce mouvement dispose de Maisons du Prisonnier dans différentes villes, comme la Maison Jolly à Albi, la Maison Grener à Guéret. M. Mitterrand se flatte d'avoir organisé, dans le sein du Comité des Cinq, une Fédération autonome des Centres d'entraide qui réunit actuellement tous les centres départementaux de la zone sud, sauf 6, soit 42 départements où les présidents se sont mis d'accord sur le programme minimum de :

1. A.N.F9/3255. Voir annexes.
2. Passages soulignés par l'auteur.

1) lutte contre le mouvement Masson et sabotage de son journal ;
2) lutte contre la politique de l'"esprit Prisonniers de Vichy".

Comme preuve à l'appui, Mitterrand parle de son intervention personnelle au congrès Masson de zone sud à Lyon, et au congrès de zone nord de Paris, ces deux interventions ayant amené l'échec complet de ces congrès.

J'attire votre attention sur le fait que, d'après les déclarations mêmes de M. Mitterrand, le mouvement Masson dispose à l'heure actuelle de 35, je dis bien 35 adhésions éventuelles !

Le mouvement dirigé par le "Comité des Cinq" ne dispose pas de journal, mais fait paraître un courrier hebdomadaire dans tous les départements intéressés, courrier dactylographié qui comporte les consignes générales pour les prisonniers en France et des rapports sur la vie quotidienne des groupements. D'après les déclarations de M. Mitterrand, ce courrier n'est pas diffusé dans d'autres milieux que ceux des adhérents de son mouvement.

Sur le plan familles des prisonniers de guerre, M. Mitterrand m'a assuré que leur mouvement n'avait encore rien fait, mais qu'il entretient seulement des relations amicales avec Mme Aulas (?), présidente de la Fédération des femmes de prisonniers.

M. Mitterrand dispose de relations personnelles et amicales dans les milieux du Commissariat national aux prisonniers de Vichy, et, chaque semaine, il possède le compte-rendu complet de ce Commissariat.

Dans le domaine de l'action de résistance, M. Mitterrand affirme que les adhérents de son mouvement sont mis à la disposition de la Résistance dans les différentes villes.

Activités de ce mouvement dans les camps de prisonniers en Allemagne.

1/ Renseignements : rien de fait. Aucun formulaire n'a jamais été envoyé dans les camps, mais le mouvement entretient des relations suivies avec la mission Scapini à Berlin, par l'intermédiaire du commandant de L'Étoile.

2/ Évasions : le mouvement Mitterrand a décidé de ne plus s'intéresser à l'évasion des prisonniers, car le rendement, dit-il, est incompatible avec les moyens nécessités.

3/ Matériel radio : le mouvement Mitterrand n'a pas envoyé en Allemagne de postes radio, sauf, sur relations amicales, dans les camps 8-C, 9-A, 11-B, 17-A, 2-D.

4/ Armement et matériel de sabotage : M. Mitterrand s'oppose formellement à de tels envois.

Conclusion : M. Mitterrand prétend que le mouvement Charette n'est construit que sur une imagination débordante et n'existe pas. *Il précise que sa visite à Alger a pour but de fournir à M. Frenay toutes les possibilités de contrôle et de régler la question du mouvement Charette, afin de préciser qu'il ne peut y avoir en France deux mouvements de résistance, d'autant plus qu'il n'y en a qu'un qui existe réellement, celui dirigé par le "Comité des Cinq[1]".*
Voici les noms des dirigeants du "Comité des Cinq" :

1°/ M. Mitterrand s'occupe de l'action en France.

2°/ Jacques Bénet, connu sous le nom de Séguin, ou Turgis, évadé du stalag 6-D. Il s'occupe des questions de propagande en zone nord.

3°/ Marcel Barrois. Rapatrié d'Allemagne de l'oflag 3-C.

4°/ Maurice Pinot qui, ayant rompu tout lien avec Vichy, vivrait, à l'heure actuelle, caché à Paris.

5°/ Jean Munier, évadé, qui s'occupe de toutes les questions techniques d'armement et de parachutages (?).

D'après Mitterrand, il a été reçu à Londres par le colonel Buckmaster, chef de la section française, qui lui aurait promis de faire exécuter, le mois prochain, à l'usage exclusif de son mouvement, un parachutage de 60 containers d'armes et de munitions. Parachutage devant avoir lieu à Saint-Laurent-du-Pont.

Sur mes questions précises de savoir si le mouvement reconnaissait le général de Gaulle, M. Mitterrand m'a répondu qu'en accord avec le "Comité des Cinq", ils avaient décidé de s'intégrer à la

1. Souligné par l'auteur.

Résistance française sans souci de savoir si cette Résistance dépendait du général de Gaulle, de Giraud ou de n'importe quelle tête. D'après ses déclarations, il ne peut s'agir pour eux de devenir un mouvement politique[1]. »

Cette déclaration confirme l'objectif de François Mitterrand de supplanter une fois pour toutes le mouvement de Charette sans pour autant faire acte d'allégeance au général de Gaulle. Il est intéressant de souligner qu'il s'est placé ici à la tête du mouvement et qu'il a relégué Pinot à la quatrième place. Le « Comité des Cinq » n'était connu d'aucun des membres du mouvement, mais correspondait probablement à la hiérarchie que Mitterrand avait en tête à la fin de novembre 1943.

Alors que Morland se trouve à Londres, la bataille entre les services spéciaux giraudistes et gaullistes fait rage. Le 27 novembre, un décret du CFLN fusionne les différents services au sein de la Direction générale des services spéciaux dont la responsabilité est confiée à Jacques Soustelle. Le général Giraud, déjà éjecté de la coprésidence du CFLN, tente de garder son autorité sur « ses » services spéciaux[2]. Le CFLN coupe alors les crédits aux services giraudistes...

Mitterrand, qui ne fait toujours pas allégeance au général de Gaulle, passe statutairement du service Action de la DSS (giraudiste) au service Action du BRAL (Bureau de renseignement et d'action de Londres) gaulliste, dirigé par Passy. Ce passage s'effectue probablement en vertu du décret du 27 novembre 1943, sans que son avis ait été sollicité. Il était le commandant Morland dans les services giraudistes, il est le capitaine Monier dans les services gaullistes, où il est enre-

---

1. *Idem.*
2. Lire à ce sujet *Services spéciaux*, Paul Paillole, Éditions R. Laffont, Paris, 1975.

gistré comme chargé de mission de 1re classe à compter du 1er décembre[1].

En date du 29 novembre, le colonel Passy signe un ordre de mission qui « ordonne » au capitaine Monier de se rendre en mission à Alger, « où il est réclamé par le président du Comité français de libération nationale[2] ».

François Mitterrand avait l'intention de se rendre à Alger pour faire valoir son mouvement ; à présent, c'est le général de Gaulle qui le convoque. Nuance. En réalité, c'est Frenay, commissaire aux Prisonniers, qui, ayant appris sa présence à Londres, a fait le nécessaire pour le faire venir le plus rapidement possible. « A son arrivée, il se mettra à la disposition de M. l'ingénieur en chef du génie maritime Pélabon », spécific l'ordre de mission signé Passy. Pélabon est à Alger le chef d'antenne des services spéciaux gaullistes.

Mitterrand est arrivé à Londres giraudiste ; malgré lui, il a déjà basculé dans la logique gaulliste. Son voyage à Alger est programmé pour le 3 décembre 1943. Ce jour-là, le capitaine Monier se dirige vers un aéroport du Pays de Galles...

1. Voir document, cahier hors-texte.
2. Voir fac-similé de cet ordre de mission, Annexes.

FACE AU GÉNÉRAL DE GAULLE

Le capitaine Monier se retrouve sur un aérodrome de Cornouailles, à attendre un Douglas qui doit le conduire vers Alger. Il n'est pas seul. Il y a là un général, un évêque, quelques Français voyageant sous de faux noms (comme Jean-Pierre Fischoff, directeur du cabinet de René Massigli, qui voyage sous celui de Lafouy), et Alastair Forbes, un journaliste anglais du *Daily Mail* aux allures nonchalantes d'étudiant en vacances. Un incident mécanique retient tout ce petit monde dans la station balnéaire, abandonnée par ses nurses et ses boys en livrée à la turbulente présence des aviateurs de l'U.S. Air Force. Monier se lie avec le journaliste britannique. Les deux hommes se promènent ensemble et parlent de la France :

« La France est un pays que j'aime. Civilisée, elle sait être rebelle. Mais pourquoi oublie-t-elle cette conception du monde dont elle fut la créatrice, pour se complaire dans les discussions byzantines d'une politique vieillotte ? déclame Alastair Forbes.

– *La France gaspille en effet ses forces avec le secret plaisir d'en éprouver les limites. Le miracle de sa jeunesse séculaire réside justement dans cette propension unique aux gestes inutiles faits pour l'Histoire, et qui, malgré eux, s'inscrivent toujours dans l'Histoire...* », répond l'ancien du « 104 ».

Le sujet l'inspire. Il devient lyrique. Il rappelle cette double image de la France, apparemment vaincue, écrasée, finie, mais qu'un homme seul et démuni a tenu à bout de bras dans une chambre d'hôtel de Londres[1]. Telle aurait donc été la première manifestation de gaullisme de François Mitterrand...

Les deux hommes ont pris place à côté l'un de l'autre à bord du Douglas. A trois mille mètres d'altitude, les courants d'air percent les couvertures ; il fait très froid. Les passagers apprécient d'autant plus le grand bol de chocolat que leur sert à Gibraltar un solennel steward. Le temps de refaire le plein et l'avion redécolle. Alastair Forbes confie à son voisin le nom de son « contact » à Alger. A l'aérodrome de Maison-Blanche, le capitaine Monier est interrogé par la sécurité militaire. On est le 3 décembre 1943.

Il retrouve à Alger son frère Jacques, basé au Maroc et qui va bientôt partir pour la campagne d'Italie. Il cherche à joindre son ami Georges Dayan, qu'il n'a pas revu depuis le début de l'année 1940. Mitterrand le croit à Oran : il téléphone et tombe sur Irène, laquelle lui apprend que Georges se trouve à Alger même, à la caserne d'Orléans. Retrouvailles chaleureuses : les deux amis se verront désormais tous les jours... « *D'Alger de ce temps-là, d'Alger "qui sent la chèvre et la fleur de jasmin", je garde le souvenir d'un temps pressé, précieux, avec les images et la façon de vivre d'une ville de l'arrière, pour soldats en permission* », se souvient François Mitterrand[2]. Il est effectivement pressé.

Voit-il Pélabon, le représentant des services gaullistes à Alger, comme Passy le lui a ordonné ? Essaie-t-il de retrouver ses amis des services secrets giraudistes ? Dès son arrivée, il rencontre en tout cas Henri Frenay qui, depuis trois semaines, occupe le poste de commissaire aux Prisonniers.

1. Scène recomposée à partir d'un article de François Morland paru dans *Libres*, 4 octobre 1944.
2. In *La Paille et le Grain*, F. Mitterrand, Flammarion, 1975.

C'est l'homme qui compte le plus pour la réussite de sa mission. Dans les heures qui suivent son arrivée, Frenay organise une entrevue à la villa des Glycines avec le général de Gaulle[1].

François Mitterrand a donné des comptes rendus quelque peu contradictoires de cet entretien capital entre le chef de la France libre et le responsable autoproclamé d'un des mouvements de résistance « prisonniers ». Capital, en tout cas, pour la trajectoire et le destin politique de ce dernier. Il convient de se rappeler, en effet, que Michel Cailliau, neveu du Général, a envoyé note sur note à son oncle pour décrédibiliser l'organisation « Pin' Mitt' ». Et il est vrai que, vue d'Alger, cette organisation n'a pas de bons antécédents avec ses Francisques, son appartenance à Vichy jusqu'en janvier 1943, son patronage par la giraudiste ORA, ses contacts avec les Compagnons de France et les ex-dirigeants de l'École des cadres d'Uriage...

En 1945, François Mitterrand écrit que tout s'était fort bien passé avec le Général :

> « *Je pus lui apporter le témoignage de reconnaissance des centaines de milliers d'hommes dont il incarnait l'espoir. A l'issue de notre entretien, j'avais acquis la certitude que notre cause était comprise[2].* »

En 1971, la relation est différente :

> « *Le général de Gaulle me reçut en compagnie d'Henri Frenay, commissaire aux prisonniers de guerre. J'avais parcouru les routes d'Allemagne, de France et d'Angleterre avant de me trouver dans ce bureau de la villa des Glycines et voilà que, devant moi, était, avec sa drôle de tête, petite pour son grand corps, son visage de condottiere frotté chez les bons pères et ses jambes repliées sous la table, celui que j'avais tant imaginé. Je m'encourageai en pensant à Stendhal. Pas de doute, c'était de Gaulle. Il fut aimable. A ceci près que sa première remarque, saugrenue, fut pour observer, mi-*

---

1. « *Entrevue qui a "probablement" eu lieu le 5 décembre* », se souvient François Mitterrand, entretien avec l'auteur le 3 août 1994.
2. In *Les Prisonniers de guerre devant la politique*, op. cit.

figue mi-raisin : "On m'a dit que vous étiez venu par un avion anglais." Pendant qu'il me parlait, sa belle main un peu molle se balançait au rythme de je ne sais quelle berceuse. Il m'interrogea sur l'état de la Résistance, sur ses méthodes et son climat. Mais bien que sa voix restât nonchalante, le ton durcit quand il aborda le vif du sujet. Il attachait une grande importance à la propagande dans les camps et à l'action des évadés en France. Le retour d'un million cinq cent mille prisonniers poserait des problèmes qu'il convenait d'étudier sans attendre. Dès maintenant, il désira que cessât la dispersion des réseaux concurrents. Après leur fusion, qu'il entendait voir se réaliser sous la conduite d'un certain Michel Charette qui était son propre neveu, ils recevraient des armes et de l'argent. Pas avant. Quelle objection pouvais-je faire aux règles évidentes de la discipline nationale ? Je répondis qu'aussi utile que fût cette discipline, la Résistance intérieure avait ses propres lois qui ne pouvaient se réduire à la simple exécution des ordres venus de l'extérieur, et que, pour ce qui concernait les réseaux en question, ses instructions restaient inapplicables. L'entretien était terminé. Il se leva et me serra la main[1]. »

En vingt-six ans, l'entretien constructif s'est transformé en un acte de rébellion à l'égard du chef du CFLN. Il est vrai que, depuis 1945, François Mitterrand est devenu un homme politique dont l'essentiel du « fonds de commerce » est constitué par une opposition radicale au mouvement gaulliste sous la Quatrième République, puis au général de Gaulle sous la Cinquième.

Depuis 1971, cette version s'est encore enrichie. Dans le « *Védrine*[2] », Mitterrand affirme s'être engagé ce jour-là à réaliser l'unité des P.G. résistants, mais en laissant à leurs représentants qualifiés le soin de choisir leurs responsables.

François Mitterrand a évoqué devant moi[3] cette entrevue dont ni de Gaulle ni Frenay ne parlent dans leurs mémoires :

1. In *Ma part de vérité*, op. cit.
2. *Dossier P. G.-Rapatriés, 1940-1945*, op. cit.
3. Entretien du 12 octobre 1993.

Il commence par faire allusion à la *« forte littérature qui existait à Alger contre moi et notre mouvement »*. Puis il confirme l'entrée en matière : « Vous avez voyagé avec un avion anglais... », lui a dit de Gaulle au début de l'entretien. Dans la bouche du Général, cela signifiait : vous êtes un homme des services anglais. Puis le chef du CFLN lui a vanté les mérites d'une organisation unifiée. *« Je refuse au nom des impératifs de sécurité, l'organisation de Cailliau étant truffée de personnes non qualifiées »*, explique François Mitterrand. Il affirme également que c'est de Gaulle qui lui a demandé d'*« intégrer le mouvement communiste "Prisonniers" dans un mouvement de résistance unifié. Dans la discussion, le Général a évoqué la "troisième organisation".*

– Laquelle troisième ?
– Le Front national, communiste...
Je ne connaissais pas cette organisation... »

Je rappelle que Frenay affirme dans ses Mémoires que lui, François Mitterrand, a été à l'origine de cette intégration.

« Frenay était un type formidable, mais il ne travaillait pas dans la finesse, il était obsédé par les communistes... » Puis, se reprenant : *« C'était le plus grand résistant... »*

Il revient sur son entretien avec de Gaulle :

« L'unification se fera sous la direction de Charette, me dit le Général.

– Vous voulez dire de votre neveu ?
– Oui, je veux bien dire cela. »

Puis il reprend un de ses thèmes favoris : la captation de la Résistance par de Gaulle. *« Tous les grands responsables de la Résistance intérieure ont été bloqués en dehors du territoire de la métropole. L'Histoire reste encore à écrire sur cette période, et notamment sur la grande rivalité entre les deux Résistances... »*

Pierre Merli, le député-maire d'Antibes, se flatte[1] d'être le premier à avoir recueilli les confidences de François Mitterrand à son retour d'Alger. Ce dernier lui a fait alors le récit de

1. Entretien avec l'auteur, le 31 décembre 1993.

son entretien avec le Général : « Il s'est beaucoup plus mal passé que ce qui a été dit. Le Général l'a presque mis à la porte. Il voulait imposer Charette à la tête du mouvement. Il voulait les cocos... » Merli affirme avoir couché sur le papier, à l'époque, les confidences de Mitterrand. Au début du premier septennat, il a montré ce compte rendu au nouveau président de la République, lequel l'a contresigné tout en lui demandant de ne point le divulguer tant qu'il serait à la tête de l'État. Merli prétend également que « de Gaulle était prêt à faire tuer Mitterrand par les services spéciaux. Finalement, il l'a fait mobiliser pour partir sur le front d'Italie. Mais Mitterrand a pu s'échapper d'Alger... »

La relation de cette audience a donc évolué au gré de la stratégie politique personnelle de l'intéressé. Dans l'immédiat après-guerre, il a « collé » au général de Gaulle dans la mesure où c'est ce dernier qui l'avait adoubé, à la Libération, en le nommant au sein du gouvernement insurrectionnel d'Alexandre Parodi. Du jour où il a décidé qu'il pouvait se démarquer complètement du Général et du gaullisme, il n'a retenu de l'audience que sa partie « désagréable ».

J'ai retrouvé le seul compte rendu écrit[1] peu de temps après par le seul témoin de cette rencontre, Henri Frenay. L'entrevue a certes été rude, mais François Mitterrand a pu y exposer franchement son point de vue et, à la fin, de Gaulle a « blanchi » de son « vichysme » le jeune et impertinent visiteur. Le Général arbitrera même en sa faveur dans le duel qui l'oppose depuis des mois à son propre neveu. Cette relation a été faite le 18 mars 1944, dans une lettre envoyée précisément à Charette, lequel contestait les décisions prises en faveur de Morland par le Comité d'action en France, présidé par le Général :

« ... Je ne partage absolument pas votre point de vue sur les sentiments que nourrit Morland à l'égard de la politique de

1. Cf. Annexes, pages 589 et 590.

Vichy. D'ailleurs, *il a vu lui-même le général de Gaulle en ma présence, s'est entretenu longuement avec lui et de la manière la plus franche. Celui-ci, avant même de prendre la décision de ce Comité des Trois*[1], était donc parfaitement informé sur l'esprit et l'action de Morland, dont d'ailleurs vous lui aviez vous-même parlé. On ne peut donc dire que la décision prise ne l'a pas été en toute connaissance de cause. Ceci, d'ailleurs, est une question de politique générale dont je me suis personnellement entretenu avec Morland, et je vais résumer brièvement sa position, qui est aussi la mienne.

Le drame de la France a fait que des hommes honnêtes et désintéressés ont cru, pendant un certain temps, au maréchal Pétain et ont placé en lui leur confiance. Sans doute ont-ils été trompés, mais ils ont été trompés sincèrement et, s'ils ont fait une erreur, on ne peut pas la leur imputer comme un crime[2]. Or vous savez, comme je le sais moi-même, que l'immense majorité du peuple français, pendant plus ou moins longtemps, a fait confiance au maréchal Pétain. Vouloir refuser systématiquement de faire route avec ceux-là n'aboutirait, en définitive, qu'à isoler une poignée d'hommes (dont vous êtes et dont je suis) de la Nation. C'est donc vers une politique d'union sincère que nous devons marcher. Agir autrement serait prendre une terrible responsabilité vis-à-vis du pays, ce qui, je vous le répète, serait contraire à la volonté du général de Gaulle, lequel l'exprimera publiquement dans 48 heures.

Si donc nous sommes d'accord, vous et moi, pour trouver qu'une personnalité comme celle de 312[3] est beaucoup trop marquée par le rôle prépondérant qu'elle a joué à Vichy, il n'en est pas de même pour notre ami Morland sur les sentiments duquel, d'ailleurs, je me porte personnellement garant. »

Quels parrains ! De Gaulle et Frenay se portent désormais garants des sentiments de Mitterrand ! Difficile de trouver mieux... On peut imaginer un Morland plaidant brillamment

---

1. Mitterrand, Cailliau, Bénet.
2. Les passages soulignés le sont par l'auteur.
3. Il s'agit de Maurice Pinot.

devant de Gaulle la cause du jeune Mitterrand qui a cru un temps au Maréchal et a placé en lui toute sa confiance. Il reconnaît s'être trompé « sincèrement »... Or, est-ce un crime de se tromper quand on est sincère ?

Les oripeaux du Mitterrand maréchaliste ont été définitivement raccrochés à Alger à une patère de la villa des Glycines. Bien que ses objectifs aient été atteints, cette visite laisse néanmoins une blessure : sa sensibilité extrême et la haute idée qu'il a de lui-même ont dû lui faire mal endurer la rudesse du Général. « Louquette », une pétillante infirmière qui faisait briller les yeux du capitaine Monier (et vice versa), et qui l'a rencontré fréquemment pendant son séjour à Alger, se souvient de ses confidences : « De Gaulle l'a reçu très froidement[1]. »

Quelques mois après avoir recueilli ses propres confidences sur l'entretien qu'il avait eu avec le général de Gaulle à Alger, j'ai fait lire à François Mitterrand la lettre de Frenay relatant différemment cette audience. Il l'a lue et me l'a rendue, sans commentaires.

Après cette difficile entrevue, Mitterrand a entamé une série d'entretiens fructueux avec Henri Frenay et son directeur de cabinet, Olivier d'André. On a du mal à imaginer que Frenay aurait autant soutenu ce jeune homme qui le subjuguait par son intelligence si le Général avait montré son désaccord. Cailliau a donc perdu. C'est son adversaire qui aura la haute main sur les deux mouvements (celui de « Charette » et celui de « Pin' Mitt' ») et qui coordonnera leur action. Mitterrand devient ainsi un rouage essentiel dans la stratégie du commissaire aux Prisonniers...

Cependant que François Mitterrand prend tous les contacts nécessaires pour faire reconnaître la prééminence de son mouvement et donc la sienne, Charette continue à lui

---

1. Entretien avec l'auteur, le 9 février 1994.

« savonner la planche ». A preuve cette lettre qu'il envoie encore, le 8 décembre 1943, à son oncle :

> « Malgré les plus grandes difficultés dues à de nombreuses arrestations dans mon mouvement, à ma santé, qui a été au début très défectueuse, notre travail a tendu intensément vers l'idéal. Aussi, il a été couronné de très beaux succès.
>
> Le courrier que j'ai envoyé à Londres en est la preuve. Toute mon organisation fonctionne maintenant à plein rendement. J'ai convoqué à Paris Maurice Pinot, l'ex-ministre aux Prisonniers de Vichy. Conversations longues et cordiales. Il semble que maintenant rien de formel ne nous sépare. *Cependant, il faut être très prudent. Pinot avoue conserver des relations personnelles avec Pétain. Ménétrel prétend diriger en sous-main l'organisation de Pinot-Mitterrand*[1].
>
> Le service des prisonniers de guerre et des déportés de Londres m'écrit qu'à l'arrivée des Allemands en ZNO, une note signée Pinot a exigé de tous les fonctionnaires du Commissariat aux prisonniers le serment de ne faciliter en aucune sorte les évasions de prisonniers de guerre et de ne participer en aucune manière aux organisations spécialisées dans ce travail[2].
>
> *Pinot et Mitterrand se déclarent maintenant radicalement résistants, avec une pointe marquée de giraudisme.* En pratique, leurs directives et les moyens matériels leur sont parvenus par les voies Giraud par lesquelles, en échange, ils font passer leurs renseignements. En effet, actuellement, l'organisation Prisonniers Pinot-Mitterrand, après l'avoir traitée tour à tour de terrorisme et de gaminerie, s'est mise à l'action parallèlement à nous et avec, par endroits, des interférences.
>
> *Cette organisation Pinot-Mitterrand, malgré le bluff, a très peu d'effectifs,* sinon sur le plan social et sur le plan de l'hostilité à Masson, l'ennemi et le remplaçant de Pinot. Inutile de dire qu'ils savent habilement manier *bluff, hypocrisie, mensonge.* Cependant, étant donné le passé, j'ai décidé mes camarades à la fusion. *Malgré tout, ce serait nous rendre le plus grand service,*

1. Les passages soulignés le sont par l'auteur.
2. Cette affirmation est erronée.

puisque Mitterrand est parti il y a quinze jours pour Londres et peut-être pour Alger, de le conserver sur place dans l'armée, mais pas à un poste prisonniers de guerre ou déportés.

Mitterrand, démissionnant avec Pinot lors du retour de Laval après deux mois, travaille un moment avec nous, mais traite les services de renseignement d'idiots et d'inutiles, et toute la Résistance d'enfantillage. D'où scission. Ensuite, Mitterrand évolue lentement, adoptant peu à peu, au moins en apparence, toutes nos idées ou presque. De son côté, il cherche avec Pinot à les faire entrer en pratique. Je me demande qui a pu le faire passer à Londres... »

Après ces « amabilités », Charette demande tout simplement à son oncle d'empêcher Mitterrand de rentrer en France... en l'affectant dans l'armée ! Cette demande va effectivement être prise en compte, sinon par le Général lui-même, du moins par les services spéciaux gaullistes qui vont donner les ordres destinés à retenir François Mitterrand.

Celui-ci n'a pas connaissance sur-le-champ des manigances des services gaullistes. Il sort dans le Tout-Alger. « Louquette », fille d'un haut gradé, l'introduit dans les salons, comme chez les Saint-Cyr. Le capitaine Monier sympathise avec Marie-Louise Mamy, la secrétaire de Frenay, dont le mari, André Mamy, est adjoint du colonel Passy, chargé de la section Études et Coordination. Ce type de rencontres lui seront ultérieurement fort utiles... Il n'est déjà plus un homme seul : son intelligence, son brio, ses analyses, sa « belle gueule » font merveille.

S'il sort beaucoup le soir, il ne passe pas le reste de son temps à flâner. Il explique sa cause à de nombreux membres du CFLN et de l'assemblée consultative provisoire (dont la séance inaugurale a eu lieu le 3 novembre précédent). Il rencontre ainsi le communiste Grenier. Il constate à quel point les problèmes des P.G. restent ignorés, combien ceux-ci sont *« la France emmurée, la France séparée, la France doublement captive, et que cette France-là* [forme] *à elle seule un front de guerre distinct des autres...*[1] » Il a du mal à se faire entendre. En ce mois de décembre 1943, on discute ferme, au sein de l'Assemblée consultative, sur les premières élections qui pourront rendre à la nation sa véritable liberté. On débat d'un projet prévoyant le déroulement d'un scrutin dès lors que les trois cinquièmes du territoire seront libérés. François Mitterrand explique que ce projet aboutirait à écarter les prisonniers de guerre de la consultation.

Il revoit également deux des passagers qu'il a connus sur le vol Bristol-Alger : Alastair Forbes et Jean-Pierre Fischoff. Il retrouve le journaliste du *Daily Mail* dans un minuscule restaurant à la table réputée, « Les Hurlevents ». De cette rencontre sortira le premier exposé des idées de François Mitterrand à paraître dans la presse internationale[2] :

> « M..., qui venait juste d'arriver de France en tant que délégué de la Résistance, m'a dit qu'il était dégoûté par l'idiote chasse à l'hérésie et par le sectarisme, et qu'il allait rentrer en France aussi vite que possible pour s'éloigner de tout cela.
>
> En France, il semble y avoir une vraie "union sacrée" dans la Résistance, qui ne réclame pas toutes sortes de tests de pureté et n'utilise pas le mot "gaulliste" comme une appellation contrôlée, mais comme un synonyme de "bon Français". »

Ces quelques lignes traduisent parfaitement l'état d'esprit de François Mitterrand à Alger.

Il rencontre aussi fréquemment Jean-Pierre Fischoff, qui lui offre même pendant huit jours de partager sa chambre à l'Hôtel de Galles.

Il fait également la connaissance de Pierre Mendès France, qui lui fait grande impression : « Il était passionné par Mendès France », se souvient Louquette qui assista à leur premier déjeuner.

1. In *Les Prisonniers de guerre devant la politique*, op. cit.
2. Publié le 24 janvier 1944, au retour du journaliste anglais à Londres.

Pendant le séjour de Mitterrand à Londres, puis à Alger, le mouvement « Pin' Mitt' » continue. Marcel Barrois, qui le remplace, Jacques Bénet, Jean Bertin, Maurice Pinot, Jean Védrine, entre autres, poursuivent l'entreprise de noyautage du milieu « Prisonniers ». Ils développent également l'implantation résistante. Munier et Pâris, les deux personnalités du service Action, continuent d'agir...

L'arrestation de Pol Pilven et de Renaud n'a fait qu'aviver le désir d'intervention de Jean Munier. A la fin de novembre 1943, le délégué militaire régional, Jean René, a appris par Monsec, secrétaire de la LVF de Clermont, que Henri Marlin, commandant-major de la légion franciste de Bucard et chef de la gestapo française pour l'Allier et le Puy-de-Dôme, projetait de monter une opération d'envergure contre les maquis d'Auvergne, avec l'appui du capitaine Geissler, chef de la Gestapo de Vichy, et le concours de l'armée allemande. Le Dr Fric, responsable du mouvement à Clermont-Ferrand, a obtenu la même information. A Jean Munier d'agir, c'est-à-dire de supprimer Marlin.

Munier estime[1] que la sécurité commande de ne pas mettre de nouvelles individualités dans la confidence. Il décide donc d'agir seul. L'opération est délicate, car Marlin, ayant, selon le Dr Fric, déjà échappé à une opération de la Résistance, se fait accompagner de quatre sbires, toujours sur les dents. Il apprend que Marlin se rend quotidiennement dans un garage. Dès l'après-midi, il réussit à se faire embaucher afin de se familiariser avec les lieux. Il arrive tôt le lendemain matin, sans arme, et, avant l'ouverture, va prendre un café – ou, plutôt, de l'orge grillée avec de la saccharine – dans un bistrot proche. Cinq hommes rappliquent peu après lui. L'un d'eux, manifestement le chef, coiffé d'un béret basque, n'est autre que Marlin, tel qu'on le lui a décrit. Le cœur de Munier bat d'autant plus la chamade que l'homme vient s'accouder près de lui au comptoir. « Bizarre d'être à

1. Entretien avec l'auteur, le 11 mars 1994.

côté de quelqu'un qu'on doit assassiner par nécessité ! dit-il sobrement aujourd'hui. J'ai éprouvé alors le besoin d'entendre sa voix... » Munier lui adresse donc la parole :

– Vous avez de la chance d'avoir de l'essence.

– Comment le savez-vous ? aboie Marlin.

– Je travaille au garage...

L'homme radoucit le ton.

Munier s'en retourne au garage. La journée lui paraît longue. L'action est prévue pour le lendemain, 2 décembre 1943.

Dès l'aube, Munier se sent dans un état second. Autant il est convaincu de la nécessité absolue d'exécuter sa mission pour la sauvegarde des maquis, autant il est certain qu'il n'en sortira pas vivant. Paradoxalement, ce sentiment le libère : « Je n'agissais pas comme quelqu'un de vivant. Je n'avais plus aucune crainte. » En arrivant tôt au garage, il se retrouve avec deux jeunes gens qui y travaillent, bavarde avec eux et leur offre des cigarettes anglaises que « la Crapote » (Suzy Borel, future épouse de Georges Bidault) lui a données. Les jeunes sont effarouchés : fumer des cigarettes anglaises constituait alors une provocation, une façon d'afficher son adhésion à de Gaulle...

Munier, accompagné de ses deux camarades, commence la journée en sortant quelques véhicules qui encombrent l'aire de travail. Occupé à cette tâche, il voit soudain arriver Marlin, l'air furieux. Celui-ci est seul et se dirige à pas rapides vers le bureau. Munier, qui porte l'imperméable clair de Pol Pilven, passe sa main droite dans la fente qui lui permet d'atteindre le revolver glissé dans la poche de son pantalon. L'arme en main, il ouvre la porte du bureau. Marlin se retourne. Munier abat l'homme, qui n'a pas eu le temps de proférer le moindre mot. Aussitôt, il se met à courir. En pleine rue, dans sa précipitation, le revolver lui échappe. Il le ramasse aux pieds d'un homme à la mine effrayée. Cent cinquante mètres plus loin, il entend déjà le bruit d'une galopade : l'alerte est donnée. Il tourne à droite, à gauche, aperçoit un café, y entre, suspend son imperméable, ressort tranquillement et passe non loin du garage. Sans imperméable, il a l'allure d'un milicien. Il monte dans un tramway et descend à proximité de l'hôtel où Ginette l'attend, angoissée. Tous deux prennent le train-navette pour Vichy. Dès son arrivée, Munier se rend à la poste, d'où il appelle le Dr Fric : « Je vous remercie, j'ai réussi à me procurer les médicaments. Le malade repose paisiblement... »

Munier décide ensuite d'aller se « planquer » pendant une semaine à Jarnac, chez le père de François Mitterrand. François lui avait toujours dit qu'en cas de « problème », il pourrait s'y présenter et serait bien reçu. L'hôte de Munier est furieux d'apprendre que les gendarmes de Jarnac ont osé, sans motif, réclamer ses papiers au réfugié. Munier se souvient d'un homme très prévenant, d'une très grande classe, qui s'excusait de la frugalité des repas. « Ici, disait-il, on ne tue pas le veau gras, on ne mange qu'avec les tickets. » Ou encore : « Il y a des navets... Pour le canard, il faudra attendre après la guerre. » « Si tout le monde agissait comme moi, il y aurait assez de nourriture pour tous... », ajoutait-il.

De son côté, « Aimé » (Jacques Pâris), qui avait pour première mission, en arrivant de Londres, d'entrer en contact avec Mitterrand, a pu renouer les fils grâce à Marcel Barrois, qui a pris la succession de Morland. Il cherche des terrains de parachutage et s'emploie à former des équipes propres au mouvement. A Clermont, le Dr Fric le dirige sur le Cantal où se trouve un des centres les plus importants, qui a déjà travaillé pour l'ORA. Il entre en liaison avec Descours, de l'A.S., et sabote en Ardèche un dépôt de locomotives. Jacques Pâris s'appuie sur le centre de Montmaur et sur son maquis d'une soixantaine d'hommes. Il noue des liens étroits avec « Pyramide », le chef de la 13e région, puis avec « Circonférence » (région lyonnaise), « Polygone » (Toulouse), « Carré » (Marseille).

Entre-temps, à Alger, François Mitterrand sent bien que les gaullistes ne tiennent pas à ce qu'il retourne en France. Il n'arrive pas à trouver la moindre place sur un avion à destination de Londres. Pourquoi ?

« Après la guerre, Pierre Bloch m'a raconté que de Gaulle lui avait dit : "Envoyez-le donc dans un bon coin de la campagne [d'Italie ?]…" Je décide alors de revenir par mes propres moyens. De La Chénelière, du cabinet de Giraud, un ami du mari de ma sœur Colette, a accepté de m'aider et m'a obtenu une place sur un avion qui transportait des colis à destination de Marrakech[1]… »

Rappelons que le commandant de La Chénelière était un membre important des services spéciaux giraudistes et vivait alors dans l'entourage du général. Adjoint du général Ronin, patron des services spéciaux de Giraud au printemps de 1943, il est alors installé dans la petite koubba du Palais d'été.

Dans un entretien postérieur[2], le Président a complété cette information : *« J'ai rencontré le général Giraud, via La Chénelière, qui était un ami de ma mère. Ma mère l'avait connu en allant chez ma sœur Colette, au fort de Tarit, dans le Sud marocain.*

– Voilà un jeune homme qui me demande de l'aide, dit La Chénelière au général Giraud qui passait par le bureau où nous parlions.

– Aidez-le, répondit le général.

Voilà comment je me suis retrouvé dans un avion pour Marrakech, au milieu des colis. »

Ainsi François Mitterrand, le giraudiste, a rencontré le général Giraud. En l'espace de quatorze mois, à vingt-sept ans, il a donc vu successivement le Maréchal, le général de Gaulle et le général Giraud. Une performance sans doute unique…

1. Entretien avec l'auteur, le 12 octobre 1993.
2. Le 1ᵉʳ juillet 1994.

Sa relation de sa rencontre avec le général Giraud est probablement trop sobre. Cette rencontre est en effet le point d'aboutissement logique de la démarche politique qu'il a amorcée au début de l'année 1943. Elle n'est pas fortuite et ne s'explique pas seulement par des raisons familiales. Il est vraisemblable qu'à l'origine, son voyage à Alger avait pour objectif essentiel, sinon premier, de rencontrer Giraud. On se souvient en effet qu'il fut décidé et organisé avec le général Revers et l'état-major de l'ORA qui dépendait directement du général Giraud. On se remémore également les recommandations données par François Mitterrand à « Aimé » avant son départ pour Alger[1] : rencontrer si possible le général Giraud, en tout cas le commandant de La Chénelière et quelques autres... Mais, depuis quelques semaines, la situation politique a beaucoup évolué : le général Giraud a perdu la bataille contre de Gaulle et ne dirige plus que l'armée.

Depuis son arrivée à Alger, François Mitterrand a sûrement rencontré des membres de l'entourage de Giraud. Les services spéciaux gaullistes qui menaient alors une guerre féroce contre leurs homologues giraudistes – parmi lesquels La Chénelière jouait un rôle important –, l'ont évidemment appris et fait savoir à de Gaulle. D'où l'impossibilité, pour le capitaine Monier, de quitter Alger par les voies « normales » contrôlées par les gaullistes. Seuls les services spéciaux giraudistes, avec la bénédiction du général Giraud lui-même, pouvaient le faire sortir de ce piège.

Jacques Mitterrand corrobore cette explication[2] : « Le point d'appui de François à Alger, c'était le général Giraud. L'erreur à ne pas commettre ! Surtout au moment où de Gaulle avait très nettement pris le dessus. Pour le Tout-Alger, François était donc un giraudiste. Sur le coup, il ne se

1. Voir pages 306 et 307.
2. In *François Mitterrand ou la tentation de l'Histoire,* de Franz-Olivier Giesbert, Points Actuels, Paris, 1977.

rendit pas compte de sa bourde... Je crois que c'est son giraudisme qui a cabré le général de Gaulle contre lui. »

« Che » trouve donc une place à Mitterrand à bord d'un avion à destination du Maroc et lui fournit quelques contacts dans la filière des services spéciaux afin d'y être logé et de trouver sur place un autre appareil pour Londres.

Quarante-huit heures avant son départ, Mitterrand rencontre une dernière fois Frenay, qui lui confie une lettre qu'il devra remettre à Maurice Pinot[1]. Cette lettre montre que Mitterrand a réussi sa mission au-delà de toutes ses espérances. Frenay lui fait entière confiance, décide de travailler en totale harmonie avec lui, lui confie ses instructions, lui accorde la prééminence sur les autres leaders, notamment sur Pinot lui-même. Plus personne ne peut l'empêcher de prendre en main les destinées de l'ensemble de la Résistance « Prisonniers ». La réussite de ce voyage se traduit également par une extension notable de ses relations avec certains des personnages-clés de la France de demain.

Mitterrand va donc reprendre avec satisfaction le chemin de l'Europe, avec un seul pincement au cœur : celui de laisser « Louquette », à qui il promet d'écrire. « Il m'a envoyé de très belles lettres de Londres. Avec notamment une sorte de testament. On voyait qu'il avait un grand idéal », se souvient non sans émotion l'ex-infirmière. Ces lettres emprunteront des voies très officielles, grâce à Bénouville et Frenay... Le capitaine Monier quitte aussi non sans regret son ami Dayan et son frère Jacques, lequel l'accompagne à Maison-Blanche.

« *A l'aéroport de Marrakech, une jolie petite "Afat", mademoiselle de Geoffre, me reçoit* », se souvient François Mitterrand[2]. Le capitaine Monier lui explique son cas. En fait, il est pris en charge par des agents du commandant Paillole. La « jolie petite Afat » n'a nul besoin d'explications, puisque tout est prévu. Elle loge le capitaine Monier chez Joséphine Baker,

1. Cf. page 388.
2. Entretien avec l'auteur, le 12 octobre 1993.

qui habite avec un capitaine du « S.R. », Abtey, dans le somptueux palais de Son Excellence Si Mohammed ben Mennebi, second fils du grand vizir, dans la médina de Marrakech. Au bout de ruelles sombres et d'une impasse, la lourde porte de bois s'ouvre sur un lieu de rêve où vit la fameuse Joséphine qui, depuis septembre 1939, mène de front deux carrières : celle d'artiste de variétés et celle d'agent du 2e Bureau. Elle a été recrutée par « Fox », le capitaine Jacques Abtey, qui est toujours son officier traitant. La fonction du « couple » au Maroc consiste à assurer la liaison entre le contre-espionnage français et le poste de l'Intelligence Service à Lisbonne. Ce rôle a eu tôt fait de s'étendre à certaines liaisons avec les Américains et à des missions tous azimuts en relation avec l'entourage du général de Gaulle. Joséphine Baker est intégrée aux forces combattantes, bien qu'elle ait refusé de percevoir la solde correspondant à son grade. Elle et son amant travaillent sous les ordres de Paillole, dont « Che » est également un protégé.

Le capitaine Monier s'installe donc dans ce palais des Mille et Une Nuits, entouré de mystérieux espions. *« Quelques jours plus tard, la petite de Geoffre prend contact avec moi et me dit :* "Dépêchez-vous, vous pouvez embarquer dans un avion en partance pour Londres..." *C'était l'avion de Montgomery, le vainqueur de Rommel, qui rentrait d'Al Alamein. Il y avait dedans quelques officiers anglais, deux Français (Camille Paris, le gendre de Claudel, et le colonel de Chevigné) et... un soldat allemand ! Le voyage a été très tourmenté. Peu de temps avant d'atterrir, Montgomery me fait venir près de lui et me dit :* "Je ne sais pas qui vous êtes, ni comment vous vous retrouvez dans cet avion. Il est préférable que vous ne débarquiez pas à Londres. Vous descendrez à Preswick ; après, vous vous débrouillerez..." »*

Une bonne étoile veille manifestement sur le capitaine Monier. Il a le don de rencontrer par hasard des gens qui lui rendront ensuite de grands services. Mais le fait d'avoir pu monter à bord d'un avion britannique n'est pas fortuit : la filière empruntée pour ce trajet Alger-Londres doit tout aux services spéciaux giraudistes d'abord, britanniques ensuite.

Une fois en Angleterre, Mitterrand monte sans billet dans un train à destination de Londres où il commence par retrouver ses amis de l'ORA autour du capitaine Lejeune : du Passage, Courson, Aubinière, Lepron et Marcilly. Il dort quelques jours à Covenshire Close. Il partage même son lit avec le futur général Ély, et sa chambre avec Courson (« Pyramide »). Il fait également la connaissance de Médéric. Pour une raison que j'ignore, le 7 janvier 1944, le SOE attribue à Mitterrand un nom de code opérationnel : « Merchant » ; au commandant du Passage, il donne celui d'« Adventurer ». Le 25 janvier, par note du SOE, FX/F.R./204, le capitaine Godden notifie à Lejeune l'envoi de six pistolets automatiques 32 pour ses six hôtes de Covenshire Close. Il y en a donc un pour François Mitterrand. Godden propose aux six officiers, qui vont être envoyés en France, de s'entraîner avec leur nouvelle arme au stand de tir de Baker Street, un des immeubles du SOE. Le capitaine Godden juge plus satisfaisant qu'ils aient la possibilité d'apprendre à bien la manier, plutôt que de la percevoir à la veille de leur départ[1].

Mitterrand s'impatiente. Il reste trop longtemps à Londres. Le mauvais temps est-il seul responsable de ce séjour prolongé ? Il quitte la petite « caserne » de l'ORA pour s'installer au Mount Royal Hotel. L'inaction lui pèse d'autant plus qu'il sait que sa place est en France, où il va devoir reprendre le mouvement en main, maintenant qu'il est détenteur de toutes les bénédictions. Il se doute que Michel Cailliau, de son côté, n'est pas resté inactif, mais il est mal informé de ce qui se passe sur place...

En France, il se passe des choses agréables, et d'autres qui le sont beaucoup moins. Parmi les agréables : le remplacement du collaborateur Masson, à la tête du Commissariat,

---

1. Notes du SOE adressées à Lejeune et déposées aux archives du BCRA.

par un certain Moreau, bien moins engagé que lui... La catastrophe, c'est l'arrestation, le 29 janvier 1944, dans les Hautes-Alpes, d'Antoine Mauduit[1], qu'on peut considérer comme le principal créateur du mouvement. C'est un coup dur : en dehors de la valeur sentimentale que ce lieu représentait pour tout un chacun, Montmaur était à la fois la principale base arrière du mouvement, un important centre d'accueil et un maquis.

Dans une lettre[2] à Dayan datée du 17 février 1944, qu'il fait acheminer par Olivier d'André, directeur du cabinet de Frenay, François Mitterrand se plaint de son immobilité forcée. Il voit Frenay chaque jour[3]. Il en profite pour essayer de faire entrer Dayan au Commissariat. Il parle de madame Mamy, la secrétaire de Frenay, qui est une « *amie de grande qualité* » avec qui il est en contact permanent. « *Je vais avoir une tâche énorme, je l'entreprendrai avec courage... Il y a un pays à refaire...* », écrit-il soudain. Singulière petite phrase : ainsi, son ambition ne se limite pas à son propre destin, ni à celui du mouvement, mais il l'applique déjà au pays tout entier.

« *Une fois à Londres,* raconte aujourd'hui François Mitterrand, *je vais sonner chez les Pâris où se retrouvent quelques amis, et notamment André Mamy. Il y a souvent des bridges et il m'arrive de faire le quatrième. Parmi les habitués, il y a Passy[4] avec qui j'ai sympathisé...* »

« Je veux rentrer en France, déclare Mitterrand au chef du BCRA.

– Je m'en occupe », lui répond le colonel.

---

1. Mauduit ne reviendra pas de déportation.
2. Consultée grâce à l'obligeance d'Irène Dayan.
3. Frenay est installé à Alger mais a fait, à la mi-février, un séjour à Londres, notamment pour y rencontrer Mitterrand.
4. Passy, patron du BCRA, a été « coiffé », le 27 novembre 1943, par Jacques Soustelle, nommé à la tête de la nouvelle DGSS (Direction générale des services spéciaux) qui regroupe désormais l'ensemble des « services », gaullistes aussi bien que giraudistes.

Le souvenir simplifie. François Mitterrand, en fait, a rencontré de très grosses difficultés pour regagner la France, en dépit de l'aide de Frenay et de Passy, qui était rien moins que négligeable. Probablement faut-il imputer ces difficultés à l'action de Charette, qui n'avait pas renoncé à « casser » son rival.

Celui-ci se bat contre des moulins à vent, mais ne le sait pas encore. Si Mitterrand a gagné son combat, malgré la violence des attaques dont il a fait l'objet, c'est à cause du soutien total de Frenay, venu à Londres mettre au point avec lui la fusion des mouvements « Prisonniers » et l'élimination de Charette[1]. Frenay est maintenant convaincu que la réussite de sa propre mission est liée à celle de Mitterrand. Le 16 février 1944, il écrit à Georges Boris[2] que son « camarade Monier attend son retour en France depuis le début du mois de janvier ».

> « Aux opérations de janvier comme à celles de février, il n'a pu partir. Sans doute les conditions atmosphériques entrent-elles pour quelque chose dans le retard de ce départ. Néanmoins, étant donné les dispositions nouvelles qui ont été prises par le Comité d'action en France et qui prévoit l'unification des mouvements de résistance Prisonniers et Déportés, étant donnée également la tâche que j'ai confiée à Monier au titre de mon Commissariat et sans laquelle la mission que m'a donnée le Comité de Libération nationale risquerait de ne pouvoir être remplie, je vous demanderai de prendre toutes dispositions pour que le départ de Monier bénéficie d'une priorité pour les opérations du mois de mars[3]. »

La même lettre indique que Monier prend des leçons de saut en parachute afin d'augmenter ses chances de départ. Frenay explique qu'il écrit également au colonel Passy pour

1. Voir pages 387 et suivantes sur la fusion des trois mouvements.
2. Délégué à Londres du Commissaire à l'Intérieur.
3. A.N./F9/3254.

lui demander si un retour *via* Alger aurait plus de chances d'aboutir qu'un voyage direct depuis Londres.

Au cours de ce séjour forcé dans la capitale britannique, qui lui laisse beaucoup de temps libre, François Mitterrand fait la connaissance du communiste Waldeck Rochet, avec qui il se lie d'amitié. Il est très impressionné par la façon dont celui-ci parle du monde rural et le défend avec fougue. C'est probablement la première fois que Mitterrand « accroche » avec un communiste. Waldeck Rochet est lui aussi séduit par ce jeune résistant bourgeois à qui il confiera une lettre pour sa mère...

Il rencontre beaucoup d'autres gens qui comptent au sein de la communauté française installée à Londres. Preuve de sa confiance dans son destin futur, il envoie, le 1er février 1944, un télégramme à Félix Gouin, président de l'Assemblée consultative d'Alger, pour protester contre « *toute tentative d'éliminer les P. G. encore en captivité d'une première consultation populaire* ». Il se sent, il se sait déjà le chef des Prisonniers.

Mais il piétine toujours à Londres, alors qu'il bout d'impatience d'affirmer sa nouvelle prééminence en France même, sur le terrain, là où les choses se passent... Finalement, ce sont encore les Anglais qui lui sauvent la mise. Dans la nuit du 26 au 27 février, il embarque à Dartmouth, dans le Devon, à bord d'une vedette MTB de la Royal Navy dont le « pacha » n'est autre que le lieutenant-commander David Birkin, père de la future Jane Birkin.

François Mitterrand était arrivé à Londres sous le nom de Morland, il avait poursuivi son voyage sous celui de Monier, il le termine avec pour pseudonyme « M. Jacques ». En vue de la plage de Beg ar Fry, entre les pointes de Primel et de Locquirec, M. Jacques et deux agents anglais prennent place à bord d'un canot pneumatique. Louis-Joseph Mercier, le mareyeur de Guimaëc, surveille avec angoisse leur arrivée en jetant de fréquents coups d'œil vers le haut de la falaise pour vérifier si les Allemands n'ont pas, eux aussi, repéré les trois ombres dans la nuit. Sans un mot, après avoir serré la main des trois hommes, Louis-Joseph prend la tête de la colonne jusqu'à une maison blanche appelée « le Rosen ». Une femme est là : Philomène, l'épouse de Louis-Joseph, qui leur prépare à manger. Peu de mots échangés, mais M. Jacques leur exhibe son revolver. Comportement bizarre : François Mitterrand déteste les armes. Ce pistolet automatique qu'on lui a remis avant de partir et dont il ne sait que faire, il le confiera à Jean Munier dès son arrivée à Paris. Munier et Aimé ont ensuite voulu l'essayer : à leur vive surprise, ils ont constaté que la première balle était « à blanc ». Si M. Jacques avait eu à se servir de son arme, il aurait été condamné ! A l'époque, Munier et Aimé en ont tiré des conclusions toutes personnelles...

M. Jacques se repose quelques heures et, au petit jour, Louis-Joseph, à qui son *Ausweis* en bonne et due forme permet de jouer les passeurs, le conduit avec les deux Anglais jusqu'à Morlaix. Quelques secondes d'émotion quand la camionnette parvient en haut de la côte de Boiséon : un side-car avec deux feld-gendarmes fonce à leur rencontre. Mais il ne se passe rien et M. Jacques peut prendre le train pour Paris[1].

A Montparnasse, François Mitterrand se dirige vers la sortie quand un homme lui demande ce qu'il porte dans sa valise. « Rien d'important », répond le voyageur tout en pensant au pistolet automatique, à la lettre de Frenay et à quelques autres papiers de première importance. L'homme insiste pour lui faire ouvrir sa valise. Mitterrand obtempère lentement, tout en regardant par où il va pouvoir s'échapper. Le pistolet automatique apparaît. L'homme lâche : « Contrôle de ravitaillement. Foutez le camp[2] ! »

François Morland est à Paris, libre. Il doit maintenant asseoir sa nouvelle autorité.

1. L'arrivée de François Mitterrand a été reconstituée grâce à un article de Henri de Grandmaison publié dans *Ouest-France* daté 14-15 novembre 1981.
2. D'après *Frère de quelqu'un*, op. cit.

BAGAGES (4)

Cependant que Jean Bouvyer poursuit sa trajectoire chaotique et ambiguë aux côtés de Marie-Josèphe Mitterrand, d'autres Mitterrand se rapprochent des... Deloncle ! Comme on l'a vu, Henriette Cahier et son époux s'étaient éloignés de ceux-ci en raison de leur activisme insupportable. En octobre un événement va donner aux deux familles l'occasion de renouer les fils : le baptême d'Olivier Mitterrand, deuxième fils de Robert et Édith Mitterrand. Le fait qu'Eugène Deloncle n'est plus, depuis quelques mois, sous les feux de l'actualité collaborationniste n'est peut-être pas étranger à cette invitation. Deloncle a en effet été exclu du MSR par Filliol, l'ancien tueur de la Cagoule. S'il est toujours en rapports étroits avec les gens de l'Abwehr et de la Gestapo, il tente de se rapprocher des Alliés et du général Giraud, qu'il a connu avant-guerre à Metz. Il s'agite tant et si bien qu'il est même arrêté par la Gestapo, en août 1943, mais relâché peu après...

Autour du berceau du petit Olivier Mitterrand se retrouvent donc Eugène Deloncle, sa femme et ses enfants, les Cahier et quelques Mitterrand. « Chou », une amie charentaise du clan, qui se mariera plus tard avec Henri Bouvyer, se souvient de cette cérémonie au cours de laquelle le fils d'Eugène Deloncle « s'était beaucoup intéressé à elle[1] ».

1. Entretiens avec l'auteur, juillet 1994.

Vers la fin de novembre 1943, Eugène Deloncle téléphone à Robert Mitterrand[1] et demande à le voir séance tenante. Robert se rend aussitôt au domicile de l'ancien chef de la Cagoule, rue Lesueur. Deloncle lui annonce que François vient d'être arrêté à Toulouse, à son retour de Londres. « En raison de nos liens familiaux, je ferai mon possible pour adoucir son sort. Ce sera difficile, mais je pense pouvoir vous indiquer très vite l'endroit où il sera détenu. Je vous appellerai sans tarder », lui dit-il.

En quittant la rue Lesueur, Robert, secoué par la nouvelle, rencontre par hasard Maurice Pinot, qui le rassure sur le sort de François. Il n'empêche que cette fausse information donnée par Deloncle tend à confirmer à la fois les relations étroites de l'ancien chef de la Cagoule avec la Gestapo et la connaissance que tout un chacun pouvait avoir, à l'époque, des liens familiaux entre les Mitterrand et Deloncle.

Après cet épisode, Deloncle poursuit ses dangereuses arabesques et se rend en Espagne pour prendre langue avec les Alliés et avec Alger. Il adjure les amis d'antan qu'il conserve dans l'entourage de Giraud de venir le rencontrer. Il a fait confectionner tout un assortiment de passeports et autres papiers d'identité vraisemblablement destinés au général et à son entourage. Son objectif est de faciliter une paix séparée entre les États-Unis et l'Allemagne, après l'élimination de Hitler, afin d'éviter une victoire de De Gaulle. Il croit être couvert par l'Abwehr dans ses démarches.

Quelques jours avant Noël, Robert et Édith organisent une petite fête pour le quatrième anniversaire de leur mariage. Ils ont invité leur cousine Claude, la fille d'Eugène Deloncle. Vers la fin du dîner, celui-ci survient et raconte sa mission espagnole à Robert :

« Je rentre d'Espagne où j'ai eu des contacts avec les émissaires du général Giraud. Je suis heureux de participer à la

---

1. Cette anecdote est empruntée au témoignage de Robert Mitterrand, *Frère de quelqu'un,* op. cit.

réconciliation des Français. Les Allemands sont perdus, et notre pays doit tout faire pour s'en tirer au moindre mal[1]. »

Deloncle a peur que les Allemands ne se méprennent sur le sens de son action. Il se rend d'abord boulevard Flandrin, pour demander au S.D. de rester neutre dans cette affaire. Il remet ensuite aux comploteurs de l'Abwehr un long mémorandum sur l'état de ses démarches auprès des Alliés et d'Alger.

Le 7 janvier 1944, à l'heure du laitier, les hommes de la Gestapo abattent l'ancien chef de la Cagoule à son domicile, rue Lesueur, blessant grièvement son fils et évitant de justesse Jacques Corrèze, l'ami de la famille, ancien cagoulard, intime à la fois d'Eugène Deloncle et de sa femme Mercedes... Oubliant ses derniers ressentiments, Henriette Cahier recueille Claude, la fille de Deloncle, enceinte des œuvres d'un collaborateur de son père, qui vient d'être arrêté...

1. In *Frère de quelqu'un,* op cit.

AVEC LES « COCOS »

Dès son arrivée à Paris, Morland tente de renouer les fils avec son mouvement afin de mettre à exécution les instructions données par le général de Gaulle et par Frenay, puis confirmées et détaillées par ce dernier à Londres. Il doit mener à bien la fusion des mouvements « Prisonniers ». Mission d'autant plus importante que cette fusion doit lui assurer la haute main sur l'ensemble de la Résistance « Prisonniers ».

L'histoire de cette fusion mérite une attention particulière dans la mesure où elle diffère notablement de la version officielle qui a cours aujourd'hui. Le lecteur se rappelle que François Mitterrand affirme que le général de Gaulle lui avait appris l'existence d'un mouvement communiste issu du Front national et l'avait donc prié de fusionner *trois* mouvements : le sien, celui de Michel Cailliau, et le communiste...

Un bref retour en arrière, appuyé sur des documents inédits, paraît ici nécessaire.

Après sa rencontre avec le Général, Mitterrand a de nombreux entretiens avec le Commissaire Frenay et son directeur de cabinet, Olivier d'André. Deux jours avant son départ d'Alger, Frenay lui confie une lettre. Il devra la remettre à Maurice Pinot, lequel était encore, avant le départ de François Mitterrand pour Londres, le dirigeant le mieux reconnu au sein du mouvement « Pin' Mitt' » :

« Notre camarade commun, M...[1], vous apportera cette lettre.

Il vous racontera dans le détail les entretiens que nous avons eus et les conclusions auxquelles nous sommes parvenus. La première, la plus importante de toutes, est que *nous devons, dans l'intérêt même de notre pays, travailler en plein accord afin qu'au moment de la Libération nous ne soyons pas surpris par les événements.*

Pour cela, mon Commissariat et moi-même avons besoin de toute votre aide, et je sais, d'après ce que me dit M..., que nous pouvons compter sur elle.

M... remporte des consignes détaillées qu'il vous transmettra, ainsi qu'un projet d'organisation qui doit recevoir, je l'espère, l'assentiment de tous et, en particulier, celui de C²..., avec lequel vous avez eu jusqu'à ce jour des malentendus. Ce projet qui a, en définitive, une valeur d'ordre, règle, me semble-t-il, au mieux vos relations d'une part avec C..., mais d'autre part avec le mouvement Résistance[3].

Pour votre cas particulier, bien que j'aie plaidé votre cause – et cela sans vous connaître –, vous ne serez pas étonné qu'on ait manifesté à votre égard certaines réserves et qu'on ait préféré ne pas vous voir occuper une place sur l'avant-scène. Cela tient évidemment aux fonctions que vous avez assumées jusque dans un passé récent. Il est hors de doute, cependant, que l'activité que vous déployez maintenant pour notre cause commune, c'est-à-dire pour la libération de notre pays, compense déjà et compensera bien plus encore demain ce que certains persistent à trouver regrettable dans vos activités antérieures. La Résistance et la guerre effaceront tout cela, et je suis sûr que lorsque, demain, nous nous retrouverons tous ensemble attelés à la même tâche, c'est-à-dire à la reconstruction de la Patrie, il n'y aura plus aucun malentendu, mais une seule et même ferveur[4]. »

1. Il s'agit naturellement de François Mitterrand.
2. Il s'agit de Cailliau.
3. Souligné par l'auteur.
4. Lettre conservée par Jean Védrine, qui la tient de Maurice Pinot.

Cette lettre écarte Maurice Pinot. Elle a « valeur d'ordre ». Il en va de même pour les « consignes détaillées » que Mitterrand apporte avec lui, qui doivent régler les malentendus avec Michel Cailliau et avec le « mouvement Résistance ». Cette lettre ne mentionne pas le mouvement « prisonniers » d'obédience communiste, à moins de considérer qu'il se cache derrière le « mouvement Résistance », ce que faisaient jusqu'à ce jour les exégètes mitterrandiens...

Cette directive était déjà dépassée bien avant que Mitterrand ne la remette à Maurice Pinot, notamment à la suite de la virulente contestation de Cailliau/Charette qui, ayant appris la victoire de son adversaire, n'a en rien renoncé à prendre la tête de l'ensemble des mouvements de prisonniers. Le lecteur se souvient de sa missive[1] du 8 décembre 1943 au général de Gaulle. Elle a dû parvenir à Alger, et finalement à Frenay, dans le courant de janvier 1944. La même animosité s'exprime dans une lettre de Charette à Pinot, datée du 18 janvier :

> « Nous vous demandons de bien vouloir prier vos agents, dans la mesure du possible, de ne pas dire "qu'il faut se méfier du Mouvement Charette, car celui-ci est un arriviste, et que, de toute façon, à Alger y compris, on s'en méfiait", qu'ils ont reçu en décembre des ordres de leurs dirigeants de ne pas vouloir de fusion avec nous, et que nos propres agents doivent nous quitter pour aller à votre organisation. Aucune preuve n'a été fournie par vos agents. Chantage ! J'ai entre les mains le récit de la manœuvre citée. Vous veillerez à ce que pareils dires et faits ne se renouvellent plus... Pour ma part, si j'étais une gêne à l'unité et à l'efficience, je n'hésiterais pas un moment à quitter le Mouvement pour telle autre tâche obscure que je prévois. Je n'ai jamais songé à rester jusqu'à la victoire dans un mouvement de P.G., à plus forte raison dans l'Association des P.G après-guerre, soit dans la politique... Mes goûts, mon caractère y sont opposés[2]... »

1. Voir pages 367 et 368.
2. A.N./F9/3254.

De Londres, le 26 janvier, Morland écrit à « Chambre » (autre pseudonyme du neveu du Général) et remue le couteau dans la plaie : invoquant de Gaulle, il lui demande de se ranger derrière lui au sein d'un comité directeur où lui-même disposera de la majorité, et de s'occuper de l'Allemagne en lui laissant la France !

> « ... Je reviendrai bientôt porteur d'un plan de travail que je compte soumettre à votre avis. Il y a certainement trop de buts communs qui nous unissent pour que nous nous attardions davantage dans des oppositions qui, je l'espère, s'atténueront (...). Vous connaissez le détail des accords passés ici. Un Comité directeur composé de vous, de moi-même et d'un troisième (Turgis[1], sans doute), gérera l'ensemble des questions prisonniers et déportés. Nos compétences respectives ont été toutefois nettement définies. En raison de l'importance acquise actuellement par nos groupements dans les différents secteurs, il paraît indiscutable que votre activité doit normalement s'attacher aux questions d'Allemagne, et la mienne aux questions de France. Non pas qu'il s'agisse d'éliminer l'un ou l'autre...
>
> Votre oncle, que j'ai eu l'honneur de voir, compte sur nous tous... »

Charette s'agite tant et si bien que Frenay est obligé d'intervenir et de mettre les points sur les « i ». D'Alger, il « monte » à Londres afin de régler ce problème avec Mitterrand, lui-même bloqué dans la capitale britannique en attendant un moyen de regagner la France. Les « consignes détaillées » font ainsi l'objet de plusieurs télégrammes[2] datés du 16 février 1944, envoyés en France à Marcel Barrois, à Jacques Bénet et surtout au neveu du général de Gaulle.

La lecture de ces télégrammes confirme l'esprit de la lettre de Mitterrand à Cailliau : le Comité directeur unique, composé de trois membres – Charette, Morland, Turgis, autrement dit Cailliau, Mitterrand et Jacques Bénet – est dé-

1. Il s'agit de Jacques Bénet.
2. A.N./F9/3254.

sormais entre les mains de Morland qui peut compter sur deux voix sur trois ; cette décision s'appuie sur le général de Gaulle lui-même, et dans la répartition des rôles, Charette est prié de laisser le champ libre en France pour s'occuper de... l'Allemagne ! A noter que cette fusion ne concerne toujours aucun mouvement communiste.

Télégramme du 16 février 1944 :

> « *Commissariat aux Prisonniers, Déportés et Réfugiés.*
> *De Frenay à Vergennes* [Michel Cailliau]

Comité Action présidé par Général de Gaulle a pris décision impliquant fusion votre mouvement avec celui Morland sur bases suivantes. Stop. Création Comité directeur unique composé Morland, Turgis et vous, décidant toutes questions. Stop. Vous êtes particulièrement responsable déportés prisonniers en Allemagne et participation à lutte contre déportation en France. Stop. Morland évadés rapatriés en France. Stop. Turgis propagande Centres d'entraide et milieux prisonniers. Stop. Demandons Cléante intégrer représentants nouveau groupement dans commissions techniques de la Résistance les concernant. Stop. Amitiés. Frenay. »

Le même jour, Morland expédie un télégramme à son cher ennemi Charette et se comporte déjà en chef unique :

> « *Suite câble Frenay espère vivement retour pour mise en œuvre tâche commune. Stop. Pendant mon absence désigne Bertrand* [Marcel Barrois] *pour me suppléer. Stop. Demandez Bertrand et Maurice* [Pinot] *transmettre toute documentation sur organismes officiels prisonniers, déportés. Stop. Veuillez communiquer Turgis* [Bénet] *textes câblés. Amitiés à tous.* »

Le même jour, Frenay envoie des lettres au colonel Passy et à Georges Boris pour leur faire part de ces nouvelles instructions et du rôle déterminant de Morland dans la réussite de sa mission[1].

1. Voir page 379.

Le 8 mars, Warisse envoie un télégramme à Morland pour lui annoncer que le général de Gaulle a donné son accord à l'appellation « RPGF[1] » qui doit désigner le mouvement résultant de la fusion entre le MRPGD de Charette et le RNPG de Morland. Il attend également que les deux hommes s'entendent sur un indicatif unique grâce auquel il enverra dorénavant ses câbles.

De retour à Paris, Morland revoit tous ses amis les uns après les autres. Il rencontre Bénet et Pinot. Au second, il annonce sa mise à l'écart en lui remettant la lettre de Frenay. Bénet se souvient[2] : « A son retour de Londres, à la fin février 1944, lors d'un déjeuner où il y avait Pinot, Voltaire Ponchel, Mitterrand et moi-même, François a dit à Pinot, sur un ton impardonnable, que le gouvernement d'Alger lui demandait de se retirer. Il a dit cela sans commentaires; il n'a même pas atténué son propos en disant qu'il était révolté par cette décision. "Parfaitement, parfaitement...", a seulement murmuré Pinot, mortellement blessé. »

Le « mortellement » est à coup sûr exagéré. Pinot restera d'ailleurs une personnalité importante au sein du mouvement ; même s'il ne figure plus sur le devant de la scène, il demeure une figure emblématique de la communauté « prisonniers ».

François Mitterrand apprend qu'Antoine Mauduit a été arrêté en janvier. Il est catastrophé. Il voudrait que le mouvement fasse quelque chose pour sauver son ami, alors emprisonné à Marseille...

Bénet et Morland doivent désormais faire très attention. Ils se cachent pendant plus d'un mois chez les Antelme (Robert et Marguerite[3]), 5, rue Dupin, ou rue Saint-Benoît (chez Marie-Louise Antelme, sœur de Robert). De temps à autre,

---

1. Ce sigle apparaît dans cet unique document.
2. Entretien avec l'auteur, 10 novembre 1993.
3. Marguerite Antelme, née Donnadieu, plus tard connue sous le nom de Marguerite Duras.

ils logent chez Marie-Josée de Corlieu, que tous appellent « la Marquise ». Celle-ci, qui habite alors rue Cretet, vit avec Jean Bouvyer, l'ancien cagoulard, employé à présent au Commissariat général aux questions juives...

Mitterrand s'abrite désormais derrière de nombreux « pseudos » : Lucien, commandant François, Laroche, Munier, Purgon... Il ne laisse pratiquement plus de ces « petits cailloux » qui permettaient jusqu'ici de reconstituer ses états d'âme du moment. Les rares lettres dont j'ai eu connaissance sur cette période sont devenues très elliptiques. Il parle d'*« amis qui ont attrapé la poliomyélite »* pour signifier qu'ils ont été arrêtés et déportés en Allemagne. Mais lui-même se déclare *« assez solide pour ne pas l'attraper »*.

Les témoignages soulignent qu'il aime prendre des risques ; le bord du précipice l'a toujours fasciné... François Dalle se souvient d'avoir descendu les Champs-Élysées avec sa femme en compagnie de Mitterrand après son retour de Londres : « Il portait un costume anglais et une serviette avec des papiers très importants. D'un seul coup, nous apercevons un barrage allemand. François ne s'est pas affolé. Ma femme a pris sa serviette. »

Morland revoit également les deux « durs » du mouvement : Munier et Pâris, qui lui racontent leurs récents exploits, leurs dernières histoires. Il est triste d'apprendre que Jean Munier et Ginette Caillard se sont mariés (le 26 février 1944) sans l'attendre. Trois jours après avoir convolé, le couple est monté à Paris. Jean s'occupe notamment du stock d'armes entreposé en banlieue pour le compte du mouvement. Hubert Revenaz, un de ses amis lié aux maquis de Bourgogne, lui a en effet procuré de nombreuses armes qu'il a d'abord entreposées dans le bureau de l'usine de blanchissage de ses parents, à Dijon, avant de les acheminer vers la capitale... Munier a retrouvé par hasard André Bettencourt dans un café proche du métro La Motte-Picquet :

– Sais-tu que François est revenu de Londres ?
– Non, répond Munier.
– Je l'attends d'une minute à l'autre.

C'est ainsi que les Munier renouent avec leur chef et décident de s'installer à Paris dans une petite chambre d'hôtel.

Ils lui donnent les dernières nouvelles de Roger – « Patrice » – Pelat, son camarade de captivité. Celui-ci est tombé amoureux fou... Jean et Ginette racontent que, témoin de leur mariage, Pelat n'arrêtait pas de quitter la fête pour courir téléphoner à une fille pour qui il avait le coup de foudre : Madeleine Gouze. « J'ai rencontré une fille formidable, un véritable colonel ! » disait-il, tout excité. Madeleine se trouvait ce jour-là chez ses parents, à Cluny. Patrice lui donna rendez-vous sur le quai de la gare de Dijon afin que les deux amoureux pussent ensuite remonter ensemble vers Paris...

Madeleine et Roger Pelat se sont rencontrés quelques jours plus tôt. Après la grande rafle, le 14 février 1944, Madeleine/Christine a quitté Cluny pour reprendre ses cours de cinéma à l'IDHEC. Dans le compartiment où elle s'installe se trouve un homme. Celui-ci vient de quitter Étienne Gagnaire à Lyon, quatre ou cinq heures plus tôt : c'est le « colonel Patrice ».

> « Épuisée, Christine[1] s'effondre, sans un regard, ce qui n'est pas du goût de son voisin. Mais le bon ange du sommeil, lui, veille sur Patrice. Les trépidations du wagon attirent la tête de Christine vers son épaule. Ce qui fait sursauter la jeune femme.
>
> – Mais, mademoiselle, lui assure-t-on avec galanterie, vous pouvez rester.
>
> – Écoutez, monsieur, quand on vient d'où je viens, je vous jure qu'on n'a pas envie de badiner.
>
> Et Christine se lève sèchement et va trouver refuge dans le couloir. Patrice ne s'avoue pas vaincu :

1. Madeleine sera plus tard connue sous le nom de Christine Gouze-Rénal.

– Il vous est arrivé un grand malheur ?
Et la conversation s'engage...[1] »

La suite, on la devine aisément. Patrice est accroché. Quatre jours plus tard, deux résistants se présentent à l'Office du cinéma, 6, rue de Penthièvre, et réclament Mlle Gouze... En présence de son vieux complice Finifter, Patrice entend faire une déclaration enflammée à la demoiselle. A première vue, les deux hommes qui attendent dans le couloir n'ont rien de policiers. Christine reconnaît le voyageur en compagnie d'un jeune inconnu. Après sa déclaration, Patrice obtient un rendez-vous pour le soir même, à 6 heures, au Weber, place de la Madeleine, où il se présentera avec un petit bouquet de violettes de Parme...

Par l'intermédiaire des Munier, le « colonel Patrice » revoit donc bientôt son ami Mitterrand. Il lui raconte son coup de foudre et lui présente peu après Madeleine/Christine, au Petit Duc, rue de la Convention. Christine est alors engagée par Morland et rebaptisée « Saint-Point ». Son appartement de la rue Campagne-Première deviendra dès lors un lieu de rendez-vous du mouvement.

Elle trouve un appartement pour Morland, au 106, bd Saint-Germain, chez sa cousine Blanche, dont les parents sont partis pour la Bourgogne. Beaucoup de clandestins y font escale et prélèvent quelques billets dans une boîte à chaussures. Le mercredi, un émissaire vient y chercher le courrier.

Morland revoit également Jacques Pâris qui lui fait part des accusations de Charette à son endroit. « *Charette avait expédié à Londres un rapport disant que j'étais porteur de 3 millions pour le MNPGD, que je venais représenter les membres de l'Assemblée consultative (!), que j'étais un agent plutôt douteux et qu'il fallait immédiatement se renseigner à mon sujet. J'ai vu depuis M. Charette, qui semble aujourd'hui reconnaître son erreur. Il*

1. *Danielle Mitterrand, portrait,* par Michel Picar et Julie Montagard, Éditions Ramsay, Paris, 1982.

m'a dit qu'il avait télégraphié à Londres à plusieurs reprises pour demander si j'existais vraiment, et que Londres n'avait jamais répondu...[1] »

Mitterrand charge ses deux hommes d'action, Pâris et Munier, de se rendre à Marseille pour tenter de sortir Mauduit des griffes de la Gestapo. Les deux hommes se retrouvent de nuit en surplomb de la prison des Baumettes. Ils localisent la fenêtre de la cellule où est incarcéré le fondateur de la Chaîne. Des chiens aboient. Repérés, ils sont obligés de renoncer. L'opération leur semble impossible. Tous deux remontent vers Paris où ils rendent compte de l'échec de leur mission. Ils sont alors chargés par Mitterrand de trouver un local et de veiller à la sécurité de la réunion où doit se décider la fusion des différents mouvements de prisonniers.

C'est quelques jours après son retour à Paris que François Mitterrand a découvert que Charette avait pris langue depuis longtemps avec les communistes. Il avait même rencontré par deux fois le responsable communiste aux prisonniers, Robert Paumier. Un processus de fusion était même entamé. Cailliau écrit :

> « Dès novembre 1943, le CNPG[2] et notre mouvement sympathisèrent, et les liaisons étaient constantes, grâce surtout à Edgar Nahoum-Morin, de notre organisation, qui maintenait aussi nos contacts avec le P.C. et le Front national... Nous avions étudié cette possibilité de fusion dès mon retour d'Alger et Londres en octobre 1943[3]. »

L'idée de Cailliau était simple : avec les communistes, il serait en meilleure position pour marginaliser les deux leaders concurrents, Pinot et Mitterrand. « Mon mouvement

1. A.N./72/AJ/76.
2. Comité National des Prisonniers de guerre (organisation communiste issue du Front National).
3. In *Histoire du « MRPGD » ou d'un vrai mouvement de Résistance (1941-1945)*, de Michel Cailliau, dit Charette, Saint-Brieuc, 1987.

n'acceptait la fusion, avec l'aide du CNPG, que dans l'espoir de convertir à la vraie Résistance, même au dernier moment, le mouvement de Pinot-Mitterrand », reconnaît-il.

Mitterrand est obligé de faire contre mauvaise fortune bon cœur. Et va tenter de retourner la situation en sa faveur.

En fait, nul ne l'a attendu pour entamer les discussions qui doivent aboutir à la fusion. Avant son arrivée, Pinot et Bénet avaient négocié cette fusion avec Philippe Dechartre et Charles Bonnet, représentant le mouvement de Charette. Ce dernier mouvement avait, de son côté, entamé des pourparlers avec le mouvement communiste. Un homme joua un rôle important dans la manipulation du mouvement gaulliste par les communistes : Edgar Morin. Le sociologue m'a raconté avec un plaisir évident comment il « vaselina » le mouvement gaulliste pour introduire les communistes dans l'organisation unitaire :

« Au printemps de 1943, je suis passé dans l'illégalité pour ne pas partir au STO communiste, je devais être affecté aux FTP lorsqu'André Ulmann, un ancien du stalag XI B, sous-marin du P.C., m'a dit : "J'ai mieux pour vous. Nous sommes en train d'organiser un mouvement de résistance avec des anciens prisonniers de guerre. Nous allons non seulement faire les activités normales d'un mouvement de résistance, mais nous allons aussi envoyer en Allemagne des tracts d'information sur la Résistance, des missives demandant à nos camarades de s'évader, leur demandant aussi de nous fournir des renseignements sur tous ceux qui travaillent dans des usines militaires..." L'idée d'un circuit France-Allemagne était une idée originale de résistance. "Entrez dans ce mouvement, reprend-il. J'arrangerai cela avec le Parti." C'est comme cela que je suis entré au mouvement de Michel Cailliau.

« Je suis mis en relation avec la commission des cadres du P.C. qui, par l'intermédiaire de Francis Cohen, m'a fait passer un examen très serré : une "biographie"... J'étais ce qu'on appelle un sous-marin communiste dans le mouvement gaulliste. Situation double, hybride, évidemment, même si mes amis proches connaissaient mes opinions. J'étais alors à Lyon et Grenoble. Puis une vague d'arrestations a commencé. Avant que la Gestapo ne la trouve, je suis allé chercher chez Roland Caillé "LA" valise où il y avait les faux papiers, les faux tampons, les armes, les informations pour Londres. Je me retrouve ainsi le détenteur de tous les secrets du mouvement au moment où de nombreuses arrestations, dont celle d'Ulmann, interviennent à Lyon. Je suis moi aussi traqué. Je suis obligé de quitter Lyon et me replie sur Toulouse, ville que je connais très bien et où je crée une section locale du mouvement. Je recrute Jean Lallemand, un ancien marin de Hambourg qui a fait la guerre d'Espagne. Je n'étais pas anti-allemand, mais antinazi, et je n'aimais pas tellement la propagande cocardière du P.C. : mon idée était plutôt d'inciter les Allemands à déserter. C'est ainsi que, grâce à mon appartenance à un mouvement de résistance qui avait de l'argent, j'ai beaucoup aidé le P.C. autrichien en zone sud... J'étais alors en liaison avec Georges Marranne, du Front national...

« C'est à Toulouse que je rencontre Michel Cailliau, un type très courageux, très naïf – de Gaulle revu par César ! –, toujours flanqué de son garde du corps, Jules, un Hongrois prêt à tout, un dur. Je lui rends compte de la situation et de ce que j'ai fait... Et lui dis que je m'emmerde à Toulouse ! Comme la circulation entre les deux zones était beaucoup plus facile depuis novembre 1942, mon ambition, avec quelques amis, était de remonter à Paris. J'ai demandé à Michel de devenir responsable régional de la région parisienne. Le neveu du général de Gaulle a accepté... C'est à Paris que j'ai fait la connaissance d'autres gens du mouvement, et notamment de Lemoign', un type extraordinaire.

« L'idée de la fusion entre le mouvement de Michel Cailliau et celui de Pinot-Mitterrand est antérieure au départ de François Mitterrand pour Londres et Alger. Quand il reviendra, elle sera déjà bien avancée. *Dès les premières prises de contact, le parti communiste,* via *le comité central avec qui je suis*

en rapport occulte, me demande d'introduire un troisième mouve-
ment, le mouvement communiste. C'était un mouvement fantôme.
C'est moi qui ai "vaseliné", moi qui ai présenté Robert Paumier
aux autres. Si je n'avais pas été là, si je n'avais pas été sous-
marin, il n'y aurait eu que deux mouvements de résistance à
fusionner, sans les communistes[1]. J'étais "cadré" par Francis
Cohen, qu'on appelait entre nous "le Guépéou".

« Au parti communiste, Robert Paumier était, entre autres,
responsable des activités "prisonniers", activités d'abord
revendicatives, plus syndicalistes que résistantes, par exemple pour l'obtention du pécule. Après la fusion, le Parti a
délégué Bugeaud pour être responsable de la région parisienne, aux côtés de Georges Beauchamp pour les mitterrandiens et de moi pour les gaullistes ! On formait alors un
triumvirat, il n'y avait pas de hiérarchie. Moi, je m'occupais
de la propagande, des journaux clandestins... J'ai cessé de
voir Paumier, car il avait ses réunions au sommet. J'ai été
ensuite en rapport avec Bugeaud.

« J'étais très content de travailler dans un milieu où ne
régnait pas la rigidité sectaire du Parti, tout en gardant au
fond de mon cœur ma foi communiste. Ça me plaisait beaucoup mieux, car le Parti avait des règles absolument draconiennes pour les rendez-vous, les rapports... Quelques amis
et moi, on aimait plutôt la vie libre, aventureuse. Cette
double identité me plaisait assez... »

Ainsi, Charette, Morin et les communistes avaient bel et
bien engagé le processus de fusion sous la houlette du CNR.
Le 12 mars 1944, soit moins de deux semaines après le
retour de François Mitterrand, a lieu, 117, rue Notre-Dame-
des-Champs, la réunion entre François Mitterrand et
Jacques Bénet pour le mouvement Pin' Mitt', Philippe
Dechartre, Pierre Lemoign' et Bourgeois pour le mouvement
gaulliste, et Robert Paumier pour le mouvement communiste. L'animosité entre Cailliau et Mitterrand est telle que le

---

1. Souligné par l'auteur.

premier n'est pas venu. Antoine Avinin, représentant le Conseil national de la Résistance, préside la Réunion.

Il n'existe qu'un seul compte rendu de cette réunion houleuse : celui qui a été rédigé trois jours plus tard par le communiste Robert Paumier pour le Front national. Je le considère comme proche de la réalité, car il est parfaitement cohérent avec tous les autres documents disponibles. Contrairement à ce qu'il a toujours dit, François Mitterrand est arrivé de Londres et Alger avec pour instruction de fusionner *deux* mouvements, puis, découvrant une autre situation, il s'est opposé frontalement au mouvement communiste ; enfin, réaliste, il s'est battu pour rester en position de force au sein du nouveau Comité directeur...

« Mitterrand, qui revient de Londres, prend la parole le premier et attaque vivement le camarade Delarue[1] en disant que son organisation n'est connue ni à Londres, ni à Alger, et que, d'autre part, le Comité national des P.G. ne représente pas grand-chose. En outre, Mitterrand demande : Qui a financé cette organisation, sur quelle base s'appuie-t-elle ? N'est-elle pas liée à un parti politique ? *De plus, il déclare qu'il est revenu de Londres et d'Alger avec mission de faire fusionner le groupe Charette et le sien, mais que jamais il n'a été question de Delarue[2]*. Il fait savoir que lui-même nous ignorait complètement et montre qu'il était imprudent de faire la propagande que nous avions faite en Allemagne par l'envoi de journaux aux P.G.. Mitterrand termine en demandant si, dans la période de l'illégalité, les représentants du Comité national des P.G. offrent toutes les garanties de sécurité.

Delarue prend ensuite la parole et réfute énergiquement les accusations lancées par Mitterrand. Il déclare que le CNPG n'avait pas fait beaucoup de bruit ni à Alger ni à Londres et que les dirigeants du groupement n'avaient pas passé leur temps à se déplacer dans les capitales, mais à travailler surtout en France. Delarue apporte les chiffres de tirage des jour-

1. Il s'agit de Robert Paumier.
2. Souligné par l'auteur.

naux : *Voix des stalags, L'Ex-K.G., Le Pont, Bonjour Paris, Revoir Paris,* des tracts édités par le CNPG ; il fait état de douze mille adresses de libérés. Il montre le travail accompli en région parisienne et en Normandie. Il donne des précisions sur le travail en faveur des femmes de P.G., entre autres la manifestation de la place Clichy. Sur les autres problèmes soulevés par Mitterrand, Delarue déclare : "Vous dites que vous nous ignoriez, mais nous aussi nous ne savions pas que vous existiez, car les conditions de l'illégalité ne permettent pas de se rencontrer facilement. Puisque vous posez une telle question, je suis en droit, moi aussi, de vous demander quelles sont vos origines et qui vous a financé jusqu'à maintenant..."

Le délégué du groupe Charette, de même que le représentant du CNR, se déclarent d'accord pour l'admission du CNPG dans une organisation unique des prisonniers, en faisant remarquer que la présence de ces éléments servirait utilement la cause des prisonniers[1].

Après une brève intervention de Mitterrand, tous se déclarent en faveur de la fusion, le nouveau mouvement ainsi créé devant s'appeler désormais : Mouvement national des prisonniers de guerre et déportés. Un secrétariat est élu sur-le-champ, comprenant les camarades suivants : Mitterrand et Seguin[2] (groupe Mitterrand), Bourgeois et Bardet[3] (groupe Charette), Delarue (groupe CNPG). Le secrétaire général est nommé également et c'est Bourgeois qui accomplira cette tâche. De plus, cinq grandes commissions sont constituées pour marquer les secteurs où s'étendra le travail du MNPGD. Le délégué du CNR déclare que c'est maintenant son organisation qui financera notre groupement, et un premier budget est adopté[4]... »

Le MNPGD est né sous les auspices du Conseil national de la Résistance. Le nouveau comité directeur est le suivant :

1. Souligné par l'auteur.
2. Jacques Bénet.
3. Philippe Dechartre.
4. Robert Paumier, in *Militant prisonnier de guerre,* Pierre Bugeaud, L'Harmattan, Paris, 1990.

– pour le RNPG : François Mitterrand et Jacques Bénet ;

– pour le MRPGD : Philippe Dechartre ;

– pour le CNPG : Robert Paumier, rapidement remplacé par Pierre Bugeaud.

Avant son départ pour Londres, Mitterrand partageait le pouvoir au sein du mouvement Pin' Mitt' avec plusieurs autres. Seul Bénet est encore – sur le papier – au même niveau que lui. Il est désormais le principal leader d'un grand mouvement reconnu officiellement.

La fusion est annoncée à Frenay par Bingen dans un télégramme[1] n° 93 du SECNOR, daté du 15 mars 1944. Bingen rend hommage à Charette pour sa parfaite correction, dont témoigne son effacement « par volonté faciliter l'union ». Le 18 mars, Frenay n'a pas encore reçu ce message. Il reçoit en revanche une lettre de Michel Cailliau[2] adressée le 1er février à son oncle et transmise par ce dernier. Charette cherche toujours à casser Pinot et Mitterrand et soumet son différend avec Frenay à l'arbitrage du général de Gaulle :

> « Mon bien cher oncle,
>
> Peu de nouvelles de la famille. Maman, toujours à Fresnes, bonne santé, bon moral. Papa semble parti de Fresnes pour une destination inconnue. Santé meilleure pour moi, moral splendide ; de Geneviève, rien. Mon mouvement, le Mouvement de résistance des prisonniers de guerre et des déportés (MRPGD), s'est développé au point de devenir dix fois plus grand depuis trois mois, malgré les arrestations et le manque total de finances. J'ai envisagé avec votre délégué et le comité directeur des Mouvements unis de Résistance la constitution, auprès du CNR, d'un Comité prisonniers et déportés comprenant un représentant de chacun des mouvements prisonniers. Il nous semble, à nous, que le nôtre est de beaucoup le plus important en effectifs et par le rendement. Nous

1. Archives du BCRA.
2. *Idem.*

sommes pour une coordination, sinon une fusion de ces mouvements (le Mouvement prisonniers du Parti Communiste, le Mouvement prisonniers issu de Vichy, et le nôtre). *Mais nous voulons éliminer du Mouvement prisonniers issu de Vichy :*

1) *ce qui reste de l'esprit de Vichy*[1] ;

2) la personnalité de Pinot, ex-commissaire aux Prisonniers à Vichy, sur lequel nous avons les rapports les plus accablants en raison d'un double jeu évident et en raison de cette notion "les personnalités ayant appartenu au gouvernement de Vichy, hors la loi" ;

3) *la personnalité de Mitterrand, ancien attaché au Commissariat de Vichy, ancien fondateur de cercles Pétain à son stalag, maurrassien dans l'âme, adepte d'Armand Petitjean, que je crois encore plus dangereux que Pinot, d'autant qu'il est moins officiellement compromis et qu'il a réussi par des voies giraudistes à joindre Londres et sans doute Alger dans le but d'y prendre des directives (auprès de qui ?) avant de rentrer en France.*

La plupart des choses que raconte Mitterrand sont radicalement fausses. Sous prétexte de diplomatie, il se permet le mensonge. Il exagère son importance. Il diminue celle des autres. Il fait croire que notre Mouvement est issu du sien par une dissidence, ce qui est exactement l'inverse, car il était encore au Commissariat de Vichy lorsque notre Mouvement existait depuis des mois.

Le mouvement Prisonniers issu de Vichy et le mouvement Pinot-Mitterrand sont deux appellations d'un agrégat de légionnaires et de bourgeois réactionnaires qui cherchent à conserver leur estime à Pétain tout en se rattachant au général Giraud.

Lorsque je suis revenu de Londres, du fait de nombreuses arrestations de mes dirigeants, un certain nombre de mes éléments avaient cherché à rejoindre le mouvement Pinot-Mitterrand par suite du manque de liaisons. Nous les retrouverons dans une fusion sans Pinot ni Mitterrand.

Le moyen le plus simple d'éliminer Pinot et Mitterrand est le suivant :

– pour Mitterrand, alias Morland, donner l'ordre de le garder en Afrique, en Angleterre, dans un bon régiment, par mesure de sécurité pour lui, et qu'il ne s'occupe plus des problèmes prisonniers ;

1. Passages soulignés par l'auteur.

– pour Pinot, mener une campagne de radio à Londres et à Alger contre lui... Les anciens prisonniers trop compromis à Vichy ne peuvent aspirer à un poste de direction et doivent s'effacer tout en apportant à la Résistance leur résistance obscure.

Faire continuer à Londres et à Alger une campagne radio en faveur d'un seul "Mouvement de résistance pour les prisonniers de guerre et les déportés", c'est-à-dire le nôtre, reconnu officiellement, et pas celui de Vichy. Aider financièrement, matériellement, moralement mon mouvement, le MRPGD.

Mon comité directeur refuse d'obéir à la répartition des tâches de Frenay et porte devant vous le différend. Nous sommes trop nombreux, trop organisés, trop efficients, trop unis, trop conscients de notre devoir et de notre force, comme de nos responsabilités, pour livrer à des gens qui, hier encore, étaient en place à Vichy, la direction pratique et théorique de notre Mouvement et de tout le problème prisonniers. Nous pensons que la force du monde prisonniers et, toutes choses égales par ailleurs, du monde déportés, bien en main, constituera un [élément] politique de première valeur pour le gouvernement de demain, comme elle constitue maintenant, dans la guerre, un instrument de première valeur. Très facilement, le gouvernement de demain pourra s'appuyer sur un monde d'un million et demi d'anciens prisonniers et d'un million d'anciens déportés aspirant à une réforme profonde de la France et désirant y jouer un rôle capital dans le sens des vraies valeurs qu'ils auront méditées en captivité.

... Les comptes rendus d'activités du MRPGD sur ses effectifs et sa structure, ainsi que de volumineux courriers de renseignements militaires et politiques démontrent le travail intensif de mon mouvement, malgré les arrestations d'environ quarante de nos dirigeants, il y a cinq mois, et malgré le dénuement financier le plus complet depuis trois mois, malgré aussi le manque de liaisons aériennes avec Londres qui ne nous permet de compter que sur nous-mêmes. Ces comptes rendus et ces renseignements sont remis chaque mois au courrier pour Londres.

Après avoir subi un fléchissement dû à la présence à Alger de Marty, Cot, de Mendès France et de Thorez[1], votre popularité en France a de nouveau repris dans l'ensemble du peuple français, en particulier à la suite de l'entrevue de Marrakech[2]. Sans doute une partie du peuple français espère-t-elle de nouveaux remaniements importants dans le Comité d'Alger. Le peuple français fait une distinction très nette entre le Comité d'Alger et vous. Je ne fais ici qu'analyser impartialement l'opinion. On critique ici beaucoup Le Troquer[3] pour trois raisons : la mort de sa femme, qu'il aurait jetée par la fenêtre, son texte d'avant la guerre, *"Pas un sou pour la guerre !"*, et sa conduite à Alger à l'égard des héros de l'armée d'Afrique.

La Résistance ne comprend absolument pas pourquoi le Comité d'Alger, depuis deux mois et demi, ne la finance plus. Pourquoi le Comité d'Alger n'a-t-il pas envisagé depuis des mois de procéder à des virements ? (...) Résultat : les héros de la Résistance ne sont pas soutenus matériellement dans leurs prisons ; leurs familles peuvent mourir de faim. Au moment où la guerre s'accentue, les gars du maquis n'ont plus à manger, les mouvements de résistance s'étiolent. Ceux qui ont dû quitter leur situation en raison de leur résistance ne peuvent plus vivre. La Résistance française, qui, toujours, a supplié le Comité d'Alger de lui fournir des garanties de son financement, songe amèrement à la vie de Londres et d'Alger. Elle exigera des comptes, mais elle crie déjà au sabotage conscient et voulu.

Un certain nombre de vos envoyés en France sont plus gaullistes que vous et vous font par là un tort considérable. Je ne veux pas ici citer de noms. Le remplaçant de votre ancien aide de camp à Londres semble très bien réussir par sa diplomatie à son poste de délégué. Il a affaire à des clans qui n'at-

---

1. A noter l'amalgame entre les quatre hommes, dont deux seulement sont communistes.
2. Winston Churchill et le général de Gaulle se rencontrent les 12 et 13 janvier 1944 à Marrakech.
3. André Le Troquer, futur président SFIO de l'Assemblée nationale sous la IVᵉ République.

tendent que le moment pour se débarrasser de vous au moment du débarquement ou peu après, en vous confiant le poste de ministre de la Guerre, en particulier.

Pour finir par une note optimiste (...), l'Armée secrète, au dernier moment, constituera une force réelle au moment du débarquement, et les mouvements de résistance et les partis politiques qu'on tend à discipliner par les autorités militaires compétentes qui ont considéré leur caractère insurrectionnel comme quelque chose d'autre qu'une jacquerie ou une commune. Actuellement, cinq organisations ont chacune leur plan différent de prise de position aux points stratégiques de Paris, et aucun accord n'est possible entre elles. Il faudrait une autorité, comme on l'a déjà dit, dans le genre de celle de Leclerc, venu officiellement et clandestinement en France pour unir à temps les plans et les troupes, sinon la France sera un immense chaos.

Veuillez transmettre à tante Yvonne, à mes cousins, à Pierre et à mon frère, mes affections les meilleures. Je vous embrasse de tout cœur.

Michel Chambre. »

Frenay, qui ignore donc encore ce qui s'est passé à Paris la semaine précédente – dans toute cette affaire, on s'aperçoit à quel point la lenteur des communications suscite des problèmes –, réagit violemment. Il s'appuie sur de Gaulle pour clouer le bec à Charette en lui rapportant l'entretien que le Général et Morland ont eu au début de décembre 1943 à Alger[1] et en prenant énergiquement parti en faveur de Mitterrand.

Frenay lui parle d'abord de l'entente qu'il convient de susciter entre l'ensemble des organisations qui s'occupent des prisonniers et des déportés : « Je vous rappelle que la décision de créer le Comité des Trois a été prise par le Comité d'action en France présidé par le général de Gaulle lui-même... » Le décalage est flagrant. Frenay en est encore à la décision

1. Voir pages 364 et 365.

prise à la mi-février et transmise de Londres. Ce Comité des Trois est composé de Mitterrand, Bénet et Cailliau. Il n'est pas encore question des communistes, dont Cailliau s'est bien gardé de parler à son oncle et à Frenay. Celui-ci précise que la décision prise « ne saurait être modifiée ». Il essaie de dorer la pilule à Cailliau en lui expliquant que la « mission qui lui incombe est de la plus haute importance », même s'il reconnaît qu'elle nécessite une organisation « sans doute restreinte, mais très délicate à monter... » Il ajoute :

> « La création du Comité des Trois vous permet de prendre avec vos deux camarades toutes les décisions de caractère général intéressant non seulement la partie déportés, mais encore l'action des prisonniers de guerre en France. Cette cohésion me paraît particulièrement précieuse et vous permettra de maintenir l'orientation de toute cette action dans la ligne que vous souhaitez.
>
> Je fais appel, mon cher Vergennes, une fois de plus, à votre compréhension et à votre sagesse, vous disant bien que si nous ne réussissons pas à faire l'union entre ceux qui courent des risques et qui, demain, peuvent être arrêtés et exécutés, ce n'est pas la peine alors de penser à refaire la France, et la cause que nous défendons n'aurait mérité ni tant de dévouement, ni tant de sacrifices[1]. »

Au moment même où Frenay écrit ces lignes, Michel Cailliau a quitté le mouvement de manière brutale. Malgré sa farouche énergie, il a perdu son combat contre Mitterrand, lequel se retrouve le principal leader d'un mouvement regroupant l'ensemble de la Résistance « Prisonniers » – y compris donc communiste. Frenay, pour sa part, n'appréciera pas cette nouvelle donne et se convaincra alors de la duplicité de Mitterrand. Dans son livre *La Nuit finira*, il écrit en effet :

> « Malheureusement et à mon insu, la fusion ne se fera pas dans les conditions que nous avions arrêtées. François Mit-

---

1. Voir annexes page 589.

terrand affirmera, à son retour en France, qu'il avait reçu d'Alger des instructions pour faire entrer dans le mouvement fusionné un groupe très réduit dont j'ignorais jusqu'à l'existence et qui n'était autre qu'une émanation du Parti Communiste français. Devant cette exigence présentée comme venant du C.F.L.N., ses camarades s'inclineront. »

Pourquoi, selon lui, cette attitude de Mitterrand ? Frenay évoque ses rencontres avec des députés communistes, notamment avec Waldeck Rochet, ainsi qu'un probable désir de contrecarrer ses propres desseins. En fait, Mitterrand, comme on l'a vu, pas plus que Frenay, ne souhaitait l'intégration des communistes. Mais, fidèle à sa conception de la *Realpolitik*, il a réagi dans cette affaire de la manière qui lui permettait de reprendre la situation en main.

PRÉPARATIFS DE LIBÉRATION

La fusion faite sur le papier, François Mitterrand est contraint d'accepter l'arrivée de nouveau venus étiquetés communistes ou gaullistes : Edgar Morin, Paumier (Delarue), Bugeaud, Bourgeois, Savy... Il est et demeurera méfiant envers ceux qui n'appartiennent pas à son propre groupe et continuera, pour les affaires les plus délicates, à ne s'en remettre qu'à ses proches. Il trouve que les gaullistes – Dechartre, Savy et Bourgeois notamment – ne prennent pas assez de mesures de sécurité et mettent le mouvement en péril. Songeant déjà à l'après-Libération, il lutte pied à pied pour contenir l'influence des communistes, ce qui n'est pas facile, tant ceux-ci sont puissants et bien implantés, surtout en région parisienne. Trois jours après la fusion, le comité directeur du MNPGD diffuse un manifeste[1] appelant à l'union, plaçant le mouvement sous l'autorité du CFLN et, en France, du CNR :

> « A la date du 12 mars 1944, les représentants des trois grands mouvements de prisonniers de la Résistance française se sont rencontrés et ont décidé de fusionner en une seule organisation qui s'appelle désormais : MOUVEMENT NATIONAL DES PRISONNIERS DE GUERRE ET DES DÉPORTÉS.
>
> Cette organisation lance un vibrant appel à tous les prisonniers de guerre, aux libérés, aux évadés, aux femmes de pri-

1. In Védrine, *op. cit.*

sonniers de guerre, aux déportés en Allemagne et à toutes les victimes de la captivité sans distinction d'opinion politique ou religieuse, pour qu'elles viennent apporter leur concours au mouvement de Résistance nationale des prisonniers de guerre et des déportés.

Les dirigeants du MNPGD déclarent en premier lieu leur opposition catégorique avec les traîtres de Vichy, qui n'ont fait que trahir les captifs et encourager la déportation, et ils font savoir qu'ils ne reconnaissent comme seul gouvernement que le CFLN et comme seule autorité en France que le Conseil national de la Résistance.

Ils estiment que *la direction actuelle du mouvement Prisonniers en France, direction nommée par Vichy et les Allemands, est illégale*[1] et ne représente pas les véritables aspirations des captifs et de leurs familles.

Ils font savoir que le but essentiel du MNPGD est de défendre les intérêts des prisonniers et de leurs familles, de soutenir les évadés et les déportés et de faire participer toutes les forces "Prisonniers" au grand combat pour la libération de la France et le retour de tous les exilés. »

Le même jour, le Conseil national de la Résistance, organe représentatif de toutes les composantes de la Résistance intérieure, dirigé par Georges Bidault, réuni en séance plénière, adopte une charte, véritable programme de gouvernement que n'aurait pas désavoué le Front populaire. L'ancien collaborateur de Pinot – nommé, selon le manifeste, « par Vichy et les Allemands » – s'est placé sous l'autorité du même CNR : que de chemin parcouru !

Il va néanmoins négocier pied à pied avec cette instance pour obtenir toute la place qu'il souhaite voir occupée par le MNPGD. Il fait par ailleurs partie avec Maxime Blocq-Mascart d'une commission du CNR qui s'occupe des problèmes sociaux.

Avant son départ pour Londres, la direction du mouvement était collégiale ; depuis son retour, fort de son adoube-

---

1. Souligné par l'auteur.

ment gaullien, Mitterrand a pris du poids. Les circonstances vont l'aider à se présenter comme le seul véritable leader du mouvement élargi. Pinot a été écarté pour avoir occupé des responsabilités trop importantes à Vichy ; Mauduit a été arrêté ; à la fin d'avril, c'est le tour de Marcel Barrois d'être appréhendé[1] ; Jacques Bénet, le dernier de la direction à y être situé au même niveau que Mitterrand, part pour Alger, en avril 1944, afin de représenter le MNPGD à l'Assemblée consultative et d'obtenir des fonds et des armes (il est remplacé par Jean Bertin) ; Philippe Dechartre, autre membre du comité directeur, part également pour Alger (il est remplacé par Charles Moulin)... Mitterrand est passé maître dans l'utilisation des structures pour conquérir le pouvoir réel. Jusqu'à la Libération, il emploiera toute son intelligence à développer le mouvement et à asseoir sur lui son emprise.

A la mi-mai 1944, il décide de scinder l'état-major en deux. Il prend la direction de la zone nord avec le chef du service Action, Jean Munier, dit Rodin. A l'intérieur de cette zone, la région parisienne est confiée, après maintes tergiversations, au communiste Bugeaud, assisté d'Edgar Morin, chargé de la propagande, et de Georges Beauchamp, chargé de l'action contre la déportation du travail ; le colonel Patrice (Pelat) est chargé des « questions militaires ». La zone sud est confiée à Labasse (colonel Gagnaire), assisté d'« Aimé » (Jacques Pâris), son chef du service Action.

Le résistant Mitterrand a changé d'entourage. A cause des exigences de l'action clandestine ? Ses intimes s'appellent désormais Pelat (accompagné de Madeleine-Christine), Munier (et Ginette, sa femme) et Finifter. Le trio s'est connu au kommando 1515. Un second cercle – hors du « clan Mitterrand », qu'on peut considérer, lui, comme « hors cercles » – est constitué par la « bande à Antelme » qui comprend notamment Robert, sa sœur Marie-Louise, l'écrivain Marguerite (qui deviendra Duras), Paul Philippe, Dionys Mas-

---

1. Il mourra en déportation.

colo (l'ami de Marguerite), Georges Beauchamp, l'ami du couple Antelme.

Georges Beauchamp avait été le condisciple de Robert Antelme au lycée de Bayonne. Son père y avait été sous-préfet au moment de l'affaire Stavisky... avant de se retrouver percepteur à Paris. Antelme et Beauchamp se retrouvèrent alors à la faculté de droit. Avec Jean Lagrollet, ils formèrent un trio inséparable. Lagrollet était alors le compagnon de Marguerite Donnadieu. Puis le couple s'est brisé et Marguerite s'est retrouvée dans les bras de Robert Antelme. A charge pour Georges de régler les problèmes nés de ce changement ! Lagrollet était si malheureux qu'il voulait se tuer. Antelme ne parlait lui aussi que de suicide, car il se sentait trop coupable vis-à-vis de son ami. Pour changer les idées morbides de Lagrollet, Beauchamp partit alors en sa compagnie dans un grand circuit à travers l'Europe centrale[1].

Dans le courant de l'année 1943, Beauchamp fit, grâce à Antelme, la connaissance de Bénet. Celui-ci présenta à son tour Beauchamp à Morland : « La rencontre eut lieu dans un bistrot à la Convention. Cette rencontre ne fut pas facile. Il était très suspicieux envers les nouvelles têtes. Il était inquiet. » A la suite de cette rencontre, Antelme et Beauchamp constituèrent un petit noyau qui vint en aide en zone nord au mouvement de Morland.

Pour réussir dans sa nouvelle mission, Beauchamp se fit engager comme garçon de bureau à la direction de la main-d'œuvre, 100, rue de Richelieu, qui « gérait » l'envoi des jeunes Français au STO. L'objectif imparti à Beauchamp consistait à se renseigner sur les intentions des Allemands afin de permettre au mouvement de lutter contre la ponction opérée par le Service du travail obligatoire sur la jeunesse française. Les bureaux étaient sévèrement gardés par la Milice. Pour avoir accès aux documents et les microfilmer,

1. Ce passage où l'on voit évoluer Georges Beauchamp est écrit à partir de son témoignage recueilli le 24 février 1994.

Beauchamp eut l'idée de monter, avec sa petite amie comédienne, des spectacles. Le soir, pendant les répétitions, Georges et un complice « faisaient » les bureaux, à la recherche de papiers secrets. *Marius, Fanny* et *Cyrano* permirent ainsi la collecte d'une importante masse de renseignements, immédiatement communiqués à « Napoléon » qui les transmettait à Londres...

Edgar Morin est également proche de la bande à Antelme : « Le premier mitterrandien que j'aie connu était Georges Beauchamp, qui m'a ensuite présenté à Dionys Mascolo. Mascolo m'a beaucoup charmé. J'ai dit à Violette, ma compagne, qu'il fallait absolument qu'elle le rencontre, tellement il était formidable. Je passais mon temps à expliquer à Mascolo que la nécessité historique imposait de devenir communiste. Si bien que je l'ai converti au communisme... Au début, rue Dupin, on se méfiait de moi. Je me souviens qu'une fois, Robert Antelme a lancé : "Attention à ce qu'on va dire, Edmond[1] est communiste"... »

Il est vrai qu'en ce printemps 1944, miliciens et gestapistes traquent sans relâche les résistants. Le MRPGD n'est pas à la fête.

« Valentin[2] » était responsable de l'impression et de la diffusion des tracts pour le mouvement. Il lui manquait une grosse ronéo. Le commandant Rodin (Munier), devenu chef des corps francs du MNPGD, décide de monter une opération kommando avec son frère Georges, le lieutenant Masse (Dionys Mascolo) et quelques autres, dans un centre allemand afin de « récupérer » une grosse machine. Mascolo prétendra qu'il a participé à cette opération avec Albert Camus et Maria Casarès[3] !... Un jeune sous-officier est désigné pour la diriger. Munier décide néanmoins de la contrôler à distance. Tout se passe fort bien, mais il constate que le « sous-

1. Un des « pseudos » d'Edgar Morin dans la Résistance.
2. Steverlinck, qui ne doit pas être confondu avec François Valentin.
3. Entretien avec l'auteur, le 16 mars 1994.

off' » est resté sur le trottoir en attendant le retour de ses hommes. Inadmissible ! Quand tout le monde se retrouve, Munier manifeste son mécontentement :

« Je croyais être courageux, je ne le suis pas », marmonne, tout penaud, le jeune homme.

François Mitterrand, mis au courant de l'affaire, lâche ce commentaire : « Eh oui ! Il n'était pas *tout terrain...* »

« Valentin » réclame bientôt des armes à Munier pour protéger son imprimerie. Le commandant Rodin accepte. « Valentin » lui demande ensuite de l'accompagner chez Raux, un membre du mouvement (ancien de l'équipe Cailliau) qui loge dans la chambre n° 19 d'un petit hôtel de la rue Saint-Jacques. L'épouse de « Valentin » lui a commandé tout un jeu de faux papiers. Munier précède son compagnon dans l'étroit couloir du troisième étage qui donne accès à la chambre n° 19. Brusquement, la porte s'ouvre et les deux hommes sont mitraillés à bout portant. Munier, indemne, fait le mort. Puis il se relève d'un bond et se met à courir comme un lièvre jusqu'au jardin du Luxembourg. « Valentin » a été mortellement blessé par Paul Prévédec, un gestapiste de l'avenue Foch. Raux est arrêté. Quant à Munier, lui, il s'en tirera avec une légère écorchure au petit doigt[1]...

Alors que la pression se fait plus forte autour de Morland et de son entourage, tous paraissent avoir décidé de vivre, en ce printemps de 1944, une grande histoire d'amour. Ginette Caillard et Jean Munier se sont mariés à la fin de février. Pelat et Madeleine-Christine vivent une liaison passionnée. Bernard Finifter file le grand amour avec une demoiselle de Toulouse...

Un soir de mars, rue Campagne-Première, les quelques intimes de François sont réunis à l'invitation de Christine et de Patrice : il y a là les Munier, Finifter, François lui-même. Christine est au piano et Patrice, de sa voix magnifique,

1. Témoignage de Jean Munier, le 11 mars 1994.

chante *Les Pêcheurs de perles*. Sur le piano, François remarque la photo d'une ravissante jeune fille, la propre sœur de Christine. Il est subjugué par la fraîche beauté de Danielle : « *Je veux la connaître, je l'épouse*[1]... »

Christine, qui exerce un certain ascendant sur sa jeune sœur et aime bien jouer les Pygmalions, imagine assez bien Morland et Danielle ensemble. Elle-même est fascinée par la culture et la prestance du jeune ami de Patrice. Elle écrit donc à sa sœur : « Un fiancé pour toi !... Les vacances de Pâques ne sont pas loin, je t'invite à venir les passer ici pour faire sa connaissance[2]. » Danielle accepte et vient s'installer pour quelques jours rue Campagne-Première.

Christine organise la première rencontre au restaurant Beulemans, boulevard Saint-Germain. Ce n'est pas le coup de foudre espéré par la grande sœur. François débarque avec un grand chapeau, une moustache et un manteau mastic qui lui donnent des airs de danseur de tango argentin. Son ton moqueur, acide, son esprit virevoltant agacent Danielle. Morland, en revanche, paraît accroché. Et comme il déteste qu'on lui résiste...

Il se débrouille pour faire un détour par Cluny, le 28 mai. Danielle cesse de résister et fait le vœu de se marier dans les quatre mois... François et Danielle, Christine et Patrice, Jean et Ginette se rendent alors à Toulouse au mariage de Finifter, où ils retrouvent également André Bettencourt et Jacques Pâris. Pour quelques heures, Toulouse est la capitale de l'amitié. Puis tout le monde remonte sur Paris, le 30 mai. Morland a un rendez-vous important, le lendemain matin, avenue Charles-Floquet, avec Jean Bertin (alias Bérard, ou Chaligny), remplaçant de Bénet au comité directeur du mouvement, Robert Paumier, Savy, un ancien de l'équipe Charette qui fait partie de la direction du mouvement, et quelques autres.

1. *Idem.*
2. *Danielle Mitterrand, portrait,* op. cit.

François Mitterrand se souvient : « *Quelqu'un frappe à la porte. J'ouvre. L'homme demande Jean Bérard (le pseudo de Jean Bertin). Je vais chercher Bertin au fond de l'appartement : "Comment as-tu pu donner un rendez-vous ici ?... Qu'est-ce que tu veux que je lui dise ?" J'accompagne Bertin à la porte. L'homme braque son revolver sur la poitrine de Bertin. Je fonce dans l'appartement rejoindre les autres : "Jean est arrêté, dépêchez-vous !" Je ramasse mes affaires pour fuir par-derrière. Par la fenêtre, je vois deux hommes postés en face de l'immeuble.*

"Savy est en retard... Il va se faire prendre !" Je décide de partir. Je saute par la fenêtre et fonce vers le métro La Motte-Picquet. J'aperçois Savy. Je lui dis : "N'y va pas !" Savy et moi descendons ensemble dans le métro[1]. »

L'après-midi a également lieu une réunion importante du mouvement, rue Dupin, chez les Antelme. En attendant les autres, Jean Munier, Robert Antelme, Paul Philippe, Minette de Rocca-Serra papotent. Jean Munier est un instinctif. Il se sent mal à l'aise. Beaucoup trop de réunions se déroulent dans cet appartement. Le sujet de la discussion l'agace : quoi faire en cas de disette à Paris au moment de la Libération ? C'en est trop. Le commandant Rodin décide de partir. Avant de quitter l'appartement, son attention est attirée par une lettre des contributions posée sur la table, au nom de Charles Diethelm, portant l'adresse de l'immeuble où Ginette a sa chambre, rue Croix des Petits-Champs[2].

Dans la rue, un homme aux lunettes cerclées d'or lui demande ses papiers. Munier fait semblant de les chercher, lui décoche un violent coup de poing, puis s'enfuit à toutes jambes. Deux Allemands sont à ses trousses. A quelques centaines de mètres de là, il s'engouffre dans l'hôtel où loge le colonel Patrice. Ses poursuivants ne l'ont pas vu y entrer. Patrice est là avec Christine. Munier lui décrit la situation.

---

1. Entretien avec François Mitterrand, le 12 octobre 1993.
2. Jean Munier explique la présence de cette lettre par le fait que Diethelm était également le propriétaire de l'appartement de la rue Dupin.

Tous trois conviennent qu'il faut absolument empêcher que François ne tombe dans la gueule du loup. Patrice téléphone rue Dupin. Un homme dont il ne reconnaît pas la voix lui répond : « Ici, Charles... » Tout est clair : l'homme a remarqué la lettre libellée au nom de Charles Diethelm. Munier endosse un costume de Patrice et part surveiller l'entrée de la rue Dupin afin de prévenir les camarades. Il empêche André Bettencourt de tomber dans le piège. Féréol de Ferry arrive à son tour ; Munier lui demande de le relayer afin de ne pas risquer d'attirer l'attention des Allemands. Munier rencontre enfin Mitterrand qui a eu lui aussi un bon réflexe. A 18 heures, il avait rendez-vous chez Lipp avec Beauchamp et Robert Antelme. Il est arrivé à l'heure, fait plutôt rare. A 18 heures 10, Robert n'étant toujours pas là, Beauchamp a proposé d'aller rue Dupin. « Ne bouge pas, lui a dit Morland. Je vais téléphoner. » Il a appelé rue Dupin. Une voix inconnue lui a répondu : « Ici, Charles, votre beau-frère... Venez, venez, on vous attend... » Morland comprend. Il n'y a pas de Charles chez les Antelme. Les gestapistes venaient d'envahir la cache de la rue Dupin. Marie-Louise Antelme[1], Robert Antelme[2], Paul Philippe[3] et Minette de Rocca-Serra[4] ont été arrêtés.

Jean Munier a peur. Les gestapistes vont sûrement découvrir la chambre de Ginette, remplie d'armes et de faux papiers. Le 2 juin, Munier décide de monter une opération avec le concours de Michel Grilickès, un ancien FTP qui a quitté Toulouse où il était « grillé ». Toute sa famille a été massacrée par l'occupant. Depuis lors, il se venge et tue beaucoup d'Allemands. C'est un homme efficace des corps francs du mouvement. Grâce au sang-froid de Munier et Gri-lickes, les armes et les papiers sont récupérés à la barbe des

1. Déportée, elle mourra le 10 mai 1945.
2. Interné, déporté et libéré en mai 1945.
3. Interné, déporté à Buchenwald et libéré en mai 1945.
4. Internée, déportée et tuée.

gestapistes qui avaient effectivement repéré la cache et, partis chercher un serrurier, n'avaient laissé qu'un de leurs hommes en planque devant l'immeuble... Tout est transporté dans un grand appartement de la rue du Cherche-Midi chez des amis de Féréol, les Retz...

Morland a senti le souffle du boulet. Il a intérêt à changer de planque, au moins pendant un certain temps. L'air de Saint-Germain-des-Prés est devenu malsain. Après la souricière tendue par la Gestapo, au début de juin, avenue Charles-Floquet, qui le visait particulièrement, il va se réfugier chez Antoinette Bouvyer, rue Gustave-Zédé. Ce n'est pas la première fois qu'il se rend chez sa correspondante et amie. Il y retrouve Jean Bouvyer qui, depuis le mois d'avril, a quitté son poste de chargé de mission au Commissariat général aux questions juives, qu'il occupait depuis mai 1941. Après la guerre, François Mitterrand a affirmé avoir demandé à Bouvyer de « planquer » certains documents et du matériel destiné à la fabrication de faux papiers. Bouvyer s'en serait alors servi pour confectionner des faux papiers à l'intention du MNPGD[1]...

Mitterrand est furieux : les gestapistes ont saisi, rue Dupin, ses photos (des portraits de lui réalisés par les studios Harcourt et un cliché le représentant en compagnie de Danielle Gouze) et sa correspondance privée. Quelques jours après cette perquisition, il écrit à sa principale correspondante de l'époque, dont les lettres ont été embarquées rue des Saussaies :

> « Vous me parlez de nos lettres dont la postérité se repaîtra nécessairement[2]. *J'en suis bien persuadé (...). A condition toutefois que des loupes indiscrètes s'abstiennent de les scruter comme il est arrivé à celles que vous m'avez adressées depuis trois mois.*

1. D'après une attestation de François Mitterrand rédigée le 2 août 1945 en vue d'aider Bouvyer dans ses démêlés avec la justice. Cf. annexes page 595.
2. Souligné par l'auteur.

*J'avais eu l'impression qu'elles ne recelaient aucun secret majeur,
mais des visiteurs importuns n'en ont pas jugé ainsi et m'ont raflé
vos aveux les plus récents ; et encore, s'ils s'étaient bornés là... »*

Les Allemands n'ayant pas tout emporté, Dionys Mascolo
parvient à récupérer des archives du mouvement, dissimulées
rue Dupin, et à les cacher chez Gallimard, avec l'aide d'Albert Camus qui faisait le guet.

L'étau se resserre autour de François Mitterrand,
convaincu qu'il y a des traîtres à l'intérieur du mouvement. Il
a même des noms en tête. Il soupçonne deux anciens prisonniers proches de Charette et de Dechartre, devenus très
« intimes » en captivité et qui exercent des responsabilités au
sein du mouvement[1].

Morland est particulièrement inquiet pour Danielle dont
la photo se trouve entre les mains des gestapistes, rue des
Saussaies. Il envoie son ami du « 104 », Féréol de Ferry : dans
l'après-midi du 6 juin, celui-ci attend la jeune fille à la sortie
du lycée de Lyon où elle passe sa seconde partie de
baccalauréat.

– Mademoiselle Gouze ? Je suis un ami de François. Mon
nom est Féréol de Ferry. Je dois vous emmener, car François
craint pour votre vie. Il vient de perdre des photos et, parmi
celles-ci, il en est une qui vous représente.

– Mais, mon bachot[2]...

Après un détour par Cluny, pour prévenir les Gouze,
Féréol et Danielle remontent sur Paris. François, revenu
dans son appartement du boulevard Saint-Germain, passe
une journée avec Danielle, mais il est inquiet pour la sécurité
de celle qu'il appelle déjà sa fiancée. Le 8 juin, tous deux
prennent le train pour la Bourgogne. Le compartiment est
rempli d'Allemands. L'un d'eux cède sa place à la jeune fille.
Lors d'un arrêt, l'Allemand se procure des cerises, en propose à Danielle qui passe le paquet à François, adossé dans le

1. Voir pages 451 et suivantes.
2. In *Danielle Mitterrand, portrait,* op. cit.

loir... Le train s'arrête à la ligne de démarcation. Contrôle allemand. Danielle tend sa carte. Pas de problème. Mitterrand tend la sienne. Le contrôleur cherche sur sa liste la lettre « M ». Danielle et François aperçoivent le nom de « Morland » parmi ceux des personnes recherchées. Sueurs froides. L'Allemand aux cerises lance aux policiers : « Laissez ! Laissez ! Ils sont avec moi... »

Danielle rejoint ses camarades résistants de Cluny et Morland remonte sur Paris, mais il reviendra de temps à autre...

Le 20 juin, à Vichy, c'est au tour de Pierre Coursol, du CEA de l'Allier, d'être arrêté et violemment passé à tabac. La Gestapo veut savoir où se cachent Mitterrand, Védrine – qui a failli être arrêté quelques semaines plus tôt – et Chigot.

Depuis le débarquement, tout le monde est nerveux. Les préparatifs en vue du jour J se sont accélérés dans un grand désordre ; les communications entre Nord et Sud sont devenues difficiles, les traques plus nombreuses.

Dans la zone sud dirigée par Gagnaire, « Aimé », que les problèmes de prisonniers intéressent peu, est passé à l'action. Avec les corps francs de l'ORA, il entend constituer un réduit fortifié dans le Cantal pour lutter contre les Allemands. Marcel Hædrich le rejoint le jour du Débarquement. Au lendemain de son arrivée, il descend sur Mauriac en compagnie d'« Aimé ». Tous deux réquisitionnent l'imprimerie du *Réveil*, suscitant une peur bleue parmi les habitants, qui redoutent les représailles allemandes. Le député-maire de la ville vient les trouver :

– Ça changera quoi, pour la bataille de Normandie ?

Hædrich passe outre et sort le premier numéro de *L'Homme libre*, le 9 juin 1944. Sous-titré « Le journal des FFI, édité par le MNPGD », il se veut la suite de *Victoire*, dont le premier numéro avait été publié en janvier 1944 et qui était également son œuvre. Journal d'informations générales rédigé de la première à la dernière ligne par Marcel Hædrich, *L'Homme libre* consacre peu de lignes aux prisonniers, encore moins au mouvement. Il faudra attendre le numéro 9 pour voir apparaître un article sur le MNPGD où il est précisé que c'est « en novembre 1942 qu'une vingtaine d'anciens prisonniers réunis à Montmaur jetaient les bases d'un groupement clandestin qui est devenu le MNPGD, les uns dans l'illégalité, les autres sous le couvert du Commissariat aux prisonniers... Les prisonniers ont tiré la leçon des événements subis. De la solution sociale des problèmes de demain dépend la stabilité de l'avenir. Le MNPGD est et sera demain un instrument de puissance mis au service de la justice sociale... »

Les idées développées dans le journal reflètent bien celles des principaux responsables du mouvement. Édité alors que l'issue de la guerre ne fait plus aucun doute, *L'Homme libre* n'est pourtant pas du tout antimaréchaliste. De la même façon que *Victoire* avait publié en janvier 1944 un article intitulé « Un mois de crise à Vichy », racontant sans la moindre ironie comment Pétain « faisait de la résistance » en amendant la Constitution pour confier à sa mort les pouvoirs à l'Assemblée nationale, comment les Allemands s'étaient gardés de divulguer la nouvelle, comment le Maréchal avait boudé, comment il préparait son départ de Vichy, etc., le dernier numéro de *L'Homme libre*, édité à Mauriac le 23 août 1944, publiera un ensemble d'articles intitulé « La vérité sur la fin de Vichy » et inspiré du même esprit. « Vous êtes un menteur ! » aurait lancé le Maréchal à Renthe-Fink[1], d'après l'un de ces papiers. « La garde était prête à mourir », narre l'autre. « Les Allemands avaient apporté une trousse de cambrioleurs », précise un troisième...

La vie devient de plus en plus difficile pour Morland. Le 24 juin, il écrit avec son humour habituel à l'un de ses correspondants :

> *« Les trains sont tellement soumis aux fantaisies des terroristes que je ne me sens pas l'audace de livrer mon emploi du temps aux*

---

1. Ministre allemand chargé de surveiller les faits et gestes de Pétain.

campings nocturnes, et comme les autobus ont presque partout achevé leurs courses, et comme il est quasi impossible de circuler sans avoir à rendre compte de son honorabilité aux forces conjuguées de la police allemande, de la police française, de la Milice et de la Résistance, je n'ose promener mon pedigree à tous vents. Dieu sait pourtant si ma conscience est tranquille, mais qui y a-t-il de plus dangereux et de plus inquiétant aujourd'hui qu'une conscience tranquille... ?

Adressez-moi votre courrier chez Geneviève[1], comme vous le faisiez avant pour ce sinistre Lucien[2] qui est mort de sa belle mort... »

Dans cette même lettre, il parle de sa rencontre avec « une jolie fille aux yeux de chat », chez les Gouze, à Cluny. Rencontre qui a bien eu lieu le 28 mai, date à laquelle François et Danielle se sont déclaré leur flamme.

Une lettre adressée le 30 juin 1944 à Jean Védrine, qui s'occupe en zone sud de la Fédération clandestine des Centres d'entraide, permet de se faire une certaine idée de l'activité politique de Mitterrand et de sa méfiance persistante envers les activités maquisardes. Il lui demande d'abord de chercher à savoir « d'où vient l'intérêt de la Gestapo pour le mouvement ». Il lui parle ensuite de ses relations difficiles avec les communistes :

> « *Au comité directeur, contact à peu près coupé avec le délégué communiste. Aucune importance. Son apport pour le mouvement est nulle. Le froid a été causé par le barrage que j'ai dû faire à ses propositions et à certaines nominations.* »

Il évoque la situation « *toujours délicate* » avec le CNR, « *qui craint notre montée en flèche* » :

> « *Mais j'y ai d'excellentes relations personnelles. Actuellement, je me fais plutôt menaçant. Ils ont besoin d'être effrayés. Nous avons des effectifs et une force réels et avons à combattre une série de fictions difficilement admissibles.*

1. La sœur de François Mitterrand, qui habite alors avenue de Suffren.
2. Un des innombrables pseudonymes de François Mitterrand.

Préparatifs de Libération

Le délégué[1] du général de Gaulle devait installer son PC dans un de nos groupes, mais il vient malheureusement de se faire arrêter. C'est un de mes amis de chez nous qui vient d'être chargé de toutes les relations France-Alger. »

Depuis le 12 mars, le MNPGD est en relation permanente avec le Conseil national de la Résistance à l'intérieur duquel il a noué effectivement de bonnes relations, notamment avec Claude Bourdet, Pascal Copeau et Maxime Blocq-Mascart. L'homme « de chez nous » chargé des relations France-Alger est André Bettencourt. Celui-ci a en effet été chargé par le mouvement de le représenter à Genève au sein de la délégation du CNR. Il est spécialement chargé de la liaison entre cette délégation et celle d'Alger pour tout ce qui concerne les réseaux de prisonniers de guerre en Allemagne, les parachutages en France, les relations avec les délégués du mouvement en mission à Alger, Bénet et Dechartre. Bettencourt, qui est passé en Suisse grâce au réseau de Bénouville, va devenir un très précieux ambassadeur du mouvement. Arrivé à Genève, porteur d'une lettre de recommandation d'Eugène Schueller auprès de la filiale de L'Oréal en Suisse, il entretient des relations très éclectiques. Outre celles qu'il noue au sein du CNR, il a son bureau à la Mission du gouvernement provisoire, avec Pierre de Leusse, et se met au mieux avec ses membres, notamment avec le général Kœnig, Jean-Marie Soutou, Jacques Weill. Bettencourt assure également la liaison avec les Américains et les Anglais, notamment avec Allen Dulles, de l'OSS. Il se souvient[2] encore des rangées de coffres bourrés de billets de banque dans le bureau de ce dernier ; ces trésors servaient à alimenter les réseaux de résistance en Europe. Ses rapports avec Dulles étaient si bons que c'est dans sa voiture qu'il reviendra en France...

1. Il s'agit probablement du préfet Bollaert, arrêté en février avec Brossolette. Le troisième délégué général, Alexandre Parodi, s'est installé à Paris en avril 1944.
2. Entretien avec l'auteur, le 28 mars 1994.

Dans sa lettre à Jean Védrine, Mitterrand parle également de ses bonnes relations avec « Maurice », c'est-à-dire Pinot. Il évoque la réflexion en cours entre les deux hommes pour imposer le mouvement à la Libération. La question de son positionnement politique n'est pas réglée. Mitterrand ne pense pas qu'il soit possible de durer longtemps sans exprimer des positions claires :

> « *Je discute avec lui des modalités d'action de la Libération. Il est plutôt partisan de l'occupation par nous de tous les postes de commande du secteur Prisonniers, sans déclaration officielle de position politique, qui ne serait faite qu'au moment d'élections générales. Cela me paraît habile. Je crois toutefois qu'il faudra rapidement faire face au besoin de notions claires qui seront exigées par nos camarades qui nous ont suivis dans la lutte actuelle. On fera coller les deux thèses...* »

Fidèle à ses conceptions, il demande à Védrine de ne pas intervenir dans la vie du maquis de sa région :

> « *Tu n'y pourrais rien. Moi non plus. C'est une anarchie devant laquelle nous sommes impuissants. Notre rôle a été surtout de mettre de l'ordre là où nous avions le pouvoir. Que faire de plus ?* »

Il prie également Védrine, qui a gardé des relations avec le cabinet du Maréchal, de lui faire une note détaillée sur Ménétrel, et il l'adjure de se méfier de lui et de son entourage : « *Jeantet, qui n'hésite devant rien, te ferait coffrer sans sourciller.* » Il semble déjà loin, le temps où Jeantet le parrainait !

Il compte rester à Paris jusqu'à la Libération. Il entend y participer activement et déployer aussitôt tous ses « tentacules » :

> « *Il est vraisemblable que, sitôt Paris libéré, j'aurai à créer et à installer des organismes administratifs et des groupements de combat. Il faudrait que tu rappliques instantanément. Il faudra tout tenir à bout de bras et lancer immédiatement tous nos tentacules. Il peut y avoir une période de transition sans gouvernement,*

et nous devons prendre sur nous de balancer tous les hommes nuisibles, sans aucun ordre supérieur, tout en continuant à faire marcher les services, administrant les intérêts de nos camarades. Tu vois le travail ! »

Cependant que Mitterrand s'affaire à Paris, Michel Cailliau poursuit son entreprise de dénigrement contre ce rival dont il contemple l'ascension fulgurante sans pouvoir la freiner. Le 3 juillet 1944, à Alger, il diffuse une note[1] sur les « problèmes Prisonniers-Déportés ».

> « A nul n'échappe :
> 1°) La force formidable que représente politiquement pour les élections et pour le gouvernement la masse de trois millions de prisonniers et déportés...
> 2°) Le MNPGD est sans conteste un des mouvements de résistance les plus puissants à l'heure actuelle... »

Ce mouvement serait épatant si Mitterrand en était éliminé :

> « La force politique du milieu et du mouvement ne vaut qu'en tant qu'elle est politiquement dans des mains très sûres et que tous les postes importants ne comprennent pas d'anciens collaborateurs... »

Le lecteur de cette note – Frenay lui-même ou un membre de son cabinet – a inscrit au crayon, en marge, un point d'exclamation.

> « De l'épuration dans le mouvement et le milieu Prisonniers-Déportés dépend l'orientation politique de millions d'électeurs... »

Le même lecteur a griffonné un rageur « NON »...
Le 14 juillet 1944, toujours à Alger, Cailliau distribue une note[2] sur les « liaisons et les échanges de services entre le

1. A.N./72 A.J. 64.
2. Archives du BCRA.

MRPGD et l'ensemble de la Résistance de mars 1942 à mars 1944 ». Il y poursuit sa vindicte contre Mitterrand :

> « Des difficultés sont nées entre le MRPGD et Frenay du fait que Frenay a cherché à faire du MRPGD un service de "combat", et du fait qu'il a aidé sans la prudence politique qui nous paraissait nécessaire la personne de Mitterrand pour le mouvement Prisonniers que celui-ci a créé. »

Mais la traque parisienne est plus dangereuse que le combat d'arrière-garde du neveu du général de Gaulle. Le 7 juillet, Henri Guérin, ancien directeur pour la zone nord du Commissariat aux P.G., et qui fait partie de la « nébuleuse Pinot-Mitterrand », est arrêté par la Gestapo. Son premier interrogatoire, mené par quatre Allemands, a lieu au quatrième étage de la rue des Saussaies. Les gestapistes lui présentent des photos de Pinot, prises à Vichy devant le Commissariat, et de Mitterrand, probablement saisies rue Dupin, chez les Antelme. Guérin subit plusieurs interrogatoires et est sauvagement torturé. La dernière fois, on lui inflige le supplice de la baignoire remplie d'excréments. Toutes les questions tournent autour de Mitterrand et de la Résistance P.G.

Les documents relatifs à cette période ne sont guère nombreux. Une certitude : plus la Libération se rapproche, plus les responsables du MNPGD se démènent. Le 1er août 1944, arrive à la mission de Londres, en provenance du Commissariat aux prisonniers d'Alger, tout un ensemble de documents[1] parmi lesquels sont consignés les instructions du comité directeur du MNPGD, la répartition des tâches, les noms des responsables, une lettre de Morland (COPRI 648). Il existe en effet de gros problèmes de communication, à cette époque délicate, entre le MNPGD et Londres, alors que les liaisons sont plutôt bonnes avec Alger. Morland a obtenu que les directives du MNPGD soient transmises par la BBC. En

---

1. A.N./F 9/3254.3255.

ce début d'août, il se bat pour que le caractère international des problèmes concernant les prisonniers soit toujours pris en considération ; pour développer les consignes de rapatriement massif (4 août, télégramme COPRI au SAP), etc. Le 8 août, le MNPGD expédie un télégramme à Frenay pour solliciter son appui à la parution d'un journal dès le départ des Allemands.

Le 11 août, le chef des corps francs du mouvement, le commandant Rodin, enfourche la bicyclette d'Henri Frenay, que lui a prêtée Christine[1], pour rejoindre ses parents à Dijon où est repliée Ginette. Quand il arrive chez ses parents après quatorze heures d'efforts, il tombe sur... François Mitterrand ! François est inquiet pour la vie de Danielle, car il sait que les maquis lancent une opération de grande envergure autour de Cluny. Il demande à Jean d'aller la chercher. Accompagné de sa femme, Jean Munier pédale encore sur 80 kilomètres. Quand ils arrivent chez les Gouze, Danielle n'est plus là : elle est dans les collines, à cause des bombardements allemands... Elle s'installera bientôt avec Ginette à Dijon, chez les parents de Jean Munier.

Au fil des jours, le ton des tracts du MNPGD devient plus virulent, à la fois contre les collaborateurs et les traîtres de tout poil, mais aussi en termes idéologiques. Quelques jours avant la Libération de Paris, le mouvement délivre ses dernières instructions[2] :

> « CAMARADES RAPATRIÉS et ÉVADÉS, préparez-vous à donner l'assaut final aux hitlériens et aux traîtres qui, déjà, tremblent de peur !
> Voici les consignes d'action que nous vous donnons afin d'en finir rapidement avec l'envahisseur :
> 1. A aucun prix, vous ne devez vous laisser interner ou faire prisonnier par les schleus.

1. Avant de partir pour Alger, Henri Frenay avait installé son « Q. G. » chez les parents de Christine et Danielle Gouze.
2. Document communiqué par Dionys Mascolo.

2. Désorganisez les communications de l'ennemi, sabotez les chemins de fer. Faites dérailler les trains et coupez les voies ferrées.

3. Faites la chasse aux tueurs de la milice de Darnand qui acceptent de massacrer des Français pour le compte des boches.

4. Désorganisez toute la production de l'ennemi et opposez-vous par la force à la déportation des ouvriers en Allemagne.

5. Accentuez la lutte armée sous toutes ses formes contre des détachements allemands et renforcez les rangs des francs-tireurs et des partisans.

6. Pour les fonctionnaires, sabotez les ordres de Vichy, et pour les policiers, soldats, gendarmes, passez avec vos armes aux côtés des patriotes.

7. Démoralisez les éléments non-allemands de la Wehrmacht qui sont enrôlés de force et qui haïssent les boches.

8. Préparez-vous à la grève générale insurrectionnelle qui constituera un des facteurs essentiels de l'insurrection nationale.

PAS DE QUARTIER AVEC LES ASSASSINS !... Dans tous vos groupements, dans les Centres d'entraide, dans les Maisons du prisonnier, dans les Comités d'assistance, dans vos unions de femmes de captifs, PARTOUT, faites entendre la grande voix de la vengeance et de la justice contre l'étranger barbare qui voulait asservir notre pays.

PENSEZ en vous battant à toutes les misères qu'ils vous ont fait subir en captivité.

Pensez à ces journées sans joie dans un lointain stalag !

Pensez à ces nuits sans sommeil sur un bat-flanc, grelottant sous les couvertures.

Souvenez-vous des camarades emportés par la maladie et de ceux qui furent abattus par des gardiens lâches et méchants.

Rappelez-vous les milliers de nos frères malades qui ne sont rentrés en France que pour y mourir, vaincus par la tuberculose.

Pensez aussi, en vous battant contre les boches, qu'il vous faut délivrer nos camarades des bagnes de Graudenz, de Rawa-Ruska, de Lemberg et de Lübeck.

VOUS QUI ÊTES RENTRÉS... N'oubliez jamais, vous qui savez, les otages fusillés, les jeunes gens et les vieillards qui sont tombés sous les balles des schleus.

Rappelez-vous tous ces martyrs que les boches ont abattus, ces patriotes qui sont morts en chantant *La Marseillaise* et en criant leur amour de notre France.

QUE RIEN NE VOUS ARRÊTE DANS VOTRE SOIF DE VENGEANCE ET DE LIBERTÉ !

L'heure est venue de reprendre le combat et de repousser les barbares au-delà du Rhin.

Nous sommes les plus forts parce que l'ennemi a peur et, déjà, il recule.

Portons-lui les coups décisifs, sachons nous unir pour le combat final, sachons vaincre, sachons mourir s'il le faut, mais la victoire est à ce prix.

EN AVANT POUR LIBÉRER NOTRE PATRIE ! »

On est loin de l'attentisme de l'année 1943 ! Les membres du mouvement sont « chauffés » pour l'épuration. Un autre tract[1] est diffusé en août, de tonalité très révolutionnaire... Le poids des communistes dans l'appareil du mouvement se fait sentir :

« Le MNPGD, comme les autres mouvements de Résistance, mène une double action :

– action organisée de résistance contre l'oppresseur allemand ;

– préparation de l'action *révolutionnaire* qui donnera à la France le régime de justice et de liberté qu'elle appelle.

En effet, la libération du territoire est une chose ; l'instauration d'un *régime de liberté* dans la *France libérée* en est une autre.

C'est ce second souci qui a toujours animé ce qu'il y a de meilleur dans la Résistance. Cette nécessité révolutionnaire,

1. Communiqué par Dionys Mascolo.

cette exigence d'une société nouvelle n'ont pas été perdues de vue un instant par ceux qui risquent leur vie depuis des mois pour libérer la France (...).

Il est nécessaire de considérer sérieusement ce qu'aura été, en définitive, le « PHÉNOMÈNE PRISONNIERS ».

C'est assurément bien autre chose que ce que l'hyprocrite larmoyance de la propagande de Vichy a tenté d'en faire aux yeux du pays et du monde.

Avant tout, c'est un FAIT POLITIQUE.

(...) La LIBÉRATION n'est qu'une vaine attente si elle ne signifie pas, aussi bien que la délivrance du sol de la FRANCE, la suppression de la tutelle du CAPITAL sur les classes laborieuses, la RÉVOLUTION ÉCONOMIQUE, enfin, qui, depuis la RÉVOLUTION POLITIQUE accomplie en 1789, reste à faire (...).

Dépassant largement son cadre primitif, le MOUVE-MENT fait appel à tous les hommes de ce pays, de quelque opinion, de quelque classe qu'ils viennent, et qui savent que seule UNE RÉVOLUTION TOTALE, dans sa structure économique et sociale, peut donner enfin aux masses françaises LE MOYEN DE VIVRE DANS LA DIGNITÉ, c'est-à-dire de participer directement à tous les stades de la reconstruction de la NATION, et notamment à sa gestion ÉCONOMIQUE.

Cela signifie en abrégé :
– la liquidation immédiate de tous les trusts ;
– l'affranchissemnt des moyens collectifs de production et leur socialisation à l'échelon de l'entreprise ;
– le contrôle plus rigoureux de la collectivité sur la grande industrie, les services publics, les banques, les compagnies d'assurances, etc. ;
– la plus grande intensification de la coopérative agricole ;
– l'intégration dans l'État des grands organismes ouvriers comme la CGT ;
– la garantie des libertés fondamentales comme la liberté de la presse, le droit de grève, l'égalité devant l'impôt, qui, fictives jusqu'ici, ne deviendront réelles qu'avec une économie libérée du capital.

(...) CAPITALISTES encore, agents des fascistes internationaux et qui, affublés de l'étiquette RÉVOLUTION-

NAIRES dans l'entreprise dite de RÉVOLUTION NATIO-
NALE, ont exploité ce malheur et réussi, dans la mesure où
leur médiocrité le leur permettait, à ridiculiser une FRANCE
mourante.

BOURGEOIS enchaînés à leurs privilèges et qui non seulement s'entêtent imbécilement à ne vouloir tirer aucune
leçon de l'épreuve, mais préparent déjà aux travailleurs l'enterrement doré de leur Révolution... »

Même si on n'imagine pas que François Mitterrand ait
participé à la rédaction de ce tract, il a été diffusé au nom du
comité directeur du mouvement qu'il dirige, y compris donc
de lui-même !

LIBÉRATION

Maurice Pinot et François Mitterrand avaient fourbi la tactique à mettre en œuvre dès la Libération de Paris. Leur premier objectif consistait à mettre la main sur toutes les organisations « prisonniers » de Vichy. Par une ordonnance prise en mai 1944, le Gouvernement provisoire avait décidé que, durant la période intérimaire qui pourrait courir entre l'arrivée des Alliés et son propre retour d'Alger, chaque département ministériel serait pris en charge par un secrétaire général. Frenay, titulaire du Commissariat aux prisonniers, avait demandé et obtenu la nomination de son ami François Mitterrand au poste de secrétaire général, sous la houlette du commissaire délégué à l'administration des territoires occupés, Alexandre Parodi.

A vingt-sept ans, cette nomination constitue un exploit. Au sein d'un gouvernement insurrectionnel, aux côtés d'une brochette de hautes personnalités[1], Mitterrand va ainsi se retrouver consacré grand résistant en dépit d'un parcours

1. Intérieur : Laffon, Affaires étrangères : Bastid, Justice : Willard, Finances : Monik, Économie : Courtin, Production industrielle : Lacoste, Communication : Lecompte-Boisnet, Information : Guignebert, Santé : Pasteur Valléry-Radot, Travail : Samson, Éducation nationale : Wallon, Agriculture : Lefèvre, PTT : Guesnot, Ravitaillement : Miné, Colonies : Mutter, Guerre : Général Fortin, Air : Martial Vallin, Marine : Debû-Bridel assurant l'interim en attendant Thierry d'Argenlieu.

atypique et des liens qu'il a entretenus avec Vichy jusqu'à l'automne de 1943. Nul autre que lui n'a probablement rencontré comme il l'a fait, pendant la période tourmentée qui a précédé, successivement le maréchal Pétain, le général Giraud et le général de Gaulle.

D'accord avec Pinot, Mitterrand est parfaitement conscient que les prisonniers traînent derrière eux une assez mauvaise image. Il est donc important que le mouvement « prisonniers » prenne part activement – c'est-à-dire les armes à la main – à la Libération de la capitale. Cela l'aidera à asseoir sa légitimité.

Deux hommes vont jouer un rôle clé dans l'installation de François Mitterrand à la tête de la communauté « prisonniers » et dans la participation du mouvement à la Libération de Paris : le colonel Patrice et le commandant Rodin, autrement dit Roger Pelat et Jean Munier. Ce sont les deux responsables « Action » du mouvement. Ce sont eux qui ont mission d'occuper, les armes à la main, les lieux où François Mitterrand souhaite installer son pouvoir. Eux aussi qui vont contribuer, en tant que FFI (le mouvement de résistance MNPGD a en effet rejoint les FFI dirigés par le général Kœnig), à la libération de la capitale en dehors même des lieux de pouvoir de leur chef.

Le colonel Patrice a installé son P.C. sur les Champs-Élysées, dans les locaux du siège du Poste parisien (« Radio-Paris ment, Radio-Paris ment, Radio-Paris est allemand[1]... »). De son côté, le commandant Rodin a demandé et obtenu de François Mitterrand un P.C. pour ses corps francs. Morland lui a attribué l'immeuble de la Chaussée-d'Antin[2], qui présente l'avantage de posséder une cour intérieure où garer discrètement voitures et camions. Il dispose d'un stock d'armes entreposées au 100, rue de Richelieu, dans le sous-sol du bâtiment du *Journal*. Les 19 et 20 août

---

1. Le refrain est de Pierre Dac, sur Radio-Londres.
2. Siège des secrétariats des Camps.

1944, Rodin comptera sur huit groupes armés. Le frère de Rodin/Munier commande l'un de ces groupes, basé à Levallois-Perret. Le colonel Hernández est à la tête d'un autre groupe constitué d'Espagnols.

Dans l'après-midi du 18 août, Parodi a brusquement convoqué les secrétaires généraux pour leur dispenser les dernières instructions. François Mitterrand raconte :

> « *A 11 heures, le samedi 19 août, alors que je me trouvais place de la Madeleine, les mitrailleuses de la Concorde ont crépité. J'attendais ces premiers coups de feu impatiemment. L'ordre d'insurrection avait été donné, mais Alexandre Parodi, délégué général du gouvernement, m'avait demandé de ne faire occuper les immeubles de mon ministère qu'après le déclenchement des opérations dans les quartiers du Centre[1].* »

Six à sept cents patriotes s'étaient emparés de la préfecture de police sans attendre l'ordre d'insurrection générale. Pagaille monstre. Les Allemands réagissent avec brutalité :

> « *Aussitôt, je convoquai mes camarades des groupes francs. Le commandant Rodin [Munier] et le lieutenant Muller prirent leur tête...* »

Ce 19 août, Mitterrand se trouve mêlé avec son ami Munier et quelques hommes à un très violent accrochage au carrefour des boulevards Saint-Michel et Saint-Germain. Des camions allemands bourrés de soldats tentent de franchir un barrage pour foncer défendre la préfecture de police, à quelques centaines de mètres de là. Morland et ses amis sont pris sous le feu des armes automatiques.

Le même jour, des groupes francs du mouvement prennent les mairies d'Asnières, de Colombes et de Bois-Colombes. Vers 17 h 30, un violent accrochage a lieu boulevard Barbès entre un groupe de quatre « prisonniers » et la Feldgendarmerie. Après une lutte au corps à corps, les quatre sont saisis et emmenés gare du Nord pour être fusillés. La

---

1. In *Les Prisonniers de guerre devant la politique*, op. cit.

fausse manœuvre d'un camion allemand, au moment où le peloton met en joue, crée un moment d'hésitation ; les quatre tentent de s'enfuir ; l'un d'eux, Émile Boussaud, est atteint d'une balle dans le cou et meurt peu après.

François Mitterrand poursuit son récit[1] :

> « *Le soir même, la "région parisienne" du mouvement s'installait à la Maison du prisonnier, place Clichy. Le lendemain matin, dimanche, le Commissariat à l'action sociale, boulevard Sébastopol ; l'ambassade Scapini, rue Cortambert ; la direction des Centres d'entraide, l'immeuble des secrétariats des camps, Chaussée-d'Antin, ainsi que le Commissariat général, rue Meyerbeer, étaient occupés...* »

Le morceau de choix, dans la libération des édifices publics, est l'immeuble de la rue Meyerbeer, situé près de l'Opéra, qui abrite le Commissariat général aux prisonniers de guerre. Il abritait le bureau du Commissaire Moreau, lequel avait pris, le 30 avril précédent, la succession du collaborateur Masson. Ce 20 août, à 11 heures du matin, accompagné du commandant Rodin et de deux autres membres du mouvement (Voltaire Ponchel et André Pernin), Morland pénètre l'arme au poing dans le bureau du commissaire. Celui-ci se lève et, avec un parfait sang-froid, demande à Morland ce qu'il lui veut :

– Que vous vous en alliez ! répond Mitterrand sur un ton qui ne souffre pas la discussion.

Moreau ne paraît pas impressionné. Il parlemente civilement et proteste contre « l'action illégale de personnages sans mandat ».

– Monsieur, il n'y a pas à discuter : c'est la révolution ! Vous devez céder la place[2] !

Un groupe armé prend ensuite position dans le hall du rez-de-chaussée pour filtrer les éventuels visiteurs. Il n'y en a

1. *Ibid.*
2. Scène décrite à partir du témoignage d'André Pernin. Cf. Jean Védrine, *op. cit.*

guère, car ça tire de tous les côtés. Des chars « Tigre » tournent autour de la Kommandantur toute proche, cependant que des patrouilles de la Wehrmacht arrêtent et fouillent les rares passants sous les fenêtres du bureau du premier étage où le secrétaire général et quelques-uns de ses collaborateurs se sont mis aussitôt à travailler à côté de deux caisses de douze cocktails Molotov chacune. Pour le cas où...

A midi, la direction des Centres d'entraide, sise 62, Chaussée-d'Antin, est prise. Le soir, tous les édifices visés seront entre les mains du MNPGD.

Après le travail de la matinée, le secrétaire général François Mitterrand prend son vélo et s'en va déjeuner rue Gustave-Zédé, chez Antoinette Bouvyer...

A 18 heures, l'immeuble du quotidien *Le Journal*, au 100, rue de Richelieu, est occupé par le colonel Patrice. Ce dernier réquisitionne également une imprimerie, rue du Croissant, et les ouvriers chargés de la faire tourner, afin de fabriquer le journal du mouvement, *L'Homme libre*. Il a aussi trouvé quelques journalistes qui, comme les techniciens, travaillaient peu auparavant pour la presse « collabo ». Pelat a installé le lieutenant Masse-Mascolo comme gérant du journal. Quatre numéros sont d'abord diffusés clandestinement. Le n° 5 est le premier à être vendu au grand jour. Il est daté du 22 août 1944. Un éditorial en première page, signé François Morland, précise bien les intentions du patron du mouvement : il entend redonner ses lettres de noblesse au mot « prisonniers » et imposer l'idée qu'ils ont été des combattants.

> « *Depuis trois jours, Paris se bat ; depuis trois jours, une armée levée dans chaque quartier, dans chaque rue, chasse l'envahisseur et reconquiert le droit de vivre. Déjà, dans les provinces libérées, la preuve a été faite : la victoire des Alliés est aussi celle de la France. Car elle appartient à tous ceux qui la paient, et chèrement, de leur peine et de leur sang. Au moment où nous pouvons enfin crier publiquement notre joie et notre espoir, je crois cependant nécessaire de rappeler tant de combats obscurs, tant de fraternités nouées et dénouées tragiquement, tant d'échanges humains liés aux plus dou-*

loureux souvenirs. En Allemagne comme en France, les prisonniers de guerre ont mené une lutte sans merci. Tournant en rond derrière le double cercle des enceintes barbelées, ou évadés et rejoignant une organisation de résistance, ils ont donné des lettres de noblesse à ce mot : "prisonniers", qui ne signifie plus désormais l'abandon du combat. Il faut le proclamer très haut. Les captifs de 1940 ont constitué le véritable deuxième front : celui de l'Allemagne. Et sur le quatrième front, celui de la France, ils sont encore en première ligne. Hier à Courbevoie, à Colombes, à Saint-Maur, à Clichy, à Levallois. Hier dans tout Paris. Aujourd'hui encore en Savoie, en Auvergne, en Lorraine, aujourd'hui dans toute la France, les prisonniers de guerre, unis dans le même mouvement, ont donné un sens au triomphe prochain. Fils captifs d'un pays captif, chiens qu'on croyait mener à la schlague, ils prouvent que la liberté gardée farouchement au fond de soi comme un inaliénable privilège contient en elle toutes les victoires. »

Inlassable propagandiste de la cause « prisonniers » – donc de son principal animateur –, Mitterrand n'entend pas être absent des discussions que vont mener les libérateurs du pays en vue de diriger la nouvelle France. Tout ce numéro du journal, rédigé alors que les Alliés sont encore à six kilomètres de Paris, est très politique. Sur un tiers de page est reproduite la résolution du MNPGD qui, à elle seule, constitue un véritable programme.

Le faire-savoir comptant au moins autant que le savoir-faire, le colonel Patrice publie le « Rapport n° 1 transmis aux FFI par le MNPGD », qui fournit le détail des actions menées par les corps-francs du mouvement. On apprend ainsi que ceux-ci ont atteint la plupart des objectifs assignés par la direction des FFI : destruction de centraux téléphoniques allemands ; anéantissement de divers services de la Gestapo, causant la mort d'une centaine de ses agents ; cent soldats allemands prisonniers ; récupérations d'armes ; nombreuses destructions d'emplacements de combat allemands, de matériel, de camions ; occupation de tous les immeubles « prisonniers » ; différents garages allemands récupérés...

Pour subvenir aux besoins des quelques centaines d'hommes qui s'agglutinent autour du MNPGD, il faut des vivres. Le lundi 21 août, les groupes francs réquisitionnent d'importants stocks, rue Vivienne, puis un restaurant... Ce même jour, le MNPGD prend la mairie de Courbevoie. Nous verrons ultérieurement que les corps francs se lancent également dans l'épuration. Ils réquisitionnent même un hôtel, rue Beaubourg, qui servira de prison et de centre d'interrogatoires, voire de tortures. Ils jugent expéditivement...

Rue Meyerbeer, Morland, qui a pris avec lui quelques proches, parmi lesquels François Dalle, puis Bettencourt, va s'employer à mettre en œuvre les mesures élaborées avec Pinot et avalisées par le CNR et le commissaire Henri Frenay.

Le mardi 22 – Paris n'est pas encore libéré –, il convoque les représentants du MNPGD (son ami le colonel Patrice, Bugeaud et Lemoign') et des Centres d'entraide (Amaré, Cornuau et Devaux), et obtient leur accord sur le principe de leur fusion. Décision originale et unique, puisqu'elle consiste à réunir dans une même organisation un mouvement de résistance et un mouvement d'aide sociale créé par Vichy !... Mitterrand décide également que les CEA recouvreront leur autonomie et ne dépendront donc plus du ministère. Il exerce une totale maîtrise sur la réunion : non seulement il a rang de ministre, mais les membres du CEA et le colonel Patrice sont de son côté. Seul Bugeaud fait figure de camarade ennemi. Toute la stratégie mise en œuvre par Mitterrand, en accord avec ses anciens amis du Commissariat et notamment Pinot – toujours dans la coulisse –, consiste précisément à mettre la main sur l'ensemble de la communauté des prisonniers et déportés qui représente un potentiel politique important avec près de deux millions de Français dans la force de l'âge. Mitterrand, Pinot et leurs amis souhaitent également contenir l'influence grandissante des communistes. Ils savent en outre que la fusion permettra d'estomper, voire de gommer l'étiquette pétainiste des CEA. Elle leur permettra enfin de récupérer le magot des Centres qui, avec leurs quelque douze mille implantations dans toute la France, disposent d'un budget sans commune mesure avec celui du MNPGD.

Dans le numéro 7 du journal *L'Homme libre* daté du 24 août 1944, François Morland publie un reportage sur ce qu'il a vu la veille ou l'avant-veille en « remontant les Champs-Élysées ». Il montre toujours la même distance par rapport à l'événement, surtout quand celui-ci est plein de bruit et de fureur, et il ne devient lyrique que quand les mots *liberté* et *justice* tombent sous sa plume. Le jeune homme, qui donne l'impression de flâner, sort probablement des bureaux du colonel Patrice où il dormait ces jours-là.

> « *Le long de l'avenue fastueuse où le goût, la mode et la publicité ont composé le visage unique des grandes choses, je vais en ce matin d'août. De la Concorde vide s'élève le dialogue des armes : mitraillettes aux détonations brèves et assourdies, mitrailleuses aux coups qui se prolongent en écho. Les passants collés aux immeubles attendent que le combat cesse. Des chars ennemis cernent le Rond-Point. Des ordres gutturaux s'échangent et, tout à coup, je vois le Grand Palais qui brûle. De lourds tourbillons de fumée s'échappent des toits crevés vers un ciel plus lourd encore. Les touristes en feldgrau ont sans doute pensé que leur marque manquait à ce Paris qu'ils n'arrivaient à emporter qu'en pellicule photographique, et ils ont lancé des obus incendiaires. Pauvres toits dont le dos arrondi apportait à la noblesse d'alentour la note d'une époque où l'art était bourgeois et triste, voici que j'ai pour eux un regret. On s'habitue facilement aux rides et aux imperfections des êtres qu'on aime. Et ce Paris qui se défait, je le découvre en même temps. Chassons les souvenirs.*
>
> *Les hommes pris entre le tir de l'ennemi et les flammes continuent leur défense, quand soudain le convoi s'ébranle. Il faut économiser les cartouches dans cette ville diabolique où chaque heure perdue signifie cent barricades nouvelles. Le Marbeuf, le Colisée, le* Marignan : *les trottoirs sont jonchés de débris abandonnés par les troupes d'occupation. L'autre nuit, elles ont évacué le cinéma devenu* Soldaten Kino. *Ah ! les réjouissances sont bien finies et*

*l'on n'ira plus s'extasier devant la fugitive image chaque jour répé-
tée de chars anglo-saxons et russes détruits, de partisans fusillés !*

*Scène curieuse en ce quartier de luxe où tout respire le confort,
quelques silhouettes se sont glissées, ont pénétré dans l'immeuble
délaissé et en ressortent pliées sous le poids d'une table ou gonflées
par des matelas et du linge. On pille, quand surgit d'une maison
voisine un énergumène hurleur qui, des pieds et des mains, chasse
tout le monde, sans oublier de récupérer le mobilier. Derrière lui,
quatre garçons au brassard tricolore barrent l'entrée. Le peuple de
Paris ne se bat pas pour que les neutres et les lâches se targuent du
droit de conquête.*

*Le silence est maintenant revenu et la douceur de ce matin d'été
pénètre les poumons. Des bicyclettes vont sans hâte, comme s'il
s'agissait de goûter encore un instant l'heure qui précède le travail
quotidien. Pourtant, de loin en loin, des claquements se mêlent et se
confondent. La guerre est là. Et si la liberté était ce signal des
hommes de volonté, et si la justice sociale était le grand appel que
tout dans cette ville sans sommeil semble avoir entendu ?...*

*Remontons les Champs-Élysées. La vie a bousculé l'image,
l'Inconnu qui dort là et qui n'entend plus le cri de la victoire de son
peuple attend la flamme qu'on ranimera bientôt. »*

Le nouveau et jeune « ministre » n'oublie pas non plus
d'assurer sa promotion. Dans *L'Homme libre* du 24 août
paraît sa première interview d'homme public. Le journaliste
et le secrétaire général quittent à bicyclette le quartier général
du MNPGD, rue de Tilsitt, pour la rue Meyerbeer, siège de
son « ministère ». Avant d'entrer dans le vif du sujet, le journaliste adresse une supplique on ne peut plus lyrique à son
interlocuteur :

« François Mitterrand, nous t'avons choisi parce que tu es
parmi les meilleurs d'entre nous, parce que nous avons voulu
qu'au sein et en dehors de notre mouvement, tu sois celui qui
dise à nos frères et à la France : "Ils reviendront... et vite !
Nous en faisons le serment ! Travaillons ensemble. Vous
m'avez donné votre confiance, je vous donne le meilleur de
moi-même, sans réserves..." »

Il décrit ensuite l'homme :

« L'homme qui est devant moi, mon frère de captivité, est le type du garçon solide, jeune, qui dans le contact d'homme à homme sait s'imposer par des qualités foncières de raison et d'intelligente sagesse.

Docteur en droit, ancien élève des Sciences-Po, sa formation est celle d'un "homme libre", et il se dégage de ses propos et de son attitude toute entière une sûreté de vues et de jugement, un calme résolu qui est la marque même d'un chef... »

L'interview peut alors commencer :

« *... Dans les jours d'insurrection où nous nous trouvons, nous sommes encore à la pointe du combat. Nos troupes combattent sur le front militaire parisien. Nous avons libéré Aurillac, Ploërmel... Au-delà du problème du retour, que nous réaliserons, je l'espère, à la satisfaction de tous, nous visons un renouveau des rapports et des échanges humains basé sur le principe d'unité et de fraternité qui était à la base même de l'âme des camps.*

– Serait-ce donc un nouvel humanisme que vous voudriez réaliser ?

– Absolument. Nous franchirons les barrières sociales. Mille hommes se découvrant une même âme, puis dix mille, puis cent mille formeront un esprit nouveau, sain, jeune, l'esprit de la nouvelle France.

Tandis que nos regards se rencontrent une fois de plus dans une fraternelle pensée, François Mitterrand conclut :

– Nos souffrances communes ont fait de nous des frères d'armes et de combat. Là-bas, ils comptent sur nous. Dites-leur que nous comptons aussi sur eux... »

Le 25 août, Paris est libéré. C'est la liesse générale. Le général de Gaulle est accueilli à l'Hôtel de Ville par les chefs de la Résistance intérieure. En compagnie de deux autres dirigeants du mouvement (Charles Moulin et Lemoign'), Morland est dans la petite pièce où Georges Bidault, président du CNR, reçoit le chef de la France libre. Après les discours prononcés dans un tumulte indescriptible, le Général se dirige vers le balcon pour saluer la foule qui l'attend. Il crie : « Paris est libre, la guerre continue ! » Il se penche et manque de basculer dans le vide. Morland et le colonel de Chevigné – son compagnon à bord de l'appareil qui l'emmena au début de 1944 de Marrakech à Bristol – l'empêchent de tomber. Mitterrand en sauveteur du Général...[1]

Quarante-huit heures plus tard, au ministère de la Guerre, Morland se retrouve en présence du Général pour la troisième fois, à l'occasion de la tenue du premier Conseil de gouvernement de la France en partie libérée. De Gaulle le salue en dernier et lui lance : « Encore vous ! », puis se détourne pour présider le Conseil. François Mitterrand a raconté[2] beaucoup plus tard cet instant solennel :

> « *J'ai encore dans l'oreille son monologue de ce jour-là : j'écoutais, j'observais, j'admirais. A force de vivre des journées historiques dont le souvenir s'est perdu, je suis devenu économe de ce genre d'émotions. J'avais vingt-sept ans, des réserves d'enthousiasme et une certaine propension à magnifier l'événement. J'avais aussi quelque raison d'ouvrir les yeux tout grands : c'était le début d'une époque, et c'était le général de Gaulle. Je me demande parfois pourquoi cette heure ne m'a pas lié davantage à celui dont je recevais pareille leçon...* »

Comparé à Robert Schuman ou à Pierre Mendès France, de Gaulle, à ses yeux, a parlé comme nul autre le langage de l'État :

> « *De Gaulle (...) existait. Ses actes le créaient, et la conviction qu'il avait d'être la France, d'exprimer sa vérité, d'incarner le moment d'un destin éternel, qui plus est immuable, m'émouvait plus qu'elle ne m'irritait. Je n'ai jamais trouvé risible cette appropriation (...). La patrie était un sol mystique, dessiné par la main de Dieu et habité par un peuple de laboureurs et de soldats. A l'heure du plus grand péril, cette terre faite pour ce peuple sécrétait*

1. D'après *Mitterrand intime*, de Charles Moulin, Albin Michel, Paris, 1982.
2. In *La Paille et le Grain*, Flammarion, Paris, *op. cit.*

naturellement le héros nécessaire. Cette fois, le héros, c'était lui. Son tempérament et son éducation le portaient à ramener les événements à l'aventure personnelle d'un petit nombre d'élus choisis pour agir, parler, décider au nom de tous... »

Il conteste que le mot « résistance » puisse s'appliquer au combat mené de Londres et d'Alger. S'il admire la poignée d'hommes qui, autour de De Gaulle, ont affirmé « *la présence française sur tous les fronts à la fois, dont le moindre n'était pas l'insolence de nos alliés* », il se sent différent, nourri par « *l'orgueil d'un combat dont je pensais que la gloire était confisquée au peuple dont j'étais* ».

> « *Soldat méditatif, patriote intransigeant, de Gaulle a osé démentir par un acte initial d'indiscipline sa classe sociale qui, dans l'embarras de la défaite, avait pris, comme souvent, le parti de ses intérêts en traitant avec le vainqueur – et quel vainqueur ! Mais, lorsqu'ils ont l'âme haute, la carrière des armes délie les fils de la bourgeoisie des lois de leur milieu... »*

Ces lignes ont certes été écrites par François Mitterrand trente et un ans après sa nouvelle rencontre historique avec le Général, et elles ne reflètent donc pas exactement les sentiments du jeune homme qu'il était. Je ne crois cependant pas que le hasard seul ait fait qu'elles se situent juste après l'évocation de la réunion du Conseil de gouvernement. Cette journée a sûrement constitué un tournant décisif dans la vie du futur Président, tout comme l'avait déjà été sa première rencontre avec de Gaulle à Alger. Quelles que soient alors ses réticences à l'égard de ce personnage hors du commun qui impose à tous l'extraordinaire ambition qu'il nourrit pour un pays auquel il s'identifie, François Mitterrand est fasciné par l'homme dont la figure et la destinée correspondent à ce qu'il croit être déjà lui-même en partie et qu'il deviendra à son avis sûrement. De la même façon qu'il disait naguère sous forme de boutade : « Comment Dieu a-t-il pu créer le monde sans que je sois à l'origine ? », il aurait probablement pu écrire : « Comment le général de Gaulle a-t-il pu libérer la France sans moi ? » Il n'aura dès lors plus d'autre issue, pour exister, que de maintenir un profond fossé entre lui-même et celui qu'il a placé à un niveau qu'il estime devoir être tôt ou tard le sien. Il est clair que le général de Gaulle est devenu de manière plus ou moins inavouée son héros, mais qu'au fur et à mesure que s'exercera sa propre ambition, elle viendra à déformer le souvenir de leur première rencontre. A une autre heure, cette terre faite pour ce peuple ne sécrétera-t-elle pas un autre héros qui aura lui aussi la conviction d'être la France ?...

En cette fin d'août 1944, François Mitterrand savoure son bonheur, même s'il le sait provisoire. Il est pour quelques jours encore le secrétaire général, l'incontestable numéro un des « prisonniers », même si Pinot n'est jamais bien loin. Il se voyait un grand destin ; il n'a pas eu la berlue...

« Son » journal n'est pas le seul à vanter ses mérites. *Libération* du 30 août 1944 parle de lui de façon fort élogieuse :

> « C'était un matin d'il y a quelques mois :
> – François a été pris...
> – Où donc ?
> – A Bordeaux...
> A Bordeaux, à Nantes, on ne savait en vérité. Mais la nouvelle était là, sèche, brutale, douloureuse pour ceux qui connaissaient l'homme comme pour ceux qui, n'ayant jamais été directement à son contact, savaient pourtant combien son influence était décisive et son action prépondérante dans les milieux de prisonniers de guerre rapatriés ralliés à la Résistance.
>
> Mais à la consternation succéda la joie : François n'avait pas été pris. Libre malgré les recherches, il poursuivait sa tâche. On revit sa mince silhouette, son visage d'étudiant sérieux.
>
> Une silhouette, un visage qui seront aujourd'hui ceux de M. Mitterrand, secrétaire général aux Prisonniers de guerre et Déportés, le benjamin, sans doute, avec ses vingt-huit ans, des secrétaires généraux en activité.

– Nous sommes quatre au comité du Mouvement national des P.G. et déportés, me dit-il. Mes trois camarades m'ont désigné pour être, au Gouvernement provisoire, le représentant des Français captifs... »

Pourtant, dans le ciel glorieux de sa destinée, des nuages déjà se dessinent. Jacques Bénet et Philippe Dechartre, deux membres du comité directeur du mouvement, partis pour Alger depuis la mi-avril, remontent sur Paris et n'entendent pas lui laisser l'exclusivité du pouvoir. Henri Frenay et les membres de son équipe se rapprochent eux aussi des côtes françaises et il est clair que Mitterrand tient de lui une part importante de son pouvoir. Le 1er septembre 1944, il débarque à Cherbourg avec tous les membres du gouvernement provisoire. Le lendemain, il est à Paris. Il se rend alors rue Meyerbeer. Frenay se souvient :

> « Je suis heureux de le revoir, mais mon sentiment ne me semble pas partagé. Il avait espéré, me dit-on, que je serais appelé à d'autres fonctions gouvernementales et qu'il pourrait ainsi devenir le ministre des Prisonniers, Déportés et Réfugiés. Si c'était là son espoir, il est évidemment déçu[1]. »

Frenay entend néanmoins s'attacher ses services. Il n'ignore pas qu'il dispose d'une équipe solide et d'une véritable influence dans le milieu « prisonniers » :

> « Je lui offre alors de rester auprès de moi en qualité de secrétaire général, donc à un poste de responsabilité essentielle coiffant l'ensemble de mon administration et coordonnant le travail des six directions. C'est le placer au plus haut niveau de la hiérarchie administrative. L'offre, me semble-t-il, est alléchante, presque inespérée pour un homme de son âge et de sa formation. Elle est cependant déclinée, car les ambitions de François Mitterrand sont ailleurs, et plus

1. In *La Nuit finira,* op. cit.

grandes encore. En se servant des milieux Prisonniers et de leurs associations comme tremplin, il visait à une carrière politique, brûlant de pouvoir y donner sa mesure[1]. »

Le rêve se termine. François Mitterrand abandonne à regret les ors des palais républicains pour s'installer dans les bureaux, somme toute somptueux et bien situés, du MNPGD, rue de Tilsitt. Il a effectivement de grandes ambitions et des idées plein la tête, mais il n'est plus « ministre ».

Dès la fin d'août 1944, le mouvement s'est trouvé confronté à un délicat problème : de nombreux maquisards ont gagné Paris, sans emploi ni moyens d'existence, et se sont agglutinés autour du MNPGD, une entité qui fonctionne bien. François Morland et le colonel Patrice ont décidé de créer une structure destinée à les accueillir et à renforcer ainsi le poids du mouvement. Le commandant Rodin a été chargé de trouver une caserne. Il a d'abord visité la caserne Mortier – siège actuel de la DGSE –, puis le choix s'est finalement porté sur le château de Madrid, dans le bois de Boulogne, occupé peu auparavant par la Milice.

Les armes récupérées aux Allemands pendant la libération de Paris et celles amassées durant sa phase préparatoire permettaient d'équiper un bataillon. Faisait défaut l'argent permettant de subvenir aux besoins de plus de cinq cents hommes, de les nourrir, de les déplacer, etc... Le commandant Rodin apprend alors par un domestique qu'il existerait, dans un appartement de Neuilly, un gros magot dissimulé par un gestapiste dans la tête de lit d'une des chambres. Rodin/Munier décide d'organiser un hold-up pour la bonne cause. Georges, son frère et un autre homme sont chargés de monter l'opération. Munier qui, depuis l'affaire « Dobro », affiche un mépris absolu de l'argent, refuse de compter les pièces et confie le coffret à André Magne, dans les bureaux

1. *Ibid.*

du mouvement, aux Champs-Élysées, afin que celui-ci convertisse le butin en billets. Ce qui est fait.

Avec ce pactole, des prêts sont consentis aux militaires du bataillon baptisé « Liberté ». De l'essence est achetée. « Chaque opération fut enregistrée par le comptable du bataillon, le capitaine Victor », souligne Jean Munier.

Plus tard, rentré chez lui à Dijon, la guerre étant pour lui terminée, Munier se retrouvera entre deux gendarmes au terme d'une enquête menée sur le hold-up de Neuilly. Il apprendra ainsi que les trois membres du kommando sont depuis une quinzaine de jours incarcérés à la prison du Cherche-Midi. Il s'emploiera à expliquer les mobiles de ce vol et fera libérer ses trois compagnons d'armes, qui commençaient à se ronger les sangs, en déclarant en assumer l'entière responsabilité.

Munier et ses amis ne furent pas les seuls à être inquiétés après l'épopée du bataillon « Liberté ». Le colonel Patrice fut convoqué aux Invalides, au Q.G. de Kœnig, où il dut rendre compte de la mort d'un gestapiste italien, Chaussée-d'Antin, dans laquelle il n'était absolument pas impliqué. Aujourd'hui encore, Munier regrette de n'avoir pas su éviter cette exécution, mais, en tant que commandant des groupes d'action, il persiste à en revendiquer également la responsabilité...

Avant de se rendre aux Invalides, le colonel Patrice avait demandé à Munier de préparer le bataillon à faire mouvement pour le libérer au cas où les militaires ne le relâcheraient pas... Un coup de bluff bien dans l'esprit du personnage, qui ne se priva d'ailleurs pas de menacer ses accusateurs ! Le colonel Patrice a bel et bien été interné, mais le bataillon Liberté n'a pas fait mouvement. L'intervention plus discrète mais vigoureuse de François Mitterrand et Philippe Dechartre a permis au colonel Patrice de quitter sa geôle[1]...

---

1. Sur tous ces événements, cf. témoignage de Jean Munier, 11 mars 1994.

MARGUERITE, EDGAR, FRANÇOIS
ET LES AUTRES

Le moment venu, comme tous les autres mouvements, le MRPGD a traversé une ère de soupçons, de doutes. A la Libération, il n'a pas échappé aux règlements de comptes. Un bref retour en arrière est ici indispensable pour évoquer ce temps de l'épuration.

Le comité d'accueil gestapiste qui reçut « Valentin » et Rodin, dans le petit hôtel de la rue Saint-Jacques, entraînant la mort du premier, à la mi-avril 1944, puis l'arrestation de Marcel Barrois, à la fin d'avril, ont fait naître quelques interrogations. Les trois descentes de la Gestapo, début juin, avenue Charles-Floquet, rue Dupin, puis rue Croix-des-Petits-Champs, ont suscité un mouvement de panique et déstabilisé le mouvement. En un rien de temps, trois des principales caches se sont trouvées « grillées », et cinq membres du MRPGD ont été arrêtés. Morland et quelques autres n'ont pas voulu croire aux seuls effets du hasard. Autour de son chef, l'idée s'est progressivement imposée qu'il y avait un ou plusieurs traîtres au sein du mouvement. La série noire n'était d'ailleurs pas close. Mitterrand apprit ainsi que Coursol avait été arrêté à Vichy, le 20 juin, et que la Gestapo l'avait sérieusement tabassé pour obtenir des renseignements sur lui. On se souvient que les soupçons de François Mitterrand s'étaient alors portés sur Savy[1]. Aujourd'hui, il se souvient :

> « *Cailliau négligeait les règles de sécurité les plus élémentaires. J'avais spécialement peur de deux personnes de son entourage : Savy, l'adjoint de Barrois, et un autre traître qui arrêtait et torturait les gens.*
>
> *Après chaque rendez-vous clandestin, Savy avait un comportement étrange : il téléphonait. Barrois a été arrêté [fin avril 1944] alors qu'il était avec lui. Savy réclama ensuite de prendre sa place. Je m'y suis opposé : il aurait disposé de toutes les adresses des membres du mouvement. Le 1er juin, Savy n'était bizarrement pas dans l'appartement de l'avenue Charles-Floquet, et je l'ai rencontré en sortant[2]... »*

Dans le courant de juin, les soupçons sur Savy[3] et Bourgeois[4] se font plus consistants. Les deux hommes vivent ensemble rue Ordener. « En couple », murmurent certains camarades. Grilickès, l'adjoint de Jean Munier, est alors chargé de suivre Savy. La « filoche » ne donne rien, mais les soupçons restent néanmoins tout aussi vifs.

Le 30 juin, Mitterrand écrit à Jean Védrine pour lui demander d'enquêter à Vichy sur le point de savoir « *d'où vient l'intérêt de la Gestapo pour le mouvement* ». Le 7 juillet, nouveau coup dur : c'est au tour de Henri Guérin d'être arrêté et conduit rue des Saussaies, au quatrième étage. Il est interrogé par quatre Allemands qui savent manifestement beaucoup de choses sur le mouvement[5]...

Au début de juillet, il se passe quelque chose d'étrange. Dionys Mascolo, l'ami de Marguerite Antelme, fait part à ses camarades de l'initiative troublante que celle-ci vient de

---

1. Voir page 409.
2. Entretien avec l'auteur, le 12 octobre 1993.
3. Savy était l'adjoint de Jacques Bourgeois.
4. Jacques Bourgeois avait succédé à Philippe Dechartre à la direction générale du MRPGD de Cailliau pour la zone nord. Il devint secrétaire général du mouvement après la fusion.
5. D'après le témoignage de Henri Guérin. Cf. Jean Védrine, *op. cit.*.

prendre pour récupérer son mari, Robert. Sachant que ce dernier se trouvait à Fresnes, elle s'est rendue rue des Saussaies pour demander un permis de colis. Après avoir attendu très longtemps, elle a abordé dans le couloir un homme qui s'est révélé être français, et l'a prié de la renseigner. Elle lui a présenté une fiche que lui avait remise à l'entrée un employé. En lisant son nom, l'homme lui a dit bien connaître son affaire, puisque c'est lui-même qui avait arrêté son mari et procédé à son premier interrogatoire. L'instructeur de cette affaire, « Hermann », se trouvait au bureau 415 EC, au 4e étage du vieux bâtiment de la rue des Saussaies. L'homme a demandé à Marguerite si son mari faisait partie de la Résistance. Elle a nié. L'homme s'est dit dans l'incapacité de lui accorder le permis de colis qu'elle sollicitait et l'a orientée sur Hermann, qu'elle a rencontré ensuite. Hermann s'est montré fort aimable avec elle et lui a promis de faire parvenir un colis à son mari lors de son prochain interrogatoire...

Pendant quelques semaines, Marguerite n'a plus revu le Français de la rue des Saussaies.

Le premier lundi de juillet, elle sert d'agent de liaison entre deux membres du mouvement, Godard et Duponceau, qu'elle doit faire se rencontrer à 11 h 30, bd Saint-Germain, près de la Chambre des députés. Duponceau arrive le premier. Godard les rejoint. Tous trois bavardent quand elle est hélée par l'homme de la rue des Saussaies, qui tient une bicyclette à la main. Marguerite lance à Duponceau : « C'est la Gestapo, nous sommes fichus. » Elle s'avance vers l'homme, suivie à distance par Duponceau. Après quelques paroles prononcées d'un ton sévère, l'homme se radoucit lorsque Marguerite lui déclare être bien contente de le voir, puisqu'il va pouvoir lui donner des nouvelles de son mari. La conversation dure une vingtaine de minutes. A la demande de Marguerite, rendez-vous est pris le soir, à 17 h 30, devant le café Marigny...

Elle revoit effectivement l'homme le soir même. Il lui dit n'avoir pas encore pu consulter le dossier, mais qu'il l'examinera le lendemain[1].

Morland décide que Marguerite doit continuer à rencontrer le gestapiste français afin de tenter de sauver Robert Antelme et apprendre l'étendue des informations dont la Gestapo dispose sur le mouvement, ainsi que l'origine de celles-ci. Marguerite devra désormais être mise en quarantaine du mouvement. Seul Mascolo maintiendra le contact avec elle. Son patron, le commandant Rodin, prend évidemment part aux discussions qui aboutissent à ces décisions. Il est chargé de protéger discrètement Marguerite.

Après leur rendez-vous devant le café Marigny, les rencontres entre le gestapiste français et Marguerite deviennent très fréquentes. L'homme l'appelle souvent, la voit beaucoup. Il lui raconte[2] spontanément l'arrestation de Bertin, à laquelle il a procédé en passant par hasard avenue Charles-Floquet, sans arme, seul :

> « Un jour que je passais, ainsi que je le faisais quotidiennement, rue Charles-Floquet, pour me rendre du centre de Paris à mon domicile, 9, rue du Docteur-Jacquemaire-Clemenceau, je rencontrai Hermann qui m'appela. Il me dit à ce moment, après m'avoir demandé ce que je faisais dans ce quartier-là : "Puisque vous passez toujours par ici, voulez-vous me rendre le service de voir M. Bérard [nom de code de Bertin] et de me l'amener." Il me donna l'adresse de M. Bérard et me montra la maison, 42 ou 44, avenue Charles-Floquet. Ce jour-là, il n'y avait personne, les volets étaient fermés. C'est ce qui avait motivé sans doute la demande que me fit Hermann. Quelques jours plus tard, le 1er juin 1944, je vis les volets ouverts lorsque je passais à bicyclette. Je m'arrêtai et sonnai à l'appartement de M. Bérard.

---

1. L'histoire des relations entre le gestapiste français et Marguerite est tirée de l'instruction du procès du gestapiste après la Libération. A.N/3 W 315.
2. *Ibid.*

Un homme vint m'ouvrir et je lui demandai de parler à M. Bérard. Ce dernier vint à la porte et me dit que c'était lui. Je lui demandai de bien vouloir m'accompagner. Ensuite, je lui dis de m'accompagner à un bureau d'embauche situé près de là, car je ne savais qu'en faire. De là, je téléphonai à Hermann qui me demanda de lui passer des Allemands qui se trouvaient avec moi dans ce bureau d'embauche. Hermann leur dit alors de garder Bérard jusqu'à son arrivée. Ensuite, Hermann est arrivé et il a emmené son prisonnier. Je suis reparti de mon côté à bicyclette. Il me semble avoir revu Bérard une fois, rue des Saussaies. »

L'homme raconte ensuite ce qu'il sait des arrestations de la rue Dupin :

« Hermann et Dups m'ont emmené, l'un des premiers jours de juin, faire une arrestation. Ils ne m'ont pas dit où nous nous rendions. Nous avons été rue Dupin. Nous étions six ou sept, il y avait une voiture de l'avenue Foch et une de la rue des Saussaies.

Deux Allemands, dont Dups, et moi descendîmes de voiture. A ce moment, un des Allemands me dit de demander ses papiers à un homme qui sortait du 5 de la rue Dupin où nous allions. Je l'interpellai à vingt mètres de là. Il me donna alors une poussée et prit la fuite. Je courus après lui, mais m'arrêtai après avoir tourné la rue. Je revins donc vers les Allemands et dis que l'homme s'était enfui. Nous fîmes alors le tour des maisons avoisinantes avec une voiture, sans le retrouver.

Je suis ensuite monté rejoindre les Allemands dans l'appartement où je vérifiai certains papiers. Je n'ai emporté aucun papier. Ensuite, je suis parti avec Dups et un autre Allemand. »

C'est lors d'un déjeuner au restaurant Henri IV, rue Saint-Georges, où il est appelé au téléphone, que Marguerite apprend que le gestapiste s'appelle Delval.

Une relation ambiguë se noue entre Delval et Marguerite. L'homme, d'après celle-ci, est fasciné et lui fait la cour. Ils déjeunent ensemble dans de bons restaurants fréquentés par les Allemands, où le rutabaga est exclu : « Marius », rue Jean-Mermoz, « Les Capitales », rue de Rome, « Le Cardinal », rue Richelieu... Ils se voient tous les jours. Delval parle, parle, parle sans désemparer. Il est parfaitement au courant de l'assassinat de Steverlinck, dit « Valentin », dans le petit hôtel de la rue Saint-Jacques. Une première fois, il déclare que c'est lui qui l'a abattu, qu'il a même été blessé au mollet gauche, et que la femme de « Valentin » a tenté de l'assassiner avec une bûche. La seconde fois, il reconnaît qu'il n'est pas lui-même l'auteur de l'assassinat, mais que l'histoire est arrivée à l'un de ses collègues. Marguerite apprend qu'il est en relation étroite avec un certain M. Michel, inspecteur à la préfecture de police ; qu'il a participé à une opération d'espionnage. Delval affirme ne pas être grand-chose rue des Saussaies, qu'il est simplement chargé des arrestations, mais qu'il s'intéresse avant tout à la peinture et aux livres d'art. Il rêve d'acquérir une librairie d'art, de devenir expert en tableaux et objets d'art auprès des tribunaux. Delval dit avoir été « critique d'art au journal *Les Débats*, conservateur du château de Roquebrune, expert de la compagnie PLM[1]. »

Difficile de se retrouver dans les déclarations de Delval, tant il change souvent de version. Marguerite est à la fois convaincue qu'il sait beaucoup de choses et qu'il affabule pour essayer de faire sa conquête. Delval porte toujours sur lui un revolver et des menottes. Marguerite lui propose de l'argent et des bijoux pour sauver son mari. Il ne veut rien

---

1. Ces détails figurent dans *La Douleur*, de Marguerite Duras, P.O.L., Paris, 1985. En avant-propos de ce livre dédié à « Nicolas Régnier et Frédéric Antelme », M. Duras précise qu'elle a « retrouvé ce *Journal* dans deux cahiers... Je sais... que c'est moi qui l'ai écrit, je reconnais mon écriture et le détail de ce que je raconte... » Tout en précisant qu'elle n'a « aucun souvenir de l'avoir écrit », elle conclut devant ces pages retrouvées : « Je me suis trouvée devant un désordre phénoménal de la pensée et du sentiment auquel je n'ai pas osé toucher et au regard de quoi la littérature m'a fait honte. »
Dans ce « Journal », le personnage identifiable à Delval s'appelle Rabier.

accepter d'elle, mais affirme qu'il fait néanmoins le maximum pour venir en aide à Robert Antelme.

Delval semble fasciné par le monde des écrivains et des artistes. Mais, à chaque rendez-vous, il n'en essaie pas moins d'avoir la tête de Morland : « Si vous connaissez l'adresse de M. Morland, donnez-la moi, ou bien allez trouver l'instructeur Hermann avec cette adresse, vous me la donnerez ensuite, et votre mari sera libre[1]. »

Dans *La Douleur*, Marguerite Duras évoque elle aussi l'intérêt du gestapiste français pour Morland, mais elle en a donné une version plus littéraire que celle qu'entendirent jadis les murs du Palais de Justice. Elle appelle Delval, Rabier. La scène se situe au Flore, une quinzaine de jours avant la Libération de Paris. Delval/Rabier a posé son cartable sur la table, puis en a sorti son revolver et l'a placé en évidence sur le cartable ; il montre à Marguerite la chaînette d'une paire de menottes, puis les sort du cartable. Il extrait enfin un paquet de photos du même cartable, en choisit une et la pose devant elle :

> « "Regardez cette photo", dit-il.
> Je regarde la photo. C'est Morland. La photo est très grande, elle est presque grandeur nature. François Morland me regarde lui aussi, les yeux dans les yeux, en souriant. Je dis :
> "Je ne vois pas. Qui c'est ?" »

« Rabier » insiste. Puis il expose son marchandage :

> « "Je vous l'affirme, je vous le jure : votre mari quitterait Fresnes cette nuit-même.
> – Même si je le connaissais, je ne vous le dirais pas."
> Je regardai enfin les gens du café. Personne ne semblait ، voir vu les menottes et le revolver sur la table.
> "Mais vous ne le connaissez pas ?
> – C'est ça, il se trouve que je ne le connais pas." »

1. In *Procès Bonny-Lafont,* compte rendu sténographique, Bluet.

Rabier remet les photos dans le cartable. Il tremble encore un peu, il ne sourit pas. C'est à peine une tristesse dans le regard mais brève, vite liquidée. »

Marguerite fait des comptes rendus quotidiens à Dionys Mascolo qui rend compte à son tour à son chef Rodin. Des discussions s'engagent sur l'opportunité d'abattre Delval pour l'empêcher de nuire...

Delval déclare à Marguerite qu'il y a un traître au sein du mouvement. Cet individu a parlé sous la menace de la déportation. « C'était facile, il nous a dit dans quel endroit c'était, quelle pièce, quel bureau, quel couloir...[1] » Puis, à un autre moment, il précise que les Allemands ont tout su sur le mouvement grâce à des « listes trouvées dans un immeuble de la rue Ordener où deux Allemands, qu'il ne connaît pas, sont allés perquisitionner. Il a su que l'appartement dans lequel avaient été trouvées les listes avait été loué par les dénommés Bourgeois et Savy, appartenant au mouvement Prisonniers[2] ».

La discussion devient de plus en plus vive entre ceux qui souhaitent abattre non seulement Delval, mais aussi Savy et Bourgeois, les deux « traîtres », et ceux qui y sont opposés. Par l'intermédiaire de Mascolo, Marguerite a fait parvenir une lettre à Morland où elle promet sur l'honneur de tout faire pour permettre au mouvement d'abattre Delval « avant que la police ne s'en empare, cela, dès que son mari et sa belle-sœur seront hors de portée[3] ».

Edgar Morin ne peut situer avec exactitude l'histoire qui suit[4]. Il est néanmoins plus que probable qu'elle survient vers la fin de juillet ou le début d'août 1944 :

« J'avais vu Mitterrand rue Dupin, dans des réunions, sans pour autant avoir de contacts personnels avec lui. J'ai voulu le revoir en tête-à-tête – c'est une chose dont il se souvient –

1. In *La Douleur,* op. cit.
2. Instruction du procès Delval.
3. Cf. *La Douleur,* op. cit.
4. Témoignage fait à l'auteur le 15 mars 1994.

pour parler de mes soupçons sur deux membres du mouvement que je suspectais fort d'avoir été arrêtés et retournés par la Gestapo et d'être devenus des dénonciateurs.

– Savy et Bourgeois ?...

– Voilà. Il ne faut pas donner leurs vrais noms, car on n'a rien de sûr sur eux. A l'époque, je me disais, dans l'éthique bolchevique que je voulais être la mienne, que, de toute façon, même s'ils n'étaient pas consciemment des agents retournés, leurs imprudences avaient été trop dangereuses pour le mouvement, et, toujours selon cette éthique bolchevique, je me disais qu'il fallait s'en débarrasser, autrement dit qu'il fallait les liquider... Je voulais en parler à Mitterrand, car les corps francs du colonel Patrice dépendaient de lui... Je me souviens que François Mitterrand était d'accord avec moi, mais l'exécution a été suspendue par l'insurrection de Paris. »

Imaginons les deux hommes, François Mitterrand et Edgar Morin, marchant autour du Panthéon et prenant la décision de liquider Savy (et peut-être Bourgeois)... Décision banale en ces temps de traque et de peur... La décision redescend sur le commandant Rodin ; celui-ci charge Michel Grilickès, son homme de main, de passer aux actes. L'exécution devra avoir lieu dans le bois de Verrières.

Après la déportation en Allemagne de Robert Antelme, quelques jours avant la Libération de Paris, il est également décidé d'abattre Delval dans une artère du VIe arrondissement, boulevard Saint-Germain ou à côté. Le commandant Rodin et le lieutenant Masse montent cette opération contre Delval. La première étape consiste à le faire identifier. Delval ayant donné rendez-vous à Marguerite au restaurant « Henri IV », rue Saint-Georges, celle-ci en avise Mascolo, qui prévient à son tour Rodin. C'est Mascolo, accompagné d'une jeune fille du mouvement, qui est désigné pour aller déjeuner dans le même restaurant. Le couple s'installe à deux tables de celle qu'occupent Marguerite et Delval. Le repas est long et bien arrosé. Marguerite et le gestapiste français repartent à vélo. Ils s'arrêtent en chemin et Delval/Rabier lui dit à voix basse :

> « "Venez avec moi, j'ai un ami qui a un studio tout près d'ici. On pourrait prendre un verre ensemble." (...) "Une minute, supplie Rabier, venez une minute." Je dis : "Non. Une autre fois[1]." »

Est-ce après cette scène que Marguerite confiera au commandant Rodin : « J'ai failli franchir le Rubicon[2] » ? Les nombreux anciens membres du mouvement que j'ai pu rencontrer ne portent pas un jugement indulgent sur le comportement de Marguerite à cette époque. A propos de ses relations avec Delval, Edgar Morin parle de « fréquentation dangereuse et équivoque ».

Delval et Marguerite ne se reverront plus jusqu'à l'instruction du procès du premier. Il semble bien que plusieurs tentatives furent organisées en vue d'abattre Delval. Deux membres du mouvement – dont Masse – se sont présentés un soir, tard, au domicile des époux Delval, mais l'homme de la rue des Saussaies n'était pas là. Ils ont circulé en voiture dans le quartier de la place Wagram, mais ne l'ont pas repéré. Une autre fois, Delval était accompagné de son jeune fils ; les « exécuteurs » n'ont pas osé passer à l'acte... Après la Libération de Paris, la traque a continué[3]. Elle a continué également contre Savy et Bourgeois, mais le premier choisit de quitter Paris au moment de l'insurrection.

Avec la Libération de la capitale, l'heure de la justice expéditive a sonné. A ma connaissance, le MNPGD ne peut être tenu pour responsable à Paris que d'une exécution sommaire à propos de laquelle le colonel Patrice, on l'a vu, fut interpellé...[4] Au cours de mon enquête, j'ai reçu par courrier un témoignage manuscrit décrivant cette exécution, témoignage

1. In *La Douleur*, op. cit.
2. Confidence du commandant Rodin, avril 1994.
3. Témoignage de Dionys Mascolo au procès Delval.
4. Cf. *supra*, p. 448.

sur l'authenticité duquel j'ai nourri d'emblée les plus grands doutes. Le voici néanmoins dans son intégralité. Il est censé émaner de la secrétaire de Jacques Laurent-Plesse, ancien du stalag XI B, qui dirigeait le secrétariat de ce camp 68, Chaussée-d'Antin, juste après la Libération de Paris :

> « Peu avant la fin août 1944, des FFI se sont installés dans nos bureaux du rez-de-chaussée... Ils étaient commandés par F. Mitterrand. Dans les premiers jours de septembre, ces résistants nous ont dit : "Cet après-midi, ne vous mettez pas aux fenêtres. Nous allons tuer un homme dans le petit jardin, derrière." Nous avons demandé à Gauthier et à Ponchel : pourquoi le tuez-vous ?
>
> – C'est un ordre de Mitterrand. Nous ne savons pas ce qu'il a fait.
>
> Effectivement, dans l'après-midi, Ponchel lui a tiré deux balles dans la tête, malgré ses supplications leur disant : "C'est une erreur ! Renseignez-vous ! Je suis innocent !"
>
> Quand Mitterrand est venu, le soir, nous sommes allés lui demander pourquoi il avait fait assassiner cet homme. Il s'est redressé et, avec arrogance, nous a répondu :
>
> – Je n'ai pas de comptes à vous rendre ! »

J'appelle Voltaire Ponchel[1] et multiplie les périphrases avant d'en arriver à la question que j'ai quelque mal à énoncer. Sans aucune difficulté, Ponchel me confirme qu'il a bien « liquidé un salopard, responsable d'une trentaine de morts, après qu'il eut avoué ses forfaits. Il s'était infiltré au Centre d'entraide du 69, Chaussée-d'Antin, gagnait la confiance des épouses, traquait les évadés et rendait compte aux Allemands. J'ajoute que j'ai fait cela sans en référer à Mitterrand ». Morland n'aurait fait ensuite que « couvrir » une action menée au nom du mouvement.

Jean Munier s'en souvient[2], lui aussi, mais, à la différence de Ponchel, la simple évocation de cette histoire le met mal à

1. Le 22 février 1994.
2. Entretien du 11 mars 1994.

l'aise. Il affirme qu'elle lui a profondément déplu. Il croit que l'Italien exécuté avait été dénoncé par une fleuriste, sa voisine. Il se rappelle que ses hommes ne savaient où mettre le cadavre, qui fut finalement déposé devant un hôpital. Munier se remémore aussi avec tristesse l'arrivée, Chaussée-d'Antin, d'un jeune enfant portant une couverture pour son père. Dionys Mascolo a gardé un aussi mauvais souvenir de cet épisode[1] : « J'ai vu flinguer un pauvre mec, sur un simple on-dit d'une fleuriste. C'était dégueulasse, ignoble ! »

Les corps francs du MNPGD réquisitionnent un hôtel, rue Beaubourg, et en font une prison où ils incarcèrent de nombreux « traîtres et collaborateurs ». Ceux qui mènent la traque apprennent que Savy s'est engagé dans la Iʳᵉ armée. Le lieutenant Masse et Georges Beauchamp retrouvent son copain Bourgeois et l'enferment. Laissons la parole à Edgar Morin :

« Je me souviens très bien d'être allé voir Bourgeois, accompagné de Dionys, peut-être même également avec Marguerite. On avait réquisitionné, pour en faire une prison, un hôtel, rue Beaubourg. J'avoue que j'ai eu une impression nauséeuse quand j'ai vu des mecs, dans des chambres transformées en cellules, tellement tabassés, dont quelques Nord-Africains... On allait voir Bourgeois pour le faire parler. Il était évidemment dans un état lamentable. Il nous a dit qu'il n'était pour rien dans les arrestations... Il s'est beaucoup plaint de Savy qui était parti, l'avait abandonné. J'ai pensé et j'ai dit : "Bah ! Maintenant, c'est fini, on ne va pas faire justice. Moi, je laisse tomber, je m'en fous." Ça fait partie de mon éthique à moi : en temps de guerre, on tue, mais, dès que le danger est passé, on épargne[2]. »

Mascolo a conservé également un mauvais souvenir de la rue Beaubourg : « Je me souviens de trois petits mecs FFI qui

1. Entretien du 16 mars 1994.
2. Entretien du 15 mars 1994.

avaient déjà déshabillé une femme et voulaient lui mettre la tête dans le lavabo... Je les ai stoppés avec difficulté. L'un d'eux disait : "On a été arrêtés à Lyon, on nous l'a fait..."[1] »

Quand, au début de septembre 1944, Dechartre arrive d'Alger (avec Jacques Bénet), il apprend que Bourgeois, qu'il connaissait bien, se trouve en prison. Il se rend rue Beaubourg et l'interroge. Il est aussitôt convaincu de son innocence et de celle de son ami Savy :

« Il n'y avait aucune preuve contre eux. Sauf qu'on les avait vu entrer dans une *Soldatenheim,* pour se nourrir... J'ai fait relâcher Bourgeois. Ils avaient fait leur travail sans excès et sans trahison. Il y avait beaucoup de haines dans le mouvement... Tout ce que raconte Marguerite Duras est faux[2]. »

Georges Beauchamp[3] partage la conviction de Dechartre à propos de Marguerite. Lui aussi est convaincu que toute cette histoire lui est imputable. Il trouve « inconvenant » le récit qu'elle a fait de cette période : « Elle n'a pas reçu d'ordre de Mitterrand pour aller vers Delval. C'est elle-même qui a décidé de "vamper" le gestapiste qui avait fait arrêter son mari. Elle nous a informés de ses contacts avec Delval. "Rodin" a organisé sa protection. C'est Marguerite qui nous a parlé de Savy et Bourgeois... »

Mascolo se souvient lui aussi : « Bénouville avait demandé au mouvement de descendre Bourgeois. Beauchamp et moi l'avons séquestré. Finalement, Bourgeois était coupable de négligences, mais pas plus. Il était "gnan-gnan"... »

Voltaire Ponchel, lui, est toujours aussi convaincu de la trahison des deux hommes. Il revendique même d'être à l'origine du projet visant à liquider Savy et Bourgeois, car il estimait avoir réuni suffisamment d'éléments de preuves sur

1. Entretien du 16 mars 1994.
2. Entretien du 18 mars 1994.
3. Entretien du 24 février 1994.

leur trahison. Il prétend avoir obtenu confirmation de leurs liens avec l'Abwehr III F : « Oscar Reile[1] me l'a dit. »

François Mitterrand semble partager cet état d'esprit[2].

J'ai retrouvé les deux hommes. Bourgeois est aujourd'hui trop vieux pour se souvenir. Savy, en revanche, a des choses à dire[3]. Petit, râblé, chauve, il a d'abord de la peine à rentrer dans son passé, puis ses souvenirs remontent petit à petit. Il se sent mal, de plus en plus mal. Pourquoi ? Je l'ignore, car ses propos me paraissent plutôt convaincants. Il est angoissé. Entendre qu'il a failli être liquidé par Voltaire Ponchel n'a certes rien de plaisant... Je lui ai fait part, en effet, des accusations que certains anciens membres du mouvement de François Mitterrand profèrent encore à son encontre. Il articule difficilement :

> « Juste avant la fusion des trois mouvements, Biran, un "pigeon" du CNR que j'ai rencontré avec Bourgeois, m'avait dit : "Il faut fusionner les deux mouvements, le mouvement Pinot-Mitterrand et le RPGD".
>
> J'organise une rencontre rue de Cléry, où il y avait Mitterrand, Lemoign', Dechartre et un ou deux autres. Je les ai laissés...
>
> Mon travail dans le mouvement de Charette était de m'occuper des faux papiers pour les prisonniers évadés et pour les jeunes qui risquaient d'être enrôlés au STO. Puis je me suis occupé également de l'Organisation régionale centrale pour les contacts avec les Maisons du prisonnier en province.
>
> La fusion entre les deux mouvements a été de pure forme, car il y avait beaucoup de méfiance entre les deux équipes... »

D'un coup, M..., dit « Savy », change de sujet comme s'il avait trouvé la réponse à mes questions :

1. Numéro deux de l'*Abwehr* en France.
2. Entretien du 12 octobre 1993.
3. Rencontre avec l'auteur, le 25 février 1994.

« J'ai fait ma première évasion – j'en ai fait quatre pour être libre – d'un camp près de Leipzig avec Roger Compagnon, qui était le fils de "mon" capitaine au 46e R.I... Un jour du début 1944, des copains de régiment me racontent que Compagnon s'était engagé à la LVF et qu'il souhaitait me voir. Un rendez-vous m'a été donné, place Clichy, près du *Rex* qui avait été réquisitionné par les Allemands pour en faire une *Soldatenheim*. J'y suis allé. Je n'ai pas beaucoup parlé à Compagnon. Il m'a expliqué qu'il était entré à la Légion parce qu'il aimait la bagarre. Devant le *Rex,* nous avons été interpellés par des Allemands. Compagnon a sorti une carte et on nous a laissés filer... »

Savy me raconte cette histoire parce que je lui ai rapporté que Philippe Dechartre m'avait précisé qu'à son retour d'Alger, apprenant que Bourgeois et Savy avaient des problèmes, il s'était enquis auprès du commissaire de police chargé du dossier Delval de ce qu'on pouvait reprocher à ses deux camarades : « Il n'y avait aucune charge, aucune preuve contre eux. On les avait seulement vu entrer dans une *Soldatenheim*... »

Au cours de notre entrevue dans un café de l'avenue de Friedland, Savy a souvent prononcé le nom de Mitterrand :

« Le soupçon s'est porté sur moi parce qu'en me rendant à la réunion de l'avenue Charles-Floquet j'avais à téléphoner... Quand je suis revenu, j'ai vu François Mitterrand qui courait. »

Savy me narre ensuite la perquisition de l'appartement du 171, rue Ordener, qu'il occupait avec Bourgeois ; celle-ci est intervenue avant le 1er juin 1944 :

« C'est en téléphonant à ma propriétaire que j'ai appris qu'il se passait quelque chose d'anormal. La propriétaire m'a répondu :
– Je vous passe quelqu'un.
– Est-ce que vous voulez venir me voir ? Je viens de la part de l'oncle Charles.

J'ai compris que la Gestapo avait visité l'appartement. On m'a piqué des photos. Avec beaucoup de précautions, je suis allé voir ma propriétaire quelques jours plus tard, et je l'ai engueulée, car elle avait ouvert les scellés pour me prendre une canadienne. »

A plusieurs reprises, je lui demande s'il se souvient d'avoir été arrêté[1] par les gens du « groupe Mitterrand ». Plusieurs fois, il me répond non, puis sa mémoire se libère :

« A la Libération, André Certes, un copain de théâtre, me demande de venir avec lui rejoindre une équipe du maquis à Pontarlier. J'y suis allé. Et c'est là-bas que j'ai reçu de mon frère un mot m'annonçant que Bourgeois avait été arrêté par des FFI. J'ai appris plus tard que Dechartre l'avait fait libérer.

En 1952, quelqu'un est venu me trouver à la sortie du théâtre de l'Œuvre où je jouais et m'a dit : "Mitterrand voulait te faire descendre. S'il avait demandé à Rodin, tu aurais été liquidé, mais moi, je n'ai pas voulu le faire."

J'étais tellement sidéré que je lui ai dit quelque chose que personne dans le mouvement ne savait :

– Sais-tu que je suis juif et qu'il y a eu beaucoup de déportés dans ma famille ? L'"Allemand" [Charles Delval] m'a dénoncé parce que j'étais juif... »

De plus en plus mal à l'aise, Savy poursuit néanmoins :

« Je n'ai pas à ménager ces gens-là. Nous étions jeunes et, pour nous, c'était de l'action, mais jamais, à aucun moment, la Résistance n'a été pour moi une ouverture sur la politique. Je me souviens que Labasse [Gagnaire], avant la Libération, m'a demandé si j'avais l'intention de faire de la politique. J'ai dit non. Ça ne m'a jamais intéressé. Je n'avais qu'une envie : refaire du théâtre. Alors que le but des gens de Mitterrand, c'était de préparer leur implantation politique... »

Des choses importantes paraissent défiler dans la tête de Savy. Il reprend :

1. C'est ce que je croyais encore le 25 février 1994.

« Mitterrand est un faux-cul... Je me souviens de m'être promené avec lui, bras dessus, bras dessous, boulevard Malesherbes. D'un seul coup, il me quitte, va serrer la main à quelqu'un, revient et me dit : "Il faut toujours être bien avec les gens..." »

Puis, il repense à ce que je lui ai dit des accusations ou des doutes qui pesaient sur lui :

« Pourquoi il [Mitterrand] n'est pas venu me parler directement ? Pourquoi, si j'étais un traître, on ne m'a pas arrêté ou liquidé avant la Libération ? »

En me quittant, il me déclare souhaiter un face-à-face avec Marguerite Duras qui, à ses yeux, est largement à l'origine des graves soupçons répandus sur lui.

Savy s'éloigne lentement en descendant l'avenue de Friedland. Il ne me voit plus. Il entre dans l'église du Saint-Sacrement...

Et Delval ?

Au début de septembre, le lieutenant Masse (Mascolo) apprend accidentellement que Delval se trouve incarcéré à Drancy. Il a été dénoncé comme collaborateur par des voisins. Masse le fait transférer dans la prison du mouvement, rue Beaubourg, et, avec quelques autres, entreprend de l'interroger. Dans les heures qui suivent, Masse et ses hommes perquisitionnent – « ils volent », prétend Mme Delval[1] – le domicile des Delval, rue des Renaudes, et embarquent, tard le soir, sa femme à l'hôtel-prison de la rue Beaubourg. Masse est frappé par la beauté blonde de Paulette Delval.

Il existe un témoignage sur l'interrogatoire de Paulette Delval, rédigé dans la soirée du 10 septembre 1944, après un déjeuner chez Lipp organisé par François Mitterrand en vue de présenter le colonel Patrice à Marcel Hædrich. Celui-ci vient d'arriver à Paris pour assumer la rédaction en chef de

1. AN/3 W 315.

Libres après avoir assuré sa publication en zone sud. Pendant l'insurrection de la capitale, les premiers numéros y ont vu le jour grâce à l'action du colonel Patrice qui avait réquisitionné à cette fin une petite imprimerie, rue du Croissant. Hædrich est surpris par la faconde du colonel qui affiche une assurance extraordinaire. A l'évidence, Roger Pelat amuse et fascine Mitterrand. Haedrich apprend que les deux hommes habitent le même immeuble, à Auteuil, et vivent avec deux sœurs. Le colonel raconte qu'il a un régiment logé au château de Madrid, qu'il est réveillé au clairon tous les matins, qu'il va à cheval faire de longues randonnées dans le Bois. Le journaliste apprend également que le colonel a quelques démêlés avec les vrais militaires...

François Mitterrand raconte à son tour comment les gens du mouvement ont arrêté Charles Delval, un gestapiste français responsable des arrestations du 1er juin 1944 : « *Il trahissait par vice. Je l'ai interrogé moi-même dans la cave où il était prisonnier. J'ai entendu également sa compagne qui le défendait avec véhémence. Quand je lui ai parlé de son compagnon qui travaillait pour la Gestapo, elle m'a répondu :* "Vous parlez de ces Allemands qui portaient des uniformes noirs ?" *Elle a tenu bon jusqu'au moment où, relevant des "trous" dans l'emploi du temps de Delval, je lui ai fait comprendre qu'elle était trompée. Elle s'est alors mise à tout raconter pour se venger. Elle l'aimait follement. Quand on le fusillera, elle pensera que, toute façon, il l'avait bien mérité*[1]. » Les « trous » dans l'emploi du temps de Charles Delval avaient pu être signalés grâce à des confidences de Marguerite.

François Mitterrand, pour sa part, conteste formellement ce récit de Marcel Hædrich.

---

1. Récit reconstitué à partir du témoignage de Marcel Hædrich du 11 février 1994 et après consultation de ses notes prises après le déjeuner chez Lipp.

J'ai retrouvé Paulette Delval[1]. Elle se souvient de cette période avec émotion et rage contre Marguerite Duras à propos de qui elle ne trouve pas de mots assez durs. Paulette a été internée pendant une quinzaine de jours au fameux hôtel de la rue Beaubourg. Elle a été interrogée par Marguerite, par Masse, par le commandant Rodin, entre autres, et par François Mitterrand : « François Mitterrand a été gentil avec moi, très respectueux. Nous avons parlé du bombardement de notre pavillon. Il ne m'a pas parlé de questions intimes. Je n'ai rien révélé sur mon mari », dit-elle. Je lui lis les notes de Hædrich rapportant les propos de Mitterrand tenus chez Lipp. Paulette Delval en confirme une partie, notamment quand il lui fait parler des « Allemands aux uniformes noirs », mais elle réfute complètement l'idée selon laquelle elle aurait « craqué » à cause des « trous » dans l'emploi du temps de son mari. Elle profère sur Marguerite Duras des propos qui ne peuvent être reproduits ici. Il est vrai que celle-ci le lui rend bien quand, dans son livre *La Douleur,* elle fait décrire la femme de « Rabier » par un témoin comme « insignifiante et belle ». Paulette était amoureuse de son mari qu'elle dépeint aujourd'hui encore comme un « homme exceptionnel » ; selon elle, il n'eut jamais de faible pour Marguerite, « comme Marguerite Duras le prétend ». C'était un « homme tendre à qui elle pense tous les jours. »

Elle se souvient que Marguerite et Dionys Mascolo l'ont interrogée ensemble rue Beaubourg. « Autant Marguerite était méchante, autant Dionys était plein d'attentions. Un jour, Marguerite m'a emmenée au 100, rue de Richelieu, et m'a interrogée en tête-à-tête dans la grande salle de rédaction, avec un bandeau sur les yeux. Elle posait de nombreuses questions sur mon mari. "Pourquoi vous vous donnez tant de mal, puisque vous le connaissiez si bien ?" se souvient-elle de lui avoir répondu.

1. J'ai eu un très long entretien téléphonique avec elle, le 29 mars 1994.

Elle se rappelle qu'un autre jour, rue Beaubourg, « quelqu'un a dit : "Il va falloir être vache avec elle ; ce serait bien de lui couper ses beaux cheveux... – Il n'en est pas question", a dit Mascolo d'un ton tranchant. »

Le séduisant Mascolo semblait en passe d'être tourneboulé par ce séduisant brin de fille de vingt-sept ans qui n'avait pas froid aux yeux et tenait si bien tête à Marguerite. Celle-ci eut tôt fait de s'apercevoir du trouble où le mettait la femme du gestapiste Delval avec lequel elle avait eu ellemême de si étranges rapports pendant plus de deux mois...

Évoquant bien plus tard cette époque, Marguerite Duras n'a pas fait dans la dentelle. Dans *La Douleur*, elle ne se prive pas de raconter qu'elle a torturé sans états d'âme, « comme un travail, comme un devoir... » Elle « ordonne que pleuvent les coups... » « Il faudra se souvenir de ces coups, parce qu'il n'y aura pas de procès... »

Le 21 septembre 1944, le lieutenant Masse remet Charles Delval à la police judiciaire – aux commissaires Clot et Levitre – et libère Paulette Delval. L'instruction commence aussitôt et, dès le premier jour, Marguerite et Mascolo témoignent. Delval, quarante-trois ans, marié depuis 1939, raconte de son côté comment il en est arrivé là :

> « J'ai d'abord été arrêté vers le mois d'août 1943 par un nommé Berger, un inspecteur allemand dont les bureaux se trouvaient rue de la Pompe, sous l'inculpation d'agent de liaison gaulliste, ce qui était faux. Le soir même de mon arrestation, j'ai été conduit rue des Saussaies et, de là, au Cherche-Midi. Au bout de quinze jours, ils m'ont interrogé, puis m'ont relâché sous condition que je vienne signer tous les jours, vers dix heures, puis tous les deux jours, rue des Saussaies.
>
> C'est en venant signer que j'ai fait la connaissance de Steulet, gradé de l'armée allemande, qui dirigeait, rue des Saussaies, un bureau politique ; c'est dans ce bureau que je fis la connaissance de M. Hermann qui s'occupait des arrestations. C'était un policier de carrière.

Steulet s'occupait dans le civil, selon ses dires, d'antiquités et de tableaux. Nous avons parlé souvent de toutes ces choses qui m'intéressaient et, sur ses ordres, j'ai fait tout d'abord quelques travaux, tels que l'encadrement de tableaux.

C'est à ce moment que je fus sinistré à Courbevoie. Je partis à la campagne avec l'autorisation des Allemands à la suite de cela.

A mon retour, vers la fin janvier [1944], je retournai rue des Saussaies où je me présentai à Hermann et Steulet. Je connaissais également un Allemand de la rue des Saussaies, un nommé Dups, qui s'occupait des archives et des arrestations... »

Questionné sur ses opinions envers les Allemands, il répond :

« J'admirais ce peuple discipliné, ses institutions, sa foi et son courage. Mais j'aime la France et lui voudrais le bien-être que possède l'Allemagne... »

Après avoir expliqué son rôle minime – interprète et demande de papiers – dans les arrestations du 1er juin 1944, il affirme :

« Je ne me suis jamais occupé d'autres arrestations que celles ayant rapport au mouvement Prisonniers. J'affirme n'avoir dénoncé personne aux services allemands de la rue des Saussaies mais, au contraire, en avoir sauvé, dont je ne veux donner les noms que plus tard, pour raisons personnelles. »

Les enquêteurs apprennent que le samedi 10 juin 1944, un inspecteur de police français s'est présenté au domicile de Delval en vue de procéder à son arrestation à la suite de filatures effectuées dans le cadre d'une certaine affaire Mordrelle. Delval affirma alors appartenir à la police allemande, et exhiba une carte confirmant ses dires. Conduit à la préfecture de police, il demanda à téléphoner à son chef, salle 422, rue des Saussaies. Le commissaire de police David, chef de la brigade spéciale n° 1, le remit alors entre les mains de l'officier allemand de liaison, qui le fit libérer.

Après ce long interrogatoire, Delval est confronté à Marguerite et Mascolo. Il revient alors sur ce qu'il avait déclaré rue Beaubourg et minimise son rôle. De son côté, la belle Paulette ne charge pas Charles et affirme « ignorer complètement les activités de son mari, et n'avoir jamais entendu parler des relations qu'il aurait pu avoir rue des Saussaies avec des Allemands ».

Septembre, octobre, novembre... L'attirance du beau Mascolo pour Paulette s'est transformée en liaison. « Elle était passionnée », se souvient-il[1]. « J'ai fait l'amour avec lui pour sauver mon mari », dit plus crûment Paulette[2].

L'instruction se termine. Pour des raisons difficiles à élucider, le cas Delval est joint au procès Bony et Lafont, les gestapistes français de la rue Lauriston. Or jamais Delval n'a travaillé avec eux et son dossier est extrêmement mince, comparé à celui des onze autres qui se retrouvent en sa compagnie dans le box des accusés, à 13 h 30, au Palais de justice, le 2 décembre 1944.

Pour le Mouvement national des prisonniers, c'est « LE » procès attendu. André Marianne en assure le compte rendu pour le journal *Libres*. Il a été « briefé » par François Mitterrand afin de ne pas commettre de bévues politiques vis-à-vis des Prisonniers. Dans son premier article, il précise :

> « Avant hier, dans un bureau de la rue de Tilsitt, j'écoutais notre ami Mitterrand me dire de sa voix intelligente et calme ce que fut la lutte menée contre la Gestapo, je l'écoutais me dire cette journée du 1er juin, pleine de traquenards, de poursuites, de coups de feu et d'angoisses. Je revivais avec lui cette lutte clandestine des hommes de notre Mouvement, seuls contre tout l'appareil de la pègre allemande et française. »

1. Témoignage du 16 mars 1994.
2. Témoignage du 30 mars 1994.

Après la première audience, il est obligé de convenir que « Delval n'apparaît pour l'instant que comme un comparse ». Son cas, de fait, sera expédié rapidement. Le président s'étonne même, en entamant son interrogatoire : « Le dossier contient très peu de renseignements sur votre compte. Il n'en contient même pas sur la condamnation, en 1943, pour abus de confiance. » Delval utilise un « langage très subtil » qui a le don d'irriter le juge : il ergote, pinaille, semble acquiescer, affirme ensuite n'avoir pas dit exactement ce que le juge a tenté de reformuler à sa manière. Alors que tous les autres accusés s'effondrent, pleurent, se recroquevillent sur leur banc, il semble sûr de lui : « Grand, blond, lunetté d'écaille, la voix posée, il est remarquable de cynisme et de maîtrise de soi », note André Marianne. Il affirme que ce n'est pas lui qui a dénoncé les membres du mouvement : « Il y a quelqu'un qui les trahissait. » Affirmation reprise et amplifiée par Mascolo qui déclare que Delval lui a en effet confié les noms des deux traîtres « que je soupçonnais, que nous soupçonnions. Nous étions plusieurs à les soupçonner ». Delval prétend avoir « pris une valise de documents compromettants, [qu'il] l'a emmenée rue des Saussaies » et l'a cachée dans un recoin pour que les Allemands ne la trouvent pas. Il réaffirme qu'il a évité à Robert Antelme, rue Boissy-d'Anglas[1], un jugement qui l'aurait irrémédiablement voué à la mort.

C'est Marguerite Antelme qui fait basculer le procès Delval. Ce petit bout de femme se transforme en grand procureur. Elle l'a déjà condamné à mort ; il doit mourir. Elle a déjà tout fait pour qu'il soit exécuté avant même qu'il n'arrive au Palais de justice. Elle n'a pas réussi. Il ne doit pas lui échapper. « Moi par qui il mourra », écrit-elle dans *La Douleur*. Elle est emportée par des accents tragiques quand elle déclame : « Il a essayé d'avoir la tête du chef du mouvement, François Morland... » Comme dit André Marianne dans

---

1. Le siège du tribunal militaire allemand.

Libres : « Ce fanfaron cynique ne résistera pas à l'audition de Mme A... »

Paulette, devenue à l'époque l'amie très intime de Mascolo, exprime la même haine, cinquante ans après, envers Marguerite Duras, qu'elle considère comme responsable de la mort de son mari : « Duras était folle de Dionys, elle a voulu m'atteindre en enfonçant Delval. » Pourtant, « dans la nuit, elle a eu un remords », poursuit Paulette, probablement informée des états d'âme de Marguerite par Mascolo. Ce dernier a vraisemblablement contribué à son revirement. Toujours est-il que Marguerite demande au tribunal de témoigner une seconde fois, après que le commissaire du gouvernement a réclamé la tête de Delval : elle a oublié de dire certaines choses importantes pour la manifestation de la vérité.

> *Marguerite Antelme :* « J'ai offert de l'argent à Delval, je lui ai offert à plusieurs reprises beaucoup d'argent que le mouvement avait mis à ma disposition pour libérer mon mari...
> *Le président :* Il n'a jamais accepté ?
> *Marguerite Antelme :* J'ai été jusqu'à lui offrir ma bague de fiançailles, un diamant, pour qu'il me permette simplement de voir mon mari, de communiquer avec lui. C'était peu de chose, il est vrai, mais il a refusé, il m'a dit qu'il n'en avait pas les moyens...
> Il m'a dit un jour qu'il allait arrêter un Juif... ce Juif était absent... qu'il a enfoncé la porte avec d'autres policiers. Effectivement, les gens n'étaient pas là, ils ne se cachaient pas, il n'y avait personne dans l'appartement. Il a trouvé sur la table de la salle à manger un dessin d'enfant, et, en légende, sous ce dessin, il y avait "A mon papa chéri", ou quelque chose comme cela. Et Delval m'a dit : "Je suis parti, je n'ai pas eu le courage d'arrêter son père."
> *Le président :* Mais, malheureusement, il en a arrêté bien d'autres !
> *Marguerite Antelme :* Peut-être... Mais enfin, monsieur le président, je ne décharge pas Delval, je décharge ma conscience. Vous savez que mon mari est en Allemagne, je ne

sais pas s'il est encore vivant. Malgré cela, j'ai estimé que je vous devais toute la vérité...

Le président : Ce scrupule vous honore[1]... »

Cette démarche ambiguë ne change rien à l'issue du procès. L'avocat de Delval, Me Floriot, ne sait comment défendre son client qui a montré durant toutes les audiences une attitude suicidaire : « Il plastronne, il discute, il a l'air narquois... » Floriot avait déjà plaidé pour lui avant-guerre et le connaissait donc bien : « Il est vantard, inintelligent, pour ne pas dire autre chose... Je regrette de ne pas l'avoir fait examiner par un psychiatre. » Delval a certes été blessé pendant la guerre et cité. Mais rien n'y fait : il est condamné à mort.

La lecture de l'ensemble du dossier d'instruction permet de dire aujourd'hui que la peine de mort était disproportionnée avec les faits reprochés à Delval. Ces faits, au demeurant, étaient loin d'être tous prouvés. Si son cas avait été disjoint du procès Bony-Lafont et jugé quelques mois plus tard, il ne fait aucun doute qu'il n'aurait pas été condamné à mort, mais aurait été libéré au bout de quelques mois, voire quelques années de prison. Je partage ici le sentiment d'Edgar Morin : « Delval n'a joué, me semble-t-il, qu'un rôle ultime et tout à fait secondaire. »

Paulette a reçu une lettre de son mari, dans l'attente de l'exécution de la sentence, dans laquelle il affirmait à propos de Mascolo : « Si tu savais qui il est, tu serais bien étonnée. »

Charles Delval est fusillé dans la cour de la prison de Fresnes au début de l'année 1945. Paulette et Dionys filaient alors le parfait amour...

Les relations entre Dionys et Marguerite sont entre-temps devenues très difficiles. Mascolo revoit régulièrement Paulette. Pendant quelques années, il restera tiraillé entre les deux femmes. La bataille est d'une rare violence. Paulette a un enfant en juin 1946. Marguerite, l'année suivante...

1. Compte-rendu sténographique Bluet.

Comme pour ajouter à la complexité de cette histoire, une rumeur est née, au cours du procès Delval, sur l'identité réelle de l'accusé. Mascolo, qui affirmait tenir l'information de Delval lui-même, a déclaré à Marguerite et à Edgar que « Delval » était en fait un nom usurpé. Qu'il s'agissait d'un Allemand qui, au lendemain de la Première Guerre mondiale, avait pris l'identité d'un Français tué en Allemagne, et était ensuite devenu une « taupe » pour le compte d'un service d'espionnage de Berlin. Quelques initiés seulement étaient au fait de ce « secret ». Dans *La Douleur*, Marguerite Duras le divulgue. Mais il faut croire que les anciens du mouvement n'ont pas tous lu – ou ont lu trop rapidement – son livre, car Edgar Morin aussi bien que Mascolo ont, dans un premier temps, pris un air énigmatique en abordant le sujet : « Il y a un mystère Delval, et il y a des choses dont je ne peux pas parler », m'a répondu Edgar Morin, d'accord pour me confirmer l'histoire si Mascolo acceptait au préalable de me la révéler. Mascolo, lui, commença par refuser d'en dire le moindre mot, jusqu'à ce que je lui aie montré le passage où Marguerite Duras parle de l'usurpation d'identité de « Rabier » dans *La Douleur*. Un souvenir lui est alors revenu, à l'appui de la thèse de l'identité allemande de Delval. Ce dernier lui aurait dit dans un couloir de la préfecture de police : « M. Masse, si vous me tirez de là, je pourrai vous donner des tas d'indications, des listes de noms en Allemagne... »

J'ai interrogé Paulette, qui a opposé un démenti formel à cette rumeur. Elle m'a affirmé avoir bien connu toute la famille de Charles Delval : « C'est encore une histoire romanesque, née probablement rue Saint-Benoît, à un moment délicat dans les relations entre Marguerite et Dionys ». Et elle a de nouveau conclu par quelques formules peu amènes sur l'auteur de *L'Amant*...

UN HOMME NOUVEAU

En neuf mois, quels changements ! En décidant de partir pour Londres et Alger, François Mitterrand a pris une option sur son entrée dans l'Histoire. Il a fait autour de lui l'unité des trois mouvements de prisonniers tout en limitant le poids des communistes, mais aussi des gaullistes, ce qui était loin d'être évident, compte tenu de l'entregent de Michel Cailliau. Il s'est imposé comme une personnalité avec qui compter au sein de la Résistance intérieure. A vingt-sept ans, il s'est retrouvé « ministre » dans le gouvernement insurrectionnel. L'ambition qui l'habite peut se mesurer à son refus du poste de secrétaire général du ministère des Prisonniers que Henri Frenay lui a proposé après que lui-même, de retour d'Alger, a réoccupé celui de ministre. « Les ambitions de François Mitterrand sont ailleurs, et plus grandes encore », écrira plus tard Frenay[1].

Cette ascension dans la France nouvelle est proprement stupéfiante. N'a-t-il pas été décoré de la Francisque l'année précédente ? N'écrivait-il pas encore dans les journaux vichyssois au printemps de 1943 ? Il y a neuf mois, avant de partir pour Londres, François Mitterrand expliquait encore à Claudius-Petit, interloqué, que tout n'était pas à rejeter dans la Révolution Nationale, et lui citait l'exemple des organisa-

1. Dans *La Nuit finira*, op. cit.

tions corporatistes[1]. N'était-il pas encore giraudiste, huit à neuf mois avant la Libération ?

Les idées de François Mitterrand ont changé au cours de ces neuf mois. Par opportunisme ? Il est si calculateur que l'on ne saurait exclure tout à fait l'hypothèse. Mais, parallèlement à sa très forte ambition et à une énorme confiance en son propre destin, il n'a cessé d'évoluer depuis le début de la guerre et surtout depuis la captivité. Sa préoccupation constante du « social », qui s'inscrivait avant-guerre dans une idéologie chrétienne de droite, s'est transformée insensiblement en un souci de « justice sociale » qui fait partie du fonds commun de la Résistance. Quand j'ai demandé à Danielle Mitterrand ce que son fiancé pensait à l'époque, elle m'a répondu : « Il était résistant. »

Au cours de ces neuf mois, Morland a approché, côtoyé, estimé des gens très extérieurs à son ancien monde. Mendès France, Fernand Grenier, Waldeck Rochet, Edgar Morin, Georges Beauchamp, entre autres, étaient des habitués des « manifs » de la Bastille à la Nation. Une personne a également joué un rôle important dans son évolution (idéologique) : Danielle. Sans états d'âme, Mitterrand a fait adopter par son mouvement la charte du CNR, programme qu'il aurait sans hésiter classé à l'ultra-gauche avant la guerre. Mais si la frontière est encore floue entre sa nouvelle idéologie et l'ancienne, elle est en revanche bien bornée à gauche par son anticommunisme. A ceci près que, de même qu'à l'intérieur du MNPGD il a dû mener un jeu compliqué avec les communistes pour éliminer les gaullistes, il se retrouve de nouveau face aux communistes dans la conquête de la principauté « Prisonniers, Déportés ».

La lecture de *L'Homme libre* (qui devient ensuite *Libres*), journal du MNPGD, ajoutée à celle de son livre publié à l'automne de 1945 (*Les Prisonniers de guerre devant la poli-*

1. In Éric Duhamel, Thèse sur l'UDSR, 18 bis, rue de la Sorbonne, Cote B.U.T.2513.

tique), permet de suivre l'évolution de ses idées sur les grands sujets du moment, puisque « François Morland » en est l'éditorialiste. Dans son premier éditorial connu du grand public – dans le numéro 5 publié le 22 août 1944, alors que Paris n'est pas encore libéré (les quatre premiers numéros ont été édités clandestinement) –, il entreprend de réhabiliter les prisonniers, plutôt mal considérés par l'opinion publique aux yeux de laquelle ils portent une part de responsabilité dans la défaite de 1940, et de les aider à occuper une place plus importante au sein de la communauté nationale. La défense des prisonniers constitue l'axe principal de ses articles :

> *« Non, à Paris, on ne sait pas la force que nous sommes. Non, les pouvoirs publics, coupés du reste de la France, ne savent pas le nombre immense que nous sommes. Nous revendiquons à bon droit une place de choix parmi ceux qui décident au nom du pays. »*

Il paraît nécessaire de s'arrêter quelque peu sur l'ampleur de cette question des prisonniers dans la France de 1944-1945, qui va constituer le « fonds de commerce » politique de François Mitterrand. L'Histoire l'a négligée. Elle a analysé les faits et gestes des résistants, en a fait une épopée. Elle a rendu compte de l'Holocauste. Elle a commencé il y a vingt ans à prendre enfin à bras-le-corps l'ensemble du phénomène de Vichy. Elle a traqué les collaborateurs de tout poil. Mais elle a presque oublié la souffrance de ces quelque deux millions d'hommes dans la force de l'âge qui passèrent quelques-une des plus belles années de leur vie derrière les barbelés allemands. Cet oubli n'est pas dû au hasard. La France de la Libération elle-même les avait largement oubliés et en avait presque honte, dans la mesure où ils lui rappelaient de façon permanente ses faiblesses et ses lâchetés. Il était plus commode de penser, même inconsciemment, qu'ils étaient responsables de la défaite, et, par voie de conséquence, du honteux régime qui avait dirigé la France pendant quatre ans, que de regarder en face la vérité sur les causes et les séquelles de la débâcle...

Cependant que la France continuait vaille que vaille à fonctionner sans eux et s'habituait à leur absence, ces hommes – les « P.G. », comme on disait alors – ont redécouvert dans les camps des principes moraux et des valeurs sociales bien oubliés. Un P.G. a décrit en termes simples la déchirure du retour, incompréhensible pour ceux qui étaient restés au pays. Il vient de se séparer de ses compagnons de captivité et roule vers son village. Il pleure doucement :

> « J'ai pleuré sur tout ce passé, j'ai pleuré à la pensée de ces camarades que je venais de quitter et avec lesquels j'avais appris à connaître la Vie, la vraie, la grande Vie, dénuée de préjugés, de hiérarchies, de différences de classes et d'opinions, la Vie toute nue avec ses vices, ses impondérables, ses peines, ses joies certes, mais dénuée d'artifices, de décors, de grandes révérences et de mots inutiles.
>
> Notre langage, aussi vert qu'il fût, avait toujours été droit, direct, brutal peut-être, mais aussi sincère, comme nos actes. D'horizons différents, d'âges divers, nous nous étions magnifiquement entendus et... nous avions eu tant de fois l'occasion d'admirer et de prouver notre entente, de nous serrer les coudes, de désespérer et d'espérer ensemble !
>
> C'est tout cela que je pleurais. Les misères subies, les tristes journées de camps et de kommandos, tout cela était bien loin de ma pensée[1]. »

Éparpillés aux quatre coins de l'Allemagne, ils éprouvent les mêmes réactions. Les P.G. ont réfléchi aux causes de la défaite et refusent l'idée que leurs souffrances n'aient servi à rien. Ils rêvent la France de demain régénérée par les valeurs de la captivité. L'amitié, la solidarité, la fraternité, le besoin de justice, le nouveau contrat social : ils n'ont que ces idéaux à la bouche et au fond du cœur. Ils ne veulent pas voir perdre de tels trésors.

---

1. Tiré de l'excellent livre *Le Retour des prisonniers de guerre français*, de Christophe Lewin, Publications de la Sorbonne, Paris, 1986.

Toute la politique des anciens prisonniers va être imprégnée de « cet émouvant barda » rapporté d'Allemagne. Un camarade de François Mitterrand, Gabriel Chapotat, l'a dit à sa façon naïve au cours d'un congrès de prisonniers[1] :

> « Je déploie avec beaucoup de respect les saintes hardes dont la naïve simplicité ferait sourire bien des profanes... On n'y trouve guère de profession de foi politique... mais on y trouve partout, et jusque dans les humbles témoins de cette vie de sainte misère, des trésors de spiritualité. Inestimables richesses que ne peut cueillir que celui qui est descendu jusqu'au dernier degré de la misère physique et morale, et qui a beaucoup souffert et beaucoup réfléchi.
>
> C'est l'amour du bien, du beau qui purifie l'individu ; c'est l'amour démesurément accru de la famille, de l'épouse qui garde fidèlement le foyer, de l'enfant qui grandit, de la mère aux cheveux prématurément blanchis ; c'est l'amour spontané du prochain ; c'est l'amour de la liberté et de la justice ; c'est le culte de la Patrie ; c'est une compréhensive tendresse pour l'Humanité et un immense désir de paix universelle.
>
> Cette expérience n'est pas le fait d'une élite intellectuelle. Il n'y a pas d'élite intellectuelle dans la misère. Il y a l'élite du cœur, et elle se découvre dans tous les milieux sociaux. »

Quand les prisonniers rentrent de captivité, leurs frustrations prennent une dimension nouvelle. Au syndrome de l'absence qu'ils ont vécu derrière les barbelés s'ajoute l'amertume. Les P.G. ont le sentiment d'être incompris. Ils constatent l'omniprésence de la Résistance, les places occupées par ses héros fêtés, adulés. Eux ne sont que des vaincus. Ils ont été séparés de la nation pendant quelques années. Ils prennent conscience que cette séparation perdure.

François Mitterrand transporte avec lui ce « barda » idéologique. Il n'a pas oublié son temps passé dans les camps. Il se demande s'il est encore possible d'imposer politiquement

1. *Ibid.*

à la nation les valeurs acquises là-bas[1]. Mais il transporte également le « barda » de la Résistance, largement antinomique. A de rares exceptions près, les résistants n'ont souvent que mépris envers les anciens prisonniers. François Mitterrand va essayer d'opérer cette difficile synthèse, lui qui, après la Libération, fait partie des figures emblématiques de la Résistance « P.G. ». Il va être aidé dans cette entreprise par ses deux « parrains », Maurice Pinot et Henri Frenay. Le premier, dans l'ombre, comme toujours, lui apporte son prestige au sein de la mouvance « prisonniers » et atténue les craintes qu'il suscite dans les milieux conservateurs. Le second le relie au pouvoir résistant et le protège des attaques qui pourraient en émaner du fait de ses liens avec des gens considérés comme vichyssois. Frenay, qui gère le problème des prisonniers depuis novembre 1943, partage de surcroît les dispositions de son ami Mitterrand : il est très favorable à une synthèse entre Résistance et prisonniers.

François Mitterrand est parfaitement conscient du poids politique que représentent ces quelque deux millions d'hommes frustrés et amers, mais il n'est pas le seul. Si son ambition politique est claire – il souhaite devenir le « patron » des prisonniers –, le projet politique qui la sous-tend l'est moins, et va en tout cas évoluer au fil du temps. Syndicat, lobby, parti ? Il abandonnera assez vite l'idée de créer un parti « Prisonniers ». Son approche va largement évoluer en fonction de ses rapports compliqués avec les communistes, qui entendent eux aussi « noyauter » le milieu « prisonniers », et de ses relations avec Henri Frenay.

Comme tous les éditorialistes de l'époque, Mitterrand évoque le problème majeur de l'épuration. Il est confronté là à un problème délicat, à cause de son propre passé vichyssois

1. Question posée dans son premier livre *Les Prisonniers de guerre devant la politique*, op. cit.

et de son entourage, lui aussi engagé jusqu'en 1943 aux côtés du Maréchal.

Le 6 septembre 1944, dans *Libres,* il recommande de prendre garde aux mots, aux abstractions. Cette défiance n'est pas nouvelle. Durant sa captivité, il a déjà manifesté à plusieurs reprises son aversion pour les mots en « isme ». En revanche, il reprend, en les pétrissant, des mots à forte charge symbolique, appréciés de tous. A propos de la Liberté, de la Justice, il écrit :

> « *Les mots du peuple sont des mots de chair. S'il fleurit ses balcons, le peuple de France attend aussi de sa liberté le droit de choisir ses destins. Et ceci impose des mesures immédiates, pratiques, concrètes. Si la Justice a pris des allures de revanche, le peuple de France attend aussi qu'elle lève son glaive et tranche. Et ceci impose une épuration efficace.* Il y a des têtes à couper[1]. »

Il réclame donc une épuration, mais en définit aussitôt les limites :

> « *Qu'on les coupe ; mais en sachant choisir celles qui ont pensé la trahison. Et que les autres soient libérées d'une menace imprécise. Si les révolutions sont des mangeuses d'hommes, elles ne vont pas aussi vite que le temps.* »

Maintenant que les Allemands sont boutés hors de Paris, tout en continuant d'user de formules à l'emporte-pièce, il interprète de manière restrictive la définition de l'épuration contenue dans la Charte constitutive du MNPGD, à l'élaboration de laquelle il avait participé :

> « *Le MNPGD exige le châtiment des traîtres.*
> *Ont trahi ceux qui, ministres, diplomates, généraux, dirigeants des trusts, ont ordonné le recul de la France devant Hitler, négligé de réformer la force française, et portent la responsabilité de nos désastres.*
> *Ont trahi ceux qui ont signé un armistice d'asservissement, consenti à la livraison de l'Alsace et de la Lorraine, à l'internement*

---

1. Souligné par l'auteur.

de deux millions de prisonniers, à la déportation d'un million de Français par le mensonge de la "Relève", au travail des prisonniers dans les usines de guerre.

A trahi un soi-disant gouvernement aux ordres de l'ennemi en se substituant à un État neutre dans son rôle de puissance protectrice et en livrant ainsi sans sauvegarde les captifs à l'arbitraire de leurs geôliers.

Ont trahi les agents français de la Gestapo. Ont trahi les policiers ou les miliciens qui ont traqué, arrêté, torturé et livré les patriotes à l'ennemi.

La justice, sur eux, doit s'abattre sans pitié. »

Les deux définitions ne sont pas contradictoires, mais Mitterrand, plus que les situations et les actes, retient l'*intention* de trahir. Il est également patent que, la guerre finie, il appelle déjà à la réconciliation nationale, thème sur lequel il ne variera plus. Ne doivent donc être jugés et condamnés à ses yeux que ceux qui ont « *pensé la trahison* ». Il ne dira rien d'autre quand, en 1990, 1991 ou 1993, il prônera l'« oubli » des faits de collaboration, dans la mesure où « *on ne peut pas vivre tout le temps sur des souvenirs et des rancœurs* », et déclenchera même la polémique en laissant percer son désaccord sur la tenue du nouveau procès Touvier. De nombreuses prises de position, dans les semaines et les mois qui suivent la Libération de Paris, montrent que cette attitude est chez lui mûrement réfléchie. A ses yeux, l'appartenance aux rouages du gouvernement de Vichy n'entraîne pas *ipso facto* condamnation. Il faut avoir « pensé la trahison ». Or, ce n'est pas le cas, estime-t-il, de ses anciens camarades, ni des gens qu'il a connus à Vichy et qui, au pire, se sont trompés. Il est bien placé pour savoir qu'il a lui-même hésité, durant l'année 1942, sur la route à suivre. Il est conscient d'avoir ensuite fait le bon choix, mais il n'entend pas pour autant jeter la pierre à ceux qui ne l'ont pas imité. Le faire équivaudrait à juger et condamner sa propre période pétainiste. Ce à quoi il s'est toujours refusé...

Les autres éditorialistes de l'époque réfléchissent eux aussi sur l'épuration. François Mauriac, dans *Le Figaro*, polémique avec Albert Camus, de *Combat*, lui reprochant avec véhémence son « mépris de la charité ». Camus répond[1] :

> « Je voudrais seulement lui dire que je vois deux chemins morts pour notre pays (et il y a des façons de survivre qui ne valent pas mieux que la mort). Ces deux chemins sont ceux de la haine et du pardon. Ils me paraissent aussi désastreux l'un que l'autre. »

Le journaliste François Mitterrand, lui, réagit au gré des événements. Après que des détenus ont été enlevés de prison, à Gap, et abattus sur le bas-côté d'une route, il stigmatise les « *escrocs à la Résistance*[2] » :

> « *Ces hommes qu'on tue ainsi sans jugement, croyez-vous qu'ils ne nous font pas juger ? Croyez-vous que, fussent-ils des traîtres, ils ne portent pas accusation contre nous qui sommes incapables de valider par nos actes l'ordre républicain dont nous nous réclamons ? Accusez la cinquième colonne qui subtilise les dossiers et extorque les non-lieu, mais il est une sixième colonne dont vous ne mesurez pas les dangers et qui finira par persuader les Français que la Résistance est l'excuse du crime.*
>
> *Là-dessus, la presse est unanime. Elle condamne l'affaire de Gap et s'indigne des menaces qui pèsent sur notre équilibre intérieur. Mais osera-t-elle avouer les raisons du mal et chercher les remèdes ? Il suffirait, pensons-nous, d'en appeler aux véritables combattants de la vraie Résistance. Que tant de naïfs et même d'innocentes victimes de rancunes politiques, de ragots de concierges ou de leur propre imbécillité croupissent dans les prisons, alors que les traîtres, les dénonciateurs et les profiteurs de la faim bénéficient de l'indulgence ou de l'oubli, cela ne peut nous convenir.* Trop d'escrocs à la Résistance, qui ne l'ont rejointe que du jour où elle fut victorieuse, parlent et agissent en son nom[3].*

1. *Combat* du 11 janvier 1945.
2. *Libres* du 10 février 1945.
3. Souligné par l'auteur.

> *La justice mal rendue, l'épuration hasardeuse sont la consé-
> quence directe de cette erreur fondamentale qui nous fait admettre
> dans nos rangs nos pires ennemis : ceux qui, avec notre agrément,
> volent nos peines et notre honneur. »*

Le lundi 28 mai, il se déchaîne, tel un Fouquier-Tinville
désignant à la vindicte populaire les affameurs du peuple :

> « ... *Le gouvernement ne pèche pourtant pas, en bien des
> domaines, par excès de faiblesse. Il est composé d'hommes qui ont
> su prendre, en leur temps, des responsabilités considérables. Mais il
> est inquiétant de voir ces mêmes hommes farouches, irréductibles
> dans le combat contre l'ennemi extérieur, si timorés dans la lutte
> contre cet adversaire qui s'appelle le marché noir.*
>
> *On a fusillé des journalistes, hier on a condamné à la peine de
> mort un général de soixante-quinze ans, mais on pourrait croire que
> la peau des trafiquants est trop précieuse pour s'accommoder de
> douze balles. Retenez pourtant ce conseil : abattez publiquement
> quinze d'entre eux, et ils sont faciles à trouver, et vous aurez résolu
> pour une bonne part un problème sur lequel se penchent trop d'ex-
> perts, mais pas assez d'honnêtes gens. »*

Fichtre !

Quelques jours plus tard, Mitterrand est pris à parti par
L'Humanité qui parle de « provocation ». Il persiste et signe...

Le procès du Maréchal, qui se déroule du 23 juillet au
14 août 1945, donne à l'éditorialiste de *Libres* l'occasion
d'affiner son jugement sur Vichy, Pétain, et donc sa propre
attitude durant cette période.

François Mitterrand assiste au procès, mais n'y consacre
que trois éditoriaux. A l'époque, il est plus préoccupé par le
sort des prisonniers, par la politique intérieure et même par la
politique internationale. Il s'en prend davantage à ceux qui
ont abandonné la France au Maréchal qu'au Maréchal lui-
même, envers qui il n'use d'aucun mot désagréable. Il fourre
dans le même sac les accusés et leurs accusateurs, Daladier,

Herriot, Lebrun et autres dignitaires de la IIIe République qui défilent à la barre. Avec une délectation particulièrement féroce pour ce qui concerne Édouard Daladier...

Comme tous les commentateurs de l'époque, il ne parle pas de l'antisémitisme de Vichy. Comment aurait-il pu en être autrement puisque le mot n'a même pas été prononcé durant ce long procès ! Le pasteur Bœgner, qui a le plus parlé du sujet et de ses démarches à Vichy auprès du Maréchal, a pudiquement évoqué la « persécution des non-aryens ». D'autres ont stigmatisé comme en passant la « politique raciale » de Vichy. Sans être interrompu par le président du tribunal ni par l'avocat général, M. Roussel, ancien président de section au Conseil d'État, qui présidait la commission de révision des naturalisations, a pu même exposer placidement son travail, entériné par l'ensemble du Conseil d'État. Ce fonctionnaire exhalait une parfaite bonne conscience du travail bien fait :

> « On s'attendait à une opération massive, devant porter sur un très grand nombre de dénaturalisations. Or, par le fait de notre jurisprudence, qui avait été bienveillante, très humaine, qui n'avait aucune préoccupation ni raciale ni politique, mais se plaçait simplement au point de vue de l'intérêt supérieur de la France, nous arrivions à des résultats absolument déconcertants ; nous n'atteignions pas, en effet, trois pour cent du nombre des gens naturalisés[1]... »

Tous les procès d'après-guerre ont escamoté ce sujet. Les éditorialistes aussi. Albert Camus ne l'aborde avec ampleur qu'en 1948, dans sa préface à un livre de Jacques Méry intitulé *Laissez passer mon peuple*.

Le 11 juillet 1945, rendant compte du procès Pétain, Fran-

---

1. *Le Procès du Maréchal Pétain,* compte-rendu sténographique, Albin Michel, Paris, 1945.

çois Mitterrand ne dit pas un mot du Maréchal, mais consacre son éditorial à attaquer Daladier :

« *Ferons-nous une fois de plus preuve de mauvais esprit ? Mais il nous faut l'avouer : M. Daladier déposant au procès Pétain, cela nous paraît une galéjade. Que dit M. Daladier ? Que Pétain est un traître, un défaitiste, un cagoulard. Voici qui nous intéresse. Mais il ajoute quelque chose comme : "Je le savais depuis long-temps, je n'ai jamais eu confiance, je l'avais bien prévu", et toutes nos larmes depuis longtemps bues, nous avons cette fois une énorme envie de rire. Ainsi, M. Daladier le savait. Ainsi, tout le monde le savait : non seulement M. Daladier, mais encore les honorables présidents du Conseil et autres notables qui défilent aujourd'hui chez le juge d'instruction. On a un peu envie de se demander pour-quoi le Conseil supérieur de la guerre n'a jamais été épuré par les ministres responsables, pourquoi M. Daladier a précisément choisi comme ambassadeur à Madrid ce vieux monsieur de quatre-vingts ans dont il connaissait si bien les manies et les tares.*

En vérité, nos yeux s'ouvrent tout grands sur ce gâteau mirifique qu'on appelait démocratie et qu'on voudrait maintenant nous faire ingurgiter à la mode de 75. Comment ! dans un régime où le plus banal orateur de comice agricole se gargarisait des plus beaux mots de la langue française et se donnait à lui-même l'illusion que la liberté lui appartenait au même titre que le gigot de mouton et que le chambertin servis une demi-heure plus tôt par une belle fille du pays, dans un régime où l'on ignorait cette curieuse chose qu'est un ministre de l'Information, parce que rien ne pouvait être caché au plus modeste citoyen, voici des présidents du Conseil, des chefs de gouvernement, des élus du peuple qui, connaissant les préparatifs de la trahison, ont pu obstinément se taire !

On nous le fera difficilement entendre. Ou M. Daladier savait que Pétain sabotait et trahissait, et il ne devait pas attendre tant de désastres pour nous le dire, ou il ignorait et il ment.

De toute manière, dans la mesure où cela lui serait encore pos-sible, il ne se grandit pas. Lorsqu'il était à Bourrassol [1]*, nous avions pitié de lui. Nous n'avions pas besoin que Hitler et le pro-*

---

1. Lieu de détention de Daladier jusqu'à son départ pour l'Allemagne, le 30 mars 1943.

cureur général Cassagnau[1] se mêlent de nos affaires. Cela nous regardait, et nous seuls. Mais, aujourd'hui que Hitler est mort et que le procureur général Cassagnau jouit d'une douce retraite, cela continue de nous regarder. Et il nous déplaît de voir M. Daladier, avec d'autres, frapper leur mea culpa *sur la poitrine des autres.*

Il y a dans ma rue trois femmes qui, le soir, tricotent devant leur porte. Il leur arrive de parler ensemble de leurs malheurs. Le mari de l'une a été tué à Sedan, le 15 mai 1940 ; le mari de l'autre a été fusillé par la milice ; le mari de la troisième vient de passer cinq ans dans un kommando du Hanovre.

La deuxième disait l'autre jour : "Darnand est en prison et je suis bien contente. Douze balles, pourtant, c'est peu. A Cusset, on a pendu Senati par les pieds. C'était notre dénonciateur. Vous pensez si j'ai applaudi !" La première a répondu : "Je n'en demande pas tant pour ma justice à moi. Ceux qui ont donné à mon mari un vieux fusil contre des tanks, je n'ai pas besoin qu'ils aillent en prison. Mais je trouve que les journaux sont encore bien complaisants avec eux." La troisième n'a rien dit. Elle pensait sans doute que cinq ans de prison pour dix-huit cent mille hommes auraient pu au moins enseigner, à ceux qui en sont responsables, la pudeur du silence. »

Pour François Mitterrand, le procès du Maréchal est d'abord celui des responsables de la débâcle face à l'armée allemande. Et il s'en prend également avec virulence à Édouard Herriot :

« ... On avait bien appris dans nos manuels d'Histoire que la France était un grand pays. Voilà un adjectif bien fâcheux : grand ! Comment veut-on que M. Herriot soit à l'aise à une époque où l'on ne parle que de grandeur ? C'est pourtant ce qui est arrivé. A force de vivre dans une honnête moyenne, les Français sont allés à Munich avec l'autre Édouard, le petit. A force d'avoir visé dans le juste milieu, nous avons fini par tirer trop bas. Et Vichy fut la récompense amère de tous ceux qui, pour avoir refusé la gran-

---

1. Au procès de Riom qui était censé juger les six hommes responsables de la défaite, au printemps de 1942, le procureur Cassagnau, avocat général près la Cour de Cassation, lut un réquisitoire de 164 pages contre Daladier.

deur, devaient être les premières victimes des exactions de la bassesse. Nous avions vingt ans lors des accords de Munich. Et beaucoup, comme nous, n'ont eu pour cadeau de majorité que l'humiliation, la mort et la captivité. Cela nous donne un peu le droit de juger, cela nous confère quelques droits à la sévérité. Depuis cinq ans, nous avons lutté, combattu, et nos rangs ont été farouchement clairsemés. Si, dans nos moments de désespoir, nous avons aimé nos traditions, il nous a fallu remonter assez loin dans leurs fastes : depuis vingt-cinq ans, le Français moyen de M. Herriot avait appelé civilisation la paire de pantoufles et le bifteck pommes frites. Dans les discours officiels du temps, qui aurait pu reconnaître le souffle épique des combattants de 14-18, des conquérants du Sénégal, du Maroc et de l'Indochine ? Pauvre épopée contrainte de passer par la bouche d'or de nos politiciens !

Et voilà qu'après tant de sottises moyennes, mères de tant de catastrophes grandioses, des paroles de grandeur sont venues jusqu'à nous. De Gaulle, et puis Péri, Bertie Albrecht, Narbonne, Médéric, et puis tous ceux qui, dans leurs prisons, dans leurs camps, ont su reconquérir l'âme même de notre peuple, sont devenus nos seuls amis et nos seuls maîtres. Les autres ? Nous les avons oubliés complètement, absolument... »

On retrouve dans ce texte épique les accents du jeune homme féru d'Histoire, nourri par les exploits des « poilus », vibrant aux récits de l'épopée coloniale, qui aspirait à la grandeur et se heurtait à une politique médiocre menée par des politicards de comices agricoles. A ses yeux, Vichy n'en fut que le sous-produit. De ces responsables minables, il ne réclame que le silence, pour faciliter l'oubli d'une sale période : celle de ses vingt ans. François Mitterrand n'est plus ici que le résistant qui se reconnaît d'abord et avant tout en de Gaulle qui, le premier, sut prononcer de nouveau des paroles de grandeur. Le souffle de l'Histoire a balayé les querelles avec son neveu...

Après ces réflexions sur les hommes de la IIIe République, il consacre, le 27 juillet, un éditorial au procès lui-même :

Un homme nouveau

« *Dans cette petite salle se déroule un grand procès. Mais ce grand procès réunit de très petits hommes, et donc la petite salle ne détonne plus du tout. Tout le monde s'y appelle Monsieur le Président. Chacun de ces présidents fait de l'esprit et fait la roue. Depuis le président de la Haute Cour, qui ne rate pas une occasion de sortir un bon mot, jusqu'à ces présidents du Conseil des ministres qui, ayant tout manqué devant l'Histoire, se rattrapent en racontant des histoires. L'accusé, lui, se tait. Malgré sa surdité, on a tout lieu de croire qu'il entend et écoute. Il joue avec son képi ou avec ses gants. De temps en temps, il rosit ou sourit ou s'énerve. Et il s'obstine dans un "non perpétuel". Lui aussi a attendu ce jour pour apprendre à dire "non".*

Chacun des témoins témoigne pour lui-même. M. Daladier nous récite sa défense du procès de Riom. M. Lebrun, fort honnête homme, s'interroge et ne conclut guère. Il s'étonne au surplus d'avoir été traité avec si peu de courtoisie, lui qui fut toujours si poli.

Les jurés, eux, atteints par la maladie de l'époque, se demandent à tout moment ce que les grands ancêtres de la Convention eussent fait à leur place. L'un d'entre eux me le disait hier : "Eh oui, me voici en passe d'être un maréchalicide !" C'est une manière comme une autre de passer dans la postérité. Et cela ne leur déplaît pas. Je les imagine, chaque soir, hantés par le souvenir glorieux des régicides de l'autre siècle. On sent qu'ils n'interviennent que pour donner à leurs partis respectifs des arguments électoraux. Les questions qu'ils posent aux témoins sont d'une désarmante inutilité. Hors de fortes interventions de M. Pierre Stibbe et de M. Tony Révillon[1], tout le reste fut rabâchage et bavardage.

Qui gagnera à tout cela ? Peu m'importe que Mᵉ Isorni soit plus éloquent que le procureur général Mornet, ou que le président Mongibaux possède l'esprit de l'escalier. Peu m'importe que M. Pierre Bloch songe à ses électeurs de Laon ou que M. Jammy Schmidt s'embrouille dans ses explications.

Par une fenêtre haute, on aperçoit la flèche de la Sainte-Chapelle. Le ciel de juillet la découpe, fragile et pure. Véritablement, c'est au dehors de cette salle dorée et plate qu'il faut chercher à respirer. Dans ce procès de trahison, tant de petites trahisons s'étalent qu'on en a le cœur fatigué. Pauvre régime qui eut pour derniers

---

1. Sénateur de l'Ain, radical-socialiste.

défenseurs des hommes qui ne savent discourir sur leurs erreurs. Un maréchal de France a mis la République dans sa poche. Un président de la République avait ses nuits troublées par les visages de Foch, de Poincaré, de Clemenceau. Mais il s'inclinait "constitutionnellement" devant un vote arraché à Vichy par un Auvergnat madré. Un président du Conseil, ministre de la Guerre, foudroie, cinq ans après, les généraux félons qu'il avait cependant le pouvoir de destituer. Quel Français ne se sent secrètement irrité de cette contredanse rétrospective ? Les gros titres de journaux le stupéfient : "Tiens, les revoilà !" Et il attend impatiemment les seuls témoignages qui comptent : celui des combattants de 1940 qui cherchèrent en vain des avions amis au-dessus de leur tête, celui des hors-la-loi que poursuivait une police dite française acoquinée à la Gestapo, celui des déportés qu'un gouvernement honteux abandonnait aux tortionnaires. Quant aux autres, accusés ou accusateurs, complices dans la trahison ou dans la lâcheté, complices de notre malheur, il se ferait un vrai plaisir de les mettre dans le même sac. »

L'indulgence de François Mitterrand à l'égard de ceux qui ont suivi Vichy ne l'empêche pas de se montrer fort méprisant envers les ouvriers de la « treizième heure », ceux qui viennent frapper à sa porte pour quémander, ainsi qu'il l'écrit le 8 septembre 1945. Il retrouve alors la dureté du clandestin qui avait lui-même plus l'habitude de trouver porte close qu'accueil chaleureux. Et il constate non sans une certaine amertume que ceux qui étaient du bon côté habitaient plutôt Courbevoie, Pantin, Bobigny ou Montrouge, alors *« que les autres – ou, pour être plus juste, disons l'autre : la bourgeoisie –, ils attendaient la treizième heure... »* A ces bourgeois qui viennent chercher des places et qu'il méprise, il préfère encore *« cet ami douloureux qui, lui, a cru de toute son âme à l'honneur d'un vieil homme et qui reste fidèle, une heure encore, à l'illusion ».* Il définit ainsi un peu mieux le champ de son pardon. N'en sont exclus que ceux qui ont « pensé la trahison », comme il l'a dit dans son texte précédent, ou, comme aujourd'hui, « ceux qui ont bafoué et renié » leur pays. Ce texte est important, car il laisse deviner l'ampleur de son évolution, la répudiation de certains amis en même temps que son témoignage de fidélité à ceux qui se sont trompés de bonne foi.

« *On a beaucoup frappé à ma porte, cette semaine. De vieux amis, connus autrefois à l'université, au régiment ou au kommando : ils ont lu mon nom parmi beaucoup d'autres dans les journaux et m'ont apporté, avec leurs visages vieillis, la brassée des souvenirs qu'on s'accorde à trouver excellents parce qu'ils sont lointains. De chers amis, rencontrés au cours de ces mois terribles : eux n'ont pas eu besoin des journaux pour me joindre ; et même ce nom qui est le mien, le vrai, il leur a paru déformant, étranger, tant ils s'étaient habitués aux autres, qui changeaient au gré des visites domiciliaires. Des inconnus espérant alléger leur angoisse sont venus aussi afin de savoir le sort d'êtres aimés, victimes de l'ennemi. Tous ceux-là ne m'ont rien demandé, ou peu de chose : un dîner, un apéritif, ou cinq minutes entre deux portes, ou, mieux encore, la joie de l'amitié ou d'un peu d'espérance. Mais, si l'on a beaucoup frappé à ma porte cette semaine, c'est parce que les ouvriers de la treizième heure se pressent à l'embauche. Et ceux-ci ont tant de choses à exiger !*

Quel dommage qu'on ne l'ait pas su plus tôt ! Qui n'a pas reçu un aviateur américain ? Qui n'a pas agencé une filière pour l'Espagne ? Qui n'a pas fabriqué de faux papiers pour évadés ? Qui n'a pas un arrière-petit-cousin considérable aux F.F.I. ? Ma mémoire s'y perd, elle qui se trouvait tant à l'aise parmi les cinq ou six adresses où s'offrait un refuge ! Je mesure ma sottise pour avoir couché bêtement dehors plus souvent qu'à mon goût. Je me reproche cette suspicion à l'égard du concierge qui encouragea mon agent de liaison à monter à l'étage où, depuis la veille, s'était postée la Gestapo. Je m'accuse de la méfiance qui me faisait quitter tel café lorsqu'un garçon trop obligeant téléphonait discrètement à des clients munis de lunettes d'or et de chapeaux verdâtres[1]. Je confesse le mauvais goût que j'eus de rompre d'antiques relations parce que le soir où, les rabatteurs étant proches, j'appelais au secours, on venait justement de prêter la dernière chambre. Il existe une manie du clandestin. J'ai dû en souffrir sans m'en rendre compte. Mais il n'y

---

1. Référence à Charles Delval. Voir *supra*, pages 467 et suivantes.

avait pas, alors, tant de drapeaux à nos fenêtres, et comment deviner ?

On dira que je plaisante, ou bien que j'exagère, parce que j'ai l'air de monopoliser la foi dans nos destins. Eh non, je ne plaisante pas ! Il est des points de cette histoire obscure à fixer pour l'Histoire. Ceux d'entre nous qui ont vécu en proscrits savent délimiter les zones où la France espérait... Et ces zones sont celles où les hommes ont depuis toujours la souffrance pour compagne. Le dernier jour de l'insurrection, nous avons passé en revue quelques-uns de nos groupes-francs. Mal habillés, mal équipés, sales, ils possédaient la marque d'une étonnante noblesse. Mais ils habitaient Courbevoie, Pantin, Bobigny ou Montrouge. Les autres, ou, pour être plus juste, disons l'autre, la bourgeoisie, ils attendaient la treizième heure.

Si l'on a beaucoup frappé à ma porte cette semaine, c'est parce que les fuyards de Belfort et de Baden-Baden ont laissé quelques places vides. Et les ouvriers de la treizième heure surgissent, bourrés de diplômes, de dossiers de mérites. Le slogan s'impose déjà : "La Résistance a joué son rôle ; donnez aux combattants des médailles, mais réservez les postes aux maîtres en rouerie, en ficelles, aux équilibristes de la politique et de l'Administration." Eh bien, non ! Le courage de nos soldats du Clandestin fut plus encore civique que militaire. La bonne politique, l'administration honnête et compétente commandent ce courage-là qui a déjà triomphé de la technique dans des luttes autrement plus difficiles. Les ouvriers de la treizième heure ont trop attendu pour n'attendre pas encore un peu. Quand tout sera en ordre, ils pourront de nouveau frapper à notre porte. On les y recevra le mieux du monde. On les accueillera parmi nous, car la nation n'abandonne que ceux qui l'ont bafouée ou reniée. Mais, tout de même, à ces gens dont la méthode consiste à manquer l'heure des rendez-vous, je préfère cet ami douloureux qui, lui, a cru de toute son âme à l'honneur d'un vieil homme et qui reste fidèle, une heure encore, à l'illusion. »

L'éditorialiste a été confronté personnellement aux problèmes de l'épuration. Son mouvement de résistance a eu des « traîtres » ; lui-même a été dénoncé. Il a eu des amis ou des relations qui ont connu des démêlés avec la justice. Lui-même et ses amis ont été attaqués, à l'intérieur même du mouvement, pour leurs accointances avec le régime de Vichy. Nous verrons aux chapitres suivants comment il a alors réagi...

Mais, comme François Mitterrand le dirait lui-même, tout cela n'est encore que des mots, et ce qui compte, ce sont les actes.

Dans son milieu, « on ne parlait pas d'argent à table », et il est indubitable que, même lorsqu'il frayait dans des eaux très éloignées du centre, jamais il ne fut du côté de la bourgeoisie d'argent. Plutôt avec les vinaigriers contre les cognaquiers, même si son mépris des trusts et de la finance internationale flairait plus son Maurras que son Blum. Il a gardé ce mépris, mais l'exprime désormais plus brutalement, dans un langage assez proche de celui de *L'Humanité*. Ainsi, dans *Libres* du 26 octobre 1944 :

> « *Chers grands ancêtres (ils sont tous morts assez jeunes), il ne fallait pas croire la Révolution terminée parce que vous aviez tranché quelques cous*[1]. *Pour conquérir sa liberté, il faut être plus vigilant que celui qui vous tient. Vous avez chassé des monarques dont certains étaient débonnaires, mais vous n'avez pas compris que le plus puissant d'entre eux continuait de vous narguer. L'Argent ! L'Argent roi ! A-t-il assez bâti de châteaux-forts, de ponts-levis et de palais ! Mais personne ne les voyait, car tout le monde pensait en profiter. Et, peu à peu, de maillon en maillon, le filet s'est refermé, filet d'or, filet de sang, et je crois bien que Bloy avait raison quand il voyait dans ce filet des millions d'hommes se débattre.*
>
> *Je ne puis m'empêcher de penser, devant ces brèves informations qui ne publient que des chiffres, mais qui cachent tant de cœurs détruits, à l'ironie des mots. Non, nous n'avons pas conquis la liberté. Nous aurons beau écrire démocratie et tolérance, solidarité et fraternité, tout cela tombera en poussière si nous ne discernons pas, sous ces mots, l'ennemi qui nous guette. A l'Internationale de l'argent correspond notre Internationale. Moi aussi, dans les*

---

1. C'est la première fois, à notre connaissance, qu'il se réfère avec une telle chaleur aux révolutionnaires de la Terreur.

camps, j'ai été un esclave. Mais je ne suis pas tellement sûr de ne plus l'être. A l'Internationale de l'argent correspond l'Internationale des hommes dont je suis, et qui rassemble des millions d'êtres enchaînés. A nous de démontrer que celui qui nous garde sera moins vigilant que nous... »

Mitterrand cite même Lénine et parle de la « *grande voix de Jaurès... qui résonne encore douloureusement au fond du cœur de ceux qui croient à l'avenir pacifié des hommes* ». Ces références nouvelles à des hommes de gauche et d'extrême-gauche traduisent un évident changement. Dans son premier livre, *Les Prisonniers de guerre devant la politique*, publié à l'automne de 1945, il définit ainsi ce qu'il croit devoir être la politique :

« Ce qu'on a coutume d'appeler la politique n'est que le caté-chisme de la combine et du maquignonnage. La France, qui en a subi les conséquences, sait à quoi s'en tenir à ce propos. Mais la vraie, l'authentique politique, si elle n'exclut pas, fort au contraire, l'habileté, la souplesse, l'opportunisme lorsque de grands desseins commandent, peut toujours se résumer en quelques thèmes fort simples. Depuis 89, les citoyens des démocraties se sont habitués au vieux slogan de la liberté et de l'égalité. Mais ils n'ont pas perçu qu'à l'instant même où ils arrachaient leur liberté, leur égalité poli-tiques, naissait l'époque de la machine. Et l'ère industrielle a pu tranquillement développer, sous le couvert d'un libéralisme fort prisé, un système monstrueux d'esclavage. Sans doute Lamartine avait-il quelque éloquence lorsqu'il célébrait le drapeau tricolore. Sans doute, puisqu'on l'applaudit. Mais il avait tort d'invoquer la liberté de l'homme qu'un ordre social mécanique reniait et brimait. En 48, on ajouta sur nos frontons le mot : fraternité. Et, pendant ce temps, les enfants de moins de douze ans travaillaient quatorze heures par jour dans les charbonnages ou devant un métier Jac-quard. Il est donc inutile de remarquer que lorsque nous parlons de liberté, nous n'avons garde d'oublier qu'il ne s'agit point de liberté pour un honnête bourgeois de lire le journal qui lui convient. Ou plutôt, qu'il s'agit de celle-là, mais après bien autre chose. La pre-mière liberté est celle de manger à sa faim... »

Quel vigoureux plaidoyer contre le libéralisme sauvage !

A la fin de novembre 1944, il s'élève vigoureusement contre l'« *esprit de parti* » qui « *détruit notre unité et construit nos malheurs* ». A la mi-mars 1945, il change radicalement d'avis :

> « *Nous avons décrié l'esprit de parti. Et, par esprit de parti, nous entendions esprit partisan. Nous avons invité les Français à trouver des thèmes qui rassemblent plutôt que de rechercher des thèmes qui divisent. Et certes, dans un sens, nous avions raison. Mais quelle paix est véritable si ce n'est la paix du cœur ?* »

Désormais, il ne voit pas d'autre solution, il ne se voit pas d'autre avenir que de se lancer à son tour dans la politique « politicienne »...

TATONNEMENTS

Les semaines qui suivent la Libération entraînent François Mitterrand dans un véritable tourbillon. Après l'abandon de son maroquin, il ne renonce pas pour autant à son ambition de s'appuyer sur la communauté des prisonniers pour devenir un acteur principal de la vie politique française. S'il a refusé d'être secrétaire général du ministère des Prisonniers, Déportés et Réfugiés, puis, quelques semaines plus tard, de devenir député à l'Assemblée consultative, c'est qu'il est convaincu de pouvoir peser davantage en restant à l'intérieur de la communauté « Prisonniers ». Officiellement, il n'est plus que la figure de proue du MNPGD et l'éditorialiste de *Libres*. Il s'installe dans de superbes locaux réquisitionnés, rue de Tilsitt, à côté de l'Étoile. Toutefois, il ne bénéficie plus de la marge de manœuvre dont il disposait dans les semaines qui précédèrent la Libération et durant les quelques jours où il exerça les fonctions de secrétaire général au sein du gouvernement insurrectionnel. Il doit désormais compter avec de nombreuses autres forces : Frenay, d'abord, même si ce dernier est un ami ; Philippe Dechartre et Jacques Bénet, revenus d'Alger, qui n'entendent point lui laisser la bride sur le cou ; les communistes, regroupés autour de Bugeaud, qui n'ont pas renoncé à « noyauter » le Mouvement « prisonniers ».

François Mitterrand est toujours entouré du colonel Patrice, de Munier et de Finifter, sa garde rapprochée. Mais

Danielle lui manque, toujours « en lieu sûr » avec Ginette Munier, chez les parents de Jean. Le jour de la libération de Dijon, elle et Ginette participent à la liesse populaire quand elles remarquent une voiture qui se gare au bas de chez les Munier. Les portières s'ouvrent : François Mitterrand et Jean Munier en bondissent pour se ruer vers elles. Les deux couples attendront quelques jours avant de remonter vers Paris. Danielle et François décident au cours de ce voyage de se marier le 28 octobre. Le couple s'installe avenue du Maréchal-Lyautey, dans le même immeuble que le couple Pelat-Gouze.

A la mi-septembre, après cette virée en Bourgogne, Mitterrand reprend le combat à l'intérieur du MNPGD. Les négociations vont bon train sur les conditions de la fusion entre le mouvement et les Centres d'entraide, dont le principe a été entériné par le secrétaire général du gouvernement, Parodi. Communistes et dirigeants conservateurs des CEA sont comme chiens et chats. Tout un chacun se soupçonne des pires vilenies, des plus honteuses trahisons. Bénet reproche à Mitterrand de faire la part belle aux communistes. Dechartre s'est si bien rapproché des communistes qu'il adhérera un temps à leur parti. Mitterrand mène naturellement à l'égard de ceux-ci un jeu compliqué dont l'objectif est pourtant clair dans son esprit : limiter le poids des communistes tout en se servant d'eux pour contenir l'influence des anciens responsables vichyssois des Centres d'entraide. Il s'en souvient fort bien : « *J'étais bon camarade avec beaucoup de communistes. A titre personnel, tout allait bien, mais je n'aimais pas le côté "noyautage" des communistes. Le grand art des communistes à cette époque était le "noyautage"... J'ai toujours veillé à ce qu'ils ne soient pas mis de côté, mais qu'ils ne s'emparent pas des leviers de commande. Il fallait toujours les contenir...*[1] » Il évoque à ce

_____

1. Entretien du 1er juillet 1994.

propos les noms de Pierre Bugeaud, de Robert Paumier et de Pierre Verrier, lequel n'adhérera que plus tard au PCF...

Pour faire admettre aux communistes le rééquilibrage nécessaire au sein de la direction du MNPGD et surmonter leur méfiance envers les « bourgeois » vichyssois des Centres d'entraide, François Mitterrand leur présente l'opération comme une entreprise de noyautage de ces centres. La pilule est plutôt dure à avaler pour les représentants du « parti des fusillés ». Le milieu « prisonniers » va être largement épargné par la « grande lessive ».

La mise en œuvre de cette stratégie va prendre plusieurs mois et provoquer de très rudes batailles, notamment entre les deux principaux champions des deux camps, Mitterrand et Bugeaud. Henri Frenay jette tout son poids de ministre des Prisonniers, Déportés et Rapatriés en faveur de son ami Mitterrand. Il charge ainsi Jean Védrine, l'ami de François, d'une mission dans toute la France, visant à remettre en marche tout l'appareil des CEA. Il devra préparer leurs dirigeants à la fusion avec le MNPGD, et épurer si le besoin s'en fait sentir. « Franciscain »-résistant, il a les mêmes idées que François Mitterrand sur les contours que doit prendre cette épuration.

Avec l'honnêteté qui le caractérise, Védrine écrit dans son témoignage :

> « Je dois expliquer aussi que, dans cette occasion encore, une certaine forme de solidarité-complicité entre anciens P.G. m'a permis de remplir sans incident et avec une efficacité reconnue cette mission difficile. Résolument décidé à ne pratiquer aucune épuration pour divergences d'opinions, je devais cependant écarter des délégués du Commissariat, des directeurs et des employés des Maisons du prisonnier, et quelques dirigeants des Centres d'entraide quand leurs prises de position ou leurs actions leur avaient fait perdre tout crédit auprès des anciens P.G., des familles de P.G., et ceux dont les nouvelles autorités issues du gaullisme ou de la Résistance intérieure refusaient de reconnaître la représentativité.

Dans les milieux d'évadés et de rapatriés, il y avait très peu de "salopards". J'eus seulement à éliminer six ou sept cadres dont un fut déféré à la justice et les autres simplement remplacés.

Le petit nombre de ces mesures, par rapport à un personnel de plusieurs centaines de responsables, montre bien à la fois la qualité des hommes et l'absence de sectarisme dans les milieux d'anciens P.G. En effet, avant de prendre une décision, je consultais largement les dirigeants, des militants locaux des Centres d'entraide, du MNPGD et des services, et je crois n'avoir jamais pris de mesure contraire à leurs vœux, qui me semblaient en général pleins de sagesse. Je devais compléter ma mission officielle en favorisant l'union de tous les anciens P.G. et la préparation d'élections dans les CEA[1]. »

François Mitterrand a perdu dès le mois d'août un des outils de son pouvoir : sous la pression du général Kœnig et des « vrais » militaires, le colonel Patrice, après ses démêlés avec la justice militaire, est obligé d'abandonner son bataillon « Liberté » à la Iʳᵉ armée.

On croise souvent François Mitterrand rue du Croissant, au journal *Libres*, où Marcel Hædrich vient d'être nommé rédacteur en chef et bataille déjà ferme contre les communistes. C'est le temps des meetings à travers tout le pays, celui des revendications dans les ministères pour défendre la cause des prisonniers. Le temps aussi des idylles, pour Mitterrand comme pour Pelat, les deux inséparables amis tout auréolés de leurs exploits dans la Résistance et qui préparent leur mariage avec les deux sœurs Gouze.

Mitterrand se bat sur tous les fronts. Il critique dans *Libres* l'« esprit de boutique » des Centres d'entraide qui, par conservatisme, traînent les pieds dans les préparatifs de fusion avec les « cocos » du MNPGD. Il se bat contre les communistes qui, avec une célérité vertigineuse, « noyau-

---

1. In Védrine, *op. cit.*

tent » le mouvement. Laissons-lui le soin de raconter cet épisode, ce qu'il fit en 1945 :

> « *Au MNPGD, le groupe communiste (…) n'avait jamais réalisé pratiquement la fusion. Nous ne connaissions que quelques-uns de ses cadres (…). Ses chefs, courageux, expérimentés, mais avant tout membres de leur parti, ont davantage considéré l'organisation de résistance des prisonniers de guerre et déportés comme une colonie de peuplement et d'exploitation que comme un mouvement nouveau devant avoir une indépendance absolue dans la synthèse harmonieuse de toutes les familles politiques françaises rapprochées par la captivité.*
>
> *De ce fait, dès la Libération, on vit quelques dizaines de ses militants, inconnus jusqu'alors, se parer, sans mandat, dans les départements où nous n'avions pas eu le temps de nous étendre, du titre de délégués du MNPGD. Cela était d'autant plus facile que les liaisons furent pendant près d'un mois complètement bloquées en raison des événements militaires. Ces délégués auraient pu servir le Mouvement. Mais leur tempérament politique l'emporta. Plusieurs d'entre eux allaient chercher leurs directives à la permanence locale du Parti. Cette attitude ne pouvait que braquer les prisonniers de guerre. Aussi des conflits nombreux furent-ils enregistrés dans les départements ainsi noyautés, alors que dans la plupart des départements où le Mouvement s'était solidement charpenté pendant la Résistance, l'entente fut rapidement réalisée.*
>
> *De notre côté, si nous ne pouvions admettre que le Mouvement prenne une tendance politique caractérisée, nous pensions qu'une rupture avec les éléments communistes aurait été malfaisante, dans la mesure où nous aurions eu à nous séparer d'hommes valables qui, comme nous, avaient connu l'exil et qui représentaient une partie particulièrement vivante de la Nation. L'indiscipline de quelques-uns ne devait pas aboutir à une scission tant que nous aurions œuvre utile à faire. Il fallut donc tenter de convaincre nos camarades qu'ils se trompaient. Nous n'y parvînmes qu'à moitié. D'autre part, nous voulions que les prisonniers de guerre soient à l'avant-garde de la révolution morale et matérielle de la France. L'anticommunisme, provoqué souvent d'ailleurs par les excès du parti communiste, était également nuisible à notre idéal. L'unité*

des captifs devait être maintenue, mais ne devait pas non plus camoufler les hypocrisies[1]. »

Au cours du dernier trimestre de 1944, les plans de l'équipe Pinot-Mitterrand se concrétisent sans incidents majeurs. Une conférence nationale du MNPGD a lieu salle des Horticulteurs, les 6, 7, 8 octobre ; elle entérine la décision de fusion du mouvement avec les Centres d'entraide. Tout un chacun peut constater à cette occasion qu'il y a du tiraillement entre Mitterrand et deux membres importants du mouvement, ceux d'Alger, Bénet et Dechartre, qui viennent d'être nommés à l'Assemblée consultative. Les deux hommes ont du mal à accepter le rôle de leader que Mitterrand prétend jouer – et joue – au sein du mouvement. Bénet n'accepte pas davantage le jeu de bascule entre communistes et CEA auquel se prête son ancien camarade du « 104 ». Les « amis de dix ans » sont pris dans la logique des luttes de pouvoir. A noter que le député Bénet devient à la même époque un « homme de l'ombre » : à partir d'un réseau de renseignement monté dans les camps d'outre-Rhin par Pinot, Ponchel, Devaux et de L'Estoile, il crée le CLD (Centre de liaison et de documentation), dépendant de la direction générale des services spéciaux et du ministère Frenay. Mais le pouvoir en milieu « Prisonniers » ne réside ni à l'Assemblée consultative, ni dans les Services spéciaux. Il se trouve – ce qu'a compris d'emblée François Mitterrand – dans les organes qui assument la défense des prisonniers.

Au sein de l'organisation résultant de la fusion et qui se prépare à accueillir des centaines de milliers de prisonniers, enjeu décisif de l'immédiat d'après-guerre, on assiste ainsi à une bataille feutrée entre les chefs, chacun – hormis les communistes – s'évertuant à attirer Pinot dans son camp.

François Mitterrand épouse Danielle Mitterrand le 28 octobre 1944 en l'église Saint-Séverin. Il est entouré de

1. In *Les Prisonniers de guerre devant la politique*, op. cit.

ses plus fidèles amis. Leurs deux témoins sont le colonel Patrice, au bras de Madeleine Gouze, sœur de Danielle, devenue la plus proche collaboratrice du ministre Henri Frenay, et Frenay lui-même. (Henri et Chilina Frenay deviendront les parrain et marraine de Gilbert, le second fils du couple Mitterrand.) C'est André Bettencourt qui a aidé François à passer son habit, avenue du Maréchal-Lyautey, et qui l'a accompagné ensuite rue Campagne-Première. Jean Munier et Ginette sont là, de même que Bernard Finifter et François Dalle. Tous trouvent Danielle « éblouissante », puis attendrissante quand elle chante : « *Mon petit panier, panier percé...* » et se met soudain à pleurer. Elle est amoureuse. Jamais elle n'avait imaginé le poids des activités de son beau résistant. Il est si souvent absent... « Il avait pris de mauvaises habitudes... », reconnaît-elle aujourd'hui.

En novembre, avec quelques grincements de dents, les représentants des Centres d'entraide de la France entière approuvent le principe de la fusion avec le MNPGD. Mais les conservateurs réussissent en contrepartie à provoquer l'autodissolution du MNPGD. Ce n'est donc pas le mouvement de résistance qui absorbera les CEA, mais les deux mouvements qui se fondront dans une nouvelle entité. Une commission bipartite est créée à cet effet. Le principal animateur en est Jean Védrine, l'ami à la fois de Pinot et de Mitterrand. Il sera toujours sur le pont pour veiller au grain – un grain qui, la plupart du temps, est de tonalité communiste...

A la fin de 1944, François Mitterrand connaît des problèmes financiers. Il a maintenant un foyer et sa femme est enceinte. Il s'en ouvre à François Dalle, devenu le patron de Monsavon. Dalle en parle à son tour au président de son groupe, Eugène Schueller, le tout-puissant patron de L'Oréal, l'ancien financier de la Cagoule, mais aussi du Mouvement social-révolutionnaire qui, autour d'Eugène Deloncle, rassembla la fine fleur de la Cagoule – Corrèze, Filliol, Harispe et Jeantet – autour d'un programme antirépublicain et antimarxiste, marqué de xénophobie et d'antisémitisme. Il serait à l'évidence hasardeux de procéder à des amalgames à partir de ce seul rappel. François Mitterrand n'a rencontré Schueller qu'à deux ou trois reprises, et il ne faut voir dans l'obtention d'une sinécure au sein du groupe L'Oréal qu'un service rendu à François Mitterrand par son ami François Dalle, soutenu en l'occurrence par un autre ami, André Bettencourt.

C'est donc sur un malentendu dicté par l'amitié que Beaumont et Lefort, directeurs du magazine féminin *Votre Beauté*, édité par la Société d'éditions modernes parisiennes, acceptent de confier la rédaction en chef du journal à François Mitterrand. Celui-ci a en effet l'intention de créer une maison d'édition classique à partir de la SEMP, et de transformer *Votre Beauté* en revue littéraire, alors que Beaumont et Lefort entendent bien lui conserver son côté « cosmétiques ». Sa situation à la direction de *Votre Beauté* assure néanmoins à François Mitterrand un salaire confortable, un bureau et une secrétaire.

En février 1945, à la suite d'une violente attaque des communistes, Marcel Hædrich, qui a pris parti contre la justice expéditive et est considéré comme trop compréhensif à l'égard du régime de Vichy, se retrouve « jugé » par ses pairs. Il est « débarqué » de la rédaction en chef de *Libres*. Pelat est prêt à en découdre avec les « cocos » de l'imprimerie. Hædrich est quelque peu déçu, en revanche, de l'attitude de François Mitterrand qui, le soir même de son départ, lui téléphone : « *J'ai sauvé le journal... Et j'en prends la direction...* » A la direction de *Libres* arrive pourtant un communiste bon teint, Hentgès. Jusqu'à la fin de 1946, une lutte féroce va ainsi s'engager entre le clan regroupé autour de Mitterrand et celui des communistes, dont la figure emblématique reste Pierre Bugeaud.

Cette lutte va singulièrement compliquer un autre choc frontal : celui qui va opposer le parti communiste et Henri Frenay. Figure légendaire de la Résistance intérieure, Frenay rêve de créer un grand parti travailliste à partir du Mouvement de libération nationale (MLN), parti qui serait ancré à gauche, plus particulièrement à la SFIO. De son côté, les « sous-marins » du PC au sein du MLN mènent une ardente campagne, au nom de l'unité et du rassemblement, pour que le MLN fusionne avec le Front National d'obédience communiste. A la fin de janvier 1945, Frenay parvient à contrer l'offensive du PC. La majorité refuse cette fusion, sans pour autant donner entière satisfaction à Frenay, puisque la future politique du MLN n'est pas définie.

A compter de ce jour, Frenay devient l'homme à abattre pour les communistes. Ils vont utiliser tous les moyens pour parvenir à leurs fins. A l'Assemblée consultative, Philippe Dechartre, devenu communiste, et Raymond Guyot déclenchent l'offensive contre Frenay, lequel réplique à son tour violemment. Dès lors, la polémique va faire rage durant de longs mois. Une campagne systématique est déclenchée contre Frenay par *L'Humanité*, relayée par toutes les feuilles communistes du pays. Le PC commence par l'accuser d'impéritie dans la gestion de son ministère et dans l'accueil des rapatriés, puis il affirme que Frenay entend maintenir encore les prisonniers six à huit mois en Allemagne ! Accusation qui – est-il utile de le préciser ? – est totalement infondée.

Dès les premières attaques des communistes contre Frenay, François Mitterrand, lui aussi dans leur collimateur, tente de voler au secours de son ami, mais sa marge est étroite : Frenay, l'anticommuniste féroce, n'est-il pas soupçonné d'aider Mitterrand dans sa lutte contre les « cocos » au sein du mouvement de prisonniers ? Dans un éditorial de *Libres* daté du 12 février 1945, après avoir émis une critique bénigne à l'adresse de Frenay, il prend néanmoins sa défense :

> « *Nos ennemis communs, nous les savons déjà à l'œuvre : ce sont les éternels partisans, ce sont les éternels étouffeurs. Les uns veulent nous mettre en tutelle, les autres veulent nous séparer. Contre eux, formons un bloc ! Le Mouvement n'est pas le Ministère, et le*

Ministère n'est pas le Mouvement. Mais les captifs sont indivisibles.

Nous imaginons votre solitude, Henri Frenay : ceux qui parlent au nom des présents sont terriblement seuls. Mais ce langage vrai qui est le vôtre sera toujours compris par ceux qui luttent et qui aiment la fidélité. »

Le 26 mars, François Mitterrand réédite l'exercice pour contrebalancer la campagne venimeuse des communistes. Il explique qu'à son retour d'Alger Frenay a dû regrouper des administrations indépendantes tirant à hue et à dia, et qu'aujourd'hui encore il « *ne peut bouger le petit doigt sans avoir à en référer à un département ministériel autre que le sien... Le ministre et ses collaborateurs ont dû se battre contre les vents et les marées et, si nous leur reprochons des conceptions hasardeuses, nul ne peut contredire l'énorme travail de déblaiement et de reconstruction qu'ils ont abattu...* »

C'est dans ce mauvais climat que se tient, du 5 au 8 avril 1945, salle des Ingénieurs civils, le premier congrès constitutif de la Fédération nationale des prisonniers de guerre (FNPG), qui a vocation à représenter tous les anciens prisonniers de France, tous mobilisés pour l'accueil des prisonniers et déportés. Bien que parfaitement organisé par Védrine, ce congrès est houleux. Les clivages sont multiples. Celui qui oppose les éléments « conservateurs » des CEA et les résistants est loin d'être résorbé. Les premiers ont toujours aussi peur des seconds. Ils redoutent le noyautage par les communistes. Bugeaud joue le rôle de tête de Turc et ne sera d'ailleurs pas élu au comité directeur. Un autre clivage apparaît également entre les résistants eux-mêmes. Communistes et mitterrandistes s'affrontent durement. D'un côté, une campagne est menée pour l'élimination de Bugeaud ; de l'autre, Pierre Verrier, responsable de Seine-et-Oise, lance une violente attaque contre Mitterrand en soulevant le problème de sa Francisque et en demandant que son cas, ainsi que celui de « nombreux membres du Commissariat Pinot », soient soumis à une commission d'épuration...

François Mitterrand, qui tient bien en main sa salle, n'a aucun mal à balayer les attaques de l'importun. Il se retrouve néanmoins dans une situation rendue délicate par l'attitude résolument anti-Frenay d'une bonne partie du Congrès qui reproche pêle-mêle au ministre des carences dans l'accueil des rapatriés, de dramatiques insuffisances dans l'aide en matière d'habillement, et qui lui en veut de ne pas assez associer les associations de P.G. à cet accueil. Les communistes sont à la pointe de ce combat. Or, chacun connaît les liens qui unissent Frenay et Mitterrand...

Malgré ce climat délétère, le congrès marque l'aboutissement de l'action du groupe Pinot-Mitterrand. C'est si vrai que Pinot se retire alors de la Fédération, jugeant sa mission accomplie. L'homme de l'ombre a été l'inspirateur de nombreuses décisions et du choix de nombreux responsables. Son crédit était aussi grand qu'étaient forts les liens qu'il avait su tisser avec tous ceux qui avaient travaillé à ses côtés au Commissariat ou dans la clandestinité. Ses objectifs constants avaient été l'unité des P.G., leur réintégration sociale et professionnelle, afin qu'ils pussent mettre au service de la nation l'expérience qu'ils avaient acquise dans les camps. Il existait à ses yeux une continuité entre son action au Commissariat, à Vichy, la résistance « prisonniers », et, à présent, la création d'une Fédération regroupant les CEA, ses enfants vichyssois, et le MNPGD qu'il avait également contribué à créer. Par tempérament et par obligation, du fait de son étiquette vichyssoise liée à son poste de Commissaire, il avait préféré rester dans la coulisse et regarder avec un regard tantôt admiratif, tantôt surpris, son jeune et ambitieux poulain prendre avec maestria, mais aussi avec une dureté qu'il n'avait pas, les commandes de la communauté « prisonniers ». Le premier « parrain » politique de François Mitterrand s'en va[1]...

1. Ce paragraphe sur Maurice Pinot a été largement inspiré par ce qu'en a écrit Jean Védrine, *op. cit.*

François Mitterrand a ainsi poursuivi son ascension. Il s'est imposé grâce à ses capacités intellectuelles et à sa maîtrise des appareils. « A côté de camarades qui s'intéressaient surtout à la vie quotidienne de la Fédération, il était de ceux qui se préoccupaient d'abord des options, des orientations, des programmes, c'est-à-dire de l'avenir et du rôle, dans la nation, de la force que représentaient les anciens P.G. », explique Jean Védrine qui est alors, pour Mitterrand, l'homme qui « tient » la Fédération. Mais son ambition, sa volonté de puissance, son goût de la politique, sa froideur, sa désinvolture lui valent aussi beaucoup de critiques, voire des haines féroces. Le même Jean Védrine, l'ami fidèle de François, laisse percer quelques secrets reproches à son endroit :

> « Il avait trop d'assurance, d'humour, et, dans certains cas, de désinvolture, il était trop "politique" pour ne pas être critiqué ici ou là. Il était jugé parfois individualiste et froid. Et, surtout, ses fréquents retards aux rendez-vous et aux réunions agaçaient et inquiétaient quelques-uns de ses amis et trompaient ses adversaires, car rien ne lui échappait de ce qu'il estimait essentiel. Au service de convictions fermes et d'un réalisme lucide, il mettait une volonté tenace et il entretenait et développait dans les associations départementales un réseau d'amitiés qui s'avéra, au moment des choix importants, plus solide et plus efficace que les filières des partis et des tendances classiques[1]. »

On avait déjà compris que François Mitterrand était un homme de « réseaux », de « clans » qu'il savait utiliser au mieux de son ambition, tout en manifestant, à chacun des hommes composant ces systèmes, amitié ou camaraderie avec une fidélité sans faille.

Les cadres issus du RNPG et ceux des CEA ayant appartenu au Commissariat de Vichy se retrouvent donc à la tête de la Fédération qui devient, en effectifs, la deuxième asso-

1. *Ibid.*

ciation de France, après la CGT. La composition du bureau fédéral en dit plus qu'un long discours :

Président :	L. DEVAUX
Vice-présidents :	G. DEBŒUF
''	J. CORNUAU
''	F. MITTERRAND
Secrétaire :	J. VÉDRINE
Secrétaire adjoint :	P. BUGEAUD
Trésorier :	B. ARIÈS
Trésorier adjoint :	J. POTIÉ
Conseillers :	PH. AMARÉ
''	É. GAGNAIRE
Membre d'honneur :	J. BÉNET[1]

Les gaullistes, anciens du MRPGD, ont disparu. Le communiste Bugeaud, qui a été repêché par les membres élus pour éviter une attaque frontale du PCF, doit se sentir bien seul parmi tous ces anciens du Commissariat, dont cinq « franciscains », tous proches de François Mitterrand !... Mais les communistes ont encore de bonnes cartes en main et ne désespèrent pas de réussir finalement à « noyauter » la Fédération. Ne contrôlent-ils pas déjà la toute-puissante association de la Seine ?

En clôturant le congrès, le président Louis Devaux regrette l'atmosphère qui y a régné :

> « Certes, au lendemain d'une crise effroyable comme celle que la France traverse, il lui est difficile de trouver stabilité et équilibre. J'avais espéré que, peut-être, nous aurions pu donner un exemple à la France. Je dois dire que cet exemple n'a pas été donné[1]... »

Les batailles vont se poursuivre. Les communistes continuent à « chauffer » le milieu « prisonniers » en développant

---

1. Ces renseignements sur la Fédération ont été pris dans *Le Retour des prisonniers de guerre français,* op. cit.
1. In « *P.G.* », bulletin intérieur de la Fédération nationale des prisonniers de guerre.

leurs assauts contre Frenay. Chaque matin, le ministre consacre près d'une heure à parcourir les articles visant son ministère ou lui-même. Ces attaques prennent un tour personnel : il est accusé pêle-mêle de recruter anciens vichystes et cagoulards, d'avoir envoyé aux P.G. le recueil des discours de Philippe Henriot, de se cacher sous un faux nom et de s'appeler en réalité « de Clermont-Tonnerre », d'avoir livré des déportés espagnols à Franco, d'être l'« obligé de Pucheu », d'avoir refusé sa signature pour l'accueil de mille enfants juifs étrangers... Les murs de Paris se couvrent d'affiches qui ne sont qu'injures et diffamations à son endroit. Lui qui a fait échouer le noyautage du MLN et qui, à son poste, est à même de rassembler l'énorme masse des prisonniers dans une autre orbite que celle du P.C., est devenu pour ce dernier l'homme à abattre. Frenay est exaspéré, il se sent abandonné de tous ses amis qui, estime-t-il, ne le soutiennent pas assez. Il trouve Mitterrand et ses camarades de la Fédération trop mous. Le procès-verbal du comité fédéral de la Fédération est là pour lui donner raison : « L'ensemble du comité constate et blâme la carence du ministère dans le domaine de l'habillement des rapatriés... M. Devaux conclut en décidant qu'une demande d'audience soit adressée au général de Gaulle pour lui exposer les griefs de la Fédération contre le ministre... » Mais cette « mollesse » et ces griefs s'expliquent aussi par l'extrême tension qui règne alors à l'intérieur de la Fédération : récuser publiquement les calomnies risquait d'attiser les luttes internes tout en heurtant une base profondément persuadée des méfaits ou carences du ministère[1].

Frenay envoie des lettres de protestation à *L'Humanité*. Elles sont jetées au panier. A la fin de mai 1945, il décide d'attaquer l'organe du P.C. en diffamation.

---

1. Cf. la thèse *Le Retour des prisonniers de guerre français*, de Christophe Lewin, Publications de la Sorbonne.

Malgré toutes les récriminations, toutes les amertumes, le 31 mai, le millionième P.G. rapatrié est solennellement accueilli, alors que les premiers rapatriements datent seulement d'un peu plus de deux mois...

C'est dans ce contexte que Pierre Verrier – le même qui avait attaqué François Mitterrand sur sa Francisque – propose d'organiser une grande manifestation à Paris afin de faire entendre la voix des rapatriés contre Frenay et l'Administration. L'idée est aussitôt reprise par l'association de la Seine, aux mains des communistes. Le bureau fédéral, contrôlé par l'équipe Mitterrand, hésite à approuver cette initiative : il craint son exploitation politique. Mais le mécontentement paraît si grand, notamment à cause de son amplification par les communistes, que Mitterrand, qui a peur d'être débordé au sein de la direction, accepte de cautionner cette manifestation. Il ira, en compagnie de Jean Bertin, représenter la Fédération. Devaux demande alors à Frenay de venir s'expliquer. Le ministre refuse. Puis, devant le succès de la manifestation, il dépêche un membre de son cabinet pour parler aux anciens P.G.. Cette fois, c'est la salle qui refuse de l'entendre...

A l'issue de la réunion, les manifestants se dirigent vers l'Arc de Triomphe. Bertin – l'homme qui fut arrêté le 1er juin 1944 avenue Charles-Floquet –, Cornuau et Mitterrand déposent une gerbe. Quand ils se retournent, ils peuvent constater que la queue de la manifestation se trouve encore place de la Concorde ! C'est un immense succès. Tout le monde, Mitterrand en tête, se dirige alors vers l'avenue Foch où est établi le ministère de Frenay. Au moment de la dislocation, des excités pénètrent à l'intérieur du ministère. La manifestation dégénère... Le préfet de police Luizet tend alors un micro à Cornuau afin qu'il annonce que le général de Gaulle va recevoir une délégation des prisonniers. Cette annonce calme les ardeurs des manifestants. Ils n'apprendront que plus tard que leurs chefs n'ont pas été reçus par le chef du gouvernement provisoire. Promesse leur a toutefois été faite que le Général les recevrait au début de la semaine suivante...

Rendez-vous est finalement pris pour le mardi 5 juin. Le matin, dans *Libres*, François Mitterrand salue la réussite de la manifestation et ne met aucun bémol aux critiques des manifestants contre le ministère Frenay. Celui-ci, ulcéré, en tire la conclusion que Mitterrand joue le jeu des communistes.

La délégation, comprenant François Mitterrand, Jean Cornuau, président de l'association de la Seine, Georges Thévenin, secrétaire général de la même association, est reçue par de Gaulle. Les retrouvailles entre le Général et Mitterrand se déroulent mal. Le climat désagréable de l'entretien est le seul point sur lequel les protagonistes tombent d'accord.

Laissons d'abord au Général le soin de raconter cet épisode qui pèsera lourd dans l'idée que les deux hommes se font l'un de l'autre. Dans le tome III de ses *Mémoires de guerre*, il narre brièvement l'entrevue :

> « Je leur déclare : "L'ordre public doit être maintenu. Ou bien vous êtes impuissants vis-à-vis de vos propres gens, dans ce cas, il vous faut, séance tenante, me l'écrire et annoncer votre démission. Ou bien vous êtes effectivement les chefs ; alors, vous allez me donner l'engagement formel que toute agitation sera terminée aujourd'hui. Faute qu'avant que vous sortiez d'ici j'aie reçu de vous soit la lettre, soit la promesse, vous serez dans l'antichambre mis en état d'arrestation. Je ne puis vous accorder que trois minutes pour choisir." Ils vont conférer entre eux dans l'embrasure d'une fenêtre et reviennent aussitôt : "Nous avons compris. Entendu ! Nous pouvons vous garantir que les manifestations vont cesser." Il en sera ainsi le jour même. »

En pleine campagne présidentielle, le 10 décembre 1965, le Général reviendra sur cette « anecdote » face à Michel Droit :

> « Je ne fais ni une ni deux, je convoque le dénommé Mitterrand, rue Saint-Dominique, où il arriva flanqué de deux aco-

lytes, et je lui dis : "Qu'est-ce que c'est que ça ? Du tapage sur la voie publique en temps de guerre..." (Mitterrand s'excuse.) Je lui dis : "Alors, si vous vous désolidarisez d'eux, vous allez me l'écrire. Voilà un bout de papier, un coin de table, une plume. Allez-y !" Il me fait : "Mon général, ça demande réflexion." Je lui réplique : "Tout à fait juste. Dans trois minutes, si vous n'avez rien écrit, rien signé, vous sortirez de cette pièce et serez aussitôt mis en état d'arrestation."

Alors il se lève avec ses deux acolytes, se dirige vers l'embrasure d'une fenêtre, leur dit quelques mots et revient vers moi : "Mon général, nous avons compris. Je signe."[1] »

Il est quasi certain que le général de Gaulle a pris là de grandes libertés avec la vérité historique. Dans son travail universitaire, Christophe Lewin[2] reproduit la version donnée par Jean Cornuau :

> « Ce qu'il raconte en quelques lignes ne correspond, je l'assure, en rien à ce qu'elle fut, si ce n'est son attitude courroucée et arrogante, ainsi que l'atmosphère très tendue qui régna au cours de la demi-heure d'entretien.
>
> Dès le départ, il reprocha violemment à François Mitterrand ses articles parus dans le journal du MNPGD, *Libres,* au cours desquels, dit-il, F. Mitterrand "pissait du vinaigre" vis-à-vis du ministre, qui ne le méritait pas. Sans vouloir entendre nos raisons, il critiqua violemment le fait que nous lui avions, à la Mutualité, refusé la parole, mais, par contre, il ne répondit pas lorsque l'un d'entre nous lui fit remarquer qu'il n'avait pas, lui, invité Henri Frenay, alors que nous, nous l'avions fait...
>
> Je puis faire part de mon étonnement devant l'incompréhension manifestée par de Gaulle vis-à-vis des problèmes des prisonniers de guerre. Personnellement, je suis intervenu sur deux points principaux qui restent d'ailleurs à développer :
>
> – N'avait-il pas été P.G. lui-même, en 14-18 ? Ce qui n'a pas manqué de déchaîner sa fureur.

1. Ch. Lewin, *op. cit.*
2. *Ibid.*

– Son manque d'objectivité et de connaissances concernant les réactions des Français en fonction d'un avenir à court terme.

Si cette pénible et difficile entrevue ne resta pas sans effets, c'est personnellement navré que je quittai son bureau.

En novembre 1942, j'avais perdu mes illusions pétainistes. Le 5 juin 1945, mon admiration et ma confiance en de Gaulle étaient à jamais envolées... »

Au style près, François Mitterrand partage les mêmes impressions sur cette « pénible et difficile entrevue ». Il est plus que probable que la rencontre a ravivé chez lui la rage qui avait été la sienne au début de leur entretien d'Alger de décembre 1943, et lors des tentatives déployées pour l'empêcher alors de rentrer en France.

Au lendemain de l'impressionnant défilé du 2 juin 1945 et de cette rencontre avec le général de Gaulle, la presse commente abondamment le succès de la grande « manif », mais parle aussi beaucoup de « manipulation politique », notamment d'inspiration communiste. François Mitterrand prend la plume pour réfuter ces interprétations dans *Libres*[1] :

> « *Qu'on veuille à tout moment nous attribuer des parentés politiques, cela rentre dans le jeu. Les amateurs d'intrigues seraient navrés s'ils n'en décelaient pas chez nous. Et, au besoin, ils en inventent. Nous serions, paraît-il, inféodés au parti communiste. A moins que ce ne soit au parti socialiste. Et, qui sait, peut-être aux radicaux. Pourtant, personne n'ignore que les prisonniers de guerre étaient tous vichyssois, giraudistes aussi ? Diable ! Des catholiques là-dedans, et le MRP pourrait n'être pas loin... »*

Il tente ensuite de renouer le dialogue avec son ami Frenay en reprenant les arguments qu'il a déjà utilisés à plusieurs reprises :

> « *Sa tâche est colossale. Il n'y a ménagé ni son travail, ni sa volonté de servir. Mais le reproche essentiel qu'on peut, qu'on doit*

1. Le 8 juin 1945.

lui faire, c'est d'avoir refusé trop souvent à nos associations des responsabilités qu'elles étaient prêtes à assumer. Chaque fois qu'il a fait appel à nous, son œuvre fut un succès...

Qu'on nous comprenne : nous ne souhaitons pas nous substituer au ministre, mais l'aider. C'était à lui de créer le climat de confiance. Il le pouvait, et s'il ne le fait encore d'ici peu, il ne le pourra plus...

Mais nous ne sommes pas brouillés avec la justice. Les responsabilités du ministre des Prisonniers, Déportés et Réfugiés sont alourdies parfois exagérément. Piller les magasins, troubler quotidiennement l'ordre public, tout cela est inadmissible.

Notre voix doit se confondre avec celle de la nation. Elle doit demeurer honnête et pure. Traitons nos adversaires avec respect : pourquoi ne pas leur accorder le bénéfice d'une bonne foi égale à la nôtre ? Personne ne peut s'irriter de notre rudesse si nous restons intransigeants sur ce principe que nous ramenons de nos camps : servir la justice intégralement, cette justice dans la pensée et dans l'expression qui est le fondement de toute société humaine. François Mauriac a raison de l'écrire : "Tous les droits que vous croyez avoir sur la France cèdent au droit imprescriptible qu'elle garde sur vous." »

En gardant les deux plateaux de la balance – communistes d'un côté, Henri Frenay de l'autre – dans un équilibre parfait, Mitterrand tente de se dégager de l'emprise des deux forces qui le concurrencent dans sa lutte pour la mainmise politique sur la masse des prisonniers. Obnubilé par son anticommunisme viscéral, Frenay analyse l'attitude de Mitterrand comme une connivence avec ses adversaires irréductibles. C'est faux. Mais il est clair, en revanche, que Mitterrand a des ambitions politiques qui recoupent au moins en partie celles de son ancien protecteur.

Frenay est en effet le véritable inspirateur d'un nouveau parti politique, l'Union démocratique et socialiste de la Résistance (UDSR), créé après que Claudius-Petit eut fait adopter au comité directeur du MLN une motion d'unité d'action avec la SFIO et la Jeune République[1], entraînant le départ des communistes et de leurs amis. Frenay et Léo Hamon rédigent alors un premier manifeste. François Mitterrand, lui, réagit avec une extrême prudence à l'éclatement du mouvement en deux courants opposés. Dans un éditorial du 20 juin 1945, il se demande :

> *« En face de cela, que vont faire les rapatriés ? Ils ne voient pas encore très clairement où conduiront les regroupements dont nous parlions au début de cet article ; ils s'étonnent en tout cas qu'il y soit si peu tenu compte de ce qu'eux-mêmes apportent... Il nous paraît pourtant évident que cette Fédération n'a point besoin de protecteurs et, de ce fait, elle n'ira que là où on la traitera en personne majeure, et combattra ceux qui seront tentés de l'oublier... »*

Répondant à l'invitation de Frenay de l'accompagner dans un voyage à Toulouse, Mitterrand, semble-t-il, a enterré la hache de guerre en s'expliquant franchement avec lui. Il ne se trouve pas dans une position très confortable à l'intérieur de la Fédération : « la Seine » lui mène la vie dure sur de nombreux sujets. Les communistes ne cessent de mettre en cause le passé des membres de son équipe. En cet été 1945, ils s'en prennent au passé pétainiste de Louis Devaux, président d'honneur de la Fédération et désormais président de la firme Cartier. Ils font barrage à l'ambition de Mitterrand de transformer *Libres* en journal d'informations générales. Plus généralement, ils le harcèlent et le contrecarrent dans toutes les entreprises de propagande qu'il mène au sein de la Fédération avec Patrice Pelat.

Les prisonniers sont maintenant tous rapatriés. La Fédération doit débattre de ses orientations politiques, car voici des échéances importantes : le pays doit être bientôt consulté sur un projet de Constitution, et des élections législatives vont avoir lieu prochainement. Les discussions tournent autour de trois possibilités :

1. Petit mouvement rassemblant des catholiques de gauche dans la tradition du « Sillon ».

– création d'un parti « Prisonniers » ;

– constitution d'un groupement « Prisonniers » exerçant une action syndicale et qui aurait vocation à se prononcer sur les grands problèmes de l'heure ;

– disparition du mouvement après qu'il aura rempli ses missions d'ordre pratique.

François Mitterrand impose la deuxième solution, qui est proposée au comité fédéral des 4, 5 et 6 août 1945. Elle y est acceptée. Sur proposition de Jean Védrine, avec l'aval de Mitterrand, le même comité supprime le service de Pierre Bugeaud en invoquant la nécessité de procéder à des économies. La lutte continue : il s'agit évidemment d'évincer l'homme du comité central du P.C. au sein de la direction de la Fédération avant le premier Congrès statutaire qui doit se tenir au mois de novembre suivant[1].

En septembre, Mitterrand, profondément agacé par les multiples remises en cause de ses projets dans le secteur de la propagande, décide de quitter cette activité très absorbante. Le mois suivant, il abandonne ses fonctions à *Libres* à un moment où la bataille entre les deux clans atteint son paroxysme : ainsi, au congrès d'octobre de l'association départementale de la Seine, tous les anciens des CEA et les amis de Mitterrand sont éliminés...

Quand s'ouvrent les travaux du premier Congrès statutaire de la Fédération (15 au 18 novembre 1945), la situation politique est tendue. A l'Assemblée constituante, les communistes devancent en nombre de sièges les socialistes et le MRP. Ils souhaitent gouverner avec les socialistes, qui refusent. Socialistes et MRP proposent alors au général de Gaulle de former lui-même un gouvernement. L'Assemblée en accepte le principe à l'unanimité. Les consultations vont bon train. Un des grands débats de l'heure tourne autour de la place des communistes dans le gouvernement de la France d'après-guerre...

---

1. In *Le retour des Prisonniers de guerre français,* op. cit.

Au cours du Congrès, les mêmes invectives reprennent sur les causes de la défaite, sur Vichy, sur Frenay (une fois de plus malmené quand il se présente à la tribune), mais un des temps forts est le rapport d'orientation présenté par François Mitterrand. Ce dernier fait adopter le point de vue du bureau fédéral et réclame de surcroît l'adoption de la charte du CNR par le congrès : « *Il faut que les prisonniers aient cette audace nécessaire de s'allier, de rejoindre non pas les grands partis qui ont adopté cette charte, mais les hommes de bon sens, les hommes de travail, les hommes de bonne volonté qui ont pensé que la société moderne avait failli à tous ses droits et qu'il était nécessaire enfin de donner un espoir au monde[1].* » La majorité approuve bruyamment cet ancrage politique à gauche de la Fédération. Mitterrand rappelle qu'il a été le premier prisonnier de guerre à prendre officiellement position dans le cabinet du général de Gaulle sur la charte du CNR. Il propose au congrès l'adoption de la charte « *sans restriction mentale et dans une motion distincte* ». A mains levées, sa proposition est adoptée.

Mitterrand poursuit ainsi son travail d'équilibriste, tout en confirmant son propre virage à gauche... Le congrès, quoique très dur, a entériné l'éviction de Bugeaud du secrétariat général. Mais celle-ci cache mal le poids toujours très important des communistes. Dans les semaines qui suivent, le second parrain politique de François Mitterrand, Frenay, va disparaître de son horizon immédiat, puisqu'à sa propre demande le ministère des PDR va cesser d'exister. Après la démission du général de Gaulle, le 20 janvier 1946, un ministère des Anciens Combattants et Victimes de guerre sera créé : c'est un communiste, Laurent Casanova, qui y sera nommé...

Depuis le mois de juillet 1945, François Mitterrand se pose beaucoup de questions. La mort en bas âge de son fils Pascal, le 10 juillet 1945, l'a beaucoup marqué. Danielle a

1. In *Libres,* 20 novembre 1945.

encore plus de mal à s'en remettre. Dans une lettre à son ami Georges Dayan, il se demande : « *A quoi sert de travailler ?* » Il se reproche d'avoir trop négligé sa vie privée. Ses combats à l'intérieur du Mouvement prisonniers l'ont trop absorbé. Il n'a plus autour de lui sa garde d'amis fidèles. Le bouillant Patrice a préféré mettre quelque distance entre lui et les Mitterrand-Gouze : trois jours avant le grand mariage qui devait être célébré à Notre-Dame, la fiancée a pris ombrage des relations du colonel avec la danseuse étoile Lycette Darsonval... Jean Munier et Ginette, eux, ont préféré quitter Paris, et Bernard Finifter s'est installé à Toulouse. Georges Dayan, lui, est en Algérie. Danielle passe ses soirées seule à attendre François...

Cette forte « déprime » de l'été 1945 est accentuée par ses difficultés, rue Jean Mermoz, à la Société d'éditions modernes parisiennes. Le malentendu entre l'équipe Schueller-Beaumont-Lefort et lui est de plus en plus patent. Il se plaint de l'« *esprit de la maison* ». « *Personne*, dit-il, *n'abonde dans mon sens*[1] ». De leur côté, les dirigeants lui reprochent de s'occuper trop des prisonniers et pas assez de la revue, laissée à vau-l'eau...

Cependant, François Mitterrand tente toujours de monter « sa » maison d'édition. Ses rapports tendus avec Beaumont et Lefort n'ont pas altéré ses relations avec François Dalle et André Bettencourt. Ce dernier le fait même entrer, en juin 1945, dans le groupe des fondateurs du journal *La France agricole*.

Mitterrand publie à l'automne de 1945 son premier livre, *Les Prisonniers de guerre devant la politique*, et va bientôt éditer deux recueils de poèmes. « *Je me voyais déjà comme le patron*

---

1. A partir d'une lettre de François Miterrand à M. de Beaumont, écrite à la fin de 1945, qui fait le bilan de leurs relations. Lettre lue à l'auteur par Mme de Beaumont, belle-fille de l'ancien patron de *Votre Beauté*.

d'une grande maison d'édition qui allait concurrencer Galli-mard ! » se souvient-il[1]...

Mais le rêve de François Mitterrand de se faire une place dans le monde de l'édition est en train de se briser. La crise entre les patrons du groupe L'Oréal et lui devient aiguë à la fin de l'année 1945. Il écrit alors une longue lettre à Beaumont dans laquelle il étale tous ses griefs[2].

Il évoque son départ de la direction de *Votre Beauté* dont l'orientation « *ne correspond pas à mes vues littéraires* ». Il affirme avoir « *fait des sacrifices* » en y entrant, et n'avoir pas été payé de retour. Probablement en réponse à un reproche de ses patrons, il écrit qu'il « *n'est pas entré ici comme en religion* ». Il espère encore une fois convaincre Beaumont de le garder, puisqu'il lui fait part de ses projets de publier *Sept chants royaux*, de Louis Emié, *La Caravelle et les corbeaux*, de Suzanne Chantal, et de rééditer *Büchenwald*. A la fin de sa lettre, il demande au destinataire de « *faire confiance à son expérience* ».

En fait, les griefs s'accumulent de part et d'autre. Ses interlocuteurs trouvent que François Mitterrand leur fait perdre de l'argent et s'occupe trop de politique. De son côté, ce dernier râle : « Qu'est-ce que je fais là ? » confie-t-il chaque soir à Danielle. Elle raconte : « François cherchait à infléchir l'orientation du magazine. Il voulait en faire une revue littéraire ! Les heurts se multipliaient avec le conseil d'administration[3]... »

La lecture de *Votre Beauté* laisse toutefois deviner çà et là l'empreinte de François Mitterrand, encore que son nom n'y apparaisse jamais. Dans le premier numéro de l'année 1946, l'éditorial sent plus la politique que le parfum :

> « *Bonne année, belle année ! ! ! C'est bien banal, me direz-vous, et je serais de votre avis si 1946 ressemblait à toutes ses*

1. Entretien avec l'auteur, le 26 mai 1994.
2. Lettre lue par Mme de Beaumont à l'auteur.
3. In *Danielle Mitterrand, portait*, op. cit.

devancières. Et, au contraire, elle est différente des autres. D'abord, elle nous apporte une nouvelle République plus hardie, plus jeune – l'autre avait soixante et onze ans. Elle nous apporte une nouvelle Constitution. Elle nous apporte la cessation des combats dont l'issue coûtait vies sur vies. Elle nous apporte une promesse d'organisation mondiale. Elle nous garde l'homme couvert de gloire, dont le passé répond de l'avenir.

C'est donc sur du "neuf" et du "raisonnable" que cette année 46 va débuter... »

La transition qui suit est plutôt osée :

« Ne vous semble-t-il pas, Chères Lectrices, que nous pourrions, comme elle, nous embarquer pour une période de nouveau et de raisonnable, et prendre la résolution de maintenir l'intégrité de notre santé et de notre forme physique ?... »

Dans le même numéro écrit une certaine Frédérique Marnais qui me semble bien être le tout dernier « pseudo » de François Mitterrand !... Le papier s'intitule : « Le plus beau collier pour une femme : les bras d'un petit enfant. » L'auteur voudrait voir se constituer des « guirlandes de petits enfants » pour que la France devienne une grande nation :

« Si la natalité chez nous ne prenait pas un rythme accéléré, si elle demeurait ce qu'elle était jusqu'en 1940, dans cent ans, il n'y aurait plus de France. On nous traite déjà de nation de vieillards et cela devient vrai, hélas !

Alors, il faut que tous les foyers s'animent, qu'ils se fleurissent de berceaux. C'est la vie des petits qui fera la vie du pays. C'est la vie des petits qui fait le bonheur des parents, le vrai, le solide, le durable...

Et puis, dites-moi, un jeune ménage qui n'a pas d'enfant, c'est charmant deux ans, trois ans... et puis... On se lasse des plaisirs, on se lasse des sorties, on se lasse des réceptions, on se lasse de tout, parce qu'il est dans la nature humaine d'éprouver rapidement l'impression de satiété...

Et puis, n'oubliez pas que la maternité donne à la femme le plein épanouissement de sa beauté. Une femme qui n'a pas eu d'enfants n'atteint pas au maximum de sa forme... »

Cet article paraît alors que son propre couple est en crise après la mort de Pascal, à l'âge de trois mois, qui a été vécue comme une catastrophe. Danielle est tombée malade, elle déprime et se lance dans la reliure. François Mitterrand souhaite qu'un autre enfant vienne rapidement remplir ce grand vide...

Finalement, il quitte *Votre Beauté* à l'amiable, mais perd ainsi son confortable salaire. Ce passage dans le groupe L'Oréal contribuera à asseoir la rumeur « cagoularde » entourant François Mitterrand : à cause du passé du patron du groupe, mais aussi parce que celui-ci accueillera au fil des ans, outre le fils Deloncle en Espagne, quelques grands cagoulards en exil ou ayant purgé leurs condamnations, comme Jacques Corrèze, qui prendra la tête de la filiale américaine, Piquet, ex-MSR, aux États-Unis, Azema qui s'occupera de la « pub » de la société en Argentine...

François Mitterrand est désormais de plus en plus convaincu qu'il doit dépasser le cercle des prisonniers, tout en s'en servant comme d'un vivier pour trouver des hommes, voire comme d'un lobby. A cette fin, il doit poursuivre le travail de verrouillage et de noyautage afin d'évincer les communistes, toujours aussi actifs au sein de la Fédération.

Au début de juin 1946 ont lieu des élections législatives. Pour obtenir une investiture, les places sont chères. On voit resurgir Patrice Pelat[1] : le « colonel » se démène pour son ami. Finalement, Mitterrand se présente sous l'étiquette du Rassemblement des gauches républicaines (comprenant notamment les radicaux, et l'UDSR) dans la 5ᵉ section de la Seine (Boulogne, Neuilly...). Choix d'autant plus étonnant que le RGR est animé par le radical Daladier, qui n'a cessé

---

1. Après l'épisode Lycette Darsonval, raconte Philippe Dechartre (entretien avec l'auteur du 23 février 1994), Pelat avait fait la connaissance de Lartigue, trésorier du parti gaulliste, par l'intermédiaire d'André Malraux. Lartigue était très riche et avait des intérêts dans le cinéma. Pelat épousa la fille Lartigue et, grâce à l'argent du beau-père, se lança dans les affaires, notamment avec Robert Mitterrand...

d'incarner à ses yeux le grand responsable de la défaite et de l'arrivée au pouvoir de Pétain... Malgré le mot « gauche » figurant dans le sigle de ce rassemblement de vieilles barbes de la IIIe République, le RGR se situe à droite sur l'échiquier politique de l'époque, concurrençant ainsi le parti républicain de la Liberté (PRL) représenté dans cette circonscription par Edmond Barrachin, un ancien du PSF du colonel de La Rocque. *« J'ai été battu, ce qui était à prévoir. Je remettrai cela en octobre »*, écrit tranquillement Mitterrand à Georges Dayan. Il arrive en effet bon cinquième, après le PC, le MRP, la SFIO et le PRL de Barrachin, lequel est furieux contre ce jeunot de droite dont la présence l'a privé de son siège... Il est clair que l'objectif prioritaire de François Mitterrand est alors de se faire élire : l'étiquette est secondaire.

En août 1946, François Mitterrand fait un grand tour par New York, où il voit son ami Louis Devaux, patron de Cartier, puis par Montréal, Rio de Janeiro, São Paulo, chez son beau-frère Roger Gouze, avant de rentrer par New York. Dans une longue lettre, il parle à Dayan de cette *« Amérique si fameuse »*. Il la critique en évoquant les risques de disette, la vie plus chère qu'en France, la faiblesse de la culture...

A son retour des Amériques, il commence à se préparer aux élections prochaines. Il demande alors rendez-vous à Edmond Barrachin. Celui-ci accepte, mais prie son neveu, Pierre de Ségur, d'assister à l'entretien. Ségur se souvient[1] :

« Mon oncle habitait chez ma mère, rue du Cirque. Lors des élections précédentes de juin, il n'était pas passé à cause de Mitterrand... J'assiste donc à l'entrevue et sers à boire aux deux hommes.

– Monsieur Mitterrand, quel est votre but ? M'emmerder ou devenir député ? Si vous restez à Paris, vous n'avez aucune chance d'être élu... et vous m'empêcherez de passer.

Mitterrand se défend de vouloir du mal à mon oncle, mais manifeste son désir de devenir député.

---

1. Entretien avec l'auteur, mi-février 1994.

– Si vous voulez aller dans la Nièvre, je peux vous aider. Je vais vous recommander à d'anciens cadres du PSF...

Tous les deux ont été élus... »

A ce témoignage que j'ai recueilli directement s'ajoute celui qui m'a été fourni par le plus vieil et le plus farouche ennemi de Mitterrand. Il s'agit, selon Michel Cailliau, du témoignage de Barrachin en personne, recueilli par un ami commun, René Bouvray, au cours d'un dîner. Il n'est pas contradictoire avec celui de son neveu, mais il faut néanmoins le prendre avec précautions. Dans les deux cas, Edmond Barrachin aurait proposé à François Mitterrand de se présenter dans la Nièvre où il lui apporterait son aide.

« François Mitterrand, dit-il, est venu me rendre visite sur rendez-vous, courant 1946. Il avait l'air très gêné aux entournures. Il se tortillait. Et il m'a dit textuellement : "Monsieur le président, je vous prie de m'excuser, mais, aux prochaines élections législatives, je vais me présenter comme futur député contre vous. Je voulais vous prévenir par délicatesse." Et, séance tenante, je lui ai répondu : "Ce n'est pas la peine. Vous savez très bien que vous n'avez absolument aucune chance d'être élu dans mon secteur et à ma place. Regardez-vous dans le blanc des yeux, si vous le pouvez. Et, pour une fois dans votre vie, soyez franc et loyal. Ce n'est pas pour cela que vous êtes venu. Vous savez parfaitement, comme tous, que, depuis deux ans, je suis chargé, dans mon parti, qui est de droite, de préparer toutes les élections politiques et de désigner en quelque sorte les candidats, et donc de prédésigner les futurs élus. Vous savez pertinemment, mais vous ne le dites pas, que si vous vous présentez dans mon secteur, vous serez bêtement battu, parce que vous ne représentez pas grand-chose. Demandez-moi honnêtement et clairement de vous confier une circonscription où vous serez sûrement élu."

La réponse, enfin, de Mitterrand fut : "Oui, monsieur le président."

Alors je lui ai dit : "Je vous envoie dans la Nièvre." Il m'a répondu : "Là, je n'ai aucune chance. Personne ne me connaît." Je lui ai rétorqué : "C'est parce que personne ne vous connaît là que vous avez toutes vos chances. Ainsi, vous n'y avez pas encore d'ennemis personnels." Et j'ai ajouté : "Dans ce département, il y a un socialo-communiste à battre. Vous êtes de droite, n'est-ce pas ?" Il m'a répondu "Oui." Je lui ai dit : "Je vous apporte toutes les voix de la droite dans ce département. A vous de trouver les voix du centre dont, officiellement, vous faites partie." Les deux tendances n'avaient pas réussi jusque-là à s'entendre. Mais c'était mathématique. Les voix de mon parti représentaient à elles seules 70 % de ce qu'il fallait pour être élu.

J'ai téléphoné devant Mitterrand à mes grands électeurs de la Nièvre, qui m'ont donné leur accord pour battre un socialo-communiste. Et voilà comment Mitterrand est devenu un député et un homme politique... Mais, quand il fut ministre, je lui ai demandé le "poireau" (la médaille du Mérite agricole) pour un brave paysan, et Mitterrand m'a laissé tomber comme une vieille chaussette... »

Jacques Bénet, Marcel Hædrich et quelques autres m'ont pour leur part déclaré que François Mitterrand avait bénéficié de l'aide de Montjoie. L'ancien du CAP avait convaincu ses amis de droite d'aider son jeune ami Mitterrand – qui « pensait bien » – à s'implanter dans la Nièvre. Montjoie mit surtout à contribution le marquis de Champeaux – ancien du CAP – et deux de ses neveux qui habitaient le Château de la Palisse, dans la région. « Les marquis ont fait le tour des châteaux et des monastères pour les faire voter Mitterrand », dit Bénet qui tient cette information de Montjoie lui-même[1].

Barrachin a tenu parole. Il a convaincu ses amis d'aider Mitterrand à s'implanter dans la Nièvre. Ainsi, le très riche marquis de Roualle, directeur général des Conserveries Olida, qui voulait faire pièce aux représentants du tripartisme – et surtout au communiste – a généreusement patronné ce jeune homme bien-pensant, si chaudement recommandé par son ami Barrachin[2].

1. Entretien avec l'auteur, le 12 novembre 1993.
2. In *Le Noir et le Rouge*, de Catherine Nay, Grasset, Paris, 1984.

La réunion de ces parrainages a dû prendre du temps et nécessiter beaucoup de pourparlers, car François Mitterrand ne débarque à Nevers qu'une dizaine de jours avant le scrutin. Mais le terrain est bien préparé.

Les tracts et les journaux locaux de l'époque ne laissent subsister aucun doute possible : François Mitterrand s'est présenté comme un candidat de droite soutenu par la droite classique, par le centre qui refuse le tripartisme, et par l'extrême droite du département, sur un programme de droite. Il est appuyé officiellement par le PRL, l'UDSR, l'Union gaulliste, le parti paysan, le parti radical et radical-socialiste[1]. Dans une tribune libre publiée dans le *Journal du Centre* à la veille du scrutin, le candidat d'Action et Unité républicaine explique une dernière fois pourquoi les Nivernais doivent voter pour lui :

> « *... Notre liste, qui n'a rien à camoufler mais qui, par contre, peut légitimement proclamer qu'elle représente, dans la Nièvre, toute l'opposition, reçoit partout un chaleureux accueil. Devant le danger communiste que la faiblesse socialiste et les reniements MRP ont installé confortablement au pouvoir, les Nivernaises et les Nivernais savent bien qu'il était nécessaire de faire bloc...*
>
> *Il s'agit maintenant, pour tous les citoyens fidèles aux libertés fondamentales, de comprendre que si les trois partis au gouvernement se combattent pendant le temps très bref d'une campagne électorale, ils ont toujours été d'accord pour instituer un dirigisme économique et politique avant-coureur des dictatures.*
>
> *Que va devenir la liberté de l'enseignement ?... Nous demeurons persuadés que le premier bien de l'homme, c'est la liberté de pensée et donc d'enseignement...*
>
> *Nous avons fait le Rassemblement des "non" : non à l'État-trust, non à la gabegie et non à la faillite... »*

Quant à sa déclaration d'intentions, elle est ultralibérale : « *Non aux nationalisations ! Non aux réglementations qui bri-*

---

1. François Mitterrand ne revendique plus aujourd'hui que le parrainage du radical Henri Queuille pour cette première élection dans la Nièvre.

ment les libertés de l'agriculture et du commerce ! Non à la bureau-
cratie ! » Le tout récent adepte de la Charte du CNR affirme
désormais qu'il luttera contre la « bolchévisation du
pays[1] » !...

François Mitterrand est élu député de la Nièvre, le
10 novembre 1946, grâce notamment aux 16 285 voix du
marquis de Champeaux...

A l'Assemblée, le nouveau député s'apparente au groupe
UDSR. Est-ce à ce moment que se situe l'anecdote que
Pierre Merli m'a racontée, comme il l'a fait à tous les biographes de François Mitterrand ? J'ai été incapable de la
dater avec précision. Quoi qu'il en soit, depuis la mi-1945,
Mitterrand ne perdait pas de vue les efforts de ses amis qui
avaient constitué l'UDSR, et il participait quelque peu à leurs
activités, tout en n'ayant pas encore décidé de se lancer dans
la grande aventure. Vient le moment où il sent qu'il est temps
pour lui d'exorciser son démon de la politique en s'enga-
geant. Mais où aller pour avoir la moindre chance d'émerger
quand on est possédé d'une grande ambition ? Il en discute
avec ses amis. Beauchamp se souvient de ces conversations.
Pierre Merli[2], député-maire d'Antibes, aussi :

« C'est après une nuit passée à arpenter la Croisette que
nous avons décidé d'entrer à l'UDSR. En même temps que
Pierre Bourdan. On était tombés d'accord pour dire qu'on
était faits pour la politique, mais on ne savait pas quel parti
choisir. Moi, j'étais plutôt pour le parti radical, mais c'est vrai
qu'il était complètement en débandade, à l'époque. François
pensait au parti socialiste, puis, finalement, on a décidé d'aller à l'UDSR. Je lui avais dit que le plus important était de se
faire élire, et qu'après on verrait bien... Mitterrand était déjà
assez à gauche et n'était pas anticommuniste. Les communistes l'ont souvent aidé... »

1. Tract figurant dans les archives de l'auteur.
2. Entretien avec l'auteur, le 31 décembre 1993.

Le 3 août 1994, j'ai mon dernier entretien avec le Président. Il est très fatigué, mais se prête une fois encore au jeu des questions. Les témoignages sur son adhésion à l'UDSR sont incertains ; je fais appel à son souvenir : « *Après la guerre, un homme de mon âge ne savait pas où aller. Je ne me sentais pas un homme de droite, car j'étais en désaccord sur certains points, et notamment sur la justice sociale. Cette préoccupation sociale m'a fait sortir de mon milieu naturel. Mon éducation religieuse m'avait un peu confisqué. Il m'a fallu du temps pour échapper à ma formation, d'autant que j'étais sensible à un certain nombre de notions et valeurs qu'on m'a transmises...* » François Mitterrand met toute sa force de persuasion pour me convaincre de ce qui, pour lui, est aujourd'hui essentiel dans la vision qu'il a de sa jeunesse. Il cherche une autre formulation, parle de son « *sentiment aigu de la justice sociale* » comme moteur de son évolution sur cette période. Il évoque son côté « *rebelle* » à l'égard de son « *milieu naturel et de sa formation* » ; « *j'ai évolué dans la Résistance, à cause des gens que j'ai côtoyés et de ce que j'ai vu...* », mais il tient à affirmer haut et fort son « *horreur du sectarisme* » et à donner une clé d'interprétation de son action : « *J'ai beaucoup agi par réaction* ».

François Mitterrand, qui donne l'impression de balayer alors d'un seul regard toute sa vie, reprend : « *Il n'était pas question que j'aille à la SFIO ou au MRP. J'étais tenté par le socialisme, mais pas par les partis qui le représentaient. Dans ce contexte, adhérer à l'UDSR, c'était commode.* » Je lui parle de son tract lors de la campagne de la Nièvre et des voix d'extrême droite qui lui ont permis de devenir député. Il ne nie pas, mais souligne qu'il était d'abord contre le tripartisme et qu'il n'avait pas sollicité les voix d'extrême droite... A l'époque, il parlait à ses intimes de ses « *concessions tactiques* » ; à propos des gens qui s'estimeraient trompés en ayant voté pour lui qui n'était pas de droite, il disait : « *Je les ferai évoluer...* ». Il conclut l'entretien en soulignant encore une fois son « *obsession* » de la justice sociale : « *De 1947 à 1981, j'ai toujours voté les textes sociaux et n'ai jamais voté avec*

*le droite contre l'évolution sociale. Une étude de mes votes prouve-
rait aisément ce que je vous affirme... »*

Tout jeune représentant du peuple, François Mitterrand
se rend au congrès de la Fédération du 14 au 17 novembre
1946, qui s'ouvre à Clermont-Ferrand dans une atmosphère
tendue. Une fois de plus, le gouvernement (celui de Georges
Bidault) est démissionnaire, le 28 novembre. La Constitution a été approuvée massivement, le 13 octobre, malgré
l'opposition du général de Gaulle. Les élections législatives
ont encore renforcé le poids des communistes. A l'intérieur
du congrès, le débat fondamental est toujours le même :
l'attitude des prisonniers à l'égard de la politique. Derrière
lui se profilent les mêmes batailles pour le contrôle de la
Fédération. Trois thèses s'affrontent :

1°) Les ex-CEA et les MRP soutiennent une position de
neutralité ;

2°) Mitterrand et ses amis se prononcent pour l'« action
civique », c'est-à-dire par un engagement sur les grands problèmes de la nation ;

3°) Les communistes sont « contre toute aventure » : la
Fédération doit rester sociale, « comme un syndicat de
défense des P.G. et de leurs familles », et doit lutter « pour
l'honneur et le droit à la carte ».

Dans les semaines qui ont précédé l'élaboration de ces
thèses, l'activisme de François Mitterrand a été fortement
dénoncé par le président de la Fédération, Jean Bertin. Il est
accusé de mettre l'unité du mouvement en péril par ses pra-
tiques de noyautage des différentes associations. Bertin lui
reproche de vouloir changer la direction et de préparer « une
atmosphère de lutte qui peut aboutir à la division, à la
scission ».

Suspecté à son tour de vouloir « noyauter » la Fédération,
le nouveau député apparenté UDSR contre-attaque violemment sur ce thème du « noyautage » – il vise à l'évidence les
communistes – et propose, pour y mettre fin, de voter l'interdiction du cumul des mandats (poste à la direction de la

Fédération, fonction au ministère des anciens combattants ou mandat électif). Cette mesure, si elle était adoptée, évincerait notamment le communiste Pierre Bugeaud de la direction de la Fédération, et, ce qui est astucieux, elle viserait François Mitterrand lui-même, ainsi que son nouvel adversaire au sein de la Fédération, le récent député MRP Lionel de Tinguy du Pouet.

> « ... *Comment peut-on dire qu'un groupement tel que le nôtre ne tente pas les partis politiques ? Lequel d'entre nous, quelle que soit son opinion, s'il est un homme de bon sens, n'imagine pas facilement qu'un groupement d'un million d'hommes ne représente pas une proie utile pour des hommes, pour des partis, pour des groupements de toutes sortes ?... Moi je dis, contrairement à Jean Bertin, qu'il y a du noyautage politique dans la Fédération... Cela ne me scandalise pas du tout, le noyautage ; ce qui me scandalise, c'est qu'on le laisse faire... Il est absolument nécessaire que notre association se défende ; si, par exemple, on laisse des hommes politiques pourvus de mandats politiques maîtres de la Fédération, on n'empêchera pas que la confusion se fasse dans les esprits et on n'empêchera pas ces hommes de jouir d'un prestige et d'une autorité nuisibles à la Fédération, et je parle pour moi comme pour les autres, pour les autres comme pour moi aujourd'hui*[1] ! »

Le Congrès applaudit à tout rompre. Mitterrand est un orateur diaboliquement habile... Il réussit brillamment sa sortie car, dans les couloirs, il fait alliance avec Tinguy du Pouet pour contrer la motion soutenue par les communistes. Ayant fait adopter l'interdiction du cumul des mandats, s'il s'exclut ainsi lui-même de la direction de la Fédération, il la verrouille contre « la Seine », qui se retrouve isolée, et installe à sa tête deux de ses hommes, Georges Lepeltier et Joseph Perrin... Autrement dit, il a réussi à enrayer le noyautage communiste de la Fédération. A son profit, puisqu'il l'a lui-

---

1. In *Le « P. G. » entre nous,* dimanche 17 novembre 1946.

même largement noyautée ! Il n'a plus à tenir compte de ses deux « parrains », laissés sur le bord du chemin. Il a l'esprit libre pour faire de la politique, à présent qu'il est député.

Danielle Mitterrand accouche de Jean-Christophe le 19 décembre 1946. François Mitterrand se repose pendant quelques semaines, tout à la joie de cette naissance. Il faut choisir un parrain et une marraine à l'enfant. Danielle et François tombent d'accord sur Jean Munier, l'ami fidèle de François, devenu aussi l'ami de Danielle. Danielle propose comme marraine Antoinette Bouvyer, qui a joué le rôle de mère auprès d'elle pendant les longues absences de François. Une véritable affection est née entre les deux femmes. Antoinette hésite, car elle s'estime trop vieille pour assumer cette responsabilité. François, lui, ne s'oppose pas à cette intégration du passé. Jean-Christophe sera ainsi protégé par une royaliste passionnée et un pur résistant...

A la mi-janvier 1947, deux personnes jouent un rôle important dans le destin de François Mitterrand : Claudius-Petit et Georges Beauchamp. Le premier est pressenti par Paul Ramadier, premier président du Conseil de la IVᵉ République, pour devenir ministre des anciens combattants. Selon son fils[1], il refuse en disant qu'il n'a pas « vocation à inaugurer les chrysanthèmes », mais suggère le nom de Mitterrand qu'il a connu dans la Résistance : « C'est un jeune homme qui remue beaucoup de monde dans le milieu des anciens prisonniers. Si vous voulez avoir la paix, prenez-le. »

Georges Beauchamp revendique[2] également sa part dans l'attribution du maroquin ministériel à son ami. Ayant eu naguère des liens avec Paul Ramadier en tant que responsable des Jeunesses socialistes, il aurait réussi à « imposer le nom de Mitterrand » au ministère des anciens combattants.

1. Entretien avec l'auteur, le 19 juillet 1994.
2. Entretien avec l'auteur, le 24 février 1994.

Les deux témoignages, au demeurant, ne sont pas contradictoires.

L'enfant de Jarnac est nommé ministre, le 22 janvier 1947. Il a trente ans. Son frère Robert devient directeur de cabinet, Jean Védrine, directeur-adjoint, et Georges Beauchamp, chef de cabinet.

BAGAGES (5)

Pendant que le résistant Morland évoluait dans la clandestinité, les anciens cagoulards avaient continué à se mouvoir autour et au sein du « clan » Mitterrand.

En dépit des fortes réserves de François, sa sœur « Jo » aurait bien voulu régulariser sa situation avec Jean Bouvyer. Depuis le début de 1943, elle le pressait de l'épouser, mais il résistait. Pour deux raisons : il craignait de chagriner sa mère Antoinette, Jo étant divorcée et le mariage ne pouvant donc revêtir un caractère religieux ; il craignait d'autre part de retourner en prison à la Libération, son dossier « Cagoule » n'étant toujours pas classé.

François Mitterrand, qui évoque aujourd'hui la méfiance qu'il nourrissait tant à l'égard de Jean Bouvyer que des rapports qu'il entretenait avec sa sœur, l'a rencontré et, selon son propre témoignage écrit, lui a même demandé, après son départ du Commissariat aux questions juives, de conserver des documents et du matériel de fabrication de faux papiers nécessaires au mouvement. Bouvyer s'en serait alors servi pour fabriquer des faux-papiers pour le compte du MNPGD[1]...

---

1. D'après une attestation de François Mitterrand rédigée le 2 août 1945 en vue d'aider Jean Bouvyer dans ses démêlés avec la justice. Cf. *infra*, pages 539 et 540.

François Mitterrand connaissait-il à l'époque le travail exact de Jean Bouvyer au Commissariat général aux questions juives ? Il déclare que non[1]. Est-ce possible ?

Le 18 avril 1944, les responsabilités de Bouvyer ont été accrues[2]. Il est devenu chef du service d'enquêtes chargé de « centraliser toutes les demandes d'enquête émanant des différents services du Commissariat, des autorités allemandes, de provenances diverses, et de les transmettre à la Direction de la SEC pour exécution et liaison avec ce service ». Bouvyer n'a pas exercé longtemps ces responsabilités : dans les jours qui suivirent, il a été chassé du Commissariat par Antignac.

Que fait-il à partir d'avril 1944 ? Le 12 juin 1945, lors d'une audition devant l'inspecteur de police judiciaire Pierre Martin, il affirmera qu'il a rejoint le maquis de la Brenne, près de Châteauroux. François Mitterrand, de son côté, lui délivrera, on l'a vu, une attestation pour le concours qu'il a apporté au MNPGD. D'après le dossier d'instruction, un des chefs des réseaux « Hector » et « Jade », M. Pompon, a déclaré que Bouvyer lui avait « rendu de très grands services pour venir en aide à des Juifs inquiétés par des services de police ». Troublant, quand on connaît l'activité récente de Jean Bouvyer au Commissariat général aux questions juives. Mais M. Pompon était un ancien ami politique de Jean...

Une certaine Mme Testelin certifie également avoir été en « constantes relations avec M. Jean Bouvyer, durant l'occupation, pour mon organisation de résistance. Il venait chez moi où je le mettais en relation avec des proscrits de toute race et de toute opinion politique, que j'hébergeais au 28, rue de Montpensier, dans une chambre au quatrième étage. De là, il les conduisait 17, rue de la Paix[3], où il leur fournissait repas, vêtements et papiers nécessaires pour les sauver de la Gestapo ».

---

1. Entretien avec l'auteur, le 26 mai 1994.
2. Voir note de service du CGQJ en annexe.
3. A l'appartement de la « Marquise », la sœur de François Mitterrand.

Un capitaine FFI, le capitaine Maubois, commandant le sous-secteur de Douadic, a également certifié que « Jean Bouvyer s'est mis à sa disposition pour y accomplir les missions suivantes : actes de parachutage, de sabotage et agent de liaison jusqu'au 1er septembre 1944. Il s'est acquitté avec conscience et dévouement de toutes les missions qui lui ont été confiées... »

A la Libération, Jean Bouvyer n'est pas poursuivi pour faits de collaboration. Il vit toujours avec « Jo », qui habite maintenant rue Cretet. Il trouve un petit emploi grâce à la famille Mitterrand : il est VRP pour le compte des brasseries « La Meuse », à Sèvres, et pour la maison Ivaldi, fabricant de cognacs à Jarnac. Ivaldi est le mari d'Antoinette Mitterrand, sœur de François. Les relations entre les Bouvyer et les Mitterrand ne semblent pas se distendre.

De la même façon, les Méténier, proches des Bouvyer, ont gardé leurs liens avec les Mitterrand. Avec « Jo », évidemment, mais aussi avec sa sœur Colette, toujours aussi admirative devant son « sauveur ».

Au début de septembre 1944, à l'hôtel Claridge, François Mitterrand déjeune avec Henri Frenay. En sortant, il tombe dans les couloirs sur François Méténier : *« Vous êtes fou ! Vous allez vous faire arrêter*[1] *!... »*

Vers la même époque, François Méténier lui ayant sauvé la vie et parce qu'elle le trouve très sympathique, Colette organise un dîner auquel sont conviés son frère François, Danielle, les Méténier et le commandant Jacques Le Corbeiller, qui avait pistonné François à Vichy. « A partir de cette rencontre, Danielle et François ont beaucoup sympathisé avec le couple Méténier... », se souvient Colette[2].

Les Mitterrand invitaient d'ailleurs parfois ensemble les Bouvyer et les Méténier.

1. Entretien de François Mitterrand avec l'auteur, le 1er juillet 1994.
2. Entretien avec l'auteur, le 4 novembre 1993.

Mais, en juin 1945, la justice a rattrapé les deux « héros » des deux familles. Pour cause de Cagoule, Jean et François sont une nouvelle fois internés à la Santé.

Danielle Mitterrand a accepté d'évoquer[1] ces premiers mois au cours desquels François lui présente les uns après les autres ses amis, les résistants comme les autres... Notre entretien a lieu dans son bureau de France-Libertés. Elle a l'air d'une collégienne timide, toujours prête à s'enflammer pour une bonne cause. Deux grandes photos se détachent parmi le capharnaüm de colifichets, tableaux et souvenirs en tous genres qui symbolisent chacun une action de sa fondation : deux photos de Pierre Bérégovoy. Quand je lui demande de me brosser un portrait politique de François en 1944, elle me répond tout à trac, les yeux brillants : « C'était un résistant, je l'aimais... il me fascinait... » La minute d'après, une ombre passe sur son visage à l'évocation d'une des nombreuses attaques qu'a subies le Président : « Pourquoi suscite-t-il tant de haines ? »

La fréquentation du monde politique ne lui a manifestement pas appris les rudiments de la langue de bois. Elle n'est absolument pas embarrassée d'entendre prononcer les noms de Bouvyer et Méténier. Elle sourit à l'évocation de sa première rencontre avec Antoinette Bouvyer et son mari : « François m'avait demandé d'inviter les Bouvyer. Nous habitions dans un studio, avenue du Maréchal-Lyautey, j'étais enceinte et très fatiguée. J'étais allongée face à la porte quand, vers 19 h 30, on frappe.

– Tu attends quelqu'un ?

– Non, répond François.

J'ouvre. Ce sont les Bouvyer. J'avais tout simplement oublié que je les avais invités à la demande de François.

J'ai revu souvent Antoinette qui était une mère de famille, une vraie grand-mère : quand j'avais un problème, je l'appelais. Tout naturellement, je lui ai demandé d'être la marraine

1. Entretien avec l'auteur, le 22 novembre 1993.

de Christophe. Elle a hésité avant d'accepter, parce qu'elle s'estimait trop vieille... »

Pour Danielle, le nom de Bouvyer est naturellement associé à celui de François Méténier, car Antoinette était une grande amie de « Mimi », la femme de ce dernier. Quand elle prononce « Mimi », elle a un doux sourire au souvenir de cette dame « follement amoureuse » de son diable de mari. Danielle est amoureuse de l'amour. Elle ne sait plus très bien comment elle a connu Mimi. Je lui dis ce que m'en a raconté sa belle-sœur Colette.

Après l'internement à la Santé de Jean Bouvyer et François Méténier, François Mitterrand ne les abandonne pas. Sur papier à en-tête du « Comité national de coordination MNPGD », il envoie, le 2 août 1945, une attestation qui vaut brevet de résistance, ce qui est pour le moins abusif puisqu'il parle à son sujet d'« *attitude irréprochable* » pendant l'Occupation. Les activités de résistance de Bouvyer – si elles n'ont pas été inventées ou pour le moins exagérées pour les besoins de sa défense – sont de bien peu de poids en regard des activités antijuives qu'il a déployées pendant trois ans au Commissariat général aux questions juives. Mais on en revient à la même question : François Mitterrand connaissait-il l'activité antijuive de Jean Bouvyer ? On sait qu'il répond par la négative. Voici son attestation de l'époque :

« *Je, soussigné, François Mitterrand, ancien secrétaire général aux Prisonniers de guerre et Déportés du gouvernement provisoire de la République française, Président du Comité national de coordination MNPGD, certifie avoir été hébergé à diverses reprises par Monsieur et Madame Louis Bouvyer, 7, rue Chernovicz, Paris 16ᵉ, alors que j'étais recherché par la police allemande. Par l'hospitalité sans réserve qu'ils m'ont accordée en ces moments où le courage n'était pas commun, ils ont manifesté sans défaillance leurs sentiments de bons Français.*

Étant chez eux, j'ai demandé à leur fils, Jean Bouvyer, de garder, sous sa propre responsabilité, les documents et le matériel de faux papiers nécessaires à nos organisations de Résistance. Jean Bouvyer a accepté ma proposition et s'est ensuite chargé de la confection des faux papiers qui ont été utilisés par les évadés, les réfractaires et les camarades vivant dans la clandestinité.

De ce fait, je sais et demeure convaincu que Jean Bouvyer a eu pendant l'occupation une attitude irréprochable[1]. »

« Quand François Méténier a été arrêté, j'ai souvent vu Mimi, se souvient Danielle Mitterrand. Elle était follement amoureuse de son mari et passait tous les après-midi de longues heures devant la prison, juste pour que son François l'aperçoive à travers les barreaux. Avec mes vingt ans, je trouvais cela merveilleux. Mimi a été obligée de vendre beaucoup de choses, de quitter son appartement pour un tout petit appartement dans le 18e, square Dancourt, mais elle ne se plaignait jamais. Elle vivait dans ce minuscule deux-pièces avec une fidèle domestique qui les avait suivis à l'âge de quatorze ans. Les deux femmes vouaient la même admiration à François Méténier, le pacha. Mimi pardonnait tout à son mari : "C'est un tout-fou", disait-elle avec une grande affection. Je ne cherchais pas à en savoir plus sur son mari qui, je le savais, avait fait des choses pas bien... »

Au fil de cette évocation nostalgique, elle me demande quelques éclaircissements sur le passé de François Méténier, ne sait manifestement pas au juste ce qu'était la Cagoule et déclare : « Je ne cherchais pas à savoir. » Puis elle reparle de Mimi : « Elle m'aimait comme sa fille et aimait beaucoup ma mère. » Mais elle en vient aussitôt à reparler d'Antoinette Bouvyer, tant les deux femmes sont pour elle indissociables. La femme de François Mitterrand ignorait que François Méténier et Jean Bouvyer se connaissaient du temps de la Cagoule et que leurs épouses étaient liées depuis la fin des années 1930, quand elles venaient déjà rendre visite aux deux

1. Voir Annexes page 597.

cagoulards à la Santé... Elles ont repris le chemin de la prison et vont se battre une nouvelle fois pour faire libérer leur mari et fils. Avec la sympathie bienveillante et parfois active des Mitterrand, comme avant-guerre...

Dans ses lettres à Jean, Antoinette rapporte régulièrement les derniers potins sur Danielle et François. La lecture de celles écrites par Jean Bouvyer au détour de l'année 1945 montre à l'évidence qu'un froid brutal s'est abattu sur les relations entre Antoinette et le couple Mitterrand. Comme à son habitude, Antoinette a probablement voulu tout régenter et a estimé que « son » François ne se comportait pas comme elle le souhaitait. Selon ses critères, Danielle est de surcroît trop « extravagante ».

Jean Bouvyer et Antoinette sont aussi passionnés et irrationnels l'un que l'autre et oublient rapidement les jugements outrés qu'ils portent sur un couple qui leur est pourtant demeuré fidèle. Mais l'irruption de Danielle dans « leur » monde est traumatisante. Elle n'a absolument pas la même éducation, les mêmes valeurs, les mêmes références. Tout sépare Danielle du milieu d'origine de François. Elle-même est issue d'un milieu laïc, franc-maçon, de gauche. Et si elle ne se pose pas de questions sur les idées politiques de François, c'est qu'à l'époque où elle l'a connu, celui-ci est engagé dans la Résistance et pense donc nécessairement « CNR », c'est-à-dire « à gauche ».

Quand François Mitterrand est nommé ministre du gouvernement Ramadier, les Bouvyer ont une lueur d'espoir. Jean est en détention préventive depuis plus d'un an et demi et se sent abandonné. Il estime être une victime de l'Histoire. Dans les semaines qui suivent la nomination de François Mitterrand, Antoinette et Jean échangent un très important courrier qui permet de suivre leur stratégie en vue d'amener l'ami François à se « mouiller ».

Le 31 janvier 1947, Jean demande à sa mère de faire ses compliments à François :

« J'espère bien qu'il sera ministre de la Justice dans le prochain ministère... C'est [quand même] très bien, à son âge, de faire partie du premier ministère de la IVe République... »

Quelques jours plus tard, il envoie une lettre fort intéressante, car elle donne quelque consistance à l'hypothèse selon laquelle les vrais commanditaires de la Cagoule n'auraient jamais été démasqués et seraient de très hauts gradés de l'état-major ainsi que des grands bourgeois. Cette lettre permet surtout de comprendre comment la rumeur d'un Mitterrand cagoulard a pu naître. En accord avec Jacques Corrèze, incarcéré lui aussi, Bouvyer propose à Mitterrand de lui révéler tous les secrets de la Cagoule : ces révélations démasqueraient de nombreux militaires – il est clair que Bouvyer pense notamment au général Giraud – et d'hommes politiques de premier plan qui gravitaient encore récemment dans l'entourage du général de Gaulle.

Avant d'épiloguer sur cette étonnante proposition, il convient de s'arrêter quelque peu sur le personnage de Corrèze, qui n'est pas éloigné, lui non plus, du « clan » des Mitterrand. Corrèze était le plus proche collaborateur de Deloncle, notamment au sein du MSR. Il vivait dans l'appartement des Deloncle et partageait leur intimité. A la mort d'Eugène Deloncle, assassiné par la Gestapo, Corrèze est resté avec Mercedes Deloncle, laquelle n'était autre que la sœur du général Cahier, beau-père de Robert Mitterrand. Les Cahier ont tout fait pour aider Mercedes et les enfants Deloncle...

Porte-parole des lampistes ou des « 2e classe » de la Cagoule, Jean Bouvyer conçoit donc un projet consistant à permettre à François Mitterrand de monter une attaque « de gauche » contre les grands de la Cagoule. Ainsi, il ne risquerait pas d'être considéré comme complice des cagoulards en défendant certains d'entre eux, les petits, ceux qui paient à présent pour les autres...

Bagages (5)

En ce début de 1947, Bouvyer semble avoir radicalement changé d'idéologie : ses vrais ennemis sont ses anciens chefs, et il est même prêt à s'allier à l'extrême gauche pour sortir de prison, alors que les bolcheviks incarnaient jadis, pour lui comme pour ses amis, le mal absolu.

« Si j'ai été patient jusqu'à aujourd'hui, si j'ai fermé ma bouche à l'instruction, si j'ai écouté sans broncher les mensonges endormeurs des cagoulards, je n'ai pas du tout l'intention de continuer à crever à petit feu derrière les barreaux pour éviter un procès dangereux pour les seuls vrais responsables du complot grotesque (...) *Il faut que je puisse communiquer par ton intermédiaire avec François Mitterrand*[1] (...) Il n'y a plus de temps à perdre en vaines paroles. Les généraux et les grands bourgeois se foutent de nous depuis neuf ans, c'est un peu trop long. Mes camarades sont exactement du même avis que moi, sauf Méténier à qui je n'ai absolument rien dit, car il est toujours aussi bête. Il attend le miracle et il croit à l'honnêteté de ses chefs hiérarchiques ; d'ailleurs, lui, ses années de prison lui sont largement payées par quelques bonnes et lucratives planques dès qu'il sort de tôle. Pour nous, il n'en est pas de même. Par conséquent, nous n'avons rien à perdre à provoquer le procès, bien au contraire. En effet, s'il y a un jour un décret ou une loi réduisant les peines politiques, nous n'en bénéficierons pas si nous sommes toujours prévenus. Même condamnés à de lourdes peines, nous serons en bien meilleure position que maintenant, puisque nous aurons au moins un recours possible auprès de la commission des Grâces, du fait que nous aurons accompli, quart cellulaire compris, cinq années de prison.

Tu es la seule personne capable d'obtenir quelque chose de François, aussi je n'ai rien demandé à Josette. Tu peux préciser à son frère que – dans le cas où Josette aurait fait une démarche auprès de lui – je n'ai absolument rien dit à Jo. C'est toi et toi seule qui es qualifiée pour faire quelque chose. A mon avis, il faut agir avec une extrême prudence en même temps qu'avec une grande énergie ; ce

1. Passages soulignés par l'auteur.

n'est pas facile. Il faut d'abord que François accepte de s'occuper de l'affaire. Ensuite, qu'il y trouve un intérêt politique. Enfin, qu'il ne risque pas de se faire traiter de complice de la Cagoule. Pour éviter cela, il faudrait qu'il agisse vigoureusement, mais dans la coulisse. Ensuite, que l'interpellateur, s'il y a interpellation à la Chambre, mette l'affaire sur un plan anticagoulard, bien entendu. Il s'agirait de poser les questions suivantes :

Qu'est-ce que ce complot où les "2ᵉ classe" sont en prison et où les généraux et les hommes politiques sont en liberté ?

Pourquoi ne juge-t-on pas depuis bientôt dix ans ?

Qui a intérêt à ce qu'il n'y ait pas de jugement, sinon les vrais responsables, les instigateurs des crimes, les organisateurs du mouvement ? Que sont devenus ces gens-là ?... Ils préparent un nouveau complot avec de Gaulle ou Giraud.

Ce qu'il faut voir, avant de déclencher la campagne de presse et la bagarre parlementaire, c'est si nous, les lampistes, nous n'allons pas écoper à la place des gros en cas de procès. Mais ce ne sont pas ces derniers qu'il faut écouter et à qui il faut demander cela, car nous connaissons leur réponse : "Pas de procès. Crevez en prison, puisque vous êtes les militants de base. Nous, les chefs, nous faisons notre carrière politique ou militaire. Silence !" *Il faut savoir si le procès sera fait sérieusement ou s'il sera bâclé pour satisfaire l'opinion.* Auquel cas les "cagoulards résistants" ne seront même pas cités aux Assises, ou, mieux, ils se poseront en accusateurs et ils nous feront exécuter sommairement par le jury à leurs ordres. Il faut tout peser.

Un autre procédé consisterait à obtenir du ministère de la Justice l'enterrement de l'affaire, comme en 40 ; mais je ne crois pas ce tour de passe-passe possible. Donc, nous devons jouer notre dernière carte en provoquant le procès dans les meilleures conditions possibles pour nous, c'est-à-dire en déclenchant la colère de la gauche et de l'extrême gauche contre les gros, les vrais responsables. Ainsi, nous retrouverons notre vraie place dans le concert : celle des robots idiots. En effet, les quelques détenus – sauf ce grand couillon de Méténier – avaient de dix-neuf à vingt-cinq ans au moment de l'affaire, et ils occupaient tous des postes infimes dans la hiérarchie paramilitaire de l'organisation.

Avant de faire quoi que ce soit, il est indispensable que je possède, ainsi que Corrèze qui est absolument dans le même état d'esprit que moi, les données politiques sérieuses qu'il nous faut connaître pour foncer. Car il faut foncer, mais pas dans le brouillard, comme il y a dix ans.

Nous pouvons fournir à François des éléments solides pour asseoir son affaire et la mettre en musique. Mais il faut que nous puissions correspondre sans danger avec lui, en passant par toi bien entendu, car je me méfie de la poste, et je ne veux ni compromettre François ni me compromettre moi-même. Il ne faut à aucun prix que les salopards à feuilles de chêne et à gros portefeuille soupçonnent les dupes que nous sommes depuis dix ans d'avoir monté ce coup de Trafalgar. *Tu vois que (étant donné mes relations connues avec François), celui-ci doit agir avec une extrême prudence et ne pas se mettre en avant dans cette affaire scabreuse.* Mais il trouvera 10 pour 1 de ses amis pour utiliser les renseignements qu'il leur transmettra. Si, d'autre part, tu peux obtenir de lui une démarche auprès de son collègue de la place Vendôme, je suis certain que cela ne me fera pas de mal, bien au contraire, et qu'il ne se compromettra nullement en la faisant, s'il se place uniquement sur le plan de l'amitié qui le lie à ma famille, sans entrer dans le fond de l'affaire, ce qui est inutile puisque les magistrats sous les ordres du garde des Sceaux peuvent donner à ce dernier des détails plus précis même que ceux que pourrait donner François, *qui ignore tout de l'affaire.* Voilà.

Si François veut rencontrer Jean Rigaud[1], le ministre de l'Intérieur du gouvernement d'Alger et organisateur du débarquement en Méditerranée, celui-ci pourra lui fournir des indications précises sur notre affaire, et il ne cherchera pas à enfoncer les "malfaiteurs" que sont les "2ᵉ classe" au profit des "grands Français" que sont les généraux et les grands bourgeois cagoulards. Jean Rigaud est l'ami d'un de mes camarades, je saurai bientôt s'il accepte de rencontrer François. Si oui, veux-tu te charger de les mettre en rapport ?

---

1. Ami et collaborateur de Lemaigre-Dubreuil.

(...) Je ne suis pas résigné ; je ne veux pas continuer à jouer les couillons silencieux. Corrèze, qui est le seul homme intelligent de l'équipe des paumés, est entièrement de cet avis.

Tant qu'il n'y avait pas de gouvernement stable, tant que nos ex-chefs cagoulards étaient au pouvoir avec de Gaulle, nous ne pouvions rien dire et rien faire. Il n'en est plus de même aujourd'hui[1]... »

Cette lettre permet de confirmer que, contrairement à ce que beaucoup ont imprudemment avancé ou insinué, François Mitterrand n'a jamais été cagoulard. S'il l'avait été, son ami Jean Bouvyer n'écrirait pas de cette façon à sa mère. Il ne préciserait pas : « François, qui ignore tout de l'affaire... » Mais elle permet de comprendre comment, dès qu'il est devenu ministre, quelques cagoulards de « base » ont pu imaginer de lui livrer les secrets de l'organisation secrète.

François Mitterrand a balayé d'un revers de main ma question posée à partir de cette lettre et n'y a vu qu'une preuve supplémentaire de la paranoïa de ces « types » : « *J'ai acquis, à l'égard de ces types, une méfiance absolue ; ils se fabriquent des histoires, des héros. C'est un type d'hommes dont on ne peut rien croire. C'est comme les notes des services de renseignements, je n'y crois jamais. Ce sont toujours des histoires. J'ai une totale méfiance à l'égard des services secrets...*[2] »

Quoi qu'il en soit, Jean Bouvyer a continué à croire en François Mitterrand, mais, le 10 février 1947, il s'énerve :

« Il est certain que je ne sortirai pas d'ici tout seul, *il faut obtenir de François ou d'un autre une intervention efficace, mais je veux savoir rapidement si François est fermement décidé à faire quelque chose. S'il te dit qu'il faut attendre, que le moment n'est pas encore venu et autres discours, c'est tout à fait inutile d'insister, il faudra chercher autre chose. Si François prétend qu'il ne peut obtenir du garde des Sceaux une décision dès maintenant, mais que,*

1. Lettre du 31 janvier 1947.
2. Entretien du 26 mai 1994.

plus tard..., tu penses bien que je serai fixé[1]. Car si ce gouvernement ne veut pas nous juger ou nous libérer après dix ans de cafouillage, il n'y a pas de raison pour qu'il se montre plus énergique dans deux ou trois ans. Or, je préfère risquer de prendre dix ans de bagne aux Assises que de faire encore trois ou quatre ans de prison préventive. Cette situation est intolérable et je suis décidé à en sortir par tous les moyens. Que les "amis", que les avocats ne tentent plus de m'endormir, je n'ai que trop dormi... »

Fidèle à la stratégie qu'il a décrite et à son évolution, Jean Bouvyer menace d'écrire à *L'Humanité* et au *Populaire*, jusqu'à ce qu'ils réagissent. Il est conscient que c'est dangereux, mais il n'a plus rien à perdre. Y compris du côté des « salopards de droite » : « Là, je ris, parce que je les connais, et que, de plus, je préfère risquer une problématique balle dans la tête que de m'envoyer *x* mois de prison. » Il demande à sa mère de prévenir les « Pompon et consorts » de ses dispositions d'esprit :

> « *Si Mitterrand n'obtient rien avant quelques semaines, si j'ai la certitude qu'il ne peut ou ne veut rien obtenir, je me défends tout seul... à ma manière*[2]. J'aurai du moins la satisfaction de rire un peu à l'idée que certains, comme Martin[3], par exemple, salissent leur uniforme de résistants-cagoulards par suite d'une colique aiguë. Qu'est-ce que la résignation m'a rapporté ? Rien. Alors je change de système, histoire de voir. Car tu penses bien que je n'en suis plus au point de redouter le pire, puisque le pire, pour moi, c'est la prison préventive sans issue... Quand tu ne me diras rien, je saurai que François et les autres ne font rien. »

Le lundi 10 février 1947, Jean Bouvyer déprime et raconte que le seul qui l'ait vraiment aidé jusqu'alors, c'est Xavier Vallat. En ce qui concerne famille et amis, il a la dent dure :

1. Souligné par l'auteur.
2. Souligné par l'auteur.
3. Il s'agit du Docteur Martin, un des fondateurs de la Cagoule. Cf. *Le Mystérieux Docteur Martin*, op. cit.

« Il est vrai que, toi exceptée, tout le monde, parents et amis, sont si bien habitués à me savoir derrière des barreaux que tout ce que je peux dire n'est que voix d'outre-tombe. J'en ai pris mon parti et je m'en fiche, car personne n'a plus le don de m'intéresser et que je ne songe plus qu'à quitter ce pays où je ne regretterai que toi, car je sais que je peux me passer des amis aussi facilement qu'ils se passent de moi. Ne vois pas la moindre amertume dans ces paroles ; ce n'est là qu'une constatation à froid... Tout a si peu d'importance en dehors d'une ou deux affections profondes dans une existence, les autres n'étant que des relations plus ou moins superficielles... »

Le reste de la lettre est de la même eau. Il parle de la civilisation occidentale qui se meurt. « Mais il faut bien vivre, peu importe l'époque ! Ce n'est qu'un mauvais moment à passer... Ma pensée est toujours auprès de toi, ma petite maman. » Le lendemain, 11 février , il a l'air d'aller un peu mieux. Il a reçu les colis envoyés par sa mère et par Josette Mitterrand. Xavier Vallat – l'ancien commissaire général aux questions juives – est venu le voir et l'a assuré qu'il ne serait pas condamné à plus de cinq ans de travaux forcés. Il n'a donc rien à redouter d'un jugement aux Assises, puisqu'il a largement purgé la peine à laquelle il serait condamné en mettant les choses au pire. Il revient sur la stratégie qu'il a déjà longuement évoquée, mais, cette fois, il en parle à François Méténier qui propose un véritable marché à François Mitterrand : s'il l'aide à sortir de prison, il pourra lui rendre de grands services pour sa carrière politique. Drôle de lettre : pour distinguer les deux François (Méténier et Mitterrand), Jean Bouvyer les appelle François-Christophe (pour le père de Jean-Christophe) et François-Fresnes (pour l'ancien cagoulard en prison) !

« J'ai parlé longuement avec François Méténier. Il pense comme moi. Il n'est pas content, certes... Mais il croit encore que ses chefs *(sic)* militaires le sortiront de là. De toute façon, le procès ne sera pas fixé au printemps, comme certains le disaient au Palais. La comédie continue. Bien entendu, il ne croit pas que les grands cagoulards retardent le procès pour éviter d'être inquiétés... Je le laisse dire. Il m'a prié de te demander de sonder François – le père de Christophe – afin de savoir ce qu'il pense de lui. Il ne veut pas que tu parles de cette démarche à sa femme. Il désirerait que tu fasses savoir à François-Christophe que François-Fresnes est dédouané officiellement de son inculpation en Cour de justice (art. 75) et qu'il est toujours très bien vu et très soutenu par ses chefs à feuilles de chêne... aujourd'hui "résistants", comme de bien entendu. Si François-Christophe te dit que François-Fresnes est, à son avis, un sale "kollabo", inutile d'insister. Si, au contraire, il semble apprécier son attitude digne et... ses talents politiques, alors, tâche de faire comprendre à François-Christophe que François-Fresnes pourrait lui rendre certains services, maintenant et dans l'avenir, s'il l'aidait à sortir de sa maison de retraite. Je livre cela à ta méditation et j'ai confiance (comme François-Fresnes) dans tes talents de diplomate. Ce que je puis dire, c'est que François-Fresnes peut effectivement être utile à François-Christophe, et que, s'il a des défauts (comme tout le monde), il n'est pas ingrat (ce qui est rare) et que je ne l'ai jamais vu laisser tomber quelqu'un qui lui avait donné une preuve d'amitié. Il a d'ailleurs des relations que François-Christophe aurait tort de dédaigner pour sa carrière politique... La roue tourne si vite aujourd'hui et François-Christophe est si jeune dans son nouveau métier ! Enfin, vois cela. Ne dis rien à *personne* et fais pour le mieux. Si François-Ch. est d'accord pour tâter le terrain en faveur de Fr.-Fresnes, j'ai la certitude absolue que cela ne peut nuire en rien, à aucun point de vue. Outre cela, je n'ai jamais eu à me plaindre de Fr.-Fresnes, qui a été toujours très correct avec moi et souvent même très gentil. Il ne faut jamais oublier que, malgré toutes ses imprudences, ses amis et chefs hiérarchiques ne l'ont jamais complètement laissé choir et qu'ils l'ont tiré, en fin de compte, de très mauvais pas, même des griffes allemandes. Donc, la question mérite d'être examinée, avec prudence mais aussi avec attention. Ne dis pas que le dossier art. 75 de François-Fresnes est classé, il ne veut pas qu'on en parle, pour des raisons que je comprends et que je t'expliquerai, si tu le veux. Dis cela seulement à François-Ch. afin qu'il ne croie pas que Fr.-Fresnes est un "traître"... Le pauvre est bien loin de songer à quitter la position de garde-à-vous devant ses grands (!) chefs (!) »

La lettre du 14 février est on ne peut plus amère. Elle est entièrement consacrée à Josette Mitterrand qui « se réveille après vingt mois de circonspection ». Elle a fait des démarches administratives pour le voir, le 1er mars. Il ne veut pas qu'elle vienne, car il sait que la conversation serait très pénible pour tous deux. Il lui a écrit, au début de janvier, pour lui dire qu'il comprenait bien qu'elle ne puisse pas l'attendre – il avait admis cette éventualité dès janvier 1946 –, mais qu'il ne supportait pas qu'elle continue à lui écrire des mots vides de sens, uniquement pour soulager sa conscience et se donner l'illusion qu'elle faisait son devoir vis-à-vis du poids mort qu'il était devenu pour elle le 11 juin 1945, date de son arrestation. Autant il aurait trouvé naturel un mot simple, net et franc, lui annonçant que, ne pouvant attendre indéfiniment son retour pour des raisons matérielles et sentimentales, elle allait convoler en justes noces avec quelque résistant bien en cour, autant les bonnes paroles évangéliques, moralisantes et réconfortantes lui ont été désagréables, sous sa plume, depuis quelques semaines :

> « Qu'elle reste chez elle, c'est le mieux qu'elle a à faire maintenant, si elle ne veut pas recevoir à Fresnes une blessure d'amour-propre, la seule blessure à laquelle elle soit sensible, en bonne Mitterrand qu'elle est ! »

De la lettre du 18 février, envoyée par Jean Bouvyer à sa mère, on peut déduire que le contact a été pris entre Antoinette et François Mitterrand à propos du marché proposé à ce dernier par François Méténier. Les propos du ministre à l'endroit de « François-Fresnes » ont l'air positifs :

> « Au sujet de François-Fresnes, tu as raison, nous verrons plus tard. Pour l'instant, je lui dirai ce que François pense de

lui (avec raison, d'ailleurs) et il sera très content. Pour le reste, je le ferai patienter... Charité bien ordonnée... »

Le même jour, dans une autre lettre, il demande à sa mère de dire à François « toute sa reconnaissance pour les efforts qu'il fait ».

Il ressort d'une nouvelle missive datée du 22 que François Mitterrand aurait promis à sa mère d'intervenir auprès du garde des Sceaux.

« J'ai bien reçu ta lettre du 18. Je pense que Jacques Guilhot[1] me donnera dimanche les détails sur la démarche de François place Vendôme. »

Jean Bouvyer fournit des renseignements à transmettre à François sur l'état des procédures relatives aux cagoulards incarcérés. Il reparle du marché proposé par « François-Fresnes » :

« Tu sais que j'ai une confiance absolue en toi. Tout ce que tu as fait, tout ce que tu feras est bien. Cependant, nous devons être bien d'accord, surtout le jour où nous serons obligés de faire intervenir François ou un autre... *François ne connaît pas l'affaire. Son intervention peut se retourner contre nous ; il faudra donc que tu pèses et que nous pesions ici les éléments d'une telle défense qui serait plutôt une attaque[2]...*

Je n'ai pas encore vu François-Fr. depuis que tu m'as écrit à son sujet, mais je suis sûr que, demain, il sera très content de connaître l'opinion de François-Christophe sur lui. Et je suis convaincu qu'il acceptera de lui donner des renseignements très solides et très précis dans le cas où nous serions obligés de provoquer le procès pour mettre fin à une situation devenue absolument intolérable. Corrèze et moi nous nous chargerons de décider François-Fr., le moment venu. Lui peut faire trembler les ex-chefs responsables. Or, il en a marre comme nous, mais il a encore des scrupules – il sera facile de les

1. Un des avocats de Jean Bouvyer.
2. Souligné par l'auteur.

vaincre, du fait qu'il a de l'amitié pour François-Christophe et qu'il a confiance en lui, le sachant intelligent et discret. François-Ch. apprendrait ainsi, à la bonne source, toutes sortes d'histoires fort intéressantes sur lesquelles François-Fresnes a gardé le silence par discipline. »

Jean Bouvyer ne parle pas que de son procès. Il a beaucoup changé. Il lit énormément, a acquis une très vaste culture et voue une extraordinaire admiration à sa mère. Mais le ton de ses lettres fluctue au gré de son moral. A chaque missive, maintenant, il tient à manifester sa reconnaissance et sa confiance à « François-Christophe » dont il est convaincu qu'il fait tout pour le sortir de là.

Le 4 mars 1947, contrairement à tout ce qu'il a dit précédemment, il affirme que la visite de « Jo » lui a fait un grand plaisir, même si elle n'a résolu aucun des problèmes. Jo voulait que Jean l'aide à prendre une décision qu'elle retarde depuis un an : choisir entre la « sécurité sociale et matérielle » et une « existence dont elle a gardé comme moi un souvenir lumineux ». Jean ne se sent pas le droit de prendre la décision à sa place, même s'il est toujours amoureux d'elle. « Je sais par expérience que sentimentalement, intellectuellement (et ce point est essentiel pour moi), socialement, Jo est, sans contestation possible, la femme avec laquelle je m'accorde le mieux... Sache seulement qu'en ce qui me concerne, c'est le seul être – toi exceptée (et je te parle à cœur ouvert) – auprès duquel je n'ai jamais ressenti une seconde l'ennui – fruit de la morne incuriosité, comme disait le poète... » Jean ne peut être qu'un témoin passif. Il comprendrait que « Jo » assure sa sécurité et celle de sa fille, car il ne peut évidemment rien lui promettre. Mais si elle choisit – comme il l'espère – de l'attendre, alors, cette fois, il se mariera, tout en sachant qu'il fera de la peine à sa mère. Cette lettre du 4 mars où il raconte son évolution intérieure depuis qu'il est en prison et sa quête de vérité est superbe.

Le 14 mars 1947 :

« Pour l'instant, Méténier est passé "droit commun" à la suite du classement de son art. 75[1]. Il est bien content, comme tu peux le croire. Il a écrit à François [Mitterrand], ces jours-ci. Il s'agirait de savoir si ce procès est un bobard... »

Ce passage au statut de « droit commun » signifie que l'inculpation d'atteinte à la sûreté de l'État qui visait Méténier a été classée. Dans la même lettre, Jean évoque sa conversation avec son avocat, lequel lui a parlé de l'entretien entre le ministre des Anciens Combattants et le garde des Sceaux à l'issue duquel André Marie a confirmé à François Mitterrand que le procès des cagoulards n'est pas encore près de se tenir. Jean donne des nouvelles de ses amis Corrèze et Méténier. Ce dernier partage maintenant la cellule de l'ancien directeur de cabinet du ministre communiste Marcel Paul, inculpé de hausse illicite : « Enfin, tu vois, ce coco, ou demi-coco, enfermé 24 heures sur 24 avec le "capitaine"... quelle corrida ! »

Le 22 mars, il récuse un avocat qui « plaiderait à grand tam-tam et ferait de moi un héros » :

« Or, je n'ai pas la vocation pour faire un héros, même en cour d'assises (...). Je n'étais qu'un jeune inconscient en 1937. J'ai, depuis, complètement changé d'opinions. Je ne vois pas pourquoi un avocat irait me faire jouer dans sa défense un rôle qui me dégoûte et que je trouve parfaitement ridicule après dix ans de réflexion et d'expérience. Bataille chercherait devant la cour à faire son effet – c'est un militant, un fanatique, un de ces hommes d'extrême droite dont je connais la nullité... et le talent de gueule. Assez de cinéma ! Je veux plaider l'inconscience et je serai dans la vérité stricte. Je ne renie rien de ce qui a été moi, comme l'a dit le pauvre Brasillach, mais je ne veux pas me glorifier d'avoir pataugé dans l'erreur. Je n'accuserai personne, que ma jeunesse enthousiaste et stupide... »

1. L'article 75 du Code pénal définit le crime d'atteinte à la Sûreté de l'État.

Lettre importante, car elle est d'autant plus sincère qu'il ne parle pas devant un jury, mais à sa mère. Il a complètement changé d'opinions, mais ne veut pas renier sa jeunesse inconsciente. Ainsi, François défend un ami qui n'a plus du tout les idées d'antan et qu'il peut comprendre : tous deux ont beaucoup évolué...

Probablement vers la fin de mars 1947, Antoinette envoie une lettre à François Mitterrand sollicitant un entretien de quelques minutes afin qu'il appuie la demande de mise en liberté provisoire de son fils :

> « Mon cher François,
> Vous ne sauriez croire combien il m'est pénible de solliciter de vous un entretien de quelques minutes.
>
> Nous venons de faire une demande de mise en liberté pour Jean. Elle a été déposée samedi au Parquet général. Vous serait-il possible de faire quelque chose pour lui auprès du garde des Sceaux ? Pourriez-vous demander une mesure de clémence pour ce malheureux garçon, prévenu depuis neuf ans, ayant déjà quatre ans de prison, et auquel il n'y a absolument rien à reprocher au point de vue collaboration ? Il a été entièrement libéré par la Cour de justice. On ne le retient donc que pour cette vieille histoire de la Cagoule qui va finir par devenir, si elle ne l'est déjà, une histoire de fous.
>
> Pourriez-vous, en Conseil des ministres, soutenir ceux qui présenteront le projet ci-joint à insérer dans la loi d'amnistie ? Ainsi la IVᵉ République se débarrasserait-elle, au mieux de ses intérêts et sans bruit, d'un procès ridicule et dramatique – les deux termes se concilient, croyez-moi.
>
> Mon cher François, ayez pitié de moi, ayez pitié de moi. Nous en sommes arrivés l'un et l'autre au dernier degré de la fatigue, de l'usure des nerfs et du découragement. Sa force a été ma force pendant si longtemps. Je le sens maintenant terriblement déprimé, malheureux et secouant ses barreaux avec l'énergie du désespoir. On pouvait s'évader des barbelés, on ne peut pas s'échapper de Fresnes. François, aidez-moi ! »

« *Les sentiments jouent un grand rôle...* » m'a dit à plusieurs reprises François Mitterrand. Le 31 mars 1947, sur papier à en-tête du ministère, il écrit au père de Jean Bouvyer une lettre dans laquelle il rappelle les termes de sa lettre du 2 août 1945, « *une attestation de l'estime pour son fils* ».

Le lendemain, le 1ᵉʳ avril, l'avocat de Jean Bouvyer écrit à l'avocat général en se référant à la lettre de François Mitterrand pour le prier de la joindre au dossier de demande de mise en liberté provisoire.

Ce même 1ᵉʳ avril 1947, Antoinette griffonne au crayon une page adressée à François Mitterrand. Est-ce un double ? L'a-t-il jamais reçue ?

> « A François Mitterrand
> Pour que, le jour où il gouvernera la France, il n'y ait plus en prison un *seul* condamné politique, à quelque parti qu'il appartienne, pour qu'il ne soit plus *jamais* demandé à un seul Français d'exécuter sous les balles d'un peloton sacrilège un autre Français, son frère.
> Paris, le 1ᵉʳ avril 1947, au cours d'une journée d'angoisse. Antoinette Bouvyer. »

Pathétique Antoinette qui fait tout pour sauver son fils et qui croit au destin de « son » François !

Grâce à une lettre de Jean datée du 22 mai, on apprend qu'un autre protégé de François Mitterrand, François Moreau, de Rouillac, qui était en prison pour faits de collaboration, a été libéré :

> « Veux-tu dire à l'intéressé et à ses parents que je prends part à leur joie. François et Robert ont été très chics et il paraît que ce dernier, qui se trouvait à Angoulême lors de l'événement, était presque aussi ému que le colonel Scrogneugneu [*NdlA : le colonel Moreau*]. »

La sœur de François Moreau est l'épouse de Pierre Sarrazin, un cousin de François Mitterrand. Moreau avait été interné à la Libération sur dénonciation, puis condamné. Il s'occupait d'un centre de jeunesse vichyssois. « On m'a assimilé à un milicien à cause de mon uniforme[1] », affirme-t-il aujourd'hui. François Mitterrand est intervenu et a obtenu en sa faveur une réduction de peine. Six mois après son élargissement, il est « monté » à Paris pour remercier son bienfaiteur.

Finalement, Jean Bouvyer sort de Fresnes le 1er juin 1947 et François Méténier, onze jours plus tard. Ils ne sont évidemment qu'en liberté provisoire, en attendant que s'ouvre le procès de la Cagoule.

Dans des circonstances que je n'ai pu élucider, Jean Bouvyer rencontre alors Charlotte Mayaud, une ancienne FTP du maquis du Vercors, qui a été déportée à Ravensbrück et qui, à son retour, a été employée à la « Piscine ». L'histoire raconte – sans que j'aie pu la vérifier – que Jean Bouvyer lui aurait sauvé la vie. Ils vivent bientôt ensemble, puis se marient, le 7 février 1948. A la fin de l'été, Charlotte convainc son mari de ne pas attendre le procès, car il risque une lourde condamnation, et de la suivre au Paraguay où elle doit partir en mission pour les services spéciaux. En septembre, Jean et Charlotte partent pour l'Amérique du Sud, *via* l'Italie, par une filière que Charlotte a pu trouver auprès de ses amis du boulevard Mortier.

Décidément, Jean Bouvyer est né perdant. Il n'a jamais eu de chance. S'il était resté pour le procès, il aurait été libéré à la fin de l'audience, car il n'avait été qu'un comparse, ainsi qu'il le disait lui-même. Ainsi Robert Puireux, le chauffeur du « tueur » Filliol, a-t-il été condamné à cinq ans, couverts par la détention provisoire. Bouvyer, lui, a été condamné à mort par contumace, le 27 novembre 1948. Puireux, ainsi que ses copains ont été depuis lors amnistiés. Même François Méténier, dont les agissements dans la Cagoule avaient été autrement plus graves que ceux de Bouvyer, est certes retourné en prison, mais, grâce à l'intervention de son ami François Mitterrand, il a été libéré en 1951 pour raisons de

---

1. Entretien avec l'auteur, le 10 mai 1994.

santé. Lui, Jean Bouvyer, a passé sa vie en proscrit, en banni, malgré les efforts de « François-Christophe » qui ne se sont pas relâchés à la suite de son départ en exil.

Après le Paraguay, le couple Bouvyer s'est retrouvé à São Paolo, au Brésil, où, grâce à des amitiés tissées avant-guerre, il a pu occuper un emploi à la Vidrobras, filiale du groupe Saint-Gobain Pont-à-Mousson.

Une lettre de Jean Bouvyer du 13 octobre 1956 montre qu'il est resté en relations avec les Méténier et les Mitterrand. Il a été très affecté par la mort de Méténier et est très reconnaissant au garde des Sceaux, François Mitterrand, d'avoir assisté à ses obsèques :

> « ... Depuis mars, j'étais en correspondance avec Xavier Vallat, Robert Castille[1], et ce pauvre François m'avait écrit très peu de temps avant sa mort ; je voulais savoir d'eux s'il était ou non opportun de rentrer en France pour me faire juger et liquider mes affaires, ils me l'ont déconseillé, mais en me disant que personne n'irait m'embêter au Brésil. Castille doit voir Mitterrand à mon sujet ces jours-ci, et il m'écrira pour me donner le point exact de ma situation... J'ai été extrêmement touché par la mort de François ; Mme Méténier a eu la bonté de m'écrire pour me l'annoncer...
>
> Je te prie de remercier Xavier Vallat, Jacques Guilhot et Mitterrand de l'intérêt qu'ils me portent, malgré l'espace et le temps passé. J'ai apprécié à sa juste valeur la présence de François aux obsèques de Méténier, c'est un geste élégant et ils sont si rares aujourd'hui, ceux qui sont capables d'un tel geste ! »

Ce geste a beaucoup compté pour installer définitivement la rumeur de l'appartenance de François Mitterrand à la Cagoule. Comment un garde des Sceaux de la République pouvait-il oser se rendre aux obsèques d'un personnage aussi sulfureux ? Ce geste ne faisait pourtant que prolonger les

---

1. Robert Castille avait été le « patron » royaliste de la faculté de droit de 1934 à 37, puis avait été pendant l'Occupation le « collègue » de Jean Bouvyer au Commissariat général aux questions juives.

signes de la forte amitié, connue de tous, qu'il lui avait témoignée dans les dernières années de sa vie.

Danielle Mitterrand parle de leurs rapports avec les Méténier sans aucune gêne : « Un jour de 1951, Méténier a été libéré. Nous avons fêté son retour. Quelle fête, nous étions fous de joie... C'était un aventurier, mais un bon bougre, très chaleureux, très sympathique. Je me souviens de François [Mitterrand] lui disant : "Écoutez, François, maintenant ça suffit, vous êtes toujours du mauvais côté, alors je vous en supplie, ne faites plus de politique ! C'est fini !" Méténier promettait... Nous les avons revus souvent et quand d'aventure il émettait un avis, Mitterrand lui demandait de le rengainer. Méténier était bourré d'idées, très cultivé, mélomane... Pendant des heures entières, il jouait aux fléchettes. Après sa sortie de prison, il s'est intéressé à la conversion d'industries textiles dans les Vosges, chez Boussac. Il avait toujours des idées ingénieuses. Nous avons accompagné François et "Mimi" jusqu'à leur mort. François est mort d'un cancer... François Mitterrand, qui était alors garde des Sceaux, a été à son enterrement. "Mimi" était une de ces vieilles dames amies qui sentent bon, qui savent préparer le thé, mettent de beaux petits napperons et offrent de délicieux petits gâteaux...[1] »

François Mitterrand ne renie pas davantage ses relations avec Méténier : « *Méténier a rendu un grand service à Colette. Méténier m'aimait. Après la guerre, il a été arrêté et condamné. Sa femme était très liée à Colette. Mme Méténier avait une grande abnégation et un grand amour pour son mari, elle est devenue une amie de la famille. Elle allait à Melun et passait ses après-midi devant la prison de telle sorte que son mari puisse la voir... Méténier m'a beaucoup servi et beaucoup nui... C'était un homme d'action...[2]* »

1. Entretien avec l'auteur, le 22 novembre 1993.
2. Entretien avec l'auteur, le 12 octobre 1993.

Par une lettre de Jean Bouvyer du 28 janvier 1957, on apprend qu'Antoinette est allée voir François Mitterrand pour évoquer avec lui le moyen de sortir son fils d'une situation qui minait toute sa famille :

> « Ta conversation avec François m'a beaucoup intéressé. J'espère que, dans cinq ans, il y aura du nouveau et qu'on pourra enterrer cette affaire... Castille ne m'a pas rendu compte de son entrevue avec François, mais je compte bien davantage sur ton intervention auprès de lui et sur son aide, le moment venu, que sur l'action des avocats... »

Les relations avec Antoinette et toute la famille Bouvyer ne se relâchent aucunement. Jean-Christophe continue de voir sa marraine. François Mitterrand dit d'Antoinette : « *Elle était passionnée. Elle m'avait pris en grande affection*[1]. » Il l'a vue régulièrement jusqu'à sa mort, le 28 août 1978 ; chaque fois, elle lui faisait part de ses passions politiques, de ses récriminations, de ses déceptions à son endroit. Elle lui envoyait aussi des petits mots. Elle rédige l'un d'eux, en mai 1968, après avoir entendu « son » François sur *Europe 1* ; elle ne peut garder pour elle sa colère ; elle essaie d'abord d'entrer en relation téléphonique avec lui, en vain ; elle appelle alors Danielle et déverse ses griefs, mais envoie aussi ce petit mot :

> « Comment admettez-vous que, se plaignant d'une tyrannie du gouvernement, les syndicats, par leurs grèves, privent tout un peuple de s'exprimer, de communiquer, de se déplacer ? Objectivité, direz-vous, c'est pour cela que vous luttez, mais chacun a son objectivité ! Cela n'est qu'un mot ! »

Dans la même lettre, elle parle d'un « monde qui devient une tour de Babel... la France n'est plus la France, elle sera bientôt l'Europe. Tout un monde, toute une société sont en train de mourir, comme on meurt de vieillesse... »

---

1. Entretien avec l'auteur, le 21 mars 1994.

Comme ils avaient accompagné François Méténier et « Mimi », François et Danielle ont accompagné Antoinette jusqu'à sa mort.

Mitterrand n'a pas davantage oublié son ami Gabriel Jeantet lors du procès de la Cagoule. Mᵉ Naud, l'avocat de Jeantet, y a invoqué François Mitterrand pour expliquer que son client était un résistant et que c'est dans cette optique qu'il avait créé la revue *France* après que Pucheu, le ministre de l'Intérieur, eut dissous les Amicales de France :

« Alors Jeantet créa la revue *France* pour prolonger à la fois sa présence à Vichy et conserver en même temps un prétexte pour y demeurer dans ses locaux de la rue Alquier où je vous dirai, en terminant cette plaidoirie, ce qu'il y faisait avec les résistants qui sont devenus, depuis, de magnifiques héros. Il créa donc cette revue pour laquelle, certainement, il a été également condamné. Il me suffira de vous dire que dans cette revue écrivaient des gens comme M. Mitterrand, l'actuel sous-secrétaire d'État à l'Information...[1] »

Mᵉ Naud a joint au dossier de Jeantet une lettre de François Mitterrand qui blanchit celui-ci en confirmant que la revue *France* servait bien de prétexte à Jeantet pour demeurer à Vichy.

François Mitterrand n'hésitera pas davantage à témoigner en faveur d'un ami de Gabriel Jeantet, Jacques Laurent-Cely, qu'il avait également connu à Vichy, proche lui aussi du milieu cagoulard. En 1965, en pleine campagne présidentielle, l'écrivain Jacques Laurent[2] est en effet poursuivi pour outrages au chef de l'État en raison de son livre *Mauriac sous de Gaulle*. Dans sa lettre, Mitterrand écrit : « *M. Jacques Laurent n'est pas un de mes amis personnels et se range, je crois, parmi*

1. A.N. 334 A.P. Archives Bluet.
2. Prix Goncourt, membre de l'Académie française ; connu également sous le nom de plume de Cécil Saint-Laurent comme l'auteur de *Caroline Chérie*.

mes adversaires politiques... » Citant cette lettre dans son *Histoire égoïste*, Jacques Laurent fait un renvoi en bas de page :

> « Amis, non, sans doute, mais nous nous connaissions depuis longtemps et avions eu, il me semble, des relations agréables. Un an plus tôt, j'avais encore eu le plaisir de bavarder avec lui quand je lui avais demandé d'inclure dans mon livre un long passage du *Coup d'État permanent*. Livre admirable. Giscard d'Estaing se rêve écrivain. Mitterrand a prouvé qu'il l'était. »

On se souvient que dans le fond d'un de ses « bagages », il existait une « tante Pauline ». Celle-ci avait un petit-fils qui s'appelait Yves Dautun et qui n'était pas un grand habitué de Jarnac. François Mitterrand et Yves Dautun étaient en relations avant la guerre : la mère de François était la marraine d'Yves. Grand reporter au *Petit Parisien*, Dautun « couvre » la guerre d'Espagne et se retrouve devant un tribunal révolutionnaire. Il était parti avec le cœur républicain et est revenu violemment anticommuniste. Il adhère, au début de 1937, au PPF de Jacques Doriot. Engagé volontaire en 1939, fait prisonnier, il est libéré en 1941 comme père de quatre enfants. Il rejoint Doriot à son retour de captivité et devient, à ses côtés, un collaborationniste. En juillet 1942, il est chargé d'organiser un Centre des prisonniers de guerre du PPF. A la demande de Beugras, au moment du débarquement des forces alliées, il met sur pied un service de contre-espionnage de deux cent cinquante agents, dont un tiers sont des femmes, en vue de traquer les agents anglais et américains.

Après ses deux condamnations à vingt ans de travaux forcés, la femme de Dautun, Andrée, lance un véritable appel au secours à Geneviève Mitterrand et à une autre de ses sœurs, pour dire dans quelles difficultés elle se trouve avec ses quatre enfants. Le réflexe de « clan » joue aussitôt. Les Mitterrand aident la famille Dautun. François s'est rendu à deux reprises, rue de Sèvres, dans la petite chambre où Andrée essayait tant bien que mal d'élever sa progéniture. Ils apportent des vêtements et un peu d'argent. A la requête de Geneviève et à la demande de M⁰ Isorni, François Mitterrand, alors ministre de la France d'Outre-mer, intervient pour que les deux condamnations à vingt ans de travaux forcés soient commuées en une seule peine de vingt ans. Il interviendra encore, en 1955, auprès d'Edgar Faure, Premier ministre, pour que Dautun soit libéré par anticipation, eu égard à sa bonne conduite.

Bérengère Dautun, première femme de Gilles Dautun, fils d'Yves, témoigne[1] : « François Mitterrand a extraordinairement aidé la famille Dautun. Essentiellement à cause de la personnalité d'Andrée, une femme extraordinaire. Dans la famille, on parlait toujours de François qui l'a protégée de façon pudique et merveilleuse... » François Mitterrand est demeuré par la suite en relation avec la famille Dautun. A la mort d'Yves, en septembre 1983, il a envoyé un télégramme depuis Toulouse et délégué Robert et Geneviève à l'église Saint-Roch où se déroulaient les obsèques. En 1986, il a passé une journée en Lozère pour le baptême de François-Marie et Marie-Margeride, les petits-enfants d'Yves Dautun...

François Mitterrand n'a pas non plus laissé tomber Jean Delage, qui avait été son « parrain » à *L'Écho de Paris* avant qu'il ne le retrouve à Vichy. Dans un livre publié après la guerre, *Ma Vie à cœur ouvert*[2], Delage, amer, se justifie et réfute l'étiquette de « traître » qu'on colle à tous les gens de Vichy. Il raconte comment, après la Libération, il s'est retrouvé sans toit ni ressources, traité de vichyssois et traqué :

« Baguenaudant rue de l'Université, perdu dans le brouillard de mes soucis, je sens une main se poser délicatement sur mon épaule. C'est celle de F.M.. Fidèle à ses amitiés, il me promet de ne pas se désintéresser de mon sort et tient parole. La Fédération des prisonniers de guerre, qu'il préside, va

1. Entretiens avec l'auteur, juillet 1994.
2. *Op. cit.*

quitter ses bureaux de la rue de La Croix-Nivert, installés dans une villa au fond d'un jardin, à l'angle de la rue de Vaugirard, ayant auparavant abrité la Gestapo. Il m'accompagne lui-même chez le propriétaire, me désigne comme son ami et son successeur pour la location. Quelques billets fréquentent de nouveau mon portefeuille. Ma comédie sera incessamment créée. Ma femme va revenir à Paris et nous nous installerons avec les meubles échappés au pillage. J'ai conservé pour F.M. reconnaissance, estime et confiance... »

Devenu président de la République, François Mitterrand le fera commandeur de la Légion d'honneur à l'âge de quatre-vingt-douze ans, et lui remettra lui-même la cravate au Maroc où Delage s'est alors retiré.

On pourrait multiplier les exemples. Jeune ministre du gouvernement Ramadier, il entreprit également des démarches auprès d'André Marie, garde des Sceaux, pour Cantau, détenu à Angoulême, pour Soutoul et Payot, détenus eux aussi pour faits de collaboration[1]. Il aida également Jean-Paul Martin, et bien d'autres...

Lors de son voyage au Brésil, en octobre 1985, le président de la République aurait enfin souhaité rencontrer Jean Bouvyer, mais l'ancien cagoulard a préféré ne pas le voir, pour ne pas le gêner. François Mitterrand n'est pas parvenu à cicatriser la blessure de la famille Bouvyer, qu'il n'oubliera sans doute jamais.

Bouvyer, Méténier, Jeantet, Dautun, Martin, etc. : des « bagages » lourds à porter et qui permettent et permettront encore toutes sortes d'interprétations. Que lui importe, semble-t-il : s'il a parfois revu et corrigé sa biographie, ce ne fut jamais au chapitre de la fidélité et de l'amitié.

---

1. A. N. BB 30.

« LA BÊTISE,
C'EST DE CONCLURE »

Je ne me suis pas résolu à mettre un point final au dernier chapitre de ce livre. Pour plusieurs raisons :

Ayant choisi de conférer à ce récit un déroulement plus ou moins chronologique, j'ai été contraint de terminer cette enquête sur les efforts déployés par François Mitterrand pour venir en aide à l'ancien cagoulard Jean Bouvyer et à quelques autres personnages proches du « clan », qui avaient fait le mauvais choix pendant la guerre. Sur ce sujet, j'ai choisi d'aller au-delà de la frontière de 1947, car j'ai estimé que cette part de l'action de François Mitterrand était directement liée à la période traitée ici. Ayant ainsi pris connaissance de ce dernier élément du puzzle, le lecteur pourrait être tenté, en refermant ce livre, de lui attribuer une place excessive et de croire que François Mitterrand était toujours aussi lié à la droite extrême, voire ex-collaboratrice. Il aurait grand tort : dans le même temps où il aidait ces quelques amis, il accomplissait nombre de choix et d'actions qui le faisaient exécrer à droite. Jamais homme politique n'a été aussi attaqué qu'il le fut dans les années 1950. C'est même un ex-Vichyssois, titulaire de la Francisque, qui mit un point d'orgue provisoire à cette campagne en écrivant, à la fin de ces années-là, un méchant pamphlet intitulé : *Cet homme est dangereux*...

J'ai également conscience que l'étude d'un personnage aussi complexe et contradictoire n'a rien d'aisé et que le résultat final est largement tributaire du temps consacré à l'enquête. Si je l'avais terminée un mois plus tôt ou un mois plus tard, le lecteur en aurait peut-être tiré, sur tel ou tel point, une impression différente, tant les documents nouveaux n'en finissent pas de s'ajouter et de se superposer. Autrement dit, d'autres que moi reprendront cette enquête, trouveront des faits qui m'ont échappé : le kaléidoscope mitterrandien en sera sans doute encore modifié.

Il serait de surcroît bien prétentieux de ma part de juger de l'action d'un homme jeune dans une période aussi troublée. Quelles que puissent être mes conclusions personnelles, chacun trouvera d'ailleurs ici matière à conforter son propre jugement sur un personnage qui n'a cessé de provoquer autant de rejets que d'adhésions. Voire matière à rallumer des polémiques latentes sur son attitude envers Pétain, Bousquet, et plus généralement à l'égard du régime de Vichy.

Peut-on reprocher à François Mitterrand de ne pas avoir oublié le jeune homme qui aurait pu faire le « mauvais choix », comme ceux qui, issus de son milieu, avaient reçu globalement la même éducation ? Il aurait pu devenir un Bouvyer, un Dautun ou un Méténier. En 1942, il a hésité sur la route à suivre et il a longtemps cru que les présences conjuguées du Maréchal à l'intérieur et du Général à l'extérieur constituaient un moindre mal pour la France. Il n'arrive toujours pas à croire que le Maréchal ait été celui que l'histoire moderne décrit. Peut-on reprocher au président de la République d'avoir conservé là-dessus la même opinion que François Mitterrand ?

Les réponses à ces questions n'appartiennent qu'à lui... et au lecteur.

J'ai envie d'emprunter à Flaubert ma non-conclusion : « La bêtise, c'est de conclure », et de terminer par ces quelques mots de François Mitterrand, écrits en 1937, où il exprime son scepticisme – que je partage – sur la possibilité de cerner « *l'évolution secrète d'une personnalité, de ses sentiments et de ses idées... Le mystère de l'homme me paraît être une colossale pièce montée !...* »

ANNEXES

ORDRE DU JOUR

adressé aux armées de terre
de mer et de l'air
le 28 Novembre 1942
par

le Maréchal de France
CHEF DE L'ÉTAT

———

« Vous qui êtes venus à l'armée dans un mouvement d'abnégation, vous subissez aujourd'hui une épreuve qui retentit douloureusement dans mon âme de soldat.

« La France gardera le souvenir et le culte de vos régiments dissous et de vos navires disparus. Elle ne laissera pas périr vos traditions de gloire.

« Recueillis dans une même pensée, rapprochés par tant de malheurs qui s'abattent sur la France, officiers, sous-officiers, soldats et marins, serrez-vous autour de celui qui ne vous aime que pour vous.

« En saluant vos drapeaux, vos étendards et vos pavillons, je vous demande de garder intacte dans votre cœur la devise qu'ils portent dans leurs plis : honneur et patrie. La France ne meurt pas. »

Philippe PÉTAIN.

*Quand François Mitterrand était journaliste, en décembre 1942,
à « France, revue de l'État nouveau » (voir le sommaire).*

SOMMAIRE

POLITIQUE

VARIETES

L'ETAT NOUVEAU

DOCUMENTS

CHRONIQUES

SOURCES

This is the interrogation of two men who have
latterly been working together in a GIRAUDIST organisation
in France. They were interrogated together, and they are:

Commandant DU PASSAGE Pierre @ PEPE @ DU TERTRE
.Pierre Francois @ LESAGE Pierre @ LAURENT

and

Francois MITTERAND @ MONIER Francois Jacques @
MORLAND Francois @ LAROCHE Jacques Andre.

MISSION

PEPE was the Liaison Officer between the Zone Nord
and Zone Sud. As such, he had very wide contacts. He
worked in PARIS, CLERMOND FERRAND and VICHY, travelling
frequently between these towns. He had a W/T operator,
known as SERGE. He expects to have another operator
working soon, who has been trained in France and accepted
by LONDON, but does not yet know his name. So far he
has had the following W/T operators: MARINOS @ ROBERT at
CLERMONT FERRAND, BORIS at LYON and BARMAN at TOULOUSE.

MONIER has been concerned with the military aspect
of the organisation, and also with matters concerning
Prisoners of War. He did not say much during the
interrogation, as PEPE answered most of the questions,
whether directed to himself or his companion. In connection
with his work, however, he travelled a great deal both in
the Zone Sud and the Zone Nord, living intermittently at
VICHY. He changed his address frequently, staying at one
place only a day, and never longer than a week. In this
way, he felt that the Germans would never catch up with
him. A week ago, the Gestapo visited the address he had
just left. He knows that he is suspect, but cannot give
any specific reason why, as he feels that there are so
many small things he might be brought to account for if
the authorities ever get hold of him. The Gestapo know
his real name, but he hopes they have not got his
description. He states that, unlike other organisations,
the GIRAUDISTS do not send escaped P/W up to the Maquis:
rather they try to find jobs for them which will provide
both cover and employment. All regular officers and N.C.O's
are at the disposal of the clandestine Army, and may be
sent to whichever group require them at the moment.

ARRESTS

Source's Chief was General VERNAU @ VICTOR, who
has now been arrested. His place was taken by General REVERS
@ RENNAUD. VICTOR, CHAMBARON @ COGNY and RAOUL were all
arrested together in PARIS on October 26th. (?) in the
following circumstances: they all had a renden-vous with
JACK, an English Agent who was leaving for Switzerland,
and was to meet them at the flat of a friend. JACK did
not turn up, and after waiting for him, the three men
decided to go home. They left the flat together, and
were all immediately arrested. (Source believes they were
arrested after leaving the flat and not in the flat itself,
as the flat was never searched, nor was the owner troubled.)

*Interrogatoire de François Mitterrand par les Services secrets britanniques, le 23
novembre 1943. Le « capitaine Monier » se réclame d'une organisation giraudiste.*

COGNY had an official position in the VICHY administration. He had an assistant, COTTIN, who had an office next door, and during the frequent absences which COGNY'S work entailed, this COTTIN fixed up rendez-vous for him on his return. After COGNY'S arrest, COTTIN received a visit from JACK, who said he had come to make a rendez-vous. Upon learning of COGNY'S arrest, he seemed upset and went away. Some 24 hours later, COTTIN himself was arrested.

Source considers that JACK was working for the Enemy. VICTOR had had no contact with him, only COGNY knew him, and it was therefore not possible to obtain his description. Source had dinner with VICTOR about a week before his arrest, and VICTOR told him then that an English officer would be coming to PARIS. COGNY'S place has now been taken by Cdt. DU GARREAU @ DUPORT @ DEPUIS.

Source is certain that neither RAOUL nor COGNY were in the habit of carrying important papers about on them, so that the Enemy would not gain documentary information about the organisation by their arrest. COUIDEC, a lieutenant of COGNY, had had some trouble with the Gestapo about three months before his Chief's arrest, but Source does not think this had anything to do with it.

Further arrests mentioned by Source included L'ABBE (Capt. de la BLANCHARDIERE) whose arrest had nothing to do with his work for the organisation. Source thinks he must have escaped soon afterwards, because three days after the arrest the Gestapo called on his wife and asked her where he was. She replied that they ought to know and learnt from them that he had escaped. They then arrested her. Her daughter who is a student at the University is still free, but Source thinks she is being watched. L'ABBE'S place was taken by Capt. BISFOUR (? BISTOULE.)

BOUTEILLE was also arrested at the same time, because he was one of 50 - 60 French Officers rounded up in connection with a camouflaged arms dump that was discovered by the Germans last November. He is still in prison.

Source also knew GOLDSMITH and learnt that he had been arrested in a PARIS bar at 8 o'clock one evening. GOLDSMITH had employed a man whom Source does not know, one GEORGE WALL, to take a radio set from CLERMONT to POITIERS (or it may have been ration cards that WALL was taking, according to Source.) WALL was arrested, and divulged PERRUCHE'S address, to whom he was taking the things. The Gestapo went there, and PERRUCHE also was arrested.

MARION, a letter-box, has also been arrested.

STRUCTURE OF GIRAUDIST RESISTANCE WORK.

For purposes of resistance work, the organisation divided France into two Zones, the Zone Nord and the Zone Sud. The latter is the best organised for resistance work. Source had contact with each of the regional Chiefs, each of which is in charge of approximately six Departments, each of which has its own sub-Chief. These have a certain number of groups under them: the number varies, it may be anything from 20 to 100 men. Probably also they have a Maquis in their care. Ever since the German invasion of France, the organisation has been extending its work Department by Department. One officer in each region specialises in the reception of material, which must be dropped near the group who are going to make use of it. The Chief in charge of terrains examines the

proposed ground with the group leader, and if he thinks
the ground chosen is suitable, telegraphs LONDON to that
effect.   The Chiefs of the Departments do not know one
another: sometimes it is permitted for two neighbouring
Chiefs to know each other if they are going to combine over
an operation.   The Chiefs of Departments only know their
immediate subordinates, who in turn only know as many
people as is necessary.   The groups are divided into teams,
the average number for a team is 10, but may range from
6 men (for sabotage) to 15 (for a large reception.)   The
smallest number possible for the particular job in hand is
always used.   Teams are not paid: the work is all voluntary.
Only liaison agents and W/T operators (i.e. those who
cannot persue normal occupations because of full-time
resistance work) receive payment.   The number of dizaines
in each town varies according to the size of the town.

One of their principles is that recruitment shall
only be done by personal contact: this for security reasons
and also to guard against the recruitment of undesirable
elements.   As a former officer of the French Army, Source
had a considerable number of acquaintances whom he could
approach.   If the contact were unwilling to help, the matter
would not go any further as Source could trust the man not
to give him away.

Many Frenchmen did not want to join any resistance
movement when they first came into being, as they thought
it was not the moment to support one political party or
another.   They wanted to fight the Germans, but feared that
if they declared themselves for one party or another, they
might find themselves fighting against Frenchmen.

The GIRAUDISTS are loyal to the French Army and
to its present C-in-C, General GIRAUD, but it is the French
Army they support, and not the C-in-C personally, so that
if De GAULLE should become C-in-C tomorrow, it would be to
him that they would give their allegiance.

CONTACT WITH OTHER ORGANISATIONS

Asked about liaison with the GAULLISTS, Source
replied that they realised that they would have to combine
forces on D-day if not before it.   There is no actual
liaison between GIRAUDISTS and GAULLISTS in the Zone Sud
although many of them know each other personally and are
on the best of terms.   They all want to make the best use
of the small stock of arms and explosives at their disposal,
and this may only be possible by the cooperation of both
parties.

In the Zone Nord, VICTOR and COGNY had been in
touch with GAULLIST military elements before their arrest.
There has been no political liaison, and owing to numerous

misunderstandings, this would obviously be a slow job.

Source does not think much of GAULLIST security, but then
again, the groups are very much intermixed.   The GAULLISTS
have been concerned more with sabotage than the GIRAUDISTS.

THE MAQUIS

Source admits that the Maquis are mostly GAULLIST
(the word has a distinct meaning here, but the parties are
more confused in France.)   However, there are some Maquis
predominantly GIRAUDIST.   These are in the Haute Savoie

The Basses Alpes and the TOULOUSE area. Most of these are mixed, the supporters of one party hiding in the same area as those of another, receiving arms from another source and money from yet another. Source emphasizes that owing to their common necessity, it has not been possible to keep the camps of the various political parties in France absolutely separate from one another.

After the Italian collapse, there was a scramble for the weapons and equipment that they were leaving behind, but a large part of the booty fell to the Germans, who apparently had advance information, and were well prepared for the Italian withdrawal. However, the Maquis were sometimes in a position to trade shelter and security to the erstwhile Italian authorities who did not want to return to Italy, or to fall into the hands of their German Allies.

In the Alpes, the Maquis have a certain quantity of arms, and a limited amount of instruction in their use is possible: naturally they have not got enough arms to equip all the men properly. Arms instruction is given by regular Army officers. There is no recruitment for the Maquis. Unless a man goes into the Maquis because the Police are looking for him, or because he intends to take up some active form of resistance work, such as sabotage, Source is definitely against sending a man up to the camp. The GIRAUDISTS hold that life in the Maquis per se is useless.

COVER FOR RESISTANCE WORKERS.

The GIRAUDISTS have penetrated several branches of the official administration i.e. EAUX ET FORETS, and with the connivance of a few of the officials, a large part of their number are given employment that is nominal at any rate, so that they do not have to lead lives that are altogether clandestine, have some form of work and wages, and are not reduced to stealing from farms etc. Source does not think that the Maquis will be much help to the Allies on D-day. Arms, instruction in their use, food, money and clothing as well as a sense of discipline are prominently lacking. Unless they are to undertake resistance work against the Germans within a short distance of their camps, the means of transporting say, 2000 men, will be so obviously impossible, that they will not be able to undertake sabotage or any active form of resistance at all.

Source mentions that a soap factory near NANCY was approached and the engineers persuaded to give "shadow" employment to a number of PW so that their papers could be in order.

RADIO

Each regional Chief has not yet got his own radio operator, but plans to have one soon. Source hopes to be able to arrange this. It is easy to recruit and train operators in France among wireless amateurs. The sets however, can only be obtained from this country.
In the Zone Nord, the A. MARK I is preferred. This set is best worked with a full length aerial.
In the Zone Sud, the B. MARK 2 is more in favour: this set can be used with a quarter length or indoor aerial, and can be used in an ordinary room.
So far, the organisation have 5 sets in CLERMONT, 2 in LYON, 2 in TOULOUSE and 3 in the Zone Nord.

Source believes that the more transmitters there are in use, the less the danger of arrest to the individual operator. The D/F cars would have great difficulty in locating transmitters if more and frequently changed places for transmission were used. Source estimates that there are some 10 or 12 D/F cars in use in CLERMONT. So far, he has never had an operator arrested. He does not provide his operators with a guard to keep watch for them while they work.

Source has had no contact with English Agents sent to France. He has met a few personally, but has not worked with them operationally. The only contact he had was with an English W/T operator, who once passed some messages to LONDON for him when he first came into the Field, as he had no radio of his own. He has heard of Polish and Czech resistance movements in France, but has never had anything to do with them.

CONTROLS

Having travelled extensively all over France, Source was asked about Controls. These, it seems, are most irregular. French Police check Identity Cards at railway station exits, and sometimes carry out Controls in the Paris Metro. Source has never been asked to open his suitcase, and does not think it dangerous for a courrier to carry a suitcase with him. Unfortunately, English type suitcases are beginning to be known in PARIS and the small French suitcases are not built square enough to contain a W/T set. Bicycles are controlled in France. (A cyclist must have a grey circulation card, the same as for a motorist.) Source had a provincial licence plate on his bicycle when he was in PARIS , as he thought this was safer. Cyclists may be asked to dismount and show their cycle licence at Controls, but not necessarily their Identity papers.

In France, Source did not have a set occupation: he put "forestier" on his Identity Card, as it was necessary to put something. (This was his father-in-law's occupation.) Source also used documents in his real name. He used the ration book supplied from this country and never had any trouble with it. In PARIS, it is neccary to have a Certificat de Domicile, but one is not often asked for this. Source and his assistants often fed in the black market, and he does not consider this to be dangerous. To sum up: Controls in general should not be feared.

Source noticed that the Germans did not have a suspect list at the Demarcation Line, to check up with the Identity Cards of persons passing through.

RECEPTION OF MATERIALS

Source has never had time to help with the reception of materials. However, he has spoken with several team leaders whose job this is. Asked whether they had any complaints to make, he said their only complaint was that they never had enough sent to them. In his group, material is often buried on the landing ground for a few days, and then if the coast is clear, it is removed by the group who are going to use it. Sometimes camionettes are used to remove it a short distance, if these are available. If the

material is buried, the whole container is buried unopened:
the weapons are then not found to become rusty. Source
has had both types of container sent to him, the old and
the new. His most urgent need is for Brens, not Stens, as
they are the most suitable for mountain warfare. They also
need explosives: so far, his men have not undertaken sabotage
for lack of materials.

GENERAL INFORMATION

Dr. COSTES @ BROUSSARD, a doctor practising in
VICHY also worked for Source. He provided a safe house
for a number of people. He has a contact COLLIAUD. Source
adds that the French Police are now interested in Dr.
COSTES and he thinks he may at present be in PARIS.

Source confirms what other Agents have said – that
the Gestapo are now extremely overworked. Even when they
get information from captured Agents, they often do not
make use of it until weeks or even months later, by which
time it is no longer useful. The Gestapo make use of many
French informers: this type of work is so looked down upon
that it is only undertaken by very low class or extremely
needy persons.

There is still a Fifth Column in France – but it is
dependant upon the Germans for organisation: Source does not
think it will be a serious danger to the Allies on D-day
unless the Germans begin soon to take it in hand.

Many German soldiers are buying civilian Clothing
from PARIS shops: it is quite usual to see a German soldier
walk out of a French tailor with a suit over his arm.
Apparently they are allowed to do this, and also to wear
civilian clothes in PARIS. Source says one sees many
obvious Germans in plain clothes with French girls going to
the country around PARIS on Sundays.

When in PARIS, Source always stayed at the house of
friends. He never risked going to a Hotel, as Identity
papers are often examined by the Police during the night.
He never used Hotels in any part of France if he could avoid it.

Source had organised his own escape line through
Spain, but stated that the order had now been given that no
member of the French Army was to leave France. He knows of
an escape line through the Pyrenees by which anyone suspect
or wanted by the Gestapo would be allowed to leave the
country.

Note pour le Colonel Passy

J'ai l'honneur de vous transmettre à toutes fins utiles le Résumé de l'entretien que j'ai eu le samedi 27 novembre 1943 avec M.Miterand dit "Morland".

M. Miterand est arrivé à Londres comme représentant du Comité des Cinq avec pour intention de venir représenter à Londres et à Alger la cause d'un mouvement qui s'adresse uniquement aux prisonniers de guerre rapatriés ou évadés se trouvant en France. D'après M. Miterand ce mouvement dispose de groupes dans 52 départements et entretient des liaisons avec 20 camps de prisonniers en Allemagne. Ce mouvement jusqu'à maintenant n'a eu aucune liaison avec le BCRA, les seules liaisons qu'il ait jamais eues avec les organisations de Londres s'étant effectuées par l'intermédiaire des mouvements de résistance. Miterand a cité le nom de d'Astier, qui, d'après lui, aurait fait des versements d'argents et aurait fourni des armes.

Activités de ce mouvement en France

Ce mouvement entretient des centres de résistance et des centres d'entr'aide dans les milieux d'anciens prisonniers de guerre. Comme exemple Miterand cite Clermond Ferrand avec 350 adhérents , Guéret avec 45 adhérents ,Nice 300, dans l'Ardèche 75. D'autre part ce mouvement dispose de maisons de prisonniers dans différentes villes comme la Maison Jolly à Albi, la Maison Grener à Guéret. M. Miterand se flatte d'avoir organisé dans le sein duComité des Cinq une fédération autonome de centres d'Entr'aide qui réunit actuellement tous les centres départementaux de la zone sud sauf 6, soit 42 départements, où les présidents se sont mis d'accord sur le programme minimum de :

1°- lutte contre le mouvement Masson et le sabotage de son journal;
2°- lutte contre la politique de l'esprit "prisonnier de Vichy".

Comme preuve à l'appui M.Miterand parle de son intervention personnelle au Congrès Masson de zone sud à Lyon et du Congrès zone Nord de Paris. Ces deux interventions ayant amené l'échec complet de ces congrès.

J'attire votre attention sur le fait que d'après les déclarations mêmes de M. Miterand le mouvement Masson dispose à l'heure actuelle de 35, je dis bien 35 adhésions individuelles.

Le mouvement dirigé par le Comité des Cinq ne dispose pas de journal, mais il fait paraître un courrier hebdomadaire dans tous les départements intéressés courrier dactylographié qui comporte les consignes générales pour les prisonniers en France et des rapports sur la vie quotidienne des groupements. D'après les déclarations de M. Miterand ce courrier n'est pas diffusé dans d'autres milieux que celui des adhérents de son mouvement.

Sur le plan famille des prisonniers de guerre M.Miterand m'a assuré que leur mouvement n'avait encore rien fait mais qu'il entretient seulement des relations amicales avec Mme Aulas (?) Présidente de la Fédération des femmes de prisonniers.

M.Miterand dispose de relations personnelles et amicales dans les milieux du Commissariat National aux Prisonniers de Vichy et chaque semaine d'après ses propres déclarations il possède le compte-rendu complet de ce Commissariat.

Dans le domaine de l'action de résistance, M.Miterand affirme que les adhérents de son mouvement sont mises à la disposition de la résistance dans les différentes villes.

Le « debriefing » de Morland à Londres, le 29 novembre 1943, effectué par Jean Warisse, représentant de Henri Frenay et correspondant du BCRA, et adressé au colonel Passy.

Activités de mouvement dans les camps de prisonniers en Allemagne

1°) Renseignements. - rien de fait
aucun formulaire n'a jamais été envoyé dans les camps
mais le mouvement entretient des relations suivies avec
la mission Rodani à Berlin par l'intermédiaire du Cdt
De Letoile.

2°) Evasions - le mouvement Miterand a décidé de ne plus
s'intéresser à l'évasion des prisonniers car le rendement,
dit-il, est incompatible avec les moyens nécessités.

3°) Matériel radio - le mouvement Miterand n'a pas envoyé en
Allemagne de postes de radio, sauf sur relations amicales
dans les camps 8-C , 9-A, 11-B, 17-A, 2-D.

4°) Armement et matériel de sabotage - M.Miterand s'oppose
formellement à de tels envois.

Conclusion : M. Miterand prétend que le mouvement Chambre n'est construit
que sur une imagination débordante et n'existe pas Il précise que sa visite
à Alger a pour but de fournir à M.Fresnay toutes les possibilités de
contrôle de ses déclarations et de régler la question du mouvement
Chiratte afin de préciser que il ne peut y avoir en France deux mouvements
de résistance d'autant plus qu'il n'y en a qu'un qui existe réellement
celui dirigé par le Comité des Cinq.

Voici les noms des dirigeants du Comité des Cinq :

1° M.Miterand s'occupe de l'action en France
2° Jacques Benet, connu sous le nom de Seguen, ou de Turgis
évadé du Stalag 6-D , il s'occupe des questions de propagande
en zone nord,
3° Marcel Barrois rapatrié de l'Oflag 3-C
4° Maurice Pinot qui ayant rompu tout lien avec Vichy vivrait à
l'heure actuelle caché à Paris
5° Jean Munier, évadé qui s'occupe de toutes les questions techniques
d'armement et de parachutage (?).

D'après Miterand il a été reçu à Londres par le Colonel Bachmaster
chef de la section française qui, lui aurait promis de faire exécuter le
mois prochain un parachutage de 60 containers d'armes et de munitions
à l'usage exclusif de son mouvement , Parachutage devant avoir lieu à
St-Laurent du l'Est.

Sur mes questions précises de savoir si le mouvement reconnaissait
le Général de Gaulle, M.Miterand m'a répondu qu'en accord avec le Comité
des Cinq ils avaient décidé de s'intégrer à la résistance française sans
souci de savoir si cette résistance dépendait du Général de Gaulle, du
Général Giraud ou de n'importe quelle tête. D'après ses déclarations
il ne peut s'agir pour eux de devenir un mouvement politique.

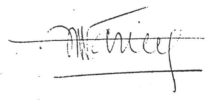

18 Mars 1944.

No. 162

Le Commissaire aux Prisonniers Déportés
et Réfugiés

à

Monsieur VERGENNES.

Mon Cher Vergennes,

J'ai bien reçu votre lettre No. 4523 du 1er Février 1944. Elle
me parvient d'ailleurs à l'instant.

Je vais vous parler tout d'abord de l'entente qu'il convient de
réaliser avec l'ensemble des organisations qui s'occupent des
prisonniers et des déportés. Je vous rappelle que la décision de
créer le Comité des Trois a été prise par le Comité d'Action en France
présidé par le Général de Gaulle, lui-même et que, par conséquent, on
ne saurait revenir sur la décision que le Comité a prise au nom du
Gouvernement.

Vous savez très bien, puisque nous en avons parlé à Londres, que
je n'ignore rien de votre action et de vos projets. Je n'ignore rien
non plus du travail très remarquable que vous avez accompli notamment
dans le domaine des renseignements.

Cependant, il est hors de doute que dans un avenir très rapproché
des opérations doivent intervenir avec la suite que nous espèrons,
c'est-à-dire la Libération. Il est de la plus haute importance qu'avant
même cette échéance, une union intime ait été réalisée entre le
Groupement que vous représentez et les autres.

Je ne partage absolument pas votre point de vue sur les sentiments
que nourrit Morland à l'égard de la politique de Vichy. D'ailleurs, il
a vu lui-même le général de Gaulle en ma présence, s'est entretenu
longuement avec lui et de la manière la plus franche. Celui-ci, avant
même de prendre la décision de ce Comité des Trois était donc
parfaitement informé sur l'esprit et l'action de Morland dont d'ailleurs,
vous lui aviez vous-même parlé. On ne peut donc pas dire que la
décision prise ne l'a pas été en toute connaissance de cause. Ceci
d'ailleurs est une question de politique générale dont je me suis
personnellement entretenu avec Morland, et je vais résumer brièvement sa
position qui est aussi la mienne.

Le drame de la France a fait que des hommes honnêtes et désintéressés ont cru, pendant un certain temps, au Maréchal Pétain et ont placé
en lui leur confiance. Sans doute ont-ils été trompés, mais ils ont été

*Henri Frenay écrit à « Vergennes » - neveu du général de Gaulle -
pour lui ordonner de cesser de contester la décision qui a placé
François Mitterrand à la tête du mouvement de résistance
Prisonniers. Il invoque l'autorité du général de Gaulle en faisant
allusion à la rencontre entre les deux hommes.*

trompés sincèrement et, s'ils ont fait une erreur, on ne peut pas la
leur imputer comme un crime. Or, vous savez comme je le sais moi-même
que l'immense majorité du peuple français, pendant plus ou moins
longtemps, a fait confiance au Maréchal Pétain. Vouloir refuser systématiquement de faire route avec ceux-là n'aboutirait, en définitive, qu'à
isoler une poignée d'hommes (dont vous êtes et dont je suis) de la
Nation. C'est donc vers une politique d'union et d'union sincère
que nous devons marcher. Agir autrement serait prendre une terrible
responsabilité vis-à-vis du pays ce qui, je vous le répète serait
contraire à la volonté du général de Gaulle, lequel l'exprimera
publiquement dans 48 heures.

Si donc nous sommes d'accord vous et moi pour trouver qu'une
personnalité comme celle de 312 est beaucoup trop marquée par le rôle
prépondérant qu'elle a joué à Vichy, il n'en est pas de même pour notre
ami Morland sur les sentiments desquels d'ailleurs je me porte
personnellement garant.

Vous savez que pendant les trois ans que j'ai passé en France, je
n'ai cesser de pousser à l'union. C'est toujours ma ligne de conduite
et je ne suis pas disposé à en changer, fort en cela de l'appui du
général de Gaulle. En conséquence, la décision qui a été prise ne
saurait être modifiée.

Je vous fait remarquer par ailleurs que la mission qui vous incombe
est de la plus haute importance. Elle nécessite que vous ayez en
France une organisation sans doute restreinte, mais très délicate à
monter, et sur laquelle il est nécessaire de concentrer tous vos efforts.
Je veux dire les nombreuses têtes de chaines qui vous permettent de
rentrer en liaison avec les prisonniers de guerre et déportés; et vous
avez enfin a préparer en mon nom une organisation en Allemagne qui
permette de faciliter les mesures de rapatriement ainsi que toute la
partie renseignement sur le Commissariat, en Allemagne et ses annexes,
renseignements qui sont indispensables pour mener à bien cette tâche
immense qui consistera a faire rentrer dans leurs foyers plus de
2 millions et demi de personnes. Ne croyez-vous pas, réellement que vous
avez là un champ d'activités d'une extraordinaire ampleur, et qui vous
permettra de travailler en profondeur, ce qu'il vous était impossible
de faire jusque là.

J'ajoute que la création du Comité des Trois vous permet de prendre
avec vos deux camarades toutes les décisions de caractère général
intéressant non seulement la partie déporté mais encore l(Action des
prisonniers de guerre en France. Cette cohésion me parait particulièrement
précieuse et vous permettra de maintenir l'orientation de toute cette
action dans la ligne que vous souhaitez.

Je fais appel, mon cher Vergennes, une fois de plus, à votre
compréhension et à votre sagesse, vous disant bien que si nous ne
réussissons pas à faire l'union entre ceux qui courent des risques et
qui, demain, peuvent être arrêtés et exécutés, ce n'est pas la peine
alors, de penser à refaire la France, et la cause que nous défendons
n'aurait mérité ni tant de dévouement ni tant de sacrifices.

Croyez à mes sentiments bien dévoués.

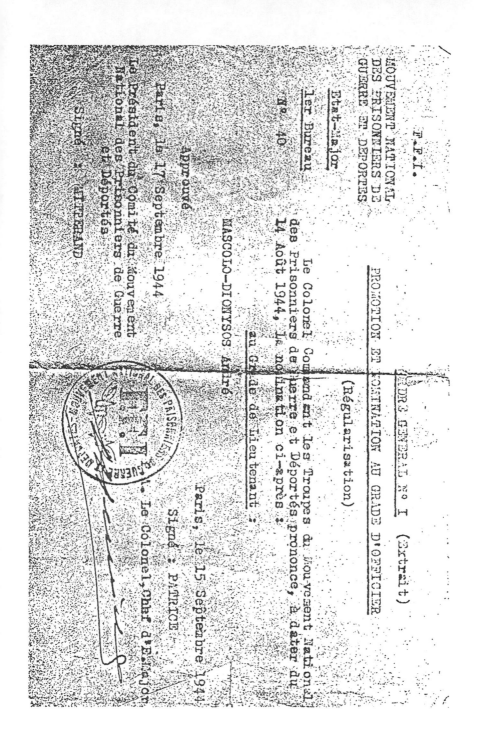

*Quand François Mitterrand et le colonel Patrice (Pelat) élevaient
l'ami de Marguerite Duras, Dionys Mascolo, au grade de lieutenant.*

ÉTAT FRANCAIS
1 9 AVR 1944

M. Carayol

PARIS, le_____194

1, Place des Petits-Pères (2ᵉ)

+ CENtral 01-52

+ GUTenberg 39-50

PB/SG

NOTE de SERVICE

Un service d'enquête remplaçant
celui des Services Généraux, fonctionnera à
partir du 25 Avril prochain. M. BOUVIER sera
le chef de ce service.

Attributions : Centraliser toutes
les demandes d'enquête émanant des différents
services du Commissariat, des Autorités allemandes, provenances diverses, et les transmet
tre à la Direction de la S.E.C. pour exécutio
et liaison avec ce service.

Dès que les enquêtes seront effectuées, elles retourneront à ce service, qui
les acheminerau aux demandeurs.

Seules les enquêtes demandées par
les autorités allemandes seront transmises
à ces autorités sous ma signature.

Le Statut des Personnes adressera
ses demandes d'enquête directement à la direction de la S.E.C.

Provisoirement, ce service fonction
nera auxlieux et place des Services généraux
acutles. Il sera rattaché ultérieurement au
Secrétariat Général/

Pour le Commissaire Général
signé : ANTIGNAC.

Mod. 104 P - 1144 - 100.000

La promotion du 19 avril 1944 de Jean Bouvyer au commissariat
général aux questions juives.

COMITÉ NATIONAL DE COORDINATION
M.N.P.G.D

3, RUE DE TILSITT, PARIS-8e
Tél. : WAGRAM 23-92 à 23-95

Secrétariat Général
Tél. : CARNOT 19-80

C. C. P. PARIS 6315-71

PARIS, le 2 août 1945

Je soussigné François Mitterrand, ancien secrétaire général aux Prisonniers de guerre et déportés du Gouvernement provisoire de la République Française, Président du Comité National de Coordination M.N.P.G.D, certifie avoir été hébergé à diverses reprises par Monsieur et Madame Louis Bouvyer, 7 rue Chernoviz, Paris (16e), alors que j'étais recherché par la police allemande. Par l'hospitalité sans réserve qu'ils m'ont accordée en des moments où le courage n'était pas commun, ils ont manifesté sans défaillance le ressentiments de leurs Français.

Étant chez eux, j'ai demandé à leur fils, Jean Bouvyer, de garder, sous sa propre responsabilité, les documents et le matériel de faux papiers nécessaires à nos organisations de Résistance. Jean Bouvyer a accepté ma proposition et s'est ensuite chargé de la confection des faux papiers qui ont été utilisés par les évadés, les réfractaires et les personnes vivant dans la clandestinité.

De ce fait, je suis et demeure convaincu que Jean Bouvyer a eu pendant l'occupation une attitude irréprochable.

L'attestation de François Mitterrand en faveur de Jean Bouvyer du 2 août 1945.

INDEX

ABETZ (Otto) : 131, 186.
ABTEY (capitaine Jacques) (« Fox ») : 376.
ADER (Étienne) : 295.
« AIMÉ* », voir Pâris (Jacques).
ALART (commandant) : 221-222n, 238.
ALBARAN : 266, 269.
ALBARRANC : 189.
ALBRECHT (Bertie) : 309, 488.
« ALÉGRON (d') », voir Dobrowolsky (Georges).
ALIBERT (Raphaël) : 224, 226.
ALLIX : 46-48.
AMARÉ (Philippe) : 248, 439, 509.
ANDRÉ (Olivier d') : 366, 378, 387.
ANTELME (Frédéric) : 454n.
ANTELME (Marguerite), voir Duras (Marguerite).
ANTELME (Marie-Louise) : 338, 392, 411, 417.
ANTELME (Robert) : 338, 392, 411-413, 416-417, 426, 451-452, 455, 457, 471.
ANTIGNAC : 229-230, 534.
ANTONINI : 37n.
ARAGON (Louis) : 54, 58, 254, 256.

ARBELLOT DE VACQUEUR (Simon) : 184-185, 288-289, 291-292.
ARGENLIEU (Thierry d') : 433n.
ARIÈS (Bernard) : 201, 247, 295, 509.
ARNAL (Pierre) : 295.
« ASMODÉE » : 151-152.
ASTIER DE LA VIGERIE (Emmanuel d') : 16, 264, 311, 313, 353.
ATTALI (Jacques) : 211n.
AUBERT (François d') : 17.
AUBINIÈRE : 377.
AUGIS : 277n.
AUGIS (Louis) : 219, 306, 352.
AULAS (Mme) : 354.
AVININ (Antoine) : 400.
AZEMA : 522.

BAILBY (Léon) : 39.
BAILLIENCOURT (M. de) : 290.
BAINVILLE (Jacques) : 131-132.
BAKER (Joséphine) : 375-376.
BARANÈS (André) : 14n.
BARBEDETTE : 280.
« BARDET », voir Dechartre (Philippe).
BARMAN : 349.
BARNAUD : 276.
BARON (Albert) : 141, 143.
BARON (Marie) : 159-160.
BARRACHIN (Edmond) : 523.

* Sont indifféremment donnés entre guillemets les surnoms familiers et les noms de Résistance.

Index établi par Marc Le Cœur.

Sources consultées

Service Historique de l'Armée de Terre

— 13 P 15 à 17
— 13 P 144
— 2P 64, 68, 79, 82

Archives Nationales

— AJ/41/453, 460, 461, 462, 467
— 72/AJ/38, 64, 66, 210, 211
— 2AG/75, 89, 457, 89, 117, 462, 441, 604, 458, 610, 503, 570
— 3 W 315
— F7/12.964/12.965/13.314/15.151
— Z6/3 et 3 bis
— F9/2998 à 3000/ 3018 à 3029/3088 à 3093 et 3094/3117/
  3253 à 3255/3265/3274/3523/3666
— F9 3254, 3255, 3265, 3274...
— AJ 39/50
— F41/208/214/219/222/230

Archives Départementales de la Seine

— Versement 212/79/3, Cartons 13/47/53

Archives de la Faculté de droit Paris I
Archives du "104"
Bibliothèque nationale pour la consultation des journaux

TABLE DES MATIÈRES

Une jeunesse française

Impression réalisée sur CAMERON par
BRODARD ET TAUPIN
La Flèche
pour le compte des Éditions Fayard
en août 1994

Imprimé en France
Dépôt légal : septembre 1994
N° d'édition : 3081 – N° d'impression : 1109 K-5
ISBN : 2-213-59300-0
35-57-9300-01/1